깊은 곳에서 VII

강창희 지음

From a Deep Place VII

Written by
Kang, Chang Hee

깊은 곳에서 VII

From a Deep Place VII

2018년 6월 30일 초판 발행

지 은 이   강창희

편   집   정희연
디 자 인   서민정, 신봉규
펴 낸 곳   (사)기독교문서선교회
등   록   제16-25호(1980.1.18)
주   소   서울특별시 서초구 방배로 68
전   화   02-586-8761~3(본사) 031-942-8761(영업부)
팩   스   02-523-0131(본사) 031-942-8763(영업부)
이 메 일   clckor@gmail.com
홈페이지   www.clcbook.com

ISBN 978-89-341-1822-0 (03230)

이 도서의 국립중앙도서관 출판시 도서목록(CIP)은
서지정보유통지원시스템 홈페이지(http://seoji.nl.go.kr)와 국가자료공동목록시스템
(http://www.nl.go.kr/kolisnet)에서 이용하실 수 있습니다. (CIP제어번호: CIP2018015067)

이 책의 저작권은 저자와 (사)기독교문서선교회가 소유합니다.
신지적권법에 의하여 한국 내에서 보호받는 저작물이므로 무단 전재와 부단 복제를 금합니다.

성경·신앙 에세이

깊은 곳에서 Ⅶ

강 창 희 지음

기독교문서선교회

차례

들어가는 말 _8

1. 하나님 중심적 사고의 유익 _20
2. 기쁜 소식 _25
3. 구원사 vs. 자연사 _32
4. 유일신 신앙의 탁월함 _34
5. 죄의 회개 _40
6. 조용한 감찰 _52
7. 천주교 신학 _55
8. 믿음의 날개 _65
9. 설교자의 사명: 말씀 연구와 강론 _68
10. 죄의 용서 _70
11. 율법 vs. 복음 _72
12. 그리스도인의 존재와 가치 _75
13. 고난의 원인 _79
14. 인간 이성의 한계 _82
15. 복음 신앙의 타당성과 탁월성 _91
16. 믿음 지키기 _100
17. 진실한 기도 _107
18. 도덕과 계명 _110
19. 성경의 영감(靈感) _114
20. 그리스도의 치유 _119
21. 바울과 칸트 _121
22. 비판하지 말라 _126
23. 로마서 8장의 요체(要諦): 그리스도인의 자아의식, 책임 그리고 소망 _128
24. 잠과 죽음 _135
25. 성령: 우리의 인도자 _146
26. 하나님 절대 의존적 신앙 _156
27. 하나님의 말씀 _158
28. 성경의 요약: 하나님의 구원과 인간의 배신 _160
29. 사람의 존재 이유와 목적 _165
30. 예정 vs. 믿음 _168
31. 믿음과 적극적 사고 _177

32. 하나님의 질투와 사랑 _181
33. 오래 참음 _184
34. 거짓 선지자 _188
35. 영적 전쟁 _193
36. 십자가를 결단하신 주님 _197
37. 자연 가치의 한계 _199
38. 겨자씨 교훈 _203
39. 세상의 종말: "완전한 지식"을 소유 할 때 _208
40. 나를 지키시는 하나님 _223
41. 하나님의 뜻 vs. 우리의 뜻 _228
42. 종의 대가 _231
43. 하나님의 의(義)의 모델 _239
44. 하나님의 놀라운 구원 역사 _246
45. 육체와 영혼의 주 _250
46. 주만 바라볼지라 _252
47. 하늘의 별들을 보라 _255
48. 개인주의를 넘어서 _259
49. 세상 가치의 제한성 _261
50. 예정-선택 신앙의 유익 _263
51. 성령과 성경 _267
52. 하나님의 기이한 일 _270
53. 약자(弱者)를 위한 복음 _274
54. 믿음의 기도 _276
55. 완전한 세계, 완전한 존재를 향하여 _287
56. 정직성 _291
57. 그리스도인의 완전주의 _294
58. 복음의 비밀을 맡은 자 _297
59. 믿음의 유용성과 탁월성 _302
60. 예수님을 가리키는 구약의 말씀들 _307
61. 종말과 재림 _315
62. 사랑하는 사람이 되자(신랑, 신부에게) _326
63. 하나님의 일꾼의 고난 _334
64. 영생의 신앙 _338
65. 하나님을 모르는 인간의 무지함 _346
66. 성경의 문학 비평적 연구 _348

67. 나의 복음 _352
68. 최후의 승리 _357
69. 기도하는 사람 _359
70. 육체와 영혼, 세상과 천국 _361
71. 핑계하는 죄 _366
72. 율법과 복음 _369
73. 우리의 십자가 _388
74. 믿음의 주관성과 객관성 _411
75. 창조와 인간의 존재 이유와 목적 _415
76. 나는 왜 기독교인인가? _420
77. 생명의 주, 사랑의 주 _424
78. 중생과 세례의 창조적 의미 _426
79. 자연인 vs. 하나님의 아들 _429
80. 인간의 지혜 vs. 하나님의 지혜 _432
81. 천국 신앙의 중요함 _437
82. 복음 신앙의 절대성 _442
83. 감사함으로 아뢰라 _445
84. 목사들의 죄 _448
85. 천국 운동: 신앙 가족 공동체 운동 _450
86. 믿음 주머니 _455
87. 경고성 재난 _459
88. 초월적 가치의 중요함 _462
89. 복음서들의 일치와 차이, 객관성과 주관성 _466
90. "병 주고 약 주기" vs. "은혜 위에 은혜" _470
91. 고난: 징벌과 연단 _474
92. 허망한 세상의 가치 vs. 영원한 하나님 나라의 가치 _477
93. 죄인을 찾으시는 하나님 _479
94. 절대자 하나님 _484
95. 말조심 _487
96. 기독교 인간관과 구원관의 탁월함 _490
97. 약속 받은 평안 _494
98. 참 신이신 하나님 _496
99. 우주 가운데 던져진 존재 vs. 주님의 품에 안긴 아이 _506
100. 친구들의 믿음 _512
101. 징벌과 단련 _515

102. 성경의 지혜 _518
103. 절대적 구원 진리와 절대적 사랑 _522
104. 평강의 왕 _526
105. 하나님의 예정과 우리의 책임 _532
106. 예레미야애가서 3장 _539
107. 영생: 완전한 삶 _542
108. 인간의 살길 _544
109. 계시의 수단과 주체 _546
110. 네 열매는 무엇이냐? _550
111. 심리학 vs. 하나님의 말씀 _552
112. 종의 자유 _556
113. 점진적 계시 _559
114. 비교종교학 _561
115. 보이지 않는 기적 _566
116. 십자가: 진정한 사랑의 모델 _568
117. 하늘에 계신 하나님 vs. 땅에 있는 인간 _570
118. 율법 중심적 삶 vs. 성령 중심적 삶 _572
119. 죄와의 싸움 _577
120. 아가서의 사랑 _580
121. 어린아이의 교훈 _586
122. 이단 경계 _595
123. 복음서의 역사성 _599
124. 선하신 하나님 _603
125. 꿈을 가진 자 vs. 꿈을 포기한 자 _606
126. 예수님의 부활 _611
127. 측은지심(惻隱之心) _630
128. 천국 신앙 _635
129. 하나님은 언약 백성을 반드시 구원하신다 _654
130. 분노의 억제 _657
131. 적극적인 선 _660
132. 죄의 위험 _662

나가는 말 _670
색인 _676

들어가는 말

강창희 박사
아세아연합신학대학교 명예교수

생명과 사랑은 모든 인간 존재가 추구하는 궁극적 가치다. 창조주 하나님은 생명과 사랑의 원천이시다. 하나님의 말씀은 생명과 사랑으로 넘친다. 사람은 오직 그를 지으신 하나님의 말씀을 듣고 믿어야 제대로 살 수 있다.

하나님의 말씀은 생명과 능력으로 넘친다. 하나님을 믿지 않고 하나님의 말씀을 곡해하고 오해하는 사람들로 가득 찬 죄악 된 세상에서, 단비와 같은 주님의 말씀을 들을 때 흙과 같이 허무한 인생이 고귀한 하나님의 형상으로 되살아나는 것이다. 생명의 말씀을 믿는 사람은 새로운 피조물로서의 자아의식을 가지고, 모든 "현재의 고난"을 이길 힘을 얻고, 영생의 소망을 갖게 된다(롬 8:1-25).

내가 진실로 진실로 너희에게 이르노니 내 말을 듣고 또 나를 보내신 이를 믿는 자는 영생을 얻었고 심판에 이르지 아니하나니 사망에서 생명으로 옮겼느니라(요 5:24).

하나님의 말씀은 사랑의 말씀이다. 사랑이 하나님의 본질이고(요일 4:8), 사랑이 삼위 하나님의 존재 모드다. 삼위 하나님은 사랑으로 일체를 이루신다(막 1:11; 요 14:31; 15:9; 요 17:23-26).[1] 하나님은 인간이 하나님을 사랑하고, 또한 서로 사랑하기를 원하신다. 우리가 진실한 사랑을 할 때 하나님께서 우리 가운데 계신다(요 17:26; 롬 5:5).

---

[1] 조나단 에드워즈, 『사랑』, 서문 강 옮김 (서울: 도서출판 솔로몬, 2016), 395.

어느 때나 하나님을 본 사람이 없으되 만일 우리가 서로 사랑하면 하나님이 우리 안에 거하시고 그의 사랑이 우리 안에 온전히 이루어지느니라(요일 4:12).

인간은 사랑을 주고 받을 때 존재 가치가 극대화된다. 특별히 인간은 그를 지으신 하나님을 사랑할 때 궁극적 평안과 기쁨을 얻게 된다. 인간은 자주 하나님을 배반한다. 하나님은 자신이 지으신 우리 인간을 포기하지 않으시고 계속해서 우리에게 다가오신다. 실제로 성경은 언약 백성과 하나님의 관계를 남녀의 애증관계로 나타낸다.[2] 그것이 성경 전체가 가르치는 하나님의 구원의 역사의 파노라마다. 특별히 하나님의 독생자 예수 그리스도께서 우리 죄인들을 위해 죽으시고 다시 사셨다. 이 복음을 믿는 것만이 유일한 삶이다.

구원받은 우리는 하나님의 참 생명과 참 사랑의 말씀을 세상에 증거하는 사명을 받았다. 우리는 만일 막중한 복음 전도의 사명을 잊고 복음 증거를 게을리 하면, 하나님의 진노하심을 받을 수 있다는 거룩한 두려움을 가지고 복음을 힘써 전해야 한다(고전 9:16).

복음을 받은 사람은 복음을 자신이 겪은 신앙 경험과 자신의 언어로 증거할 때 유능한 복음의 승인이 될 수 있다. 사도 바울은 그리스도의 십자가의 복음을 자신의 신앙 경험과 복음 사역에 적용하여 증거하였기 때문에 그의 복음의 능력이 오늘 우리에게도 깊은 감동을 주는 것이다. 네 개의 복음서 저자들도 같은 복음을 각자의 입장에서 특성 있게 기록하였고, 교부들도, 개혁자들도 자신들이 처한 상황에서 성령의 영감을 받아 자신들의 특별한 언어로 복음을 가르쳤다.

그러므로 우리도 우리 자신의 신앙 경험과 우리 자신의 언어로 복음을 이해하고 우리의 복음 사역에 적용할 수 있어야 한다. 그것은 결코 복음을 왜곡하는 것이 아니라 성령의 도우심을 받아 나의 존재와 삶의 경험 가운데서 나타난 복음의 구원의 능력을 나의 언어로 표현하는 것이다. 그것은 결코 복음을 사유화하는 것이 아니라 오히려 내가 사는 이 시대 사람들과 함께 복음을 공유하는 것이다.

---

2 사 54:5-6; 62:5; 렘 3:1, 8, 14; 호 1:2; 2:16, 19-20; 3:1; 9:1; 14:4; 마 9:15; 25:1; 계 19:7-9.

이 복음은 모든 믿는 자에게 구원을 주시는 하나님의 능력이 됨이라(롬 1:16).

하나님의 말씀은 곧 하나님의 능력이다. 태초에 하나님께서 말씀으로 세상을 지으셨고, 하나님께서 믿음의 조상들에게 하신 구원의 약속들이 모두 성취되었고, 최종적으로 "말씀"이신 예수 그리스도께서 육신으로 세상에 오셔서 구원의 큰 역사를 이루셨다.

그러므로 그리스도인은 말씀을 듣고 따름으로써 하나님의 구원의 능력과 영광을 나타내야 한다. 특별히 하나님의 말씀을 맡은 신학자나 신학생은 그리스도를 따라 자신의 신앙 인격을 형성해야 하고 바른 신앙생활을 위해 힘써야 한다.

신학자들이나 신학생들은 신학적 연구에 집중한 나머지 정작 진정한 그리스도의 제자로서 사는 일에는 등한시하지는 않는가?

신학 연구가 사변적 쟁론이 되면서 정작 우리 자신의 신앙 성장에는 별 영향이 없는 것은 아닌가?

그러나 신학자나 신학생은 하나님의 말씀에 대하여 연구할 뿐만 아니라 말씀에 순종함으로써 말씀의 능력을 직접 경험하고 그 능력을 사람들에게 증거해야 한다. 신학자들은 성경과 신학을 논하고, 신학생들을 가르칠 뿐만 아니라, 더 많은 사람들을 주님께로 이끌기 위해서 신학 연구를 자신들의 신앙생활에 적용하는 일을 그들의 중요한 임무로 인식해야 한다. 주님께서 자신을 낮추어 이 땅에 오셨고, 자신을 비워 십자가를 지셨듯이, 또한 당시 사람들의 눈높이에 맞추어 하나님 나라를 가르치셨듯이, 신학자들은 복음을 자신의 이해뿐만이 아니라 복음을 모르는 현대인의 수준에 적절히 맞추어 제시해야 한다. 이런 신학자와 신학생으로서의 자아 이해와 인격 형성, 그리고 복음의 심각한 이해와 증거가 이 책을 계속 쓰게 된 동기다.

그러나 유한한 사람이 전능하신 하나님의 말씀을 제대로 이해하고 가르치는 일이 쉬운 일은 아니다. 자신을 스스로 지혜롭게 여기는 사람들이 많으나, 하나님에 대한 지식은 세상의 어떤 지식보다 깊고 넓어서 연약한 우리 인간이 제대로 알기에는 한계가 있다. 토마스 아퀴나스는 "하나님을 가장 잘 아는 사람이란 자신이 하나님에 대하여 생각하고 말하는 것이 하나님에 대한 실제 지식보다는 언제나 미흡하다는 것을 인정하는 사람이다"라고 말했다. 하나님께서 이미 그렇게 말씀하셨다.

이는 하늘이 땅보다 높음같이 내 길은 너희의 길보다 높으며 내 생각은 너희 생각보다 높음이라(사 55:9).

물론, 성경이 가르치는 하나님에 대한 지식 가운데 가장 분명한 것은 죄인인 인간을 향하신 하나님의 끈질긴 사랑이다. 그의 사랑은 그의 오랜 인간 구원 역사를 통해 나타났고, 최종적으로, 십자가 사건으로 확증되었다(롬 5:8). 또한 성경에 기록된 하나님의 과거의 구원 역사는 분명한 역사적 사실들이다.

그러나 여전히 우리는 온전하신 창조주 하나님 앞에서 불완전한 존재이며 우리의 지식과 지혜는 제한적이다(약 4:14).

나는 미천하오니 무엇이라 주께 대답하리이까 손으로 내 입을 가릴 뿐이로소이다(욥 40:4; 참조, 42:3).

다만 하나님께서 이미 하신 말씀을 믿고 따르는 것이 최상의 지혜다.

첫째, 인간이 하나님을 다 아는 체하는 것도 문제지만, 아예 알기를 포기하거나 등한히 하는 것도 문제다. 비록 우리가 연약해서 하나님의 말씀을 세세로 이해할 수 없다고 해도, 우리는 꾸준히 하나님의 말씀을 사모하며 하나님의 온전하신 뜻을 알기 위해 힘써야 한다. 성경은 하나님의 말씀을 사모하는 말씀들로 넘친다.

복 있는 사람은 … 오직 여호와의 율법을 즐거워하여 그의 율법을 주야로 묵상하는도다(시 1:1-2).
내 눈이 주의 구원과 주의 의로운 말씀을 사모하기에 피곤하나이다(시 119:123).
여호와를 경외하는 것이 지식의 근본이거늘 미련한 자는 지혜와 훈계를 멸시하느니라(잠 1:7).
능히 모든 성도와 함께 지식에 넘치는 그리스도의 사랑을 알고 그 너비와 길이와 높이와 깊이가 어떠함을 깨달아 하나님의 모든 충만하신 것으로 너희에게 충만하게 하시기를 구하노라(엡 3:18-19).

믿음이란 주 안에서 끊임없이 추구하는 자세다.

둘째, 성경 말씀을 보다 분명히 이해하기 위해서 성경을 반복하여 통독할 필요가 있다. 성경 전체에 나타나는 유사한 성경 말씀들을 서로 비교하여 읽을 때 각 말씀이 가르치는 의미는 물론 성경 전체가 가르치는 공통적 주제들을 더 분명히 이해할 수 있기 때문이다. 실제로 성경 자체가 하나님의 말씀을 반복적으로 해석한다. 구약은 하나님의 약속하신 말씀이 구원 역사의 과정 가운데 성취된 사실을 반복해서 보여주며, 또한 신약은 구약에서 하나님께서 약속하신 말씀이 예수 그리스도를 통해서 성취되었음을 증거한다. 이로써 "성경이 스스로 해석한다"는 개혁주의적 성경 해석 원칙이 재확인되는 것이다.

셋째, 성경 말씀을 바르게 이해하기 위해서 성경 연구가의 도움을 받아야 한다. 성경학자들이 연구한 성경 말씀의 역사적 배경, 문학적 특징, 서술 목적과 저자의 의도 등을 살펴서, 오늘 우리의 신앙생활에 적용해야 한다.

비록 신학자들을 포함한 교회의 교사들이 불완전한 선생들이지만(약 3:1), 그리스도인은 그들이 가르치는 말씀을 힘써 배워야 한다. 예수님께서는 바리새인들의 위선과 외식에도 불구하고, 그들이 가르치는 바는 마땅히 배워야 한다고 말씀하셨다(마 23:3).

때로는, 신학적 글이나 논리가 성경의 가르침을 더 어렵게 만든다고 생각할 수도 있으나, 신학자들은 성경을 보다 철저히 이해하기 위하여, 또는 성경의 가르침을 반대하는 이들의 반론에 대응하기 위해서, 전문적이고 논리적 언어를 사용할 수밖에 없다. 바울 서신 가운데서도 당시 헬라 시대 철학자들이 사용한 학문적 용어나 표현이 나온다.[3]

이 책에서 필자는 전문 용어를 되도록 피하려고 했으나, 어떤 경우에는 쓸 수밖에 없었다.

넷째, 우리는 우리를 항상 노리는 저 원수의 미혹을 받아 하나님의 말씀을 오해하거나 혼동하지 않도록 주의해야 한다.[4]

---

3 본성(롬 2:14; 11:24; 고전 11:14); 양심(롬 2:15; 9:1-2; 13:5; 고전 8:7, 10, 12 등); 자족(빌 4:12).
4 창 3:4-5; 왕상 22:11-25; 렘 28:10-11; 마 24:5, 24; 롬 3:8; 고후 4:4; 딤전 4:1; 요일 4:1-3.

너희가 성경도, 하나님의 능력도 알지 못하는 고로 오해하였도다(마 22:29).

우리는 하나님의 말씀에 대한 의심이 일어날 때마다 우리의 지식과 이해의 한계를 인정하고 오히려 하나님의 깊으신 지혜와 경륜을 찬양해야 한다.

깊도다 하나님의 지혜와 지식의 풍성함이여, 그의 판단은 헤아리지 못할 것이며 그의 길은 찾지 못할 것이로다 누가 주의 마음을 알았느냐 누가 그의 모사가 되었느냐 누가 주께 먼저 드려서 갚으심을 받겠느냐 이는 만물이 주에게서 나오고 주로 말미암고 주에게로 돌아감이라 그에게 영광이 세세에 있을지어다 아멘(롬 11:33-36).

다섯째, 말씀의 일꾼 된 이들은 말씀을 바르게 이해하는 데서 더 나아가 말씀을 잘 가르치기 위해서 힘써야 한다. 하나님의 말씀을 아는 것과 그 말씀을 다른 사람들에게 가르치는 것은 별개의 문제다. 말씀을 상대방의 관심과 처지를 고려하여 가르쳐야 하기 때문이다.

여섯째, 우리는 복음을 반대하는 세상을 향해서도 복음을 증거해야 한다. 오늘과 같이 인본주의, 자연주의, 상대주의, 보편주의, 다원주의 등이 다힘께 왕 노릇하는 세상에서 하나님의 말씀의 절대적 가치를 주장하면 결국 불신 세상의 조롱과 박해를 받게 마련이다.[5] 성경 역사와 교회 역사를 돌아볼 때 하나님의 말씀은 거의 언제나 당시의 세속 문화적인 도전을 받아왔음을 알 수 있다.

아담과 하와, 노아 시대 사람들, 바벨탑 건축자들, 소돔과 고모라 사람들, 하갈과 이스마엘, 요셉의 형제들, 바로 왕, 사울 왕, 다윗 왕조의 대다수의 악한 왕들과 거짓 선지자들, 포로기의 다니엘과 친구들의 원수들, 포로기 이후 이스라엘 회복 운동을 방해하던 이방인들 등이 하나님의 뜻을 대적했다. 무엇보다, 하나님의 아들이시며 "말씀"이신 예수님께서 하나님께서 택하신 백성인 유대인들에게 거부당하셨다. 초대 교회는

---

[5] 인본주의는 인간의 가치와 의지를 절대시하는 사상으로서 합리주의, 실존주의, 실용주의 등이 있다. 자연주의는 자연 세계의 가치와 원리를 절대시하는 사상으로서 고대의 자연 종교로부터 동양 사상과 현대의 과학주의까지 다양하다. 인본주의와 자연주의는 대립적이면서도 서로 연관된다. 상대주의, 보편주의, 다원주의는 모두 어떤 실재의 절대적 가치 대신 상대적 가치를 인정한다. 그 결과 서로의 주장을 존중하면서도, 혼란과 무질서가 대세를 이룬다. 그러나 다양한 가치만을 인정하는 것은 결국 또 하나의 절대주의라고 할 수 있다.

유대교의 율법주의와 이방 종교의 거센 도전을 받으면서 예수님의 죽으심과 부활을 전파했다. 사도들은 복음 신앙의 성경적 근거와 역사적 증거 같은 합리적 근거를 가지고 당시의 유대인들과 헬라인들에게 복음을 증거했다(행 2:22-36; 고전 15:3-8).

> 이 복음은 하나님이 선지자들을 통하여 그의 아들에 관하여 성경에 미리 약속하신 것이라(롬 1:2).

사도 바울도 유대인들의 율법주의에 맞서서 믿음의 조상 아브라함도 그의 믿음으로 말미암아 구원받았다는 성경적 증거를 제시했다(창 15:6; 롬 1:2, 17; 4:3; 히 6:15).

그리스도 교회는 초대 교부들의 말씀 연구와 사역을 통해서 다원주의적 희랍-로마 문명의 장애를 극복하고 중세 교회의 번영기를 맞았다. 그러나 중세 교회는 점차 초대 교회의 성령 중심의 생명력을 잃고 의식과 제도 중심의 형식적인 종교로 변질되어 갔다. 이에 개혁자들이 일어나 복음 신앙의 근본이 되는 성경 말씀 연구에 집중하여 교회 개혁 운동을 단행하였다. 종교개혁 운동은 르네상스의 복고주의적 인문주의와 이성주의라는 시대적 문화적 영향을 함께 받았으나 성경 말씀의 권위와 능력을 믿음으로써 세속적인 르네상스 운동과는 구별해야 한다.

종교개혁 시대 이후 개혁교회 신학과 신앙이 17-19세기의 이성주의, 자연주의, 낭만주의 시대를 거치면서 인본주의 사상의 도전을 받았다. 근대 서양 사회가 신앙 대신 이성을 가치 판단 기준으로 삼으면서 신앙과 교회의 영향력이 점차 약화되었다. 물론 이런 세속주의에 맞서서 대각성 운동이나 오순절 운동 같은 교회의 부흥 운동도 이어져 왔다.

그러나 이성주의 영향을 받은 비평적 성경학자들은 성경 형성 과정의 사회-문화적, 인간적 동기와 배경, 그리고 성경의 역사적, 문학적 특징 같은 외적 요인에 집중하면서 정작 성경이 가르치는 주제와 교훈은 등한시하였다. 많은 현대 신학자들이나 설교자들은 일시적이고 허망한 피조물의 보이는 가치를 선호하는 청중을 따라 보이지 않는 하나님의 나라보다 보이는 세상에 집중하고, 고난의 메시아보다 영광의 메시아를 전파하는 것도 문제다.

18세기부터 시작된 성경 비평 연구가들의 성경에 대한 불신적 해석에 대해 성경의 권위를 믿는 복음주의 학자들의 학문적인 대응이 부족했으나, 20세기 후반에 이르러서야 성경의 권위에 대한 합리적 연구가 진행되기 시작했다. 이제는 비평적 성경 연구의 도전에 맞서서 성경의 진정성과 신적 권위를 보다 합리적으로 논증할 수 있게 되었다.

물론 여전히 이성만으로는 성경에 나타난 하나님의 초월적 역사와 섭리를 설명할 수 없고 이해할 수 없다.[6] 우리는 신앙을 존중하는 이성, 즉 "신앙 이성"으로써, 신앙이 없는 "순수 이성"으로써는 알 수 없는, 하나님의 깊으신 지혜와 거룩하신 섭리를 이해할 수 있다.

> 영적인 일은 영적인 것으로 분별하느니라(고전 2:13b).

이성의 한계를 인식하고 신앙과 신학적 영역을 인정하는 것조차 이성적 사고라고 논할 수 있으나, 다만 우리는 성경 말씀을 믿음 없이 이성적 논리로만 다루는 비평적 성경 연구의 한계를 지적하는 것이다.

우리는 모든 시대적 도전과 장애에도 불구하고 성경의 복음을 전하고 변증하는 일에 진력해야 한다(벧전 3:15-16).[7] 복음만이 병든 세상을 살리는 유일한 구원의 실이기 때문이다.

> 다른 이로써는 구원을 받을 수 없나니 천하사람 중에 구원을 받을 만한 다른 이름을 우리에게 주신 일이 없음이라(행 4:12).

복음을 반대하는 모든 세력의 배후에는 하나님을 대적하는 악한 영의 세력이 있음을 알아야 한다(고후 4:4). 악한 영은 하나님의 자녀들을 미혹하기 위하여 자주 성경 말씀과 유사한 가르침, 유사한 신앙, 유사한 도덕적 행동으로 사람들을 미혹한다.[8] 복음 신앙에 대한 안팎의 불신적 도전들은 성경을 연구하는 우리 자신들의 믿

---

6 로버트 L. 레이먼드, 『개혁주의 변증학』, 이승구 옮김 (서울: CLC, 1989), 17-19.
7 Ibid., 9-19.
8 신 18:20-22; 사 28:7; 왕상 22:20-23; 렘 1:8; 4:9; 5:31; 6:13-14; 8:10-11; 14:14-15; 23:9 이하; 26:8-16; 27:9,

음을 흔들기도 한다. 그러나 하나님께서는 그의 창조와 구원에 맞서는 자연, 인간, 그리고 악한 영의 도전을 허락하시면서 결국 그의 영광과 능력을 온 세계에 나타내시기를 기뻐하시는 분이시다.

내가 여호와인 줄 알리라.[9]

성경이 유한한 인간의 말이 아니라 초월적 하나님의 말씀이란 사실을 믿는 한, 우리는 성경을 이성의 도움을 받으면서도 언제나 신앙을 따라 읽어야 한다. 신앙은 이성만으로는 볼 수 없는 성경이 가르치는 영적 가치를 보게 하기 때문이다.

네가 믿으면 하나님의 영광을 보리라(요 11:40).

무엇보다, 기계화되고, 비인간화된 물질주의적 세상에서 우리는 우리를 사랑하시고 돌보시는 인격적인 하나님을 믿어야 한다.

여호와는 나의 목자시니 내게 부족함이 없으리로다(시 23:1).
내가 항상 주와 함께 하니 주께서 내 오른 손을 붙드셨나이다(시 73:23).
여호와여 주께서 나를 살펴 보셨으므로 나를 아시나이다(시 139:1).
하나님은 사랑이시라(요일 4:8, 16).

인간은 누구나 인격적 존재이기 때문에 비인격적인 물질과 자연을 절대적 가치로 삼으면, 물질과 자연의 비인격적인 특성과 피조물의 제한성으로 말미암아 소외되고 좌절할 수밖에 없다. 인간은 그를 지으신 창조주 하나님과 인격적 교제를 가질 때에 진정한 존재 이유와 가치를 찾을 수 있다. 많은 현대인들이 물질문명의 한계를 알고 있으면서도, 초월적 존재를 믿기에는 지나치게 물질적인 것이 문제다.

14-18; 29:24 이하 등; 겔 22:26; 마 7:15-23; 24:5, 23-26; 행 20:30; 고후 11:13-15; 딤전 4:1; 요일 4:1-3, 6; 요이 1:7; 벧후 2:1-3:3-4, 9; 계 19:20 등.
9 창 1:2, 3; 출 6:7; 14:4; 31:13; 왕상 20:13; 욥 1:9 이하; 시 100:3; 사 45:3; 겔 20:26 등.

현대의 물신적 가치관은 모든 영적 가치들을 물량화, 기계화, 탈심령화, 상대화, 중립화함으로써 각종 불신적 사상들을 유발하고 복음의 절대성을 부인한다. 심지어 그리스도인들조차 무의식적으로 영적 가치를 무시하거나 복음 진리의 절대성을 양보한다. 그러나 모든 불신적인 가치들은 그 일시적 특성으로 말미암아 결국 인간을 좌절하게 만든다.

이 세상의 외형은 지나감이라(고전 7:31b).

또한 인간 존재의 제한성이 상대적으로 궁극적 가치를 찾게 만든다.

우리가 주목하는 것은 보이는 것이 아니요 보이지 않는 것이니 보이는 것은 잠깐이요 보이지 않는 것은 영원함이라(고후 4:18).

사람은 자신과 세상의 한계를 절감하고, 그를 지으시고 사랑하시는 인격적 하나님을 절대적으로 의지할 때 인간 존재의 궁극적 가치와 의미를 발견하게 된다.

내 마음을 주의 증거들에게 향하게 하시고 탐욕으로 향하지 말게 하소서 내 눈을 돌이켜 허탄한 것을 보지 말게 하시고 주의 길에서 나를 살아나게 하소서(시 119:36-37).

사람이 살 길은 오직 하나님 신앙뿐이다. 하나님 나라의 가치에 집중하는 만큼 이 세상에 대한 애착심이 줄어드는 것이다.

그러므로 염려하여 이르기를 무엇을 먹을까 무엇을 마실까 하지 말라 이는 다 이방인이 구하는 것이라 너희 하늘 아버지께서 이 모든 것이 너희에게 있어야 할 줄을 아시느니라 그런즉 너희는 먼저 그의 나라와 그의 의를 구하라 그리하면 이 모든 것을 너희에게 더하시리라(마 6:31-33).

이 말씀은 "진실로 너희에게 이르노니 너희가 돌이켜 어린아이들과 같이 되지 아니하면 결단코 천국에 들어가지 못하리라"(마 18:3)는 말씀을 가리킨다. 하늘 아버지를 의지하고 하나님 나라의 가치를 추구하는 마음을 가질 때 상대적으로 세상 가치에 대한 집착에서 자유롭게 되는 것이다.

이 책의 모든 글의 일치된 목적은 성경 말씀에 근거하여 인간이 자신의 유한성을 심각하게 깨닫고 하늘 아버지를 바라보고, 그의 무한하신 능력과 지혜를 믿고 의지하는 것이 유일한 살 길임을 밝히는 것이다. 특별히, 우리를 괴롭히는 "믿음의 가시들"을 찾아 제거함으로써 보다 온전한 신앙생활로 나아가려는 것이다(요 20:31). 이런 주제는 이미 앞서 논했던 주제지만, 이 주제를 반복하는 것은 누구나 본능적으로 보이는 피조물의 가치에 집중하기 때문이다. 그러나 진실한 믿음은 성경이 가르치는 보이지 않고, 아직 이루어지지 않은 장래의 영광에 대한 하나님의 약속을 믿는 것이기 때문이다. 또한 우리 자신의 약한 기억력 때문에 "반복을 통한 학습"은 유용한 것이다(신 6:7-9; 시 1:2; 119:97-99, 164).

독자들의 이해를 위하여 이 모든 글들을 주제별로 나누어 체계적으로 정리할 필요도 있으나, 그럴 경우, 다양하고 구체적인 삶의 정황에서 나타나는 성령의 자유롭고 풍성하신 역사를 가릴 수도 있다.

하나님의 말씀은 완전하고 생동적이지만, 그 말씀을 가르치고 듣는 우리의 표현력과 이해력은 불완전하다. 그러나 우리는 모든 인간적 한계를 넘어 역사하시는 성령으로 말미암아 하나님의 말씀의 능력이 이 글을 읽는 모든 사람들에게 나타날 수 있다고 믿는다.

2018년 2월 28일

깊은 곳에서

VII

1. 하나님 중심적 사고의 유익

> 요셉이 그들에게 이르되 두려워하지 마소서 내가 하나님을 대신하리이까 당신들은 나를 해하려 하였으나 하나님은 그것을 선으로 바꾸사 오늘과 같이 많은 백성의 생명을 구원하게 하시려 하셨나니 당신들은 두려워 마소서(창 50:19-21a).

하나님을 믿는 우리는 자아 중심적이거나, 사람 중심적이거나, 자연 중심적 사고를 버리고 하나님 중심적 사고를 해야 한다. 믿는 우리는 보이는 일시적인 피조물 중심적 사고를 버리고 보이지 않으시는 영원하신 창조주 하나님 중심적 사고를 하도록 힘써야 한다(고후 4:18; 요일 2:15-17). 인본주의는 불완전한 인간을 절대시하고, 인간의 죄성을 무시하며, 자연주의는 피조물의 허무한 가치를 절대적 가치로 신봉하는 것이 문제다. 세상에 완전한 사람은 없고(롬 3:10), 자연의 가치나 원칙은 피조물의 본질상 제한적이며 허망하다(전 1:2; 롬 8:20-22). 인간은 자신과 같이 연약한 다른 인간을 의지해서는 안 되고, 또한 빵만으로도 살 수 없다. 비인격적인 자연의 가치는 "하나님의 형상"인 인격적인 인간에게 만족을 줄 수 없다. 결국 인간은 그를 지으신 하나님을 만나서 그 뜻대로 살아야 제대로 살 수 있다.

하나님을 믿는 우리는 우리의 원수를 증오하며 대적할 것이 아니라, 하나님께서 우리가 알 수 없는 어떤 선하신 뜻 가운데서, 그로 하여금 우리를 괴롭히도록 허락하셨다고 믿고, 모든 수욕을 참고 견디며, 선하신 하나님의 구원 역사를 기다려야 한다. 이것은 무기력한 신앙이 아니라, 의로우신 하나님께서 일하실 자리를 남겨두는 지혜로운 신앙이다.

> 원수 갚는 것이 내게 있으니 내가 갚으리라(롬 12:19).

그러므로 우리는 부당한 처사에 대해서도 어떤 궤계를 쓰지 않는 것은 물론이고, 인과응보(因果應報), 사필귀정(事必歸正), 흥망성쇠(興亡盛衰) 같은 막연하고 상대적인 자연주의적 원칙을 신봉해서도 안 된다. 사람의 지혜는 제한적이고, 자연의 원칙도 상대적이고 유동적이어서 결국 혼란을 일으킬 뿐이다.

세상에 상대적인 원칙들이나 모순된 속담들이 얼마나 많은가?

그런데도 그런 혼란한 원칙들을 신봉하며 혼란스럽게 인생을 사는 이들이 얼마나 많은가?

그리스도인은 유일하신 인격적 하나님께서 이 혼란한 죄악 세상을 결국 온전한 세상으로 만드실 것을 믿는다. 그러므로 그리스도인은 십자가의 수욕과 고난을 참으시고 승리하신 그리스도의 모본을 따라서 인내와 온유함으로 원수를 대해야 한다(벧전 2:20-23).

사랑은 오래 참고 사랑은 온유하며 시기하지 아니하며 … (고전 13:4).

사랑은 자주 어리석게 보이지만 하나님께서 약속하신 복된 길이다.

하나님께서는 아브라함과의 언약("땅의 모든 족속이 너로 말미암아 복을 얻을 것이라")을 이루시기 위해 요셉의 형들로 하여금 요셉을 미워하게 하시고 그를 애굽에 종으로 팔리게 하셨다. 또한 출애굽 때 하나님께서는 아브라함과의 언약("이 땅을 네 자손에게 주리라")을 이루시고 하나님의 권능과 영광을 나타내시기 위해서 바로 왕을 완고하게 하셨고, 이스라엘 백성에게 승리의 기쁨을 주시고 하나님을 찬양하게 하기 위해서 먼저 헤스본 왕 시혼의 마음을 완고하게 하시고, 그로 하여금 이스라엘 백성이 그의 땅을 통과하지 못하게 하셨다(신 2:26-37).

또한 하나님께서는 사울 왕에게 악령을 보내셨고(삼상 16:23), 다윗 왕을 신실한 왕으로 훈련시키시기 위해서 사울 왕의 모든 박해를 허락하셨다. 만일 요셉이 자신을 종으로 팔아버린 형들을 계속 증오하며 일생을 보냈다면, 만일 모세가 바로 왕을 대적하면서, 그 모든 설득 노력을 포기했다면, 만일 이스라엘 백성이 시혼 왕의 완고함에 지쳐서 전쟁을 아예 포기했다면, 만일 다윗이 하나님의 언약을 잊고서, 자신의 계략이나 힘으로 사울 왕을 몰아낼 생각만 했다면, 그들은 흥망성쇠를 반복하는 역사의 흐름 가운데 허무한 일생을 마쳤을 것이고, 하나님의 은혜와 구원 역사의 증인들이 될 수 없었을 것이다. 그러나 이런 믿음의 조상들은 모두 각자의 어려운 환경 가운데서도 모든 것을 감찰하시는 보이지 않으시는 선하신 하나님을 굳게 믿고, 경거망동하지 않고 진실하게 행함으로써 놀라운 하나님의 권능과 구원의 증인들이 되었다.

> 기다리는 자들에게나 구하는 영혼들에게 여호와는 선하시도다(애 3:25).
> 그의 노염은 잠깐이요 그의 은총은 평생이로다 저녁에는 울음이 깃들일지라도 아침에는 기쁨이 오리로다(시 30:5).

하나님께서는 그의 모든 구원 역사 가운데 거의 언제나 인간의 방해와 역경을 허락하심으로써 그의 영광과 권능을 나타내신다.

> 내가 바로의 마음을 완악하게 한즉 바로가 그들의 뒤를 따르리니 내가 그와 그의 온 군대로 말미암아 영광을 얻어 애굽 사람들이 나를 여호와인 줄 알게 하리라 하시매 무리가 그대로 행하니라(출 14:4).
> 내가 너를 연단하였으나 … 어찌 내 이름을 욕되게 하리요 내 영광을 다른 자에게 주지 아니하리라(사 48:10-11).

무엇보다 십자가의 고난과 죽음 이후에 부활의 권능이 나타났다. 그것은 천지 창조의 놀라운 권능과 영광에 앞서서 땅이 혼돈하고, 공허하며, 흑암이 깊음 위에 있었던 것과도 상통하는 것이다. 하나님의 구원 역사는 거의 언제나 우리의 예상과 기대를 넘어서 나타남으로써 우리로 하여금 하나님의 영광과 능력을 찬양하게 한다. 이런 하나님의 구원 섭리를 믿는 것이 무지하고 어리석게 보이나 실제로는 참된 지혜다(마 11:25-26).

> 내 말이 네가 믿으면 하나님의 영광을 보리라 하지 아니하였느냐(요 11:40).

그런데도 우리는 이런 선하신 하나님의 구원의 능력과 경륜을 잊고 우리 앞의 원수를 증오하고 우리 앞의 역경과 불행에 대해 불평한다. 그러나 우리는 결코 우리 자신의 감성과 이성이나 자연 원칙의 종이 되어서는 안 된다. 오히려 우리는 모든 것을 감찰하시는 하늘 아버지를 믿어야 한다. 하나님의 자녀는 언제나 아버지 하나님의 선하신 뜻을 생각하며 판단해야 한다. 우리의 생각이 우리 자신이나 사람이나 자연의 원리가 아닌 세상 만물을 다스리시는 하늘 아버지를 믿는 신앙이 될 때 비로소 우리는 모든 피조물의 존재론적 한계와 불안을 극복하고 구원의 소망을 갖게 되는 것이다. 믿음의 결단은 전열기의 스위치를 켜는 것과 같이 간단한 일이지만, 그 작은 일이 우리 인생 전체에게 미치는 유익과 영향은 결정적이다. 우리 주님께서도 겨자씨 같은 작은 믿음의 위력을 가르치셨다(마 13:31-33; 17:20).

우리는 보이는 세상의 가치가 아니라 보이지 않는 영원한 하나님 나라의 가치를 추구해야 한다.[1] 유한한 사람의 가치가 아니라, 일시적이고 허무한 세상의 가치가 아니라 진실하고 영원한 하나님의 나라와 그의 의를 찾는 것이다(마 6:33).

> 썩을 양식을 위하여 일하지 말고 영생하도록 있는 양식을 위하여 하라 이 양식은 인자가 너희에게 주리니 인자는 아버지 하나님께서 인치신 자니라(요 6:27).

복음 신앙은 사람들이 환호하며 따르던 영광의 메시아가 아니라 사람들이 질시하여 처형한 메시아를 믿는 것이다.

태초에 세상과 인간을 지으신 창조주 하나님께서 세상의 종말을 계획하셨다. 또한 이 죄악의 세상을 끝내시고 새롭고 온전한 세상을 창조하실 것이다. 세상 종말에 나타날 하나님 나라는 사람이 고안한 추상적이고 이상적인 세계가 아니라 주님께서 세상에 오심으로 말미암아 이미 시작되었고, 장차 주님께서 다시 오실 때에 나타날 완전한 세계다. 더구나 이 세상에 오셔서 사망 권세를 이기시고 다시 사신 주님으로 말미암아, 또한 우리 가운데 계신 성령으로 말미암아, 이 새로운 세계의 도래의 약속이 확증된다. 인간의 한계를 극복할 수 있는 진정한 믿음은 인간의 의지력도 아니고, "원래 인생이란 다 그런 거야"라는 자연주의적 순응이나 체념도 아니고, 다만 전능하신 하나님께서 그리스도로 말미암아 새로운 구원의 시대를 시작하셨으므

---

1 창 3:6; 마 6:19-33; 요 6:27; 롬 8:24-25; 고전 7:31; 고후 4:18; 골 3:1-2; 히 11:1, 16; 요일 2:17 등.

로 이제 그리스도 안에 있는 사람은 사나 죽으나 주님의 것이라는 그리스도 중심적 인생관에서 비롯되는 것이다(롬 14:8).

그리스도인은 모든 일을 감찰하시는 의로우신 하나님께 모든 염려를 맡기고, 악한 일을 버리고 선행에 힘씀으로써 그의 믿음의 진정성을 증거해야 하고, 그의 믿음의 대상이신 하나님의 선하심과 영광을 나타내야 한다.

아무에게도 악을 악으로 갚지 말고 모든 사람 앞에서 선한 일을 도모하라 할 수 있거든 너희로서는 모든 사람과 더불어 화목 하라 … 원수 갚는 것이 내게 있으니 내가 갚으리라고 주께서 말씀하시니라 … 악에게 지지 말고 선으로 악을 이기라(롬 12:17-21).

2015년 9월 15일

2. 기쁜 소식

> 천사가 이르되 무서워하지 말라 보라 내가 온 백성에게 미칠 큰 기쁨의 좋은 소식을 너희에게 전하노라(눅 2:10).

스토아 철학이나 불교는 인간의 고통의 문제를 주로 무념무상(無念無想)의 단련을 통해서 해결하려고 한다. 그것은 인생의 고통을 잊어버리게 하는 일종의 "마취적 사고법"이다. 마취는 잠시 고통을 잊게 만드는 효과는 있으나 즐거움도 잊게 하는 것이 문제다. 누구나 치과에 가서 치아 치료를 위한 국부적인 마취 주사를 맞아 보았을 것이다. 마취 주사로 당장의 고통을 느끼지는 않지만, 그렇다고 결코 즐거운 것은 아니다. 인생의 고통을 피하기 위해서 우리 자신을 무감각한 존재로 단련시키는 것 자체가 고난이다. 더구나 세상을 떠나서 수행에 집중하는 일은 아무나 쉽게 할 수 있는 일도 아니다.

복음은 인생이 고통에 대한 사람의 마취적 사고가 아니라, 고통의 문제에 대한 하나님의 근본적 해결책이다. 그것은 자아 의지에 의한 무념무상의 훈련을 통해서가 아니라 하나님의 사랑과 은혜를 믿음으로 얻게 되는 하나님 나라의 평안과 기쁨과 영생이다.

복음은 그리스도로 말미암은 하나님께서 시작하시는 새로운 구원의 시대의 도래에 대한 신앙적 결단을 요구한다. 그 결단은 위기 상황에서 나타나는 인간의 보편적 심리 현상에서 비롯된 단순한 종교적 신앙이 아니라 복음서가 증거하는 그리스도의 기적과 놀라운 구원 사역의 역사적 증거에 근거한 믿을 만한 합리적 신앙이다.

한편, 복음 신앙은 과거의 역사적 사실뿐만 아니라, 아직 성취되지 않은 미래적인 약속을 믿는 소망이다. 그리스도는 더 이상 보이는 이 땅에 계시지 않고 "보이지 않는 천국"으로 승천하셨다. 하늘로 올라가신 그리스도는 다시 오실 것이다.[1] 그의 재

---

1 신구약 성경에 "하늘 보좌," "천국," "내 아버지의 집," "하늘에 있는 영원한 집," "삼층천," "본향"과 "불못," "음부," "지옥" 같은 공간적 수직적 이원론(spatial-vertical dualism)과 "하나님의 나라," "새 하늘과 새 땅"과 "세상,"

림도 미래적이고, 우리의 부활도 미래적이다. 우리는 예수님에 대한 과거의 구원 사역뿐만 아니라 그의 장래의 약속도 믿는다.

> 보이는 소망이 소망이 아니니 보는 것을 누가 바라리요(롬 8:24).
> 이는 우리가 믿음으로 행하고 보는 것으로 행하지 아니함이로다(고후 5:7).

복음 신앙은 단순히 보이는 역사적 사건만을 믿는 것이 아니라 아직 이루어지지 않은 장래의 약속도 믿는 것이다. 복음은 그리스도의 확실한 과거의 행적에 대한 믿음뿐만 아니라 불확실한 미래의 재림에 대한 믿음을 요구한다. 복음은 가시성과 불가시성, 확실성과 불확실성을 함께 가지고 복음을 듣는 사람의 신앙적 결단을 촉구한다. 예수님은 "겨자씨 비유," "누룩과 반죽의 비유," "밭에 감추인 보화 비유," "값비싼 진주 비유" 등, 하나님 나라가 예수님으로 말미암아 은밀하게 도래하였다는 "하나님 나라의 비밀"을 가르치는 비유들을 통해서도 복음의 불가시적이고 불확실한 특성을 가르치셨다. 하나님 나라가 유대인들의 기대와는 달리 불가시적이고 감추어진 상태로 도래하였기 때문에 불확실성이 있으나, 이런 불가시성과 불확실성에도 불구하고 그리스도께서 선포하신 하나님 나라의 도래를 그대로 믿는 이들이 바로 하나님 나라의 수혜자들이라고 가르치셨다(마 4:17; 13장).

복음의 수혜자들은 세상의 지혜로운 자들이 아니라 오히려 착한 어린아이들과 같이 세상의 탐심이 없는 순전한 자세로 하나님 나라의 도래를 바라며 하나님 나라의 의를 따라 사는 이들이다.

> 마음이 가난한 자는 복이 있나니 하나님의 나라가 저희 것임이요(마 5:3).
> 마음이 청결한 자는 복이 있나니 저희가 하나님을 볼 것임이요(마 5:8).

"처음 하늘과 처음 땅"과 같은 시간적 종말론적 이원론(temporal-eschatological dualism)이 있으나 이 두 개의 이원론은 "하나님께서 다스리시는 완전하고 영원한 지복의 영적 세계"와 "마귀와 악한 자들이 갇힐 처참한 영적 세계"라는 두 개의 대조적인 세상(공간), 또는 "혼란한 현시대"와 "장차 도래할 완전한 시대(시간)"를 가리킨다. 이런 이원론을 후대의 외래적인 사상으로 보는 이들이 많으나 오경을 포함한 구약에도 유사한 이원론적 기사들이 있음을 주지해야 한다(창 11:4-5; 28:12; 출 20:22; 신 4:39; 26:15; 욥 19:25-26; 시 16:10-11; 133:3; 왕하 2:11 등).

그때에 예수께서 대답하여 가라사대 천지의 주재이신 아버지여 이것을 지혜롭고 슬기 있는 자들에게는 숨기시고 어린아이들에게는 나타내심을 감사 하나이다 (마 11:25).
너희가 돌이켜 어린아이들과 같이 되지 아니하면 결단코 천국에 들어가지 못하리라 (마 18:3).

예수님 자신도 공생애를 시작하시기 전에 광야에서 받으신 시험을 통해서 자신이 전개할 메시아 사역이 가시적 복음 사역이 아니라 불가시적 사역이라는 것을 확인하셨다. 더구나, 예수님의 사역 가운데 나타난 모든 놀라운 기적과 부활 사건 같은 가시적 증거에도 불구하고, 그의 십자가의 희생은 통상적인 가시적 사건이 아니라 믿음이 없이는 그 진정한 의미를 알 수 없는 특별한 가시적 사건이었다. 복음 신앙은 사람들이 환호하며 따르던 영광의 메시아가 아니라 사람들이 질시하여 처형한 메시아를 믿는 것이다.

너는 나를 본고로 믿느냐 보지 못하고 믿는 자들은 복되도다(요 20:29).

이렇게 복음은 가시적 증거와 함께 불가시적 증거, 확실성과 함께 불확실성을 모두 함께 가지고 우리에게 진정한 신앙을 요구한다. 칼빈은 믿음이란 내외적인 모든 불확실성을 극복하면서 하나님의 긍휼하심과 구원의 약속과 능력을 확신하는 자세라고 했다(*Inst.* III. 14-37). 믿음의 조상들에게서 보듯이, 믿음이란 본질상 모든 불확실성 가운데서 신실하신 하나님과 그의 언약을 믿는 것이다(민 23:19; 롬 4장; 히 11장). 이스라엘 백성은 출애굽의 놀라운 기적들을 경험하였으나 여전히 하나님의 가나안 땅의 약속의 확실성과 관련하여 많은 시험을 받았다(출 15:22-26; 16:4; 17:1-7; 민 11:1-33).

(맛사에서) 그들이 여호와를 시험하여 이르기를 여호와께서 우리 중에 계신가 안 계신가 하였음이라(출 17:7).

하나님은 광야에서 불신적인 이스라엘 백성을 시험하신 반면에 불신적 이스라엘 백성은 하나님의 존재와 능력을 시험하였던 것이다.

하나님과 인간 사이의 신앙적 갈등은 근본적으로 하나님의 위대하심과 우리 인간의 유한성, 즉 불신적 죄성에서 비롯된다. 하나님은 유한한 죄인인 인간이 제대로 "알 수 없는 크신 분"(the Great Unknown)이시고, 우리는 악하나 하나님은 선하시고, 우리의 언어는 유한하나 하나님의 말씀은 무한하기 때문에 우리는 하나님의 뜻을 제대로 알 수도 없고 이해할 수도 없다.

> 이는 하늘이 땅보다 높음같이 내 길은 너희의 길보다 높으며 내 생각은 너희 생각보다 높음이라(사 55:8-9).

하나님은 우리가 자세히 볼 수 없고 접근할 수도 없는 존엄한 초월자이시다(the Wholly Other).[2] 그러나 보이지 않으시는 하나님께서 자신이 보이는 세상을 지으셨다고 말씀하시면서 자신의 실재와 능력을 증거하시면서 믿음을 촉구하신다(창 1:1 이하; 히 11:1-3). 보이지 않으시는 하나님께서 모든 기적과 구원의 역사로 그의 영광과 존귀와 능력을 온 세상에 나타내신다. 무엇보다, 그리스도의 부활은 가장 분명히 하나님의 실재와 사랑을 증거한다(롬 5:8; 8:35-39). 우리들의 연약함을 도우시며 감화하시는 성령의 역사도 믿음의 실재성을 증거한다(요 16:13; 행 2:4; 롬 8:16, 26; 고전 12:3 이하; 고후 1:22). 우리는 이 같은 삼위 하나님의 구원의 은혜의 역사를 믿어야 한다.

아무리 믿음이 본질상 보이지 않는 것을 믿는 것이라고 해도, 진정한 믿음이라면 적어도 어떤 구체적 증거가 필요한 것이다.[3] 즉 기적과 같은 하나님의 현실적 개입이 우리의 믿음을 강화시킨다. 또한 하나님께서 말씀하신 약속이 오랜 구원 역사를 통해 실제로 성취된 사실도 우리의 믿음을 굳세게 한다(히 11:4 이하).

그러나 믿음의 증거만을 찾는 것은 진정한 믿음의 자세가 아니다(요 6:26, 27;

---

2 출 19:12, 21, 24; 출 24:10; 33:19-23; 34:3; 민 12:8; 욥 23:1-9; 40:4; 사 55:9; 롬 11:33-36.

3 C. F. D. Moule, *The Phenomenon of the New Testament: An Inquiry of the Implications of Certain Features of the New Testament* (Naperville, Ill: A. R. Allenson, 1967), 78f., 재인용 G. E. Ladd, *A Theology of the NT* (Grand Rapids: Eerdmans, 1974), 180.

11:40; 20:29; 고후 5:7). 믿음이란 본질상 특별한 증거가 없이도 믿음의 대상을 끝까지 믿는 진실한 마음의 자세이기 때문이다. 모든 불확실성 가운데서도 하나님의 약속을 끝까지 믿는 이들이 바로 하나님의 자녀들이다. 아브라함도, 욥도, 시편 기자도, 예레미야, 다니엘, 하박국 등도 그런 믿음의 사람들이다.[4]

> 아브람이 여호와를 믿으니 여호와께서 이를 그의 의로 여기시고(창 15:6).
> 의인은 그의 믿음으로 말미암아 살리라(합 2:4).

하나님께서는 바로 그런 신실한 사람들을 자신의 자녀로 삼으시고 지키신다. 이런 믿음의 사람들이 모든 것이 확실하기 때문에 하나님의 약속을 믿은 것이 아니라 도리어 믿기 어려운 상황 가운데서도 믿음을 지킴으로써 하나님의 신망을 얻었던 것이다.

> 네가 네 아들 네 독자까지도 내게 아끼지 아니하였으니 내가 이제야 네가 하나님을 경외하는 줄을 아노라(창 22:12b).

욥기서가 가르치는 것은 욥이 시험을 이김으로써 다시 축복을 받았다는 사실보다 욥이 하나님의 선하심을 도저히 믿을 수 없는 절망적 현실 가운데서도 하나님의 선하심을 끝까지 믿었다는 사실이다. 그것이 욥기서에 나타난 욥의 일관된 모습이며, 또한 대다수의 신실한 사람들의 신앙적 자세다.

> 그런데 내가 앞으로 가도 그가 아니 계시고 뒤로 가도 보이지 아니하며 그가 왼쪽에서 일하시나 내가 만날 수 없고 그가 오른쪽으로 돌이키시나 뵈올 수 없구나 그러나 내가 가는 그 길을 그가 아시나니 그가 나를 단련하신 후에는 내가 순금같이 나오리라(욥 23:8-10).

---

[4] 창 15:1 이하; 22:1; 욥 23:1-9; 40:4; 시 10:1; 13:1; 22:1; 77:7-8; 합 2:4; 히 6:15.

시편 기자는 자주 탄식하지만, 구원의 소망의 줄을 놓지 않는다.[5]

> 여호와여 어느 때까지니이까 나를 영원히 잊으시나이까 … 나는 오직 주의 사랑을 의지하였사오니 나의 마음은 주의 구원을 기뻐하리이다 (시편 13:1-5).

이런 신앙자세는 우리의 모든 "현재의 고난"과 불확실성 가운데서도 보이지 않는 장래의 영광을 바라보며 믿음을 온전히 지키라는 사도 바울의 권면과 같은 맥락이다(롬 8:18; 고후 4:17). 진실한 믿음은 약속의 성취가 확실하기 때문만이 아니라 불확실함에도 불구하고 믿는 것이다.

> 우리가 소망으로 구원을 얻었으매 보이는 소망이 소망이 아니니 보는 것을 누가 바라리요 (롬 8:24).

하나님께서는 모든 불확실하고 불안한 고난의 삶을 통해서 우리로 하여금 장차 나타날 영광을 사모하게 하신다(롬 8:18-25; 고후 4:16-5:10; 히 4:9-11; 벧전 4:13).

옛날 이스라엘 백성은 자주 하나님을 떠나 이방신을 섬겼다. 하나님께서 자주 그들의 믿음을 시험하셨고, 그들은 자주 실패하였다.[6] 반면에, 그들도 하나님을 불신하고 시험하다가, 하나님의 진노를 받았다.[7] 하나님은 우리의 믿음을 시험하실 수 있지만, 우리 피조물 인간은 하나님의 신실하심을 시험해서는 안 된다. 그러나 우리는 여전히 하나님을 시험할 때가 있다. 우리는 때로 믿음의 확실성과 불확실성 사이에서 머뭇거린다. 그러나 시험 중에 우리는 언제나 하나님의 선하심과 신실하심을 믿음으로써, 믿음의 불확실성을 버리고 확실성을 선택해야 한다. 암담하고 불확실한 삶의 정황 가운데서도 선하시고 신실하신 하나님께서 그의 구원의 약속을 반드시 지키신다는 믿음과 소망으로 불신과 절망을 극복해야 한다.

하나님께서는 그가 택하신 이스라엘 백성을 고난에서 구원하심으로써 그의 영광

---

5 시 5-7장; 10장; 13장; 22장; 28장; 38장; 69장; 70장; 71장; 74장; 77장; 83장; 88장; 102장; 130장; 140-143장 등.
6 출 15:25; 16:4; 20:20; 신 8:2, 16; 13:3; 삿 2:22; 3:1, 4; 욥 7:18; 시 66:10; 렘 20:12.
7 출 17:2; 민 14:22; 신 6:16; 8:2-3, 12-20; 시 78:18, 41, 56.

을 나타내셨다.

내가 너를 연단하였으나 … 어찌 내 이름을 욕되게 하리요 내 영광을 다른 자에게 주지 아니하리라(사 48:10-11).

하나님께서는 오늘 우리도 모든 "현재의 고난"에서 구원하시고 장차 나타날 그의 영광에 참여하게 하실 것이다.

우리가 그와 함께 영광을 받기 위하여 고난도 함께 받아야 할 것이니라(롬 8:17b).

우리의 믿음과 소망이 허구가 아니라 실재라는 것은 하나님의 오랜 약속과 성취의 역사를 통해 확증할 수 있다.

믿음은 바라는 것들의 실상이요 보이지 않는 것들의 증거니 선진들이 이로써 증거를 얻었느니라(히 11:1).

2015년 9월 20일

3. 구원사 vs. 자연사

> 하나님이 노아와 그 아들들에게 복을 주시며 그들에게 이르시되 생육하고 번성하여 땅에 충만하라(창 9:1).

성경은 처음부터 끝까지 하나님의 인간 구원의 역사다. 인간 구원이 하나님의 구원 역사의 핵심이다. 인간의 죄악으로 말미암아 땅도 저주를 받았다(창 3:17; 롬 8:19).

자연사적 시각에서 볼 때 이 세상의 흥망성쇠는 단순한 자연 현상일 뿐이다. 그러나 구원사적 시각에서 볼 때 이 세상의 흥망성쇠는 인간의 죄에 대한 하나님의 진노하심과 심판을 가리킨다.

> 하나님이 노아에게 이르시되 모든 혈육 있는 자의 포악함이 땅에 가득하므로 그 끝 날이 내 앞에 이르렀으니 내가 그들을 땅과 함께 멸하리라(창 6:13).

자연사적 시각에서 인생의 생사화복은 자연 현상에 불과하나, 구원사적 시각에서 인생의 생사화복은 하나님의 구원의 은혜와 심판을 가리킨다.

> 내가 다시는 사람으로 말미암아 땅을 저주하지 아니하리니 이는 사람의 마음이 계획하는 바가 어려서부터 악함이라. 내가 전에 행한 것같이 모든 생물을 다시 멸하지 아니하리니(창 8:21).

자연사적 시각을 가질 것인가?
구원사적 시각을 가질 것인가?
전자는 비인격적인 피조물의 본질을 따라서 무의미하고 허무한 삶으로 인도할 것이고, 후자는 인격적인 창조주 하나님의 사랑과 구원의 은혜를 믿고 산다.

우리가 살아도 주를 위하여 살고 죽어도 주를 위하여 죽나니 그러므로 사나 죽으나 우리가 주의 것이로다(롬 14:8).

이런 믿음의 결단에도 불구하고 우리는 온갖 자연주의적 사고(인과론, 순환론, 운명론, 우연론, 진화론 등)와 합리적 사고의 도전을 계속해서 받기 때문에, 우리는 하나님의 말씀을 더욱 힘써 읽어야 한다.

내가 주의 법을 어찌 그리 사랑하는지요 내가 그것을 종일 작은 소리로 읊조리나이다 (시 119:97).

2015년 9월 20일

4. 유일신 신앙의 탁월함

> 나는 여호와라. 나 외에 다른 이가 없나니 나 밖에 신이 없느니라 … 나는 빛도 짓고 어둠도 창조하며, 나는 평안도 짓고 환난도 창조하나니 나는 여호와라 이 모든 일들을 행하는 자니라(사 45:5-7).

다신교 사상이나, 다원주의적 사상은 자연주의 사상에 근거하고 있고 선과 악, 빛과 암흑, 음양(陰陽) 등의 자연 현상 가운데 나타나는 이원론적 대립적 원리가 세상과 인간 운명을 지배하는 것으로 본다. 이런 종교나 철학 사상에 의하면 이 세상은 완전한 평화의 가능성이나 희망은 기대할 수 없고, 오직 선과 악, 빛과 암흑의 영원한 싸움만 계속될 뿐이다. 이런 사상은 인생의 고난을 바꿀 수 없는 자연의 원리로 정당화하며 모든 고난을 그대로 받아들이도록 가르친다.

유사하게 성경에도 영과 육, 하나님과 사탄, 선과 악, 의인과 악인 등의 이원론적 주제들이 나타난다. 그러나 성경은 인격적인 선하신 하나님께서 이 모든 대립을 주관하고 통제하신다는 것을 가르친다.

> 나는 빛도 짓고 어둠도 창조하며, 나는 평안도 짓고 환난도 창조하나니 나는 여호와라 이 모든 일들을 행하는 자니라(사 45:7).

성경의 하나님은 결국 이런 대립을 끝내시고 대립과 갈등이 없는 온전한 세상을 창조하신다고 약속하신다.

> 보라 내가 새 하늘과 새 땅을 창조하나니 이전 것은 기억되거나 마음에 생각나지 아니할 것이라(사 65:17; 참조, 계 21:1).

하나님께서는 갈등과 대립이 없는 온전한 하나님의 나라를 세우시기 위해서 그의 아들을 보내셨다. 예수님께서는 열두 제자들이 전도를 마치고 돌아왔을 때 사탄이 하늘로부터 번개같이 떨어지는 것을 직접 보셨다고 말씀하셨다(눅 10:18). 이것은 예수님과 제자들의 복음 사역으로 말미암아 지금까지 세상에서 왕 노릇하던 사탄의 권세가 크게 타격을 입었다는 것을 가리키는 것이다. 이제부터는 그리스도와 그리스도의 몸 된 교회가 사탄의 권세를 이기고 하나님 나라의 구원의 능력을 세상에 나타내기 시작한다는 것이다. 더구나 그리스도는 십자가의 희생으로 세상의 갈등과 대립의 근본 원인인 인간의 죄의 문제를 해결하셨다. 이제 그리스도를 믿는 사람들은 이 세상의 고난 가운데서도 그리스도께서 다시 오셔서 이 세상을 온전히 다스리시는 날을 간절히 기다리는 것이다.

물론, 불교에서도 대립적 악순환에서 벗어나는 "해탈"(解脫)을 가르치고, 도교에서는 모든 세상 이치를 꿰뚫는 "달관"(達觀)을 가르치나, 모두 궁극적 가치를 바라는 인간 자신의 소망일 뿐이며, 세상을 창조하신 하나님의 결정이나 약속이나 계시가 아니다. 자연주의자들은 대개 대립적 갈등과 긴장을 그대로 받아들이거나, 순응하거나, 잊어버리도록 가르친다. 스토아 철학이나, 도교나, 불교도 그렇게 가르친다. 모든 고통이나 즐거움은 결국 그것을 느끼는 사람의 마음에서 비롯되는 것으로 보고 사람이 자신의 마음을 스스로 통제할 것을 가르치는 것이다. 그것은 곧 무념무상(無念無想)의 훈련이다. 이런 훈련은 결국 인간의 고통뿐만 아니라 즐거움조차 잊게 만드는 무아(無我)의 세계로 이끄는 것이다. 무념무상과 무아의 세계는 결국 무감각의 경지로서 죽음의 세계와 다를 바가 없다. 이런 "무아지경"을 통한 종교적 황홀경으로 보기도 하지만, 그것은 고통 없이 서서히 사망에 이르게 하는 인위적 안락사에 불과한 것이다.

이런 비인간적이고 비인격적인 무념무상의 가르침은 환자의 고통을 덜어주기 위해서 마취제로 환자의 감각을 마비시키는 것과 같다. 누구나 치과에 가서 마취 주사를 맞고 치료받은 경험이 있을 것이다. 마취 주사를 맞으면 고통은 없으나 불편한 무감각의 상태가 된다. 이런 마취 주사를 즐기는 사람은 별로 없을 것이다.

복음이란 문자 그대로 기쁜 소식이다. 죄로부터 구원하시는 하나님의 아들의 구원 소식은 고통당하는 모든 인생이 가장 기뻐해야 할 소식이다. 세상에서 시달리는 인생을 비정상적인 무통, 무감각의 세계로 이끄는 인위적인 구원 방법을 따를 것이 아니라, 생명의 주이신 하나님의 아들의 말씀을 들어야 한다.

> 평안을 너희에게 끼치노니 곧 나의 평안을 너희에게 주노라 내가 너희에게 주는 것은 세상이 주는 것과 같지 아니하니라 너희는 마음에 근심하지도 말고, 두려워하지도 말라(요 14:27).
>
> 육체의 연단은 약간의 유익이 있으나 경건은 범사에 유익하니 금생과 내생에 약속이 있느니라(딤전 4:8).

성경이 가르치는 창조주 하나님은 생명의 주이시며 생명 세계의 창조주이시다. 때로, 하나님께서는 생명을 죽이기도 하시지만, 그것은 전체 생명의 세계를 지키시기 위한 것이며, 창조주로서의 피조물에 대한 애착심을 가지시고 생명의 세계를 보존하고 확장하시는 것이 창조주 하나님의 본성이다.

> 생육하고 번성하여 땅에 충만하라(창 1:28).
>
> 내가 다시는 사람으로 말미암아 땅을 저주하지 아니하리니(창 8:21b).

불행하게도, 하나님께서 지으신 하나님의 형상, 인간의 배반과 패역함으로 하나님의 창조 세계가 고통과 사망의 권세 아래 놓이게 되었으나 창조주 하나님께서는 그 구원의 역사를 계속하신다. 더구나 하나님은 그의 형상대로 지으신 인간을 특별히 사랑하시고 그의 아들을 희생제물로 보내시어 그를 믿음으로 구원 얻는 도리를 주셨다.

> 내가 그들에게 영생을 주노니 영원히 멸망하지 아니할 것이요 또 그들을 내손에서 빼앗을 자가 없느니라(요 10:28).

선하신 창조주 하나님께서 주관하시는 영원한 빛과 생명이 충만한 세계 창조를 위한 세계관, 인생관, 가치관은 우리 인간에게 확고하고 진정한 구원과 소망을 주는 반면에, 여러 신들과 다양한 자연 현상에 근거한 다원론적 사상은 사람들을 다른 생물이나 자연물과 분명히 구별하지 않음으로써 결국 혼란과 공허와 어두움과 사망에 이르게 하는 미혹의 영이 가르치는 사상이다.

과학주의와 함께 자연주의 사상(인과론, 순환론, 운명론, 우연론, 진화론 등)과 보편주의와 다원주의 사상이 현대인들에게 인기가 있으나, 이런 사상들은 아무리 고상한 지적 탐구라고 하더라도, 결국 비인격적인 가치들이거나, 피조 인간의 사색이기 때문에, 결국 우리를 허무와 절망에 빠지게 한다. 복음은 사람이 사색하고 고안한 종교 사상이나 어떤 비인격적 구원 도리가 아니라 하나님의 계시의 말씀이다. 사람을 지으시고 사랑하시는 인격적 하나님께서 그리스도의 죽으심과 부활로 친히 확증하신 생명과 구원의 도리다.

> 이는 이 세상의 지혜가 아니요 또 이 세상에서 없어질 통치자들의 지혜도 아니요 오직 은밀한 가운데 있는 하나님의 지혜를 말하는 것으로서 곧 감추어졌던 것인데 하나님이 우리의 영광을 위하여 만세 전에 미리 정하신 것이라(고전 2:6b-7).

현대 문명사회는 물질적인 풍요는 이루었으나, 영적 혼란에 빠져 있다. 그리스도교 신앙을 믿던 서양 사회가 이제는 다원주의적 종교 사상을 믿는다. 청교도들이 세운 미국이 이제는 무슬림 대통령도 괜찮다는 여론이 60%나 되는 나라가 되었고, 동성애자들이 부끄러운 줄 모르고 활개를 치고 오히려 그들을 경계하는 이들을 정죄하는 불신적인 나라가 되었다. 모든 종교는 결국 같은 것이고, "무엇을 믿든지 개인의 자유의사를 존중해야 한다"는 보편주의적 의식이 현대인의 상식이다. 그러나 복음만이 절대적 구원의 길이라고 주장하는 사람은 편집병 환자로 취급받는다.

결국 다원주의와 보편주의가 절대적 사상으로 이 세상에 군림한 것이다. 현대인은 모든 절대주의 사상을 거절한다고 하나, 결국은 상대주의를 절대적 사상으로 믿는다. 그러므로 현대는 영적으로 큰 혼란과 위기에 처해 있다. 현대는 종교적 관용주의, 성차별금지 같은 다양한 보편주의적 가치관으로 말미암아 영적 블랙홀로 빠져들고 있다. 우리나라도 이런 불신적 문명을 따라가고 있다. 솔로몬 왕의 시대에 국가 간의 무역이 발달되고 온갖 이방 사상이 난무하면서 다윗 왕 시대의 경건함이

사라진 것과 같다.

지금은 진실히 믿는 모든 그리스도인들에게 큰 고난의 때다. 어떤 특정한 이단 사상보다도 우리도 모르게 물들게 되는 세속적인 사상이 더 큰 문제가 되는 것이다. 실로 이 세상은 하나님의 진노하심을 초래하고 있다. 실제로 최근에 여러 재해들과 테러리즘이 세계 도처에서 자주 일어나지만 세상 사람들은 이것들을 단순한 자연 현상이나 사회적, 문화적 갈등 현상으로 생각할 뿐이다.

물론 현대에서 전통적 절대주의가 사라진 것은 아니다. 최근의 급진 무슬림권의 부상은 과거 십자군의 폭력에 대한 보복일 뿐만 아니라, 근본적으로는, 혼란한 현대 서방 세계의 상대주의적 가치관에 대한 절대주의 종교의 공격이다. 물론, 복음도 절대주의적 가치관이지만, 무슬림 사상과는 달리 하나님의 사랑이 그 핵심이므로 폭력적 절대주의적 가치관과는 다르다.[1] 그러므로 중세 기독교의 절대주의적 통치나 십자군 원정 같은 실패의 역사를 들어서 복음을 단순히 또 하나의 절대주의적 가치관으로 매도해서는 안 된다. 복음은 죄악 세상을 향하신 하나님의 절대적인 사랑의 말씀이다.

이렇게 어려운 때일수록 우리는 "믿음의 주요 또 온전하게 하시는 이인 예수"를 바라보아야 한다.

> 너희가 피곤하여 낙심하지 않기 위하여 죄인들이 이같이 자기에게 거역한 일을 참으신 이를 생각하라(히 12:3).

우리는 현대 문명이 따르는 인본주의, 자연주의, 보편주의, 상대주의, 혼합주의 등 모든 반성경적인 세속주의적 사상의 위험성을 경계하면서 신본주의, 복음주의, 유일신 사상 등 성경이 가르치는 하나님의 말씀에 집중해야 한다.

---

[1] 최근 중동의 무슬림들 가운데 꿈과 환상을 통해 예수님을 만났다는 보도가 자주 있다. 선교사 톰 도일(Tom Doyle) 목사는 "1400년 이슬람 역사보다 지난 10년 사이에 예수님을 따르게 된 무슬림들이 더 많다"고 말했다 (『꿈과 환상』). 최근 개종한 무슬림 3명 중 1인은 꿈을 통해 예수님을 만났다고 한다. 인터넷 블로그, 톰 도일 목사의 "꿈과 환상" 2018년 1월 27일. Tom Doyle/Greg Webster, *Dreams and Visions: Is Jesus Awakening the Muslim World?* (Nashville: Thomas Nelson, 2012).

나 외에는 신이 없도다 나는 죽이기도 하며 살리기도 하며 상하게도 하며 낫게도 하나니 내 손에서 능히 빼앗을 자가 없도다(신 32:39).

너희는 다 빛의 아들이요 낮의 아들이라 우리가 밤이나 어둠에 속하지 아니하니 그러므로 우리는 다른 이들과 같이 자지 말고 오직 깨어 정신을 차릴지라 자는 자들은 밤에 자고 취하는 자들은 밤에 취하되 우리는 낮에 속하였으니 정신을 차리고 믿음과 사랑의 호심경을 붙이고 구원의 소망의 투구를 쓰자(살전 5:5-8).

물론, 인간 이성의 힘으로 세상의 혼란을 어느 정도 통제할 수는 있으나, 과거의 인간의 수많은 실패의 역사를 생각할 때, 이성의 힘만으로는 세상을 혼란하게 하는 인간의 탐욕이나 악한 영의 세력을 감당할 수 없다. 우리는 다만 복음 신앙으로만 혼란한 세상을 이길 수 있다.

그러나 세상의 고난은 영원히 지속되는 것이 아니다. 하나님께서는 반드시 고난의 세상을 끝내실 것을 약속하셨다.

생각하건대 현재의 고난은 장차 우리에게 나타날 영광과 비교할 수 없도다(롬 8:18).
우리는 그의 약속대로 의가 있는 곳인 새 하늘과 새 땅을 바리보도다(벧후 3:13).

우리는 연약하지만, 우리의 육체적, 영적, 존재론적, 우주적, 미래와 현재의 모든 도전을 예수의 이름으로 이길 수 있음을 믿어야 한다(롬 8:35-39).

우리가 우리를 사랑하사 우리를 위해 죽으신 그리스도의 사랑을 믿는 한 모든 세상의 위협을 이길 수 있다.

누가 우리를 그리스도의 사랑에서 끊으리요 … 다른 어떤 피조물이라도 우리를 우리 주 그리스도 예수 안에 있는 하나님의 사랑에서 끊을 수 없으리라(롬 8:35-39).

2015년 9월 22일

5. 죄의 회개

> 시몬 베드로가 이를 보고 예수의 무릎 앞에 엎드려 이르되 주여 나를 떠나소서 나는 죄인이로소이다(눅 5:8).

본문에서 주님께서 베드로에게 "깊은 데로 가서 그물을 던지라"고 말씀하셨을 때 베드로는 자신이 누구보다 갈릴리 바다에서 고기 잡는 방법에 대해서 잘 아는 사람이라고 자부하면서 그 지시를 거부할 수도 있었으나 그는 겸손히 주님의 말씀을 순종하였다.

> 선생님 우리들이 밤이 새도록 수고하였으되 잡은 것이 없지마는 말씀에 의지하여 내가 그물을 내리리이다(눅 5:5).

베드로는 아직 예수님을 잘 알지는 못했지만 그가 대단한 분이라고 이미 생각하였던 것이다. 바로 얼마 전에 예수님께서 베드로가 사는 가버나움에 오셔서 베드로의 장모의 열병을 고쳐 주셨고, 다른 많은 병자들과 귀신들을 쫓아내셨다. 그리고 베드로는 예수님의 하나님 나라가 왔다는 권세 있는 가르침도 들었을 것이다. 이제 그 예수께서 밤새도록 고기 한 마리도 못 잡고 지친 자신에게 나타나셔서 "깊은 데로 가서 그물을 내려 고기를 잡으라"고 말씀하셨을 때 그 말씀대로 순종하였던 것이다. 그 결과 그는 기적적으로 단번에 많은 고기를 잡았던 것이다. 베드로는 이런 놀라우신 분 앞에 엎드려 자신이 죄인임을 고백하였던 것이다. 고기 잡는 경험과 기술을 의지하였던 자신을 권능의 주님 앞에 내려놓았던 것이다. 진정한 믿음이란 하나님 앞에서 자신의 연약함을 인정하고 겸손히 그의 말씀을 청종하는 자세다.

성경 전체가 사람이 자신의 죄를 회개하고 하나님께로 돌아와야 할 것을 가르친다. 창세기는 아담과 하와의 범죄, 노아 시대 사람들의 범죄, 바벨탑을 건설한 이들의 불신을 통해서 죄를 회개할 것을 가르치고, 출애굽기는 광야에서의 이스라엘 백성의 원망과 불신의 역사를 통해서, 레위기는 여러 제사의식을 통해서 죄의 회개를 가르치는 것이다. 열왕기와 역대기도 이스라엘의 왕들의 죄를 지적한다. 왕국 시대의 모든 예언자들이 우상 숭배를 회개하고 주님만을 섬길 것을 가르치고, 바벨론 포로에서 돌아온 에스라도 성전 앞에서 모든 백성들과 함께 엎드려 울며 죄를 자복하였다(에 10:1). 우리 주님께서도 "회개하라 천국이 가까웠다"는 말씀으로 복음 사역을 시작하셨다(마 4:17).

그리스도인은 십자가 앞에서 죄를 고백하고 죄 사함을 받았다. 그러나 우리는 여전히 "내가 원하는 바 선은 행하지 아니하고 도리어 원하지 아니하는 바 악을 행하는도다"(롬 7:19)라는 바울의 죄의 고백을 계속한다. 우리는 여전히 자주 죄의 포로가 된다(롬 7:23). 우리는 우리의 육과 영의 싸움에서 자주 패배한다(롬 6:12-13; 8:12-13). 예수님을 믿음으로 의롭게 되는 죄의 회개는 단 한 번이지만, 거룩함과 온전함에 이르는 죄의 회개는 계속해야 한다. 예수님을 만나 회개한 베드로도 그 후에도 몇 차례 실수하고 회개하였다(마 14:30-31; 16:22-23; 눅 22:54-62). 베드로가 사람을 낚는 어부가 되었을 때, 사탄은 그를 낚는 일을 시작하였다고 할 수 있다. 사실 우리 모두가 사탄의 낚시질의 대상이다.

우리는, 타락한 아담과 하와가 그랬듯이, 본능적으로 우리의 죄를 숨기거나(창 3:8, 10), 우리의 죄를 남이나 세상이나 환경 탓으로 돌리거나(창 3:12-13), 또한 본능적으로 하나님을 거역한다(창 3:4-7).

> 악한 자는 반역만 힘쓰나니(잠 17:11a).

비록 우리의 죄의 외적 요인들이 있더라도, 결국 죄의 근본적 원인은 우리 자신의 뿌리 깊은 죄의 본성이다. 그러므로 우리가 우리 자신의 죄성을 솔직히 인정하고 회개하는 것이 지혜로운 자세다. 우리가 죄를 회개할 때 우리는 용서함을 받고, 재생의 기회를 갖게 된다. 하나님께서는 철저히 회개한 사람을 그의 구원 역사를 위해 쓰신다.

우리가 짓는 죄의 종류는 여러 가지이지만, 근본적인 특성은 하나님의 말씀을 거역하고, 우리의 탐심을 따라서 세상의 가치에 집중하는 것이다. 그러므로 회개란 우리가 자아 중심적 자세와 세상 중심적 가치관을 버리고 하나님 중심적 자세로 전환하는 것이다.

첫째, 우리는 먼저 자아 중심적 자세를 회개해야 한다. 우리는 하나님을 믿는다고 하면서도 실제로는 하나님 대신 우리 자신을 믿고 살 때가 많다. 본문에서 베드로가 예수님의 말씀에 순종하여 고기를 잡았다는 것은 베드로의 겸손한 자세를 보여주는 것이다. 남을 무시하고 자신감에 넘치는 사람은 하나님을 믿기 어렵다. 형제에 대해 우월적 자세를 취하는 사람은 진정한 하나님 신앙을 가졌다고 할 수 없다.

우리는 "내가 너보다 낫다"는 생각을 얼마나 자주 하는가?

이런 오만한 자세로는 하나님을 믿을 수 없고, 하나님 나라 시민이 될 수 없다.

> 그러므로 누구든지 이 어린아이와 같이 자기를 낮추는 사람이 천국에서 큰 자니라 (마 18:4).

진실한 신앙인은 하나님과 사람 앞에서 자신을 낮추는 사람이다. 성경 역사에서 하나님께서는 자신의 연약함을 인정하는 사람을 부르셨다. 하나님께서는 부르신 이들을 많은 고난을 통해 더욱 낮추시며 교제하셨다. 아브라함은 "너의 고향과 친척과 아버지의 집을 떠나 내가 네게 보여줄 땅으로 가라"는 하나님의 지시를 따라 오랫동안 거처할 곳도 없이 방황하였고, 야곱과 요셉도 많은 고생을 겪었고, 모세도 소명을 받기 전에 살인자로서 광야로 도망갔었다. 다윗 왕도 많은 고난을 겪었다. 예레미야도, 다니엘도, 요나도, 하박국도, 바울도 고난을 통해 낮추신 후에 소명을 주셨다. 하나님께서는 갈릴리 바다의 전문 어부 베드로를 밤이 새도록 고기 한 마리도 못 잡게 하심으로써 자신의 연약함을 깊이 깨닫게 만드신 후에, 그를 제자로 부르셨던 것이다.

그러므로 회개란 인간이 절대자 하나님 앞에서 자신의 무력함과 무능함을 시인하고 하나님을 의지하는 데서 시작된다. 인간은 거룩하신 하나님을 만날 때, 특별히, 죄인을 위해 죽으신 그리스도를 만날 때 연약한 자신의 본질을 깨닫게 되고 그로 말미암아 새로운 피조물이 되는 진리를 깨닫게 되는 것이다(고후 5:17).

그러나 회개는 자학이 아니라 용서하시는 하나님을 믿고 의지하는 것이다. 자학이나 원망은 부정적인 자아 중심적 자세지만, 회개란 적극적인 하나님 중심적 자세다. 비록 여전히 불완전하나 그리스도 안에서 "용서받은 죄인"으로서 자신을 자각하는 것이다. 베드로처럼 자아 중심적인 자신을 주님 앞에 내려놓을 때 주님께서 자신을 새로운 피조물로 재창조하여 주심을 믿는 것이다. 베드로처럼 구원받은 새 사람으로서, 그 구원의 큰 능력을 세상에 증거하는 사람이 되는 것이다.

대다수의 불신자들은 자신이 특별히 죄인이라고 생각하지 않는다. 많은 현대인들은 인간의 이성을 신뢰하면서, 인간은 스스로 자신의 문제를 처리할 수 있는 탁월한 이성적 존재라고 자신을 신뢰한다. 특별히 현대 인본주의자들은 인간 존재의 유한함보다 인간의 능력과 무한한 가능성을 믿는다. 이들은 인간 자신의 합리적 도리와 인간애로써 인생의 존재 이유와 목적을 스스로 찾을 수 있다고 생각한다.

그러나 성경은 피조물 인간의 한계를 보여준다. 성경은 인간 역사는 다름 아닌 인간의 죄의 역사라는 것을 보여준다. 개인뿐만 아니라 세상 전체가 악하다는 것을 보여준다. 성경 역사의 아담의 타락, 노아 시대 사람들의 타락, 소돔과 고모라의 타락, 바벨탑 시대 사람들의 타락, 하나님의 백성 이스라엘의 거듭된 실패의 역사 등은 죄의 역사이며, 인간은 스스로 죄를 극복할 수 없는 연약한 존재라는 것을 보여준다. 날마다 뉴스 보도에 나타나는 범죄 사건들은 인간 내면에 깊숙이 자리 잡고 있는 죄악의 뿌리를 가리키는 것이다. 무엇보다, 우리는 우리 자신의 마음속에 수시로 일어나는 죄의 생각을 보면서 죄의 심각성과 보편성을 인정해야 한다. 그런데도 현대인은 일반적으로 인간의 본질이 선하다는 것을 믿는다.

성경은 인간은 멸망 받을 죄인이며 죄를 고백하고 하나님께 돌아와야 살 수 있다고 가르친다. 진정한 회개는 자신이나 자연이나 인간 중심적 가치관, 세계관, 인간관으로부터 벗어나 거룩하신 하나님 앞에 서 있는 연약한 자신을 발견하는 데서 출발하는 것이다.

"주여 나를 떠나소서. 나는 죄인이로소이다."

베드로는 주님의 구원 능력에 압도되어 지금까지의 자아 중심적 자세를 버리고, 고기를 잡는 어부 대신 사람들을 구원하는 복음의 일꾼이 되기를 결단하였다. 주님은 세상 사람들이 따르는 가치 대신에 하나님 나라의 가치를 발견한 사람에게 복음 사역을 맡기신다.

회개란 기존의 자아와 기존의 전통 문화 중심적 삶의 자세를 포기하고 우리를 사랑하고 돌보시는 하늘에 계신 아버지 하나님을 의지하는 것이다. 자신의 생각이나 세상의 지식이 아니라 하나님의 말씀을 믿고 따르는 것이다. 그러므로 아브라함은 그때까지 의지하던 고향과 친척과 부모를 떠나 하나님께서 보여주실 땅을 향해 나아갔고, 야곱도 고향과 부모를 떠나 하란 땅으로, 요셉도 애굽 땅으로 떠났었다. 베드로도 자신이 의지하던 "모든 것"(그물, 배, 아버지)을 버리고 주님을 따랐다. 자아 중심적 자세와 비인격적인 세상의 가치와 원리를 버리고 하나님의 나라 백성으로 살게 된 것이다.

세상 사람들은 자신의 존재의 확장과 번영, 가족의 안정, 사회와 국가의 발전, 개인적 출세와 성공 등, 보이는 피조물의 가치를 절대화하고 우상화한다. 하와는 먹음직하게 보이는 탐스런 선악과를 바라보고 범죄하였다(창 3:6). 롯의 아내는 "돌아보지 말라"는 천사의 경고를 무시하고 불타는 소돔성을 바라보다가 소금 기둥이 되었다(창 19:17, 26). 이스라엘 백성은 광야에서 가나안 땅의 약속보다는 당면한 어려운 현실을 보며 불신에 빠졌다(민 1:11; 13:31-33; 14:1-3). 가나안 땅에 들어 간 그들의 후손들도, 모세가 염려했던 것처럼, 우상을 비롯한 보이는 피조물의 가치에 집중하면서 하나님의 말씀을 잊었던 것이다(신 8:12-14; 28:48; 삿 2:11 이하). 우리는 그들의 실패를 거울로 삼아 세상의 모든 어려운 시험 가운데서도 하나님의 최종적 구원의 약속을 굳게 믿어야 한다(신 8:2-4, 11-20; 욥 1:22). 우리 주님께서도 허망한 피조물의 보이는 가치에 집중하지 말고, 영원한 하나님 나라의 가치에 집중할 것을 가르치셨다.

"이는 다 이방인들이 구하는 것이라 너희는 먼저 그의 나라와 그의 의를 구하라"(마 6:33)고 말씀하셨다. 사도 바울도 베드로도 성도들이 보이지 않는 영원한 가치를 바라보며 살아야 할 것을 가르쳤다(롬 8:18-25; 고후 4:16-5:10; 골 3:1-4; 빌 3:20-21; 히 4:9-11; 벧후 3:11-13). 우리는 끊임없이 보이는 세상의 가치와 자아 중심적 가치로 향하는 육적 본능을 억제하고 하나님 나라와 하나님의 의를 구해야 한다. 세상의 탐욕에 취한 사람들은 하나님 나라를 유업으로 받을 수 없다(마 6:19 이하; 24:38-39; 눅 12:19-21; 21:34; 갈 5:21). 복음 신앙이란 사람들이 환호하며 따르던 영광의 메시아가 아니라 세상의 보이는 피조물의 가치를 따르는 사람들의 비난을 받으면서도 보이지 않는 하나님 나라의 탁월한 가치와 소망을 증거하신 메시아를 믿는 것이다.

내 나라는 이 세상에 속한 것이 아니니라(요 18:36).

둘째, 우리는 이 세계와 인간에 대한 이 세상의 스승들의 가르침을 버리고, 이 세상과 인간의 구원을 위한 유일하신 하나님의 말씀만을 경청해야 한다. 세상의 자연주의적, 인본주의적 가치관은 일시적 효과는 있으나 인간 문제에 대한 완전한 해결책이 아니라, 불완전한 미봉책일 뿐이다. 그것은 기껏해야 위약(僞藥, placebo) 효과와 같은 것이다. 그것은 일시적 효과는 있으나 결국 상태를 더욱 악화시킬 뿐이다. 자연주의자들이나 인본주의자들은 유한한 피조물의 본성으로 말미암아 결국 허무와 절망에 빠질 뿐이다.

세상 사람들은 사람이나 세상의 허망한 가치를 절대화하여 삶의 절대적 목적으로 삼고 산다. 이 세상의 신은 끊임없이 우리를 이 세상의 보이는 피조물의 가치와 사라질 피조물의 일시적 영광을 추구하도록 부추긴다. 그러나 보이는 피조물의 가치는 모두 질적, 시간적 한계가 있고, 그것을 절대시하는 것은 우상 숭배와 같고, 결국 공허함과 혼란과 어둠 속에 빠지게 한다(창 3:6; 고후 10:7; 요일 2:17). 실제로 유명한 권세자들이나 부자들의 갑작스런 몰락이 드문 일이 아니다. 성경 전체가 보이는 피조물이나 사람을 의지하지 말고, 보이지 않으시는 하나님과 그 언약을 믿을 것을 가르친다.[1]

> 너희는 먼저 그의 나라와 그의 의를 구하라(마 6:33a).
> 썩을 양식을 위하여 일하지 말고 영생하도록 있는 양식을 위하여 하라 이 양식은 인자가 너희에게 주리니 인자는 아버지 하나님께서 인치신 자니라(요 6:27).
> 우리가 주목하는 것은 보이는 것이 아니요 보이지 않는 것이니 보이는 것은 잠깐이요 보이지 않는 것은 영원함이라(고후 4:18).
> 그러므로 너희가 그리스도와 함께 다시 살리심을 받았으면 위의 것을 찾으라 거기는 그리스도께서 하나님 우편에 앉아 계시느니라 위의 것을 생각하고 땅의 것을 생각하지 말라(골 3:1-2).

---

1 창 28:16; 욥 1:21; 12:13; 시 44:6; 49:6-7; 52:7; 146:3; 잠 3:5, 26; 11:28; 사 2:22; 27:5; 31:1; 렘 9:23-24; 눅 12:21.

이 세상도, 그 정욕도 지나가되 오직 하나님의 뜻을 행하는 자는 영원히 거하느니라 (요일 2:17).

우리는 그의 약속대로 의가 있는 곳인 새 하늘과 새 땅을 바라보도다(벧후 3:13).

기복(祈福) 신앙이란 보이지 않는 하나님 나라의 가치보다 보이는 세상의 가치를 더 중시하는 세속적 신앙을 가리키는 말이다. 우리는 허망한 세상의 가치에 집중하는 우리의 잘못된 생각과 헛된 삶의 방식을 근본적으로 고쳐야 한다. 베드로는 예수님께서 가르치시는 천국 복음을 위해서 생존수단인 배와 그물 등 모든 어구(漁具)를 버리고 주님을 따랐다. 진정한 회개는 천국적 삶의 방식을 위해서 세상적 삶의 방식과 스타일을 과감히 청산하는 것이다.

모든 무거운 것과 얽매이기 쉬운 죄를 벗어버리고 인내로써 우리 앞에 당한 경주를 하며 믿음의 주요 또 온전하게 하시는 이인 예수를 바라보자(히 12:1b-2a).

셋째, 우리는 열의와 위기의식이 없는 안일하고 나태한 신앙 자세를 회개해야 한다. 오래 믿는 이들 가운데 믿음의 활력을 잃고 단순히 습관적으로 믿는 이들이 있다. 그러므로 옛날 구약 시대 예언자들은 형식적으로 회개하는 이스라엘 백성들에게 몸의 할례가 아니라 마음의 할례를 받을 것과 "옷을 찢지 말고 마음을 찢으라"고 책망하였다(레 26:41; 신 10:16; 렘 9:26; 겔 44:7; 욜 2:13). 예수님께서도 자주 당시 유대교 지도자들의 마음 없는 기도와 금식과 계율 등 거짓된 경건을 책망하셨다. 종교개혁자들은 500년 전 중세 교회의 형식주의적 신앙을 버리고 진정한 성경적 신앙을 찾기 위해 종교개혁의 기치를 들었다. 무엇보다 그들은 임박한 하나님의 진노에 대한 위기의식을 가졌다. 우리는 이런 개혁 전통을 따라서 하나님의 진노를 두려워하는 마음으로 생명이 없는 죽은 신앙을 회개하고 생명이 약동하는 산 신앙을 가지기 위해 힘써야 한다.

어제 나는 어떤 교회 지도자들의 모임(종교개혁 500주년 국제학술회)에 참석했다. 세계 여러 나라 교회 지도자들이 모여서 오늘날 세계 교회의 전반적 쇠퇴 현상에 대해 논의하였다. 그 모임에 참석한 분들 모두가 유럽이나 미국이나 우리나라와 같이 대개 물질적으로 풍요한 나라의 교회들이 활력을 잃고 쇠퇴하고 있다는 것을 지적했다. 그들은 주로 교회 쇠퇴의 내적 요인들을 지적하였다. 독일에서 온 레겐스버그 대학교(Regensburg University)의 한스 슈바르쯔(Hans Schwarz) 교수는 오늘날 교회 쇠퇴의 가장 큰 요인은 바로 기독교인들이 교인답게 살지 않기 때문이라고 했다. 그는 니체의 말을 인용했다.

"불교도들은 불교도들같이 행동하고, 이슬람교도들은 이슬람교도들처럼 행동하는데, 기독교인들은 보통 사람들처럼 산다."

니체는 기독교를 반대하는 철학자였으나 우리는 적어도 그의 비판을 심각히 생각해야 한다. 교회는 생명과 사랑의 역동적 유기체인 그리스도의 몸이고 우리는 그 지체로서 생명과 사랑을 나누며 살아야 한다.

> 너희는 세상의 빛이라 그들이 너희 착한 행실을 보고 하늘 아버지께 영광을 돌리게 하라(마 :16b).

키에르케고르(Sören Aabye Kierkegaard, 1812-1855)가 지적한 "죽음에 이르는 병"은 하나님을 떠난 모든 사람들이 걸린 병이다. 키에르케고르는 철저한 죄의 의식이 구원 신앙의 입문이라고 했다.[2] 그리스도인은 누구나 자신의 죄에 대한 심각한 인식을 통해서 진정한 신앙인이 되기를 힘써야 한다. 그리스도 안에서 하나님의 부르심으로 거듭난 그리스도인이라고 해도 계속해서 죄를 회개하고 거룩한 생활을 힘써야 하는 것이다.

지금 우리 자신들을 살펴보자. 오래 신앙생활을 해 온 내 자신이 무력하고 무능한 습관적이고 타성적인 신앙인이 되지는 않았는가?

나는 그리스도로 말미암아 옛 사람을 버리고 새로운 사람으로 거듭났는가? (존재 의식 확립)

나는 나 자신이 아니라 하나님의 영광과 하나님의 나라를 위해 사는가? (존재 이유 확립)

---

2 월터 라우리, 『키르케고르: 생애와 사상』, 임춘갑 역 (서울: 종로서적, 1992), 165.

나는 하나님 사랑을 이웃 사랑으로 나타내는가? (존재 가치 확립)

나는 진실한 마음 대신 거짓된 경건을 따라 믿지는 않는가? (존재 방식 확립)

오늘의 교회는 인간 영혼 구원이라는 본래의 사명을 잊고 보이는 제도의 개발과 프로그램 운영에만 집중하지는 않는가?

복음 전도라는 교회의 본질적 사명과 위기의식도 없이 교회의 본질이 아닌 외적 요소에만 집중하지는 않는가?

이런 모든 것들이 인격적 하나님을 만나는 데 도움 대신 오히려 방해가 되는 것은 아닌가?

그것들 자체가 신앙의 대상이나 목적이 되지는 않았는가?

회개란 지금까지 살아 온 나 자신을 부수고 찢는 고통이며, 큰 수술을 받는 것과 같은 큰 아픔이다. 안일과 평안만을 찾는 자아를 억제하고 십자가를 지는 고통이다. 아무런 고통도 없고 성령의 감동도 없는 회개는 진실한 회개라고 할 수 없다.

그러므로 마귀는 회개하려는 우리에게 다가와서 우리가 지금까지 살던 방식대로 적당히 살라고 속삭인다. 죄를 심각하게 생각하지 말고 자연적이고 보편적인 자연 현상으로 그대로 받아들이라고 미혹한다. 현대인은 죄를 심리적 현상, 사회적 현상, 문화적 특색, 시대적 조류 등으로 객관화하고, 상대화하고, 중립화하여, 죄책감을 지워버린다.

이런 죄의 심각성을 약화시키는 원수의 회개 방해 책략에 휘말리면 결국 우리는 무능하고 무기력한 그리스도인들로 살게 되고 하나님의 진노하심을 받게 되는 것이다(롬 2:5-8).

우리는 베드로처럼 자기중심적 생각을 주님 앞에 내려놓고 주님의 은혜와 능력을 구해야 한다. 우리가 자기중심적인 생각을 바꾸어 하나님 중심적인 생각을 할 때 하나님께서는 새로운 존재 능력과 참된 존재 가치와 바른 삶의 목표를 주신다. 주님께서는 회개한 베드로에게 말씀하셨다.

무서워하지 말라 이제 후로는 네가 사람을 취하리라(눅 5:10b).

또한 우리는 믿음을 무시하고 방해하는 여러 악한 세상의 가르침에 맞서서 우리는 죄와 사망 권세를 이기신 그리스도의 십자가를 바라보고, 우리의 믿음을 굳게 세워야 한다.

> 모든 무거운 것과 얽매이기 쉬운 죄를 벗어버리고 인내로써 우리 앞에 당한 경주를 하며 믿음의 주요 또 온전하게 하시는 이인 예수를 바라보자(히 12:1b-2a).

누구나 그리스도 안에 있는 사람은 새로운 피조물이다. 옛 것은 지나갔고 새 것이 왔다. 우리는 구원의 새 시대에 속한 하나님의 백성들이다. 우리가 주님의 은혜와 권능에 의지할 때, 성령님의 도우심을 믿을 때, 도저히 바꿀 수 없다고 생각하는 오랜 죄의 습관도 바꿀 수 있다는 것을 믿어야 한다.

> 내가 이르노니 너희는 성령을 따라 행하라 그리하면 육체의 욕심을 이루지 아니하리라(갈 5:16).

이성, 감성, 의지, 지식, 사회 관습과 선봉 등 성령이 주체가 아닌 우리 자신의 모든 사고와 행위는 결국 하나님의 심판을 받게 된다는 두려움을 가져야 한다.

우리는 온전함을 이루기에는 너무나 연약한 인생이다. 주님 앞에 엎드려 회개한 베드로 자신도 자주 실패했다(마 14:29-31; 16:23; 26:69-75). 전능하신 하나님께서는 우리의 실패를 통해서도 구원의 역사를 이루시고, 그의 영광을 나타내신다(삿 20:23-28; 눅 22:31-32). 그러므로 우리는 실패에도 불구하고 온전함에 이르는 전진을 포기해서는 안 된다. 이것은 "무엇이든 하면 된다"라든가, "실패는 성공의 어머니" 같은 세속적인 적극적 사고가 중시하는 우리 자신의 능력이나 노력이 아니라 철저히 하나님의 은혜와 능력을 믿고 의지하는 것이다. 우리가 우리 자신의 자랑과 오만함을 회개하고 온전히 하나님만을 의지할 때 하나님께서는 우리를 용서하시고, 또한 능력도 주시어 그의 일을 하게 하신다.

우리 주님께서 모든 병자들과 죽은 자들을 살리셨듯이, 밤이 새도록 고기 한 마리도 못 잡고 지친 베드로에게 많은 고기를 잡게 하셨듯이, 주님의 몸 된 교회는 주님의 능력을 세상에 나타내야 한다. 가장 중요한 하나님의 능력은 십자가의 사랑의 능력이다. 교회는 보이는 세상의 일시적인 가치를 통해서 보이지 않는 영원한 하나님 나라의 가치를 세상에 증거해야 한다. 교회는 사람들의 보이는 생명을 사랑함으로써 그들을 보이지 않는 영원한 생명의 길로 인도해야 한다.

> 썩을 양식을 위하여 일하지 말고 영생하도록 있는 양식을 위하여 하라 이 양식은 인자가 너희에게 주리니 인자는 아버지 하나님께서 인치신 자니라(요 6:27).

하나님의 아들 그리스도께서는 십자가에서 죽으심으로써 모든 자기중심주의, 자연주의적 체념이나 초연함, 인본주의적 자아 집착증, 율법주의와 도덕주의의 오만함과 위선을 무력화시키셨다. 우리는 주님을 따라서 세상과 우리 자신의 모든 잘못된 자아 중심적 생각을 십자가에 못 박아야 한다. 모든 숨은 죄를 찾아 회개하며 성령의 열매를 맺어야 한다. 우리의 인격과 삶이 거룩하게 변화되어야 한다. 회개하는 기도는 하나님의 보좌를 움직일 수 있다.

인생은 누구나 스스로서는 절망할 수밖에 없는 존재다.

"나는 스스로 할 수 있다"는 인본주의적 신념이나, "자연의 순리대로 산다"는 자연주의적 순응적 자세는 결국 우리를 허무와 절망의 늪으로 인도한다. 인간은 유한한 자신의 지혜나 인공지능 같은 비인격적인 도구나, 피조적인 자연의 원리로는 만족할 수 없고, 다만 그를 지으신 인격적인 창조주 하나님을 만나야 한다. 회개는 하나님의 구원 진리인 십자가 앞에서 이런 "옛 사람"의 자세를 포기하는 것이다. 그리고 계속되는 인본주의와 자연주의의 미혹을 뿌리치며 내주하시는 성령의 인도하심을 따라서 "하나님의 나라와 그의 의를 구하는 것"이다.

베드로는 절대적 능력의 주님 앞에서 자신의 경험, 지식, 자랑, 의지력 등을 모두 내려놓고 꿇어앉았다. 그리고 "나를 떠나소서 나는 죄인이로소이다"라고 자신의 무능함, 연약함을 인정하며 주님을 두려워하였다. 죄인이 거룩하신 하나님을 인식하고 그 앞에서 죄를 고백하며 그를 두려워하는 것이 바른 믿음의 증거다.

거룩하신 주님!

이 시간 주님 앞에서 제대로 회개하지 못한 죄를 회개합니다. 우리 자신이 하나님의 백성이란 사실을 잊고 세상 사람들과 같이 세상의 이치와 자아 중심적으로 생각하면서 온갖 죄 가운데서 살았음을 회개합니다. 이제 이 모든 죄의 짐을 주님 앞에 내려놓습니다.

저희들을 불쌍히 여기시고 새로운 피조물로 창조하여 주시옵소서.

이 세상의 부질없는 보이는 가치만 바라보는 저희의 눈을 고쳐주시어 보이지 않는 영원한 나라를 바라보게 하시고, 이 세상의 미혹하는 소리를 좋아하던 저희들의 귀를 고쳐 주시어 주님의 생명의 말씀을 듣게 하여 주시옵소서.

먼저 성령께서 무지하고 무능한 우리를 감동시켜 주시옵소서. 예수님의 이름으로 기도하옵나이다. 아멘.

동신교회 오후 찬양예배
2015년 10월 11일

6. 조용한 감찰

> 여호와께서 내게 이르시되 내가 나의 처소에서 조용히 감찰함이 쬐이는 일광 같고, 가을 더위에 운무 같도다(사 18:4).

이사야 선지자는 세상 여러 나라들이 서로 힘을 겨루며 이스라엘을 위협하는 위기 상황에서도 조용히 하나님을 의지하며 하나님의 세상 통치를 믿는 이스라엘 백성이 결국 승리하게 되는 비전을 보았다. 과연 하나님께서는 언제나 그의 백성을 구원하셨다.

> 환난 날에 나를 부르라 내가 너를 건지리니 네가 나를 영화롭게 하리로다(시 50:15).[1]

우리는 생의 위기 속에서 애타게 하나님의 도우심을 간구한다. 하나님께서는 우리의 다급한 기도에 즉시 응답하실 때도 있으나 그렇지 않을 때가 더 많게 보인다. 하나님께서는 우리의 모든 기도를 들으시면서도 우리가 모르는 그의 깊으신 지혜와 경륜 가운데 속히 응답하지 않으실 때가 많다. 하나님의 깊으신 뜻을 모르는 우리는 다만 우리가 원하는 바를 속히 이루어 주시기를 간구할 뿐이다.

> 그의 인자하심은 영원히 끝났는가, 그의 약속하심도 영구히 폐하였는가(시 77:8).

비록 우리가 드리는 기도에 응답을 받지 못하더라도 우리는 낙심하지 말고 오히려 더욱 간구해야 한다. 하나님께서는 우리의 믿음 상태를 조용히 감찰하시면서 우리를 위하여 가장 선한 것을 준비하고 계심을 믿어야 한다. 그러므로 아브라함은 예측하기 어려운 환경 가운데서도 평생 하나님을 의지하며 살았다(히 6:15).

---

1 참조, 시 22:24; 81:10, 17; 91:15; 106:9; 136:13; 출 14:21 이하.

아브라함이 여호와를 믿으니 하나님께서 이를 의로 여기시고(창 15:6).

욥도 극심한 고통 가운데 하나님의 구원을 애타게 찾았다.

내가 어찌하면 하나님을 발견하고 그의 처소에 나아가랴 … 그런데 내가 앞으로 가도 그가 아니 계시고 뒤로 가도 보이지 아니하며 그가 왼쪽에서 일하시나 내가 만날 수 없고, 그가 오른쪽으로 돌이키시나 뵈올 수 없구나(욥 23:3-9).

다윗도 거듭되는 위급한 상황에서 다급하게 하나님을 찾는다.

여호와여 나를 버리지 마소서 나의 하나님이여 나를 멀리하지 마소서 속히 나를 도우소서 주 나의 구원이시여(시 38:21-22).
주의 얼굴을 주의 종에게서 숨기지 마소서 내가 환난 중에 있사오니 속히 내게 응답하소서(시 69:17).

그러나 다윗은 언제나 위기 가운데서도 하나님을 의지한다.

나의 영혼이 잠잠히 하나님만 바람이여 나의 구원이 그에게서 나오는도다(시 62:1).
백성들아 시시로 그를 의지하고 그의 앞에서 마음을 토하라 하나님은 우리의 피난처시로다(시 62:8).

다니엘의 세 친구들은 뜨거운 풀무불 속에서, 다니엘은 무서운 사자굴 속에서 모두 하나님을 의지하여 구원받았다(단 3:28; 6:22-23). 하박국도 하나님의 선하심을 믿기 어려운 지경에서도 참고 하나님의 구원을 믿고 기다리라는 말씀을 들었다.

의인은 그의 믿음으로 말미암아 살리라(합 2:4).

야고보도 같은 믿음을 가르친다.

오직 믿음으로 구하고 조금도 의심하지 말라(약 1:6a).

예수님께서도 하나님의 응답이 없을 때라도 꾸준히 기도해야 할 것을 가르치셨다(마 7:7-11; 26:41; 눅 18:1-8; 요 14:13-14; 15:7; 16:24).
기도의 응답이 없어도 응답을 들을 때까지 계속 기도에 힘써야 한다. 하나님께서는 우리가 낙심하지 않고 언제나 하나님을 향하여 기도하기를 원하시기 때문이다.

쉬지 말고 기도하라(살전 5:17).

하나님께서는 우리가 어려움이 거의 없거나 어떤 어려운 문제가 해결되었을 때 우리가 하나님으로부터 점차 멀어지고 믿음이 약화된다는 것을 잘 아시고, 우리에게 "적절한 고난"을 주심으로써 우리가 언제나 변함없이 하나님을 믿고 의지하기를 원하시는 것이다.

네 소유가 다 풍부하게 될 때에 네 마음이 교만하여 네 하나님 여호와를 잊어버릴까 염려하노라(신 8:13a-14b).

2015년 10월 13일

7. 천주교 신학

> 그러나 우리나 혹은 하늘로부터 온 천사라도 우리가 너희에게 전한 복음 외에 다른 복음을 전하면 저주를 받을 지어다(갈 1:8).

천주교 신학은 토마스 아퀴나스(Thomas Aquinas, 1225-1274)의 스콜라 신학(Scholasticism, Thomism)을 정통 신학으로 삼고 있다. 토마스 아퀴나스의 신학은 아리스토텔레스(Aristotle, 384-322)의 존재론적 철학에 근거한 일원론적 사고방식으로서 플라톤(Plato, 427?-322?)의 이원론적 사고와 유사하면서도 대조적이다.[1] 플라톤은 현상 세계와 이데아의 세계를 이분화함으로써 이원론적 존재론을 제시했으나, 그의 제자 아리스토텔레스는 일원론적 존재론으로서 존재란 외형과 내형, 즉 "형상"(形狀, 形象, forma, form)과 그 형상의 "질료"(質料, materia, matter), 또는 본질로 구성된 것으로 본다.[2] 만물의 외형(형상, 상징)은 그 본질(질료, 실체)에서 비롯된 것이고, 본질(질료, 실체)이 외형(형상, 상징)으로 나타나는 것이라고 보았다. 예로, 나무(형상)는 목재라는 물질(질료)에서 생성되었고, 인간은 영혼(질료)과 육체(형상)로 구성된 존재다. 사람은 자연 세계의 관찰과 경험(형상)을 통해 지식(질료)을 얻는다고 보았다.

이렇게 "결국 둘이 하나"라는 아리스토텔레스의 일원론적 존재론을 따라서 아퀴나스의 신학도 자연 계시를 중시한다. 그것은 결국 자연에 대한 인간의 이성적 이해이므로, 이성주의적 자연 계시라고 할 수 있다. 비록 인간 이성이나 감성은 그 본질적 한계로 말미암아 하나님의 말씀을 제대로 파악할 수 없으나 인간 이성이나 감성

---

[1] Thomas Aquinas, *Summa Theologica*; George N. Shuster, *Saint Thomas Aquinas* (New York: The Heritage Press, 1971), xi-xiv. George N. Shuster, *Saint Thomas Aquinas*, xi. Shuster는 아퀴나스가 아리스토텔레스를 맹목적으로 따르지 않고 창조적으로 이해하여 그의 신학에 적용하며, 심지어 플라톤의 사상까지도 수용한다고 한다.

[2] Richard A. Miller, *Dictionary of Latin and Greek Theological Terms* (Grand Rapids: Baker Book House, 1985), 123-124; F. L. Cross and E. A. Livingston, ed., *The Oxford Dictionary of the Christian Church* (Oxford: Oxford University Press, 1983), 1372. 아리스토텔레스의 존재론은 존재의 "질료"와 "형상" 외에도, 존재의 "효능"과 "목적"이 있지만, 아퀴나스의 신학은 주로 "질료"와 "형상"으로 나누어 논한다. 칼빈은 아리스토텔레스의 4개의 존재론적 요소들을 성경의 구원론에 적용한다(*Inst*. III.14.17).

이 자연적 현상이나 경험(형상)을 통해 얻은 지식(질료), 즉 자연 계시는 성경 말씀의 특별 계시를 이해하고 세우는 데 도움을 준다고 보았다(롬 1:19). 그러나 아퀴나스 신학의 문제는 자연 계시를 지나치게 적용하여 성경 계시에 없는 인위적인 교리나 의식을 만들어 내는 것이다. 이런 비성경적 교리와 의식이 천주교 신학의 근본적 문제다.

아퀴나스는 아리스토텔레스의 질료와 형상을 따라 성경을 해석하여 천주교의 신학과 제도, 특히 도미니칸 신학을 세웠다. 즉 질료는 형상 없이는 존재할 수 없다는 것이 그의 신학적 대전제이며 일관된 논지다. 보이지 않으시는 영이신 하나님의 본성(질료)이 보이는 자연 세계(형상)에서 나타난다(롬 1:20). 그가 지으신 세상 만물도 질료와 형상으로 창조되었다. 인간은 특별히 "하나님의 형상"을 따라 창조되었다. 여기서 주의할 것은, "하나님의 형상"이란 말이 아리스토텔레스의 존재의 피상적 부분인 형상을 가리키는 말이 아니라 오히려 인간의 본질, 즉 질료를 가리킨다.[3] 인간은 특별히 하나님의 본질을 따라 지음을 받았다.

천주교는 아퀴나스 이전에도 성경 기사를 알레고리화 함으로써, 즉 풍유적(諷諭的)으로 해석하여, 교회 교의학(敎義學)을 만들었다. 이런 해석은 성경의 말씀과 사건 이면에는 믿음으로만 알 수 있는 특별한 진리가 숨어 있다는 "풍유적 전제"에서 비롯된다. 성경의 말씀이나 사건 속에 숨은 의미 파악이라는 알레고리적 성경 해석의 이중적 사고 유형은 아리스토텔레스의 철학의 사고 유형, 즉 "형상(외형)이 가리키는 질료(본질)"라는 이중적 사고와 유사한 것이다.

아퀴나스는 이런 이중적 사고 유형에 따라서 성경의 가르침을 해석하여 그의 신학 체계를 형성한다. 하나님께서 천지를 창조하셨으나, 하늘이 본질적이고(질료, 영원한 실체), 땅은 하늘에 의존적이다(형상, 일시적 실체).[4] 아퀴나스의 신학은 특별히 그리스도의 성육신을 강조한다. 보이지 않는 하나님의 아들이 육신(형상)을 입고 이

---

[3] 히 10:1의 "참 형상"(헬라어, *eikona*)이란 말은 원문에서 "실체들의 형상"(την εικονων των πραγματων-헬라어 식 표기)으로 아리스토텔레스가 논하는 형상이 아니라 오히려 질료를 가리킨다. 유사하게 히 11:1의 "실상"(hypostasis, substance, reality)이란 말도 아리스토텔레스의 "질료"에 해당되는 말이다. 작가의 의도나 문맥에 따라 말의 의미가 다르거나 바뀔 수 있으므로 작가의 의도와 문맥을 파악하여 말을 이해해야 한다.

[4] 이런 사고는 아리스토텔레스보다 오히려 플라톤의 이원론적 사고에 가깝다. 아퀴나스는 때로 플라톤을 따르면서, 아리스토텔레스의 사상을 수정할 때도 있다(George N. Shuster, *Saint Thomas Aquinas*, xi).

땅에 오셨다(요 1:14).

나를 본 자는 아버지를 보았거늘 어찌하여 아버지를 보이라 하느냐(요 14:9b).

예수님의 성육신은 믿지 않는 자들에게는 비밀이며, 오직 믿는 자들에게만 알려졌다(막 4:11; 요 3:16; 롬 16:25-26; 고전 1:18 이하). 성령(질료)도 비둘기(막 1:10), 또는 "불의 혀"(행 2:3)같은 형상으로 나타났다. 예수님의 많은 비유들은 하나님 나라의 진리(질료)를 가리키는 문학적 도구(형상)이다. 주기도문의 "나라가 임하시오며, 뜻이 하늘에서 이루어진 것같이 땅에서도 이루지이다"라는 말씀은 하늘에 계시는 하나님의 뜻(질료)이 땅에서 구현되는 것(형상화)을 가리킨다. 이 세상의 삶(형상)은 영원한 천국의 삶(질료)을 위한 예비적인 것이다.

이 세상의 외형은 지나감이라(고전 7:31b; 참조, 롬 8:17 이하; 고후 4:16-18).

천주교는 이렇게 아리스토텔레스의 형상과 질료로 이루어진 일원론적 존재론을 따라 성경을 해석하여 천주교의 신학을 만들고, 나아가 모든 의식과 제도를 만들었다. 천주교의 7성사(聖事)도 형상과 질료의 상관성에 근거한 것이다.[5] 7성사의 의식들(형상)은 내적 가치, 즉 의와 거룩함(질료)을 나타낸다. 특별히, 성만찬의 떡과 포도주는 더 이상 볼 수 없는 예수님의 피와 살(질료)의 형상이다. 형상에 해당되는 성수(聖水)는 우리의 "죄를 씻는 기능"(질료)을 한다. 믿음은 질료이고 행위는 형상이다. 그러므로 천주교의 구원론은 믿음과 함께 선행을 요구한다.

또한 교회는 "땅의 보이는 교회"(형상)와 "하늘의 보이지 않는 교회"(질료)로 이루어진다. 천주교의 성당은 성경의 성전을, 미사는 성경의 희생 제사와 관련된 것으로 믿음(질료)의 외형에 해당된다. 천주교에서 사용하는 성상도 하나님께서 모세에게 만들게 하셨던 놋뱀과 같이 믿음(질료)의 도구로서 형상에 해당된다(민 21:8; 요 3:14). 예수님이나 마리아의 성상(聖像)은 그들의 본질(질료)의 형상이다. 천주교의 성인 숭

---
[5] 세례성사, 성체성사, 견진성사, 고해성사, 병자성사, 신품성사, 혼배성사.

배나, 성물 숭배 그리고 성지(聖地) 등도 결국 신앙적 의미나 신학적 진리(질료)를 형상화, 또는 상징화한 것이다.

기도와 명상을 위한 묵주는 신명기 6장 8-9절에서 "너는 또 그것을 네 손목에 매어 기호를 삼으며 네 미간에 붙여 표로 삼고 또 네 집 문설주와 바깥 문에 기록할지니라"라는 말씀에 근거하여 하나님 신앙(질료)을 도구화(형상) 하는 것이라고 할 수 있다. 하나님께서 하나님 신앙(질료)을 "형상화"하도록 지시하셨다면, 교회가 복음 신앙(질료)을 성상, 의식, 묵주 등의 외형적 도구를 만들어 신앙을 증진시키는 것이 가능하다고 보는 것이다. 또한 위에서 지적한바 성경의 구원론과 관련하여, 성경에 "믿음(질료)으로 말미암는 구원"뿐만 아니라 "행위(형상)로 말미암는 구원"을 가르친다는 사실도 지적할 것이다(마 7:22-27; 요 5:29; 빌 2:12).

이렇게 천주교의 신학과 교리는 아리스토텔레스의 형상과 질료가 하나를 이룬다는 일원론적 철학과 그와 유사한 성경의 가르침에 근거한 것이다. 그러나 이런 천주교 신학은 신앙과 신학적 진리를 "형상화"하는 일에 집중하는 나머지 성경의 가르침보다는 아리스토텔레스의 철학적 사고를 더 중시한 것으로 나타난다. 그 결과 천주교의 신학은 전체적으로 비성경적인 "형상 중심적 신학"이 되었다.

첫째, 아퀴나스와 천주교는 모든 성경의 가르침을 아리스토텔레스의 사고를 따라 일률적으로 확대 적용하는 것이 문제다. 그것은 성경의 가르침을 인위적으로 왜곡하는 것이며, 이단적 해석이다. 우리는 성경이 가르치는 바를 가감 없이 그대로 따라야 한다.

둘째, 무엇보다, 성경이 가르치는 구원의 도리는 보이는 외형적인 것이 아니라 오히려 내적인 은혜와 믿음이다. 진정한 믿음은 믿음을 돕는 외형적 도구(묵주)나 방법(성사)이나 행위 같은 형상이 아니라 하나님의 은혜를 의지하는 "믿음(질료)으로 말미암는 것"이다.[6] 주님께서는 사람은 바리새인들의 형식주의를 비판하시면서 하나님 종교의 본질은 외적 행위(형상)가 아니라 하나님의 은혜를 온전히 의지하는 믿음(질료)이란 것을 거듭 강조하셨다. "네 믿음대로 될 지어다"(마 8:13; 참조, 막 5:36; 9:23, 24; 16:14; 눅 24:25; 요 1:12; 3:16, 36; 20:31 등).

---

[6] 창 15:6; 합 2:4; 행 3:16; 롬 3:21-26; 갈 2:16; 참조, 레 18:5b; 겔 18:9, 22, 27, 30; 마 5:20; 23:23; 빌 2:12 등.

바울은 "율법의 행위로써는 의롭다 함을 얻을 육체가 없느니라"(갈 2:16c)고 분명히 행위 구원을 배제한다. 물론 행위 구원을 가르치는 말씀들도 있으나(레 18:5; 19:37; 신 30:2; 겔 18:27), 그런 말씀들도 언제나 하나님의 은혜로우심과 진실한 마음을 전제한다는 것을 알아야 한다(신 6:5; 30:6; 겔 26:26-27). 사람의 선한 행위는 하나님의 은혜로우신 구원 약속을 믿는 마음으로부터 비롯되는 것이다. 외적 행위는 마음의 믿음을 가리키는 것이다. 행위 없는 믿음에 대한 책망의 말씀도 있으나, 믿음으로 구원 얻는 도리를 부정하는 것이 아니라, 믿음으로 구원 얻는 도리를 믿는 이들에게 그 믿음에 합당한 삶을 살 것을 권면하는 말씀으로 보아야 한다(약 2:14). 여하튼 마음이 행위에 앞선다는 것이 하나님의 말씀의 핵심이며 우리 자신의 이성과 양심도 수긍하는 사실이다.

때로, 사람은 존재의 형상, 즉 외적 가치를 통해 어느 정도 질료나 본질에 접근할 수도 있다. 형상, 의식, 제도 같은 믿음의 상징들로써 얼마간 믿음을 증진시키는 효과도 있다고 본다. 그러나, 시간의 추이에 따라서, 실제로 중세 교회에서 나타났듯이, 결국 형상이 질료(본질)와 동일시되거나 혼동되어 본질을 잃고 외식주의와 미신에 빠질 위험이 있다. 성경은 이미 오랫동안 이런 고질적인 외식주의를 경계해 왔다. 성경은 몸의 할례보다 마음의 할례를, 옷을 찢는 회개가 아니라 마음을 찢는 회개를 가르친다.

> 너희는 옷을 찢지 말고 마음을 찢고 하나님께 돌아올지어다(욜 2:13a; 신 10:16; 30:6; 렘 4:4; 9:25-26; 겔 44:7; 행 7:51).

말라기는 유대인들의 진실성이 없는 형식적 제사를 책망한다(말 1:7 이하). 특히 예수님께서는 당시 유대교의 외식주의를 책망하시면서 진실한 마음을 가르치셨다(마 5:23-24; 6:1 이하; 15:1-20; 23장). 바울과 야고보도 외식주의적 경건을 경계하였다(딤후 3:5; 약 1:26).

성경이 가르치는 참 종교의 본질은 외적인 것이 아니라 내적인 것이다. 진정한 믿음은 어떤 보이는 외적 증거를 요구하지 않는다. 불확실하고 믿을 수 없는 환경 가운데서 어떤 보이는 증거 없이도 언약의 말씀을 믿는 믿음이 참된 믿음이다. 믿음의 조상 아브라함도 그랬고(히 6:15), 선지자 하박국도 그랬다.

의인은 그의 믿음으로 말미암아 살리라(합 2:4; 참조, 롬 1:17; 4:3; 요 11:40; 고후 5:7).

누구나 외적 증거를 보고 믿을 수는 있으나, 참된 하나님의 자녀는 외적 증거 없이도 보이지 않는 하나님을 믿고, 아직 성취되지 않은 하나님의 약속을 믿는다(요 4:48; 20:29; 롬 8:24;고후 5:7).

물론, 진정한 믿음이라도 어느 정도의 외적 증거가 필요하지만, 천주교 신학 같이 모든 신앙의 내용을 일률적으로 구체화하여 외적 증거로 삼는 것은 성경적 가르침과는 다른 인위적 발상이다. 우리는 성경 말씀을 더하거나 빼지 않고, 그대로 믿어야 한다. 성경의 가르침을 인위적으로 확대 적용하면 결국 천주교의 교리처럼 외형적, 우상적이 되는 것이다.

천주교(토마스 아퀴나스)의 신학은 성경의 가르침보다 조화와 질서와 일치라는 이성주의와 자연주의적 원칙을 따라서 형성된 것이다. 교회의 일치는 성경적 가르침이지만(엡 4:3-6), 외양적 일치 이전에 먼저 내면적으로 영과 진리로 일치되는 것이 성경적이다(요 4:24).

종교개혁자들은 아퀴나스의 신학을 비판하면서 철저히 성경의 가르침에 근거한 개혁교회 신학을 세웠던 것이다.[7] 그것은 인간 철학이나 이성에 근거한 인위적 단일화가 아니라 하나님의 말씀을 그대로 따르는 신학이다. 특별히 개혁자들은 성경이 행위가 아니라 믿음으로 구원 얻는 진리를 가르친다는 것을 지적했다. 믿음을 돕기 위한 제도와 의식이라도 성경의 가르침에 없는 것이라면 인위적이고 미신적인 도구일 뿐이다. 그러므로 개혁교회는 성경이 가르치는 "믿음으로 구원 얻는 도리"를 구원의 유일한 도리로 가르쳤고, 천주교의 화체설을 반대하였고(*Inst.* IV.14.15), 천주교의 일곱 성사 중 성경에 있는 세례 의식과 성찬 의식만을 인정하고, 성경에 없는

---

[7] *Inst.* III.22.9; 강창희, 『칼빈과 웨슬리의 생애와 신학』(양평: 아세아연합신학대학교, 2013), 4, 20, 137. 물론, 칼빈이 아퀴나스의 견해를 존중할 때도 있다. 예로, 칼빈은 아퀴나스가 성경의 권위에 대해서 "하나님이 성경의 저자이시다"(*Summa Theologica*, I.i.10)라고 한 말과 같은 견해를 갖고 있다(*Inst.* I. I7.4), 유아 세례를 할례와 관련하여 논할 때도 아퀴나스의 주장과 일치한다(Thomas Aquinas, *Summa Theologica*, III.lxx.1.3; *Inst.* IV.16.4).

다섯 성사를 모두 폐기하였다.

　개혁신학자들은 아퀴나스의 스콜라주의(Scholasticism)와 같이 이성적 논리를 존중하였으나, 그들은 언제나 이성을 성경 말씀 아래 두고 말씀에 복종해야 함을 강조하였다. 그들은 성경 말씀 자체가 크고 위대하신 하나님의 존재와 깊고 오묘한 하나님의 말씀을 어떤 하나의 철학 사상으로 축소하고 단일화하는 것(reductionism)을 금지하고, 하나님의 말씀을 그대로 청종해야 할 것을 가르친다는 사실을 중시하였다.

　인간은 자신의 연약함을 알고 알기 어려운 하나님의 말씀을 인간의 제한적인 이해의 틀 속에 가두는 일을 그쳐야 한다.

> 이 지식이 내게 너무 기이하니 높아서 내가 능히 미치지 못하나이다(시 139:6).
> 깊도다 하나님의 지혜와 지식의 풍성함이여, 그의 판단은 헤아리지 못할 것이며 그의 길은 찾지 못할 것이로다(롬 11:33; 참조, 사 55:8-9).

　그렇다고 성경의 모든 말씀을 모호한 것으로 보는 것도 잘못이다. 비록 모든 하나님의 말씀을 다 이해할 수는 없으나, 하나님께서는 성경에 우리를 향하신 하나님의 사랑과 구원의 도리를 분명히 계시하셨다. 우리는 성경 말씀이 가르치는 구원의 길을 그대로 따라야 한다. 그것이 "성경만이"(Sola Scriptura)라는 개혁교회의 성경 해석 원리다.

　토마스 아퀴나스의 신학 사상(Thomism)을 따라서 하나님의 말씀을 보이는 물질과 시공간으로 형상화하거나 제도화할 때, 시공간에서의 "보이는 외형적 증거들"로 말미암아 믿음이 강화되는 일시적 효과를 볼 수도 있으나, "보이는 것들", 즉 물질과 시공간 등 피조물의 본질적 한계로 말미암아 결국 믿음이 고착화되고 형식화되어 생명력을 잃게 된다. 실제로 그런 부작용이 유대교와 중세 교회의 병폐로 나타났다. 중세 교회가 영적 본질보다 비본질적인 제도와 의식에 집중하고, 성경적 영성보다는 자연적 종교성에 집착하면서 미신과 형식적 제도, 그리고 사람의 종교적 감성에 호소하는 피상적인 신앙으로 흐르게 된 것이다.

　종교적 제도와 의식 같은 외형적 수단(형상)이 영적 실재에 대한 증거들로서 믿음에 약간의 도움이 될 수도 있으나, 이런 외형(질료) 중심 신앙은 성경과 교회 역사에서 보듯이 결국 미신과 우상 숭배 신앙, 형식주의 신앙으로 전락하는 것이다. 더구나 구원 진리(질료)를 나타내는 상징이나 도구(형상)는 일시적 증거일 뿐이며, 결국 사라지거나 폐기되는 것이다. 모든 구약의 제사가 그리스도의 온전한 제사로 말미암아 무효가 되었다(히 9:12, 28; 10:10). 구약 시대에 희생 제사를 위한 각종 제구와 제도가 그리스도의 속죄로 말미암아 무용지물이 되었다(마 27:51; 롬 3:28; 빌 3:7-9; 엡 2:15).

> 율법은 장차 올 좋은 일의 그림자일 뿐이요 참 형상이 아니므로 해마다 늘 드리는 같은 제사로는 나아오는 자들을 언제나 온전하게 할 수 없느니라(히 10:1).

할례도 주 안에서 폐기되었다(갈 6:12-13; 빌 3:3). 이미 구약 시대에서도 진정성 없는 제사와 할례와 금식을 비판했다(삼상 15:22; 호 6:6; 말 1:7-14; 3:3; 신 10:16; 30:6; 겔 44:7; 사 58:3-7). 구약 시대에서도 하나님이 아닌 보이는 것들을 숭배하던 우상 숭배 습관을 경계하였다. 모세가 만든 구리 뱀을 후대 사람들이 숭배했을 때, 히스기야 왕이 이를 없애버린 일도 기억해야 한다(민 21:8-9; 왕하 18:4). 사사 시대에 미가가 만든 에봇과 드라빔과 신상을 소유하기 위해 이스라엘 백성들이 서로 싸웠다(삿 17-18장). 또한 유다가 바벨론에게 멸망당할 때에 이스라엘 백성들이 그렇게 소중하게 모시던 하나님의 법궤도 사라졌다.

예수님 당시의 유대인들도 예수님이 행하신 놀라운 기적들이 가리키는 하나님의 아들이신 예수님의 신분과 구원 사명(질료)을 믿는 대신에, 예수님께서 행하신 기적(형상) 자체에 집중하였던 것을 기억하자(요 6:26-27). 결국 하나님의 아들 예수 그리스도를 믿음으로 말미암은 구원(질료) 이외의 모든 신앙적 도구와 제도(형상)는 실제로 폐기되었다. 이런 성경 역사는 진정한 하나님 신앙을 위해서 우리가 부단히 우리 믿음의 비본질적인 부분들(형상)을 제거하고 본질적인 것(질료)에 집중해야 할 것을 가르치는 것이다. 외형적, 형상 중심적 신앙은 성경이 가르치는 하나님 말씀(질료)을 무시하고 피상적인 증거(형상)에 집중하는 것이 문제다. 그리스도의 교회가 성찬과 세례 의식 같은 믿음의 외적 상징을 행하나 그것은 주님께서 행할 것을 명령하셨기 때문이다(눅 22:19; 행 5:1-11; 히 6:4-6; 고전 11:28-29). 물론 세례와 성찬도 본질적 기능을 떠나서 외형적 의식으로 변질될 수 있으므로 주의해야 한다(고전 1:13-17; 11:27-29; 15:29).

진실한 신앙인은 비본질적 외형적 가치나 그림자 같은 비본질적 형상에 집중할 것이 아니라, 보이지 않는 "참 형상," 즉 본질적 질료에 집중해야 한다(히 10:1).

> 너희는 먼저 그의 나라와 그의 의를 구하라(마 6:33a).
> 썩을 양식을 위하여 일하지 말고 영생하도록 있는 양식을 위하여 하라 이 양식은 인자가 너희에게 주리니 인자는 아버지 하나님께서 인치신 자니라(요 6:27).
> 우리가 주목하는 것은 보이는 것이 아니요 보이지 않는 것이니 보이는 것은 잠깐이요 보이지 않는 것은 영원함이라(고후 4:18).
> 그러므로 너희가 그리스도와 함께 다시 살리심을 받았으면 위의 것을 찾으라 거기는 그리스도께서 하나님 우편에 앉아 계시느니라 위의 것을 생각하고 땅의 것을 생각하지 말라(골 3:1-2).

성경이 가르치는바 보이지 않는 본질적 가치에 집중하라는 가르침은 세상의 보이는 모든 외형적 가치를 무시하라는 이교적 가르침과는 분별해야 한다. 세상 만물은 하나님께서 지으신 것이며, 우리는 이를 감사함으로 받아 선한 목적을 위해 써야 한다. 다만 우리는 피조물의 가치를 피조물을 지으신 창조주 하나님보다 중시하는 것을 경계하고, 하나님께서 예비하신 더 좋은 하늘의 영적 가치를 추구해야 한다.

성경은 보이는 형식이 아닌 진실한 마음으로부터 우러나는 의를 요구한다. 선지자들은 이스라엘 백성에게 형식적인 제사와 금식과 할례 대신에 마음을 먼저 하나님께 드릴 것을 가르쳤다.

> 너희는 옷을 찢지 말고 마음을 찢고 하나님께 돌아올지어다(욜 2:13a).

또한 몸의 할례 대신에 마음의 할례를 받으라고 거듭 가르쳤다(신 10:16; 30:6; 렘 4:4; 9:25-26).

너희는 마음에 할례를 행하고 다시는 목을 곧게 하지 말라(신 10:16).

그러나 이스라엘 백성은 계속해서 하나님을 배반하고 보이는 우상을 섬겼다. 예수님은 외식적 구제, 외식적 기도, 외식적 금식, 외식적 예배나 헌금 등 모든 신앙인의 외식주의를 경계하셨다(마 23:23).

사람 앞에서의 외양 중심적 신앙을 떠나서 하나님 앞에서의 경건한 마음 자세가 예수님의 설교의 중심 주제다. "마음이 가난한 자"가 하나님 나라의 백성이 되고, "마음이 청결한 자"가 하나님을 보게 된다. 또한 예수님은 재물과 하나님을 겸하여 섬기는 것을 금지하셨고(마 6:24), 외식적인 기적 행위와 의로운 행위를 동일시하는 것을 경계하셨다(마 7:22). 진실한 신앙인은 하나님의 말씀의 외적 증거가 아니라 하나님의 말씀 자체에 집중해야 한다(요 6:26-27). 무엇보다, 복음 신앙은 영광의 메시아가 아니라 초라한 십자가의 메시아를 믿는 것이다.

한편, "성령의 역사"를 중시하는 "성령파"(spiritualism)는 개혁교회와 같이 의식과 제도를 반대하면서도, 말씀보다는, "성령의 증거"를 중시하기 때문에 결국 성경의 가르침을 벗어나는 것이다. 더구나 객관적 하나님의 말씀 대신 "성령의 증거"에 집중할 때 성령을 인간의 감성이나 주관적 판단과 혼동하는 위험이 따른다. 성령과 말씀은 언제나 함께 작용하는 것이다(요 14:26; 16:13-15; 고전 2:13).

이러한 타락한 인간의 뿌리 깊은 외양적 가치 추구의 성향을 생각할 때 개혁교회의 신학, 예배, 제도, 목회, 신앙생활조차 주로 "보이는 것"을 찾는 우리의 타락한 육적 본성으로 말미암아 언제나 그 본질적 의미를 잃어버리고 형식화, 제도화될 위험이 있으므로, 우리는 십자가를 지신 그리스도를 따라 모든 탐심과 거짓과 위선과 자랑을 버리고, 증오 대신 사랑, 야망 대신 소망, 야심 대신 믿음, 비판 대신 이해, 정죄 대신 용서, 안일함 대신 열심, 공로 대신 은혜, 보이는 외양적 가치 대신 보이지 않는 내적 가치, 세상의 일시적인 가치 대신 영원한 하나님 나라의 가치에 집중함으로써 믿음과 성령으로 충만하고, 성령의 열매를 맺는 신실한 그리스도인이 되기를 힘써야 한다(행 4:31; 고후 4:18; 엡 5:18).

2015년 10월 13일

8. 믿음의 날개

> 우리의 연수가 칠십이요 강건하면 팔십이라도 그 연수의 자랑은 수고와 슬픔뿐이요 신속히 가니 우리가 날아가나이다(시 90:10).
> 오직 여호와를 앙망하는 자는 새 힘을 얻으리니 독수리가 날개 치며 올라감 같을 것이요 달음박질하여도 곤비하지 아니하겠고 걸어가도 피곤하지 아니하리로다 (사 40:31).

본문에서 시편 기자는 단순히 "시간이 나른다"(*Tempus fugit*)라고 말하지 않고 "인생이 나른다"(*Vita fugit*)라고 말함으로써 인생의 허무함을 강조한다. 생각보다 세월이 더 빠르다고 느껴지는 것은, 시간 자체가 빠른 것보다, 우리 인생이 변하기 때문이다. 활기가 넘치던 청년이 어느새 죽음의 어두운 그림자가 드리운 노인으로 바뀌는 것이다. 젊은이들은 이런 인생의 참담한 변화를 제대로 인식할 수 없고, 다만 이를 직접 경험하는 노인들만이 제대로 인식할 수 있다.

모든 인생이 "죽음에 이르는 병"에 걸려있다. 이 병은 모든 인생에게 숙명적인 고질병이다. 사람은 태어날 때부터 이 병에 걸려 있고, 이 병으로 말미암아 사람은 낙심하고 절망한다. 일반 동물들도 죽음을 두려워하나 인간은 더욱 두려워한다. 죽음이 아담의 타락과 이에 대한 하나님의 저주였었기 때문이다. 모든 가인의 후손은 땅 위에서 방황하는 불안한 존재다. 인간 존재는 그 본질적 한계로 말미암아 자신의 문제에 대한 어떤 근본적 해결책을 제시할 수가 없다. 인생의 절망을 벗어나기 위한 인간의 모든 자구적 노력이 부질없다는 것이 모든 지각 있는 이들의 공통적 결론이다.

그러나 사도 바울은 우리가 그리스도 안에서 연약한 인생의 불안과 허무를 극복할 수 있게 되었음을 가르친다.

그러므로 우리가 낙심하지 아니하노니 우리의 겉사람은 낡아지나 우리의 속사람은 날로 새로워지도다(고후 4:16).

비록 모든 사람들이 이 복음을 믿지 않지만, 많은 이들이 영적 방황 끝에 결국 창조주 하나님과 그리스도를 믿는 믿음으로 인생의 한계와 불안을 극복하게 되었다. 인간의 허망함에 대한 철학적 사색이나 종교적 감성으로는 구원받을 수 없다. 인간의 종교적 감성이나 철학적 사색을 따라 만든 인위적 종교나 대부분의 세상 종교는 결국 인간을 절망과 파멸에 이르게 하는 마귀의 속임수일 뿐이다(롬 1:25, 32; 고후 4:4). 오직 세상과 인간을 말씀으로 지으시고 그리스도를 믿음으로 말미암은 영생을 약속하신 창조주 하나님만이 피조물 인간을 구원하실 수 있다.

하나님은 스스로 일하시기도 하시지만, 자주 사람의 믿음을 통해서 일하시기를 기뻐하신다. 그러나 우리의 믿음조차 하나님의 선물이다. 하나님께서는 우리의 믿음에 하늘을 향하여 날아오르는 날개를 달아주셨다.

오직 여호와를 앙망하는 자는 새 힘을 얻으리니 독수리가 날개 치며 올라감 같을 것이요 달음박질하여도 곤비하지 아니하겠고 걸어가도 피곤하지 아니하리로다 (사 40:31).

이 "믿음의 날개"는 사람의 지혜와 세상의 가치에서는 찾을 수 없는 초월적 능력인 것이다. 신앙인은 이 믿음의 날개로 절망의 땅을 박차고 하늘을 향하여 힘차게 날아오른다. 이 땅의 보이는 일시적인 가치에 집착하지 않고, 보이지 않는 영원한 가치를 향해 날아오른다.[1] 보이는 이 세상의 육체적 생명을 넘어 보이지 않는 저 세상의 영원한 생명을 사모한다. 그것은 피조물의 일시적 가치도 아니고 사람의 이상적 가치도 아닌 영원히 계시는 하나님 나라의 실재적 가치다.

너희는 먼저 그의 나라와 그의 의를 구하라(마 6:33a).

---

[1] 창 3:6; 마 6:19-33; 요 6:27; 롬 8:18-25; 고전 7:31; 고후 4:18; 골 3:1-2; 히 11:1; 요일 2:17 등.

우리가 주목하는 것은 보이는 것이 아니요 보이지 않는 것이니 보이는 것은 잠깐이요 보이지 않는 것은 영원함이라(고후 4:18).

썩을 양식을 위하여 일하지 말고 영생하도록 있는 양식을 위하여 하라 이 양식은 인자가 너희에게 주리니 인자는 아버지 하나님께서 인치신 자니라(요 6:27).

이 세상도, 그 정욕도 지나가되 오직 하나님의 뜻을 행하는 자는 영원히 거하느니라(요일 2:17).

우리는 그의 약속대로 의가 있는 곳인 새 하늘과 새 땅을 바라보도다(벧후 3:13).

나는 매순간 이 세상의 보이는 일시적 가치로 말미암아 일희일비(一喜一悲) 하는 나약한 신자는 아닌가?

2015년 10월 17일

9. 설교자의 사명: 말씀 연구와 강론

> 만일 어떤 선지자가 내가 전하라고 명령하지 아니한 말을 제 마음대로 내 이름으로 전하든지 다른 신들의 이름으로 말하면 그 선지자는 죽임을 당하리라 (신 18:20).

본문이 가르치는 바와 같이 설교자는 하나님의 말씀이 아닌 것들을 전하게 하려는 모든 미혹을 물리치고 하나님의 말씀만을 전해야 한다. 세상 소식, 흥미로운 담론, 재담, 건강관리, 철학, 심지어 성경이나 신학적 논쟁이 아니라 오늘 말씀을 듣기 위해 모인 사람들에게 가장 필요한 하나님의 말씀을 찾아 전해야 한다. 태초에 세계를 창조한 말씀, 공허와 혼란과 어둠 속에 있던 만물에게 빛과 생명을 준 말씀, 죽어가는 인간을 살리는 생명과 사랑이 넘치는 창조주되시고 구속주되시는 하나님의 은혜로운 말씀을 전해야 한다.

> 살리는 것은 영이니 육은 무익하니라 내가 너희에게 이른 말은 영이요 생명이니라 (요 6:63).

설령 사람들이 그 말씀을 듣기를 거절하고 그 말씀을 전하는 자신을 조롱하고 핍박하더라도 설교자는 하나님의 말씀을 전해야 한다.

> 너는 말씀을 전하라 때를 얻든지 못 얻든지 항상 힘쓰라 범사에 오래 참음과 가르침으로 경책하며 경계하며 권하라 때가 이르리니 사람이 바른 교훈을 받지 아니하며 귀가 가려워서 자기의 사욕을 따를 스승을 많이 두고 또 그 귀를 진리에서 돌이켜 허탄한 이야기를 따르리라 그러나 너는 모든 일에 신중하여 고난을 받으며 전도자의 일을 하며 네 직무를 다하라(딤후 4:2-5).

누구든지 너희를 영접하지도 아니하고 너희 말을 듣지도 아니하거든 그 집이나 성에서 나가 너희 발의 먼지를 떨어 버리라(마 10:14).

너희를 영접하는 자는 나를 영접하는 것이요 나를 영접하는 자는 나를 보내신 이를 영접하는 것이니라(마 10:40).

설교자는 자신의 인기나 청중의 반응에 연연할 것이 아니라 하나님의 말씀을 받들어 바르게 전해야 한다.

설교자는 하나님께서 자신을 복음 전도자로 부르셨음을 잊지 말고 자신의 시간과 역량을 오로지 말씀의 연구와 강론을 위해 사용해야 한다.

내가 복음을 전할지라도 자랑할 것이 없음은 내가 부득불 할 일임이라 만일 내가 복음을 전하지 아니하면 내게 화가 있을 것이로다(고전 9:16).

2015년 10월 22일

10. 죄의 용서

> 그때에 베드로가 나아와 이르되 주여 형제가 내게 죄를 범하면 몇 번이나 용서하여 주리이까 일곱 번까지 하오리까 예수께서 이르시되 일곱 번뿐만 아니라 일곱 번을 일흔 번까지라도 할지니라(마 18:21-22).

그리스도인은 주님의 은혜로 죄 용서함을 받았음을 믿고 자신과 이웃에게 관대해야 한다. 주님께서 우리의 죄를 용서하여 주셨듯이, 우리도 우리에게 잘못한 사람을 용서해야 한다.

> 우리가 우리에게 죄 지은 자를 사하여 준 것같이 우리 죄를 사하여 주시옵고(마 6:11).

공의와 사랑, 정죄와 용서의 긴장 가운데 그리스도인은 사랑과 용서에 집중해야 한다. 나 자신도 십자가의 은혜로 용서받았음을 알고 남을 용서해야 한다. 그것이 하나님 나라에 속한 사람의 마땅한 도리다.

> 너희가 사람의 잘못을 용서하면 너희 하늘 아버지께서도 너희 잘못을 용서하지 아니하시리라(마 6:14).
>
> 너희 관용을 모든 사람에게 알게 하라 주께서 가까우시니라(빌 4:4).

내가 남을 용서할 때 내 자신이 용서의 수혜자가 된다. 마음의 상처가 치유되고 평안을 얻게 된다. 반대로, 내가 남을 용서하지 못할 때 마음의 상처와 증오의 고통이 점증된다.

우리가 율법적 도덕적 조항을 따라 남을 판단할 때 자칫 오만이나 위선에 빠지게 되고,[1] 반대로, 반율법주의(antinomianism)로 기울 때 방종과 혼란에 빠지게 되지만, 하나님의 말씀을 그리스도의 사랑과 우리 속에 내주하시는 성령을 따라 묵상할 때, 이런 위험을 모두 극복하고, 오히려 주님의 은혜와 평안을 얻게 된다.

2015년 10월 22일

---

[1] 선행으로 구원받을 수 없는 이유는 인간이 타락한 본성으로 말미암아 하나님의 선하심과 의로우심 대신 인간 자신의 의에 집중함으로써 오만하게 되고, 자신의 죄를 잊고 자신이 선하다는 착각에 빠져서 위선적이 되게 하기 때문이다. 반면에, 믿음은 자신을 철저히 비우는 자세다(*Inst*. III.6.3; 14.2).

11. 율법 vs. 복음

> 그런즉 자랑할 데가 어디냐 있을 수가 없느니라 무슨 법으로냐 행위로냐 아니라 오직 믿음의 법으로니라 그러므로 사람이 의롭다 하심을 얻는 것은 율법의 행위에 있지 않고 믿음으로 되는 줄 우리가 인정하노라(롬 3:27-28).

율법과 복음은 모두 사람이 하나님의 의에 이르는 길이며, 구원에 이르는 길이다. 그러나 율법은 복음에 비해 그 기능이 제한적이다.

첫째, 율법은 의에 이르기 위한 인간의 노력과 책임을 강조하지만 율법을 지켜야 할 인간의 연약함으로 말미암아 그 구원의 기능이 제한적이 되면서 오히려 그 역기능이 나타났다.

> 생명에 이르게 할 그 계명에 내게 대하여 도리어 사망에 이르게 하는 것이 되었도다 (롬 7:10).

반면에, 복음은 인간의 본질적 유한성을 인정하고 하나님의 은혜에 의지할 것을 가르친다.

둘째, 인간의 노력과 책임을 강조하는 율법은 우리를 자주 오만함이나 위선에 빠지게 한다. 더구나 인간은 그 연약함으로 말미암아 율법을 제대로 지킬 수도 없다. 그러나 복음은 하나님 앞에서 인간의 연약함을 인정하고, 전적으로 하나님의 은혜에 의존한다(*Inst.* II.7.6; III.6.3). 복음을 믿는 사람들의 겸비함이야말로 인간의 중심을 보시는 창조주 하나님 앞에서의 피조물 인간의 가장 적절한 자세이며 하나님의 구원을 받아야 하는 죄인인 인간의 가장 바른 모습이다.

셋째, 하나님께서는 인간의 연약함을 아시고 예수의 복음을 믿음으로써 구원 얻는 진리를 선포하셨다. 다른 말로, 율법으로 구원 얻는 낡은 시대를 닫으시고 복음으로 구원 얻는 새로운 시대를 여셨다(롬 3:21). 사람이 연약해서 할 수 없는 것을 하나님께서는 하신다(눅 18:27).

넷째, 율법 행위의 주체는 연약한 사람이기 때문에 실패할 수밖에 없으나(롬 7:15, 19-24), 복음 행위의 진정한 주체는 성령이기 때문에 우리(외적 주체)가 성령(내적 주체)을 따르면 유익한 성과를 얻을 수 있다(갈 5:16-22).

> 너희는 성령을 따라 행하라(갈 5:16).

율법을 따르는 것이 우리의 불확실한 기억이나 지도를 따라 운전하는 것과 같다면, 복음은 실시간 교통정보를 제공하는 내비게이션를 따라서 운전하는 것과 같이 훨씬 효율적이다.

다섯째, 복음을 믿음으로 구원 얻는 진리가 율법으로 구원 얻는 진리보다 더 원초적이고, 더 근본적이며, 더 온전한 하나님의 구원 방법이다(창 15:6; 롬 4:3; 갈 3:6-7; 히 7:19, 22; 8:6; 9:11-10:39). 사실, 모세의 율법보다 430년 앞서서 아브라함 때부터 믿음으로 구원 얻는 진리가 있었다(갈 3:17). 하나님께서 이스라엘 백성에게 율법을 주신 것은 우리로 하여금 우리 자신의 연약함을 깨닫고, 하나님의 의로우심과 은혜를 얻게 하시기 위한 것이었다. 율법을 지킴으로 구원 얻는 것은 복음 진리의 탁월성과 유용성과 필요성을 분명히 증거하기 위한 예비적이고 일시적인 구원 조치였다.

율법과 복음은 모두 사랑을 인간 행위의 동기와 목적으로 가르친다. 그러나 율법주의자들은 물론 복음을 믿는 사람들도 사랑의 본질을 잊은 채 외식적으로 율법 준수에만 집중하는 것이 문제다(마 22:34-40; 23:23; 행 15:1; 갈 3:1). 그리스도는 율법의 본질인 사랑을 친히 가르치시고 몸소 실행하심으로써 율법을 완성하셨다. 무엇보다, 그리스도는 죄인을 위해 십자가에서 희생하심으로써 율법의 구원 진리에 대한 복음 진리의 탁월성을 입증하셨다.

세상의 모든 신들은 자신들의 능력과 지혜를 자랑하지만, 자신을 인간을 위해 스스로 희생한 신이 어디에 있는가? 진정한 부모만이 자식을 위해 희생할 수 있듯이, 인간을 위해 스스로 희생하신 우리 하나님이야말로 참 신이시다(요 3:16; 롬 5:8). 사람이 그리스도의 죽으심을 인간 구원을 위한 하나님의 사랑의 증거로 믿을 때 하나님의 구원의 능력을 얻게 된다. 우리는 하나님의 특별한 구원의 은혜를 입은 사람들이다.

    주께서 말씀하실 때에 의로우시다 하고 주께서 심판하실 때에 순전하시다 하리이다 (시 51:4).
    나는 은혜 베풀 자에게 은혜를 베풀고 긍휼히 여길 자에게 긍휼을 베푸느니라 (출 33:19).

2015년 10월 23일

12. 그리스도인의 존재와 가치

> 그러므로 우리가 이제부터는 어떤 사람도 육신을 따라 알지 아니하노라 비록 우리가 그리스도도 육신을 따라 알았으나 이제부터는 그같이 알지 아니하노라. 그런즉 누구든지 그리스도 안에 있으면 새로운 피조물이라 이전 것은 지나갔으니 보라 새 것이 되었도다(고후 5:16-17).

사람들은 자신들의 인간관, 인생관, 가치관에 따라서 자신과 남을 평가한다. 특별히 사람의 외모, 인종, 신분, 소유, 교육, 경험, 연령, 성별, 종교 등 주로 보이는 외적 가치에 따라서 사람을 평가한다.

> 너희는 외모만 보는도다(고후 10:7).

사람들의 이런 외적 가치 중심적 평가는 복합적인 인간의 평가 기준으로서는 제한적이다. 더구나 자기중심적 시각에서 사람들을 평가하는 것도 문제다.
그러나 하나님은 우리의 마음을 보신다.

> 내가 보는 것은 사람과 같지 아니하니 사람은 외모를 보거니와 나 여호와는 중심을 보느니라(삼상 16:7b).

메시아도 "그의 눈에 보이는 대로 그의 귀에 들리는 대로" 심판하지 않으신다(사 11:3). 바울이 고린도 교회를 비운 사이에 고린도 교회에 들어온 거짓 사도들과 그들을 따르는 이들은 바울의 외모의 약함, 의사소통 능력 부족, 영적 경험 부재, 사도들의 추천서 부재, 역사적 예수님과의 경험 부재 등 부정적 이유를 들면서 바울의 사도로서의 자격을 낮게 평가하며, 바울을 반대했다(고후 3:1-2; 4:7, 5:12; 10:7, 10, 11:6-12, 18; 12:1 이하; 13-18). 이에 대해서 사도 바울은 그런 외적 가치에 있어서 자신이 부족한 부분도 있으나 모두 그렇지는 않다는 것을 지적한다.

> 나는 지극히 큰 사도들보다 부족한 것이 조금도 없는 줄로 생각하노라 내가 비록 말에는 부족하나 지식에는 그렇지 아니하니(고후 11:6a).
> 여러 사람이 육신을 따라 자랑하니 나도 자랑하겠노라(고후 11:18).

그러나 사도 바울은 오히려 자신의 약함을 자랑한다고 한다(고후 12:10). 약함이 십자가를 지신 그리스도의 모본이기 때문이다. 그러므로 바울은 그리스도인은 자신이나 사람을 이 세상에서의 제한적인 신분, 능력, 환경, 경력 등 외적 조건을 따라 평가할 것이 아니라, 본질적이고 궁극적인 시각, 즉 "그리스도 안에 있는 새로운 존재"로서의 시각을 가지고 평가해야 할 것이라고 한다. 그리스도인이 예수님을 더 이상 "육체를 따라" 믿지 않듯이, 즉 예수님께 대한 과거의 온갖 불신적이고 피상적인 평가를 버리고, 자신들을 죄로부터 해방시키신 그리스도로 믿듯이, 그리스도인은 자신과 이웃을 그리스도로 말미암은 새로운 세계관, 인생관, 가치관 등 새로운 시각에서 보아야 할 것을 가르친다.

하나님을 믿는 우리가 얼마나 자주 부질없고 허무한 이 피조 세상의 평가 기준으로 우리 자신과 이웃을 평가하는가?

얼마나 자주 허황된 세상의 세계관, 인생관, 가치관을 따라 자신과 이웃을 폄훼하는가?

그리스도 안에서 새로운 피조물이 된 그리스도인은, 그리스도와 연합한 사람은 세상의 가치를 따라 자신의 존재 가치를 평가해서도 안 되고, 그 평가에 따라 자신의 존재감이 좌우 되어서도 안 된다. 다른 사람의 존재 가치에 대한 평가도 마찬가지다.

> 그런즉 누구든지 그리스도 안에 있으면 새로운 피조물이라 이전 것은 지나갔으니 보라 새 것이 되었도다(고후 5:16-17).

우리를 향하신 그리스도의 탁월한 사랑을 깨달을 때 우리 자신에 대한 세상의 어떤 평가도 부질없는 것임을 알자.

누가 우리를 그리스도의 사랑에서 끊으리요? (롬 8:35).

우리를 사랑하사 우리를 위하여 죽으신 그리스도의 넘치는 사랑을 생각할 때 우리는 우리 자신은 물론 그리스도께서 희생하신 이웃을 인정하고 높여주고 사랑하는 진취적인 자세를 가져야 한다.

아무 일에든지 다툼이나 허영으로 하지 말고 오직 겸손한 마음으로 각각 자기보다 남을 낫게 여기고(빌 2:3).

그러므로 이제 우리는 이 세상의 외모 중심적인 가치 평가가 아니라 하나님의 말씀을 따라 우리 자신과 이웃을 이해하자. 특별히 그리스도 안에서의 변화된 우리의 정체성과 가치관을 따라서, 우리 자신과 이웃을 이해하자.

이러므로 내가 하늘과 땅에 있는 각 족속에게 이름을 주신 아버지 앞에 무릎을 꿇고 비노니, 그의 영광의 풍성함을 따라 그의 성령으로 말미암아 너희 속사람을 능력으로 강건하게 하시오며, 믿음으로 말미암아 그리스도께서 너희 마음에 계시게 하시옵고, 너희가 사랑 가운데서 뿌리가 박히고 터가 굳어져서 능히 모든 성도와 함께 지식에 넘치는 그리스도의 사랑을 알고, 그 너비와 길이와 높이와 깊이가 어떠함을 깨달아 하나님의 모든 충만하신 것으로 너희에게 충만하게 하시기를 구하노라(엡 3:14-19).

그리스도는 우리가 어떤 형편에 있든지 그의 은혜와 영광의 풍성하심을 따라서 역사하신다. 우리 자신의 연약함으로 말미암아 우리는 자주 그리스도의 사랑에 대한 피상적이고 평면적 이해와 신앙고백에 머무르지만, 그 사랑에 대한 더 깊은 이해와 적용으로 믿음의 진보를 이루어야 한다.

그리스도인은 눈에 보이는 세상의 일시적 가치에 집중해서는 안 된다.

> 우리가 주목하는 것은 보이는 것이 아니요 보이지 않는 것이니 보이는 것은 잠깐이요 보이지 않는 것은 영원함이라(고후 4:18).
> 이는 우리가 믿음으로 행하고 보는 것으로 행하지 아니함이로라(고후 5:7).

그리스도께서는 보이는 일시적 세상의 가치가 아니라 보이지 않는 영원한 하나님 나라의 가치에 집중하도록 가르치셨다(마 6:19-24, 33). 부활하신 그리스도로 말미암아 새 사람이 된 이들은 썩을 세상의 가치관을 버리고 하나님 나라의 영원한 가치관을 가져야 한다.

> 그러므로 너희가 그리스도와 함께 다시 살리심을 받았으면 위의 것을 찾으라 거기는 그리스도께서 하나님의 우편에 앉아 계시느니라 위의 것을 생각하고 땅의 것을 생각하지 말라 … 그러므로 땅에 있는 지체를 죽이라 곧 음란과 부정과 사욕과 악한 정욕과 탐심이니 탐심은 우상 숭배니라(골 3:5).
> 우리는 그의 약속대로 의가 있는 곳인 새 하늘과 새 땅을 바라보도다(벧후 3:13).

무엇보다, 복음 신앙은 사람들이 환호하던 영광의 메시아가 아니라 사람들이 질시하여 처형한 메시아를 믿는 것이다.

이 땅에서 육신을 가지고 사는 우리가 이런 하나님 나라 중심적 가치관을 제대로 지키기 쉽지 않다. 실제로 우리는 자주 세상의 보이는 일시적 가치로 말미암아 일희일비(一喜一悲) 한다. 그러나 우리는 매일 우리의 삶을 다시 사신 생명의 주 그리스도의 모델을 따라 재정립함으로써 우리의 마음이 하늘의 평안과 안정을 얻도록 힘써야 한다.[1]

2015년 10월 24일

---

[1] 마 11:29; 요 13:34; 롬 6:3 이하; 고후 4:7-15; 6:3-10; 11:23-12:10; 갈 2:20; 6:14, 17; 빌 2:5 이하; 골 1:24; 엡 5:1; 딤후 2:3 이하

13. 고난의 원인

> 그러므로 내가 스스로 거두어들이고 티끌과 재 가운데에서 회개하나이다
> (욥 42:6).
> 무릇 나는 내 죄과를 아오니 내 죄가 항상 내 앞에 있나이다(시 51:3).

고난은 인간 현실이다. 인생은 누구나 어떤 모양의 고난을 받는다. 우리는 고난 중에 우리가 받는 고난의 원인을 생각한다.

우리 자신의 죄로 말미암은 고난인가?
우리의 신앙 훈련을 위한 고난인가?
복음 전도와 의를 위한 고난인가?
우리의 열악한 환경이나 원수로 말미암은 고난인가?
세상의 모든 피조물이 받는 일반적 고난인가?[1]

우리는 자주 우리의 고난의 원인을 우리 자신보다는 우리 주위의 사람이나 환경에서 찾거나, 자연적 현상이나, 알 수 없는 하나님의 숨겨진 경륜으로 돌린다. 그러나 비록 우리가 받는 고난의 원인들이 분명히 외래적인 것들이라고 해도, 먼저 우리 자신을 돌아보는 것이 성경적이다. 고난 중에 세상이나 하나님을 원망하지 않고 나의 죄를 깨닫고, 나의 연약함을 인정하고, 하나님을 의지하는 것이 성숙한 신앙적 자세다. 그것이 욥과 시편 기자의 자세다.

그러므로 내가 스스로 거두어들이고 티끌과 재 가운데에서 회개하나이다(욥 42:6).
내 죄악을 아뢰고 내 죄악을 슬퍼함이니이다(시 38:18).

---

[1] 욥 5:7; 시 103:5; 전 1:13; 3:6; 애 3:33; 롬 8:18-22, 39 등.

욥과 시편 기자는 그들의 고난의 근본적 원인이 그들의 열악한 환경이나 원수들의 훼방이나 믿음의 단련을 위한 하나님의 경륜이 아니라 결국 자신들의 죄란 사실을 깨달았다.

우리는 고난에 대해 불평하지 말고 고난을 통해서 하나님께서 우리 자신에게 하시는 말씀이 무엇인지를 경청해야 한다. 우리는 고난의 원인을 다른 데서 찾을 것이 아니라 우리 자신의 죄를 회개하고 겸비한 마음을 갖는 자세를 가져야 한다. 무엇보다 죄 없으신 그리스도께서 우리 자신의 죄를 위해 죽으셨음을 생각해야 한다.

> 우리가 아직 죄인 되었을 때에 그리스도께서 우리를 위하여 죽으심으로 하나님께서 우리에 대한 자기의 사랑을 확증하셨느니라(롬 5:8).

하나님께서는 우리의 고난 중에 우리 자신을 깊이 성찰하기를 원하신다. 성경은 우리가 그리스도의 십자가에서 나타난 하나님의 사랑과 은혜를 의지함으로써 우리의 죄와 약함으로 말미암은 모든 고난에서 이길 수 있음을 가르친다.

> 고난 당한 것이 내게 유익이라 이로말미암아 내가 주의 율례를 배우게 되었나이다 (시 119:71).

하나님께서는 모든 고난 가운데 자신이 죄인임을 알고 겸손히 행하는 사람을 사랑하시고 축복하신다. 하나님께서는 우리의 부족함과 모든 고난의 삶을 통해서 우리로 하여금 장차 이루어질 우리의 완전함과 완전한 나라를 소망하게 하신다(요 14:1-3; 롬 8:18-25; 고후 4:16-5:10; 히 4:9-11; 벧전 4:13). 그러나 불신적인 이스라엘 백성은 어려운 광야생활에서, 그 많은 놀라운 기적들에도 불구하고, 하나님을 의심하고 원망하다가 모두 광야에서 죽었다(출 15:24, 16:2-12; 민 11:1; 14:1-3, 22; 고전 10:10). 우리는 그들의 실패의 경험을 거울로 삼아 우리의 죄를 회개하고, 하나님께서 지금까지 베풀어주신 은혜를 감사하며, 하나님의 최종적인 구원의 약속을 굳게 믿어야 한다(신 8:2-4, 11-20; 욥 1:22).

우리가 하나님의 나라에 들어가려면 많은 환난을 겪어야 할 것이라(행 14:22).

고난의 원인이 무엇이든지 진실한 사람에게는 고난도 축복이 된다. 하나님께서는 자주 고난을 통해서 그의 영광을 나타내시기 때문이다(사 48:10-11). 하나님께서는 그의 이름을 위해서 그를 불신하는 이스라엘 백성이라도 여러 고난에서 구원하심으로써 그의 영광을 나타내셨다.

내가 너를 연단하였으나 … 어찌 내 이름을 욕되게 하리요 내 영광을 다른 자에게 주지 아니하리라(사 48:10-11).

마찬가지로, 하나님께서는 우리를 모든 현재의 고난에서 구원하시고 장차 나타날 그의 영광에 참여하게 하실 것이다.

우리가 그와 함께 영광을 받기 위하여 고난도 함께 받아야 할 것이니라(롬 8:17b).[2]

믿음과 소망이 없는 인생은 허망할 수밖에 없다. 믿는 우리는 고난을 통해 장래의 영광을 소망한다(롬 8:18; 고후 4:17; 히 11:1). 그러므로 고난의 원인이 죄의 징벌이든지, 신앙 단련이든지, 다른 무엇이든지, 모든 것을 믿고, 모든 것을 바라는 사람에게는 결국 고난도 축복과 은혜의 통로가 되는 것이다.

2015년 10월 24일

---

2 참조, 마 5:12; 행 5:41; 14:22; 고후 4:7 이하; 6:4 이하; 12:10; 골 1:24; 딤후 2:3; 벧전 4:13; 히 12: 1 이하 등.

14. 인간 이성의 한계

> 무지한 말로 이치를 가리는 자가 누구니이까 나는 깨닫지도 못한 일을 말하였고 스스로 알 수도 없고 헤아리기도 어려운 일을 말하였나이다(욥 42:3).

믿음은 하늘로 향해 날아오르는 날개를 가졌으나, 이성은 그런 날개가 없다. 믿음 없이 이성만으로는 "하늘에 계신 하나님"을 만날 수 없다. 하나님은 초월적 존재이시므로 이성이 아니라 믿음으로 만날 수 있다. 우리는 피조물 인간의 한계를 알아야 하듯이 인간 이성의 한계를 알아야 한다. 하나님의 말씀 대신 유한한 인간 이성을 절대시하는 이성주의의 오만함과 자가당착적 오류를 경계해야 한다. 하나님의 존재와 말씀을 불신하는 사람의 지혜와 논리는 결국 어리석은 것이며 하나님의 진노의 대상이다(고전 1:20-31).

그렇다고 우리는 이성의 유용성을 무시하지는 않는다. 이성은 믿음이 허황된 미신이 아닌 건전한 믿음이 되게 돕는다. 우리는 이성적 논리로 하나님의 말씀의 타당성을 증거하면서, 동시에, 이성의 한계를 밝힘으로써 믿음의 필요성과 중요성을 제시해야 한다. 우리는 신앙을 전제한 "신앙적 이성"을 가져야 한다. 신앙을 존중하는 "신앙 이성"은 우리의 신앙을 더욱 공고하게 만들기 때문이다.

합리주의자들은 이런 "신앙적 이성"을 신앙으로 왜곡된 이성이라고 비하하면서 자신들이야말로 아무런 전제나 주관성이 없는 순수한 이성을 추구한다고 자랑하지만 그들이 자랑하는 이성도 순수한 이성이 아니라 결국 허망한 자연주의적 원칙들(인과론, 순환론, 운명론, 우연론, 순응론, 진화론 등)을 절대적으로 신봉하는 "불순한 이성"이며, 결국 "불신적 이성"이다. 이와 유사하게, 진화론의 중심 사상은 자연이 스스로 본질과 변화를 결정하는 능력을 가지고 있다는 자연 선택권(natural selection)이다.

자연주의자들은 인간의 자율성을 신봉하는 인본주의 사상과 상통하지만, 창조주 하나님께서 만물을 지으시고 다스리신다는 성경의 가르침과는 상반된다. 결국 자연주의 사상은 비인격적 가치관으로서 결국 우리 인간을 허무와 절망으로 이끌 뿐이다. 인간은 자신을 지으신 초월적인 인격적 하나님과의 교제를 통해서만 진정한 존재 이유와 가치를 느낄 수 있다. 영원하신 하나님을 만나지 못한 인생은 자신의 한계로 말미암아 결국 좌절할 수밖에 없다.

설령 진화론자들이 주장하는 생물의 자율적 발전과 환경에 순응하는 능력을 인정한다 하더라도, 우리는 그런 생물의 발전과 적응 능력도 하나님께서 피조물에게 부여하신 것이라고 생각할 수 있다. 창세기 1장의 창조 기사에서 하나님께서 그가 창조하신 피조물에게 일종의 자율적인 기능을 주셨다. 피조물이 스스로 하나님의 창조 명령에 따라 자발적으로 움직였다. "창조하셨다"(창 1:1, 16, 21, 25, 26)는 말씀과 함께 나타나는 사역동사들은 하나님의 창조 명령에 대한 피조물의 자발적인 순종을 가리킨다.

> 나뉘라(6절),
> 드러나라(9절),
> 땅은(스스로) … 내라(창 1:11, 24), 또는
> 이루게 하라(14절),
> 번성하게 하라(20절),
> 생육하고 번성하여 … 충만하라 … 새들도 땅에 번성하라(22절)

그러나 이런 사역 동사들에 근거하여 하나님께서 그가 지으신 피조물에게 "자율적 진화"를 허락하셨다고 논하는 것은 지나치다. 이 동사들은 오히려 피조물의 "타율적 창조"를 가리킨다. "그대로 되니라"는 반복적 어귀가 이를 확증한다. 그것은 피조물이 하나님의 창조 명령에 절대적으로 복종한 것을 가리킨다. 더구나 진화론자들이 주장하는 종(種)의 진화나 전이(轉移)나 돌연변이는 "종류대로 만드셨다"는 말씀에 배치될 뿐만 아니라, 현대 유전공학과도 배치된다. 사람의 유전인자는 침팬지의 유전인자와 다르고, 전이될 수도 없다. 변이(變異)에 의한 새로운 종의 시작은 증명된 사실이 아니라 진화론을 위한 추정일 뿐이다.

이와 함께 창세기 1장의 하나님의 세상의 창조가 단번에 이루어진 것이 아니라

일정한 과정을 통해 점진적으로 이루어졌다는 사실도 흥미롭다. 하나님은 6일 동안 창조를 하셨다. 창세기 1장에 "저녁이 되고 아침이 되니 … 째 날이니라"는 양식어귀가 6번 나온다(창 1:5, 8, 13, 19, 23, 31). 6일 동안의 창조의 과정은 성경의 창조가 진화론이 주장하는 종(種)의 진화는 아니지만, "단회적이고 고정적인 특성"과 함께 "변화와 발전의 특성"을 가진 포괄적이고 역동적인 창조임을 보여준다. 물과 흙 같은 생물들이 성장할 수 있는 환경이 먼저 지어졌고, 이어서 식물, 동물, 인간 등 복잡한 생명 체계가 차례로 지어졌다. 이렇게 발전적으로 창조된 세계는 본질적인 종(種)의 변화는 아니지만, 피상적인 변화의 가능성을 지닌 것으로 볼 수 있다.

여하튼 창세기는 만물이 스스로 생성된 것이 아니라 하나님께서 지으셨음을 밝힌다. 하나님의 모든 일이 그렇듯이, 하나님의 창조는 사람에게는 기이하게 보일 수밖에 없다. 그러므로 성경 독자는 창조의 과학적 증거보다는 신학적 증거에 집중하는 것이 옳다.

창조주 하나님께서는 자연 세계는 물론 인간의 의지나 결정도 주장하신다(출 7:3; 민 24:13; 사 19:14; 55:8-9). 선한 것은 물론 악한 것도 결국 인간이 알 수 없는 하나님의 경륜과 지혜에서 비롯된 것이다(신 29:29; 삿 9:23; 삼상 16:14-16, 23; 18:10; 19:9; 대하 10:15; 사 45:7). 하나님께서는 그의 선하시고 의로우신 본성에 따라 만사를 결국 선하고 의롭게 인도하신다. 특별히 하나님께서는 그가 택하신 백성들의 구원과 복락을 위해 일하신다.

> 우리가 알거니와 하나님을 사랑하는 자 곧 그의 뜻대로 부르심을 입은 자들에게는 모든 것이 합력하여 선을 이루느니라(롬 8:28).

모든 불행이나 아이러니한 일도 결국은 인간이 알 수 없는 하나님의 깊으신 경륜으로 말미암은 것이다.

> 무지한 말로 이치를 가리는 자가 누구니이까 나는 깨닫지도 못한 일을 말하였고 스스로 알 수도 없고 헤아리기도 어려운 일을 말하였나이다(욥 42:3).

이런 신앙적 사고를 단순히 주관주의적 사고라고 폄훼할 수 없는 이유는 모든 인간의 사고가 주관주의적 요소를 내포하기 때문이다. 인문학이나 이성적 논리는 물론 일반적으로 객관적인 진리라고 알려진 물리학이나 자연과학적 논리조차 주관적 요소를 갖고 있다. 모든 역사는 일정한 역사 철학이라는 주관적 관점에서 썼으며, 이런 주관적 관점이 없는 역사는 결국 연대기나 사료의 수집에 불과한 것이다. 자연과학은 지금까지 우리가 습득한 자연지식에 근거한 주관적 지식이며, 새로운 지식이 나타나면 현재의 지식이 바뀔 수 있다. 결국 주관주의적 요소가 인간의 모든 사고와 행동에 영향을 미치는 것이다. 그렇다면 우리의 신앙을 단순히 주관적이라는 이유만으로 그 가치를 폄훼할 수 없다. 사물의 가치 판단은 그 사물의 기능과 역할에 따라서 결정되는 것이다. 복음 신앙은 우리의 정체성과 삶의 목적을 하나님의 선하심과 의로우심을 따라 설정하기 때문에 높은 가치를 지닌다.

인간 이성의 판단이나 지혜는 개인이나 사회의 질서 있는 삶을 위해 도움이 되지만, 동시에 인간의 죄성으로 말미암아 부패되었고, 왜곡되었다(욥 4:21; 5:13; 잠 3:7; 23:4; 26:5, 12; 28:11; 1:32; 7:19-20). 인간 이성이 추구하고 제시하는 가치는 아무리 완전하게 보이더라도 결국 죄인인 인간의 유한한 가치이며, 인간 이성이 신뢰하는 인간의 도덕적 의지나 합리적 판단은 인간이 실패의 경험과 역사가 보여주듯이 제한적일 뿐이다. 예로, 사람은 알코올이나 니코틴 같은 물질이 건강에 분명히 해로운 사실을 알면서도 일단 중독되면 이성적 통제력을 상실한다.

사람이 만든 "문명의 이기(利器)"는 해기(害器)도 되는 것이다. 우리 현대인은 현대 과학 기술문명의 수혜자이면서도 피해자다.

얼마나 많은 사람들이 매일 교통사고로 다치고 고통당하는가?[1]

과학 기술이 유발한 대기 오염 때문에 우리는 모든 생체의 기본 요건인 호흡조차 제대로 할 수 없다. 우리가 만든 정보화 사회는 우리의 삶을 가속화하여 스트레스를 높이고 있다. 우리의 생체 리듬은 우리가 만든 비인격적인 기계와 전자 장치의 빠른 속도를 제대로 따르지 못하는 것이다.

또한 우리는 수시로 인터넷 사이버 해킹과 공격에 노출되어 있다. 인공지능 연구

---

[1] 세계보건기구는 전 세계에서 매해 125만 명이 교통사고로 사망한다고 한다. 다친 사람은 수천만 명이 될 것이다.

자이자 미래예측가인 레이 커즈와일(Ray Kurzweil)은 2045 년쯤이면 인공지능(AI=Artificial Intelligence)이 인간지능을 뛰어넘을 것이라고 전망한다.

스티븐 호킹(Stephen Hawking) 박사와 닉 보스트롬(Nick Bostrom) 박사는 인공지능이 결국 인간의 제어를 벗어나 "마음대로" 인류를 지배하고 결국 인류를 파멸에 이르게 할 것이라고 경고한다. 19세기 초에 쉘리(M. W. Shelley)도 『프랑켄슈타인』으로 이런 과학만능주의의 위험성을 이미 경고했다. 한 마디로, 인공지능이 지배하는 미래 세상에서 인간은 자신이 만든 로봇과 같이 지적으로는 우수하나, 감성적으로는 물론, 영적으로는 더욱 열등한 존재가 될 것이다. 인공지능은 본질상 보이는 피조물의 일시적 가치에 집중하는 반면에, 하나님 나라의 보이지 않는 가치에 대해서는 중립적이거나 무관심하기 때문에 신앙 증진에 대한 도움을 기대할 수도 없다. 그러므로 미래의 세상에서는 기계화, 비인간화, 소외현상 같은 현시대의 문제가 더욱 심화될 것이다.

이런 문명의 폐해들은 피조물 인간의 이성과 지혜의 한계를 보여주는 것이다. 하나님을 경외하는 인간 문명은 방주와 같이 유익한 것이지만, 하나님을 떠난 인간 문명은 바벨탑과 같이 유해한 것이다.

> 함정을 파는 자는 거기에 빠질 것이요 담을 허는 자는 뱀에게 물리리라(전 10:8).
> 내일 일을 너희가 알지 못하는도다 너희는 잠깐 보이다가 없어지는 안개니라 (약 4:14).

칸트는 이성 중심적 사고의 유용성을 깊이 탐구한 후에, 인간의 뿌리 깊은 죄성과 선을 방해하는 세상의 악한 세력에 대한 인간 이성의 통제력의 한계를 인정하고, 모든 악한 것들을 이기고 선(善)을 승리로 이끌어 줄 절대적 신의 존재, 또는 최고선(最高善, Sumum Bonum)을 요청했던 것이다.[2] 최고선은 모든 법과 도덕을 능가하는 궁

---

2 Immanuel Kant, 『이성의 한계 안에서의 종교』, 백종현 역 (서울: 아카넷, 2012), 157, 157, 주 30; 칸트는 『만물의 종말』(*Das Ende aller Dinge*)에서 "지혜, 다시 말해 만물의 궁극적 목적, 즉 최고선(最高善, *summum bonum*)에 온전히 상응하는 방책들과 부합하는 실천이성은 신에게만 있다"고 한다. Immanuel Kant, 『실천이성비판』, 백종현 역 (서울: 아카넷, 2009), 마지막 쪽: "내 위의 별이 빛나는 하늘과 내 안의 도덕법칙"이란 표현은 인간 도덕의 궁극적 목적과 근거인 신적 최고선을 가리키는 것이다. 참조, 루이스 벌코프, 『성경 해석학』, 박문재 역 (서울: 크리

극적 가치이며 그 근원은 하나님이다. 칸트는 결국 복음이 인간 문제의 궁극적 해결 책임을 인정한다.

> 복음은 참 지혜의 영원한 지침이다. 이성이 그 모든 사색을 마친 후에 내리는 결론은 결국 복음의 가르침과 일치되는 것이다. 더구나 이성이 그 모든 사고 과정을 마쳤을 때 이성이 찾는 바가 여전히 암흑 가운데 있음을 알게 되고, 이성은 새로운 빛과 신선한 교훈이 필요한데, 바로 복음에서 이것들을 찾게 되는 것이다.[3]

칸트는 결국 "불신적 이성"을 버리고, "신앙적 이성"을 선택하였던 것이다. 하나님을 경외한 욥, 시편 기자, 솔로몬, 사도 바울은 이미 오래 전에 인간의 지혜나 이성의 한계를 고백했다.

> 무지한 말로 이치를 가리는 자가 누구니이까 나는 깨닫지도 못한 일을 말하였고 스스로 알 수도 없고 헤아리기도 어려운 일을 말하였나이다(욥 42:3).[4]
> 이 지식이 내게 너무 기이하니 높아서 내가 능히 미치지 못하나이다(시 139:6).
> 네가 스스로 지혜롭게 여기는 자를 보느냐 그보다 미련한 자에게 오히려 희망이 있느니라(잠 26:12).
> 깊도다 하나님의 지혜와 지식의 풍성함이여, 그의 판단은 헤아리지 못할 것이며 그의 길은 찾지 못할 것이로다(롬 11:33; 참조, 욥 35:7; 36:23; 사 40:13-14).

하나님과 인간 사이에는 건널 수 없는 본질적이고 존재론적인 차이가 있다(출 3:5; 12:13-14, 21-25). 인간은 하나님의 형상이면서도, 풀과 같은 연약한 피조물이다(사 40:6). 더구나 인간은 타락하여 저주를 받아 그의 하나님의 형상이 거의 파괴되었다

스챤 다이제스트, 2008), 37; 한철하,『21 세기 인류의 살 길』(양평: 칼빈아카데미, 2016), 373. 이들은 칸트가 하나님과 그리스도의 은혜 중심의 구원의 종교가 아니라 인간 이성 중심의 도덕에 의한 자아 구원의 종교를 만들었다고 비판한다. 우리는 칸트가 그나마 말년에는 복음 진리에 접근하였다는 점을 지적하려는 것이다.

3 Josef Pieper, *Scholasticism: Personalities and Problems of Medieval Philosophy* (New York/Toronto: McGraw-Hill Book Company, 1964), 13.

4 참조, 욥 4:21; 5:13; 33:13; 34:29; 36:23, 26; 38:1-2; 40:8; 사 40:13-14; 55:8-9.

(창 3:19). 세상을 지으신 창조주 하나님의 지혜와 경륜과 말씀만이 절대적이며 완전하다(시 104:24; 잠 3:19; 사 29:14; 렘 10:12; 롬 11:33). 물론 이것도 신앙-신학적 주관적 지식이지만, 사람들의 생각이나 추론이 아니라 거룩하신 하나님의 계시이므로 모든 믿는 사람들이 마땅히 복종해야 할 절대적 진리이다.

복음의 핵심인 예수님의 부활과 승천도 하나님의 지혜와 능력으로 말미암은 것으로서 우리의 믿음을 요구한다. 비록 복음서가 예수님의 부활과 승천에 대한 많은 역사적 자료와 합리적 증거를 제시하지만, 예수님의 부활과 승천은 물리적 요소와 영적 요소가 중첩된 "하나님의 기이한 일"로서 이성만으로는 이해할 수 없고, 믿음으로 확증할 수 있다.

합리주의적 논리와 지혜, 자의적 존재 가치를 추구하는 인간 이성은 결국 우리를 좌절하게 만든다. 인간 이성을 신봉했던 많은 오만한 이들의 실패와 불행이 이를 증거한다. 인간은 창조주 하나님의 거룩하신 섭리와 뜻이 인간 이성과 인간 경험을 선행한다는 것을 알아야 한다.

> 이는 내 생각이 너희 생각과 다르며 내 길은 너희 길과 다름이니라 여호와의 말씀이니라 이는 하늘이 땅보다 높음같이 내 길은 너희의 길보다 높으며 내 생각은 너희 생각보다 높음이라(사 55:8-9).

인간 이성은 죄의 문제와 소외감, 그리고 영원한 세계 같은 인생의 궁극적 문제에 대한 궁극적인 답을 줄 수 없다.

인간 이성은 감성에 비해 객관성이 있으나 여전히 주관적 측면이 있으며 그 한계가 있다. 이성의 한계는 곧 인간의 한계를 가리킨다. 보이는 세상과 인간의 가능성에 집중하는 현대인들은 보이지 않는 창조주 하나님의 존재를 무시하고 자만한 상태에 있다. 그러나 현대인은 인구증가, 공해문제, 기계화로 인한 육체적 피로와 소외감, 비인간화, 자살율의 증가 등 과학 문명의 폐해를 보며 자신의 지혜와 이성의 한계를 인정해야 한다(시 7:15; 잠 26:27; 전 10:8).

① 인간의 결단과 판단은 언제나 제한적이다(잠 16:9, 33; 19:21; 20:24; 21:31).
② 인간의 도덕적 의지력도 인간의 본질적 한계, 즉 죄성으로 말미암아 한계가 있다. 인간 이성은 죄성을 제대로 통제할 수 없다(롬 7:19-20).
③ 또한 인간 이성은 인간의 감성이나 주관성이나 이기심에 의해 자주 편향적이 된다. 칼빈은 타락한 인간 이성은 판단력을 잃은 채 본성적 욕구를 따라 움직이기 때문에 결국 인간을 허망함에 굴복하게 한다고 했다(*Inst.* II.2, 25-26).
④ 인간 이성은 장래를 분명히 예측할 수 없다(약 4:13-16).
⑤ 인간 이성이나 과학은 인생의 의미, 존재 이유와 목적 등에 대해서 비인격적이고 허망한 자연주의적 설명만 제시할 뿐이고, 인간의 죄의 문제와 죽음의 공포 같은 인간의 궁극적 문제를 심리적, 사회적 논리로 중립화, 객관화함으로써 죄와 죽음의 심각성을 애써 무시하지만, 여전히 죄와 죽음은 인간의 심각한 문제다. 여전히 많은 현대인이 소외감과 허망감으로 고통받는다. 이런 인간 문제가 지속되는 것 자체가 인간의 이성의 한계를 나타내는 것이다(창 3:8-10; 4:12-14).

인간 문제에 대한 인간 자신의 모든 자구책은 일시적, 피상적 대안일 뿐이며, 결국 인간고(人間苦)를 연장할 뿐이다. 인간의 모든 자구책은 창세기의 바벨탑 건설과 같이 결국 무위로 끝날 수밖에 없다. 사실 인간은 아담의 타락 이후 하나님을 벗어나 스스로 독립적으로 살려고 애써 왔다. 그러나 인간은 그를 지으신 하나님께로 돌아가야 한다. 피조 인간은 창조주 하나님을 떠나서는 진정한 존재 가치를 찾을 수 없다. 영적인 문제는 영적인 방법으로 풀어야 한다.

> 영적인 일은 영적인 것으로 분별하느니라(고전 2:13b).

이성을 포함한 모든 비인격적인 피조물의 가치는 본질상 일시적이고 허무한 것이므로 인간에게 결코 궁극적 만족을 줄 수 없다(전 1:8; 2:11; 욥 14:1-2; 시 103:14-16; 사 40:6; 롬 8:22). 우리가 이 세상의 어떤 가치로도 만족할 수 없다는 사실은, 역으로, 완전하고 영원한 가치가 있음을 가리키는 것이다(C. S. Lewis).
사람의 영원한 가치에 대한 본능이 사람으로 하여금 세상의 어떤 가치로도 만족할 수 없게 만든다고 할 수 있다.

> 사람이 떡으로만 살 것이 아니요 하나님의 입으로부터 나오는 모든 말씀으로 살 것이라(신 8:3; 마 4:4; 참조, 눅 15:20).

믿음의 눈으로 볼 때 불완전한 현실도 완전한 실재를 향한 과정일 뿐이다.

> 온전한 것이 올 때에는 부분적으로 하던 것이 폐하리라(고전 13:10).

죄인인 인간이 지혜의 근원이신 하나님을 무시하고 자신의 유한한 지혜를 자랑하는 것은 어리석고 하나님의 진노를 사는 것이다. 현대인은 자신의 지혜와 의지와 기술문명의 한계를 인정하고 창조주 하나님께 돌아가야 한다. 인간은 비인격적인 이성적 자구책에 의지할 것이 아니라 사람을 만드시고 그를 향한 사랑과 은혜가 충만하신 인격적 하나님께 돌아와야 살 수 있다.

우리가 사는 세상은 불의가 횡행하고, 우리는 내일 일을 알 수 없는 연약한 존재다(약 4:14). 우리는 우리가 결정한 선택과 판단의 결과가 어떻게 될 것인지를 분명히 알 수 없다. 우리의 이성이나 의지는 불의한 세상에서 사는 연약한 우리에게 도움이 되지 않을 때도 있고, 오히려 해가 될 때도 있으나, 하나님을 믿는 신앙은 언제나 유익하다. 불신적 이성을 버리고 신앙적 이성을 가져야 온전한 인간이 될 수 있다. 인간은 이성적 오만함을 버리고 사망 권세를 이기시고 승리하신 하나님의 아들 예수 그리스도 안에서만 평안과 기쁨을 얻을 수 있다.

> 유대인은 표적을 구하고 헬라인은 지혜를 찾으나 우리는 십자가에 못 박힌 그리스도를 전하니 유대인에게는 거리끼는 것이요 이방인에게는 미련한 것이로되 오직 부르심을 받은 자들에게는 유대인이나 헬라인이나 그리스도는 하나님의 능력이요 하나님의 지혜니라(고전 1:22-24).

2015년 10월 28일

15. 복음 신앙의 타당성과 탁월성

> 믿음은 바라는 것들의 실상이요, 보이지 않는 것들의 증거니, 선진들이 이로써 증거를 얻었느니라 믿음으로 모든 세계가 하나님의 말씀으로 지어진 줄을 우리가 아나니, 보이는 것은 나타난 것으로 말미암아 된 것이 아니니라(히 11:1-3).

히브리서는 불신적 유대인들과 복음을 믿는 독자들 모두에게 구약의 율법의 제사와 행위를 통한 구원 진리에 대해서 예수님을 믿음으로 구원 얻는 복음 진리의 타당성과 탁월성을 가르친다(히 3:6-4:14; 6:1-12; 10:22-23; 11:1 이하). 물론 이런 가르침은 사도 바울이 로마서와 갈라디아서에서 율법의 행위를 통한 구원에 대해서 복음 신앙을 통한 구원의 탁월성을 가르치는 것과 같은 맥락이다. 바울은 신학적으로 뿐만 아니라 실제적으로도 인간의 연약한 본성으로 말미암아 율법의 행위로는 도저히 구원받을 수 없다고 단언한다. 다만 그리스도의 복음만이 온전한 인간 구원을 약속한다.

> 율법이 육신으로 말미암아 연약하여 할 수 없는 그것을 하나님은 하시나니 곧 죄로 말미암아 자기 아들을 죄 있는 육신의 모양으로 보내어 육신에 죄를 정하사 육신을 따르지 않고 그 영을 따라 행하는 우리에게 율법의 요구가 이루어지게 하려 하심이라 (롬 8:3-4).

칼빈(John Calvin, 1509-1564)은 바울을 따라서 율법의 행위나 도덕적 행위는 본질상 인간을 오만하게 하거나 위선적이 되게 한다고 지적했다(*Inst*. III.6.3; 14.2). 반면에 믿음은 본질상 인간의 연약함을 인정하고 전적으로 하나님의 구원의 은혜를 의지하는 것이므로 행위에 비해서 구원의 수단으로서의 가치와 효능이 탁월한 것이다. 복음을 믿는 사람들의 존재론적 겸비함이야말로 사람의 중심을 보시는 창조주 하나님 앞에서의 피조물 인간의 가장 바른 자세이며 하나님의 구원을 받아야 하는 죄인인 인간의 가장 적절한 자세다.

그러므로 복음을 믿어 구원 얻는 방법이 율법의 행위에 의한 구원 방법에 비해 더 온전한 구원 방법이 되는 것이다.

> 주께서 말씀하실 때에 의로우시다 하고 주께서 심판하실 때에 순전하시다 하리이다 (시 51:4).
>
> 나는 은혜 베풀 자에게 은혜를 베풀고 긍휼히 여길 자에게 긍휼을 베푸느니라 (출 33:19).

히브리서는 복음의 구원 진리가 도전받고 핍박 받는 어려운 시기에 복음 진리를 믿는 믿음을 지키기 위하여 율법의 구원 진리에 대한 복음의 구원 진리의 타당성, 탁월성, 온전성, 절대성 등을 가르친다.[1] 히브리서 전체가, 다른 성경 저자들과 함께, 바울이 가르치는바 믿음으로 의롭게 되는 것이 하나님께서 정하신 구원의 새 시대의 구원 방법이라는 것을 밝힌다.[2] 그러나 바울이 로마서와 갈라디아서에서 유대교의 행위 구원에 대해서 믿음으로 구원 얻는 도리를 특별히 강조하는데 반해서, 히브리서 기자는 율법의 행위에 의한 구원의 한계가 아니라 구원의 원리가 되는 "율법의 속죄 제사의 한계"에 집중한다. 복음은 믿음의 조상들과의 언약보다 "더 나은 언약"이고, 복음 신앙은 율법 신앙보다 "더 좋고 온전한 신앙"이다(히 11:1 이하). 하나님의 아들 그리스도의 희생을 통한 속죄가 "더 좋은" 완전한 최종적 하나님의 구원 언약이다.[3]

우리가 믿는 하나님의 아들 그리스도는 신분상으로 천사(히 1-2장), 모세(히 3:3-6), 대제사장보다 더 높으신 분이다(히 5장). 예수님은 이스라엘 백성을 가나안 땅에 들어가게 한 모세보다 더 온전하고 영원한 안식을 주시며(히 4장), 하늘의 대제사장 멜기세덱의 반차를 따라서 하늘의 성소로 들어가심으로써 "더 좋고 온전한 언약의 중보자"이심으로 증거하셨다(히 5:6, 10; 6:20; 7:17; 8:6). 더구나 예수님은 자신이 온전

---

1 히 2:1, 10, 18; 3:12-14; 4:15; 6:1-2; 7:28; 8:6-7; 9:23; 10:22-23, 32-39; 12:1-13; 25-29; 13:9.
2 참조, 요 3:16; 8:56; 14:6; 20:31; 행 4:12; 17:30; 롬 3:21; 8:1; 갈 1:12; 엡 3:5; 참조, 마 9:16-17.
3 히 6:1-2, 9; 7:19, 22; 8:6; 9:11, 23; 10:1, 20; 11:16.

한 희생제물로서 온전한 속죄 제물을 드리심으로써 단번에 영원하고 최종적인 온전한 새로운 구원의 살 길을 여셨다(히 7:27; 9:26, 28; 10:10-21). 우리가 믿는 천국이 믿음의 조상들이 바랐던 약속의 땅보다 더 좋은 영원하고 온전한 본향이다. 믿음의 조상들도 가나안 땅보다 더 좋은 본향을 사모했다(히 11:10, 14-16). 그러므로 그들도 결국 우리와 함께 완전한 세계, 천국에서 살게 될 것이다(히 11:40).[4]

불완전한 것은 상대적으로 완전한 것을 가리킨다(고전 13:10). 우리의 불완전한 현실은 완전한 영광의 미래를 예측하게 한다.

> 생각하건대 현재의 고난은 장차 우리에게 나타날 영광과 비교할 수 없도다(롬 8:18).

하나님께서는 불완전한 우리 인간 존재가 불완전한 고난의 삶을 통해서 완전한 나라에서의 완전한 삶을 자주 사모하게 하신다(롬 8:18-25; 고후 4:16-5:10; 히 4:9-11; 벧전 4:13). 사람의 어떤 욕구는 그 욕구의 대상이 실재한다는 사실을 나타낸다. 마찬가지로 우리가 하나님 나라를 믿고 바라는 사실은 하나님 나라의 실재를 가리킨다. 더구나 장래의 구원의 약속을 믿는 우리의 믿음은 고난의 삶 가운데서 우리 자신이 고안해 내었거나 자연발생적으로 나타난 수관적인 심리적 기대가 아니라 하나님의 오랜 약속에 근거한 것이다.

더구나 믿음의 조상들과 맺은 하나님의 모든 약속들이 실제로 성취된 사실을 볼 때, 우리가 믿는 하나님의 약속은 확실한 것이다. 우리의 믿음은 그 신실하심이 오랜 믿음과 성취의 역사로 증명된 하나님과 그의 새 언약을 믿는 것이며, 하나님께서 그 성취를 보장하시는 확실한 믿음이다. 우리가 믿는 새 언약은 옛 언약에 비해 "더 확실하고, 더 완전하고, 더 좋은 새 언약"이다(히 7:22; 8:6-13; 9:23; 11:16).

새 언약이 성취되기 전에 새 언약을 믿는 우리의 믿음이 이 불신 세상에서 도전 받고 박해를 받으나 모든 믿음의 도전 가운데서 끝까지 믿음을 지켰던 믿음의 조상

---

[4] 히브리서 11장의 "본향"은 "도시"(포리스, 10절), "아버지의 땅"(파트리스, 14절), "하늘 처소"(에프라니오스, 16절) 등을 번역한 것이다. 이 말이 플라톤의 "이상국"이나 형이상학적 본유세계와 유사하지만, 본문의 문맥에서는 비인격적, 철학적 개념이 아닌 인격적, 관계론적, 신학적, 신앙적 개념을 나타낸다. "본향"은 하나님께서 그의 오랜 구원사 가운데 그의 구원의 약속을 믿는 모든 자들에게 주시는 최종적 상급이다(6절).

들을 따라서 우리는 우리의 믿음을 힘써 지켜야 한다(히 11:4 이하).

히브리서 기자는 복음 신앙의 탁월성에도 불구하고 그것이 아직 성취되지 않았기 때문에 불확실한 실재라는 점을 인정한다. 믿음은 본질상 보이지 않고 아직 이루어지지 않은 것을 바라는 것이므로 불확실한 실재다(요 11:40; 롬 8:24; 고후 5:7). 그러나 히브리서 11장 1절은 역설적으로 믿음은 실재(실상, 실재, 본체, 히포스타시스, hypostasis, substance, reality)라고 선언한다.

> 믿음은 바라는 것들의 실상이요, 보이지 않는 것들의 증거니 … (히 11:1).[5]

실제로 히브리서 11장 1절 이하는 믿음의 실재성을 설명한다.

> 믿음은 바라는 것들의 실상이요, 보이지 않는 것들의 증거니, 선진들이 이로써 증거를 얻었느니라 믿음으로 모든 세계가 하나님의 말씀으로 지어진 줄을 우리가 아나니, 보이는 것은 나타난 것으로 말미암아 된 것이 아니니라(히 11:1-3).

우리의 믿음이 허구가 아니라 실재라는 증거는 믿음의 근거인 하나님의 언약의 확실성 때문이다. 믿음의 조상들이 믿었던 하나님의 언약이 실제로 역사 가운데 성취되었기 때문에 우리가 믿는 같은 하나님의 언약도 성취될 것이 분명하다. 히브리서 11장 전체에서 믿음의 실재성과 확실성에 대한 일종의 역사적 실증주의적 논리가 나타난다. 비록 믿음이 본질상 증거가 필요하지 않다고 하더라도 믿음의 실재성을 위한 어느 정도의 증거가 필요하다는 것을 인정해야 한다.[6]

히브리서 기자는 11장 4절 이하에서 믿음의 조상들의 신앙생활 가운데 나타난 믿음의 역사적 실재성을 증명하기 위해서 하나님의 약속이 실제로 역사 가운데 성취된 사례들을 열거한다. 그러나 이에 앞서서 우선 11장 3절에서 보이는 피조 세계

---

5 KJV를 제외한 거의 모든 영어 성경들이 "실상"이란 말을 확신(assurance)이라고 번역하는데, 아마도 "실상"으로 번역할 때 독자들이 그 역설적 의미를 제대로 이해하지 못할 수 있다고 우려하기 때문인 듯하다. 그러나 이 말을 문자적으로 개역 성경처럼 "실상"이라고 번역하거나 "실재"로 번역하는 것이 원래의 의미에 가깝다.

6 C. F. D. Moule, *The Phenomenon of the New Testament*, 78f., 재인용 G. E. Ladd, *A Theology of the NT* (1974), 180.

를 그것을 지으신 보이지 않으시는 하나님의 실재적 근거로 지적한다. 비록 하나님은 보이지 않으시지만, 그 하나님께서 지으신 이 세상이 보이는 실재라는 사실에 비추어 볼 때 보이지 않으시는 하나님께서 실재하시는 분이시라고 논증한다. 사람들이 실재로 여기는 보이는 세상은 본질상 일시적, 제한적 실재이고, 오히려 세상을 지으신 창조주 하나님이 영원하신 참 실재이시다. 물론 이런 논증은 하나님께서 세상을 지으셨다는 믿음을 전제로 하는 순환적이고 주관적인 논증이지만, 믿음의 조상들과 맺은 언약을 이루신 하나님의 신실하심을 논하기 전에 먼저 보이지 않으시는 하나님이 실재하시는 분이시라는 것을 논증할 필요가 있다고 본 것이다.

이어서 히브리서 기자는 11장 4절부터 세계를 지으신 하나님께서 이 세상을 다스리시고, 세상의 구원을 위해 일하신다는 사실을 이스라엘의 역사를 통해 논한다. 우리의 믿음의 조상들이 당장은 불확실하고 비실재적인 하나님의 언약을 믿었으나, 그 언약이 실제로 역사 가운데 성취되었기 때문에, 그들의 신앙이 더 이상 비실재가 아니라 실재이며, 같은 하나님의 새 언약을 믿는 우리의 복음 신앙도 실재(실상)라고 논한다(히 11:1). 더구나 그리스도의 새 언약은 낡은 율법의 구원 언약에 비해 "더 좋고, 완전하고, 영원한 언약"이다(히 7:22; 8:6-11:40). 더구나 믿음의 조상들도 낡은 불완전한 언약이 아니라 지금 우리가 믿는 온전하고, 영원한 새 언약을 바라고 믿었다(히 11:10, 13-16, 39-40). 조상들이 일시적으로 믿었던 낡은 언약과 율법은 장차 나타날 복음의 그림자와 같은 일시적 실재이지만, 예수님의 새 언약(복음)은 더 좋은 영원한 실재이다(히 8:5-6; 10:1, 23).

보이지 않으시는 하나님의 실재성은 동시에 그의 신실하심을 가리킨다. 하나님은 역시 믿을 만한 분이시다.

> 약속하신 이는 미쁘시니 … (히 10:13).

보이는 세계의 실재와 하나님의 약속이 성취된 역사적 사실과 그의 신실하심은 그를 믿는 우리의 믿음의 실재성을 확증한다.

믿음은 바라는 것들의 실상이요, 보이지 않는 것들의 증거니, 선진들이 이로써 증거를 얻었느니라. 믿음으로 모든 세계가 하나님의 말씀으로 지어진 줄을 우리가 아나니, 보이는 것은 나타난 것으로 말미암아 된 것이 아니니라(히 11:1-3).

이런 히브리서의 복음 신앙의 탁월성과 확실성에 대한 논증을 여전히 주관적이고 논리적인 비약이라고 폄훼할 수 있다. 물론 히브리서는 복음을 유일하고 온전하고 영원하고 최종적인 하나님의 구원의 언약으로 믿고, 전제하고, 논한다. 그러나 복음 신앙은 단순히 유대교의 분파로서의 하나의 신앙이 아니라 하나님의 언약 전통을 따르는 모든 신실한 사람들의 보편적 믿음이며, 하나님의 완전한 최종적 구원 진리로서 성경적, 역사적 근거를 가지고 있다.

이 사람들은 다 믿음을 따라 죽었으며 약속을 받지 못하였으되(새 언약을 받지 못했으되) 그것들을 멀리서 보고 환영하며 또 땅에서는 외국인과 나그네임을 증언하였으니 … 그들이 이제는 더 나은 본향을 사모하니 곧 하늘에 있는 것이라(히 11:13-16a).

"불완전한 옛 언약"을 믿은 믿음의 조상들도 사실은 그 옛날부터 우리가 믿는 그리스도의 "온전한 새 언약"을 믿고 그 성취를 기다렸던 것이다. 비록 그들은 그리스도의 새 언약의 성취를 보지 못하고 바라기만 하면서 죽었으나, 그들도 옛 언약보다 더 좋고 온전하고 영원한 새 언약을 믿었기 때문에 장차 새 언약이 이루어질 때 우리와 함께 부활 영생을 누리게 될 것이다.

비록 그들이 약속의 땅(가나안 땅)을 받았으나 그것은 "더 좋고 온전하고 영원한 천국"을 위한 "예비적이고, 불완전한 이차적인 실재"에 불과한 것이었다. 그들은 가나안 땅이 아니라 그 보다 더 좋은, 장차 메시아가 이루실 "완전하고 원초적인 실재, 즉 천국"을 사모하였던 것이다.

그들이 이제 더 나은 본향을 사모하니 하늘에 있는 것이라(히 11:16a).
이 사람들은 다 믿음으로 말미암아 증거를 받았으나, 약속된 것을 받지 못하였으니, 이는 하나님이 우리를 위하여 더 좋은 것을 예비하셨은즉 우리가 아니면 그들로 온전함을 이루지 못하게 하려 하심이라(히 11:39-40).

이렇게 복음 신앙은 모든 사람들이 믿어야 할 보편적이고 완전한 최종적인 하나님의 계시다.

이렇게 히브리서는 복음을 비난하는 유대인들과 복음을 믿는 모든 사람들을 모두 염두에 두고, 그리스도의 새 언약을 믿는 믿음의 실재성, 완전성, 영원성, 보편성, 타당성, 탁월성, 유일성, 그리고 절대성 등을 강조한다(참조, 요 8:56; 14:6; 행 4:12; 갈 1:7). 조상들의 신앙이 실제로 성취된 사실에 비추어 볼 때 같은 하나님께서 주신 새 언약을 믿는 우리의 믿음은 실재다. 조상들이 믿은 언약이 제한적이고 불완전함에 비하여, 우리가 믿는 새 언약은 더 좋고, 완전하고, 최종적이고, 유일하고, 절대적인 언약이다.

이제 자기를 단번에 제물로 드려 죄를 없이 하시려고 세상 끝에 나타나셨느니라(히 9:26b).

조상들이 믿던 모세의 언약은 그리스도의 새 언약에 대한 예비적이고, 일시적인 것에 불과하다. 조상들이 믿던 모세의 낡은 언약은 이 세상의 일시적 가치와 잠깐의 안식을 약속하였으나, 우리가 믿는 그리스도의 새 언약은 영원한 하나님 나라의 생명과 안식을 약속하기 때문에 그 가치가 탁월한 것이다(참조, 요 14:6). 더구나 복음의 완전성과 실재성은 그리스도의 부활 승천으로 확증되었다.[7] 믿음의 조상들도 결국 우리들과 함께 믿음의 결과인 천국에서 살게 될 것이다.[8]

히브리서는 11장까지 불신적인 유대인들과 믿는 이들 모두에게 믿음의 탁월성과 절대성을 설명한 후에, 12장 이하에서는 특별히 믿는 이들에게 모든 믿음의 조상들의 신앙적 모본을 따라서, 모든 세상의 허망한 가치에 집중하는 불신적 안목을 버리고 사망 권세를 이기시고 승리하신 십자가의 예수 그리스도를 바라보는 영적 안목

---

7 히 1:3; 2:9; 4:14; 6:20; 7:25; 8:1; 9:12, 24; 11:35; 12:2; 13:20; 참조, 빌 2:9-11; 골 3:1.

8 마 5:10-12; 요 3:16; 롬 5:21; 8:18; 고전 15:51-54; 고후 5:1; 딤후 4:7-8, 18; 히 11:6, 16, 40; 벧전 1:9.

을 가질 것을 당부한다.

모든 무거운 것과 얽매이기 쉬운 죄를 벗어 버리고 인내로써 우리 앞에 당한 경주를 하며 믿음의 주요 또 온전하게 하시는 이인 예수를 바라보자 그는 그 앞에 있는 기쁨을 위하여 십자가를 참으사 부끄러움을 개의치 아니하시더니 하나님 보좌 우편에 앉으셨느니라(히 12:1b-2).

우리가 히브리서를 읽고 결단해야 할 것은 다음과 같다.

첫째, 복음 신앙을 반대하는 자연주의와 물질주의, 인본주의와 합리주의, 상대주의와 다원주의, 그리고 혼합주의와 허무주의 같은 현대 사상의 도전 가운데서도 복음이 가르치는 구원의 도리를 하나님의 유일한 구원 언약으로서 굳게 믿는 것이다.

우리가 마음에 뿌림을 받아 악한 양심으로부터 벗어나고 몸은 맑은 물로 씻음을 받았으니 참 마음과 온전한 믿음으로 하나님께 나아가자 또 약속하신 이는 미쁘시니 우리가 믿는 도리의 소망을 움직이지 말며 굳게 잡고(히 10:22-23).
믿음의 주요 또 온전하게 하시는 이인 예수를 바라보자(히 12:2a).

둘째, 특별히 과학-기술이 급속히 진행되는 세상에 사는 우리들은 보이는 피조물의 가치에 미혹 받지 않도록 주의해야 한다. 보이는 피조물의 가치도 하나님께서 지으신 것이지만(골 1:16), 일시적인 불완전한 가치이기 때문에, 그것에 집중하는 과학적 지식과 기술은 그 모든 유용성에도 불구하고 인생의 궁극적 문제(죄, 죽음, 구원)에 대한 답을 줄 수 없다. 우리 인간이 비인격적인 자연과학 원리를 따를수록 기계화와 물량화로 인한 비인간화, 소외감, 의미상실증 같은 현대인의 문제가 심화될 것이 분명하다. 과학이 추구하는 피조물의 보이는 가치는, 피조물의 본질상, 일시적이고 제한적이며 결국 허무와 절망으로 이끈다는 것을 명심해야 한다.[9] 문제는 우리가 보이는 가치의 한계를 알면서도 본능적으로 보이는 가치에 집중하는 것이다.

---
9 창 3:6; 마 6:19-33; 요 6:27; 롬 8:24-25; 고전 7:31; 고후 4:18; 골 3:1-2; 히 11:1, 16; 요일 2:17 등.

하나님께서 보이는 가치도 지으셨으므로 그것 자체가 나쁜 것은 아니다. 반대로, 보이지 않는 가치라고 해서 모두 좋은 것은 아니다. 사탄은 보이는 가치든지, 보이지 않는 가치든지, 모든 피조물의 가치를 절대적 가치로 포장하여 우리를 미혹한다(창 3:6; 고후 4:4; 11:13-15; 골 1:16; 딤전 4:1; 요일 4:1-3). 그러나 우리는 우리의 육적 욕망을 따라서 자주 보이는 피조물의 가치를 절대시한다.

하와는 먹음직하고, 탐스럽게 보이는 선악과를 바라본 후에 범죄했다(창 3:6). 롯의 아내는 "돌아보지 말라"는 천사의 경고를 무시하고 불타는 소돔성을 바라보았다가 소금 기둥이 되었다(창 19:17, 26). 이스라엘 백성은 광야에서 하나님의 약속보다는 당장의 어려운 현실을 보고 불신에 빠졌다(민 11:1; 13:31-33; 14:1-3; 신 8:2-3; 고전 10:10). 주님께서는 "이는 다 이방인들이 구하는 것이라. 너희는 먼저 그의 나라와 그의 의를 구하라"(마 6:33)고 말씀하셨다.

기복(祈福) 신앙의 문제는 보이지 않는 하나님 나라의 가치보다 보이는 세상의 가치를 더 중시하는 것이다. 우리는 끊임없이 보이는 세상의 보이는 가치로 향하는 육적 본능을 억제하고 보이지 않는 하나님 나라와 하나님의 의를 구하자. 이 보이는 세상을 창조하셨으나 타락한 세상을 구원하여 온전하게 하시려는 하나님의 구원 계획을 믿고 따르자. 복음 신앙은 눈에 보이는 화려한 영광의 메시아가 아니라 초라한 십자가의 메시아를 믿는 것이다.

2015년 10월 31일

16. 믿음 지키기

> 예수께서 이르시되 할 수 있거든이 무슨 말이냐 믿는 자에게는 능히 하지 못할 일이 없느니라 하시니 곧 그 아이의 아버지가 소리를 질러 이르되 내가 믿나이다. 나의 믿음 없는 것을 도와 주소서 하더라(막 9:24).

하나님은 그가 지으신 사람의 믿음을 통해 일하시기를 기뻐하신다. 만사가 믿음으로 결정된다. 믿음의 강도는 믿음의 대상의 신뢰도에 따라 결정된다. 우리가 믿는 하나님은 공의로우시면서도 선하시고 사랑이 많으시며 신실하시며 온전하신 분이시다.[1] 우리는 하나님을 두려워하는 만큼 깊이 사랑해야 한다. 문제는 유한한 인간이 하나님의 신실하심과 능력을 자주 잊어버리는 것이 문제다. 그러므로 우리는 믿음의 대상인 하나님의 신실하심과 능력을 거듭 확증함으로써 우리의 믿음을 강화해야 한다. 본문에서 주님은 믿음의 대상이신 하나님의 신실하심과 능력을 확신할 것을 촉구한다.

우리는 믿음의 대상이신 무한하신 하나님의 실재와 능력에 대한 어떤 증거를 가지고 믿는다. 그 믿음의 증거는 우리 자신이 직접 경험한 것이거나 다른 사람이나 성경을 비롯한 외적 자료에서 얻은 것이다. 우리는 보이지 않으시는 하나님께 대한 우리 자신의 추론이나 경험, 그리고 하나님의 말씀과 하나님을 경험한 이들의 증언에 따라서 하나님을 믿는다. 그러나 무엇보다, 우리는 하나님의 계시인 성경이 가르치는 하나님을 알고 믿어야 한다.

성경의 하나님은 세상의 창조주이시며 전능하시며 인간의 생사화복을 주장하시는 분이시다. 하나님은 거룩하시고 그를 믿는 사람들에게도 거룩함을 요구하신다.

> 너희는 거룩하라 이는 나 여호와 너희 하나님이 거룩함이니라(레 19:2b).

---

[1] 출 34:6; 민 14:18; 시 30:5; 103:10-13; 107:1; 118:1, 29; 사 48:9; 렘 15:15; 애 3:22, 31-33; 욜 2:13; 욘 4:2; 미 7:18; 행 13:18; 롬 2:4; 9:22; 벧전 3:20; 벧후 3:9.

하나님은 선하시고 인자하시고 오래 참으시는 분이시다. 하나님은 보이지 않는 영이시다. 하나님은 보이지 않으시지만, 우리는 성경에 나타난 하나님의 말씀과 하나님의 구원 역사를 믿는다.

반면에, 우상은 보이는 형상이다. 우상은 사람들이 원하는 것을 형상화한 것이다. 결국 우상 숭배자들은 자신들의 탐심을 따라 우상을 섬긴다.[2]

> 탐심은 우상 숭배니라(골 3:5b).

우상은 그것을 섬기는 이들의 탐욕의 투영(投影)이다. 그러나 하나님은 자신이 결코 사람의 투영이 아니라고 말씀하신다.

> 나는 스스로 있는 자이니라(출 3:14a).
> 이는 내 생각이 너희 생각과 다르며 내 길은 너희 길과 다름이니라 여호와의 말씀이니라 이는 하늘이 땅보다 높음같이 내 길은 너희의 길보다 높으며 내 생각은 너희 생각보다 높음이라(사 55:8-9).

세상 종교도 탐심을 버리도록 가르치지만, 그런 가르침은 창조주 하나님의 입에서 나온 가르침이 아니다. 저 원수는 자주 하나님의 말씀을 왜곡하거나 유사하게 만들어 우리를 혼란하게 하여 불신으로 이끈다는 것을 명심하자(딤전 4:1; 요일 4:1-2). 하나님이 아닌 다른 신을 섬기는 종교는 모두 거짓된 것이다. 우리는 선한 목자이신 주님의 말씀만을 듣고 따라야 한다. 복음은 하나님의 아들 예수 그리스도의 생애, 특히 고난과 죽으심을 통해서 참 하나님의 신분과 사랑의 본성을 증거한다(롬 5:8). 이 세상에 인간을 위해 자신을 희생한 신이 어디 있는가?

부모가 자식을 위해 희생하듯이, 창조주 하나님께서는 자신이 지으신 인간을 구원하시기 위해 사랑하는 그의 아들을 희생시키신 참 신이시다(요 3:16).

---

[2] 출 32:1-4; 34:15-16; 레 17:7; 20:5-6; 삿 2:17; 8:27; 대하 21:11, 19; 호 4:17-18.

> 나는 양을 위하여 목숨을 버리노라(요 6:15b).

십자가에 나타난 하나님의 사랑을 믿는 사람은 하나님의 자녀가 되고(요 1:12), 믿음의 형제를 서로 사랑한다(요 13:34). 심지어 원수도 사랑해야 한다(마 5:44; 롬 12:19-20). 그리스도의 십자가의 죽으심에서 하나님의 참 사랑을 깊이 깨닫고 그런 사랑을 나타내며 살기를 결단한다.

> 내가 그리스도와 함께 십자가에 못 박혔나니 그런즉 이제는 내가 사는 것이 아니요 오직 내 안에 그리스도께서 사시는 것이라 이제 내가 육체 가운데 사는 것은 나를 사랑하사 나를 위하여 자기 자신을 버리신 하나님의 아들을 믿는 믿음 안에서 사는 것이라(갈 2:20).

다른 말로, 그리스도는 유한한 인간의 구원을 위해서 유한한 인간의 몸을 입으신 것이다. 유한한 우리 인간이 중보자 그리스도의 희생으로 말미암아 무한하신 하나님의 영역으로 들어갈 수 있게 된 것이다. 그는 태초에 중보자(말씀, 로고스)로서 세상을 지으셨다(요 1:1-4). 그리고 온전한 하나님 나라를 세우시기 위해 이 땅에 오셨다. 그를 믿어 존재론적으로 연합한 이들은 그의 형상과 생명을 가진 새로운 존재로 창조된다.

> 하나님이 미리 아신 자들을 또한 그 아들의 형상을 본받게 하기 위하여 미리 정하셨으니(롬 8:29a; 참조, 갈 4:19).
>
> 그런즉 누구든지 그리스도 안에 있으면 새로운 피조물이라 이전 것은 지나갔으니 보라 새 것이 되었도다(고후 5:17).

"그리스도 안에서의 새로운 피조물"은 이 유한한 세상에서 영원한 하늘로 날아오르는 믿음의 날개를 받았다. 그러므로 그리스도인은 더 이상 이 땅의 보이는 유한한 가치를 추구할 것이 아니라 보이지 않는 영원한 가치를 추구해야 한다. 그것은 피조물의 일시적 가치도 아니고 사람의 추상적 가치도 아닌 영원히 계시는 하나님의 실재적 가치다.

> 너희는 먼저 그의 나라와 그의 의를 구하라(마 6:33a).
> 우리가 주목하는 것은 보이는 것이 아니요 보이지 않는 것이니 보이는 것은 잠깐이요 보이지 않는 것은 영원함이라(고후 4:18).

이렇게 연약한 우리가 그리스도 안에서 영원한 존재가 되었다는 자아 이해를 할 때 우리 자신의 모든 유한함, 연약함, 실패를 극복하는 힘을 주시는 것이다.

> 내게 능력 주시는 자 안에서 내가 모든 일을 할 수 있느니라(빌 4:13).

우리 그리스도인의 능력은 우리 자신이 "그리스도 안에" 있다는 믿음, 즉 우리가 죽으시고 다시 사신 생명의 그리스도와 연합되었다는 자아 이해와 함께, 우리 인생의 모든 우여곡절을 더 이상 우연이나 운명으로 보지 않고 그리스도의 죽으심과 부활에 비추어 이해하는 것이다.

> 그리스도께서 약하심으로 십자가에서 못 박히셨으나 하나님의 능력으로 살아 계시니 우리도 그 안에서 약하나 너희에 대하여 하나님의 능력으로 그와 함께 살리라(고후 13:4).
> 누가 우리를 그리스도의 사랑에서 끊으리요 … 이 모든 일에 우리를 사랑하시는 이로 말미암아 우리가 넉넉히 이기느니라(롬 8:35-37).

하나님의 존재와 하나님의 언약은 유한한 우리 인간이 감당하기에 너무나 크고 놀랍기 때문에 우리에게 자주 불확실하고 허황되게 보인다. 유한한 우리 인간의 눈에 하나님은 보이지 않으시고, 하나님의 구원 약속은 속히 이루어지지 않는다. 옛날 이스라엘 백성은 자주 하나님을 떠나 이방신을 섬겼다. 하나님께서 자주 그들의 믿음을 시험하셨고, 그들은 자주 실패하였다.³ 반면에, 그들도 불신 가운데 하나님을 시험하다가, 하나님의 진노를 받았다.⁴

성경은 하나님의 언약이 그 언약을 끈질기게 믿고 기다리던 믿음의 조상들의 생애 가운데 실제로 성취되었음을 지적하면서 우리의 믿음을 강화시킨다(민 23:19; 히 11:4 이하). 아브라함을 비롯한 모든 신실한 믿음의 조상들은 하나님의 존재와 언약이 불확실하게 보이는 암담한 현실 가운데서도 오래 참고 기다림으로써 하나님의 영광과 약속의 성취를 보았던 것이다(히 6:15).

> 네가 네 아들 네 독자까지도 내게 아끼지 아니하였으니 내가 이제야 네가 하나님을 경외하는 줄을 아노라(창 22:12b).

하나님의 구원 언약의 성취가 더딘 것은 하나님께서 우리의 믿음을 진실한 믿음으로 단련시키면서, 동시에 하나님의 존재와 권능과 영광을 더욱 크게 나타내시기 위한 것이다(사 48:10-11).

> 이제 내가 바로에게 하는 일을 네가 보리라(출 6:1a).
> 너희의 하나님 여호와인 줄 너희가 알지라(출 6:7c).
> 내가 바로의 마음을 완악하게 한즉 바로가 그들의 뒤를 따르리니 내가 그와 그의 온 군대로 말미암아 영광을 얻어 애굽 사람들이 나를 여호와인 줄 알게 하리라 하시매 무리가 그대로 행하니라(출 14:4).
> 그러나 내가 가는 길을 그가 아시나니 그가 나를 단련하신 후에는 내가 순금같이 되어 나오리라(욥 23:10).
> 내가 너를 연단하였으나 … 어찌 내 이름을 욕되게 하리요 내 영광을 다른 자에게 주지 아니하리라(사 48:10-11).
> 의인은 그의 믿음으로 말미암아 살리라(합 2:4).

---

3 출 15:25; 16:4; 20:20; 신 8:2, 16; 13:3; 삿 2:22; 3:1, 4; 시 66:10.
4 출 17:2; 민 14:22; 신 6:16; 시 78:18, 41, 56.

예수께서 이르시되 내 말이 네가 믿으면 하나님의 영광을 보리라 하지 아니하였느냐 하시니(요 11:40).
네 믿음이 너를 구원하였다(막 5:34).
우리가 소망으로 구원을 얻었으매 보이는 소망이 소망이 아니니 보는 것을 누가 바라리요 만일 우리가 보지 못하는 것을 바라면 참음으로 기다릴지니라(롬 8:24-25).

모든 신실한 사람들에게는 불확실성과 고난도 결국 하나님의 은혜와 사랑과 영광으로 나아가는 통로가 되는 것이다. 그러므로 칼빈은 믿음이란 내외의 모든 불확실성을 극복하면서 하나님의 긍휼하심과 구원의 약속과 능력을 확신하는 자세라고 했다(*Inst.* III.14-37).
우리의 신앙은 불신적 세상에서 온갖 불신적 도전을 받게 마련이다. 더구나 우리의 마음도 자주 불신적으로 흐른다.

악한 자는 반역만 힘쓰나니(잠 17:11a).

마귀는 온갖 수난을 동원하여 믿는 자를 대적한다(창 3:1-5; 대상 21:1; 욥 1:9-12; 2:4-10; 마 4:1-11; 16:23; 요 13:2; 엡 6:11; 벧전 5:8 등). 하나님 신앙의 역사적 증거, 기적, 그리스도의 성육신, 십자가와 부활 등 많은 성경적 증거가 믿는 이들의 믿음을 강화시켜 주지만, 불신자들은 같은 믿음의 증거들을 나름대로 불신적 시각에서 해석하여 오히려 그들의 불신을 강화한다(마 9:34; 12:24; 28:13, 17; 요 11:46, 53). 그러므로 우리는 힘써 우리의 믿음을 지켜야 하고, 또한 성령을 따라 믿음의 열매를 맺어야 한다.

디모데야 망령되고 헛된 말과 거짓된 지식의 반론을 피함으로 네게 부탁한 것을 지키라(딤전 6:20).

그러나 우리의 믿음은 언제라도 약해질 수 있다. 우리가 스스로 우리의 믿음을 과신하는 순간 우리의 믿음은 추락하기 시작한다.

> 그런즉 선줄로 생각하는 자는 넘어질까 조심하라(고전 10:12).

그러므로 우리는 모든 시험과 불확실성 가운데서 우리 자신의 믿음을 과신하지 말고 오히려 우리의 믿음의 연약함을 고백하면서 성령의 도우심을 받도록 기도해야 한다. 복음 신앙은 사람들이 환호하며 따르던 영광의 메시아가 아니라 사람들이 멸시하여 처형한 보잘 것 없는 메시아를 믿는 것이다.

> 내가 믿나이다. 나의 믿음 없는 것을 도와 주소서(막 9:24).
> 시몬아, 시몬아, 보라 사탄이 너희를 밀 까부르듯 하려고 요구하였으나 그러나 내가 너를 위하여 네 믿음이 떨어지지 않기를 기도하였노니 너는 돌이킨 후에 네 형제를 굳게 하라(눅 22:31-32).
> 이는 내 능력이 약한 데서 온전하여짐이라(고후 13:9b).

우리의 삶을 우리를 사랑하시어 죽으시고 다시 사신 생명의 주의 모델을 따라 재정립할 때 안정과 능력을 얻게 된다.[5]

2015년 11월 4일

---

[5] 마 11:29; 요 13:34; 롬 6:3 이하; 고후 4:7-15; 6:3-10; 11:23-12:10; 갈 2:20; 6:14, 17; 빌 2:5 이하; 골 1:24; 엡 5:1; 딤후 2:3 이하 등.

17. 진실한 기도

> 그만해도 족하니 이 일로 다시 내게 말하지 말라(신 3:26b).

불신자들은 만사를 인본주의적 의지와 결단, 또는 자연주의적 원칙(인과론, 순환론, 운명론, 우연론, 진화론 등)에 따라 판단하지만, 신자들은 만사가 하나님의 뜻에 따라 결정됨을 믿는다(욥 21:15). 유한한 우리 인간은 기도를 통해서 전능하신 하나님과 연결될 수 있다. 하나님께서는 우리의 기도를 들으신다(삼상 1:19, 27; 삼하 21:14; 왕하 20:5; 마 7:7; 막 11:24; 눅 18:7; 요 14:14). 그것은 우리의 믿음이기 전에 하나님의 언약이며, 오랜 성경 역사를 통해서 증명된 사실이다(창 20:7; 왕상 8:28; 대하 16:9; 사 56:7; 막 9:29). 하나님께서는 우리의 기도를 그대로 이루어 주실 뿐 아니라, 우리의 기도 이상으로 이루어 주시기도 하시고, 때로 그의 크신 사랑의 경륜 가운데 우리의 기도를 거절도 하신다(삼상 8:18; 잠 1:28; 사 1:15; 미 3:4).

하나님께서는 가나안 땅으로 들어가기를 원하는 모세의 기도를 거절하셨고(신 3:26), 위급한 가운데 도우심을 간구하는 예레미야의 기도를 물리치셨고(애 3:8), "몸의 가시"를 제거해 달라는 바울의 기도를 거절하셨다.

> 내 은혜가 네게 족하도다. 이는 내 능력이 약한 데서 온전하여짐이라(고후 12:9a).

우리가 알 수 없는 하나님의 깊으신 지혜와 섭리를 생각할 때 하나님께서 우리의 기도를 듣기도 하시고 거절도 하시는 것은 당연한 일이다. 만일 사람의 모든 소원을 무조건 이루어 주는 신이 있다면, 그런 신은 참 신이 아니라, 인간이 지어낸 우상이거나, 인간을 미혹하는 거짓 신이다. 그러므로 사람의 탐심이 곧 우상 숭배라고 했다(골 3:5). 세상의 많은 종교들은 물론, 하나님을 믿는 사람들 가운데서도 기도를 잘못 알고 가르치는 이들이 있다. 부모가 자식이 원하는 것을 모두 들어주지 않고, 자식에게 필요하고 좋은 것을 선택하여 들어주는 것과 같이, 선하신 하나님께서는 언제나 우리에게 좋은 것을 선택하여 주신다는 믿음을 가져야 한다.

> 너희가 악한 자라도 좋은 것으로 자식에게 줄 줄 알거든 하물며 하늘에 계신 너희 아버지께서 구하는 자에게 좋은 것으로 주시지 않겠느냐(마 7:11).

우리의 필요한 것을 미리 아시는 하나님께서는 우리가 필요한 것을 구할 때 더욱 기쁘게 주신다(마 6:32). 다만 우리가 원하는 것을 꾸준히 그리고 바르게 구하는 것이 기도의 도리다.

> 너희가 얻지 못함은 구하지 아니하기 때문이요 구하여도 받지 못함은 정욕으로 쓰려고 잘못 구하기 때문이라(약 4:2b-3).

하나님께서 사람의 기도를 모두 들어 주는 것이 아니라 선택적으로 들어 주신다는 데서 성경의 하나님의 진실하심이 나타난다. 하나님은 단순히 사람의 심리적 투사(投射)가 아니라 스스로 계시는 전능하신 분이시다.

> 내가 여호와인줄 알게 하리라(출 14:4; 31:13).
> 이는 내 생각이 너희 생각과 다르며 내 길은 너희의 생각과 다름이니라(사 55:8).

우리가 알 수 없는 하나님의 경륜을 존중해야 하고, 하나님께서 우리의 필요한 것을 이미 다 알고 계시고, 또한 우리의 기도를 선택적으로 응답하신다고 해도, 우리는 여전히 기도를 계속해야 할 책임이 있다. 하나님께서 우리의 기도를 들어주시든지 들어주시지 않든지 우리는 기도해야 한다. 우리가 기도하기를 하나님께서 원하시기 때문이다. 주님께서도 우리가 바라는 것이 무엇이든지 간구해야 할 것을 말씀하셨다(눅 18:1).

> 그러므로 내가 너희에게 말하노니 무엇이든지 기도하고 구하는 것은 받은 줄로 믿으라 그리하면 너희에게 그대로 되리라(막 11:24).

구하라 그리하면 너희에게 주실 것이요 찾으라 그리하면 찾아낼 것이요 문을 두드리라 그리하면 너희에게 열릴 것이니 구하는 이마다 받을 것이요 찾는 이는 찾아낼 것이요 두드리는 이에게는 열릴 것이니라 (마 7:7-8).

또한 주님 자신께서 스스로 기도의 모본을 보여주셨다 (막 1:35; 14:32).
하나님께서는 우리를 향하신 자신의 선하신 뜻이 있음에도 불구하고 우리가 그 뜻이 이루어지도록 직접 기도하기를 원하신다.

> (하나님께서 이스라엘 백성을 위한 구원 계획을 가지고 계시지만) 그래도 이스라엘 족속이 이같이 자기들에게 이루어 주기를 내게 구하여야 할지니라 (겔 36:37b).

우리는 이 세상의 온갖 한계 상황 가운데서 전능하신 하나님을 찾을 수밖에 없는 유한한 존재임을 인정해야 한다. 그러나 다행히 연약한 우리는 기도를 통해 전능하신 하나님과 연결될 수 있다. 기도는 "하나님의 형상"인 우리 인간의 특권이다. 기도는 우리의 믿음의 척도다. 자비로우신 하나님께서는 진실하고 간절한 기도를 들으신다.

> 여호와의 눈은 온 땅을 두루 감찰하사 전심으로 자기에게 향하는 자들을 위하여 능력을 베푸시나니 … (대하 16:9).
> 너는 기도할 때에 네 골방에 들어가 문을 닫고 은밀한 중에 계신 네 아버지께 기도하라 (마 6:6).

2015년 11월 9일

18. 도덕과 계명

> 너희가 내 말을 잘 듣고 내 언약을 지키면 너희는 모든 민족 중에서 내 소유가 되겠고 너희가 내게 대하여 제사장 나라가 되며 거룩한 백성이 되리라(출 19:5-6b).
> 그러므로 누구든지 나의 이 말을 듣고 행하는 자는 그 집을 반석 위에 지은 지혜로운 사람 같으리니(마 7:24).

도덕, 계명(율법)은 모두 선한 삶을 위한 지침들로서 외관상 별 차이가 없어 보인다. 도덕은 사람의 선한 의지로서 자주 하나님의 계명을 반영하기 때문이다(롬 2:14-15). 예로, 도덕과 계명은 모두 마음 없는 외식과 위선, 그리고 도덕적, 영적 오만함을 각기 경계한다(마 6:1-18; 마 23장).

> 사람은 외모를 보거니와 나 여호와는 중심을 보느니라(삼상 16:7b).
> 은밀한 중에 보시는 네 아버지께서 갚으시리라(마 6:6b).
> 그의 눈에 보이는 대로 심판하지 아니하며 그의 귀에 들리는 대로 판단하지 아니하며 (사 11:3).

첫째, 하나님의 계명은 도덕을 포함한다.

둘째, 도덕은 사람의 도리를 사람이 가르치는 것이고, 계명은 거룩하신 하나님의 명령이다. 계명은 바른 인간관계와 함께 거룩하신 하나님과의 바른 관계를 요구한다.

셋째, 도덕은 인간 이성이나 감성에 근거한 삶의 지침이고, 계명은 거룩하신 창조주 하나님 신앙에 근거한 것이다.

칸트는 이성에 입각한 도덕률을 중시했으나, 결국 인간 존재의 한계(악덕)로 말미암아 도덕의 선한 결과가 보장될 수 없고, 최고선(最高善, *summum bonum*)에 이를 수 없기 때문에, 최고선의 완성자로서 하나님의 존재를 요청하였다.

도덕법칙들의 가장 엄격한 준수가 (목적으로서) 최고선을 초래하는 원인으로 마땅히 생각되어야 한다고 할지라도, 인간의 능력은 이 세계에서의 행복이 행복을 누릴 품격(덕)과 일치하도록 하기에는 충분하지 못하기 때문에, 하나의 전능한 도덕적 존재자가 세계지배자로 상정되지(받아들여지지) 않을 수 없으며, 이 존재자의 배려 안에서 이런 일(행복과 덕의 일치)이 일어난다.[1]

칸트는 창조주이시고 최후의 심판자이신 하나님의 존재와 역사가 없이는 인간의 이성의 능력이나 도덕적 가치도 그 한계를 극복할 수 없음을 인정한 것이다. 선과 정의가 인간 세상의 모든 불의와 악을 물리치고 최고의 선이 되고 궁극적인 가치가 되기 위해서는 세상의 불의와 악을 이기고 선을 이루게 하는 선하고 위대한 초월적 능력, 즉 신의 존재가 필요하다는 것을 인정한 것이다.

다른 곳에서 칸트는 인간 이성의 한계를 인정하면서 기독교 복음을 궁극적 진리의 안내자로서 인정했다.[2] 그러나 칸트가 주장하는 이성 중심의 도덕은 주로 진, 선, 미 같은 인문주의적 가치관에 근거하지만, 하나님의 계명은 하나님의 뜻과 영광을 위한 신본주의적 가치관에 근거한다는 점에서 다르다.[3]

넷째, 도덕은 보이는 유한한 인간의 자의적 가치 판단이지만, 하나님의 계명은 하나님의 은혜와 사랑에 근거한 영생의 구원을 약속한다.

도덕은 이 세상의 삶에 대한 규정이지만, 하나님의 계명은 보이지 않는 궁극적인 세상, 즉 하나님 나라를 지향한다. 하나님의 계명을 지키는 자는 축복하시고 계명을 지키지 않는 자는 벌하신다. 그 축복과 징벌에 대한 약속은 이 현실 세상에서 이루어질 수 있지만, 세상의 종말에서는 반드시 이루어진다. 도덕적 행위의 진정성은 인간의 양심이나 사회적 평가에 의해 검증받으나 결국 계명 준수의 진정성과 함께 하

---

1 Immanuel Kant, 『이성의 한계 안에서의 종교』, 백종현 역 (서울: 아카넷, 2012), 157, 157 주 30; 앞의 "인간 이성의 한계"에서 관련된 주를 보라.
2 Josef Pieper, *Scholasticism: Personalities and Problems of Medieval Philosophy* (New York/Toronto: McGraw-Hill Book Company, 1964), 13의 재인용(칸트의 저서를 밝히지 않음).
3 루이스 벌코프, 『성경 해석학』, 37; 한철하, 『21 세기 인류의 살 길』(양평: 칼빈아카데미, 2016), 373. 이들은 칸트가 하나님과 그리스도의 은혜 중심의 구원의 종교가 아니라 인간 이성 중심의 도덕에 의한 자아 구원의 종교를 만들었다고 비판한다. 우리는 칸트가 말년에 복음 진리에 접근하였다는 사실을 지적하는 것이다.

나님의 검증을 받는다.

> 그들(불의한 자들)은 벌에, 의인들은 영생에 들어가리라(마 25:46).

도덕적 보상은 이 세상에서의 질서와 안정이지만, 계명의 보상은 이 세상의 보상을 넘어 영적, 초월적 구원의 축복이다.

> 나를 사랑하고 내 계명을 지키는 자에게는 천 대까지 은혜를 베푸느니라(출 20:6).
> 네 부모를 공경하라 그리하면 네 하나님 여호와가 네게 준 땅에서 네 생명이 길리라 (출 20:12).
> 너희가 내 말을 잘 듣고 내 언약을 지키면 너희는 모든 민족 중에서 내 소유가 되겠고 너희가 내게 대하여 제사장 나라가 되며 거룩한 백성이 되리라(출 19:5-6b).
> 나는 선한 싸움을 싸우고 나의 달려갈 길을 마치고 믿음을 지켰으니 이제 후로는 나를 위하여 의의 면류관이 예비되었으므로 주 곧 의로우신 재판장이 그날에 내게 주실 것이며 내게만 아니라 주의 나타나심을 사모하는 모든 자에게도니라(딤후 4:7-8).

다시 말하지만, 도덕적 행위의 근거는 인간의 양심과 선한 의지인 반면에 계명 실천의 근거는 거룩하신 하나님 앞에서의 약속이며 결단이다. 그러므로 하나님의 계명은 본질상 도덕적 계율 이상이며 도덕적 책임 의식보다 강한 요구와 명령으로 나타난다. 그러나, 성경의 구원 역사가 보여주듯이, 인간의 계명 실천 의지는, 도덕적 의지와 마찬가지로, 인간의 연약함과 죄성으로 말미암아, 자주 약화된다.

물론 하나님의 계명에는 도덕적 계율에는 없는 종말론적 심판과 보상의 가르침이 있어서 인간의 무책임함과 나태함을 어느 정도 극복하게 하지만, 여전히 인간은 하나님의 계명을 잘 지키지 못한다. 더구나 계명의 전제 조건인 하나님 신앙이 모든 사람들의 것이 아니며, 믿는 이들조차 자주 그 믿음이 약해져서 하나님의 계명을 느슨하게 지키거나 망각하는 것이 문제다. 그러므로 본문과 함께 성경 전체가 하나님의 계명을 주의 깊게 듣고 실천해야 할 것을 거듭해서 강조하는 것이다.

무엇보다 믿는 사람은 하나님의 계명을 지키기 위하여 자신의 의지가 아니라 성령의 인도하심을 간구해야 한다.

> 내가 이르노니 너희는 성령을 따라 행하라 그리하면 육체의 욕심을 이루지 아니하리라(갈 5:16).

이렇게 하나님의 계명은 하나님의 사랑과 은혜, 죄의 용서, 그리고 성령의 도우심 같은 하나님과의 인격적 관계, 즉 하나님 신앙을 전제함으로써 연약한 인간이 재기할 수 있는 구원의 길을 열어두었다. 그러나 하나님 신앙을 결여한 도덕주의는 인간의 본질적 연약함으로 말미암아 결국 실패할 수밖에 없다(롬 7:24).

2015년 11월 10일

19. 성경의 영감(靈感)

> 모든 성경은 하나님의 감동으로 된 것으로 교훈과 책망과 바르게 함과 의로 교육하기에 유익하니(딤후 3:16).

성경은 하나님의 부르심을 받은 저자들이 하나님의 영감을 받아 쓴 책이다. 그러나 같은 성경 말씀의 차이나 다른 표현들이 있으므로 이에 대한 여러 가지 비평적 연구가 나타났다.

구약에서 자료비평은 창세기의 창조 기사가 1장과 2장에서 중복되고, 하나님의 이름이 각기 여호와(야훼)와 엘로힘 같은 다른 명칭들로 나타나므로 창세기 배후에 J 문서, P 문서가 있다는 자료설이 제안되었고, 나아가, 모세 오경 전체를 J, E, D, P 등의 가설적인 문서들로 분류했다. 또한 양식비평과 편집비평은 같은 이스라엘 왕조 역사가 열왕기와 역대기로 나뉘어 쓰인 것은 후대 편집자의 역사적 정황과 신학적 의도로 말미암은 것으로 보았다.[1] 시편도 다윗 한 개인의 작품이 아니라 모든 시를 다윗의 작품으로 몰아서 정리하는 편집적 전통으로 말미암은 것으로 본다. 유사하게 잠언도 전통적 격언들을 솔로몬의 작품으로 몰아서 편집한 것으로 보는 것이다.

신약의 자료비평은 주로 공관복음서의 유사점들과 상이점들에 집중하는데, 대개 마태와 누가가 마가복음을 중심으로, 마태의 특수 자료(M), 누가의 특수 자료(L), 그리고 마태와 누가의 공통 자료인 "예수의 어록집(語錄集)"(Q) 등으로 이루어졌다고 본다. 양식비평은 자료비평이 제안하는 자료들에 나타난 여러 형태의 문학 양식들(예수의 탄생, 기적, 논쟁, 교훈, 수난 이야기 등)이 예수님의 말씀에서 시작하여 구전 과정을 거쳐서 초대 교회의 정황에서 점차 발전적으로 형성된 것으로 본다. 편집비평은 양식비평의 자연적 발전 과정에 더하여 편집자의 신학적, 목회적 의도가 게재되었

---

[1] 왕상 1:26, 9:29과 대하 1:14에서 솔로몬의 병거와 외양간 수의 차이를 참조하라.

다고 보는 것이다.

성경 내용의 유사성과 상이성에 대한 자료비평, 양식비평, 편집비평은 역사비평과 문학비평 방법에 속하는 세부적인 문학 연구 방법들이며, 결국 만사를 인간적 원인에서 찾는 합리주의적 사고나 인간의 환경에서 찾는 자연주의적 사고에서 비롯된 것이다. 이런 성경의 비평적 연구를 성경의 권위를 파괴하는 인위적인 "나쁜" 연구로만 단정 지을 수 없는 이유는, 우리의 신앙이 맹목적 신앙이 아니라 "이해를 찾는 신앙"(fides quaerens intellectum)이 되어야 건전하고 굳건한 믿음이 되기 때문이다. 건전한 신앙을 위해서 이성이 신앙을 지배해서도 안 되지만, 이성을 무시해도 안 된다.[2]

그러나 궁극적으로 성경 연구는 신앙을 증진시키는 목적을 따라 진행되어야 한다. 우리는 성경의 비평적 연구는 성경이 하나님의 말씀이라는 움직일 수 없는 대전제 아래서 성경의 진정성을 지향해야 한다. 그러나 대부분의 비평적 연구들이 신앙을 증진시켜야 하는 성경 연구의 목적을 떠나서 신앙을 파괴하는 참담한 결과를 가져왔다. 이것은 비평적 연구가 성경 말씀의 초월적 특성과 절대적 권위를 무시하고 이성적 논리에만 의존했기 때문이다. 이성적 논리만으로는 하나님의 역사와 말씀을 충분히 이해할 수 없다.

우리는 우선 이성적 논리로 성경을 이해해야 하나, 결국 이성만으로는 성경 말씀의 초월적 특성을 이해할 수 없으므로 "신앙 이성"이 필요한 것이다. 성경은 결국 하나님 신앙을 전제한 기록이기 때문에 믿음이 없이는 성경의 권위와 성경이 가르치는 영광의 하나님의 위대하심과 능력을 제대로 이해할 수 없다.

우리는 비평적 연구가 제시하는 어떤 성경 형성 과정이 사실이라면 그것도 역시 성령께서 주장했음을 믿는다.[3] 성경의 유사성과 상이성은 하나님의 말씀이나 예수님의 말씀이 성령의 자유로움(spontaneity)과 역동성(dynamics)에 의하여 저자들의 각기 다른 처지와 의도를 따라 기록되었다는 증거다.

---

[2] 루이스 벌코프, 『성경 해석학』, 59: "인간이 이해하도록 하기 위해서는 모든 계시는 논리 또는 이치를 갖추어야 한다."

[3] Robert H. Gundry, "A Theological Postscript" in *Matthew* (Grand Rapids: Eerdmans, 1982), 627, 640.

그때에 너희에게 주시는 그 말을 하라 말하는 이는 너희가 아니요 성령이시니라 (막 13:11b).

주의 영이 계신 곳에는 자유함이 있느니라(고후 3:17b).

성경의 "상이성"은 결국 하나의 같은 "의미 체계 단위"를 성령께서 성경 저자들과 독자들의 다양한 처지를 고려하여 다양하게 표현하게 하시는 데서 비롯된 것이다(한철하, "복음서에 대한 바른 접근법," [2014, 10]). 성경 저자들의 상이한 표현이나 의도는 결국 각 저자들의 마음과 처지를 아시는 성령으로 말미암은 것이다(롬 8:26-27; 고전 2:16). 성경의 차이는 모순이 아니라 "성령의 조화로운 역사"로 보아야 한다(고전 12:4; 엡 2:18).

성경 전체에 나타난 차이들은 단지 성경의 한 페이지 분량에 지나지 않는다. 소수의 연대나 지역의 차이를 성경 전체의 오류로 확대하여 논하는 것은 옳지 않고, 그런 차이를 인정한다고 해서 성경의 영감과 무오를 인정하지 않는 것으로 단정하는 것도 옳지 않다. 성경의 차이를 성경의 상이성의 증거나 성경 저자의 인위적 각색의 증거로 삼는 데서 그칠 것이 아니라 성령께서 그런 차이를 통해서도 말씀하셨다는 사실을 중시해야 한다. 성령은 차이를 모순이 아니라 조화로 이끄신다(고전 12:11; 엡 2:18). 칼빈이 그의 복음서 주석을 "복음서의 조화"(Harmony of the Gospels)라고 명명한 것과 같이, 성경의 상이성보다 일치성과 일관성에 집중하는 것이 성경 연구자의 중심적 과업이 되어야 한다.

다시 말하지만, 우리는 성경은 성경 저자들이 하나님의 영감을 받아 기록한 정확무오한 말씀이라는 개혁교회의 성경관을 따른다. 다만, 우리는 다음의 사항들을 성경의 권위를 위한 원칙들로 제시한다.

① 성경 기록의 차이에 대해서 원본이 아닌 사본들의 차이다.
② 성령께서 성경 저자들의 특성과 처지를 따라 말씀하였다.
③ 성경 기록의 차이점들을 고려할 때 유기적 영감설이 보다 타당하게 보이지만, 결국 차이점들까지도 성령의 영감으로 말미암은 것으로 본다면 축자영감설도 타당하다.

④ 우리는 성경의 차이나 어려운 부분들을 당장 억지로 풀려고 할 것이 아니라 더 분명한 자료나 증거가 나타날 때까지 기다려야 한다.[4]

한편, 지금 존재하지 않고 검증도 할 수 없는 성경 원본의 정확성에 근거하여 성경의 무오성을 논할 수 없다는 반론도 있으나, "원본의 무오"라는 말이 처음 하나님께서 하신 말씀의 무오함을 가리킨다고 볼 때, 원본의 무오성에 근거한 성경의 무오성은 가능한 논증이다.

"성경의 영감"에 대한 일반적 증거는 다음과 같다.

첫째, 성경 전체가 오랜 세월 동안 여러 저자들이 썼으나 그리스도로 말미암는 구원이라는 한 가지 주제로 통일되어 있다.

둘째, 구약은 하나님의 영을 받아 하나님의 말씀을 대언하는 예언자들의 글로서, "하나님께서 이같이 말씀하셨느니라"라는 어귀로 시작하는 곳이 많다(신 18:18; 렘 1:9).

셋째, 구약은 예언, 신약은 예언의 성취라는 구조로 전개된다. 마태복음서에는 예수님의 사역과 관련하여 구약의 예언자가 말한 "하나님의 말씀을 이루려 하심이라"는 어귀가 자주 나온다.

넷째, 사도 바울은 성경 말씀과 자신의 복음이 하나님의 계시라는 것과(롬 9:17; 갈 1:12; 3:8; 딤후 3:16), 자신이 영감 받은 사도임을 밝히고 있다(고전 2:1-16; 7:40).

다섯째, 사도 요한이 그의 복음서에서 가르치는 성령의 말씀 사역(요 14:26; 15:26; 16:13-15)과, 그의 계시록의 초두에서 밝히는 계시록의 계시성에 대한 증언과, 계시록에 나타난 초월적 내용과 표현 등은 성령이 성경의 내용은 물론 성경의 모든 형성 과정을 주장했다는 중요한 증거가 된다.

여섯째, 베드로도 구약 성경과 복음의 진정성을 가르친다(벧후 1:19-20).

일곱째, 시대와 문화를 초월하여 성경을 읽는 많은 독자들에게 나타나는 놀라운 감화력이다. 성령은 우리로 하여금 성경 말씀을 정확히 이해하게 하고, 우리의 현실에 적절히 적용하게 한다("성령의 조명").

---

4 루이스 벌코프, 『성경 해석학』, 50.

한 마디로, 성경을 어떤 자세로 읽느냐가 중요하다. 성경을 단순히 사람의 글로만 알고 읽는다면, 성경이 가르치는 구원 진리를 믿지 못하게 될 것이다.

① 성경의 몇 가지 기록상의 차이에 집착하여 성경의 무오성을 반대하는 것은 성경 전체가 가르치는 구원 진리를 무시하는 것이므로 옳지 않다.
② 유사하게, 성경의 몇 가지 차이를 인정할 때 결국 성경 전체의 무오를 부인하는 것이라는 주장도 편집증적 병적 논리로서 받아들일 수 없다.
③ 그렇다고, 성경 기록의 명백한 차이를 무시하고 무조건 성경의 권위와 무오를 믿는 것도 옳지 않다.

이런 자세는 진정한 신앙이 아니라, 합리적 분별의 과정을 무시하고 모든 믿음의 대상을 절대화하는 보편적인 종교-심리적 현상에 불과한 것이다. 그것은 또한 인본주의적 의도와 자연주의적 현상을 따라 성경의 무오와 권위를 논하는 것으로서 성령의 영감에 따라 썼다는 성경 자체의 주장을 무시하는 비성경적 논리다.

그러므로 우리는 이런 무리한 억지 무오설보다는 성경의 기록상의 차이를 인정하되, 그 차이가 주로 성령의 다양한 영감의 특징이나 필사 과정에서 발생한 기록상의 대수롭지 않은 오류로 보아야 한다. 우리는 성경은, 그 기록의 차이에도 불구하고, 하나님의 완전하고 유일한 구원 진리로서 정확 무오한 하나님의 말씀이라고 믿는다. 우리가 성경을 성경이 가르치는 대로 죄인인 인간을 구원하기 위한 하나님의 말씀으로 믿고 읽는다면, 성령의 도우심을 받아, 구원에 이르는 진리를 찾게 될 것이다.

> 너희가 성경에서 영생을 얻는 줄 생각하고 성경을 연구하거니와 이 성경이 곧 내게 대하여 증언하는 것이라 (요 5:39).

모든 믿음이 그렇듯이, 성경을 하나님의 말씀으로 믿는 믿음도 성경에 대한 오해와 불신을 먼저 극복해야 한다.

2015년 11월 12일

20. 그리스도의 치유

> 예수께서 온 갈릴리에 두루 다니사 그들의 회당에서 가르치시며 천국 복음을 전파하시며 백성 중의 모든 병과 모든 약한 것을 고치시니 그의 소문이 온 수리아에 퍼진지라 사람들이 모든 앓는 자 곧 각종 병에 걸려서 고통당하는 자, 귀신 들린 자, 간질하는 자, 중풍병자들을 데려오니 그들을 고치시더라(마 4:23-24).

본문은 예수님의 갈릴리 지방에서의 사역을 요약한다. 그것은 말씀 강론과 복음 전도, 그리고 치유 사역이다. 이 모든 사역은 한 마디로 하나님의 구원 사역이다. 그리스도는 인간의 죄로 말미암아 온갖 고통을 당하는 인류를 구원의 말씀과 능력으로 온전하게 만들기 위해 세상에 오셨다.

사람들은 세상의 고통에서 벗어나기 위한 여러 방법들을 사용한다. 병을 치료하기 위한 의술과 약을 개발하고, 건강한 생활 방법과 건강한 음식을 찾는다. 이와는 반대로, 어떤 이들은 과학 기술의 폐해를 지적하면서 되도록 자연 생태로 돌아가기를 힘쓴다. 과학 시대 이전의 고대인들은 육체의 병은 결국 어떤 영적 원인으로 말미암은 것이라고 믿고, 종교적 제의와 주술(呪術)로 병을 고치려고 했다.

세상의 종교들도 바른 마음과 바른 생활을 통해 건강을 유지할 것을 가르친다. 실제로 정신적 안정이 건강에 영향을 미치는 것이 사실이다. 현대 의학도 육체적 건강과 건강한 정신과의 밀접한 관계를 인정한다. 뇌에서 분비되는 뇌신경 물질들이 사람의 정신과 육체에 영향을 미친다고 한다. 그러므로 질병 치료를 위해서 의학적 치료와 함께 심리적 치료가 병행되기도 한다. 따라서 건전한 종교적 신앙이나 수행이 사람의 마음을 안정시키고 육체의 건강을 지킨다는 것이 당연하다.

예수님께서도 하나님 나라의 도래를 선포하시고, 하나님의 말씀을 따라 살 것을 가르치시면서 질병을 치료하셨다. 사람들의 정신적 안정을 위한 복음 전도와 함께 그들의 질병을 치료하신 것이다. 사람들의 몸과 마음을 함께 치료하신 것이다.

세상의 모든 사람들이 어떤 질병으로 고통당하고 있다. 육체적으로 건강한 사람이라도 정신적으로 약할 수 있고, 누구나 점차 노쇠하게 마련인 것이다. 의학적 치료와 심리적 치료가 모두 필요하지만, 인간은 먼저 그를 지으신 창조주 하나님의 말씀을 따라 살아야 한다. 인간을 지으신 창조주 하나님께서 보내신 하나님의 아들 예수 그리스도를 믿고 새 사람이 되는 것이 고통받는 인간이 온전하게 되는 가장 효과적이고 궁극적인 치료다.

> 수고하고 무거운 짐 진 자들아 다 내게로 오라 내가 너희를 쉬게 하리라(마 11:28).

세상의 의학적, 심리적, 종교적 치료 방법은 모두 피조물 인간이 고안한 자구책으로서 일시적이고 피상적인 치료일 뿐이다.

> 육체의 연단은 약간의 유익이 있으나 경건은 범사에 유익하니 금생과 내생에 약속이 있느니라(딤전 4:8).

예수님께서 사람들의 질병을 고쳐주신 것도 결국은 영원한 하나님 나라의 구원의 축복을 나타내신 것이다. 무엇보다 그리스도는 십자가의 희생으로 인간 고통의 문제를 근본적으로 해결하셨다. 십자가는 낡은 생성소멸의 법칙을 깨뜨리고 영생의 길을 열었다. 십자가로 말미암아 우리는 세상의 고통을 견디는 힘을 얻게 되었다. 사람은 인간을 향하신 창조주 하나님의 구원의 제안을 겸손히 받아들여야 살 수 있다. 이제 우리 모두 주님을 믿고 치유를 받아 온전한 사람이 되고, 또한 주님을 따라서 고통당하는 우리의 가족, 친구, 교회, 세상을 치유하는 제자들이 되자.

2015년 11월 13일

21. 바울과 칸트

> 그때에 예수께서 대답하여 이르시되 천지의 주재이신 아버지여 이것을 지혜롭고 슬기 있는 자들에게는 숨기시고 어린아이들에게는 나타내심을 감사하나이다 옳소이다 이렇게 된 것이 아버지의 뜻이니이다(마 11:25-26).

바울과 칸트 모두 인간의 도덕성에 관심을 가졌고, 결국 그 한계를 인정했다는 데서 일치한다. 칸트는 인간 이성의 능력과 도덕적 능력을 가치 판단의 주체로 삼았으나, 말년에 이르면서 인간 이성과 도덕 능력의 한계를 인정하고 하나님의 존재와 신앙의 필요성을 인정하게 되었다. 인간 능력의 한계로 말미암아 인간은 도덕적 결과를 책임질 수 없고, 최고선(最高善)에 이를 수 없기 때문에, 최고선의 수립자로서의 하나님의 존재를 요청하였다.

> 도덕법칙들의 가장 엄격한 준수가 (목적으로서) 최고선을 초래하는 원인으로 마땅히 생각되어야 한다고 할지라도, 인간의 능력은 이 세계에서의 행복이 행복을 누릴 품격(덕)과 일치하도록 하기에는 충분하지 못하기 때문에, 하나의 전능한 도덕적 존재자가 세계지배자로 상정되지(받아들여지지)않을 수 없으며, 이 존재자의 배려 안에서 이런 일(행복과 덕의 일치)이 일어난다.[1]

더 나아가 칸트는 인간 이성의 한계를 절감하면서 기독교 복음을 궁극적 진리의 안내자로서 인정했다.

---

[1] Immanuel Kant, 『이성의 한계 안에서의 종교』, 백종현 역 (서울: 아카넷, 2012), 157, 157 주 30; 칸트는 『만물의 종말』(Das Ende aller Dinge)에서 "지혜, 다시 말해 만물의 궁극적 목적, 즉 최고선에 온전히 상응하는 방책들과 부합하는 실천이성은 신에게만 있다"고 한다. Immanuel Kant, 『실천이성비판』, 백종현 역 (서울: 아카넷, 2009), 마지막 쪽에서 "내 위의 별이 빛나는 하늘과 내 안의 도덕법칙"이란 표현은 인간 도덕의 궁극적 목적이나 근거가 되는 신적 최고선을 가리키는 것이다.

복음은 참 지혜의 불멸의 지침이다. 이성이 모든 사고를 다 마쳤을 때, 이성은 그 모든 결론이 복음의 지침과 일치한다는 것을 알게 된다. 더구나 이성이 모든 추구를 마친 후에도 이성이 찾던 많은 것이 여전히 암흑 속에 있다는 것을 알게 된다. 이때 이성은 새로운 빛과 신성한 지시가 필요한데 바로 복음으로부터 이런 것들을 찾을 수 있다.[2]

바울은 그리스도의 모본과 성령의 인도를 그리스도인의 인격과 삶의 주체로 삼았으나 자연인(自然人)의 이성, 양심, 지혜, 본성 등의 판단 기능도 하나님의 선하심과 의로우심을 나타내는 일반 은총이라고 생각한다(롬 1:19-20; 2:15; 고전 2:16; 3:15; 6:15; 11:1, 14; 고후 5:10; 엡 2:3; 빌 2:5 이하; 딤후 4:8 등). 바울은 유대교의 바리새인으로서 철저히 하나님의 율법을 준수함으로써 구원에 이른다고 믿고 살았으나, 로마서 7장에서 고백하듯이, 자신이 원하는 선을 행하지 못하고 대신 원하지 않는 악을 행하는 비참한 존재였다. 그러나 바울은 그리스도의 십자가의 희생을 통해서 하나님께서 자신이 죄의 포로에서 해방되었음을 선언하셨음을 밝힌다(롬 8:1-2).

바울과 칸트는, 입장과 강도가 다르지만, 모두 인생의 궁극적 가치에 대한 오랜 심사(深思) 끝에 결국 그리스도의 복음에서 인간의 삶의 존재 이유와 목적을 찾았다고 할 수 있다. 바울은 바리새인으로서 "인간의 의"의 성취를 통한 구원을 믿었으나 예수님의 초월적인 부르심을 받아 복음 진리의 절대성을 깨달았다. 바울의 회심은 단회적인 것이었으나 그의 가르침은 복음에 대한 장고(長考)의 결과라고 본다. 바울은 다메섹 회심 후에 안디옥 교회에서 일할 때(A.D. 43)까지 17년간 복음 진리에 대해 연구했다고 볼 수 있다(행 11:25-26; 갈 1:17-2:1).

칸트는 그의 오랜 인문학적 연구 끝에 이성적, 도덕적 추구의 한계를 자각하고 복음 진리의 가치를 깨닫게 되었다. 바울과 칸트는 비록 전혀 다른 관심과 시대적 배경과 회심경험을 가졌으나, 그들 모두 자신이 추구하던 가치의 한계, 즉 인간의 의로움과 인간 이성의 한계를 절감하고 하나님의 도우심을 찾았다는 데서 일치한다.[3]

---

[2] Josef Pieper, *Scholasticism: Personalities and Problems of Medieval Philosophy*, 13(재인용).

[3] Immanuel Kant, 『이성의 한계 안에서의 종교』, 백종현 역 (서울: 아카넷, 2012), 157; 참조, 루이스 벌코프, 『성경해석학』, 37; 한철하, 『21 세기 인류의 살 길』(양평: 칼빈아카데미, 2016), 373. 이들은 칸트가 하나님과 그리스도

하나님의 말씀은 인간의 지혜와 능력의 한계와 하나님의 지혜와 능력의 무한함을 가르친다.

> 모든 육체는 풀이요 그의 모든 아름다움은 들의 꽃과 같으니 풀은 마르고 꽃은 시듦은 여호와의 기운이 그 위에 붊이라 이 백성은 실로 풀이로다 풀은 마르고 꽃은 시드나 우리 하나님의 말씀은 영원히 서리라(사 40:6-8).

오래 전에 이미 욥과 지혜자도 스스로 지혜롭게 여기는 오만한 자들이야말로 가장 어리석은 자들로서 하나님의 심판의 대상이라고 한다(욥 5:13; 잠 3:7; 23:4; 26:5, 12; 28:11). 최고의 지혜를 가지신 하나님께서 자주 그런 오만한 사람들의 지혜를 어리석게 만드신다(욥 5:13; 29:14).

> 여호와를 경외하는 것이 지혜의 근본이요 거룩하신 자를 아는 것이 명철이니라 (잠 9:10).

예레미야도 하나님 앞에서 어리석은 자랑을 그칠 것을 권한다.

> 지혜로운 자는 그의 지혜를 자랑하지 말라 용사는 그의 용맹을 자랑하지 말라 부자는 그의 부함을 자랑하지 말라 자랑하는 자는 이것으로 자랑할지니 곧 명철하여 나를 아는 것과 나 여호와는 사랑과 정의와 공의를 땅에 행하는 자인 줄 깨닫는 것이라 나는 이 일을 기뻐하노라 여호와의 말씀이니라(렘 9:23-24).

특별히 그리스도의 복음은 인간의 도덕성과 지혜의 한계를 인정하고 그리스도로 말미암은 하나님의 구원을 믿는 데서 인간의 진정한 존재 가치를 찾을 수 있음을 가르친다.[4] 바울이나 칸트와 같은 탁월한 지혜를 가진 인물들이 결국 복음에 순복하

의 은혜 중심의 구원의 종교가 아니라 인간 이성 중심의 도덕에 의한 자아 구원의 종교를 만들었다고 비판한다. 우리는 칸트가 말년에는 복음의 구원 진리에 접근하였다는 점을 지적하는 것이다.
4 롬 1:19 이하; 11:33; 참조, 욥 5:13; 잠 3:7; 23:4; 26:5, 12; 28:11; 사 29:14; 렘 9:23.

게 된 사실은 모든 현대인의 가치관에 대한 논쟁도 결국 절대자 하나님의 말씀에서 궁극적 해답을 찾아야 함을 보여주는 것이다. 문제는 자신을 스스로 지혜롭다고 생각하는 이들이 좀 더 일찍 복음의 절대적 가치를 알지 못하고 많은 시간을 부질없는 논쟁과 사색으로 탕진한 후에야 겨우 그 가치를 인정하는 것이다. 그들은 바로 예수님께서 가르치신 "탕자"와 같고, 오랜 방황 끝에 값비싼 진주를 발견한 "진주 장사"와 같다. 바울은 스스로 지혜롭다고 여기는 사람들이 실제로는 어리석은 사람들이라고 한다(고전 1:20-31).

예수님은 "하나님 나라의 복음"이 세상의 지혜로운 자들의 것이 아니라 자신의 연약함을 알고 부모를 의지하는 어린아이들과 같이 자신의 연약함을 알고 하나님께 전적으로 의지하는 이들의 것이라고 말씀하셨다.

> 그때에 예수께서 대답하여 이르시되 천지의 주재이신 아버지여 이것을 지혜롭고 슬기 있는 자들에게는 숨기시고 어린아이들에게는 나타내심을 감사하나이다 옳소이다 이렇게 된 것이 아버지의 뜻이니이다(마 11:25-26).

또한 예수님은 천국은 "어린아이와 같이 자기를 낮추는 사람"의 것이라고 가르치셨다(마 18:1-5). 예수님의 산상수훈은 세상의 지혜나 처세술을 따르는 이들을 위한 가르침이 아니라 전적으로 하나님 아버지의 은혜에 의지하는 이들을 위한 가르침이다(마 6:8, 11, 24-34).

복음은 그리스도로 말미암은 새로운 구원의 시대의 도래, 즉 하나님 나라의 도래를 인식하고 세상의 낡은 존재 방법을 회개하고 하나님 나라의 새로운 존재 방법을 가질 것을 촉구한다. 그것은 한 마디로 하나님 아버지를 의지하는 어린아이와 같은 자세다. 하나님을 경외하면서도, 그의 사랑과 은혜를 깊이 인식하며, 자신의 의로움을 자랑하지 않고 하나님의 의로우심에 의지하며, 더 이상 율법의 행위나 도덕적 행위가 아닌 하나님을 마음으로부터 의지하고 믿는 자세다. 그리스도께서는 그의 교훈과 생애를 통해서 하나님과 우리의 관계를 재판관과 죄인으로서의 관계가 아니라 사랑하는 하늘 아버지와 회개한 아들의 "뗄 수 없는 관계"로 제시하셨다(눅 15:11-24). 이런 새로운 구원의 시대의 도래와 자아 이해로부터 그 한계가 드러난 "이행득의 구원론" 대신에 온전히 하나님의 은혜를 의지하는 "이신득의 구원론"을 새로운 구원의 시대를 위한 인간의 구원론으로 받아들이게 되는 것이다(롬 3:21 이하).

그러나 우리는 복음 신앙에 대한 모든 이성적이고 신학적인 추구를 포기해서는 안 된다. 이성도 인간에게 주신 하나님의 특별한 선물이므로 우리는 이성을 도구로 삼아 하나님의 진리를 밝혀야 한다. 신학 연구의 대상인 하나님과 하나님의 영광을 나타내기 위한 이성적 연구는 계속되어야 하나, 인간의 지혜와 능력을 자랑하기 위한 자세를 버려야 한다. 이성적 탐구는 신학을 도와 신앙을 증진시켜야 한다. 그러나 "세상의 지혜로운 자들"이 복음을 공격하는 한, 우리는 복음 진리와 신앙을 수호하기 위해서 그들의 이성적 논증의 한계를 지적할 책임이 있다.

복음에 대한 이성적 추구는 자주 감성적 추구의 도전을 받는다. 이성 중심의 18세기 합리주의는 감성 중심의 19세기의 낭만주의의 도전을 받았고, 지난 세기 후반부에 나타난 은사 운동(charismatic movement)은 성령의 역사가 인간의 이성뿐만 아니라 감성을 통해서도 역사한다는 것을 보여준다. 성경이 가르치는 "믿음"도 감성을 포함한 인간의 전인적(全人的) 자세다(신 6:5). 특별히 인간의 다양성을 추구하는 현대 사회에서 이성적 추구는 낡은 사상으로 폄훼될 수 있다. 그러나 신앙 이성은 성령의 도움으로 시대나 문화를 초월하여 그리스도인의 믿음과 신앙생활을 건전하게 만든다.

바울과 칸트는 모두 인간의 한계에 직면하여 다시 하나님을 찾았다. 예수님은 "이렇게 미련한 인간이 과연 구원받을 수 있는가"라는 제자들의 질문에 대해서, "무릇 사람이 할 수 없는 것을 하나님은 하실 수 있느니라"(눅 18:27)고 긍정적으로 대답하셨다. 그것은 바로 십자가에 나타난 하나님의 사랑과 은혜를 믿는 믿음이다.

2015년 11월 14일

22. 비판하지 말라

> 비판을 받지 아니하려거든 비판하지 말라(마 7:1).

신학적으로 볼 때, 남을 비판하는 것은 결국 불완전한 사람이 완전하신 하나님의 심판 자리에 서서 남을 판단하는 것이므로 불경스런 것이다. 죄인인 인간은 근본적으로 남을 비판할 자격이 없다(롬 2:1). 더구나 비판은 자주 또 다른 비판을 유발하여 결국 미움과 혼란이 판치게 된다. 그러므로 바른 신앙을 위해서나, 평화로운 삶을 위해서나, 비판을 삼가야 한다.

특별히 신앙인은 다른 신앙인을 판단하지 않도록 주의해야 한다. 예수님 당시 바리새인들이나 서기관들은 그들과 같은 삶의 기준에 따라서 살지 못하는 이들을 정죄했고, 주님께서는 그들을 책망하셨다. 바로 이런 예를 들어서 예수님 자신도 그들을 비판하는 잘못을 범하셨다고 반론을 제기할 수도 있으나, 예수님은 최고선(最高善, summum bonum)이신 성자 하나님이시므로 불완전한 사람들을 가르치시고 책망하시는 것이 당연하다. 그러므로 불완전한 우리는 주님의 책망이나 비판 자체를 배울 것이 아니라 주님의 교훈을 배워야 한다.

우리는 아무리 완전함을 지향한다고 해도 우리의 연약한 본성으로 말미암아 우리의 행위는 불완전하다. 이런 우리 자신의 성품과 행동의 한계를 인정하면서, 동시에 하나님의 자비로우심과 은혜를 믿고, 남의 실수와 실패에 대하여서도 관용하는 것이 옳다. 그런데도 우리는 깊은 죄의 본성으로 말미암아 자주 "나는 옳고 너는 그르다"("I am ok, but you are not ok")는 이기적 오만함을 따르는 것이 문제다.

어쩔 수 없이 남을 비판해야 하는 경우에도, 먼저 우리 자신의 부족함을 인정하면서, 상대방을 미워하고 지배하려는 자세가 아니라, 우리 모두를 향하신 하나님의 은혜와 사랑을 기억하고, 상대방의 유익을 도모하는 선한 목적과 자세를 가져야 한다. 그것은 집단 전체의 유익을 위해서는 개인의 인격을 무시해도 좋다든가, 건설적 비판은 언제나 수용해야 한다는 공리주의적 원칙이 아니라, 주님의 말씀을 따라서 단

하나의 소자(小子)라도 존귀하게 여기는 진실한 사랑의 원칙이다.

누구든지 나를 믿는 이 작은 자 중 하나를 실족하게 하면 차라리 연자 맷돌이 그 목에 달려서 깊은 바다에 빠뜨려지는 것이 나으니라(마 18:6).

2015년 11월 17일

23. 로마서 8장의 요체(要諦): 그리스도인의 자아의식, 책임 그리고 소망

> 그러므로 이제 그리스도 예수 안에 있는 자에게는 결코 정죄함이 없나니 이는 그리스도 예수 안에 있는 생명의 성령의 법이 죄와 사망의 법에서 너를 해방하였음이라. 율법이 육신으로 말미암아 연약하여 할 수 없는 그것을 하나님은 하시나니 곧 죄로 말미암아 자기 아들을 죄 있는 육신의 모양으로 보내어 육신에 죄를 정하사 육신을 따르지 않고 그 영을 따라 행하는 우리에게 율법의 요구가 이루어지게 하려 하심이라(롬 8:1-4).

로마서 8장은 로마서의 주제인 "이신득의 구원론"의 결론에 해당된다. 바울은 로마서 7장에서 인간의 본성이 연약하기 때문에 율법의 행위로 구원 얻는 것이 실제로 불가능함을 지적한 후에 그리스도를 믿음으로 구원 얻는 구원 진리를 8장 초두에서 재확인한다.

> 그러므로 이제 그리스도 예수 안에 있는 자에게는 결코 정죄함이 없나니 이는 그리스도 예수 안에 있는 생명의 성령의 법이 죄와 사망의 법에서 너를 해방하였음이라 율법이 육신으로 말미암아 연약하여 할 수 없는 그것을 하나님은 하시나니 곧 죄로 말미암아 자기 아들을 죄 있는 육신의 모양으로 보내어 육신에 죄를 정하사 육신을 따르지 않고 그 영을 따라 행하는 우리에게 율법의 요구가 이루어지게 하려 하심이라 (롬 8:1-4).

특별히 이 말씀의 마지막 부분, "육신을 따르지 않고 그 영을 따라 행하는 우리에게 율법의 요구가 이루어지게 하려 하심이라"는 말씀은 사도 바울이 3장에서 7장까지 칭의론을 논한 후에, 이제 8장에서 그리스도인의 경건한 삶을 위한 책임, 즉 성화를 가르치려고 한다는 것을 알 수 있다.

다른 말로, 로마서 8장에서 바울은 죄와 사망의 법으로 죽었던 그리스도인의 과거의 신분과 그리스도로 말미암은 생명의 성령의 법으로 다시 살아난 그리스도인의 현재의 변화된 신분 그리고 특별히 구원받은 그리스도인이 여전히 "현재의 고난" 가운데 고통당하는 문제를 직시하면서(1-17절), 그리스도인이 "현재의 고난" 가운데 취해야 할 마땅한 신앙적 자세를 논한다(18-25절).

그리스도인은 모든 "현재의 고난" 가운데서도 삼위 하나님의 보호와 도우심을 믿고, 장차 나타날 그리스도의 영광을 바라보아야 한다.

> 하나님이 우리를 위하시면 누가 우리를 대적하리요(롬 8:31).

특히 우리를 위해 죽으신 그리스도의 사랑을 생각하면 죽음을 포함한 모든 인생의 도전을 이길 수 있다.

> 누가 우리를 그리스도의 사랑에서 끊으리요 … 내가 확신하노니 사망이나 생명이나 천사들이나 권세자들이나 현재 일이나 장래 일이나 능력이나 높음이나 깊음이나 다른 어떤 피조물이라도 우리를 우리 주 그리스도 예수 안에 있는 하나님의 사랑에서 끊을 수 없으리라(롬 8:35-39).

첫째, 사람은 본질적으로 연약하기 때문에 율법의 행위나 도덕적 행위로는 의롭게 될 수 없으므로 그리스도를 믿음으로 말미암아 영원한 구원을 받게 되는 은혜의 복음을 믿음으로써만 구원 얻을 수 있다. 구원받은 그리스도인은 이제 낡은 언약의 백성이 아니라 구원이 보장된 새 언약의 백성이다. 이 땅에서의 우리의 삶은 영원한 하나님 나라의 온전한 삶의 모형이다.

그러므로 그리스도인은 죽으시고 부활하신 그리스도로 말미암아 변화된 새로운 존재론적 자아의식을 가지고 완전히 새롭게 살아야 한다(롬 6:3 이하; 8:1 이하; 고후 5:17; 갈 2:20; 엡 2:10; 빌 2:5 이하 등). 로마서 8장 4-13절은 그리스도를 믿음으로 성삼위 하나님의 영을 받은 그리스도인들은 "육신을 따라 살지 말고 영으로써 몸의 행실을 죽임으로써" 그들에게 임하신 그리스도의 은혜로우신 구원 역사를 그들의 삶 가운데서 실제화 또는 실체화해야 할 책임이 있음을 가르친다.

거룩하신 하나님의 자녀로서 거룩하게 살아야 할 책임은 지금까지 반대해온 "율법주의적 행위 구원"과는 근본적으로 다르다. 하나님의 자녀 된 우리는 구원을 받기 위해서 의롭게 사는 것이 아니라 이미 구원받은 "하나님의 자녀"의 신분에 합당하게 사는 것이다(14-17절). "성령이 친히 우리의 영과 더불어 우리가 하나님의 자녀인 것을 증언하나니"(16절). 즉 하나님의 자녀로서의 우리의 정체성은 객관적으로나 주관적으로나 확증된 사실이다. 이제 우리는 과거의 신분이 아니라 새로운 신분에 합당하게 살아야 할 책임이 있다. 마치 아버지의 집으로 돌아온 탕자가 아버지의 자녀로서의 새로운 자아의식을 가지고 새로운 삶을 결단하는 것과 같다.

둘째, 바울은 17절부터 39절 끝까지 구원받은 우리도 여전히 육적, 영적 고난을 겪으며 살아야 하는 어려운 현실을 인정하면서 우리를 위로한다. 죄로부터 자유롭게 된 그리스도인이라도 완전히 몸의 구속을 받는 그날까지 여전히 인간의 죄로 말미암아 세상의 모든 피조물이 겪고 있는 "현재의 고난"을 받으며 살아야 한다. 하나님의 자녀가 된 우리라고 해도 구원의 언약이 완전히 성취되는 영광의 날이 이르기 전까지는 여전히 모든 영적, 육적 도전을 받으며 살아야 한다. 이 세상이 회복되기 전까지, 새 하늘과 새 땅이 오기까지, 주님께서 재림하시기까지, "영으로 육신을 죽이는 영적 싸움"을 비롯하여(13절), 죽음을 포함한 모든 피조물이 겪는 이 땅의 한계 상황에서의 "현재의 고난"을 함께 받으며 살아야 한다(17-39절).

특별히 바울은 마지막 부분, 35절 이하에서 현실 세상에서 받는 성도들의 육적, 영적 고난들을 구체적으로 열거한다. 그러나 그리스도인은 이 모든 "현재의 고난"을 그리스도의 사랑과 구원 능력으로 말미암아 넉넉히 이길 수 있다.

> 누가 우리를 그리스도의 사랑에서 끊으리요 환난이나 곤고나 박해나 기근이나 적신이나 위험이나 칼이랴(롬 8:35).
>
> 내가 확신하노니 사망이나 생명이나 천사들이나 권세자들이나 현재 일이나 장래 일이나 능력이나 높음이나 깊음이나 다른 어떤 피조물이라도 우리를 우리 주 그리스도 예수 안에 있는 하나님의 사랑에서 끊을 수 없으리라(롬 8:38-39).

우리가 그리스도를 믿음으로 말미암아 의롭다 함을 받았으나(칭의론), 계속해서 온전함에 이르기를 힘써야 한다는 성화론은 예수님의 구원 사역으로 말미암아 하나님의 나라가 이미 왔으나 주님의 재림 때에야 비로소 완전한 하나님의 나라가 나타날 것이라는 종말론과 같은 맥락이다. 완전한 구원은 세상 종말에서야 얻게 된다.

셋째, 우리는 모든 육적, 영적, 존재론적, 우주론적 "현재의 고난" 가운데서도 하나님의 자녀로서 성삼위 하나님의 특별한 보호와 사랑을 받는다는 확고한 믿음을 가져야 한다(26-39절).

1. 성령이 우리를 도우신다

이와 같이 성령도 우리의 연약함을 도우시나니 우리는 마땅히 기도할 바를 알지 못하나 오직 성령이 말할 수 없는 탄식으로 우리를 위하여 친히 간구하시느니라(롬 8:26).

2. 성부께서 우리를 보호하신다

우리가 알거니와 하나님을 사랑하는 자 곧 그의 뜻대로 부르심을 입은 자들에게는 모든 것이 합력하여 선을 이루느니라(롬 8:28).

그리스도로 말미암아 구원받았다는 우리의 믿음은 단순히 우리의 주관적 생각이나 의지가 아니라 하나님께서 우리를 만세 전에 그의 자녀로 예정하셨던 하나님의 객관적인 구원 계획이며 이제 그리스도 안에서 부르시고 의롭다 하시고, 영화롭게 하신 객관적인 사실에 근거한 것이다(29-30절). 고난받는 현실 세상에서의 그리스도인의 존재감과 소망은 그리스도인의 이런 확고한 자아의식에서 비롯되는 것이다.

만일 하나님이 우리를 위하시면 누가 우리를 대적하리요 자기 아들을 아끼지 아니하시고 우리 모든 사람을 위하여 내주신 이가 어찌 그 아들과 함께 모든 것을 우리에게 주시지 아니하겠느냐 누가 능히 하나님께서 택하신 자들을 고발하리요 의롭다 하신 이는 하나님이시니 누가 정죄하리요(롬 8:31b-34a).

3. 성자께서 우리를 사랑하신다

죽으실 뿐 아니라 다시 살아나신 이는 그리스도 예수시니 그는 하나님 우편에 계신 자요 우리를 위하여 간구하시는 자시니라 누가 우리를 그리스도의 사랑에서 끊으리요 환난이나 곤고나 박해나 기근이나 적신이나 위험이나 칼이랴 … 내가 확신하노니 사망이나 생명이나 천사들이나 권세자들이나 현재 일이나 장래 일이나 능력이나 높음이나 깊음이나 다른 어떤 피조물이라도 우리를 우리 주 그리스도 예수 안에 있는 하나님의 사랑에서 끊을 수 없으리라(롬 8:38-39).

특별히 바울은 "누가 … 하리요"라는 반론적 질문을 네 차례 반복하면서(31, 33, 34, 35절), 삼위 하나님께서 우리의 편에 서서 도우신다는 것을 굳게 믿어야 할 것을 가르친다.

이렇게 바울은 로마서 8장 초두에서 그리스도인들은 그리스도의 은혜로 이미 구원받았다는 것을 선언한다(1-2절). (이 구원의 은혜는 우리의 주관적 믿음이기 전에 이미 하나님께서 영원 전부터 예정하신 구원 계획[비밀]이다[롬 8:29-30; 고전 2:7; 엡 3:9]). 이어서 8장 초반부에서 바울은 그리스도인은 이 어려운 현실 세상에서 하나님의 자녀로서의 자아의식을 굳게 가지고, 실제로 거룩하게 살기를 힘써야 할 것을 가르친다(4-16절). 8장 중반부에서 바울은 그리스도인들이 받는 육적, 영적, 개인적, 우주적 "현재의 고난"을 열거하면서, 주님의 영광의 날의 도래를 믿고 바람으로써 이 모든 고난을 극복할 수 있음을 가르친다(17-25절).

생각하건대 현재의 고난은 장차 우리에게 나타날 영광과 비교할 수 없도다(롬 8:18).

또한 계속해서, 8장의 종반부에서 성삼위 하나님께서 현실 세상에서 고통받는 연약한 우리들은 도우신다는 믿음을 가져야 할 것을 가르친다(26-39절). 무엇보다 우리를 향하신 그리스도의 변함없는 사랑을 굳게 믿어야 한다는 것을 강조한다(34-39절). 그리스도께서는 친히 죽으심으로써 가장 확실하게 우리를 향하신 하나님의 사랑을 증거하셨다(롬 8:32, 34; 롬 5:8).

그리스도인의 존재와 소망의 근거는 삼위 하나님의 구원 역사와 세상의 회복에 대한 하나님 자신의 약속이다. 성부 하나님은 그리스도 안에서 미리 정하신 우리를 부르셨고(29-30절), 성령은 우리를 위해 간구하시며(26절), 그리스도께서는 우리를 사랑하사 죽으셨고, "현재의 고난" 중에 있는 우리들을 변함없이 사랑하신다(34-39절). 그리고 우리를 완전히 구원하러 다시 오실 것이다(11, 17-25절).

최근에 성경학자들 가운데 바울의 이신득의를 지엽적인 논쟁으로 보면서, 그리스도로 말미암은 총체적인 구원이 바울의 구원론이라는 견해가 있으나, 바울의 구원론에서 이신득의가 구원론의 핵심적 주제임이 분명하다. 바울은, 율법 전체가 이행득의를 가르치는 것으로 보는 유대교에 맞서서, 오히려 이신득의가 이행득의보다 더 원초적인 율법의 가르침이라는 사실을 지적한다(창 22:1; 롬 3, 4장; 갈 1:12; 3장; 4:1-7). 더 나아가 바울은 그것이 자신의 고안이 아니라 예수로부터 받은 계시임을 밝힌다(갈 1:12; 고전 3:7-16; 4:1). 이것은 바울이 개인의 존재론적 구원을 하나님의 전체 구원 역사의 핵심 사항으로 가르치는 사실과 맥락을 같이 한다.

> 피조물이 고대하는 바는 하나님의 아들들이 나타나는 것이니(롬 8:19).
> 그는 만물을 자기에게 복종하게 하실 수 있는 자의 역사로 우리의 낮은 몸을 자기 영광의 몸의 형체와 같이 변하게 하시리라(빌 3:21).

실제로 성경 전체가 믿음의 조상들을 비롯한 개인의 구원과 이스라엘 전체의 구원이나 세상의 종말론적 구원을 함께 가르친다(롬 3:21 이하; 롬 9:1 이하; 고전 10:1-4; 빌 3:20-21).

그러므로 바울의 구원론의 핵심 사항인 이신득의를 무시하고 전체 구원 역사에만 집중하는 것은 바울의 생각과는 물론, 성경 전체의 흐름과도 배치된다(롬 8:1-24; 고전 15:12-24; 고후 4:16-5:10). 바울은 성경의 구원론에서 개인적 구원론과 우주적 구원론이 분리될 수 없다는 사실을 알고, 이신득의가 성경 전체가 가르치는 개인적 구원의 원초적이고 구체적인 방안임을 가르치는 것이기 때문이다.

이 고난의 세상에서 우리가 지치고 고단할 때, 그리스도로 말미암은 하나님의 구원의 은혜와 성령의 간구와 변치 않는 주님의 사랑과 장차 주님께서 우리 자신과 세상을 온전하게 만드실 영광의 날을 소망하며, 우리의 믿음과 소망을 굳게 하자.

예수를 죽은 자 가운데서 살리신 이의 영이 너희 안에 거하시면 그리스도 예수를 죽은 자 가운데서 살리신 이가 너희 안에 거하시는 그의 영으로 말미암아 너희 죽을 몸도 살리시리라(롬 8:11).

2015년 11월 21일

24. 잠과 죽음

> 형제들아 자는 자들에 관하여는 너희가 알지 못함을 우리가 원하지 아니하노니 이는 소망 없는 다른 이와 같이 슬퍼하지 않게 하려 함이라 우리가 예수께서 죽으셨다가 다시 살아나심을 믿을진대 이와 같이 예수 안에서 자는 자들도 하나님이 그와 함께 데리고 오시리라(살전 4:13-14).

인간은 대부분의 동물들과 같이 해가 질 때 잠자고 해가 뜰 때 잠이 깬다. 하루가 끝날 때 우리 모두 잠들 수밖에 없듯이 우리 모두 언젠가는 죽을 수밖에 없다. 잠을 피할 수 없듯이, 죽음도 피할 수 없다. 잠이나 죽음은 모두 피할 수 없는 생체적 현상이다. 사람들은 잠이나 죽음을 하나의 자연의 순환 현상으로 받아들인다. 어떤 사람들은 죽음을 인간의 운명으로 받아들이면서도 사후 세계에 대한 막연한 믿음을 가지고 있다. 특별히 고대인들은 영생을 믿었다. 어떤 사람들은 꿈에 죽은 조상들을 만난 경험에서 영혼의 실재를 믿기도 한다.

성경도 자주 죽음을 잠드는 것으로 표현한다.[1] 하나님을 믿는 사람들은 모든 사람들이 두려워하는 죽음의 공포도 극복할 수 있다고 죽음에 대한 적극적인 신앙을 가르치는 것이다. 실제로 잠은 죽음과 유사한 측면이 있다. 우리가 잠잘 때, 의식의 세계를 떠나 무의식의 세계로 들어가듯이, 우리가 죽을 때 우리의 영혼이 영원한 세계로 들어가기 때문이다.[2] 우리가 죽을 때, 우리가 잠잘 때와 같이, 우리의 의식이나 영혼은 비활동적이 되기 때문이다(삼상 28:8 이하; 참조, 막 9:4; 요 11:11-13; 고전 11:30; 15:18, 29, 51; 엡 5:14). 그러나 우리가 잠들 때 깨어날 것을 알듯이, 우리가 죽어도 마

---

[1] 신 31:16; 삼하 7:12; 왕상 1:21; 요 11:11; 행 7:60; 13:36; 고전 15:18, 20, 51; 살전 4:14; 벧후 3:4 등. 특별히 성경은 그리스도인의 새로운 존재를 탄생, 성장, 죽음 같은 인간 육체의 경험에 비추어 설명하고 가르친다. 특별히 새 사람을 거듭나는 것(중생)으로, 새 사람의 양식을 성찬으로, 그리고 죽음을 "자는 것"이라고 표현한다 (마 9:24; 행 7:60; 고전 15:51; 살후 4:13-15; 벧후 3:4). 이런 가르침은 인간의 영원한 영적 본질을 전제하는 것이다.

[2] 칼빈, 츠빙글리, 불링거 같은 종교개혁자들은 재세례파의 영혼 수면론을 반대하면서 사후에도 영혼이 의식을 가진다고 보았다.

지막 날에는 신령한 몸으로 다시 살아날 것을 믿는다.

> 우리가 예수께서 죽으셨다가 다시 살아나심을 믿을진대 이와 같이 예수 안에서 자는 자들도 하나님이 그와 함께 데리고 오시리라(살전 4:14).
> 나팔 소리가 나매 죽은 자들이 썩지 아니할 것으로 다시 살아나고 우리도 변화되리라(고전 15:52).

한 마디로, 잠이 하루의 수고를 끝내고 내일을 위한 휴식이듯이, 그리스도인에게는 죽음은 끝이 아니라 일생의 수고를 끝내고 부활의 아침을 위한 휴식일 뿐이다.

그리스도인은 사망 후 재림 때까지 휴면상태로 들어간다(갈 4:13; 히 4:10; 계 6:11). 비록 죽음으로 우리의 육체는 흙으로 돌아가나 구원받은 우리의 영혼은 휴면상태에서 주님과 함께 있게 되고, 주님께서 오실 때 우리의 몸이 "온전한 생명"으로 다시 태어나게 된다. 죽음은 아담의 타락으로 말미암은 저주이지만 그리스도 안에서 정복되었고 마지막 날에 완전히 정복될 것이다(고전 15:15-26, 52-58; 살전 4:14). 사망 권세를 이기신 그리스도 안에 있는 우리에게는 죽음은 더 이상 파괴적인 종말이 아니라 새로운 출발이다.

이렇게 성경이 죽음을 잠으로 표현하는 것은 죽음에 대한 적극적 자세를 나타내는 것이다. 성경의 영생의 가르침을 이방 종교 사상이나 유대교의 묵시문학 사상에서 비롯된 것으로 폄하하는 성경학자들도 있으나 영생은 성경 전체가 가르치는 구원의 핵심적 가르침이다. 다만 하나님의 계시의 점진적 특성을 따라서 구약에서는 적게 나타나는 반면에 신약에서 자주 나타난다.

대체로 구약 시대 사람들은 죽음을 인생의 끝으로 인식하는 듯이 보인다.

> 사망 중에서는 주를 기억하는 일이 없사오니 스올에서 주께 감사할 자 누구리이까(시 6:5).[3]

---

[3] 시 18:5; 28:1; 30:3; 40:2; 49:14, 15; 55:15, 23; 88:4-6, 11; 143:7; 잠 1:12; 28:17; 사 14:15, 19; 24:22, 38:18, 51:1; 겔 26:20; 31:14, 16; 32:18, 24-30.

그러나 구약에서도 여전히 인간은 사망 후에도 정체적 상태인 "르파임"(*Rephaim*, 음령[陰靈], 유혼[幽魂])으로 존재하는 것으로 본다.[4] 구약에도 영생에 대한 소망이 간간히 나타난다.

> 내 가죽이 벗김을 당한 뒤에도 내가 육체 밖에서 하나님을 보리라(욥 19:26).
> 그러나 하나님은 나를 영접하시리니 이러므로 내 영혼을 스올의 권세에서 건져 내시리로다(시 49:15).
> 땅의 티끌 가운데서 자는 자 중에서 많은 사람이 깨어나 영생을 받는 자도 있겠고 수치를 당하여서 영원히 부끄러움을 당할 자도 있을 것이며(단 12:2).

구약에서 하나님께서 아브라함과 그의 후손 이스라엘 백성에게 약속하신 "약속의 땅"은 결코 완전하고 영원한 땅이 아니었으므로 그것은 다만 완전하고 영원한 천국의 예표로서 제시된 것이 분명하다(고후 5:1; 히 11:10-16, 40; 벧후 3:13; 요일 2:25; 계 21:1; 참조, 요 6:49).

신약은 구약 시대에서 감추어졌던 하나님의 구원의 비밀이 그리스도로 말미암아 나타났고, 장차 그리스도께서 재림하실 때 완전히 나타날 것임을 가르친다.[5]

> 이 비밀은 만세와 만대로부터 감추어졌던 것인데 이제는 그의 성도들에게 나타났고(골 1:26).
> 보라 내가 너희에게 비밀을 말하노니 우리가 다 잠 잘 것이 아니요 마지막 나팔에 순식간에 홀연히 다 변화되리니 나팔 소리가 나매 죽은 자들이 썩지 아니할 것으로 다시 살아나고 우리도 변화되리라(고전 15:51-51).

---

4 창 37:35; 삼상 28:14-15; 욥 19:26; 26:5; 시 16:10; 88:10; 사 26:19 등. "르파임"은 "스올"(지하 세계)에 거주하는 죽은 사람의 영혼이며, 구약에서 25회 나타난다. 잠 2:18; 21:16 등에는 "사망"으로도 번역된다.

5 G. E. Ladd, *A Theology of the New Testament* (1995), 599; Oscar Cullmann, *Immortality of the Soul or Resurrection of the Dead?: The Witness of the New Testament* (New York: Macmillan, 1958), 56.

일과 휴식으로 반복되는 생체적 리듬은 하나님의 창조 섭리에서 비롯된 것이다. 하나님께서는 세상을 단번에 창조하지 않으시고, 6일 동안 매일 아침에 다시 창조를 시작하시고 저녁에 마치셨다. 하나님 자신이 창조의 주간 동안 매일 저녁에 쉬셨다는 말은 없으나, 다음 날의 창조를 위해 일정한 준비과정을 가지셨고, 이미 창조된 피조 세계에게도 밤의 휴식을 주셨다고 볼 수 있다. 하나님은 6일간의 창조를 마치신 후 7일째에는 안식하셨고, 그리고 그날을 축복하시고 다른 날들과 구별하여 거룩한 날로 만드셨다(창 2:2-3).

온종일 뜨거운 태양 아래서 수고하고 지친 인생에게 잠은 축복이다.

> 그러므로 여호와께서 그의 사랑하는 자에게는 잠을 주시는 도다(시 127:2).

수고한 인생에게 잠이 하나님의 축복이듯이 믿는 자녀에게는 죽음도 결국 축복이다.

> 이미 그 안식에 들어간 자는 하나님이 자기의 일을 쉬심과 같이 그도 자기의 일을 쉬느니라(히 4:10).

그러나 우리는 잠들 때 자못 숙연해지기도 한다. 잠들 때 우리는 의식을 잃고 미지의 세계로 들어가기 때문이다. 잠들 때 우리는 호흡이나 맥박은 물론 우리 자신에게 대한 모든 통제력을 잃고 전적으로 하나님께 자신을 맡긴다. 또한 잠들 때 우리는 자주 하루의 삶이나 우리 인생 전체를 되돌아보기도 한다. 때로 하나님 앞에 우리의 과거와 현재의 삶에서의 부끄러운 부분을 떠올리며 후회도 한다. 우리의 삶이 몹시 괴로울 때에는 차라리 깨어나지 않고 영원히 잠들고 싶을 때도 있다. 이렇게 잠은 인생에게 단순한 휴식 이상으로 심각한 측면이 있다.

사람은 누구나 죽음을 앞두고 숙연해지기 마련이다. 우리의 육체와 영혼이 분리되고, 의식을 잃는 것은 두려운 일이다. 사랑하는 사람들과 작별하는 것은 깊은 슬픔이다. 더구나 우리가 우리를 지으신 분 앞에 서서 우리의 인생 전체를 남김없이 드러내 놓고 평가받아야 한다는 것도 두려운 일이다.

그러나 우리 그리스도인들은 부활하신 그리스도로 말미암아 자연인처럼 죽음을 두려워 할 필요는 없다. 우리는 생명의 주님 안에서 모든 생명체가 가지는 죽음의 권세에 대한 본능적 두려움을 극복하고 오히려 부활의 소망을 갖는다. 우리는 주님께서 오실 때 다시 살아날 것이라는 영생의 약속을 믿는다.

> 나는 부활이요 생명이니 나를 믿는 자는 죽어도 살겠고 무릇 살아서 나를 믿는 자는 영원히 죽지 아니하리니 이것을 네가 믿느냐(요 11:25-26).

태초에 한 줌의 흙으로부터 우리를 지으신 창조주 하나님께서 세상 끝 날에도 한 줌의 흙으로 돌아 간 우리를 다시 온전한 몸으로 지어주실 것이라는 약속의 말씀을 우리는 굳게 믿는 것이다.

> 보라 우리가 다 잠 잘 것이 아니요 마지막 나팔에 순식간에 홀연히 다 변화되리니 이 썩을 것이 반드시 썩지 아니할 것을 입겠고 이 죽을 것이 죽지 아니함을 입으리로다 (고전 15:51).
> 참으로 이 장막에 있는 우리가 짐 진 것같이 탄식하는 것은 벗고자 함이 아니요 오히려 덧입고자 함이니 죽을 것이 생명에 삼킨 바 되게 하려 함이라(고후 5:4).

우리의 부끄러운 숱은 죄들을 생각하면, 주님 앞에 서는 것이 두렵기도 하지만, 주님께서 이미 우리를 용서하셨고, 우리를 변함없이 사랑하신다는 것을 믿음으로써 두려움과 부끄러움보다는 사랑과 기쁨으로 만날 수 있다.

죽음의 권세가 막강하지만, 결코 우리를 구원하시기 위해 죽으신 그리스도의 사랑에서 우리를 끊을 수 없다(롬 8:35-39). 생명의 주 안에서 우리는 죽음의 권세를 이길 수 있다.

> 사망아 너의 승리가 어디 있느냐 사망아 네가 쏘는 것이 어디 있느냐 사망이 쏘는 것은 죄요 죄의 권능은 율법이라 우리 주 예수 그리스도로 말미암아 우리에게 승리를 주시는 하나님께 감사하노니 그러므로 내 사랑하는 형제들아 견실하며 흔들리지 말

고 항상 주의 일에 더욱 힘쓰는 자들이 되라 이는 너희 수고가 주 안에서 헛되지 않은 줄 앎이라(고전 15:55-58).

자연주의자들은 생성소멸의 법칙을 자연이 자체 유지를 위해 스스로 개발한 생태적 순환 현상으로 본다. 그러나 성경은 창조주 하나님께서 타락한 창조 세계를 새롭게 복원하실 계획을 가지시고 계심을 가르친다.

우리는 그의 약속대로 의가 있는 곳인 새 하늘과 새 땅을 바라보도다(벧후 3:13).

우리는 비인격적인 허무한 자연 세계에 속한 것이 아니라 우리를 사랑하사 대신 죽으신 생명의 주님께 속한 것이다.

우리가 살아도 주를 위하여 살고 죽어도 주를 위하여 죽나니 그러므로 사나 죽으나 우리가 주의 것이로다(롬 14:8).

영생하시는 그리스도를 믿는 우리에게는 죽음도 축복이다. 죽음이란 생명의 주님께 우리의 영혼을 맡기고 잠드는 것과 같기 때문이다. 주님께서 다시 오실 때 생성소멸의 원칙이 지배하는 불완전한 세상은 사라지고 완전한 새 하늘과 새 땅이 나타날 것이다(고전 15:42-57; 계 21:1).

우리 피곤한 인생이 궁극적으로 바라는 것은 주님께서 약속하신 새 하늘과 새 땅이 나타나는 것이다. 우리가 가장 원하는 것은 사도 바울이 그랬듯이, 영혼과 육체가 분리되는 죽음의 쓴 경험을 겪지 않고 주님께서 오실 때까지 살다가 산 채로 홀연히 신령한 몸으로 변화되는 것이다(고전 15:51; 고후 5:2-4; 살전 4:17). 우리가 주님께서 오시기 전에 죽는다고 해도 우리를 주님이 계신 천국에 함께 있게 하시겠다고 하신 약속과 또한 주님께서 다시 오실 때에 죽은 우리의 몸을 다시 일으키시라는 약속을 믿는 한, 우리는 담대하게 세상을 떠날 수 있다. 우리 믿는 사람들에게는 죽음은 마치 앓던 이를 뽑는 것과 같이 잠시의 고통 후에 누리게 되는 영원한 평안이다.

너희는 마음에 근심하지 말라 하나님을 믿으니 또 나를 믿으라 내 아버지 집에 거할 곳이 많도다 그렇지 않으면 너희에게 일렀으리라 내가 너희를 위하여 거처를 예비하러 가노니 가서 너희를 위하여 거처를 예비하면 내가 다시 와서 너희를 내게로 영접하여 나 있는 곳에 너희도 있게 하리라(요 14:1-3).

이 세상의 삶 다음에 오는 저 세상에서의 영원한 삶에 대한 약속은 하나님의 형상으로 지음 받은 인간은 본질상 육체의 죽음으로 끝나지 않는 영원한 생명체라는 사실을 전제한다. 인간의 육체는 이 땅으로 돌아가나, 그 영혼은 살아 있고, 생명의 주를 믿는 자는 주가 계신 천국으로 가고 불신자는 마귀가 다스리는 지옥에 갇힌다.

우리가 흙에 속한 자의 형상을 입은 것같이 또한 하늘에 속한 이의 형상을 입으리라 (고전 15:49).

마지막 날에 우리가 입을 "신령한 몸"은 부활하신 그리스도의 몸과 같이 단순히 육체나 영이 아니라, 육체이면서도 영적인 몸으로서, 완전히 새로운 차원(새 하늘과 새 땅)에 속하는 신비로운 몸이다(고전 15:42-54; 고후 5:4).

우리는 보이는 것만을 실재로 여기는 물질주의적 세상과 모든 것을 자연 현상으로 받아들이는 불신적 과학주의적 세상에서, 우리를 사랑하시는 생명의 주와 그의 천국의 약속을 굳게 믿어야 한다.[6] 영생에 대한 복음서의 가르침은 단순히 영생에 대한 인간의 심리적, 종교적 동기에서 비롯된 것이 아니고, 영생하시는 하나님 사상에서 유추된 교리나 신학적 추론에서 나온 것도 아니고, 오직 하나님의 아들 예수 그리스도의 분명한 약속이다.

나는 부활이요 생명이니 나를 믿는 자는 죽어도 살겠고 무릇 살아서 나를 믿는 자는 영원히 죽지 아니하리니 이것을 네가 믿느냐(요 11:25-26; 참조, 14:1-6).

---

[6] Karl Heim, *Christian Faith and Natural Science: The Creative Encounter Between 20th Century Physics and Christian Existentialism* (New York: Harper & Brothers, 1957), 239 이하. 많은 현대 신앙인들은 물론, 소수의 어떤 불신자들도 나름대로 보이는 물질 중심적 세계관과 보이지 않는 신앙적 세계관 사이의 긴장 가운데 산다.

더구나 그 약속은 그리스도의 역사적 부활로 확증된 것이다.

> 그러나 이제 그리스도께서 죽은 자 가운데서 다시 살아나사 잠자는 자들의 첫 열매가 되셨도다(고전 15:20).
> 그리스도께서 만일 다시 살아나지 못하셨으면 우리가 전파하는 것도 헛것이요 또 너희 믿음도 헛것이며 또 우리가 하나님의 거짓 증인으로 발견되리니 우리가 하나님이 그리스도를 다시 살리셨다고 증언하였음이라(고전 15:14-15a).

이렇게 많은 영생의 약속들은 영생이 기독교 구원 진리의 핵심 사항이라는 것을 보여준다. 우리 연약한 인생은 영생을 약속하신 주님의 약속을 믿어야 영광의 주님을 만날 수 있다.

> 내 말이 네가 믿으면 하나님의 영광을 보리라 하지 아니하였느냐(요 11:40).
> 이를 놀랍게 여기지 말라 무덤 속에 있는 자가 다 그의 음성을 들을 때가 오나니 선한 일을 행하는 자는 생명의 부활로, 악한 일을 행하는 자는 심판의 부활로 나오리라 (요 5:28-29).

잠이 하루의 삶의 끝이면서도 또 다른 하루를 위한 힘의 재충전이듯이, 구원받은 사람의 죽음은 인생의 끝이 아니라 영광의 아침을 위한 창조적 휴식이다. 최종적 영광의 날을 소망하며 영적 휴면상태로 들어가는 것이다. 그리스도 안에서 영생을 얻은 사람에게 죽음은 영면(永眠)이 아니라 휴면(休眠)일 뿐이다. 우리가 죽을 때 우리의 영혼은 우리의 육체가 부활할 때까지, 주님께서 재림하실 때까지, 주님과 함께 있게 된다(눅 23:43; 고전 15:41, 51-54; 살전 4:17). 영생의 소망이 없는 인생은 단순히 사라지는 것이 아니라 지옥에서 영원한 형벌을 받게 된다.[7]

누구나 이 불완전한 세상에서 완전히 행복할 수는 없다. 신자라고 해서 항상 즐겁게 사는 것은 아니다. 모든 인생은 외적 도전과 내적 갈등이 거듭되는 "현재의 고

---

[7] 마 3:12; 5:28, 29; 13:41, 42; 18:8, 9; 25:41; 막 9:43-48; 참조, 계 20:14; 21:8.

난" 가운데 살기 때문이다(롬 8:18; 고후 4:17). 그러나 영생의 믿음은 현실의 도전과 위기 가운데 영혼의 닻과 같이 우리에게 안정감과 용기를 준다. 그리스도인은 영생의 확신을 가지고 주님께서 부르실 때까지 이 어려운 세상에서 그의 말씀과 성령의 인도하심을 따라 모든 선한 일에 힘써야 한다. 그것이 주님께서 우리에게 보여주신 모본이다.

> 때가 낮이매 나를 보내신 이의 일을 우리가 하여야 하리라 밤이 오리니 그때는 아무도 일할 수 없느니라(요 9:4).

이 말씀은 사도 바울이 고린도전서 15장에서 가르치는 부활과 영생의 강론의 결론과 일치한다.

> 그러므로 내 사랑하는 형제들아 (부활의 소망 안에서) 견실하며 흔들리지 말고 항상 주의 일에 더욱 힘쓰는 자들이 되라 이는 너희 수고가 (부활 영생하시는) 주 안에서 헛되지 않은 줄 앎이라(고전 15:58).

누구나 지치면 잠들고 싶어 한다. 너무나 힘들 때에는 차라리 깨어나지 않고 영원히 잠들고 싶을 때가 있다. 그러나 아무리 괴로운 인생이라도 인생은 자연이나 우리 자신의 것이 아니라 하나님의 선물이다. 우리는 생명의 주이신 하나님의 영광을 위해 살도록 세상에 태어났다. 우리가 세상에 사는 동안 우리가 이 땅에서 해야 할 우리의 사명을 위해 힘써 일해야 한다.

> 나의 간절한 기대와 소망을 따라 아무 일에든지 부끄러워하지 아니하고 지금도 전과 같이 온전히 담대하여 살든지 죽든지 내 몸에서 그리스도가 존귀하게 되게 하려 하나니(빌 1:20).

우리의 삶이 별 의미가 없어 보이고, 오히려 남에게 누가 된다 하더라도, 생명은 하나님의 선물이며 신성한 것이다. 주님께서는 오늘 있다가 내일 아궁이에 던져질 들풀도, 작은 새도 모두 나름대로 하나님의 영광을 위해 존재한다고 가르치셨다. 이런 하찮은 작은 생명체들을 지키시고 돌보시는 하나님께서는 그의 형상대로 지으신 우리를 더욱 귀하게 여기신다는 믿음을 가져야 한다(마 6:30). 우리의 존재 가치에 대한 최종적 평가는 우리 자신이나 다른 어떤 사람이 아니라 우리를 지으신 하나님께서 하신다. 오직 하나님의 평가만이 절대적 타당성을 가지는 것이다.

하나님께서 하루의 수고가 끝나면 우리가 쉴 수 있는 거처를 주시듯이, 하나님께서 우리의 일생이 끝나면 우리가 영원히 쉴 안식처를 마련해 주셨다.

> 만일 땅에 있는 우리의 장막 집이 무너지면 하나님께서 지으신 집 곧 손으로 지은 것이 아니요 하늘에 있는 영원한 집이 우리에게 있는 줄 아느니라(고후 5:1).

하나님께서는 우리의 모든 고난의 삶을 통해서 우리로 하여금 완전한 나라에서의 영원한 안식을 사모하게 하신다(롬 8:18-25; 고후 4:16-5:10; 히 4:10-11; 벧전 4:13).

죽음을 두려움 없이 받아들일 것을 주장하는 자연주의자들은 생명체의 생존에 대한 본능을 애써 억제하고 무시한다. 주님 안에서 영생을 얻은 우리도 여전히 죽음을 두려워하는 것이 사실이다. 죽음은 본질상 하나님의 저주로 말미암은 형벌이므로 그리스도인들도 본능적으로 죽음을 두려워할 수밖에 없다(창 3:19). 우리의 육체가 영혼과 분리되어 우리의 존재가 해체되는 일은 분명히 두려운 일이다. 비록 우리의 영혼이 천국으로 간다는 것을 믿어도, 당장 사랑하는 이들과 이별하고 우리가 살던 이 세상을 떠나 우리 홀로 미지의 세계로 떠나는 것은 당연히 두려운 일이다.

그러나 우리는 주 안에서 영생하는 약속을 믿음으로 말미암아 소망이 없는 불신자들처럼 죽음을 두려워할 필요는 없다(살전 4:13). 생명의 주님을 의지하면 죽음도 그렇게 두려울 것이 못된다.

> 이는 내게 사는 것이 그리스도니 죽는 것도 유익함이라(빌 1:21).
>
> 내가 확신하노니 사망이나 생명이나 천사들이나 권세자들이나 현재 일이나 장래 일이나 능력이나 높음이나 깊음이나 다른 어떤 피조물이라도 우리를 우리 주 그리스도 예수 안에 있는 하나님의 사랑에서 끊을 수 없으리라(롬 8:38-39).

사망아 너의 승리가 어디 있느냐 사망아 네가 쏘는 것이 어디 있느냐 사망이 쏘는 것은 죄요 죄의 권능은 율법이라 우리 주 예수 그리스도로 말미암아 우리에게 승리를 주시는 하나님께 감사하노니(고전 15:55-57).

더구나, 장차 나타날 새 하늘과 새 땅은 아예 밤이 없는 세상이므로 잠잘 필요도 없고, 생명이 넘치는 세상이므로 죽음도 없다.

그 성은 해나 달의 비침이 쓸 데 없으니 이는 하나님의 영광이 비치고 어린 양이 그 등불이 되심이라 … 거기에는 밤이 없음이라(계 21:23-25).
다시는 사망이 없고 애통하는 것이나 아픈 것이 다시 있지 아니하리니 처음 것들이 다 지나갔음이러라(계 21:4).

누구에게나 괴로운 세상을 떠나고 싶을 때가 있다(삼하 17:23; 왕상 19:4; 빌 1:23). 그러나, 우리가 때로 잠을 쫓으며 일에 몰두해야 하듯이, 우리의 모든 "현재의 고난" 가운데서도 "달콤한 영면(永眠)에로의 미혹"을 이기며, 주님께서 우리 각자에게 맡겨주신 삶의 책임을 감낭해야 한다.

네 눈을 잠들게 하지 말며 눈꺼풀을 감기게 하지 말고 … 스스로 구원하라 게으른 자여 네가 어느 때까지 누워 있겠느냐 네가 어느 때에 잠이 깨어 일어나겠느냐(잠 6:4-9).

그러므로 우리의 인생이 자랑스러운 인생이든지, 부끄러운 인생이든지, 겨우 생명만을 유지하는 무의미하고 괴로운 인생이라고 해도 우리는 여전히 우리를 지으신 하나님을 찬양하며 살아야 한다. 그것이 "오늘 있다가 내일 아궁이에 던져질 들풀"도 돌보시는 생명의 주 하나님의 뜻이다(마 6:30). 그리스도는 "현재의 고통" 가운데 신음하는 우리를 고통이 없는 완전하고 영원한 생명의 세계로 영접하신다. 영생하시는 그리스도 안에 있는 사람에게 죽음은 끝이 아니라 새로운 내일을 위해 잠자는 것과 같은 것이다.

2015년 11월 21일

25. 성령: 우리의 인도자

> 너희가 아들이므로 하나님이 그 아들의 영을 우리 마음 가운데 보내사 아빠 아버지라 부르게 하셨느니라(갈 4:6).

갈라디아서의 주제는 로마서와 같이 믿음으로 의롭게 되는 것이다(갈 2:16, 20; 3:2-14, 22-25; 5:5; 참조, 롬 3:21 이하). 그리스도의 희생을 믿음으로 구원 얻는 도리가 하나님의 유일한 구원 방법이라는 것이 복음서를 포함한 모든 성경의 핵심적 가르침이다(행 15:11). 구약의 가르침도 결국 복음을 위한 예비적인 가르침이다. 믿음으로 구원 얻는 도리는 인간의 어떤 의나 자랑도 인정하지 않고 오직 그리스도의 희생으로 말미암는 하나님의 구원의 은혜에 의지하는 것이다. 갈라디아서에서 바울은 이런 구원 도리를 떠나서 율법의 행위로 말미암는 구원 쪽으로 기우는 갈라디아 교인들에게 오직 믿음으로만 구원 얻는 진리의 당위성을 강력히 논증한다.

그러나 여전히 사람들은 믿음을 인간 자신의 의지력과 결단력, 또는 인간의 "공로"나 "능력"으로 착각할 수 있다.[1] 그러므로 본문과 다른 곳에서 바울은 특별히 믿음이란 순전히 하나님의 은혜와 예정에서 비롯된 성령의 역사로 말미암은 것임을 밝힌다(갈 1:6, 15; 2:21; 5:4; 8:29-30).

> 내 어머니의 태로부터 나를 택정하시고 그의 은혜로 나를 부르신 이가(갈 1:15).
> 내가 하나님의 은혜를 폐하지 아니하노니 만일 의롭게 되는 것이 율법으로 말미암으면 그리스도께서 헛되이 죽으셨느니라(갈 2:21).

"율법의 행위"는 지나간 낡은 시대의 구원 방법으로서 성령의 역사를 거스르

---

[1] *Inst.* III.6.3; 14.2; G. E. Ladd, *A Theology of the New Testament* (1995), 490: Ladd는 Vincent Taylor가 믿음을 믿는 자의 의로 보는 것을 비판하면서 믿음이란 그리스도로 말미암은 하나님의 구원 방법에 전적으로 의지하는 자세라고 한다. Vincent Taylor, *Forgiveness and Reconciliation* (1947), 59.

는 것이며, 결국 성령을 거스르는 "육체적 소욕"과 같은 것이다(갈 3:11; 4:13, 23, 29; 5:13, 16이하; 참조, 롬 3:21). 이제 그리스도로 말미암은 구원의 새 시대에서 인간은 "하나님의 은혜로 값없이 의롭다 하심"을 얻게 된 것이다(롬 3:24; 8:1-2). 특별히 바울은 "은혜로 값없이"라는 말로써 믿음은 인간의 의지력이나 결단력이 아니라 하나님의 은혜에서 비롯된 성령의 역사라는 사실을 강조한다. 성령의 역사는 곧 하나님의 은혜를 가리킨다.

바울은 본문에서 우리의 믿음은 성령의 역사로 말미암아 얻게 된 것임을 강조한다.

> 너희가 아들이므로 하나님이 그 아들의 영을 우리 마음 가운데 보내사 아빠 아버지라 부르게 하셨느니라(갈 4:6).

또한 계속해서 5장 5절에서 "우리가 성령으로 믿음을 따라 의의 소망을 기다리노니"라고 말하고, 앞서 3장 3절에서도 "너희가 이같이 어리석으냐 성령으로 시작하였다가 이제는 육체로 마치겠느냐"라고 반문한다. 본문이 밝히듯이, 믿음은 사람의 결단이 아니라 하나님의 은혜의 예정에서 비롯된 성령의 역사가 주도하는 것이다.[2]

> 영생을 주시기로 작정된 자는 다 믿더라(행 13:48b; 참조, 엡 1:4-5, 11).
> 하나님이 미리 아신 자들을 또한 그 아들의 형상을 본받게 하기 위하여 미리 정하셨으니 … 또 미리 정하신 그들을 또한 부르시고 … (롬 8:29-30).
> 그리스도 예수 안에 있는 생명의 성령의 법이 죄와 사망의 법에서 너를 해방하였음이라(롬 8:2).

믿음으로 구원 얻게 되는 진리는 곧 "성령의 법"이며, 이것은 그리스도로 말미암은 구원의 새 시대를 위해서 하나님께서 제정하신 것이다.

> 그러므로 내가 너희에게 알리노니 하나님의 영으로 말하는 자는 누구든지 예수를 저

---

2 갈 4:6; 5:22; 롬 8:1-2; 23; 14:17; 15:13, 16; 고전 2:6-13; 12:3; 고후 4:13; 6:6; 엡 1:13; 2:18, 22; 3:16 등.

주할 자라 하지 아니하고 또 성령으로 아니하고는 누구든지 예수를 주시라 할 수 없느니라(고전 12:3).

이 모든 말씀들은 일치하여 우리의 믿음은 우리의 의지와 결단이 아니라, 근본적으로 하나님의 예정과 은혜이며, 직접적으로는, 성령의 역사와 인도로 말미암는 것임을 가르친다.[3]

한편, 바울은 갈라디아 후반부에서 "믿음으로 의롭게 되는 진리," 즉 그리스도로 말미암은 "율법에서의 자유"가 결코 방종적 삶을 의미하는 것이 아니라, 오히려 "성령을 따라" 사는 것이라고 한다(롬 5:5; 8:15-16, 26; 15:30; 갈 4:6; 5:16, 22-23; 엡 3:16-17; 6:18 등). 그리스도인은 성령의 법으로 말미암아 하나님의 자녀와 하나님 나라의 상속자, 새로운 피조물 등의 정체성을 얻었다(롬 8:17; 고후 5:17; 참조, 요 3:5). 이제 또한 성령이 그리스도인의 삶의 중심적 동인(動因)이요 주체다.[4] 그리스도인은 모든 "육체의 소욕"을 버리고 구원의 믿음으로 인도하신 "성령을 따라" 거룩하게 살기를 힘써야 한다(롬 8:13; 갈 5:16). 우리의 이성, 감성, 의지, 사회적 통념, 관습과 제도를 따라 사고하고 결단하는 옛 사람의 자세를 버리고, 그리스도 안에서의 새로운 피조물로서 오직 성령의 지시와 하나님의 말씀을 따라 살아야 한다. 우리의 양심, 이성, 감성 같은 내적 기능이 성령의 지도를 따르도록 힘써야 한다.

형제들아 너희가 자유를 위하여 부르심을 입었으나 그러나 그 자유로 육체의 기회를 삼지 말고 오직 사랑으로 서로 종노릇 하라(갈 5:13).

---

[3] 성령이 믿음의 원인이 아니라 도리어 믿음이 성령을 받는 원인이라고 가르치는 듯이 들리는 말씀도 있다. "너희가 성령을 받은 것이 율법의 행위로냐 혹은 듣고 믿음으로냐"(갈 3:2). 여기서 바울이 가르치는 것은 그리스도인은 율법이 아니라 믿음으로 성령을 받는다는 것이다. 그렇다고 해서 바울이 우리의 믿음 자체가 성령의 역사하심으로 말미암는 것이라는 사실을 부인한다고 볼 수 없다. 우리가 보듯이 도처에서 믿음이 성령으로 말미암은 것임을 기정된 사실로 가르치기 때문이다(갈 4:6; 5:22; 롬 8:1-2; 23; 14:17; 15:13, 16; 고전 2:6-13; 12:3; 고후 4:13; 6:6; 엡 1:13; 2:18, 22; 3:16 등).

[4] L. H. Marshall, *The Challenge of NT Ethics* (London: Macmillan, 1974), 220; E. H. Wahlstrom, *The New Life in Christ* (Philadelphia: Muhlenberg, 1950), 152; cf. G. E. Ladd, *A Theology of the New Testament* (1995), 559. Ladd는 성령 외에도 양심, 이성, 본성 등 인간의 내적 윤리적 기능, 그리스도의 모본, 그리스도와의 연합, 종말론 등이 바울의 윤리의식의 동기라고 한다(고전 3:15; 6:15; 11:1, 14; 고후 5:10; 엡 2:3; 빌 2:5 이하; 딤후 4:8 등). 그러나 진실한 신앙인의 윤리적 판단에서는 여전히 성령이 주도한다. 즉 성령이 그를 따르는 이들의 양심, 이성, 본성 등 자연인의 기능을 지배한다.

"성령을 따라"사는 것은 "율법을 따라" 사는 것에 비해 결코 쉬운 것만은 아니다(참조, 마 11:30). 그것은 영적 전쟁과 자의적 희생을 수반한다(롬 8:13; 고전 15:31; 엡 6:12).

첫째, "성령을 따라 사는 것"은 "율법을 따라 사는 것"과 달리 어떤 의문(儀文) 조항이나 규례나 제도를 따르는 기계적이고 외식적인 신앙생활이 아니라, 율법의 본질을 알고 마음으로 실행하는 신실한 자세를 가리킨다.

> 하나님은 영이시니 예배하는 자가 영과 진리로 예배할 지니라(요 4:24).
> 화 있을 진저 외식하는 서기관과 바리새인들이여 너희가 박하와 회향과 근채의 십일조는 드리되 율법의 더 중한 바 정의와 긍휼과 믿음은 버렸도다(마 23:23).

둘째, "성령을 따라 사는 것"은 하나님의 거룩하심과 사랑의 본성과 십자가의 그리스도의 마음을 본받는 삶으로써 율법적 삶이 거의 필연적으로 빠지게 되는 외식, 위선, 오만함 등 우리 속에 끊임없이 일어나는 육적 충동과 성향을 억제하고 복음의 본질에 충실한 진실한 삶을 가리킨다.

> 너희 안에 이 마음을 품으라 곧 예수 그리스도의 마음이니(빌 2:5).

"그리스도의 법"은 곧 그리스도의 마음을 따라 사는 것이고, 또한 "성령을 따라" 사는 것이다(갈 6:2). 성령은 곧 예수의 영이고(롬 8:9), 성령은 승천하신 예수님을 대신하여 이 땅에서 제자들에게 예수의 말씀을 기억나게 하고, 세상에 예수님을 증거하고, 불신 세상을 심판한다. 성령의 말씀은 곧 예수의 말씀이다(요 14:26; 15:26; 16:13-14).

셋째, "성령을 따라 사는 것"은 우리의 이성, 감성, 마음, 의지, 양심 등의 전인적(全人的) 행동으로서 언제 어디서나, 우리의 모든 삶의 자리에서 성령의 뜻을 따르는 삶이다. 그것은 하나님의 말씀을 기계적이고 형식적으로 따르는 것이 아니라 선한 지혜와 거룩한 활력과 무한한 기쁨과 자원하는 마음으로 따르는 것이다. 이 모든 것이 성령의 감화로 말미암은 것이다. 더구나 성령은 우리의 약함과 형편을 아시며 우리와 인격적으로 소통하시는 분이시다(롬 8:26-27).

넷째, "성령을 따라 사는 삶"이라도 자칫 성령을 자신에게만 역사하는 하나님의 능력으로 착각하고 영적 우월감이나 오만함에 빠지거나, 방종적 도덕폐기론으로 흐를 수 있다(벧전 2:2 이하). 그러나 성령의 능력은 자아 중심적 인간의 의지력이 아니라, 십자가에서 종의 모습으로 죽으신 그리스도의 능력이다(빌 2:5).

> 형제들아 너희가 자유를 위하여 부르심을 입었으나 그러나 그 자유로 육체의 기회를 삼지 말고 오직 사랑으로 서로 종노릇 하라(갈 5:13).

그리스도인은 누구나 주님이 세상을 온전하게 하시는 날까지 모두 온전함을 이루는 과정에 있음을 알아야 한다.

> 내가 이미 얻었다 함도 아니요 온전히 이루었다 함도 아니라 오직 내가 그리스도 예수께 잡힌 바 된 그것을 잡으려고 달려가노라(빌 3:12).

성령의 초월적 은사와 능력으로 복음을 증거하는 일도 중요하나, 성령에 의한 내적 변화와 성장, 즉 성령의 열매를 맺는 일이 선행되어야 한다.[5] "성령의 열매"란 표현은 그리스도인의 인격과 삶의 성과를 가리킨다. 좋은 나무가 좋은 열매를 맺듯이(마 7:17) 그리스도인은 선한 품성과 행위로 남에게 유익이 되고 그리스도의 몸된 교회에 덕을 세워야 한다. 이것이 그리스도인의 윤리지침이다.
"성령의 열매"조차 영적 오만과 자랑으로 변질될 수 있음을 알고 주의해야 한다.

> 각 사람에게 성령을 나타내심은 유익하게 하려 하심이라(고전 12:7; 참조, 14:4, 6, 12, 14, 17, 40).

성령에 의한 내적 변화와 성장, 즉 성령의 열매 없는 사람이 행하는 기적과 이적은 거짓된 마귀의 능력이며, 이로써 사람들을 미혹하는 자는 거짓 선지자로 정죄

---

[5] 마 7:15-23; 16:1-4; 요 3:5; 5:29; 6:27; 롬 6:2; 8:4, 13; 고전 12:31-13:2; 갈 2:20; 5:16-22 등.

된다(마 7:15-23; 24:24).

아름다운 열매를 맺지 아니하는 나무마다 찍혀 불에 던져지느니라(마 7:19).

한국 교회의 부흥 운동에 크게 공헌했던 길선주 목사(1869-1935)는 말년에 자신의 사역을 돌아보면서 자신이 행한 성령의 놀라운 능력이 정작 자신의 인격적 변화와 성장에는 별 도움이 되지 않았음을 깨닫고 성령의 열매를 맺는 일, 특별히 사랑으로 충만한 사람이 되기를 간구하였다고 한다(고전 12:31-13:2).

한 마디로, "성령을 따라 사는 삶"이란 그리스도인 자신이 아닌 자신 안에 계시는 성령을 전적으로 의지하는 삶이다. 자신의 감성이나 이성이나 의지력이 아니라 하나님의 말씀과 사랑과 거룩한 경건함을 따라 사는 것이다. 비록 바울이 자주 그리스도인의 결단과 선한 행위를 촉구하지만, 그것은 인간의 내재적 능력이 아니라 하나님을 전적으로 의지하는 자세를 가리킨다. 그리스도인은 하나님의 은혜와 성령의 감동으로 믿게 되었듯이, 또한 그리스도인은 "육체의 소욕"을 버리고 "성령을 따라" 살기를 결단해야 한다.

내가 이르노니 너희는 성령을 따라 행하라 그리하면 육체의 욕심을 이루지 아니하리라 육체의 소욕은 성령을 거스르고 성령은 육체를 거스르나니 이 둘이 서로 대적함으로 너희가 원하는 것을 하지 못하게 하려 함이니라(갈 5:17; 참조, 롬 7:15-23).

흔히 칼빈의 신학에서 성령론이 약하다고 한다. 그러나 칼빈은 베드로전서 1장 2절과 고린도전서 2장 4-5절에 근거하여 우리가 그리스도로 말미암아 하나님을 믿게 되는데, 그렇게 믿도록 만드는 것은 성령이라고 했다(*Inst.* III.2.1, 17, 33-35). 이어서 칼빈은 믿음 그 자체는 아무런 능력이 없으나 그 믿음이 하나님의 구원의 약속과 연결될 때 하나님의 구원의 은혜를 받는 수단이 된다고 했다(III.11.7). 이런 칼빈주의적 입장은 믿음과 선행에 있어서 하나님의 선행적(先行的) 은혜(the prevenient grace)와 함께 인간의 선한 의지를 인정하는 알미니안주의의 신인협동설(synergism)

과는 대조적이다.[6]

구원을 위한 믿음과 선행은 절대적인 하나님의 은혜와 성령의 능력으로 말미암기 때문에 인간의 의지와 결단이 설 자리가 없다. 인간의 믿음은 하나님의 은혜에 대한 바른 자세와 적절한 반응이다. 성경 말씀 가운데 믿음이 마치 "인간의 능력"처럼 보이는 부분들도 있으나, 그런 말씀들이 실제로 가르치는 것은 믿음이란 "인간의 내재적 능력"이 아니라 "하나님의 구원 능력"에 전적으로 의지하는 자세로 보아야 한다.

> 여자여 네 믿음이 크도다 네 소원대로 되리라(마 15:28).
> 너희 믿음이 작은 까닭이니라(마 17:20a).

"산을 옮길 만한 믿음"(마 17:20b; 고전 13:2) 같은 말씀들은 "인간의 내재적 능력"이 아니라 "하나님께 전적으로 의지하는 자세"를 나타내는 것이다. 믿음이 인간의 의지력이나 내재적인 능력이라는 것은 비성경적, 이교적(異敎的), 인본주의적 발상이다.

"우리는 믿음이 의롭다 하심을 얻게 하는 것은 그 믿음이 그 본래의 가치로 말미암아 우리에게 의를 가져다주기 때문이 아니라 믿음이 그리스도의 의를 값없이 얻는 하나의 도구이기 때문이라고 대답한다"(Inst. III.18.8).

복음 신앙은 화려한 영광의 메시아가 아니라 초라한 십자가의 메시아를 믿는 것이다.

성령은 하나님의 능력이다. 성령은 천지 창조 때부터 일해왔다(창 1:2). 성령이 하나님의 구원 역사를 주도해 왔다. 구약 시대에 하나님의 영이 하나님의 사람들을 감동시켜서 하나님의 크신 구원 능력을 베푸셨듯이, 신약 시대에도 같은 성령이 그리스도로 말미암은 구원의 새 시대를 선도하는 능력이시다. 성령의 역사로 말미암아 그리스도의 교회가 시작되었고(행 2:1), 성령의 각종 은사로 말미암아 그리스도의 몸 된 교회가 성장하게 되었다(고전 12:4-30). 성령의 역사로 우리는 거듭난 존재가 되었고 주 안에서 새로운 피조물이 되었다(요 3:5; 고후 5:17). 그리고 우리는 성령

---

[6] 강창희, 『칼빈과 웨슬리의 생애와 신학』, 267.

의 인도하심으로 선한 인격 형성과 선행에 힘쓰게 되었다(갈 5:16-22). 우리는 자주 우리의 믿음이나 거룩한 성품이나 선행이 마치 우리 자신의 의지와 결단으로 된 것으로 착각하지만, 모두 성령의 역사로 말미암은 것임을 알아야 한다(요 14:26; 16:13-14; 롬 5:5; 갈 5:22; *Inst*. III.6.3; III.14.2). 하나님의 구원에 있어서 인간의 자랑이나 공로의 여지는 전혀 없다.

    그런즉 자랑할 데가 어디냐 있을 수가 없느니라(롬 3:27a).
    이는 아무 육체도 하나님 앞에서 자랑하지 못하게 하려 하심이라(고전 1:29).

또한 성령은 우리에게 필요한 모든 신령한 은사도 베풀어 주시어 우리로 하여금 하나님의 구원의 능력을 힘있게 증거하게 하신다(요 15:26-27; 16:13-15; 행 4:8, 13, 29-31; 7:55; 고전 2:10; 12장).

    육에 속한 사람은 하나님의 성령의 일들을 받지 아니하나니 이는 그것들이 그에게는 어리석게 보임이요, 또 그는 그것들을 알 수도 없나니 그러한 일은 영적으로 분별되기 때문이라 신령한 자는 모든 것을 판단하나 자기는 아무에게도 판단을 받지 아니하느니라 누가 주의 마음을 알아서 주를 가르치겠느냐 그러나 우리가 그리스도의 마음을 가졌느니라(고전 2:14-15).

이렇게 비록 우리 자신이 믿음과 행위를 결단하는 듯이 보일지라도 성령이 우리의 결단과 의지를 주장하신다. 성령은 그리스도(고후 3:14; 엡 3:17)와 함께 그리스도인의 존재, 성품, 믿음, 소망의 원천이며 선행과 삶의 동력이다(요 3:5; 롬 8:9, 16-17; 15:13; 고전 12:3; 갈 4:6). 그리스도와 성령 모두 우리가 받는 "현재의 고난" 가운데 연약한 우리를 도우시고, 인도하시고, 소망을 주신다(롬 8:14, 16, 26, 34; 15:13). 성령이 그리스도인의 존재와 삶을 주관하신다. 또한 성령은 그리스도와 함께 우리에게 영원한 생명을 주신다(롬 6:22-23; 갈 6:8; 딛 3:6-7).
    우리의 존재와 삶을 주도하시며 우리 가운데 영원히 내주하시는 성령은 언제나 그의 인도하심에 대한 우리의 적절한 반응을 요구하신다. 우리는 자랑이나 오만함 같은 자아 중심적인 불신적 자세로 성령을 거스를 것이 아니라 성령의 주도하심을 믿고 하나님의 말씀과 함께 그의 지시를 경청하고 따라야 한다.[7] 다시 말하지만, 먼저, 우리는 성령의 깨우침을 따라서 언제나 우리가 그리스도인이라는 자아의식을 가져야 한다.

> 성령이 친히 우리의 영과 더불어 우리가 하나님의 자녀인 것을 증언하시나니 (롬 8:16).

또한 우리는 성령의 인도하심을 따라 살기를 힘써야 한다.

> 너희는 성령을 따라 행하라(갈 5:16).
> 너희가 육신대로 살면 반드시 죽을 것이로되 영으로써 몸의 행실을 죽이면 살리니 무릇 하나님의 영으로 인도함을 받는 사람은 곧 하나님의 아들이라(롬 8:13-14).

그리스도와 성령을 대적하는 악한 영적 세력과 육체적 소욕을 이기고(롬 8:13-14; 갈 6:12; 엡 4:29-30; 요일 4:1-4; 딤전 4:1), "그리스도로 옷 입고"(롬 13:14), "성령의 충만함"을 받아야 한다(엡 5:18).

이렇게 성삼위 하나님의 주도하심과 이에 대한 우리의 마땅한 반응이 함께 나타나야 하고, 우리는 온 마음과 힘을 다해 하나님을 사랑하고 그 말씀을 따라 살아야 한다. 우리의 믿음과 행위, 의지와 노력에 앞서서 하나님의 아버지의 사랑과 그리스도의 은혜와 성령의 감동하심이 선행함을 인정함으로써 복음이 "사람의 종교"가 아니라 "진정한 하나님의 종교"임을 알아야 한다. 그리스도인의 존재 이해와 삶은 인간 자신의 사고, 의지, 결단을 따르는 철학이나 도덕에서는 찾아볼 수 없는 영적 차원에서 비롯되는 것이다. 물론 우리는 자주 실패한다. 우리도 세상 사람들처럼 선과 악의 긴장을 경험하며 자주 악의 종이 되기도 한다. 그러나 우리는 하나님의 자녀라는 자아 인식을 확고히 가지고서 성령의 도우심을 받아서 부단히 죄를 회개하

---

[7] 요 14:26; 16:13; 행 7:51; 20:23; 21:4, 11; 롬 8:16, 26-27; 갈 5:16, 18, 25; 고전 2:14; 고후 12:18; 엡 6:18 등.

고 온전한 삶을 결단하고 실천해야 한다.

> 그러므로 하늘에 계신 너희 아버지의 온전하심과 같이 너희도 온전하라(마 5:48).

우리 자신은 온전함에 이르기 위해 힘쓰되 온전하지 못한 형제들을 비난하기보다는 이해하고 용납하는 마음을 가져야 한다. 흔히 완전주의자(perfectionist)가 비판받는 것은 온전함을 향한 진지한 자세 때문이 아니라 위선이나 오만한 자세 때문이다. 이것은 분명히 성령의 인도하심에 역행하는 자세다. 그러므로 우리는 불완전한 인간이 불완전한 세상에 사는 한 불완전할 수밖에 없음을 인정하면서도 우리 스스로 온전함을 이루기 위해 힘쓰고 또한 그렇게 살기를 서로 격려해야 한다.

특별히 우리는 그리스도의 약속과 성령의 가르치심을 따라서 믿음의 목표(scopos fidei)인 영생의 소망을 굳게 가져야 한다(요 3:16; 20:31; 롬 5:21; 6:21-23; 고전 15:53; 고후 5:1-5; 딤전 6:12; 딛 1:2; 3:7).

> 자기의 육체를 위하여 심는 자는 육체로부터 썩어질 것을 거두고 성령을 위하여 심는 자는 성령으로부터 영생을 거두리라(갈 6:6).

믿음의 궁극적 목표인 영적 세계에 대한 확신이 없는 신앙생활은 신앙생활의 핵심적 요소인 믿음과 소망과 사랑이 피조 세상과 인간의 본질적 한계와 가치에 의해 제한받기 때문에 활력이 없고 허무와 좌절에 빠지게 되는 것이다. 그러므로 믿는 사람은 언제나 하나님께서 약속하신 천국 소망을 굳게 가지고 영생의 언약의 보증이시며 모든 선한 능력을 주시는 성령을 따라 살아야 한다(고후 5:5). 사람들은 본능적으로 천국에 대한 영적 향수(spiritual nostalgia)를 가지고 있으나 이를 허무한 자연 논리와 자연 과학적 세계관으로 덮어버리는 것이 문제다.[8] 성령은 사람의 잠자는 영적 본능을 일깨워 거듭나게 하고 하나님 나라로 인도한다(요 3:1-5).

2015년 11월 23일

---

[8] "영적 향수"라는 말은 앨리스터 맥그라스(Alister Edgar McGrath)가 방황하는 현대인들이 잊어버린 영적 관심을 찾으려는 마음을 가리킨 말이다. 이승구, "앨리스터 맥그라스와의 대담," 『현대 영국 신학자들과의 대담』 (서울: 도서출판 엠마오, 1992), 69.

26. 하나님 절대 의존적 신앙

> 보소서 나는 비천하오니 무엇이라 주께 대답하리이까 손으로 내 입을 가릴 뿐이로소이다(욥 40:4).

욥은 재산과 육체(건강), 그리고 명예가 손상되는 큰 재난 가운데서도 평생 믿고 의지하던 하나님 절대 의존 신앙을 굳게 지킴으로써 하나님의 인정을 받는 사람이 되었다. 욥은 이 세상의 보이는 물질적 가치나 자신의 의지나 의로움이나 다른 사람들(친구들)의 신앙 등 일시적이고 제한적인 피조물의 가치에 의존하지 않고 오직 이 모든 피조 세계와 사람을 지으시고 다스리시는 창조주 하나님의 선하심과 의로우심을 끝까지 믿고 의지하였다.

욥의 신앙은 바로 믿음의 조상 아브라함의 신앙 전통과 같다. 아브라함은 도저히 바랄 수 없고 믿을 수 없는 처지에서도 변하는 세상의 가치나 연약한 자신을 믿지 않고 선하시고 의로우시고 전능하신 창조주 하나님의 언약을 끝까지 믿음으로써 하나님의 인정과 축복을 받았던 것이다.

예수 그리스도께서도 평생 하나님 절대 의존 신앙 전통을 확증하셨다. 예수께서는 공생애를 시작하시기 전에 사탄에게 시험받으실 때에 사탄의 물질적 권한, 초능력, 세상의 지배권 등의 제안을 모두 하나님의 말씀으로 물리치시고 진정한 인간의 행복과 구원은 오직 하나님 절대 의존 신앙으로만 가능한 것임을 보여주셨다. 또한 예수님께서는 자주 제자들에게 만사에 있어서 믿음의 중요함을 가르치셨다(마 6:30; 8:10, 26; 9:22, 29; 14:31; 15:28; 16:8; 17:20; 눅 12:28 등). 십자가의 고난을 앞두시고 겟세마네 동산에서 기도하실 때에도 예수님께서는 전적으로 하나님을 의지하는 믿음의 모본을 보여주셨다.

> 이 잔을 내게서 옮기시옵소서 그러나 나의 원대로 마시옵고 아버지의 원대로 하옵소서(막 14:36b).

그리스도께서는 비극적 실패와 같은 십자가의 죽음을 통해서 하나님의 큰 구원 역사를 이루셨다.

다 이루었다(요 19:30).

주 안에서의 실패는 결국 성공에 이르는 과정일 뿐이다. 세상 사람들은 물론 믿는 우리조차 우리 자신의 소유, 건강, 지위, 업적 등 보이는 피조물의 허망한 가치에 집중한다. 하와는 먹음직하게 보이는 탐스런 선악과를 바라보고 범죄하였다(창 3:6). 롯의 아내는 "돌아보지 말라"는 천사의 명령을 어기고 불타는 소돔성을 바라보았다가 소금 기둥이 되었다(창 19:17, 26). 옛날 이스라엘 백성도 광야에서 하나님의 약속보다는 당장의 어려운 현실을 보고 불신에 빠졌다(민 13:31-33; 14:1-3). 가나안 땅에 들어간 그들의 후손들도 우상을 비롯하여 보이는 피조물의 가치에 집중하다가 하나님의 진노하심을 받았다(삿 2:11 이하).

보이는 피조물의 가치에 집중하는 것은 하나님을 대적하는 인간의 깊은 죄성에서 비롯되는 것이다. 사탄은 보이는 허망한 피조물의 가치에 집중하는 우리의 탐심을 통해 우리를 미혹한다. 그러나 하나님의 자녀 된 우리는 진성한 믿음의 대상이 이 세상이나 우리 자신이 아니라 오직 하나님 아버지 한 분뿐이라는 것을 명심해야 한다. 보이지 않는 하나님의 존재와 아직 이루어지지 않은 그의 언약만을 믿는 것이 진정한 신앙이며 하나님의 기쁨이 된다는 것을 알아야 한다. 우리 주님께서는 "이는 다 이방인들이 구하는 것이라. 너희는 먼저 그의 나라와 그의 의를 구하라"고 말씀하셨다(마 6:33). 기복(祈福) 신앙은 보이지 않는 하나님 나라의 가치보다 보이는 세상의 가치를 더 중시하는 것이 문제다. 우리는 보이는 세상의 가치와 자아 중심적 가치로 향하는 육적 본능을 억제하고 하나님 나라와 하나님의 의를 구해야 한다.

물론 피조물의 보이는 가치도 하나님의 선물이고, 보이지 않는 영적 가치도 하나님께 속하지 않은 것일 수 있다(골 1:16). 그러나 우리는 본능적으로 보이는 허망한 것에 집중하기 쉽기 때문에, 보이지 않는 영원한 하나님의 약속에 집중하기를 더욱 힘써야 한다.

2015년 11월 30일

27. 하나님의 말씀

> 사람들이 너희를 끌어다가 넘겨 줄 때에 무슨 말을 할까 미리 염려하지 말고 무엇이든지 그때에 너희에게 주시는 그 말을 하라 말하는 이는 너희가 아니라 성령이시니라(막 13:11).

성경 말씀은 하나님의 특별 계시다. 성경 계시는 하나님께서 직접 하신 말씀을 비롯하여 역사적 사건과 기적, 그리고 종교적 상징(제사의식)과 절기, 지혜의 말씀과 집단적, 개인적 경험 등을 통해 나타난다. 성경 계시에서 하나님은 기적이나 꿈 같은 초자연적 계시의 통로뿐만 아니라 하찮게 보이는 자연적인 사물이나 일을 통해서도 우리에게 말씀하신다(자연 계시). 예수님께서는 어린아이를 불러 제자들 가운데 세우시고 "너희가 돌이켜 어린아이들과 같이 되지 아니하면 결단코 천국에 들어가지 못하리라"고 말씀하셨다(마 18:3). 하나님께서는 나귀를 통해서 하나님의 백성을 저주하려는 발람을 경책하셨다(민 22:28).

실제로 많은 성경 말씀이 하나님께서 인간의 다양한 경험들을 통해 하신 말씀이다. 모세오경은 이스라엘 조상들의 생애와 그 후손들의 역사를 통해 하신 하나님의 말씀이고, 욥, 시편, 잠언과 전도서는 자연 세계와 복잡한 인간 경험을 통해서 하나님께서 말씀하신 것이며, 예언서도 유대와 이스라엘의 왕국 시대나 포로 시대 및 포로 귀환 시대의 이스라엘 백성의 역사 가운데 하나님께서 부르신 예언자들을 통해서 말씀하신 책이다. 복음서는 예수님의 생애를 통해 하신 하나님의 말씀이고, 사도행전이나 여러 서신서들은 초대 교회 역사와 사도들의 사역과 가르침을 통해서 하나님께서 말씀하신 것이다.

오늘도 우리가 성경 말씀을 묵상하며 살기를 힘쓰면 어떤 상황에서도 하나님께서 우리 각자에게 하시는 말씀을 들을 수 있다.

내가 속한 바 곧 내가 섬기는 하나님의 사자가 어제 밤에 내 곁에 서서 말하되 바울아 두려워하지 말라 네가 가이사 앞에 서야 하겠고 또 하나님께서 너와 함께 항해하는 자를 다 네게 주셨다 하였으니 그러므로 여러분이여 안심하라 나는 내게 말씀하신 그대로 되리라고 하나님을 믿노라(행 27:23-25).

피조물 인생이 창조주 하나님의 말씀을 듣고 그 말씀을 따라 사는 것보다 가치 있고 복된 일은 없다. 중요한 것은 우리가 세상이나 사람들의 말이나 우리 자신의 생각이 아니라 언제나 성경 말씀에 집중하는 것이다. 특별히 복음 사역자들은 자나 깨나 성경 말씀과 기도에 집중함으로써 그야말로 말씀에 붙잡힌 사람이 되어야 하나님께 인정받은 일꾼으로서의 확신을 가지고 사역할 수 있다(행 18:5).

2015년 12월 5일

28. 성경의 요약: 하나님의 구원과 인간의 배신

> 하나님이 세상을 이처럼 사랑하사 독생자를 주셨으니 이는 그를 믿는 자마다 멸망하지 않고 영생을 얻게 하심이라(요 3:16).

성경은 한 마디로 창조주 하나님의 인간 구원의 역사다. 하나님께서 그가 지으신 세상과 인간을 지극히 사랑하심에서 비롯된 구원의 역사다. 성경은 하나님이 세상과 인간을 창조하신 것에 이어서 인간의 타락으로 말미암은 세상의 혼란과 심판, 이에 대한 하나님이 세상과 인간을 구원하시는 역사를 보여준다. 비록 하나님께서 그의 택하신 백성을 특별히 사랑하시지만, 이방인들이라고 해서 그들을 아무렇게나 다스리시는 것은 아니다. 이방인들도 하나님의 넓으신 사랑의 대상이다("일반 은총"의 대상).

하나님께서는 약속의 자식 이삭뿐만 아니라 이스마엘도 축복하셨다(창 21:18). 야곱뿐만 아니라 에서도 나름대로 축복을 받았다(창 27:39-40; 33:1; 참조, 말 1:2-4). 그러나 성경의 일관된 가르침은 인간은 그를 지으시고, 구원하신 하나님만을 믿고 섬겨야 한다는 것이다.

그러나 성경은 이런 하나님의 구원의 뜻과는 달리 인간 역사는 끊임없이 창조주 되시고 구속주 되신 하나님을 떠나서 다른 무엇을 찾아 섬기는 배반의 역사였음을 보여준다. 성경 저자들은 이런 인간의 부끄러운 배반의 역사를 보여주면서 인간은 하나님께 대한 불신을 버리고 온전히 하나님을 믿고 섬겨야 할 것을 가르친다.

인간이 하나님을 잘 믿지 않는 것은 아이러니하게도 "하나님의 형상"으로 지음 받은 인간의 특별한 신분 때문이다. 하나님께서는 원래 인간을 하나님께서 지으신 땅의 생물들을 다스리게 하기 위해 "하나님의 형상"으로 창조하셨다(창 1:28). 하나님께서는 인간과 교제하시기 위해 인간에게 하나님 자신과 유사한 지혜와 본성(거룩함, 순결함, 의로움, 영원성), 그리고 자유 의지를 주셨다. 인간은 이런 신의 성품과 능력을 가지고 하나님을 온전히 섬겨야 했으나, 하나님을 대적하는 사탄의 미혹을 받아 인간이 창조주 하나님의 "선"과 "악"에 대한 고유한 결정권을 무시하고 인간 스스로 "선"과 "악"을 결정할 때부터 인간의 모든 불행이 시작되었던 것이다(창 3장). 타락한 인간은 계속해서 창조주 하나님을 배신하여 보이는 피조 세상의 가치와 자신의 마음을 따라 살면서 하나님을 근심하게 하였다(창 6:6). 창조주 하나님은 창조하신 인간에 대한 깊은 애정을 가지시고 인간이 피조물로서의 한계를 인식하고 자신에게 돌아올 것을 바라신다.

첫째, 하나님은 피조물과는 본질적으로 구별되는 세상과 인간의 창조주이시며 절대적 존재이시다. 반면에, 세상의 다른 신들은 대개 어떤 자연물(피조물)이나 자연 현상, 또는 인간의 탐심을 나타낸다(골 3:5). 구약 시대 사람들은 탐심을 따라서 "음란히" 섬겼다(출 34:15; 레 17:7; 20:5; 삿 2:17; 대하 21:11; 겔 6:9 등). 그러나 하나님은 보이지 않으시고 보이는 자연물이나 사람들과는 엄격히 구별되는 절대적인 영적 존재시다(출 3:14).

> 나 여호와가 말하노라 너희는 나의 증인, 나의 종으로 택함을 입었나니 이는 너희가 나를 알고 믿으며 내가 그인 줄 깨닫게 하려 함이라 나의 전에 지음 받은 신이 없었느니라 나의 후에도 없으리라 나는 곧 여호와라 나 외에 구원자가 없느니라 내가 알려 주었으며 구원하였으며 보였고 너희 중에 다른 신이 없었나니 그러므로 너희는 나의 증인이요 나는 하나님이니라 여호와의 말씀이니라 과연 태초로부터 나는 그이니 내 손에서 건질 자가 없도다 내가 행하리니 누가 막으리요(사 43:10-13).
> 네 구속자요 모태에서 너를 지은 나 여호와가 이같이 말하노라 나는 만물을 지은 여호와라 홀로 하늘을 폈으며 나와 함께 한 자 없이 땅을 펼쳤고(사 44:24).
> 너희는 옛적 일을 기억하라 나는 하나님이라 나 외에 다른 이가 없느니라 나는 하나님이라 나 같은 이가 없느니라 내가 시초부터 종말을 알리며 아직 이루지 아니한 일을 옛적부터 보이고 이르기를 나의 뜻이 설 것이니 내가 나의 모든 기뻐하는 것을 이루리라 하였노라(사 46:9-10).

둘째, 하나님께서 보이는 실재의 세계를 지으셨다는 사실은, 비록 하나님 자신은 보이지 않으시나 실재 하시는 영적 존재이심을 가리킨다(창 1:1; 요 4:24; 히 11:3). 인간의 눈으로 보이는 가시적인 것은 주로 일시적인 피조물의 특성이며, 창조주 하나님은 영적 본질상 인간이 볼 수 없다. 그러나 이 보이는 세계의 온갖 신기한 이치와 조화와 아름다움과, 하나님의 형상으로 지음 받은 인간의 지적 능력과 양심, 의지, 애정 등으로 나타나는 "본질적 형상"(imago Dei intrinseca), 또는 "잔존 형상"은 이 세계와 인간이 인격적인 창조주 하나님의 작품이라는 것을 반증한다. 이 세상의 기원에 대한 진화론이나 자연발생론 같은 자율적이고 비인격적인 이론들은 이 세계의 아름다움과 조화를 설명하기 어렵다. 세계의 아름다움과 조화는 세계가 비인격적 힘이 아니라 어떤 인격적 존재로 말미암았음을 암시하는 것이다.

"하나님이 보시기에 좋았더라"(창 1:4, 10, 12, 18, 21, 25, 31).

셋째, 이 세상의 부정적 측면, 즉 이 세상의 혼돈과 어두움과 인생의 모든 갈등과 고난은 자신의 피조물로서의 위치를 망각하고 창조주 하나님과 같이 되려했던 인간의 죄에 대한 창조주 하나님의 형벌이다(창 3:13 이하; 신 28:20-68; 사 45:7). 즉 인간이 결코 피할 수 없는 모든 인생고도 하나님의 존재와 역사하심의 증거다(욥 1:21; 5:17; 13:26; 16:7, 9; 시 90:10; 103:15; 전 1:13; 2:11; 애 3:33 등).

넷째, 하나님께서는 자신이 지으신 피조 세계가 인간의 죄로 오염된 것을 한탄하시면서 온전한 세계와 인간으로 회복시키실 구원 계획을 갖고 계신다(창 6:6-7; 사 11:6-9; 계 21:1 이하). 하나님께서는 자신이 지으신 세계에 대해서 창조주로서의 본능적인 애착심을 가지고 계신다(창 8:21-22). 주님은 천부께서 공중의 새와 들의 작은 꽃도 돌보시며, 특별히 자신을 믿는 사람에 대해서는 하늘 아버지로서 각별한 관심을 가지고 돌보신다고 가르치셨다(마 6:26-32). 하나님은 그의 백성이 범죄하였더라도 완전히 멸망시키지는 않으시고 회개하고 다시 돌아올 것을 원하신다.[1]

> 야곱아 너를 창조하신 여호와께서 지금 말씀하시느니라 이스라엘아 너를 지으신 이가 말씀하시느니라 너는 두려워하지 말라 내가 너를 구속하였고 내가 너를 지명하여 불렀나니 너는 내 것이라(사 43:1).

---

[1] 사 1:1-9; 2:5 이하; 11:11, 16; 44:22; 46:3; 렘 23:3; 31:7; 42:15; 호 12:6; 욜 2:32; 암 5:15; 미 2:12; 습 2:7; 슥 14:16; 눅 15:1-32; 22:32 등.

인간의 타락 이후 하나님께서는 그의 인간 구원의 약속을 아담, 가인, 노아, 믿음의 조상들의 생애와 이스라엘의 역사를 통해서 진행해 오셨고, 특별히 그리스도를 보내심으로 구원 역사의 결정적 전기를 마련하셨다(사 11:1-9; 롬 3:21; 히 11:4 이하).

다섯째, 그리스도의 희생적 죽으심은 하늘 아버지의 인간에 대한 지극하신 사랑과 진실하심을 나타낸다(요 3:16).

> 우리가 아직 죄인 되었을 때에 그리스도께서 우리를 위하여 죽으심으로 하나님께서 우리에 대한 자기의 사랑을 확증하셨느니라(롬 5:8).

친부모는 자식을 위해 기꺼이 목숨을 버린다.

> 나는 선한 목자라 선한 목자는 양들을 위하여 목숨을 버리거니와 삯군은 목자가 아니라 양도 제 양이 아니라 이리가 오는 것을 보면 양을 버리고 달아나나니(요 10:11-12).

하나님은 잃어버린 자식을 찾는 아버지와 같이 자신을 떠난 죄인들을 애타게 찾으신다(눅 15:1-32). 문제는 사람들이 하늘 아버지의 깊으신 사랑을 알지 못하고 자행자지(自行自止)하는 것이다.

여섯째, 성경의 "크고 놀라운 일들"과 기적과 이적은 하나님의 존재와 역사하심을 나타낸다.

> 사람들이 다 하나님의 위엄에 놀라니라(눅 9:43).

좋은 일들은 물론 불행한 일들도 하나님의 역사하심을 나타낸다.

> 내가 여호와인 줄 알리라(출 6:7; 14:4; 31:13; 왕상 20:13; 시 100:3; 사 45:3; 겔 20:26 등).

하나님께서는 축복과 진노를 통해서 자신이 살아 계신 분이심을 사람들에게 직접 알리시는 것이다.

일곱째, 성경은 1,500년 이상의 오랜 세월 동안 40여 명의 성경 저자들이 각자의 다양한 삶의 정황 가운데서도 일치된 하나님 주도의 구원사관을 가지고 썼음을 보여준다. 이 사실은 그들 모두가 같은 하나님으로부터 계시를 받았음을 보여준다. 다시 말하면, 성경의 일관된 하나님의 구원 중심의 계시사(啓示史)가 한 분 하나님의 존재와 활동을 가리킨다.

이와 같이 성경은 참 하나님의 존재와 역사를 증거하면서, 사람들이 자신들이 만든 우상을 버리고 태초부터 스스로 계시는 하나님을 진실히 믿고 섬겨야 멸망하지 않고 영생을 얻을 수 있음을 가르친다(출 3:14; 20:3; 대상 17:20; 사 44:6; 호 8:6; 나 1:14; 하 2:18-20 등).

> 오직 주께서는 너희를 대하여 오래 참으사 아무도 멸망하지 아니하고 다 회개하기에 이르기를 원하시느니라(벧후 3:9b).

하나님은 진정한 믿음을 원하신다. 그러므로 인간은 위선, 외식 등의 거짓된 자세와 자랑이나 오만한 자세를 버리고 창조주 되시고 구속주 되신 하나님을 진심으로 믿고 섬겨야 한다(신 6:5). 하나님께서는 그리스도의 생애, 특별히 그의 희생적 죽으심을 통해서 인간을 향하신 그의 참 사랑을 증거하셨고, 진실한 사랑의 모본을 친히 보여주셨다(갈 2:20; 빌 2:5 이하). 우리는 이런 그리스도의 모본을 따라서 하나님을 온전한 사랑으로 진실히 섬겨야 한다. 창조주 되시고 구속주 되신 하나님을 아는 것이 인간의 가장 기본적 책임이며, 그를 섬기는 것이 인간의 최고의 축복이다. 창조주 하나님의 사랑과 구원을 약속하시는 말씀 외에는 어떤 피조 세상의 위로나 소망도 유한한 인간에게 궁극적인 가치와 의미가 될 수 없음을 알아야 한다.

이런 하나님 절대적 신앙은 어쩔 수 없이 다른 신앙인들과의 갈등을 유발할 수밖에 없으나 우리는 창조주 되시고 구속주 되신 하늘 아버지의 자녀로서, 십자가의 그리스도의의 은혜를 믿는 사람들로서, 성령을 따라 사는 성도들로서, 오래 참고 사랑하는 마음으로 그들도 우리와 같은 믿음을 갖도록 기도하며 도와야 한다.

2015년 12월 13일

29. 사람의 존재 이유와 목적

> 그런즉 너희는 먼저 그의 나라와 그의 의를 구하라 그리하면 이 모든 것을 너희에게 더하시리라(마 6:33).

사람들은 대개 인생의 존재 이유와 목적을 "먹을 것"이나 "입을 것" 등 보이는 피조물의 가치와 그것을 소유하는 데 있다고 본다. 하와는 먹음직하고 탐스러운 선악과를 바라보고 범죄하였다(창 3:6). 롯의 아내는 "돌아보지 말라"는 천사의 명령을 어기고 불타는 소돔성을 바라보다가 소금 기둥이 되었다(창 19:17, 26). 이스라엘 백성도 광야에서 하나님의 가나안 땅의 약속을 잊고 보이는 허망한 피조물에 집중하다가 하나님의 진노를 받았다. 가나안 땅에 들어간 그들의 후손들도 우상을 비롯하여 피조물의 보이는 가치에 집중하다가 하나님의 진노하심을 받았다(삿 2:11 이하). 그러므로 주님께서는 "너희는 먼저 그의 나라와 그의 의를 구하라"(마 6:33)고 말씀하셨다.

하나님을 믿는 사람은 인생의 존재 이유와 가치를 "하나님의 나라와 하나님의 의"라는 근본적인 가치 기준을 따라서 설정해야 한다. "하나님의 나라와 하나님의 의"란 사람들의 탐욕이나 세상의 가치관이 아닌 하나님의 영광과 이웃 사랑을 중시하는 가치관을 가리킨다. 피조물의 소유를 위한 이기심이나 사욕을 따르는 인생관, 세계관, 가치관은 결국 사람을 허무와 공허에 빠지게 하기 때문이다. 피조물의 보이는 일시적 가치도 하나님의 선물이지만, 먹고 배부른 것에만 만족하는 사람은 짐승과 크게 다름이 없다. 그런 사람은 구원의 소망이 없는 사람이다. 하나님의 형상인 사람은 마땅히 보이지 않는 하나님을 사랑하고 하나님 나라의 가치에 집중해야 한다.

많은 사람들이 단순히 자신을 하나의 생명체로만 인식하고 자연 질서에 적응하는 것을 최상책으로 믿는다. 그 결과 다수의 사람들이 의미 상실증에 걸려 있다. 어떤 신앙인들은 기복(祈福) 신앙에 빠져서 보이지 않는 하나님 나라의 가치보다 보이는 세상의 가치를 더 중시한다. 더 많은 신앙인들은 하나님 나라 중심적 삶의 당위성을 알면서도 제대로 실행하지 못하기 때문에 자괴감에 빠져 있다.

주님께서는 공중의 새와 들의 작은 꽃이 하늘 아버지의 돌보심을 받듯이, 우리는 더욱 각별하신 하나님의 돌보심을 받는다는 믿음을 가져야 할 것을 가르치신다(마 6:26-30). 우리의 존재 이유와 가치를 세상이 설정한 인생의 존재 이유와 가치를 따라 설정할 것이 아니라 우리를 향하신 창조주 하나님의 거룩한 뜻을 따라서 설정해야 한다. 사람마다 구체적이고 개별적인 존재 이유와 목적이 있겠으나, 하나님을 믿는 사람들의 공통된 존재 이유와 목적은 주님께서 가르치시는 대로 "하나님의 나라와 그의 의를 구하는 것"이다. 바울도 이와 유사하게 가르쳤다.

> 하나님의 나라는 먹는 것과 마시는 것이 아니요 오직 성령 안에 있는 의와 평강과 희락이라 이로써 그리스도를 섬기는 자는 하나님을 기쁘시게 하며 사람에게도 칭찬을 받느니라(롬 14:17-18).

그러므로 우리는 하나님 나라의 백성들로서 허무하게 보이는 세상의 가치에 집중할 것이 아니라 본질적, 영적인 안목을 가지고 그리스도께서 가르치시고 증거하신 "하나님의 나라와 의"라는 대의(大義)를 따라서 우리의 삶의 이유와 가치와 목적을 세우고 추구해야 한다. 이 세상의 변하는 일시적 가치를 따라서 일희일비(一喜一悲)할 것이 아니라 언제나 하나님 나라의 영원한 가치를 추구해야 한다. 모든 탐심과 이기심을 버리고 "하나님의 나라와 하나님의 의"를 추구해야 한다. 그렇게 사는 것이 우리를 지으신 하나님께 영광이 되는 삶이기 때문이다.

> 그런즉 너희가 먹든지 마시든지 무엇을 하든지 다 하나님의 영광을 위하여 하라 (고전 10:14).

때로는 우리의 삶이 허무하고 무의미하게 보일 수 있다. 그러나 우리는 지금은 알 수 없는 우리를 향하신 하나님의 비밀의 경륜이 있음을 믿고 우리의 삶을 허락하신 하나님을 찬양해야 한다. 괴로우나 즐거우나 우리가 이 세상에 생존하는 것 자체가 하나님의 은혜로우신 섭리로 말미암은 것임을 알아야 한다.

주신 이도 여호와시오 거두신 이도 여호와시오니 여호와의 이름이 찬송을 받으실지니이다(욥 1:21b).

무엇보다, 우리는 "현재의 고난"을 넘어서 결국 완전한 세계가 도래할 것을 믿고 살아야 한다(행 14:22; 롬 8:18-24; 고후 4:17; 히 13:14; 벧후 3:12). 우리 하늘 아버지께서는 우리의 모든 고난의 삶을 통해서 그의 영원한 집을 사모하게 하신다는 것을 알고 우리의 모든 육적, 영적, 개인적, 우주적, 고난을 이겨내야 한다(요 14:1-3; 롬 8:18-25; 고후 4:16-5:10; 히 4:9-11; 벧전 4:13). 옛날 이스라엘 백성은 어려운 광야생활에서, 하나님께서 베풀어 주신 놀라운 기적들에도 불구하고, 하나님을 불신하고 원망하다가 모두 광야에서 죽었다(출 15:24, 16:2-12; 민 11:1,; 14:1-3, 22; 고전 10:10). 우리는 그들의 실패의 경험을 거울로 삼아 우리의 죄를 회개하고, 하나님께서 지금까지 베풀어 주신 은혜를 감사하며, 하나님의 최종적인 구원의 약속을 굳게 믿어야 한다(신 8:2-4, 11-20; 욥 1:22).

우리가 하나님의 나라에 들어가려면 많은 환난을 겪어야 할 것이라(행 14:22).

이런 그리스도인의 인내는 인간의 도덕적 인내와는 달리 성령께서 주시는 것이며, 어린아이와 같이 하늘 아버지를 온전히 의지하면서 진정한 기쁨과 평안을 갖는 것이다. 비록 우리는 매일의 양식을 위해 기도해야 하고, 내일을 염려할 수 밖에 없는 연약한 인생이지만, 우리는 탐욕의 종으로 살 것이 아니라 하나님의 자녀로서 하나님의 나라와 그의 의를 추구하는 고상하고 담대한 믿음을 가져야 한다.

내가 이미 얻었다 함도 아니요 온전히 이루었다 함도 아니라 오직 내가 그리스도 예수께 잡힌 바 된 그것을 잡으려고 달려가노라(빌 3:12).

2015년 12월 14일

30. 예정 vs. 믿음

> 곧 영원부터 우리 주 그리스도 예수 안에서 예정하신 뜻대로 하신 것이라 우리가 그 안에서 그를 믿음으로 말미암아 담대함과 확신을 가지고 하나님께 나아감을 얻느니라(엡 3:11-12).

구원받을 자가 이미 예정되었다는 가르침은 성경 도처에서 나타난다. 특별히 에베소서 초두에서 그리스도인은 이미 창세 전에 구원 얻도록 예정하심을 받았다고 한다(엡 1:4, 5, 11). 예수님께서도 그를 믿는 자들을 "택한 백성"으로 총칭하셨고(막 13:20), 또한 "나를 보내신 아버지께서 이끌지 아니하시면 아무도 내게 올 수 없다"고 말씀하셨다(요 6:44, 65).

> 내가 그들에게 영생을 주노니 영원히 멸망하지 아니할 것이요 또 그들을 내 손에서 빼앗을 자가 없느니라 그들을 주신 내 아버지는 만물보다 크시매 아무도 아버지 손에서 빼앗을 수 없느니라(요 10:28-29).

누가도 "영생을 주시기로 작정된 자는 다 믿더라"(행 13:48)고 말한다. 바울도 이를 확증한다.

> 하나님이 미리 아신 자들을 또한 그 아들의 형상을 본받게 하기 위하여 미리 정하셨으니 … 또 미리 정하신 그들을 또한 부르시고 부르신 그들을 또한 의롭다 하시고 의롭다 하신 그들을 또한 영화롭게 하셨느니라(롬 8:29-30; 참조, 롬 11:2, 7-8; 갈 4:22 이하).

이와 함께, 구원받지 못할 자가 예정되었음을 가리키는 말씀들도 있다. 구약 성경에서 하나님의 택한 백성 이스라엘은 자주 이방 나라와 대조된다(창 22:12; 23:7-10, 21; 신 7:6; 10:15; 32:9; 사 41:8; 45:4). 하나님께서는 야곱(이스라엘)을 사랑하고 에서(에

돔)는 미워하셨다(창 25:23; 말 1:2-4). 예수님을 대적하는 유대인들은 처음부터 마귀의 자식들이다(요 6:64; 8:44; 47; 10:26). 바울도, "그런즉 하나님께서 하고자 하시는 자를 긍휼히 여기시고 하고자 하시는 자를 완악하게 하시느니라"(롬 9:18)라고 말한다.

하나님의 예정 없이는 구원받을 수 없다는 말씀들은 사람이 하나님의 은혜를 믿음으로 구원 얻는다는 가르침과 대립되는 것으로 보인다(요 3:16; 롬 3:21이하; 갈 2:16 등). 그러나 성경은 예정과 믿음의 갈등에 대해 아무런 논의도 없이 당연하게 받아들일 뿐이다. 오히려 성경은 하나님의 예정과 사람의 믿음, 자유 의지와 책임이 상호보완적으로 온전한 구원의 진리를 이룬다는 것을 보여준다. 믿는 사람들은 구원받기로 예정 받은 사람들이고, 믿지 않는 사람들은 예정 받지 못한 이들이다. 다른 말로, 예정 받은 사람은 믿게 마련이고, 그렇지 못한 사람(유기자, 遺棄者)은 아예 믿을 수도 없다.

우리가 하나님의 예정을 논할 때 항상 창조주 하나님의 절대적 주권을 전제해야 하고, 구원받을 자와 유기자로 미리 예정하심의 부당성에 집중할 것이 아니라, 오히려 그렇게 예정하신 하나님의 무한하신 권위와 하나님의 피조물인 우리 자신의 유한성 같은 예정의 타당성과 구원의 확고함 같은 적극적 측면(유익한 기능)에 집중해야 한다.

먼저 예정의 타당성에 대해 논해 보자.

첫째, 예정은 창조주이시고 구원주이신 하나님의 절대적 주권에 의한 독자적 결정이며, 믿음은 이에 대한 인간의 반응이다. 즉 인간의 믿음도 결국 하나님의 선물이다. 하나님의 예정이 인간의 믿음보다 우선적이다(요 6:44; 10:26; 행 13:48; 롬 8:29).

둘째, 인간의 믿음은 유동적이지만, 하나님의 예정은 고정적이므로 예정 신앙은 변하기 쉬운 인간의 믿음의 약점을 보완해준다. 하나님의 예정이 든든한 반석과 같다면, 변하는 인간의 믿음은 그 든든한 반석 위에 세워진 집과 같은 것이다.

셋째, 구원받기로 예정된 것이나 유기(遺棄)하기로 예정된 것은 모두 하나님의 구원의 뜻에서 비롯된 것이지만, 구원받기로 예정된 것은 특별히 "하나님의 사랑과 은혜"에서 비롯된 것으로 가르친다. 예로, 믿는 자의 구원의 예정을 논하는 에베소서에 하나님의 "사랑"과 "은혜"가 하나님의 "기쁘신 뜻," 즉 하나님의 예정과 함께 교차적으로 나타나는 것을 볼 수 있다(엡 1:4, 5, 7, 9).

하나님께서 불신자를 멸망하도록 예정한 것에 대하여 하나님의 의로우심에 대한 논란이 있으나, 성경의 예정론은 언제나 거룩하시고 선하신 하나님께 어떤 불의나 악의 책임을 돌릴 수 없다는 하나님의 절대적 주권을 전제한다. 또한 이와 유사하게, 성경이 가르치는 바 "유한한 존재가 무한한 존재를 완전히 알 수 없다"(finitum non capax infiniti)는 신학적 대원칙도 전제한다(욥 33:13; 34:29; 36:23, 26; 38:2; 40:2-4; 42:3-4; 사 45:9; 롬 11:33-36).

> 이는 내 생각이 너희 생각과 다르며 내 길은 너희 길과 다름이니라 여호와의 말씀이니라 이는 하늘이 땅보다 높음같이 내 길은 너희의 길보다 높으며 내 생각은 너희 생각보다 높음이라(사 55:8-9).

그러므로 우리는 불공평하게 보이는 하나님의 예정에 대해서 "우리가 알 수도 없고, 알아서도 안 되는 하나님의 거룩하신 뜻"으로 알아야 한다. 하나님께서는 가나안 땅으로 들어가기를 원하는 모세의 기도와 "몸의 가시"를 제거해 달라는 사도 바울의 기도를 듣지 않으시고, 모두 "내 은혜가 네게 족하도다"라고 대답하셨다(신 3:26; 고후 12:9). 우리 주님께서는 겟세마네 동산에서 하나님의 구원 경륜과 예정을 전적으로 존중하시면서, "아빠 아버지여 아버지께서는 모든 것이 가능하오니 이 잔을 내게서 옮기시옵소서"라고 기도하신 후에 즉시 "그러나 나의 원대로 마시옵고 아버지의 원대로 하옵소서"라고 기도하셨다. 그리고 주님은 저항없이 순순히 체포되셨다(마 26:53-54).

불행이나 불신도 결국 인간이 알 수 없는 하나님의 지혜로우신 구원의 경륜 가운데 하나님께서 허락하신 것이다.[1] 그러나 신실한 사람은 모든 불의한 정황과 불합리한 현실 가운데서도 하나님을 원망하는 대신 자신의 죄를 회개하고 하나님의 의로우심을 끝까지 믿는다. 그러므로 믿음이 하나님의 자녀의 증거가 되는 것이다.

> 아브람이 여호와를 믿으니 여호와께서 이를 그의 의로 여기시고(창 15:6; 참조, 롬 4:3).

---

[1] 삼상 3:18; 왕상 12:15; 욥 1:22; 잠 16:4; 사 45:7; 63:17; 마 26:54; 행 1:16-20.

이 모든 일에 욥이 범죄하지 아니하고 하나님을 향하여 원망하지 아니하니라
(욥 1:22).
의인은 그의 믿음으로 말미암아 살리라(합 2:4b; 롬 1:17; 갈 3:11; 히 10:38).

시편의 탄식시도 그 마지막은 거의 언제나 감사와 찬송, 그리고 구원의 소망으로 마무리된다는 사실을 주목해야 한다.[2] 이렇게 불신자를 멸망하도록 유기하신 하나님의 예정은 결코 최고의 존엄이신 하나님의 거룩하심, 의로우심, 선하심 같은 본성에 위배되지 않고 오히려 이런 하나님의 속성들을 분명히 나타내는 것이다. 유사하게, 응답 받지 못한 모세와 바울의 기도와 예수님의 십자가의 고난 같은 불행한 일도 우리가 알 수 없는 하나님의 은밀하신 구원의 경륜에서 비롯된 것으로 믿어야 한다. 유한한 인간이 무한하신 하나님의 일을 알지 못하는 것은 지극히 당연한 것이다. 하나님은 연약한 우리로서는 도저히 "다 알 수 없는 위대하신 분"(The Great Unknown)이시다.

하나님께서 인간에게 자유 의지를 주신 목적은 하나님의 형상인 인간을 통하여 하나님 자신의 거룩하심, 의로우심, 선하심 같은 본성을 나타내시기 위함이다. 사람에게 하나님의 선하심과 의로우심을 나타내는 책임을 맡기신 것이다. 피조 세계에서 그 누구도 홀로 거룩하신 창조주 하나님의 이런 "기쁘신 뜻"과 독자적인 구원 경륜의 공정성에 대해 논박할 수 없다. 우리 인간은 창조주 하나님께서 만드신 질그릇과 같은 존재로서 그의 의로우신 경륜과 기쁘신 뜻에 대해 어떤 이의를 제기하거나 불평하거나 논쟁할 수 없다(사 45:9).

트집 잡는 자가 전능자와 다투겠느냐 하나님을 탓하는 자는 대답할지니라(욥 40:2).

사탄이 자주 우리를 미혹하여 일반 세상 논리와 여러 가지 불신적 증거들로 하나님의 말씀을 모호하게 만들고 하나님의 선하심을 의심하게 만들지만, 우리는 흔들림 없이 하나님의 말씀과 하나님의 선하심을 믿어야 한다. 사람이 사탄의 미혹을 받

---

2 시 5-7, 10-13, 22, 28, 31, 38, 42, 43; 54-64; 69-71, 74, 77, 79, 80, 83, 86, 90, 102, 130, 140-143, 참조, 88.

는 것도 결국 하나님의 은밀한 구원 역사와 경륜 가운데서 하나님의 선하심과 의로우심과 영광을 나타내기 위한 "악역"을 맡도록 하나님께서 정하신 것이다(욥 1-2장; 잠 16:4; 살후 2:9-12). 하나님께서는 혼돈과 공허와 어둠의 세상을 그의 창조의 능력과 영광을 극대화하시기 위해서, 창조의 배경으로 지으셨다(창 1:2; 사 45:7). 다시 말하지만, 이런 창조주 하나님의 영광을 위한 역사를 신적 횡포로 폄훼하거나 정죄할 권한을 가진 피조물은 세상에 없다.

다만 우리는 하나님께서 악을 방조하시거나 이용하시는 일에 대해서 하나님께 억울함을 호소할 수는 있다. 실제로 많은 신앙인들이 이런 문제에 대해서 이의를 제기하여 왔다. 믿음의 조상 아브라함은 소돔과 고모라를 진멸하시려는 하나님의 예정에 대해서 "의인을 악인과 함께 멸하려 하시나이까"(창 18:23)라고 질문하였고, 욥은 이유를 알 수 없는 고난 가운데 "오늘도 내게 반항하는 마음과 근심이 있나니 내가 받는 재앙이 탄식보다 무거움이라 내가 어찌하면 하나님을 발견하고 그의 처소에 나아가랴 … 그런데 내가 앞으로 가도 그가 아니 계시고 뒤로 가도 보이지 아니하며 …"(욥 23:1-8)라고 한탄했다. 시편 기자는 "하나님이여 주께서 어찌하여 우리를 영영히 버리시나이까 어찌하여 주께서 기르시는 양을 향하여 진노의 연기를 뿜으시나이까"(시 74:1)라고 탄식하였고, 이사야 선지자는 "여호와여 어찌하여 우리로 주의 길에서 떠나게 하시며 우리의 마음을 완고하게 하사 주를 경외하지 않게 하시나이까 원하건대 주의 종들 곧 주의 기업인 지파들을 위하사 돌아오시옵소서"(사 63:17)라고 호소했다.

그러나 이렇게 하나님께 호소하는 사람들은 불신자들이 아니라 하나님의 선하심을 믿는 사람들이란 것을 알아야 한다. 전능하신 하나님께서는 하나님을 원망하는 사람이 아니라 끝까지 하나님의 의로우심과 선하심을 믿고 바라는 사람을 구원하시며 은혜를 베푸신다. 그러므로 믿음의 조상들은 알 수 없는 하나님의 경륜에 대해서 오래 한탄하지 않고, 결국 하나님의 공의로우심과 구원을 확신했다. 신앙의 조상 아브라함은 불확실성 가운데 하나님을 믿었고(창 15:6; 히 6:15; 11:8-10), 욥은 알 수 없는 하나님의 경륜에 대해 잠시 한탄 후에 이내 "그러나 내가 가는 길을 그가 아시나니 그가 나를 단련하신 후에는 내가 순금 같이 되어 나오리라"(욥 23:10)고 믿었다. 이사야는 하나님께서 이스라엘을 단련시키신 것은 결국 이스라엘을 고난 가운데서 구원하심으로써 그의 영광을 나타내시기 위함이었다고 한다(사 48:10-11). 하박국도 "의인은 그의 믿음으로 말미암아 살리라"(합 2:4)는 계시의 말씀으로 신앙적 위로를 받았고, 시편 기자도 "나의 영혼이 잠잠히 하나님만 바람이여 나의 구원이 그에게서 나오는도다"(시 62:1)라고 하나님을 절대적으로 의존하는 믿음을 지켰다. 한편, 믿다가 타락한 자들은 원래부터 유기된 자들로서 잠시만 믿었을 뿐이다(히 6:4-6). 물론 잠시 믿음을 떠난 후에 다시 돌아오는 이들도 있다.

천주교의 스콜라주의 신학, 알미니안 사상, 감리교의 웨슬리 신학 등은 칼빈의 예정론(豫定論)이 결국 하나님을 악의 근원이나 책임자로 만드는 문제를 지적하면서 이런 "모순"을 극복하기 위해서 예지론(豫智論)을 선호한다. 즉 로마서 8장 29절; 11장 2절 등에 근거하여 하나님께서 구원받을 자와 멸망 받을 자를 예정하신 것이 아니라 단순히 알고만 계셨다는 것이다.[3] 또한 하나님은 인간의 죄에 대해 예지는 하셨으나 예정하지는 않으셨으므로 하나님은 죄의 책임이 없으시고, 다만 인간이 죄의 책임을 져야 한다고 논한다.

그러나 하나님께서 구원받을 자와 멸망 받을 자를 창세 이전부터 알고 계셨다는 예지론은 성경적이라고 해도, 예정론을 반대하거나 대체하기 위해서 예지론을 주장하는 것은 성경의 분명한 예정의 가르침을 인간의 제한적 논리에 맞추어서 각색하는 것이므로 잘못이다.[4]

더구나 성경은 분명히 하나님의 예정하심이 예지하심에 선행한다는 것을 가르친다(롬 8:29-30). 하나님을 죄의 책임자로 만든다는 "예정론적 모순"은 인간의 추론일 뿐이며 성경이 가르치는 바가 아니다. 예정론이 하나님을 불의한 존재로 만든다는 주장은 절대자 하나님의 의로우심은 결코 피조물 인간의 논리에 의해 판단 받을 수

---

[3] 인간 구원이 하나님의 은혜와 함께 인간의 선한 행위에 의한 것임을 주장하는 신인협력설(evangelical syllogism)은 예정론을 반대하고 예지론을 주장한다. 그러나 신인협동설은 하나님의 절대 주권을 희석시키며 하나님 중심적인 신학적 선명성을 흐리게 하는 문제가 있다. 무엇보다 하나님의 예정을 하나님의 무한하신 지혜와 경륜으로 가르치는 성경에 대한 도전이다. 강창희, 『칼빈과 웨슬리의 생애와 신학』, 167, 173, 272; John Wesley, *Works of the Rev. John Wesley*, vol. I. (Philadelphia: Zondervan, 1958-1959) 266.

[4] 칼빈은 예정론과 함께 예지론을 인정하지만 인간의 공로에 의한 구원을 논하는 천주교의 스콜라주의 신학의 예지론을 반대한다. 하나님께서 우리의 선행을 미리 아셨다고 해도 여전히 우리의 공로가 아니라 하나님의 은혜로 구원받는다는 것이 성경의 가르침이기 때문이다. 하나님은 우리가 선을 행하기 전에 그의 기쁘신 뜻을 따라 우리를 택하셨다(롬 9:11-13; *Inst*. III,21,5, 8).

없는 "절대적 의"라는 사실을 무시하는 것이다. 성경은 하나님의 예정하심이 의롭고 온전하신 하나님의 "기쁘신 뜻"이라고 한다(출 33:19; 롬 9:18).

성경이 가르치는 예정을 불합리하게 보는 것은 하나님의 무한한 지혜와 섭리를 인간의 유한한 논리와 지혜에 맞추려는 어리석은 일이며 인간의 무지함을 드러내는 것이다. 절대자 하나님의 무한하신 지혜와 경륜을 제한적인 인간의 지혜와 논리로서는 제대로 이해할 수도 없고 감당할 수도 없는 것이 오히려 당연한 것이다. 하나님의 지혜와 경륜 가운데는 인간이 알 수도 없고 알아서도 안 되는 부분이 있다. 하나님은 하늘에 계시고 인간은 땅에 있다(전 5:2). 창조주 하나님과 피조물 인간 사이에는 본질적 차이가 있다.

> 무지한 말로 이치를 가리는 자가 누구니이까 나는 깨닫지도 못한 일을 말하였고 스스로 알 수도 없고 헤아리기도 어려운 말을 하였나이다(욥 42:3).

전능하신 창조주 하나님께서 하시는 일 가운데 유한한 인간이 제대로 이해할 수도 없고 설명할 수도 없는 부분이 있다는 것은 당연한 이치다. 그것은 마치 어린아이가 부모의 뜻을 모두 알 수 없는 것과 같다. 부모의 뜻을 다 알려고 하거나 다 안다는 아이는 온당한 아이가 아니다. 하나님께서는 우리가 그의 예정을 믿기를 원하시지만, 그의 예정을 모두 알기를 원하시지는 않으신다. 다만 인간은 하나님의 경륜과 섭리에 순종해야 할 뿐이다.

> 그런즉 하나님께서 하고자 하시는 자를 긍휼히 여기시고 하고자 하시는 자를 완악하게 하시느니라(롬 9:18; 참조, 출 33:19).

이렇게 예정론은 창조주 하나님의 절대적 주권에서 비롯된 것이다. 그러므로 하나님께서 구원받을 자와 유기자로 예정하심의 부당성에 집중할 것이 아니라 그렇게 예정하신 하나님의 무한하신 권위와 은혜, 그리고 하나님의 피조물인 우리 자신의 유한성 등 예정의 타당성에 집중해야 한다.

이제 예정 사상의 적극적 측면, 즉 그 유익한 기능을 생각해 보자.

예정 사상의 유익은 하나님을 믿는 사람들의 존재론, 또는 정체성을 강화시키는 것이다. 인간이 다른 피조물과 구별되게 하나님의 형상대로 지으심을 받은 특별한 존재이듯이, 예정을 믿는 사람들은 일반 자연인들과 달리 자신들이 하나님의 택하심을 받은 특별한 사람들임을 확신한다. 예정론은 "성도의 견인"(堅忍) 사상과 함께 상대주의나 보편주의에 맞서서 하나님의 택하심을 받은 자로서의 존재감을 확고하게 하고, 어떤 불신적 환경에서도 하나님 신앙을 견지할 수 있는 확고한 신학적 근거가 된다.

물론, 예정론은 자칫 운명론적이고 결의론적인 특성으로 변질되어 우리로 하여금 신앙적 나태함에 빠지게 하거나, 불신자에 대해서 오만한 자세를 갖게 하거나, 복음 전도를 등한히 하는 등의 부작용을 유발할 수 있다. 그러나, 칼빈이 가르치듯이, 우리는 유기(遺棄) 된 자들을 분명히 알 수 없기 때문에 불신자들을 선대하고 하나님의 선하심에 맡기는 자세를 가져야 한다. 우리는 우리를 핍박하고 대적하는 불신인들 가운데서도 하나님의 예정에 속한 사람이 있을 수 있다는 사실을 감안하고, 모든 사람들을 하나님의 택함을 받은 형제로 선하게 대해야 한다(*Inst.* III.23.14; IV.12.9).

그러므로 우리는 하나님께서 어떤 사람들을 유기자(遺棄者)로 예정하신 것에 대한 부정적 논박을 그치고, 오히려 구원받은 자로서의 우리의 정체성을 강화시키는 적극적이고 유익한 기능에 집중해야 한다. 다른 말로, 예정론은 "믿음으로 구원 얻는 진리"를 신학적으로 든든하게 보완해 주는 기능을 한다. 연약한 우리의 "믿음으로 구원 얻는 신앙"은 언제나 흔들릴 수 있으나, 하나님의 예정 신앙은 이를 근본적으로 지지해주는 든든한 신학적 논리가 된다. 예정 자체가 믿음의 대상이지만 적어도 우리에게 안정된 신앙 구조를 제공한다. 연약한 우리 인생은 거룩하신 하나님의 예정을 알 수 없지만, 우리들을 하나님의 백성으로 예정하여 선택하시고 구원하여 주신 하나님의 은혜를 생각할 때, 창조주 하나님의 사랑과 지혜와 은밀하신 예정과 거룩하신 섭리를 찬양할 수 있다.

깊도다 하나님의 지혜와 지식의 풍성함이여, 그의 판단은 헤아리지 못할 것이며 그의 길은 찾지 못할 것이로다 누가 주의 마음을 알았느냐 누가 그의 모사가 되었느냐 누가 주께 먼저 드려서 갚으심을 받겠느냐 이는 만물이 주에게서 나오고 주로 말미암고 주에게로 돌아감이라 그에게 영광이 세세에 있을지어다 아멘(롬 11:33-36).

다시 말하지만, 예정론은 자칫 결의론적, 운명론적 사고와 같은 기계적, 고정적 사고로 변질되고, 나아가 오만하고 독선적인 인격으로 변질 될 수 있음을 경계해야 한다.

① 예정을 믿는 우리는 오히려 하나님과 사람 앞에서 더욱 겸손해야 한다. 비록 우리 자신은 하나님의 예정 가운데 속했다고 믿어도, 우리는 하나님의 모든 섭리와 예정을 알 수 없다. 동시에 우리는 모든 사람들을 하나님의 예정하심을 입은 사람들로 대해야 한다. 우리는 누가 택하심을 입은 사람인지를 모르기 때문이다.

② 예정도 역시 하나님의 은혜에서 비롯된 것이다. 그러므로 예정론과 구원론은 근본적으로 동질적인 개념으로서 대립될 수 없고 오히려 상호 보완적이다. 우리의 믿음은 흔들릴 수 있으나(유동성), 하나님의 예정은 고정적이므로 구원을 확실하게 보장하는 것이다. 더구나, 하나님의 예정과 섭리는 기계적이고 냉정한 결의론이나 운명론과는 달리, 아들을 희생하시기까지 세상을 사랑하시는 하늘 아버지의 사랑에서 비롯된 것임을 잊지 말아야 한다. 우리가 믿는 하나님은 비인격적, 철학적 하나님이 아니라 모든 사람들을 지극히 사랑하시는 분이심을 알아야 한다. 하나님의 예정도, 영광과 권세도, 결국 연약한 우리의 믿음을 굳게 하시려는 그의 사랑에서 비롯된 것임을 알아야 한다.

③ 하나님께서 만사를 예정하셨으나 우리는 다만 선한 일만을 선택해야 할 책임이 있다. 연약한 우리에게 성경의 진리는 자주 모호하게 들리지만, 오히려 그 모호함이 성경의 진리의 통전성과 완전성을 나타내는 것임을 알아야 한다.

2015년 12월 15일

31. 믿음과 적극적 사고

> 내게 능력 주시는 자 안에서 내가 모든 것을 할 수 있느니라(빌 4:13).

성경이 가르치는 믿음은 세상 사람들이 가르치는 "적극적 사고"와 유사하면서도 본질적인 차이가 있다. "적극적 사고"는 사고 주체의 의도에 따라 그 성격이 다르게 나타날 수 있다. 그것은 인간의 가치와 의지와 노력을 중시하는 인본주의적 사고일 수도 있고, 하나님 신앙뿐만 아니라 다른 종교 신앙에도 나타나는 종교적 열심일 수도 있다. 실제로 많은 세상 사람들이 "적극적 사고"의 유익을 경험한다. 사람들이 바라는 기적은 때로는 불가능한 일도 가능할 수 있다는 인본주의적인 "적극적 사고"에서 기인한다.

성경도 하나님을 마음과 뜻과 힘을 다해 적극적으로 사랑할 것을 가르치고 또한 "산을 옮길만한 믿음"을 가르친다(신 6:5; 막 11:23; 고전 13:1). 믿음은 선하신 하나님의 존재와 구원의 능력을 믿는 하나님 중심적인 "적극적 사고"이나.

"적극적 사고"나 믿음 모두 불확실성을 극복하기 위한 어떤 과거의 경험과 사례, 또는 논리의 도움도 받으나 모두 불확실성에 대한 인고(忍苦)의 자세를 요구한다. "적극적 사고"와 믿음에는 거의 언제나 이에 대한 반론이나 도전 세력, 또는 미혹과 시험 같은 장애들이 수반되는데 이것들을 믿음으로 극복해야 한다. 다른 말로 "적극적 사고"와 믿음 모두 사람의 적극적 자세와 행동을 요구한다.

> 그러나 끝까지 견디는 자는 구원을 얻으리라(마 24:13).
> 그런즉 선 줄로 생각하는 자는 넘어질까 조심하라(고전 10:12).

때로, 우리는 우리의 생각을 지키기 위해서 아예 우리의 생각을 반대하는 말을 듣지 않아야 하듯이, 믿음을 지키기 위해서는 믿음을 반대하는 반론과 쟁론을 중단하거나 아예 피하는 것이 상책일 수도 있다.

디모데야 망령되고 헛된 말과 거짓된 지식의 반론을 피함으로 네게 부탁한 것을 지키라(딤전 6:20).

그러나 이런 유사함에도 불구하고 믿음은 "적극적 사고"와 근본적으로 다르다.
첫째, "적극적 사고"는 "하면 된다"는 인본주의적 낙관론이나 자신감에서 비롯되지만, 믿음은 어디까지나 자신의 뜻이나 능력이 아니라 하나님의 뜻과 능력을 우선시하는 하나님 중심적 자세에서 비롯되는 것이다.

내게 능력 주시는 자 안에서 내가 모든 것을 할 수 있느니라(빌 4:13).

"적극적 사고"는 자주 인간의 지혜와 능력에 의존하지만, 믿음은 하나님을 의지한다. 칼빈은 믿음이란 내외적인 모든 불확실성을 극복하면서 하나님의 긍휼하심과 구원의 약속과 능력을 확신하는 자세라고 했다(*Inst.* III.14-37). 아브라함은 하나님의 신실하심을 굳게 믿고 사랑하는 독자 이삭을 제물로 바침으로서 믿음의 조상이 되었다(창 22:1 이하).
둘째, "적극적 사고"는 자주 자랑이나 오만함 같은 죄성에서 비롯되지만, "믿음"은 언제나 거룩하신 하나님 앞에서 스스로 자신을 낮추는 존재론적 겸손을 수반한다.

그러나 나의 원대로 마시옵고 아버지의 원대로 하옵소서(막 14:36b).

믿음은 자신의 뜻이 아니라 하나님의 뜻을 우선시하는 겸손함을 나타낸다(약 4:13-16). 모든 믿음의 시험도 우리 자신의 "믿음"이 아니라 결국 하나님을 의지함으로 극복하는 것이다.

오직 하나님은 미쁘사 너희가 감당하지 못할 시험 당함을 허락하지 아니하시고 시험 당할 즈음에 또한 피할 길을 내사 너희로 능히 감당하게 하시느니라(고전 10:13).

선행은 우리를 오만하게 만들거나 위선적이 되게 하지만 믿음은 언제나 하나님 앞에서 우리 자신을 비워 겸손하게 한다(*Inst*. III.6.3; 14.2).

셋째, "적극적 사고"는 자주 인간의 자랑과 오만함 같은 뿌리 깊은 인간의 죄성에서 비롯되어 각종 경쟁과 질투와 증오 같은 불신을 유발하나 그리스도인의 믿음은 그리스도의 사랑, 은혜, 능력에서 비롯되기 때문에 하나님께 대한 기도, 찬양, 헌신, 감사, 기쁨, 평안을 유발한다. 다른 말로, "적극적 사고"는 범죄와 악행과 불신에도 적용되고 오용될 수 있으나, 믿음은 오직 하나님의 말씀과 우리를 위해 희생하신 "그리스도 안"에서의 사고와 행위, 또는 "성령을 따라" 그 적용 범위가 한정되므로 안전하고 범사에 유익하다.

그러나 우리의 믿음도 믿음의 대상인 하나님을 잊어버리고 우리 자신의 "적극적 사고"로 변질될 수 있으므로 주의해야 한다.

> 시험에 들지 않게 깨어 기도하라(마 26:41).
> 믿음을 따라 하지 아니하는 것은 다 죄니라(롬 14:23b).

넷째, "적극적 사고"는 본질상 자신의 소원을 절대로 포기하지 않고 끝까지 추구하나, 믿음은 하나님의 뜻이 아니라면 자신이 소원을 기꺼이 포기할 수도 있다.

> 나의 원대로 마시옵고 아버지의 원대로 하옵소서(막 14:36b).
> 내 은혜가 네게 족하도다(고후 12:9a; 참조, 3:26b).

이런 "신앙적 포기"는 실제적 포기가 아니라 오히려 과거의 감사함, 현실의 자족함과 아울러 보다 좋은 장래의 소망을 바라는 것이다.

> 아무것도 염려하지 말고 다만 모든 일에 기도와 간구로 너희 구할 것을 감사함으로 하나님께 아뢰라 그리하면 모든 지각에 뛰어난 하나님의 평강이 그리스도 예수 안에서 너희 마음과 생각을 지키시리라(빌 4:6-7).

이스라엘 역사 가운데 하나님의 참된 예언자들의 예언을 반대하는 거짓 예언자들이 있었다. 거짓 예언자들의 통상적 메시지는 바로 사람들이 좋아하는 평화와 승리 같은 "적극적 사고"였다. 반면에 하나님의 예언자들의 메시지는 주로 사람들이 싫어하는 하나님의 임박한 진노, 전쟁, 죄의 회개와 같은 "부정적 사고"였다(신 18:22; 왕상 22:5 이하; 왕하 5:20-27; 9:19; 렘 28:1; 애 2:4; 4:13; 겔 13장; 22:25-28; 미 3:5, 11). 그러므로 하나님의 예언자들은 자주 사람들의 비난과 고난을 받아야 했다. 예수님도 이적과 기사로 사람들을 미혹하는 거짓 선지자들을 경계하셨다(마 7:22-23; 24:24). 초대 교회의 모든 사도들은 감언이설(甘言利說)로 미혹하는 거짓 교사들을 경계했다.[1]

거짓 예언자들의 "적극적 사고"와 축복은 언제나 매력적이지만, 참된 예언자들의 죄의 회개와 의로운 생활은 쉽지 않다. 그러나 당장 듣기 좋은 말보다는 진실한 믿음을 가르치는 사람들이 진정한 하나님의 사람들이다. 우리는 당장 좋게 보이는 육을 따를 것이 아니라, 당장은 어렵게 보이더라도 육을 죽이고 영을 따라 살아야 한다(롬 6:1-23; 8:4-16; 갈 1:16). 우리는 하나님의 영을 가진 하나님의 자녀, 그리스도의 지체, 상속자, 약속에 참여하는 자임을 명심하고 언제나 하나님의 뜻을 우선시해야 한다(롬 8:14-17, 엡 3:6). 우리의 하늘 아버지께서는 결국 우리에게 언제나 더 좋은 것으로 주시는 분이심을 믿고, 우리를 부인하고 우리의 십자가를 져야 한다(마 7:11).

이렇게 믿음과 "적극적 사고"를 대조할 때 제대로 정의되지 않은 막연한 "적극적 사고"보다는 하나님 중심적인 "믿음"이란 말이 하나님을 믿는 사람들에게 합당한 말이다. 믿음의 사람은 어떤 형편에서든지 자족하고 감사하면서 "사나 죽으나 우리가 주의 것이로다"(롬 14:8)라고 말할 수 있다. 동시에 그는 선하신 하나님께서 모든 일을 합력하여 선하게 이루어주실 것을 믿는다(롬 8:28).

> 항상 기뻐하라 쉬지 말고 기도하라 범사에 감사하라 이것이 그리스도 예수 안에서 너희를 향하신 하나님의 뜻이니라(살전 5:16-18).

2015년 12월 15일

---

[1] 행 13:6; 20:29-30; 롬 16:17-19; 고후 11:4, 13-15; 12:16; 갈 1:7; 2:4; 엡 5:6; 골 2:8; 살후 2:1-12; 딤전 4:1-3; 6:3; 딤후 2:17-18; 3:4; 4:3; 딛 1:10-16; 3:9-11; 벧후 2:1; 요일 2:18-24; 4:1-6; 요이 7; 유 4-19; 계 16:13; 19:20; 20:10.

32. 하나님의 질투와 사랑

> 너는 조심하여 너를 애굽 땅 종 되었던 집에서 인도하여 내신 여호와를 잊지 말고 네 하나님 여호와를 경외하며 그를 섬기며 그의 이름으로 맹세할 것이니라 너희는 다른 신들 곧 네 사면에 있는 백성들의 신들을 따르지 말라 너희 중에 계신 너희 하나님 여호와는 질투하시는 하나님이신즉 너희의 하나님 여호와께서 네게 진노하사 너를 지면에서 멸절시키실까 두려워하노라(신 6:12-15).

질투는 사랑의 다른 표현이다. 사랑하는 마음이 없다면 질투하는 마음도 없다. 그러므로 하나님의 질투하심은 하나님의 사랑을 반증한다. 하나님을 믿는 사람들이 하나님 외에 다른 신을 섬기면 그들을 사랑하시는 하나님께서 그들을 징벌하시는 것이 당연한 것이다. 만일 그의 백성이 다른 신을 섬기는 데도 아무런 질투를 하지 않으시는 하나님이시라면 그의 백성을 진정 사랑하는 하나님이라고 할 수 없다. 이런 하나님의 질투는 인간의 질투와 유사한 측면도 있으나 인간들의 질투와는 본질적으로 다른 차원의 거룩한 질투다.

우리는 하나님을 사랑하되 "마음을 다하고 뜻을 다하고 힘을 다하여" 적극적으로 사랑해야 한다. 덥지도 않고 차지도 않은 미지근한 사랑은 진정한 사랑이 아니기 때문이다. 우리의 마음을 보시는 하나님께서는 마음으로부터 우러나는 뜨겁고 온전한 사랑을 원하신다.

> 이스라엘아 들으라 우리 하나님 여호와는 오직 유일한 여호와시니 마음을 다하고 뜻을 다하고 힘을 다하여 네 하나님 여호와를 사랑하라(신 6:5).

우리는 얼마나 자주 하나님이 아닌 것에 우리의 마음과 뜻과 힘을 집중하는가? 우리의 이성, 의지, 감성은 우리 자신의 탐욕이나 이와 관련된 세상의 어떤 유행이나 피상적인 가치를 추구하는 일에 몰두하는 것은 아닌가?

그 결과 우리는 어떤 허욕이나 불신적 감정이나 부질없는 감상이나 깊은 분노의 감정에 사로잡혀 있지는 않은가? (사실 나도 모르게 세상의 헛된 가치와 인생의 허망함을 노래하는 유행가를 지절거릴 때가 있다!)

허욕이나 세상의 피상적인 가치는 본질상 허무한 피조물의 본질이며 헛된 우상과 마찬가지로서 필경 우리를 "어둠의 자식들"과 "공허한 방랑자들"로 만든다는 것을 명심해야 한다. 세상의 많은 종교들과 이념과 가치관을 따르는 사람들의 허무한 종말이 이를 증거한다.

더구나 그리스도인들은 "그리스도 예수 안에 있는 생명의 성령의 법"으로 말미암아 "죄와 사망의 법"으로부터 해방된 자유인임을 명심하고 그에 합당하게 살아야 한다.

> 그러므로 너희는 죄가 너희 죽을 몸을 지배하지 못하게 하여 몸의 사욕에 순종하지 말고(롬 6:12).

죄의 종에서 해방되어 하나님의 자녀 된 우리는 우리의 이성, 감성, 의지 등으로 하여금 우리 자신의 욕구나 세상의 헛된 가치를 따르게 할 것이 아니라, 도리어 그것들로 하여금 창조주 하나님을 사랑하고 그의 말씀을 순종하게 해야 한다.

> 오직 너희 자신을 죽은 자 가운데서 다시 살아난 자같이 하나님께 드리며 너희 지체를 의의 무기로 하나님께 드리라(롬 6:13b).
> 마음을 다하고 뜻을 다하고 힘을 다하여 네 하나님 여호와를 사랑하라(신 6:5b).
> 너는 조심하여 너를 애굽 땅 종 되었던 집에서 인도하여 내신 여호와를 잊지 말고 네 하나님 여호와를 경외하며 그를 섬기며 그의 이름으로 맹세할 것이니라(신 6:12-13).

그러나 절대적 신앙은 자칫 독선주의적 신앙으로 변질되기 쉽다. 유일신을 믿는 유대교도와 무슬림들은 물론, 상당수의 그리스도인들도 독선적인 측면이 있다. 절대적 신앙이 이기적인 사고와 행동으로 나타나는 것이다. 그리스도인은 유일하신 하나님만을 사랑하되 그 하나님께서 세상을 사랑하사 독생자를 주신 것을 잊지 말고 희생적인 하나님의 사랑을 따라서 모든 사람들을 사랑하기를 힘써야 한다. 그리스도의 희생은 하나님을 배신한 인간들을 향한 질투가 아니라 지극한 사랑이기 때문이다.

> 곧 하나님께서 그리스도 안에 계시사 세상을 자기와 화목하게 하시며 그들의 죄를 그들에게 돌리지 아니하시고 화목하게 하는 말씀을 우리에게 부탁하셨느니라 (고후 5:19).

사랑의 본질상 때로 그 구체적 적용이 쉽지는 않으나, 언제나 그리스도의 모본과 성령의 인도하심을 따라서 사랑에 힘써야 한다.

> 모든 겸손과 온유로 하고 오래 참음으로 사랑 가운데서 서로 용납하고 평안의 매는 줄로 성령이 하나 되게 하신 것을 힘써 지키라(엡 4:2-3).
> 오직 사랑 안에서 참된 것을 하여 범사에 그에게까지 자랄지라 그는 머리니 곧 그리스도라(엡 4:15).

2015년 12월 21일

33. 오래 참음

> 오직 성령의 열매는 사랑과 희락과 화평과 오래 참음과 자비와 양선과 충성과 온유와 절제니 이 같은 것을 금지할 법이 없느니라(갈 5:22-23).

신앙인은 자신이 아니라 하나님을 자신의 삶의 "주"로 믿는다. 믿는 사람이 "오래 참는 것"은 내가 나의 삶의 주인이 아니라 하나님이 나의 삶의 주시라는 것을 믿기 때문이다. 우리는 만사를 속단하지 않고 먼저 하나님의 뜻을 찾아야 한다. 믿는 사람은 자연인으로서의 감정이나 이성적 판단을 따르지 않고 자신 속에 내주하시는 "성령을 따라" 살아야 한다. 성령이 그리스도인의 삶의 중심적 동인(動因)이요 주체다.[1] 그리스도인은 모든 "육체의 소욕," 즉 이성, 감성, 의지, 사회적 통념, 관습과 제도를 따라 사고하고 결단하는 옛 사람의 자세를 버리고, 그리스도 안에서의 새로운 피조물로서 오직 성령의 지시와 하나님의 말씀을 따라 살아야 한다.

본문의 성령의 아홉 가지 열매들 가운데 "오래 참음"은 사랑, 희락, 화평에 이어서 나오고, 자비, 양성, 충성, 온유, 절제가 그 뒤를 따른다. 이런 성령의 열매들의 공통적 특성은 인간의 탐욕이나 이기심을 배재한 하나님 중심적 거룩함이다. "성령의 열매"란 그리스도인의 거룩한 인격과 삶의 성과를 가리킨다. 좋은 나무가 좋은 열매를 맺듯이(마 7:17) 그리스도인은 선한 품성과 행위로 남에게 유익이 되고 그리스도의 몸 된 교회에 덕을 세워야 한다. 이것이 그리스도인의 윤리 지침이다.

그러나 "성령의 열매"조차 영적 오만과 자랑으로 변질될 수 있음을 알고 주의해야 한다.

---

[1] L. H. Marshall, *The Challenge of NT Ethics* (London: Macmillan, 1974), 220; E. H. Wahlstrom, *The New Life in Christ*, 152; cf. G. E. Ladd, *A Theology of the New Testament* (1995), 559. Ladd는 성령 외에도 양심, 이성, 본성, 그리스도의 모본, 그리스도와의 연합, 종말론 등이 바울의 윤리의식의 동기라고 한다(고전 3:15; 6:15; 11:1, 14; 고후 5:10; 엡 2:3; 빌 2:5 이하; 딤후 4:8 등). 그러나 신자는 성령의 인도를 받아 윤리적 판단을 한다. 성령이 신자의 양심, 이성, 본성 등 자연인의 기능을 지배한다.

각 사람에게 성령을 나타내심은 유익하게 하려 하심이라(고전 12:7; 참조, 14:4, 6, 12, 14, 17, 40).

성령을 따르는 사람이란 자신이 주인이 아니라 자신에게 내주하시는 성령을 주인으로 모시고 사는 거룩한 사람이라는 것이다. 우리가 성령을 따르는 사람이라면 어떤 환경이나 어떤 사람을 만나든지 성급하게 단정하지 않고 오래 참음 가운데 하나님의 역사하심을 느긋이 기다리는 자세를 가져야 한다. 그러므로 사도 바울은 고린도전서 13장에서 사랑은 "모든 것을 오래 참고 견디는 것"이라고 가르친다.

기계와 전자의 속도를 따라 빠르게 진행되는 현대 문명은 자주 우리의 타고난 자연 생체의 리듬을 깨뜨리면서 기계화, 물량화, 비인간화 등에 의한 각종 신체와 정서적 장애를 유발한다. 사람이 자주 기계의 부품이나 로봇으로 취급되고, 기계 문명의 빠른 속도를 따라서 매사에 조급하게 움직인다. 이런 비인간적 물질문명의 폐해 가운데서도, 그리스도인은 여전히 "모든 것을 오래 참기"를 힘써야 한다. 그것은 특별히 우리의 원수를 포함한 모든 사람들을 하나님의 사랑의 대상으로 알고 선하게 대하는 관용적인 자세를 가리킨다. 이런 너그러움은 성령의 역사하심으로 가능한 것이다. 성령은 그리스도의 사랑의 보혈로 구원받은 우리들에게 소중한 인격과 삶의 열매를 맺게 하시는 것이다(갈 5:22).

우리의 옛 사람이나 현대 개인주의적 심리학은 자연인의 이기주의적 본성을 따라 우리 스스로 결단하며 우리의 사욕을 따라 살도록 우리를 부추기지만, 우리는 이런 이지적(理智的) 미혹을 뿌리치고 성경의 가르침을 따라서 그리스도 안의 새 사람으로서 살기를 계속해서 결단해야 한다(고후 5:17). 그리스도인과 교회는 사욕적 판단을 따라 성급하게 결정하지 않고 "오래 참음" 가운데 하나님의 영, 그리스도의 영, 성령을 따라야 한다.[2]

내가 이르노니 너희는 성령을 따라 행하라 그리하면 육체의 욕심을 이루지 아니하리라(갈 5:16).

---

[2] 막 13:11; 요 14:26; 16:13-15; 롬 8:9, 11, 14, 16, 26, 27; 고전 6:19; 13:3, 7; 고후 6:6; 엡 5:18; 빌 2:1; 3:3; 살전 5:19; 딤후 1:14; 벧전 1:12; 요일 3:14; 계 2:7 등.

> 내 사랑하는 자들아 너희가 친히 원수를 갚지 말고 하나님의 진노하심에 맡기라 기록되었으되 원수 갚는 것이 내게 있으니 내가 갚으리라고 주께서 말씀하시니라 네 원수가 주리거든 먹이고 목마르거든 마시게 하라 그리함으로 네가 숯불을 그 머리에 쌓아 놓으리라(롬 12:19-20).

본문에서 그리스도인의 성품을 "열매"라고 표현한 것은 다른 곳에서 그리스도인의 영적 능력이나 직책을 성령의 "은사"라고 표현하는 것과 대조적이다(롬 12:6; 고전 12:9 이하; 약 1:17; 벧전 4:10; 참조, 롬 5:15, 16 11:29). "성령의 은사"는 단번에 주어지는 것임에 반하여 성령의 열매는 단번에 이루어지는 것이 아니라 오히려 반복적으로 성령을 따르는 삶을 통해서 서서히 형성되는 품성임을 가리키는 것이다(롬 6:22; 7:4; 엡 5:9; 빌 1:11; 골 1:10; 딛 3:14). 같은 뜻으로 예수님도 자주 행위를 "열매"라는 말로 가르치셨고(마 3:8; 7:16-18),

베드로 사도도 그리스도인의 "신성한 성품"을 위해 게으르지 않고 늘 힘써야 할 것을 가르치면서 "열매"라는 말을 썼고(벧후 1:8), 야고보와 유다도 같은 말을 쓴다(약 3:17, 18; 유 1:12). 이런 "열매"라는 말의 "지속적 반복을 통한 성장의 결과"라는 의미는 "오래 참음"의 열매의 특성과도 관련되는 것이다. 즉 모든 성령의 열매, 곧 그리스도인의 품성은 영적 가치 형성에 대한 모든 육적 가치의 도전을 참고 하나님의 뜻을 기다릴 때 형성되는 것이다.

> 오직 주께서는 너희를 대하여 오래 참으사 아무도 멸망하지 아니하고 다 회개하기에 이르기를 원하시느니라(벧후 3:9b).

연약한 우리는 조금은 참을 수 있으나 오래 참지는 못한다. 그러나 우리 속에 거하시는 하나님의 영을 따라서 모든 일에 우리의 감정이나 생각을 통제할 때, 결국 남에게 유익이 되고, 교회의 덕을 세우며, 하나님의 영광과 능력이 나타나는 것을 보게 될 것이다.

33. 오래 참음

사랑은 오래 참고 사랑은 온유하며 … 모든 것을 참으며 모든 것을 믿으며 모든 것을 바라며 모든 것을 견디느니라(고전 13:4-7).

우리가 참아야 할 "모든 것"은 급박한 세상, 성급한 이웃, 조급한 우리 자신, 그리고 무엇보다 다급한 우리 간구에 대해서 "느긋하신 하나님"이시다.

여호와여 어느 때까지니이까(시 13:1).

그러나 연약하고 조급한 우리에게 십자가를 참으신 그리스도께서 영원한 모본이 되신다.

누구든지 나를 따라오려거든 자기를 부인하고 자기 십자가를 지고 나를 따를 것이니라(마 16:24).

매사에 조급한 우리 자신을 십자가에 못 박고, 모든 것을 오래 참으며, 우리에게 나타날 하나님의 위로와 영광을 기다리자.

2015년 12월 23일

34. 거짓 선지자

> 이 땅에 무섭고 놀라운 일이 있도다 선지자들은 거짓을 예언하며 제사장들은 자기 권력으로 다스리며 내 백성은 그것을 좋게 여기니 마지막에는 너희가 어찌하려느냐(렘 5:30-31).

제사장과 선지자는 모두 구약 시대에 하나님의 일을 하는 하나님의 사람들이었다. 그들 모두 종교 다원주의 시대에 이스라엘 신앙전통을 굳게 지킴으로서 국민의식을 통합하는 데 기여하였다(왕상 18:16-46; 왕하 11:4-21; 22:12 이하). 제사장은 제대로 교육받은 국가 고위직 공무원으로서 구약 종교의 중심 의식인 하나님께 제사를 드리는 일을 주도하였으나, 선지자 또는 예언자는 특별한 교육 과정 없이 하나님의 부르심을 받아 자유롭게 예언활동을 하였다(참조, 왕하 4:1). 제사장들은 제사의식을 통해서 국가 전체의 안위와 평강을 위해 기도하면서 주로 국가와 사회의 현재 체제를 유지하는 수구적 세력인 반면에, 예언자들은 보다 넓은 시각을 가지고 왕이나 백성들에게 임박한 하나님의 진노와 국가적 위기를 예언하는 개혁과 진보를 위한 세력이라고 할 수 있다.

성경의 예언자들은 불의한 제사장들과 탈선한 예언자들의 안이하고 탐욕적인 자세를 자주 공격하였다.[1] 특별히 예레미야는 예루살렘의 멸망을 예언하던 가운데 이를 반대하며 백성들을 안심시키는 데 주력하던 당시 제사장들과 예언자들을 모두 공격하였다.

> 그들이 내 백성의 상처를 가볍게 여기면서 말하기를 평강하다 평강하다 평강하다 하나 평강이 없도다(렘 6:14).[2]

---

[1] 사 28:7; 렘 1:8; 4:9; 5:31; 6:13-14; 8:10-11; 14:14-15; 23:9 이하; 26:8-16; 27:9, 14-18; 29:24 이하; 겔 22:26 등.

[2] 참조, 신 13:1-5; 18:22; 왕상 22:22; 렘 6:14; 8:10-11; 23:9-40; 27:9-17; 28:15; 29:21, 31; 겔 13:1-6.

그러나 예언자들의 공격대상은 주로 거짓 예언자들이었다. 예언자들 가운데 예언이나 점술 같은 종교적 능력을 생활 수단으로 삼은 탐욕적인 예언자들이 있었기 때문이었다.[3] 거짓 예언자들은 주로 사람들이 원하고 그들의 귀에 듣기 좋은 축복만을 예언하여 사람들의 호감과 인기를 얻었다(미 2:11). 그들의 예언은 그들 자신의 탐욕과 거짓 영으로 말미암은 것이었다.

> 내 백성을 미혹하는 선지자들은 이에 물 것이 있으면 평강을 외치나 그 입에 무엇을 채워 주지 아니하는 자에게는 전쟁을 준비하는도다(미 3:5).

엘리사의 종 게하시가 탐심의 종 노릇을 하다가 저주받은 일을 잊지 말자(왕하 5:20-27).

> 그 선지자들이 허탄한 묵시를 보며 거짓된 것을 보았은 즉 내가 너희를 치리라 주 여호와의 말씀이니라(겔 13:9).

아합 왕 시대에 미가야 선지자는 "흉한 것만을 예언하는 선지자"로 미움을 받았는데, 시드기야를 비롯한 많은 선지자들이 아합 왕이 길르앗 라못으로 가서 아람 왕과 전쟁하면 승리할 것이라고 예언하였으나, 미가야 선지자는 반대로 패전을 예언하였다(왕상 22:5-37). 거짓 선지자 시드기야는 미가야의 뺨을 치며 "여호와의 영이 나를 떠나 어디로 가서 네게 말씀하시더냐"(왕상 22:24)라고 호통을 쳤으나, 결국 미가야의 예언대로 아합 왕은 그 전쟁에서 전사했다.

또한 예레미야는 예루살렘의 멸망을 예언하였는데, 시드기야, 아합, 하나냐, 스마야 같은 예언자들은 모두 예레미야를 반대했다(렘 26:8 이하; 28:1-17; 29:21, 31). 이때 예레미야와 같이 예루살렘 성의 멸망을 예언하던 우리야는 처형당했다(렘 26:23). 특별히 하나냐는 예루살렘의 멸망을 예언하는 예레미야의 나무 멍에를 빼앗아 꺾으며 그의 예언과 반대되는 예언을 했다(렘 28:10). 이에 대해 예레미야는 신명기의 모

---

[3] 왕상 22:5 이하; 왕하 5:20-27; 9:19; 렘 28:1; 애 4:13; 겔 13:1-23; 22:25-28; 미 3:5, 11.

세의 말을 따라서 그를 경계했다.

> 나와 너 이전의 선지자들이 예로부터 많은 땅들과 큰 나라들에 대하여 전쟁과 재앙과 전염병을 예언하였느니라 평화를 예언하는 선지자는 그 예언자의 말이 응한 후에야 그가 진실로 여호와께서 보내신 선지자로 인정받게 되리라(렘 28:8-9; 참조, 신 13:1-5; 18:22).
> 선지자 하나냐여 들으라 여호와께서 너를 보내지 아니하셨거늘 네가 이 백성에게 거짓을 믿게 하는도다(렘 28:15).

하나냐는 결국 그 해에 죽었다(렘 28:17). 이런 구약 시대의 불의한 제사장들의 횡포와 거짓 선지자들의 탈선은 계속해서 신약 시대로 이어진다. 예수님도 당시 종교 지도자들 특히 바리새인들과 서기관들의 외식을 거듭 비판하셨고(마 5:20; 마 23장), 거짓 선지자들의 출현을 경계하셨다(마 7:15; 24:24). 실제로 초대 교회에도 거짓 선지자들이 활동하였고 사도들은 이들을 경계하였다.[4]

중세 교회가 외식과 형식 그리고 미신으로 흐를 때 개혁자들이 교회개혁 운동을 시작하였다. 그러나 개혁교회도 또 다른 형태의 외식과 위선에 빠질 수 있다. 특별히 최근 뉴스 보도에 나타나는 교회 지도자들의 비행들을 보면서 그들에 대한 실망과 함께 우리 자신들을 성찰하지 않을 수 없다. 중세 가톨릭교회의 잘못된 신앙과 신학을 바로 잡기 위해 일어난 개혁교회가 사회적 지탄의 대상이 되는 것은 매우 부끄럽고 안타까운 일이다.

첫째, 교역자들 가운데 교회의 개혁과 변화를 위한 예언자적 사명을 잊고 안일주의적이고 외식적인 제사장식 전통을 따라 교회의 안정과 유지에만 집중하는 것이 아닌가?

경건함과 헌신이 결여된 의례적인 예배, 그리스도의 사랑이 결핍된 형식적인 교제, 구태의연한 신앙생활에 대한 도전과 변화 대신 일상적 안위와 세속적 성공을 위

---

4 행 13:6; 20:29-30; 롬 16:17-19; 고후 11:4, 13-15; 12:16; 갈 1:7; 2:4; 엡 5:6; 골 2:8; 살후 2:1-12; 딤전 4:1-3; 6:3; 딤후 2:17-18; 3:4; 4:3; 딛 1:10-16; 3:9-11; 벧후 2:1; 요일 2:18-24; 4:1-6; 요이 7; 유 4-19; 계 16:13; 19:20; 20:10.

한 설교 등으로 주님을 향한 사랑과 헌신 대신 사람들의 칭찬과 인기를 얻고자 하지는 않는가?

그리고 목회자는 지친 영혼들보다 자신의 명예와 입신영달(立身榮達)을 위해 목회하는 것은 아닌가?

대다수의 안정된 교회의 목회 지침이 변화와 개혁보다는 현 상태 유지와 안정에만 집중하는 경향이 있다. 그러나 진정한 하나님의 종은 하나님의 의를 따라 일하면서 고난을 받았다.

> 너희 전에 있던 선지자들도 이같이 박해하였느니라(마 5:12b).
>
> 이제 너희를 위하여 받는 괴로움을 기뻐하고 그리스도의 남은 고난을 그의 몸된 교회를 위하여 내 육체에 채우노라(골 1:24).

둘째, 교역자들 가운데 성경이 경계하는 거짓 선지자들처럼 신령한 능력을 과시하면서 탐욕을 추구하는 이들은 없는가? (마 7:22-23).

주님께서 제자들에게 "너희가 거저 받았으니 거저 주라"(마 10:8)고 하신 말씀을 기억하자.

셋째, 교역자를 교육과 외모와 인기, 교회를 크기와 전통과 교단 등 외적 기준으로만 판단하지는 않는가?

교회와 교역자의 평가는 성경 말씀과 선한 양심을 따라 바르게 가르치고 행하느냐에 따라 결정되어야 한다(렘 23:32).

사도 바울은 자신의 사도직의 진정성의 증거를 다음과 같이 제시한다.

① 하나님의 영과 계시에 의한 사역(고전 2:10-16; 7:40; 갈 1:12; 엡 3:5).
② 십자가를 지신 그리스도의 마음과 고난을 따르는 사역.[5]
③ 그리스도의 사랑과 인내의 증거(고후 12:12-15).
④ 기적과 표적 같은 성령의 능력과 체험(롬 15:19; 고후 12:2-12).

---

5 고후 4:7-15; 6:4-10; 11:23-33; 12:9-14; 갈 6:14; 빌 2:빌 2:16-17; 3:10; 골 1:24 등.

특별히 사도 바울은 교회의 머리되신 그리스도의 고난에 자발적으로 기쁘게 참여하는 교역자가 진정한 그리스도 교회의 사역자임을 강조한다. 어떤 어려움 가운데서도 모든 사욕을 버리고 순전한 마음으로 하나님의 말씀을 힘써 전하고, 하나님의 일에 전적으로 헌신하는 것이 성경의 모든 진실한 선지자들과 하나님의 사람들에게서 공통적으로 발견되는 진정성의 증거다.

오직 너 하나님의 사람아, 이것들을 피하고 의와 경건과 믿음과 사랑과 인내와 온유를 따르며 믿음의 선한 싸움을 싸우라 영생을 취하라 이를 위하여 네가 부르심을 받았고 많은 증인 앞에서 선한 증언을 하였도다(딤전 11-12).

한편, 거짓 교역자들이나 이단들의 출현과 활동은 그들의 거짓된 교훈과 잘못된 사역을 비호하는 일부 교인들의 지지와 도움으로 말미암는 측면도 있다. 결국 그리스도인 모두가 온전한 교회를 위한 책임의식을 가져야 한다.

귀 있는 자는 성령이 교회들에게 하시는 말씀을 들을지어다(계 1:7, 11, 17, 29, 3:6, 13, 22).

2015년 12월 24일

35. 영적 전쟁

> 육신을 따르는 자는 육신의 일을, 영을 따르는 자는 영의 일을 생각하나니 육신의 생각은 사망이요 영의 생각은 생명과 평안이니라(롬 8:5-6).

인생은 세상에 태어날 때부터 세상을 떠날 때까지 죽음의 위험에 노출되어 있다. 우리 몸의 방어 체계는 어떤 외부 충격으로부터 보이지 않는 세균의 침입에 이르기까지 우리의 몸을 지키기 위해 작동한다. 무엇보다, 우리는 우리의 몸의 건강을 위하여 적절한 식사와 운동을 해야 한다.

사람들은 보이는 몸의 건강관리에 대해서는 관심이 많으나 보이지 않는 영적 건강관리에 대해서는 등한히 한다. 그러나 영적 건강관리는 몸의 건강관리만큼이나 중요한 것이다. 사람의 영과 육은 자주 상호 의존적이며, 사람의 영은 궁극적인 사람의 본질인 반면에, 사람의 육은 일시적 본질이므로 영적 건강관리는 육적 건강관리보나 너 중요한 것이나.

사람들은 양심, 도덕률, 이념, 이성과 감성 등에 의한 내적 투쟁을 하지만, 결국은 그 사람이 "영"과 "육" 가운데서 어디에 속했느냐에 따라서 그 싸움의 성격과 성패가 결정된다. 불신자들의 투쟁은 결국 "영"을 대적하는 육적 투쟁이므로 육의 제한적 본질로 말미암아 패전하게 마련이다. 그리스도인도 불신자와 같이 양심, 도덕률, 이념, 이성과 감성에 의한 내적 싸움을 하지만, 근본적으로 "육"을 대적하는 영적 전쟁이므로 결국 승리하게 마련이다.

로마서 8장에서 바울은 "그리스도 예수 안에 있는 생명의 성령의 법이 죄와 사망의 법에서 너를 해방하였음이라"(롬 8:2)고 구원받은 그리스도인의 정체성을 확인한 후에 4절부터 구원받은 그리스도인은 마땅히 그를 구원하신 하나님의 영(그리스도의 영=성령)을 따라 살아야 할 것을 가르친다(롬 8:9-16). 이것은 바울이 갈라디아서에서 이신득의의 구원 진리를 가르친 후에 5장 16절 이하에서 "성령을 따라 행하라"고 가르치는 것과 같다.

본문에서 바울은 인생을 "육"과 "영"으로 양분하여 사람이 어느 쪽을 따르느냐에 따라서 사망이나 생명의 심각한 결과로 이어진다는 사실을 지적한다. 세상 사람들은 인생을 결국 같은 인생으로 보지만 하나님께서는 그리스도 안에 있는 사람과 그리스도 밖에 있는 사람의 운명을 각기 생명과 사망으로 결정하셨다(롬 8:1-2).

그러므로 그리스도 안에 있는 사람은 이제 그를 죄로부터 자유롭게 한 하나님의 영(그리스도의 영=성령)을 따라 살아야 마땅한 것이다. 이런 영적 투쟁은 앞서 로마서 7장에서 바울이 지적하는 바, 사람이 그리스도를 믿기 이전에, 율법대로 살려고 애쓰지만, 육신의 연약함으로 말미암아 결국 실패만 했던 낡은 시대의 투쟁과는 전혀 다르다. 그리스도로 말미암은 구원의 은혜를 믿는 사람은 더 이상 연약한 인간의 의지가 아니라 그리스도의 구원의 은혜를 믿게 하신 성령의 도우심을 받아 싸우기 때문이다.

> 그러나 진리의 성령이 오시면 그가 너희를 모든 진리 가운데로 인도하시리니 (요 16:13a).
> 이와 같이 성령도 우리의 연약함을 도우시나니(롬 8:26a).

성령의 인도하심을 받음에도 불구하고 그리스도인은 여전히 "육"의 유혹을 받는다. 그리스도인은 여전히 죄성을 가지고 있고, 그가 사는 이 세상은 아직도 죄의 지배를 받기 때문에 그리스도인은 부단히 안팎의 모든 "육"의 유혹을 물리치고 성령의 인도와 지시를 받아야 한다.

로마서 8장 6절은 문자적으로는 한글 개역개정판과 같이 "육신의 생각은 사망이요 영의 생각은 생명과 평안이니라"라고 번역할 수 있다. 그러나 NIV는 "지배한다"(control)라는 의미상의 동사를 사용함으로써 원래의 의미를 보다 정확하게 나타낸다.

"죄인의 생각은 사망이요, 영에 의해 '지배받는' 생각은 생명과 평안이니라" (The mind of sinful man is death, but the mind controlled by the Spirit is life and peace).

이 NIV 번역의 앞 문장을 뒷 문장과 같이 "지배한다"는 동사를 넣어서 번역하면 그 의미가 더 분명히 나타난다.

"육에 의해 '지배를 받는' 생각은 사망이요, 영에 의해 지배받는 생각은 생명과 평안이니라."

이런 번역은 본문이 가르치는 바 우리의 영적 각성과 책임을 강조하는 것이다. 즉 우리는 우리 자신의 모든 생각(프로네마: 마음, 정신, 사고)이 "육"에 의해 지배받는가 아니면 "영"에 의해 지배받는가를 수시로 점검하면서 올바른 영적 결단을 해야 할 책임이 있다. 본문은 모호한 신앙이 아니라 "영"과 "육"의 이분법적인 가르침으로 분명하고 확고한 신앙을 가질 것을 촉구한다. 성경의 "영"과 "육"의 이분법적 가르침은 흔히 학자들이 지적하는 대로 희랍 철학의 이원론적 사고에서 비롯된 이교적인 것이기 전에 성경의 오랜 교육 전통이다.

모세는 신명기의 긴 연설을 마친 후에, "내가 생명과 사망과 복과 저주를 네 앞에 두었은즉 너와 네 자손이 살기 위하여 생명을 택하고 네 하나님 여호와를 사랑하고 그의 말씀을 청종하며 또 그를 의지하라"(신 30:19b-20a)라고 이스라엘 백성에게 신앙적 결단을 촉구한다. 여호수아는 이스라엘 백성에게 이방신들이든지 여호와든지를 "너희가 섬길 자를 오늘 택하라"(수 24:15b)고 말했고, 엘리야도 바알신이든지 여호와든지 둘 중에서 하나를 택할 것을 요구했다(왕하 18:21). 유사하게 예레미야도 "보라 내가 너희 앞에 생명의 길과 사망의 길을 두었노라"(렘 21:8)는 하나님의 말씀으로 이스라엘 백성의 신앙적 결단을 촉구했다. 예수님도 자주 이분법적 교훈과 비유로 청중에게 분명하고 확고한 믿음을 가질 것을 촉구하셨다.[1]

> 육으로 난 것은 육이요 영으로 난 것은 영이니(요 3:6).
> 썩을 양식을 위하여 일하지 말고 영생하도록 있는 양식을 위하여 하라 이 양식은 인자가 너희에게 주리니 인자는 아버지 하나님께서 인치신 자니라(요 6:27).
> 살리는 것은 영이니 육은 무익하니라 내가 너희에게 이른 말은 영이요 생명이니라(요 6:63).

사도 바울도 율법과 복음, 제1 아담과 제2 아담 등 이분법적 대조방법을 자주 사

---

[1] 마 7:24-27; 13:31 이하; 20:1-16; 22:1-14; 15-22; 눅 10:25-37; 15:11-32 등.

용했다.[2] 또한 하나님의 창조는 어둠과 빛, 혼돈과 질서로 나뉘고, 하나님의 지혜의 말씀은 어리석음과 지혜로 나뉜다. 하나님의 구원 진리도 결코 모호하지 않고 천국과 지옥으로 분명히 나뉘는 것이다.

이렇게 성경 전체가 이분법이나 대조법을 통해서 하나님의 구원 진리와 그 진리를 믿고 따르는 신앙생활을 결단하도록 촉구하고 있으므로 이런 이분법적 어법을 특정한 시대의 표현법으로 한정시킬 것이 아니라 성경 전체가 가르치는 "영적 전쟁"의 교훈에 나타나는 공통적 표현법으로 보아야 한다.

2015년 12월 27일

---

[2] 롬 5:12-21; 11:17-24; 고전 1:21; 15:35-54; 고후 2:16; 3:6 이하; 4:10-12, 16-18; 5:1-4; 갈 4:21-31 등.

36. 십자가를 결단하신 주님

> 아빠 아버지여 아버지께서는 모든 것이 가능하오니 이 잔을 내게서 옮기시옵소서 그러나 나의 원대로 마시옵고 아버지의 원대로 하옵소서(막 14:36).

주님께서 십자가에 달리시기 전날 밤에 겟세마네 동산에서 십자가의 고난을 되도록 면하여 주시도록 하나님께 기도드리신 것에 대해서 다음과 같이 생각할 수 있다.

첫째, 비록 주님은 죽음 후에 부활하실 것을 아셨으나, 주님은 하나님의 아들이시면서도 인간이시므로, 인간의 연약함 가운데 십자가의 극심한 육체적 고난을 두려워하셨다. 실제로 주님께서는 십자가에서 심한 육체적 고통을 받으셨다. "나의 하나님 나의 하나님 어찌하여 나를 버리셨나이까"라고 탄식하셨고(마 15:34; 시 22:1), "목마르다"고 외치셨고(요 19:28), 로마 군인의 창에 찔리시어 피를 흘리셨다(요 19:34). 주님은 하나님의 속죄양으로서 죄의 형벌의 극심한 고통을 실세로 경험하셔야 했다.

> 그가 찔림은 우리의 허물 때문이요 그가 상함은 우리의 죄악 때문이라 그가 징계를 받음으로 우리는 평화를 누리고 그가 채찍에 맞음으로 우리는 나음을 받았도다 (사 53:5).

죄인의 중보자로서의 그리스도의 고난은 구속론적이면서도 실제적인 것이었다.
둘째, 만인의 죄의 형벌을 대속하는 십자가의 죽음은 육체적 고통뿐만 아니라 극심한 심리적 영적 고통이었다.

> 내 마음이 심히 고민하여 죽게 되었으니(막 14:34).

① 영원한 생명의 주로서 죄인으로 죽어야 한다는 것은 생명의 주로서의 "존재 해체"라는 특별히 극심한 고통이었다.
② 더구나 예수님은 십자가의 고난을 피하거나 극복할 수 있는 권한과 능력을 소유하셨음에도 불구하고, 이를 스스로 포기해야 하셨다(마 26:54).

주님의 십자가의 죽음은 주님의 특별한 신적 신분과 구원 사역의 목적으로 말미암아 육체적 고난은 물론 극심한 영적 혼란과 갈등을 수반하는 매우 고통스런 경험이었다. 그러므로 주님의 죽음에 대한 공포는 자연인의 죽음에 대한 공포와는 다른 차원의 심각하고 특별한 두려움이었다.

다시 말하지만, 예수님은 십자가의 고난을 거절하거나 피할 수 있는 권능도 가지셨으나(마 26:53), 이를 스스로 포기하시고 하나님의 구원의 방법을 따라 고난의 십자가를 지심으로써 구원의 큰 과업을 이루셨다(빌 2:6-8). 우리의 죄를 대속하기 위하여 극심한 십자가의 고통을 자원하신 주 예수의 사랑을 감사하며, 우리도 우리의 모든 "현재의 고난"을 참고 이기자. 우리의 하늘 아버지께서는 선한 싸움을 싸우고 승리한 우리 모두에게 의의 면류관을 주실 것이다(딤후 4:7-8).

믿음의 주요 또 온전하게 하시는 이인 예수를 바라보자 그는 그 앞에 있는 기쁨을 위하여 십자가를 참으사 부끄러움을 개의치 아니하시더니 하나님 보좌 우편에 앉으셨으니라(히 12:2).

2016년 1월 2일

37. 자연 가치의 한계

> 만일 해가 빛남과 달이 밝게 뜬 것을 보고 내 마음이 슬며시 유혹되어 내 손에 입 맞추었다면 그것도 재판에 회부할 죄악이니 내가 그리하였으면 위에 계신 하나님을 속이는 것이라(욥 31:26-27).

자연은 보면 볼수록 기묘하고 아름답다. 이것은 사람의 주관적인 평가가 아니라 자연을 지으신 창조주 하나님의 말씀이다. 창세기 1장에서 하나님께서 세상의 일부를 지으실 때마다 "하나님이 보시기에 좋았더라"는 말이 반복되어 나타난다(창 1:4, 10, 12, 18, 21, 25, 31). 주님께서도 들의 백합화의 아름다움이 솔로몬의 모든 영광보다 더 아름답다고 말씀하셨다(마 6:28-29). 그리고 주님께서는 많은 비유들로 자연 세계에 나타난 하나님의 나라에 대한 "자연 계시"를 가르치셨다. 바울도 세상 만물이 창조주 하나님을 가리킨다고 했다(행 17:27; 롬 1:20).

자연 세계의 아름다움과 신비는 자연 세계 자체의 것이 아니라 태초에 세상을 지으시고 "보기가 좋다"고 하신 창조주 하나님의 지혜와 영광을 반영하는 것이다. 그러므로 결국 자연 세계의 아름다움은 상대적이고 일시적인 피조물의 본질적 한계를 갖는다.

풀은 마르고 꽃의 시듦은 여호와의 기운이 그 위에 붊이라(사 40:8a).

더구나 하나님께서는 때로 자연을 죄의 징벌과 심판의 도구로 삼으신다. 인생은 자연이 주는 혜택과 함께 천재지변으로부터 질병에 이르기까지 자연적 재앙으로 고난받는다.

그러므로 우리는 피조 세계의 한계를 모르고, 그 아름다움에 심취하는 자연 예찬론자들이 되어서는 안 된다. 또한 자연의 위대함이나 아름다움을 예찬하는 시나 노래를 들으면서, 작가들과 함께 자연을 찬양하거나 감탄하기보다는 오히려 시편 기자와 찬송가 작가들과 함께 자연을 아름답게 지으신 창조주 하나님을 찬양해야 한다.

> 하늘이 하나님의 영광을 선포하고 궁창이 그의 손으로 하신 일을 나타내는도다 (시 19:1).

동시에, 우리는 생성소멸의 자연을 탄식는 비관적 자연주의도 경계해야 한다. 자연의 한계에 빗대어 인생의 한계를 슬퍼하는 시와 노래가 많다. 그러나 우리는 자연과 인생의 한계를 통해서도 창조주 하나님의 권능과 인자하심을 찬양해야 한다.

> 풀은 마르고 꽃의 시듦은 여호와의 기운이 그 위에 붊이라(사 40:8a).
> 우리의 연수가 칠십이요 강건하면 팔십이라도 그 연수의 자랑은 수고와 슬픔뿐이요 신속히 가니 우리가 날아 가니이다 누가 주의 노여움의 능력을 알며 누가 주의 진노의 두려움을 알리이까 우리에게 우리 날 계수함을 가르치사 지혜로운 마음을 얻게 하소서 여호와여 돌아오소서 언제까지니이까 주의 종들을 불쌍히 여기소서 아침에 주의 인자하심이 우리를 만족하게 하사 우리를 일생 동안 즐겁고 기쁘게 하소서 (시 90:14).

세상 만물과 우리 인생이 결국 한계 상황 가운데 있음을 알고 장차 나타날 하나님의 영원한 구원의 날을 사모해야 한다(롬 8:19-24; 빌 3:20-21; 벧후 3:12-13).

고대인들은 대개 자연을 경외하고 숭배했다. 현대인들도 자연을 삶의 근거로 중시한다. 그러나 자연 세계는 사람에게 재난을 줄 수도 있다. 욥은 자신이 소유한 재산과 자식들을 모두 다 잃어버리고도 만물의 창조주이시며 주인이신 하나님을 의지함으로써 자연의 재난을 극복하였다(욥 1:16, 19, 21-22). 성경은 보이는 물질이나 사람이 아니라 만물을 주관하시는 보이지 않으시는 창조주 하나님을 의지하는 욥의 믿음을 참된 지혜의 모본으로 제시하는 것이다. 반면에, 예수님은 "어리석은 부자"의 비유로 사람들이 세상의 보이는 일시적 가치에 집중하는 것을 어리석은 것이라고 가르치셨다(눅 12:13-21).

하나님께서 지으신 자연의 아름다움과 유익에도 불구하고 자연은 여전히 피조물의 본질적 한계를 가진다. 무지한 고대인들은 보이는 자연을 신격화하여 우상으로 섬겼고, 낭만주의자들은 자연을 의인화하여 찬양하고, 많은 합리주의자들이나 현대 과학자들은 자연을 절대시하지만, 이는 자연 세계를 지으신 창조주 하나님께 불경스런 일이다(신 4:19; 렘 2:27; 8:2; 겔 8:16). 하나님께서는 아담의 타락 후에 땅을 저주하셨다(창 3:17-18). 하나님은 자연을 섬기는 사람들에게 오히려 자연이 재앙이 되게 하신다. 하나님께서는 가뭄과 홍수, 지진과 쓰나미 같은 자연 재난으로 땅을 황폐케 하심으로써 자연의 한계를 드러내기도 하시고, 죄악 세상을 심판하기도 하신다.[1]

그렇다고 성경은 보이는 피조물의 가치를 아주 무시하는 것은 아니다. 세상 만물도 창조주 하나님께서 지으신 것이고, 하나님께서는 자신이 지으신 만물을 아끼시고 보살피신다(창 6:19; 8:21). 하나님께서는 그가 지으신 피조물을 피조 세계 전체의 생존과 번영을 위해 쓰시고(창 1:30), 특별히 그의 형상인 우리 인간을 위해 사용하신다(창 1:29; 2:16; 6:21; 9:3; 신 28:2 이하; 마 5:45; 6:11, 32). 하나님께서는 노아의 시대에 죄악 세상을 홍수로 심판하셨으나, 하나님은 노아의 가족과 각종 짐승들을 방주로 피신하게 하셨고, 홍수가 끝난 후에 다시는 생물을 멸하지 않겠다고 약속하셨다.

> 내가 전에 행한 것같이 모든 생물을 다시 멸하지 아니하리니 땅이 있을 동안에는 심음과 거둠과 추위와 더위와 여름과 겨울과 낮과 밤이 쉬지 아니하리라(창 8:21b-22).

주님께서는 세상 만물이 하나님의 선물임을 가르치셨다(마 6:11; 20, 32). 다만 사람이 하나님보다 피조물을 더 의지하는 것을 경계하는 것이다. 하나님의 자녀는 보이는 세상의 가치 대신 보이지 않으시는 하나님 나라의 의를 추구할 것을 가르치셨다(마 6:33).

결국 하나님께서는 이 어려운 현재의 세상을 멸하시고 새 하늘과 새 땅을 지으실 것이다(사 65:17; 66:22; 벧후 3:13; 계 21:1). 세상의 창조주이신 하나님은 세상의 구원주시다. 하나님의 구원이란 궁극적으로 죄로 오염된 창조 세계의 원상회복이다. 장차 나타날 하나님의 나라는 완전한 세상이다(계 21:1 이하). 하나님의 신천신지가 현

---

[1] 레 26:31; 왕상 17:1; 시 69:25; 사 15:1; 64:10-11; 렘 7:34; 8:2; 9:11; 12:10; 22:5-1; 25:12, 36; 27:17; 51:55, 62 등). 하나님께서는 황폐하게 하신 땅을 회복하기도 하시지만(사 44:26; 49:19; 54:3; 겔 36:33; 말 1:4 등.

세상의 회복인지 완전히 새로운 창조인지는 불확실하나 창조주 하나님의 피조물에 대한 본능적 애착심을 생각할 때 전자일 가능성이 높다(계 21:1). 그러나 중요한 것은 반드시 완전한 세상이 온다는 사실이다.

그러므로 하나님을 믿는 우리는 제한적인 피조 세계의 아름다움이나 가치를 따라서 슬퍼하거나 기뻐하는 어리석은 낭만주의자가 될 수 없다. 오히려 만물을 지으시고 주관하시는 영원하신 하나님을 영화롭게 하고 그를 즐겨야 한다. 또한 우리는 피조 세계의 제한적인 가치로 만족하거나, 반대로, 자연의 재앙이나 위협을 두려워하는 물신(物神)주의자들이 될 수 없다. 오히려 피조 세계를 지으시고 주관하시는 하나님을 경배하고, 장차 하나님께서 지으실 완전한 세상을 사모해야 한다.

> 우리는 그의 약속대로 의가 있는 곳인 새 하늘과 새 땅을 바라보도다(벧후 3:13).

하나님을 믿는 우리가 더 이상 생성소멸을 거듭하는 이 세상의 제한적 가치에 집중하는 것은 부끄러운 일이다. 새해에는 허망한 자연주의적 가치관을 버리고 영원한 나라의 가치를 힘써 찾자(골 3:2).

> 그런즉 너희는 먼저 그의 나라와 그의 의를 구하라 그리하면 이 모든 것을 너희에게 더하시리라(마 6:33).

2016년 1월 4일

38. 겨자씨 교훈

> 천국은 마치 사람이 자기 밭에 갖다 심은 겨자씨 한 알과 같으니 이는 모든 씨보다 작은 것이로되 자란 후에는 풀보다 커서 나무가 되매 공중의 새들이 와서 그 가지에 깃들이느니라(마 13:31-32).

주님께서는 "겨자씨," "누룩," "밭에 숨긴 보화," "값비싼 진주" 등의 비유로 하나님 나라가 예수님의 인격과 사역으로 시작되었고 이를 알고 예수님을 따르는 제자들이 축복받은 이들임을 가르치셨다. 이런 하나님 나라의 비유들을 통해서 겉으로 보기에 약하고 미미한 나사렛 예수의 무리를 통해서 하나님께서는 큰 구원의 역사를 시작하셨음을 가르치셨다.

이런 하나님 나라의 비유들은 "작고 약한 것 속에 있는 잠재적 큰 힘"이라는 역설적 자연 현상이나 이와 유사한 인간 경험을 통해서 인간이 예측하기 어려운 하나님의 독특한 구원 역사 방법을 가르친다. 물론 "큰 것의 큰 힘"이 지배적 현상이지만 하나님께서는 때로 사람들에게 익숙한 일반적 경험을 벗어난 일을 하심으로써 그의 존재와 영광과 능력을 나타내시는 것이다. 그러므로 우리는 성경에서 "주께서 우리 눈에 크고 기이한 일을 행하셨도다"라는 말을 자주 읽는다.[1] 기적은 단회적인 하나님의 역사인 반면에, 구원 역사는 지속적인 하나님의 구원 역사로서 사람들이 이해할 수 없는 독특하고 기이하고 놀라운 하나님의 일들을 보여준다.

단회적인 기적 사건들과 달리, 지속적인 하나님의 구원 역사는 다만 믿음의 눈으로만 볼 수 있다. 성경에 나타난 하나님의 구원 사건들도 믿음의 눈으로 볼 때 그 독특하고 놀라운 구원의 능력을 알 수 있다. 아브라함이 이삭을 얻은 일, 동생 야곱이 형 에서 대신 장자권을 갖게 된 일, 종으로 팔렸던 요셉이 애굽의 총리가 된 일, 희망이 전혀 없어 보이던 모압 여인 과부 룻이 다윗 왕의 외조모가 된 일, 목동이며 막

---

[1] 출 15:11; 신 25:5; 욥 5:9; 9:10; 시 107:8; 118:22; 119:129; 139:14; 사 29:14; 막 12:11; 계 15:3 등.

내 다윗이 여러 형제들과 사울 왕을 대신하여 이스라엘의 왕이 된 일, 포로가 된 다니엘이 바벨론, 바사의 왕들의 모사가 되어 그들의 나라들을 다스리게 하신 것, 포로 소녀 에스더가 바사 왕 아하수에로의 왕비가 되고, 하만의 위협을 받던 모르도개가 영화롭게 되고, 유대인들이 구원받게 된 일, 그리스도의 탄생, 사역, 죽으심과 부활, 교회를 핍박하던 사울의 회심과 놀라운 복음 사역 등 성경에 나타난 하나님의 구원 역사는 거의 모두 "약한 데서 강하게 되는 주님의 능력"을 보여준다. 이런 기이한 하나님의 구원 역사는 모든 강한 자를 겸손하게 만드는 한편, 모든 약한 자들에게 구원의 소망을 갖게 하고 하나님께 영광을 돌리게 한다(삼상 2:1-10; 눅 1:47-58).

"저희들이 내가 여호와인 줄을 알리라."

하나님의 특이한 구원 역사는 태초에 혼동과 어둠 가운데서 질서와 빛을 창조하신 하나님의 창조의 과정과 일치하는 것이다. 전능하신 하나님께서는 어두움을 빛으로, 죽음을 생명으로, 미련함을 지혜로, 가난함을 부함으로, 천함을 귀함으로, 약함을 강함으로, 진노를 축복으로, 불가능을 가능으로 바꾸시는 구원의 하나님이시다. 겨자씨 비유는 바로 이런 놀라운 능력의 하나님께서 나사렛 예수와 함께 하나님 나라의 일을 시작하셨음을 알리는 교훈이다.

세상 사람들은 "현재의 고난" 가운데 존재 이유와 목적을 잃고 모든 땅의 생물체가 겪는 생성소멸의 자연의 원칙을 따라 자신들의 운명을 비관적으로 본다. 나사렛 예수님은 존재론적 절망에 처한 인생에게 하나님 나라의 영생의 복음을 선포하셨다. 비록 우리의 현존이 겨자씨, 누룩, 보잘 것 없는 밭, 가치 없는 진주처럼 보이더라도, 예수님께서 시작하신 하나님의 나라를 믿는 한 낙심할 필요가 없다.

예수님을 통한 하나님의 놀라운 구원 역사를 믿고 하나님을 바라보라. 하나님을 찾으면 만나리라. 하나님 신앙이란 나 자신의 지혜와 능력과 경험에 집중하기를 버리고 전능하시고 자비로우신 하나님을 바라보는 것이다. 믿음이란 자신이나 세상의 지식과 원칙에 의존하는 인본주의적이고 자연주의적인 자세를 버리고 인격적 하나님을 믿고 그의 사랑과 능력을 바라는 것이다. 인간 문제를 유한한 인간 자신이 아니라 인간을 사랑하시는 전능하신 하나님께 맡기는 것이다.

아무것도 염려하지 말고 다만 모든 일에 기도와 간구로, 너희 구할 것을 감사함으로 하나님께 아뢰라 그리하면 모든 지각에 뛰어난 하나님의 평강이 그리스도 예수 안에서 너희 마음과 생각을 지키시리라(빌 4:6-7).

믿음이란 이 땅의 보이는 허망한 가치 대신 영원한 하나님 나라의 온전한 가치에 집중하는 것이다. 진실한 그리스도인은 이 땅의 일시적 육체적 생명이 아니라 영원한 나라의 생명에 집중한다. 우리가 십자가의 복음을 믿을 때 허망한 세상의 원칙과 우리의 약한 존재 가치가 영원한 하나님 나라의 원칙과 가치로 대체되고 참 자유와 평안을 얻게 되는 것이다. 이것이 "하나님 나라의 비밀"이다(마 13:11 이하).

수고하고 무거운 짐 진 자들아 다 내게로 오라 내가 너희를 쉬게 하리라(마 11:28).
평안을 너희에게 끼치노니 곧 나의 평안을 너희에게 주노라 내가 너희에게 주는 것은 세상이 주는 것과 같지 아니하니라 너희는 마음에 근심하지도 말고 두려워하지도 말라(요 14:27).

주께서 약속하신 평안은 세상의 일시적 평안이 아닌 영원한 궁극적 평안이다. 비록 우리 그리스도의 제자들도 땅에 사는 동안 고난을 받지만, 그것은 세상 사람들의 허망한 고난과 달리 영원한 평안의 소망이 있는 고난이다.

그리스도께서는 "겨자씨 비유"와 "누룩 비유"로 "약한 것의 큰 힘"이라는 십자가의 구원의 원칙을 그리스도인 각자의 일상적인 삶에 적용하여 살 것을 가르치셨다. 사도 바울도 자신의 고난의 사역에 이런 십자가의 구원의 원칙을 적용하였다.

그러므로 내가 그리스도를 위하여 약한 것들과 능욕과 궁핍과 박해와 곤고를 기뻐하노니 이는 내가 약한 그때에 강함이라(고후 12:10).

세상 사람들도 "사즉생"(死卽生)이라는 역설을 믿는다. 적극적으로 이것은 하나님의 세상 경륜을 반영한다고 말할 수 있으나(고후 12:9), 대개 그들은 무심한 자연론자들이거나, 불완전한 합리주의자들이 아니면 변덕스런 감성주의자들일 뿐이다. 성경 말씀은 우리로 하여금 우리를 지극히 사랑하시는 인격적 하나님의 아들들이 되게 한다. 세상 사람들의 교훈은 결국 사람들을 고아와 같이 방황하게 만들고 절망하게 하지만, 하나님의 말씀은 우리로 하여금 하나님을 사랑하게 하고 그에게 헌신하게 하며, 영생하는 구원에 이르게 한다.

> 천국은 마치 사람이 자기 밭에 갖다 심은 겨자씨 한 알과 같으니 이는 모든 씨보다 작은 것이로되 자란 후에는 풀보다 커서 나무가 되매 공중의 새들이 와서 그 가지에 깃들이느니라(마 13:31-32).

그러므로 이제 이 겨자씨 비유가 가르치는 복음을 우리의 작은 마음 밭에 심자. 겨자씨같이 약하고 보잘 것 없는 우리를 통해 나타날 하나님 나라의 능력과 의와 영광을 바라보자.

> 내 말이 네가 믿으면 하나님의 영광을 보리라 하지 아니하였느냐(요 11:40).

겨자씨같이 보잘 것 없지만 진실한 사랑의 행위는 놀라운 기적을 낳는다. 그러나 너무 성급하게 열매와 수확을 바라는 것은 신실한 종의 자세가 아니다. 겨자씨가 움이 트고 자라나는 시간이 필요하다. 사랑의 열매는 모든 땀과 수고의 날들이 지난 후에야 열리는 것이다.

> 사랑은 오래 참고(고전 13:4a).

우리는 우리를 위협하는 무자비한 세상을 참아야 하고, 불신과 무지로 말미암아 거듭 실패하는 우리 자신을 참아야 하고, 더구나 무심하게 보이는 하나님의 더딘 구원 역사와 개입도 참아야 한다.

> 주여 깨소서 어찌하여 주무시나이까 일어나시고 우리를 영원히 버리지 마소서 어찌하여 주의 얼굴을 가리시고 우리의 고난과 압제를 잊으시나이까 … 일어나 우리를 도우소서 주의 인자하심으로 말미암아 우리를 구원하소서(시 44:23-36).

하나님의 구원 역사는 피조 세계의 온전함을 이루시는 긴 과정이다. 우리의 "현재의 고난"은 장차 나타날 큰 영광의 예비 과정이다. 우리의 무능함과 실패도 하나님의 구원 섭리의 일부다. 하나님께서는 우리의 모든 고난의 삶을 통해서 우리로 하여금 완전한 나라에서의 완전한 삶을 사모하게 하신다(롬 8:18-25; 고후 4:16-5:10; 히 4:9-11; 벧전 4:13). 세상의 탐욕에 취한 사람들은 하나님 나라를 유업으로 받을 수 없다(마 6:19 이하; 24:38-39; 눅 12:19-21; 21:34; 갈 5:21).

옛날 이스라엘 백성은 어려운 광야생활에서, 하나님께서 베풀어 주신 그토록 놀라운 기적들에도 불구하고, 하나님을 불신하고 원망하다가 모두 광야에서 죽었다(출 15:24, 16:2-12; 민 11:1; 14:1-3, 22; 고전 10:10). 우리는 그들의 실패의 경험을 거울로 삼아 우리의 죄를 회개하고, 하나님께서 지금까지 베풀어 주신 은혜를 감사하며, 하나님의 최종적인 구원의 약속을 굳게 믿어야 한다(신 8:2-4, 11-20; 욥 1:22).

그러므로 우리는 우리 자신과 온 세상이 온전하게 되는 영광의 날을 소망하면서 오늘 내게 맡겨진 겨자씨같이 하찮은 일도 성실히 수행해야 한다.

잘하였도다 착하고 충성된 종아 네가 적은 일에 충성하였으매 내가 많은 것을 네게 맡기리니 네 주인의 즐거움에 참여할 지어다(마 25:21, 23).

2016년 1월 6일

39. 세상의 종말: "완전한 지식"을 소유할 때

> 우리가 지금은 거울로 보는 것같이 희미하나 그때에는 얼굴과 얼굴을 대하여 볼 것이요 지금은 내가 부분적으로 아나 그때에는 주께서 나를 아신 것같이 내가 온전히 알리라(고전 13:12).

세상의 종말은 이 세상의 끝이면서도, 동시에 완전한 세계의 시작이다(계 21:1 이하). 저 완전한 세상에서 우리는 "현재의 고난" 대신 영광을, 모든 두려움 대신 안정을, 불의 대신 공의를, "하나님의 말씀에 대한 불완전한 지식" 대신 완전한 지식을 갖게 된다.

2천 년 전 우리 주님께서는 이 땅에 오셔서 완전한 하나님의 나라의 건설을 시작하셨다.

> 회개하라 천국이 가까이 왔느니라(마 4:17).

주님께서는 모든 병들고 약한 자들을 치료하시면서 하나님 나라의 도래를 증거하셨다. 그리고 제자들을 하나님 나라의 도래를 증거하는 전도자들로 파송하셨다.

한편, 예수님은 하나님 나라의 도래를 불신하는 이들에게 경고하셨다.

> 그러나 내가 하나님의 성령을 힘입어 귀신을 쫓아내는 것이면 하나님의 나라가 이미 너희에게 임하였느니라(마 12:28).

그리고 장차 주께서 재림하실 때 모든 불확실하고 불완전한 것이 사라지고 선과 악이 명확하게 구별될 것임을 가르치셨다(마 25:1-46).

> 그들은 영벌에, 의인들은 영생에 들어가리라 하시니라(마 25:46).

우리 주님께서 하나님 나라를 시작하실 때 하나님 나라 백성들이 지켜야 할 "하나님의 말씀에 대한 완전한 지식"을 가르치셨다. "내가 율법이나 선지자를 폐하러 온 줄로 생각하지 말라 폐하러 온 것이 아니요 완전하게 하려 함이라"(마 5:17)고 말씀하셨다. 예수님의 교훈은 일면 율법과 상치되는 듯이 보이지만, 사실은 "율법의 원래의 의미"를 가르치셨다(마 5:48; 22:29; 23:23).

무엇보다 예수님은 죽으심과 부활로 인간의 죄를 속하시고, 또한 인간이 스스로 이룰 수 없는 율법의 의를 이루어 주심으로써 하나님의 큰 구원 사역을 이루셨다. 바울은 하나님의 말씀인 율법을 제대로 지킬 수 없는 연약한 인간의 한계를 지적하면서 "하나님의 말씀에 대한 온전한 지식"이란 다름 아닌 그리스도를 믿음으로 구원 얻는 복음임을 밝혔다. 즉 그리스도께서 우리의 죄를 위해 죽으심으로써 인간의 의를 이루기 위한 율법(하나님의 말씀)의 궁극적 목적을 성취하셨으므로 그리스도를 아는 지식이 가장 "고상한 지식"이라고 가르쳤다.

> 또한 모든 것을 해로 여김은 내 주 그리스도 예수를 아는 지식이 가장 고상하기 때문이라 내가 그를 위하여 모든 것을 잃어버리고 배설물로 여김은 그리스도를 얻고 그 안에서 발견되려 함이니(빌 3:8-9a).

2천 년 전 주님의 인격과 사역으로 시작된 하나님의 나라는 교회와 복음 전도의 시대를 지나 이제 불신적인 말세지말(末世之末)로 향하고 있다. 현대 문명은 하나님을 불신하고 죄악으로 치닫고 있다. 주님께서 오신 후 세상은 주님을 믿는 이들과 주님을 불신하는 이들로 나뉘었다.

> 내가 온 것은 사람이 그 아버지와 딸이 어머니와 며느리가 시어머니와 불화하게 하려 함이니(마 10:35).

세상뿐만 아니라 믿는 사람들도 진실히 믿는 이들과 그렇지 않은 이들로 나뉘었다.

> 누구든지 나로 말미암아 실족하지 아니하는 자는 복이 있도다(마 11:6).

현대의 물신주의(物神主義)는 세상을 급속히 불신적으로 만들고 있다.

믿는 우리들도 하나님의 말씀에 대한 서로 다른 지식들로 말미암아 나눠진다. 믿는 우리들도 온갖 탐욕으로 눈이 어두워져 하나님의 진리를 왜곡하고 혼동한다. 믿는 우리들도 서로 상반되게 보이는 성경 말씀들로 말미암아 혼란을 겪는다. 그러나 성경 말씀이 혼란한 것이 아니라 우리의 무지와 제한적인 지적 능력으로 말미암아 성경 말씀이 혼란하게 보이는 것이다. 또한 사탄은 연약한 우리들로 하여금 하나님의 말씀을 오해하고 왜곡하게 한다(딤전 4:1; 요일 4:6). 그러나 믿는 자들은 부지런히 하나님의 말씀을 읽고 성령의 조명을 받음으로써 말씀의 온전한 뜻을 부지런히 찾아야 한다(마 22:32; 요 14:26; 15:26; 16:13; 고전 2:10 이하; 7:40).

첫째, 흔히 하나님의 예정을 가르치는 말씀들과 인간의 책임을 가르치는 말씀들이 우리를 혼란하게 한다. 더구나 하나님께서는 그의 경륜 가운데 때로 악을 허락하신다는 사실이 우리의 이성적 논리에 맞지 않는 것이다.

> 여호와께서 온갖 것을 그 쓰임에 적당하게 지으셨나니 악인도 악한 날에 적당하게 하셨느니라(잠 16:4).

하나님께서는 사울 왕에게 악령을 보내셨고(삼상 16:23), 다윗 왕을 신실한 왕으로 훈련시키시기 위해서 사울 왕의 모든 박해를 허락하셨다. 예수님을 죽인 헤롯과 빌라도와 유대인들도 결국 하나님의 예정하신 뜻을 따른 것이다(행 4:27-28).

하나님께서 이런 모든 악을 허락하셨다면, 그것이 하나님의 책임이지 왜 인간의 책임이 되는가?

그러나 악의 책임을 하나님께 돌릴 수 없는 이유가 있다.

① 하나님이 의로우시고 선하시다는 것은 움직일 수 없는 신학적 대전제이기 때문이다. 하나님이 악의 근원이라는 논리 자체가 비성경적이며 비신학적이며 불경스런 것이다.
② 이성의 논리로는 불합리한 것이 믿음의 논리, 또는 "신앙적 이성"의 논리로는 합당할 수 있기 때문이다. 창조주 하나님께서는 유한한 인간이 이성적 논리로

써 하나님의 뜻에 대항하는 것을 허락하지 않으신다(욥 33:13; 34:29; 36:23, 26; 38:1-2; 40:8-9; 사 55:8-9). 인간이 진흙이라면 하나님은 토기장이시다(사 45:9-10; 렘 18:6; 롬 9:19-24). 진흙이 토기장이의 뜻대로 빚어지듯이 인간도 하나님의 뜻에 자신과 세상을 맡겨야 한다. 토기장이가 잘못 만든 토기를 깨뜨려 버리듯이, 하나님은 자신이 악하게 만드신 악인을 징벌하신다. 하나님께서는 바로 왕의 마음을 완악하게 하셨고 또한 그를 징벌하셨다. 이런 악인에 대한 하나님의 주권적 행사는 결국 이스라엘 백성을 구원하여 하나님의 능력과 영광을 나타내시기 위함이었다(출 6:7; 7:3, 5, 13; 8:15; 9:12; 10:20, 27; 11:10; 14:17, 31 등). 이런 절대적 창조주 하나님의 절대적 구원 행위를 찬양하는 사람은 하나님의 구원의 은혜에 속한 사람이며, 반대로, 이를 무시하거나 비난하는 이들은 하나님의 구원의 은혜 밖에 있는 이들이다.

③ 죄를 범한 인간 자신이 죄책감을 가지고 범죄한 사실을 스스로 인정하기 때문이다. 예레미야는 하나님께서 바벨론을 통해서 선민 이스라엘 백성에게 큰 고난을 주시기로 예정하신 것을 탄식하면서도 결국 이스라엘 백성이 받는 고난은 그들의 죄로 말미암은 것임을 인정한다(애 2:17).

이런 신정론(神正論)적 문제의 근본적 해결은 위의 ①과 ②에서 지적한 것과 같이, 창조주 하나님의 절대적 신분과 피조 인간의 제한적 신분을 인정하는 데 있다. 하나님의 예정과 인간의 책임의 문제는 하나님의 무한성과 인간의 제한성의 본질적 차이에서 비롯된 것이다. 이것을 인정할 때 인간은 하나님의 세상 경륜을 다 알 수도 없고 알아서도 안 되는 부분이 있음을 알게 된다. 인간은 자신의 한계를 넘어 전능자께서 하시는 섭리에 대해 논할 것이 아니라, 다만 하나님의 선하심과 의로우심을 끝까지 믿어야 한다(욥 40:2-4; 사 45:9; 렘 18:6; 롬 11:33-36).

> 트집 잡는 자가 전능자와 다투겠느냐(욥 40:2).

한 마디로, 우리에게 모순이나 불합리하게 보이는 하나님의 말씀과 역사도 결국 하나님의 깊으신 섭리와 지혜로 말미암는 것이다. 하나님께서 허락하시는 악도 우리가 이해할 수 없는 하나님의 의로우심에 속하는 것이다.

여호와께서 온갖 것을 그 쓰임에 적당하게 하셨나니 악인도 악한 날에 적당하게 하셨느니라(잠 16:4).

칼빈은 하나님의 예정을 폭군의 변덕스런 처신에 비교하는 이들도 있으나 이런 생각 자체가 악한 것이며 하나님께 대한 불경죄가 되는 것이라고 지적한다(Inst. III.23.2).

"예정에 대하여 탐구해 들어간다는 것은 바로 하나님의 지혜의 신성한 경내로 침범하는 것이라는 사실이다. 어느 누구라도 몰지각한 확신을 갖고서 이곳을 침범하게 되면 자기의 호기심도 만족시킬 수 없을 뿐만 아니라 미궁 속에 빠져서 도저히 헤어 나오지 못하고 말 것이다"(Inst. III.21.1).

"사람에게 주어지지도 않았고 또한 아는 것이 정당하지도 않은 사안에 대해서는 무식이 곧 유식이며, 알고자 하는 욕심은 일종의 광기인 것이다"(Inst. III.23.8).

어거스틴(Aurelius Augustine, 354-430)도 "하나님의 뜻보다 더 높은 원인을 찾는 것은 하나님을 모욕하는 것이다"라고 말했다.[1] 이해할 수 없는 하나님의 섭리에 대해서는 우리의 이성적 논리를 접고 경외하는 자세를 가짐으로써 하나님의 의로우심과 거룩하심을 해치는 무분별한 생각을 억제하는 것이 바른 신앙의 자세다(Inst. III.23.2).

죄인인 인간의 이성과 논리로써는 하나님의 속성이나 섭리를 제대로 이해할 수 없다. 선하신 하나님을 철저히 믿는 신앙인은 하나님의 성품과 구원 역사에서 나타나는 "모순"이나 "갈등"을 인간이 알 수도 없고, 알아서도 안 되는 하나님 자신의 거룩한 영역에 속하는 뜻과 섭리와 비밀로 알고 무한한 경외심으로 하나님을 바라보아야 한다.[2] 하나님의 불의하심에 대해 의아해 하던 욥이 하나님의 절대적 권능에 대한 말씀을 직접 하나님으로부터 들은 후에야(욥 38:1 이하) 비로소 "내가 스스

---

[1] Augustine, *On Genensis, Against the Manchees*, I.ii.4, *Inst*. I.14.1, 재인용.
[2] 강창희,『칼빈과 웨슬리의 생애와 신학』, 171-186.

로 깨달을 수 없는 일을 하였고 스스로 알 수 없고 헤아리기 어려운 일을 말하였나이다 … 그러므로 내가 스스로 한하고 티끌과 재 가운데서 회개하나이다"(욥 42:2-6)라고 완전히 굴복했다. 신실한 사람은 하나님의 구원 역사의 논리적 "모순"과 "갈등"을 인간이 알 수 없는 하나님의 깊으신 지혜와 섭리로 돌리며 하나님을 찬양한다.

> 깊도다 하나님의 지혜와 지식의 부요하심이여, 그의 판단은 측량치 못 할 것이며 그의 길은 찾지 못할 것이로다(롬 11:33).

하나님은 연약한 우리로서는 도저히 다 알 수 없는 "위대하신 분"(The Great Unknown)이시다. 인간의 무지와 본질적 연약함, 하나님의 무한하신 지혜, 그리고 절대적 주권을 생각할 때 하나님 중심적 논리는 궤변이나 비정상적 논리가 아니라 지극히 정상적인 논리다. 하나님의 절대성과 인간의 유한성을 생각할 때, 하나님의 지혜가 인간의 지혜나 논리와 어긋나는 것이 오히려 당연한 것이다.

> 이는 내 생각이 너희 생각과 다르며 내 길은 너희의 길과 다름이라(사 55:8).

물론 하나님의 모든 교훈과 역사가 역설과 모순으로 이루어진 것은 아니다. 인과론은 하나님의 섭리와 구원 역사에서 중요한 원칙이다. 하나님은 의인과 악인을 분별하여 심판하신다. 다만 우리의 약한 믿음과 한정된 지식이 문제다.

> 이 묵시는 정한 때가 있나니 그 종말이 속히 이르겠고 결코 거짓되지 아니하리라 비록 더딜지라도 기다리라 지체되지 않고 반드시 응하리라 … 의인은 그의 믿음으로 말미암아 살리라(합 2:3-4).

인간의 계획은 하나님의 구원의 예정 가운데 이루어지거나 실패하게 된다. 물론 하나님의 뜻과 인간의 뜻이 항상 대치되는 것은 아니다. 때로 일치되기도 한다. 예로, 솔로몬이 지은 성전은 모세의 장막 성전 때와 달리 하나님의 특별한 지시 없이 솔로몬 스스로 계획하고 구상하여 만든 것이었으나 하나님의 뜻과 부합되므로 하나님께서 기쁘게 받으셨다(왕상 6:11-13; 8:10-11; 9:1-9; 참조, 출 25:9-27:19). 다른 말로, 하나님의 특별한 지시가 없을 때에 우리는 하나님의 통상적인 뜻과 말씀을 따라 행하면 된다.

때로 하나님께서는 의도적으로 어려움과 실패를 허락하신다(삿 20:23-28; 눅 21:31-32). 그것은 모든 장애와 어려움을 통해 하나님의 구원의 능력과 영광을 더욱 크게 나타내시려는 것이기 때문에 우리는 실패에도 불구하고 선한 일을 계속해야 한다.

> 우리가 선을 행하되 낙심하지 말지니 포기하지 아니하면 때가 이르매 거두리라 (갈 6:9).

무엇보다, 하나님의 예정과 섭리는 기계적이고 냉정한 운명론과는 달리, 아들을 희생하시기까지 우리를 사랑하시는 하늘 아버지의 사랑에서 비롯된 것임을 잊지 말아야 한다. 우리가 믿는 하나님은 비인격적이고 무심한 자연주의적, 우주론적 신이 아니라 우리를 언제나 살피시고 사랑하시는 하늘 아버지이심을 알아야 한다. 하나님의 예정도, 영광과 권세도, 결국 연약한 우리의 믿음을 굳게 하시려는 그의 사랑에서 비롯되는 것이다.

둘째, 하나님은 과연 공의로우신 분이신가, 하나님께서 의로운 자를 축복하시며, 불의한 자를 벌하시는가, 다른 말로 인과응보의 원칙이 하나님의 세상 경륜 가운데 작용하는가?

이 문제는 욥과 시편 기자와 예레미야와 하박국의 공통적 질문이었다(욥 21:7; 시 73편; 렘 12:1; 합 1:1-4; 13-17).

> 악한 자의 길이 형통하며 반역한 자가 다 평안함은 무슨 까닭이니이까(렘 12:1b).

이 질문에 대한 성경의 일반적인 대답은 의인과 악인은 종국에는 그들의 행위에 상응하는 보상을 받게 된다는 것이다. 다만 하나님의 오래 참으시는 본성과 자비로우심이나 인간이 알 수 없는 하나님의 세상 경륜으로 말미암아, 하나님의 의의 실

현, 즉 축복이나 징벌이 지연될 수는 있으나 결국 반드시 이루어진다.³

> 이 묵시는 정한 때가 있나니 그 종말이 속히 이르겠고 결코 거짓되지 아니하리라 비록 더딜지라도 기다리라 지체되지 않고 반드시 응하리라 보라 그의 마음은 교만하며 그 속에서 정직하지 못하나 의인은 그의 믿음으로 말미암아 살리라(합 2:3-4).

인과응보는 하나님의 섭리와 구원 역사에서 중요한 원칙이다. 현세에서 성취되지 않은 축복과 저주는 최후의 심판 때에는 온전히 이루어진다(마 16:27; 고전 15:57-58; 계 20:13; 21:8). 그러므로 의인은 이 불의한 세상에서 하나님의 최후 심판의 언약을 믿고 끝까지 참아야 한다.

셋째, 하나님께서는 그를 믿는 자에게 왜 고난을 주시는가, 하나님께서 믿는 자에게 주시는 고난의 목적은 무엇인가?
다음과 같이 답할 수 있을 것이다.

① 죄에 대한 징벌이거나,
② 영적 훈련과 성장을 위한 시험이거나,
③ 하나님의 뜻을 대적하는 악한 세력과의 투쟁과 승리를 위한 헌신과 희생이다.
④ 하나님께서는 우리의 고난을 통해 그의 권능과 영광을 나타내신다(요 9:3, 24).

그러나 실제로 이런 고난의 목적들은 서로 연관된 것이다. 사람은 누구나 하나님의 징벌을 받아야 할 죄인들이기 때문에, 또한 하나님께서는 징벌을 통해서 바른 길을 가르치시기 때문에, 또한 믿는 사람이라면 누구나 영적 도전을 받기 때문에, 그리고 이 모든 고난을 통해서 결국 하나님의 권능과 영광이 나타나기 때문에, 이 모든 고난의 목적들은 서로 연관된다. 의인으로서 신앙의 훈련을 받은 욥도 결국 자신의 죄를 회개하였다(욥 42:3-6). 유사하게 시편 기자는 "고난 당한 것이 내게 유익이라 이로 말미암아 내가 주의 율례들을 배우게 되었나이다"(시 119:71)라고 고백한다.

---

3 출 34:7b; 신 28:15 이하; 욥 8:22; 시 73:1-28; 잠 2:22; 3:25; 24:20; 애 3:42-43 등.

이사야도 하나님께서 이스라엘 백성을 연단하셨다고 한다(사 48:10). 예레미야도 그가 받은 고난이 하나님의 인자와 긍휼하심을 믿음으로 오히려 그의 소망이 되었다고 한다(애 3:19-23). 예수님은 하나님 나라를 추구하는 이들은 영적 도전을 받을 것임을 가르치셨다.

> 너희 전에 있던 선지자들도 이같이 박해하였느니라(마 5:12b).
> 누구든지 나를 따라오려거든 자기를 부인하고 자기 십자가를 지고 나를 따를 것이니라 (마 16:24).

유사하게 사도 바울은 그리스도인의 고난을 연단으로 본다.

> 우리가 환난 중에도 즐거워하나니 이는 환난은 인내를, 인내는 연단을, 연단은 소망을 이루는 줄 앎이로다(롬 5:3-4).
> 이제 너희를 위하여 받는 괴로움을 기뻐하고 그리스도의 남은 고난을 그의 몸된 교회를 위하여 내 육체에 채우노라(골 1:24).

심지어 하나님께서는 우리의 죄로 말미암은 징벌을 통해서도 우리를 영적으로 단련시키신다.

> 고난 당한 것이 내게 유익이라 이로 말미암아 내가 주의 율례들을 배우게 되었나이다 (시 119:71).

히브리서 기자는 믿은 사람들에게는 징벌적 고난도 결국 "사랑의 매"와 같은 적극적 효능이 있다고 한다(히 12:7-11). 하나님께서는 우리의 고난을 통해서 그의 구원의 능력과 영광을 나타내신다. 하나님께서는 그가 택하신 이스라엘 백성을 고난에서 구원하심으로써 그의 영광을 나타내셨다.

> 내가 너를 연단하였으나 … 어찌 내 이름을 욕되게 하리요 내 영광을 다른 자에게 주

지 아니하리라(사 48:10-11).

하나님께서는 우리의 고난을 통해서 자신의 영광을 나타내실 뿐만 아니라 우리를 장차 나타날 그의 영광에 참여하게 하실 것이다.

우리가 그와 함께 영광을 받기 위하여 고난도 함께 받아야 할 것이니라(롬 8:17b).

그리스도의 십자가의 고난이 실제적인 고난이었듯이, 우리의 고난도 실제적인 것이 되어야 한다. 마찬가지로, 우리의 "현재의 고난"에 대한 "장래의 영광"도 실제적인 것이다(롬 8:18; 고후 4:17).

믿음은 바라는 것들의 실상이요 보지 못하는 것들의 증거니(히 11:1).

흔히 사람의 어떤 욕구가 그 욕구의 대상이 실재한다는 것을 나타내듯이 우리가 하나님 나라를 믿고 바라는 사실은 하나님 나라의 실재를 가리킨다. 태초에 하나님께서 무에서 유를 창조하셨나면, 이 죄악 세상을 완전한 세상으로 새창조하신다는 약속은 더욱 믿을 수 있다. 더구나 주님께서 재림하실 때 모든 것이 온전하게 된다는 약속은 결코 우리의 추상적이고 주관적인 소망이 아니라, 실제적 사실(실상)이다. 하나님의 약속이 허구가 아니라 실재라는 사실은 과거 믿음의 선진들의 신앙 역사를 통해 증명되었다(히 11:2). 따라서 완전한 세상의 창조의 약속을 믿는 우리의 믿음과 소망도 확실한 것이다. 우리는 이 확실한 소망을 가지고 모든 "현재의 고난"을 견딜 수 있다.

생각건대 현재의 고난은 장차 우리에게 나타날 영광과 족히 비교할 수 없도다(롬 8:18).
우리가 잠시 받는 환난의 중한 것이 지극히 크고 영원한 영광의 중한 것을 우리에게 이루게 함이니(고후 4:17).

우리는 구원을 향한 믿음의 대열에서 이탈하지 말고 완전한 구원에 이르기까지 믿음의 경주를 계속해야 한다(히 12:1-2).

나는 선한 싸움을 싸우고 나의 달려갈 길을 마치고 믿음을 지켰으니 이제는 나를 위하여 의의 면류관이 예비되었으므로 주 곧 의로우신 재판장이 그날에 내게 주실 것이며 내게만 아니라 주의 나타나심을 사모하는 모든 자에게도니라(딤후 4:7-8).

주님께서는 우리가 믿음의 고난을 받을 때 필요한 은혜와 평안을 주신다. 그러나 주님께서 우리에게 주시는 평안은 세상이 주는 평안과 다르다.

내가 너희에게 주는 것은 세상이 주는 것과 같지 아니하니라(요 14:27b).

세상의 평안은 피상적이고 일시적인 것이지만, 주님이 주시는 평안은 영원한 하나님 나라의 평안이다. 믿는 자들은 이 세상에서 잠시 동안 고난받은 후에 영원한 영광과 평안을 누리게 되지만(롬 8:18; 벧전 4:13-19), 이 세상에서의 고난 가운데서도 영원한 평안을 소망하며 즐거워할 수 있다(마 5:12; 롬 5:3-4). 반면에, 불신자들은 영원히 고난받게 된다(살후 1:9; 계 21:8). 옛날 이스라엘 백성은 어려운 광야생활에서 하나님을 불신하고 원망하다가 모두 광야에서 죽었다(출 15:24, 16:2-12; 민 11:1; 14:1-3, 22; 고전 10:10). 우리는 그들의 실패의 경험을 거울로 삼아 흔들림 없이 하나님의 구원의 약속을 굳게 믿어야 한다(신 8:2-4, 11-20; 욥 1:22).

우리가 하나님의 나라에 들어가려면 많은 환난을 겪어야 할 것이라(행 14:22).

그러므로 주님께서는 산상수훈에서 그의 제자들에게 마음이 가난하고, 애통하고, 의를 위해 핍박을 받으며(마 5:3-12), 좁은 문으로 들어갈 것을 가르치셨다(마 7:13-14). 또한 자기를 부인하고 자기 십자가를 질 것을 가르치셨다(마 16:24). 바울도 고난을 적극적 의미로 이해한다. 고난을 그리스도인의 영적 각성과 성장을 위해 유익한 것으로 가르치고, 또한 자신의 사도직의 진정성의 증표로 제시한다.[4] 하나님은 범죄한 인간을 돌아오게 하기 위하여, 그의 백성의 믿음의 연단을 위하여, 악한 세력과의 선한 싸움을 위하여 고난을 허락하시는 것이다(렘 29:11).

우리의 모든 것이 결국 하나님의 은혜로 말미암은 것임을 믿으면서도, 동시에 우리는 우리 자신의 영적 단련을 위해서 고난 없이는 영광도 없고, 희생 없이는 보상도 없다는 일반 원칙도 잊지 말아야 한다. 하나님께서 우리의 모든 고난의 삶을 통해서 완전한 나라에서의 완전한 삶을 사모하게 하신다는 것을 믿을 때 우리가 당면한 모든 고난을 극복할 수 있는 능력과 함께 평안을 얻게 되는 것이다(롬 8:18-25; 고후 4:16-5:10; 히 4:11; 벧전 4:13). 반대로, 세상의 탐욕에 취한 사람들은 하나님 나라를 유업으로 받을 수 없다(마 6:19 이하; 24:38-39; 눅 12:19-21; 21:34; 갈 5:21).

때로, 우리가 어떤 고난을 당할 때, 그 고난이 없었던 지금까지의 삶에 대해서 감사하게 된다(물론 고난이 극심할 때에는 감사보다는 우선 우리가 당면한 "현재의 고난"이 지나가도록 기도하기 마련이다).

넷째, 하나님께서는 생사화복을 주장하신다. 모세는 이스라엘 백성에게 "내가 생명과 사망과 복과 저주를 네 앞에 두었은즉 너와 네 자손이 살기 위하여 생명을 택하고 …"(신 30:19)라고 이스라엘 백성들에게 하나님을 청종하여서 사망과 저주 대신 생명과 복을 받을 것을 권하고 있다.

> 여호와는 죽이기도 하시고 살리기도 하시며 스올에 내리게도 하시고 거기에서 올리기도 하시는도다(삼상 2:6).
> 나는 빛도 짓고 어둠도 창조하며, 나는 평안도 짓고 환난도 창조하나니 나는 여호와라 이 모든 일들을 행하는 자니라(사 45:7).
> 화와 복이 지존자의 입으로부터 나오지 아니하느냐(애 3:38).

실제로 하나님께서는 노아 때에 홍수로 모든 호흡하는 동물들을 죽이셨다(창 7:21-22). 또한 아브라함 때에 소돔과 고모라를 멸망시키셨다(창 19:25). 하나님은 그

---
[4] 고후 4:7 이하; 6:4 이하; 11:23 이하; 12:9-10, 15; 갈 6:17; 빌 2:17; 골 1:24; 딤후 2:3; 4:6 등; 참조, 벧전 4:13 이하.

를 거듭 배반하는 출애굽 1세대의 이스라엘 백성들을 모두 광야에서 죽이셨다(출 14:32-37; 민 11:33). 자신을 거역하는 사울 왕과 아합 왕, 그리고 이세벨을 죽이셨다 (삼상 31:4; 대상 10:14; 왕상 21:23; 22:20, 37; 왕하 9:33). 자신을 배반한 이스라엘 백성을 바벨론의 침략으로 비참히 죽게 하셨다(애 2:4, 21). 아나니아와 삽비라 부부는 성령을 속이고 죽임을 당했다(행 5:5, 10). 헤롯 아그립바 1세도 주의 사자가 쳐서 벌레에게 먹혀 죽었다(행 12:23).

이렇게 하나님은 죽이기도 하신다. 그러나 죽음은 하나님께서 본래 원하시는 바가 아니다. 세상을 창조하신 하나님은 본질상 사망이 아니라 생명의 주시며, 공의로우시나 인자가 더 많으신 분이시다.[5] 하나님께서 죽이기도 하시고, 헐기도 하시나 결국 더 온전한 창조와 회복을 위한 것이다. 하나님께서 인생에게 고난과 죽음의 공포를 주신 것은 그들이 죄를 깨닫고 그에게 돌아오게 하려 하심이다.

> 죽을 자가 죽는 것도 내가 기뻐하지 아니하노니 너희는 스스로 돌이키고 살지니라 (겔 18:32).

하나님께서는 거듭 배반하는 이스라엘 백성을 완전히 멸망시키지는 않으시고 다시 회복하게 하셨다.[6] 광야에서 하나님을 배반한 이스라엘 백성은 모세의 중보의 기도로 말미암아 하나님의 예정된 멸망을 피할 수 있었다(출 32:14; 민 14:11-20; 21:9; 신 7:25 이하). 시편 기자는 하나님의 인자하심을 반복해서 찬양한다(시 107:1, 8, 21, 31, 43; 118:1). 이사야는 하나님께서 그의 영광을 위해서 범죄한 이스라엘 백성에게 주신 고난으로부터 그들을 구원하셨다고 한다(사 48:10-11). 예레미야는 예루살렘 멸망을 탄식하면서도 "그가 비록 근심하게 하시나 그의 풍부한 인자하심에 따라 긍휼히 여기실 것임이라 주께서 인생으로 고생하게 하시며 근심하게 하심은 본성이 아니시로다"(애 3:22, 31-33)라고 긍휼하신 하나님을 믿는다. 창조주 하나님은 자신이 창조하신 세상을 사랑하시고 세상이 하나님께 돌아오기를 바라신다. 특별히 하나

---

[5] 출 34:6; 민 14:18; 시 30:5; 103:10-13; 107:1; 118:1, 29; 사 48:9; 렘 15:15; 애 3:22, 31-33; 욜 2:13; 욘 4:2; 미 7:18; 행 13:18; 롬 2:4; 9:22; 벧전 3:20; 벧후 3:9.
[6] 렘 46:27-28; 50:4, 17-20; 애 3:22-29; 4:22; 호 14:4; 욜 2:32; 암 9:11; 미 2:12; 습 2:7; 슥 8:3 이하 등.

님께서는 그의 아들을 보내셔서 그를 믿는 죄인들을 구원하신다(요 3:16; 롬 5:8). 그리고 마침내 생명과 사랑이 넘치는 완전한 세상을 이루실 것이다(계 22:1-5).

하나님께서는 진노와 심판으로 세상을 멸망시키시지만, 그것은 사랑하는 자식에 대한 징계와 같다. 그렇게 믿는 믿음이 바로 하나님의 자녀가 된 증거다. 하나님의 자녀들은 사나 죽으나 자신들이 생명의 주님의 것임을 굳게 믿고 산다.

우리가 주와 함께 죽었으면 또한 함께 살 것이요(딤후 2:11).

비록 하나님께서 생사화복을 주관하시지만, 그는 "사망의 주"가 아니라 창조주의 본성을 따라서 "생명의 주"시다.

이 외에도 상반되게 보이는 성경의 가르침들이 있으나, 그런 가르침에 집착하여 사람의 지적 논리의 시험에 빠져들지 말고(벧후 3:16), 도리어 성경에서 하나님의 선하심과 의로우심을 가르치는 말씀에 집중하여 우리를 구원하신 하나님의 은혜를 감사하고 열심과 선행으로 하나님을 영화롭게 하는 것이 지혜롭고 신실한 하나님의 자녀의 도리다.

이상을 요약하면, 하나님의 말씀이 혼돈스럽게 보이는 이유는 다음과 같다.

첫째, 피조물로서 우리 자신의 본질적인 한계와 우리가 사는 세상이 여전히 하나님을 대적하기 때문이다.

둘째, 우리의 무지함으로 말미암아 하나님의 말씀의 깊이와 높이와 넓이를 제대로 이해하지 못하기 때문이다.

모든 진리는 자주 역설적이라는 사실을 상기하자. 모든 진리는 상반적인 측면이 있다. 더구나 하나님의 말씀은 그 깊으신 뜻으로 말미암아 우리의 제한된 지식으로는 제대로 파악할 수 없다.

그러나 우리는 하나님의 말씀에 대해서 결코 오만한 역설 만능론자나 모호한 회의론자가 되어서는 안 된다. 하나님의 구원 역사 가운데 나타나는 역설적 갈등과 혼란은 하나님의 지혜와 권능을 나타내며, 또한 온전한 구원을 향한 과정이다. 하나님께서는 그의 구원 역사를 온전히 이루시는 날을 정하셨고, 그때에는 더 이상 역설적 갈등이나 혼란이 없는 온전한 나라를 이루실 것이다.

우리가 지금은 거울로 보는 것같이 희미하나 그때에는 얼굴과 얼굴을 대하여 볼 것이요 지금은 내가 부분적으로 아나 그때에는 주께서 나를 아신 것같이 내가 온전히 알리라(고전 13:12).

그러므로 우리는 현재의 모든 갈등과 고난 가운데서도 오히려 열심을 품고 주를 섬기며, 모든 좋은 것을 주시는 하늘 아버지께 구하고, 찾으며, 두드리며, 부지런히 주님의 말씀을 읽으며 더 온전한 지식에 이르기를 힘쓰는 잘 믿는 사람이 되어야 한다.

내가 말하는 것을 생각해 보라 주께서 범사에 네게 총명을 주시리라(딤후 2:7).

이렇게 우리의 이성을 선행하는 신앙과 신학 우선 논리의 타당성에도 불구하고, 우리가 육신을 가지고 세상에 사는 동안에는, 우리의 본질적 연약함으로 말미암아, 또한 이 세상 신의 미혹으로 말미암아, 하나님의 존재와 하나님의 말씀에 대한 의심과 회의를 완전히 떨쳐 버릴 수는 없을 것이다. 그러나 적어도 우리는 언젠가는 완전한 지식을 갖게 되리라는 소망을 가질 수 있다. 우리가 세상을 떠나 주님을 만나 뵈올 때, 또는, 이 세상이 끝나고 새 하늘과 새 땅이 나타날 그때에 하나님께서 우리에게 드디어 온전한 믿음과 온전한 지식을 주시리라는 소망을 가져야 한다.

지금은 내가 부분적으로 아나 그때에는 주께서 나를 아신 것같이 내가 온전히 알리라 (고전 13:12b).

그때에 비로소 우리의 모든 의심의 구름이 이 낡은 세상과 함께 일시에 사라지고, 하나님을 아는 온전한 지식으로 충만하게 될 것이다. 그러므로 우리는 모든 의심과 혼란으로 말미암는 "현재의 고난"을 참으며 하나님의 선하심과 의로우심을 믿는 믿음을 굳게 잡아야 한다. 그것이 모든 믿음의 선진들이 보여준 바른 믿음의 자세다. 우리는 구원을 향한 믿음의 대열에서 이탈하지 말고 완전한 구원에 이르기까지 믿음의 경주를 계속해야 한다(히 12:1-2; 딤 4:7-8).

2016년 1월 10일

40. 나를 지키시는 하나님

> 너는 내가 내 아버지께 구하여 지금 열두 군단 더 되는 천사를 보내시게 할 수 없는 줄로 아느냐 내가 만일 그렇게 하면 이런 일이 있으리라 한 성경이 어떻게 이루어지겠느냐(마 26:53-54).

　예수님께서는 십자가를 지시는 것이 하나님의 뜻임을 확인하신 후에, 사람들이 그를 체포하려 할 때 아무런 저항도 없이 담담히 자신을 그들에게 맡기셨다. 오히려 칼로 저항하던 베드로를 말리시면서 "칼을 가지는 자는 다 칼로 망하느니라"(마 26:52)고 말씀하셨다. 그러나 예수님은 그때 자신을 체포하는 사람들이나, 당황한 제자들에게나, 모든 후대 신앙인들에게, 자신이 아무런 능력도 행하지 않고 순순히 잡히신 이유를 분명히 밝히셨다. 예수님은 당장 전능하신 하나님께 요청하여 큰 능력으로 자신을 잡으려는 이들을 얼마든지 이길 수 있으나 자신이 고난의 십자가를 지는 것이 하나님의 뜻이란 것을 아셨기 때문에 스스로 사람들의 손에 자신을 맡기신 것이다. 주님께서 받으신 고난은 속죄를 위한 제의적(祭衣的), 의식적(儀式的) 고난이었지만, 여전히 실제적인 고난이어야 했기 때문이다. 예수님은 우리의 죄의 대가를 자신의 피를 흘리고 살을 찢으심으로써 지불하셨던 것이다.

　반복되는 일상생활 가운데 때로 삶이 무료하고 무의미하게 느껴질 때가 있다. 하나님의 존재와 약속에 대한 믿음이 무딜 때가 있다. 특별한 어려움이 없을 때에도 난데없는 허무감에 사로잡힐 때가 있다. 인생의 모든 일이 예측할 수 없는 우연의 장난이거나, 우리 자신이 자연의 원칙에 의해서 끌려 다니는 무능한 존재일 뿐이라는 깊은 허무감에 사로잡힐 때가 있다. 과거에 우리가 경험했던 하나님의 놀라운 일들과 우리가 힘써 수행해 왔던 귀한 사명들이 지금의 우리 자신의 처지와는 무관하게 보일 때가 있다. 모세는 하나님과 자신을 계속 원망하는 이스라엘 백성들로 말미암아 괴로워하면서 차라리 죽기를 원했다(민 11:15). 엘리야는 바로 얼마 전에 갈멜산에서 하나님의 놀라운 능력으로 바알신을 섬기는 자들을 모두 처형하였으나, 이제는 이세벨의 위협을 받고 광야로 피신하여 로뎀 나무 아래에 앉아서 스스로 죽기를 원하는 신세가 되었다.

> 여호와여 넉넉하오니 지금 내 생명을 거두시옵소서 나는 내 조상들보다 낫지 못하나이다(왕상 19:4).

예레미야도 그를 반대하는 사람들에게 갖은 수모를 겪으면서 차라리 죽기를 바랬다.

> 어찌하여 내가 태에서 나와서 고생과 슬픔을 보며 나의 날을 부끄러움으로 보내는고 하니라(렘 20:18).

이렇게 삶의 거대한 수레 바퀴 아래서 우리의 무기력을 느끼는 순간 우리는 오히려 우리가 약하고 무능하기 때문에 하나님의 구원의 대상이 된다는 사실을 바로 알아야 한다. 창조주 하나님께서는 하잘 것 없는 작은 피조물도 보호하시고 사랑하신다는 것을 알아야 한다.

> 오늘 있다가 내일 아궁이에 던져지는 들풀도 하나님이 이렇게 입히시거든 하물며 너희일까보냐 믿음이 작은 자들아(마 6:30).

특별히 하나님은 그가 택하신 백성을 돌보신다. 모세는 광야생활을 돌이켜 보면서 하나님께서 약한 이스라엘 백성을 40년 동안의 거친 광야생활 가운데서 돌보셨고 자기의 눈동자같이 지키셨다고 술회했다(신 32:10). 욥도 오랜 고난 후에 위로를 받았고(욥 42:12), 시편 기자도 험한 인생살이 가운데 하나님께서 약한 자신을 눈동자같이 지키시고 그의 날개 아래 보호하여 주심을 믿었다(시 17:8). 엘리야도 결국 하나님의 보호하심을 받아 다시 힘을 얻었고(왕상 19:4-18), 예레미야도 그를 미워하는 사람들의 조롱과 위협 가운데서도 하나님의 보호하심의 언약을 굳게 믿고 예언 활동을 계속하였다(렘 11:18-23; 15:10-21; 18:18-23).

> 내가 너를 악한 자의 손에서 건지며 무서운 자의 손에서 구원하리라(렘 15:21).
>
> 내 고초와 재난 곧 쑥과 담즙을 기억하소서 내 마음이 그것을 기억하고 내가 낙심이 되오나 이것을 내가 내 마음에 담아 두었더니 그것이 오히려 나의 소망이 되었사옴은 여호와의 인자와 긍휼이 무궁하시므로 우리가 진멸되지 아니함이니이다 이것들이 아침마다 새로우니 주의 성실하심이 크시도소이다(애 3:19-23).

다니엘도 굶주린 사자들 앞에서 하나님을 의지함으로써 살았다.

> 이는 그가 자기의 하나님을 믿었음이었더라(단 6:23).

우리 주님께서도 사람들에게 끌려 가시면서도 하나님의 보호하심과 능력이 함께 하심을 믿으셨다. 사람들의 조롱과 수모를 받으신 후에 나타날 부활의 영광을 믿으시면서 묵묵히 십자가의 고난을 받으셨다.

고난이 모든 인생의 현존이다. 우리의 삶은 대체로 어렵고, 암담하고, 무의미하고, 무료하다. 우리 자신이 우리의 육적, 영적, 개인적, 우주적 고난에 대해서 아무런 손도 쓸 수 없는 무능한 존재임을 절실히 느낄 때가 있다. 그러나 믿는 우리는 하나님께서 우리를 눈동자같이 지키심을 믿고 그의 보좌 앞으로 겸손히 나아가야 한다. 은혜로우신 하나님께서는 우리의 답답하고 허전한 마음을 세상이 줄 수 없는 평안과 기쁨과 소망으로 채워 주실 것이다.

> 평안을 너희에게 끼치노니 곧 나의 평안을 너희에게 주노라 내가 너희에게 주는 것은 세상이 주는 것과 같지 아니하니라 너희는 마음에 근심하지도 말고, 두려워하지도 말라(요 14:27).

주님께서 주시는 평안은 무념무상(無念無想)에서 오는 인본주의적·자연주의적 평안이 아니라 세상만사를 주관하시는 하나님께로부터 오는 탁월한 평안이다.

설령 우리가 받는 고난이 우리가 지은 죄에 대한 형벌이라고 해도 우리는 좌절하지 말고 자비로우신 하나님 앞으로 나아가야 한다. 우리의 죄를 진심으로 부끄러워하고 깊이 뉘우치면서 자비로우신 하나님의 은혜의 보좌 앞으로 나아가야 한다.

여호와여 우리의 죄악이 우리에 대하여 증언할지라도 주는 주의 이름을 위하여 일하소서 우리의 타락함이 많으니이다 우리가 주께 범죄하였나이다(렘 14:7).

하나님께서는 겸손히 회개하는 우리를 긍휼히 여기시고 우리의 죄를 용서하시는 자비로우신 분이심을 굳게 믿으며 그에게로 나아가야 한다.

우리의 죄를 따라 우리를 처벌하지는 아니하시며 우리의 죄악을 따라 우리에게 그대로 갚지는 아니하셨으니 이는 하늘이 땅에서 높음같이 그를 경외하는 자에게 그의 인자하심이 크심이로다(시 103:10-11).
너희의 죄가 주홍 같을지라도 눈과 같이 희어질 것이요 진홍같이 붉을지라도 양털같이 희게되리라(사 1:18).
네가 만일 돌아오면 내가 너를 다시 이끌어 내 앞에 세울 것이며 네가 만일 헛된 것을 버리고 귀한 것을 말한다면 너는 나의 입이 될 것이라(렘 15:19).

무엇보다 우리 주님께서 우리의 죄를 대신하여 친히 고난받으셨다.

우리에게 있는 대제사장은 우리의 연약함을 동정하지 못하실 이가 아니요 모든 일에 우리와 똑같이 시험을 받으신 이로되 죄는 없으시니라 그러므로 우리는 긍휼하심을 받고 때를 따라 돕는 은혜를 얻기 위하여 은혜의 보좌 앞으로 담대히 나아갈 것이니라(히 4:15-16).

주님께서는 우리가 주님의 구원의 큰 은혜를 망각하고 범죄하였더라도, 회개하고 돌아오기를 기다리신다.

시몬아, 시몬아, 보라 사탄이 너희를 밀 까부르듯 하려고 요구하였으나 그러나 내가 너를 위하여 네 믿음이 떨어지지 않기를 기도하였노니 너는 돌이킨 후에 네 형제를 굳게 하라(눅 22:31-32).

우리의 고난의 근본적 원인은 우리의 죄다. 죄인이 살 수 있는 길은 오직 십자가 앞에서 진심으로 회개하는 마음뿐이다. 그것은 어쩔 수 없이 다급한 죄인의 선택이 아니라 하나님의 약속이다. 죄인이 구원에 이르는 회개는 죄인을 구원하시기 위해 죽으신 예수 그리스도의 구원의 약속을 믿을 때 가능한 것이다.

예수로 말미암아 난 믿음이 너희 모든 사람 앞에서 이같이 완전히 낫게 하였느니라 (행 3:16b).

우리가 범죄하더라도 하나님의 구원의 은혜는 계속될 것이다.

그러나 죄가 더한 곳에 은혜가 더욱 넘쳤나니 이는 죄가 사망 안에서 왕 노릇한 것 같이 은혜도 또한 의로 말미암아 왕 노릇하여 우리 주 예수 그리스도로 말미암아 영생에 이르게 하려 함이라(롬 5:21).
그러므로 우리는 긍휼하심을 받고 때를 따라 돕는 은혜를 얻기 위하여 은혜의 보좌 앞에 담대히 나아갈 것이니라(히 4:16).
그러므로 그는 자기를 힘입어 하나님께 나아가는 자들을 온전히 구원하실 수 있으니 이는 그가 항상 살아 계셔서 그들을 위하여 간구하심이라(히 7:25).

그러나 다시 말하지만, 그리스도와 연합한 우리는 죄를 짓지 않기를 힘써야 한다(롬 6:1-2; 8:13). 죄를 멀리하고 선을 힘쓸 때 나를 지키시고 도우시는 하나님의 사랑과 은혜를 더욱 확신할 수 있기 때문이다.

2016년 1월 21일

41. 하나님의 뜻 vs. 우리의 뜻

> 너희는 옛적 일을 기억하라 나는 하나님이라 나 외에 다른 이가 없느니라 나는 하나님이라 나 같은 이가 없느니라 내가 시초부터 종말을 알리며 아직 이루지 아니한 일을 옛적부터 보이고 이르기를 나의 뜻이 설 것이니 내가 나의 모든 기뻐하는 것을 이루리라 하였노라(사 46:9-10).

이 세상에 하나님의 뜻이 아닌 일이 없다. 선한 일은 물론 악한 일도 하나님의 크신 경륜 가운데 들어있는 것이다.

> 여호와께서 온갖 것을 그 쓰임에 적당하게 지으셨나니 악인도 악한 날에 적당하게 하셨느니라(잠 16:4).
> 나는 빛도 짓고 어둠도 창조하며 나는 평안도 짓고 환난도 창조하나니 나는 여호와라 이 모든 일을 행하는 자니라(사 45:7).

하나님은 연약한 우리로서는 도저히 다 "알 수 없는 위대하신 분"(The Great Unknown)이시다.

> 이는 하늘이 땅보다 높음같이 내 길은 너희의 길보다 높으며 내 생각은 너희의 생각보다 높음이니라(사 55:9).

그러므로 하나님께서 하시는 일은 연약한 우리 인간에게는 자주 "기이한 일"로 보인다(출 15:11; 욥 5:9; 9:10; 시 118:23; 139:6, 14). 메시아가 유대 나라에 태어나셨으나 유대인은 오히려 그를 거절하였다. 유대인들 가운데서도 특별히 종교지도자들이 앞장서서 예수를 반대하였다. 오히려 약하고 힘없는 사람들이 그를 따랐다. 그러므로 예수님께서는 "천지의 주재이신 아버지여 이것을 지혜롭고 슬기 있는 자들에게는 숨기시고 어린아이들에게는 나타내심을 감사하나이다. 옳소이다. 이렇게 된 것이 아버지의 뜻이니이다"(마 11:25-26)라고 말씀하셨다. 또한 예수님을 믿는 이들이라고 해서 다 구원받는 것은 아니라 다만 아버지의 뜻대로 행하는 자만 구원받을 것임을 밝히셨다.

나더러 주여 주여 하는 자마다 다 천국에 들어갈 것이 아니요 다만 하늘에 계신 내 아버지의 뜻대로 하는 자라야 들어가리라(마 7:21).

또한 예수님은 생애의 마지막 때가 가까워 왔을 때 고난의 십자가를 지는 일로 크게 번민하셨다. 예수님은 죄 없으신 하나님의 아들이 죄인들의 손에 죽어야 한다는 하나님의 뜻을 평소에 알고 계셨으나(막 10:45) 막상 실행하기가 쉽지 않았다. 죽음을 앞두고 예수님은 생명의 주로서 우리가 상상할 수 없는 큰 시험과 영적 갈등을 겪으셨던 것이다(참조, 마 4:1-11). 생명의 주로서 사람들의 손에 죽는 것은 육체적 고통과 함께 영적 고통이었다. 주님은 겟세마네 동산에서 크게 번민하시며 기도하시는 가운데 결국 아버지의 뜻을 따르기로 결정하셨다(막 14:33-34).

아빠 아버지여 아버지께서는 모든 것이 가능하오니 이 잔을 내게서 옮기시옵소서 그러나 나의 원대로 마시옵고 아버지의 원대로 하옵소서(막 14:36).

우리의 연약함으로 말미암아 우리가 하나님의 크신 뜻을 분별하는 것이 결코 쉽지 않지만, 그래도 우리는 말씀과 기도로 우리를 향하신 하나님의 뜻을 힘써 찾아야 하고, 그 뜻을 따라야 한다. 그것은 세상 모든 만물이 선하신 하나님의 창조물이지만, 우리가 여전히 분별해야 하는 것과 같다. 만사가 하나님의 섭리와 예정 가운데 진행되지만, 동시에 사람은 기계나 로봇이 아니라 자유 의지를 가진 독립된 존재로서 자신의 행위에 대해 책임을 져야 한다. 유다가 예수님을 파는 일도 분명히 하나님의 구원의 섭리와 뜻 가운데 있었으나 그것은 역시 유다 자신의 잘못된 선택이었다. 하나님께서 인간에게 자유 의지를 주신 것은 진정한 행동이란 어떤 외압이나 강제에 의한 것이 아니라 인간 자신의 의지와 결단에서 비롯되기 때문이다.

① 우리가 하나님의 종이지만, 무턱대고 순종하는 종이 아니라 자의적으로 순종하는 종이다(고후 9:7).
② 비록 우리의 자유 의지 자체가 불완전하고 부패한 상태에 있으나, 우리는 하나님의 뜻과 우리의 뜻, 선과 악, 영과 육의 긴장 가운데서, 언제나 하나님의 뜻, 선, 그리고 영을 선택해야 한다(롬 6:12; 8:4-16).
③ 우리는 하나님의 뜻을 성경 말씀(롬 1:2; 15:4), 그리스도의 십자가의 모본(빌 2:5), 그리고 하나님의 뜻을 아시는 성령의 지시(롬 8:27), 우리의 양심[1] 등에서 찾아야 한다(롬 8:27; 15:4; 갈 5:16; 빌 2:5 이하).
④ 우리 자신의 유익보다 하나님의 영광과 이웃의 유익을 우선시해야 한다(마 5:38-42; 고전 6:20; 빌 1:24 등).

좁은 문으로 들어가라 멸망으로 인도하는 문은 크고 그 길이 넓어 그리로 들어가는 자가 많고, 생명으로 인도하는 문은 좁고 길이 협착하여 찾는 자가 적음이라(마 7:13-14).

2016년 2월 5일

---

[1] 행 23:1; 24:16; 롬 2:15; 9:1-2; 13:5; 고전 8:12; 10:25; 고후 1:12; 딤전 1:19; 3:9; 딤후 1:15; 히 9:9, 14; 13:18; 벧전 2:16, 21; 참조, 고전 8:7; 딤전 4:2; 딛 1:15.

42. 종의 대가

> 이와 같이 너희도 명령을 받은 것을 다 행한 후에 이르기를 우리는 무익한 종이라 우리가 하여야 할 일을 한 것뿐이라 할지니라(눅 17:10).

성경은 하나님과 우리의 가까운 관계를 여러 가지 말로 나타냅니다. 하나님은 우리를 지으신 창조주이시고 우리는 그의 형상입니다. 하나님은 아들을 보내시어 우리 죄인을 구원하신 분이십니다. 하나님은 우리의 목자이시고 우리는 그의 양입니다. 하나님은 우리의 하늘 아버지이시고 우리는 그의 자녀입니다. 예수님은 우리의 신랑이시고 우리는 그의 신부입니다. 예수님은 우리의 주님이시면서도 친구이십니다(요 15:15, 20).

우리는 하나님의 아들이면서도 하나님의 종입니다. 이 모든 표현들이 각기 조금씩 다른 의미를 가지고 있으나 결국 하나님과 우리의 가까운 관계를 나타냅니다. 여기서 우리의 신분이 하나님의 아들이면서도 하나님의 종이라는 것이 상충적으로 보이지만, 만일 우리가 하나님의 아들이라고만 할 때 자칫 자만할 수 있으므로, 하나님의 일을 겸손하게 수행하라는 의미에서 우리를 하나님의 종으로 나타내는 것입니다(갈 5:13).

본문도 주인과 종의 관계로 우리의 신앙 도리를 가르칩니다. 종이 언제나 자신의 주인만을 섬기고 그의 말을 순종해야 하듯이 우리는 언제나 하나님 한 분만을 섬기고 그의 말씀을 순종해야 할 것을 가르치고 있습니다.

주인은 온종일 일하고 돌아 온 종들에게 "수고 했다. 좀 쉬어라"라고 말하는 대신에 오히려 "내가 먹을 것을 준비하고, 띠를 띠고 내가 먹고 마시는 동안에 수종을 들라"(눅 17:8)고 지시했습니다. 이런 주인의 지시는 온종일 수고하고 지쳐서 돌아온 종에게 지나치게 들릴 수 있지만, 종은 불평 없이 주인의 말을 듣고 섬겨야 한다는 것이 본문의 가르침입니다. 종과 일꾼이 다른 점은 일꾼은 품삯을 받고 일하지만 종은 주인의 소유물로서, 아무런 대가를 받지 않고 24시간 평생 주인을 위해 일해야 하는 것입니다. 한번 종은 영원한 종입니다.

교회는 주님의 몸이고 우리는 그의 지체라는 가르침을 따라 서로 섬기는 신앙공동체로 시작했습니다. 교회가 시작된 2000년 전 로마 제국은 로마 시민과 노예들로 구성된 신분사회였기 때문에 종들이 모여서 서로 섬기는 공동체를 만든다는 것은 가히 혁명적인 구상이었습니다. 교회의 머리는 주님이시고, 모든 교인들은 사회적 신분의 고하를 막론하고 모두 평등하다는 하나님 나라 사상은 로마 제국 같은 폐쇄적인 신분사회에서는 독특한 사상일 뿐만 아니라 사회 체제를 위협하는 위험한 사상이기도 했습니다.

로마 제국뿐 만아니라 동서양 모든 고대사회는 물론 근대국가에 이르기까지 세상 모든 나라들은 사회 안정과 평화를 위해 폐쇄적인 신분사회를 지향하였습니다. 유대 나라에서도 신분제도가 있어서 종과 주인의 신분이 구별되었습니다. 구약 시대에는 가난해서 살기 어려울 때나 빚을 졌을 때 스스로 남의 종이 되는 노예 제도가 있었습니다.

그러나 성경은 이방인이 아닌 유대인의 종은 6년이 지난 후에는 반드시 해방을 시키도록 규정했습니다. 그 종이 그 주인의 종으로 더 살기를 원하지 않는 한 7년째 되는 희년에는 해방을 해야 했습니다(레 25:39-55; 신 15:12, 16). 유대인 주인은 그를 종으로 생각해서는 안 되고 같은 동족으로서 동거인이나 품꾼으로 여겨야 하고 7년째 되는 희년에는 모두 해방시켜야 했습니다. 실제로 이런 해방 제도가 잘 지켜지지 않았으나 적어도 "한번 종이면 평생 종이라"는 법은 없었습니다. 성경은 유대인은 모두 같은 하나님의 택하신 백성이라는 민주적 평등의식을 가르쳤습니다.

그리스도의 교회는 구약 성경의 가르침을 확대 적용하여 주를 믿는 모든 사람들이 평등하다고 가르쳤습니다. 유대인이나 이방인이나, 남자나 여자나, 상전이나 종이나 주 안에서 모두 근본적으로 평등함을 가르쳤습니다. 주님께서도 제자들을 종이라고 하지 않고 친구라고 말씀하셨습니다(요 15:15).

> 사람이 친구를 위하여 자기 목숨을 버리면 이보다 더 큰 사랑이 없나니 너희는 내가 명하는 대로 하면 곧 나의 친구라(요 15:14).

이것이 곧 예수님께서 가르치신 하나님 나라의 핵심적 윤리이기도 합니다. 세상 나라 사람들은 대개 남을 지배하기를 원하지만, 하나님 나라 사람들은 서로 사랑으로 섬겨야 합니다(요 13:14, 34).

그러므로 최초의 교회였던 예루살렘 교회는 믿는 사람들이 스스로 서로 섬기며 종노릇하였습니다. 믿는 이들이 함께 모여 모든 물건을 서로 통용하고 재산과 소유를 팔아 각 사람이 필요한 대로 서로 나누며 날마다 마음을 같이하여 성전에 모이기를 힘쓰고 집에서 떡을 떼며 기쁨과 순전한 마음으로 음식을 먹고 하나님을 찬미하여 또 온 백성에게 칭송을 받았고, 점점 많은 사람들이 교회를 찾아 모여 들었고, 교회가 성장하게 되었습니다(행 2:42).

거대한 로마 제국에서 초대 교회는 작은 겨자씨 같았으나 하나님 앞에 우리 모두 죄인이며 그리스도의 피로 구원받으면 누구나 자유롭고 평등한 새 사람이 될 수 있다는 복음의 말씀과 성령의 놀라운 역사로 말미암아 노예제도로써 사회 안정과 부귀와 영화를 누리려던 거대한 로마 제국이 서서히 변하기 시작했던 것입니다.

그러나 그리스도의 교회가 만민평등 사상을 세상에 적용하는 일은 결코 쉽지 않았습니다. 중세는 기독교가 절대적으로 지배한 세상이었으나 오히려 봉건주의 사회로서 철저한 신분사회였습니다. 19세기 미국도 노예 문제로 말미암아 남북전쟁을 치러야 했습니다. 인민의 평등을 강조하는 사회주의나 공산주의도 결국 지배구조를 더 한층 강화시킨 세상을 만들었습니다. 자본주의 사회도 "빈익빈 부익부"의 악순환이 계속됩니다. 이 세상 어디에서도 인간의 사회적 경제적 신분의 차이를 완전히 극복할 수는 없습니다. 모든 세상 사람들이 자유롭고 평등한 사회를 바라지만 인간의 깊은 죄의 뿌리와 탐욕적 본성으로 말미암아 이 땅에서 완전히 자유롭고 평등한 세상은 불가능해 보입니다. 이 세상은 안정과 질서를 구실로 삼아 자연 세계의 약육강식의 체제를 그대로 유지할 수밖에 없습니다. 모든 세상에서 정도의 차이는 있으니 사람은 결국 어떤 모양의 종으로서 일생을 살게 마련입니다.

인간은 평화로운 세상을 원하면서도, 본능적으로 남의 종이 되기를 싫어하고, 도리어 남을 지배하는 주인이 되기를 원합니다. 이런 오만한 마음은 모든 인간의 뿌리 깊은 이기적 본성에서 기인하는 것입니다. 그래서 하와가 선악과를 따 먹었고, 가인은 아벨을 질투하여 죽였고, 야곱은 에서의 장자권을 빼앗았습니다. 죄악 세상은 인간의 이기적인 자세를 자연스런 현상으로 받아들입니다. 그 결과 이 세상은 약육강식과 무한경쟁으로 살기 힘든 세상입니다. 세상은 상호경쟁을 통해서 세상이 발전할 수 있다고 믿고 인간 상호 간과 국가 간의 무한한 경쟁을 중시합니다. 그러나 이런 탐욕적 세상에서는 평화와 안정을 기대할 수가 없습니다. 인간의 탐욕으로 말미암은 싸움과 재난이 계속될 수밖에 없습니다.

이런 세상에서 "서로 종노릇하라"는 성경의 가르침은 타당성도, 실제성도 없는 이상적 윤리처럼 보입니다. 그러나 하나님 나라를 사모하는 우리는 이 말씀을 심각하게 받아들여야 합니다. 하나님의 나라는 서로 지배하려는 약육강식의 나라가 아니라 마음이 가난한 자와 온유한 자, 마음이 청결한 자, 긍휼히 여기는 자, 의에 주리고 목마른 자들이 모여서 서로를 받들고 섬기는 나라입니다. 하나님 나라의 가치관은 세상 나라의 가치관과 다르고, 오히려 자주 반대로 나타납니다.

주종관계는 구시대의 산물이라고 생각할 수 있으나 현대 사회에도 부분적으로 남아 있습니다. 그 성격과 강도는 다르지만, 군대 같은 조직 사회는 물론 일반 직장에서도 주종관계의 핵심인 상하관계가 남아 있습니다.

우리는 주님의 영원한 종입니다. 주님께서 우리를 종이라고 하지 않고 친구라고 하셨지만, 우리는 오만해지려는 우리 자신을 통제하기 위해서 우리 자신을 주님의 종으로 여기는 것이 좋습니다. 우리 주님께서는 우리를 위해 종의 모양으로 희생하셨습니다. 주님의 핏값으로 우리를 사셨습니다. 주님은 변함없이 우리를 사랑하십니다. 문제는 우리가 자행자지(自行自止)하는 것입니다. 말로는 주님의 종이라고 하면서도 실제로는 그렇지 못한 것이 문제입니다. 우리를 속량해 주신 주님을 사랑하고 주님 중심으로 살아야 하는데 그렇지 못한 것이 우리의 부끄러운 모습입니다. 종은 만사를 주인 중심으로 생각하고 행동해야 하는데, 우리는 대개 우리 중심으로 생각하고 행동합니다.

그러므로 주님께서 이 땅에 오셔서 친히 착하고 충성된 종으로서의 모본을 보여 주셨습니다. 주님께서는 우리들이 서로 섬기며 살도록 가르치셨습니다. "큰 자"가 되려면 남을 섬기는 사람이 되어야 할 것이라고 가르치셨습니다(마 20:27-28). 또한 "머리가 되려는 사람은 먼저 꼬리가 되어 남을 섬겨야 한다"고 가르치신 것입니다. 또 "남에게 대접을 받고자하는 대로 남을 대접하라"(마 7:12)고도 말씀하셨습니다.

주님의 모든 교훈이 남을 지배하려는 인간 본능을 억제하고, 대신 낮은 자세로 남을 돕기를 힘쓰는 것이 하나님 나라 백성의 도리라는 것입니다. 그렇게 행하는 것이 하나님 나라에서 하나님을 영화롭게 하는 길입니다.

실제로, 주님께서 제자들의 발을 씻기시면서 친히 종의 도를 가르치셨습니다.

> 내가 주와 선생이 되어 너희 발을 씻었으니 너희도 서로 발을 씻어 주는 것이 옳으니라 (요 13:14).

무엇보다, 주님께서는 우리를 위하여 자신의 목숨을 버리셨습니다. 하나님의 아들이신 주님께서 자신을 비우시고 고난받는 종의 모습으로 십자가에서 돌아가셨습니다.

주님께서 하신 일이 남을 섬기신 일이므로 그의 종 된 우리도 남을 섬기는 것이 당연합니다. 그러므로 사도 바울도 "사랑으로 서로 종노릇하라"(갈 5:13), 또한 "우리는 우리를 전파하는 것이 아니라 오직 그리스도 예수의 주 되신 것과 또 예수를 위하여 우리가 너희의 종 된 것을 전파함이라"(고후 4:5)고 말했습니다. 남을 섬기는 것은 그리스도인의 선택 사항이 아니라 당연한 책임입니다. 설령 상대방의 오해를 받을 수 있다고 하더라도 우리는 되도록 상대방을 섬기기를 힘써야 합니다.

탐심 없는 희생이 참된 신의 증거이며, 참된 그리스도인의 증거입니다. 반대로, 탐심은 우상과 우상 숭배의 특징입니다(골 3:5). 우리는 탐심이 아니라 열심을 품고 주를 섬겨야 합니다(롬 12:11). 예수님은 하나님 나라의 도래를 선포하셨습니다(마 4:17). 이제 우리는 나를 자랑하기를 멈추고, 오히려 남을 나보다 낫게 여겨야 하고, 남을 지배하려던 자세를 버리고, 오히려 사랑으로 남을 섬겨야 합니다. 이제 우리는 기존의 낡은 사고와 가치관을 버리고, 하나님 나라 시민으로서의 사고와 가치관을 가져야 합니다.

교회의 여러 직책이 있으나 어떤 직책이든지 "주님과 남을 섬기는 종의 자세"가 기본 자세입니다. 주님을 따라 형제를 "섬기는 것"이 주님의 몸 된 교회의 자세입니다(고후 4:5). 때로는 교회 사역 가운데 형제의 잘못을 책망해야 할 때도 있고, 때로는 사람의 종이 아니라 주님의 종으로서 단호하게 대처해야 할 때도 있으나 모든 탐심을 버리고 사랑으로 서로 종노릇하는 것이 교회 사역의 기본자세입니다(갈 5:13; 참조, 고전 7:23; 갈 1:10).

그리스도인은 교회에서는 물론 세상에서도 자신을 "섬기는 종"으로 인식하고, 남을 힘써 섬기며 살아야 합니다. 그것이 모든 신실한 그리스도인들의 존재 모드이며 기본자세입니다. 십자가에서 우리의 죄를 지시고 종의 모양으로 죽으신 주님의 은혜에 감사하며 우리 스스로 주님의 종이 되어 주님을 섬기는 것입니다. 주님께서는 우리를 값 주고 사셨습니다(고전 6:20). 우리는 사나 죽으나 주님의 것입니다(롬 14:7-8).

> 우리 중에 누구든지 자기를 위하여 사는 자도 없고 자기를 위하여 죽는 자도 없도다 우리가 살아도 주를 위하여 살고 죽어도 주를 위하여 죽나니 그러므로 사나 죽으나 우리가 주의 것이로다(롬 14:7-8).

우리는 주의 것으로서 주님이 원하시는바 서로 섬기는 일을 계속해야 합니다.

그러나 우리는 세상에서는 물론 그리스도의 교회 안에서조차 "서로 섬기라"는 말씀을 제대로 지키지 못합니다. 많은 교인들이 남을 섬기는 대신 도리어 남을 다스리기 위해 애씁니다. 남을 섬기는 사람이 되어야 한다는 가르침을 제쳐 놓고, "꼬리가 되지 않고 머리가 되는 것"을 하나님의 축복으로 여깁니다. 사실 예수님의 종(從)의 도(道)를 주님으로부터 직접 배운 제자들도 "누가 크냐"라는 문제로 논쟁했습니다. 교회 역사에도 교권 때문에 많은 분쟁이 있었습니다. 교회의 많은 문제들은 대개 "너보다 내가 낫다"는 생각에서 발생합니다.

약육강식의 세상에서 우리 자신의 깊은 탐심으로 말미암아 남을 섬기는 일이 결코 쉽지 않습니다. 주님의 교회 안에 착하고 충성된 종들도 있으나, 좀 악하고 게으른 종들도 있습니다. 무엇보다, 우리 자신 속에서도 선한 마음과 악한 마음이 자주 싸웁니다. 그래도 우리는 낙심하지 말고 우리를 위해 희생하신 주님을 본받아 남을 섬기기를 힘써야 합니다.

우리가 세상의 탐심을 버리고 주님을 섬길 때 고난을 받습니다. 주님께서 고난의 십자가를 지셨듯이 우리가 주님의 종으로서 일할 때 주님의 고난에 참여하게 되니다. 그러나 우리는 주님의 종으로서 주님의 길을 따라, 주님과 함께 고난을 받는 것이 당연합니다.

> 나로 말미암아 너희를 욕하고 박해하고 거짓으로 너희를 거슬러 모든 악한 말을 할 때에는 너희에게 복이 있나니 기뻐하고 즐거워하라 하늘에서 너희의 상이 큼이라 (마 5:11-12).

주님은 고난받으시고 다시 사셨습니다. 그리고 장차 영광 중에 세상을 심판하러 오십니다. 우리도 비록 지금 이 세상에서는 고난을 받으나 장차 주님의 큰 영광에 참여하게 되는 것입니다.

> 우리가 잠시 받는 환난의 경한 것이 지극히 크고 영원한 영광의 중한 것을 우리에게 이루게 함이니(고후 4:17).

종의 가치는 주인의 가치에 따라 정해지고, 주인의 지위에 따라서 종의 지위가 결정됩니다. 주인이 잘되면 종도 잘되는 것입니다. 그러므로 주님의 기쁨이 내 기쁨이 되고, 주님의 평안이 내 평안이 되고, 주님의 생명이 내 생명이 되고, 주님의 영광이 내 영광이 되고, 주님이 계시는 천국이 내 천국이 되는 것입니다. 이것이 주님의 종이 받게 되는 영원한 대가입니다. 우리가 받는 고난은 잠깐이고 우리가 받을 영광은 영원하기 때문에 우리가 주님의 종으로서 받는 "현재의 고난"을 참고 견뎌야 합니다(롬 8:18). 그러므로 주님께서는 우리가 고난을 받더라도 "기뻐하고 즐거워하라 하늘에서 너희의 상이 큼이라"(마 5:12)고 말씀하셨습니다. 우리가 장차 영원한 상을 받을 것을 생각하면, 모든 "현재의 고난"과 시험 중에서도 기뻐하며 힘을 얻게 됩니다.

> 내가 이미 얻었다 함도 아니요 온전히 이루었다 함도 아니라 오직 내가 그리스도 예수께 잡힌 바 된 그것을 잡으려고 달려 가노라(빌 3:12).

우리는 탐심이 아니라 "열심을 품고 주를 사랑해야 합니다"(롬 12:11). 우리는 보이는 피조물의 일시적 가치와 영광에 집중해서는 안 됩니다. 피조물의 보이는 가치와 영광도 하나님의 선물이지만, 자주 탐심으로 오염되고 변질되기 때문에 주의해야 합니다. 그러므로 언제나 매사에 탐심을 버리고 보이지 않는 하나님 나라의 의와 가치에 집중하는 것이 가장 지혜롭고 안전한 자세입니다.[1]

> 썩을 양식을 위하여 일하지 말고 영생하도록 있는 양식을 위하여 하라 이 양식은 인자가 너희에게 주리니 인자는 아버지 하나님께서 인치신 자니라(요 6:27).
>
> 살리는 것은 영이니 육은 무익하니라 내가 너희에게 이른 말은 영이요 생명이니라 (요 6:63).

우리가 탐심 없이 순전한 마음으로 일할 때 하나님께서 우리에게 더 큰 하나님 나라의 일을 맡기십니다. 세상 사람들 가운데서도 남을 섬기는 이들도 있으나, 그들 자신의 이름과 의지로, 단순히 박애 정신이나 인류애 같은 도덕적 목적으로 돕기 때문에 하나님의 상을 받을 수 없습니다. 오직 하나님의 영광을 위하여 주님의 이름으로 섬길 때에만 하늘의 상을 받을 수 있습니다.

오늘 주님의 착하고 신실한 종으로서의 장로와 권사의 사역을 마치시고 원로장로로 추대되시는 한 장로님, 원로권사로 추대되시는 강 권사님 그 동안 수고하셨습니다. 주님께서 두 분에게 주실 하늘의 상이 있다고 믿습니다.

그러나 죄송하지만, "이제 그만 쉬세요"라는 말씀을 드릴 수가 없네요. 본문의 주인이 온종일 일하고 돌아온 종에게 계속 식사를 준비하라고 지시한 것처럼, 주님께서도 오늘 두 분에게 오히려 또 다른 일들을 맡기시는 줄로 믿으시기 바랍니다. 그 일이 무엇이든지 충성되게 일하시기 바랍니다. 두 분께서 여생을 주님의 몸 된 교회를 섬기며 사실 때에 두 분에게 성령의 능력이 더욱 충만하시기를 바랍니다.

LA 써니싸이드교회 장로, 권사 은퇴예배
2016년 2월 14일

---

[1] 창 3:6; 마 6:19-33; 요 6:27; 롬 8:243-25; 고전 7:31; 고후 4:18; 골 3:1-2; 히 11:1; 요일 2:17 등.

43. 하나님의 의(義)의 모델

> 복음에는 하나님의 의가 나타나서 믿음으로 믿음에 이르게 하나니 기록된 바 오직 의인은 믿음으로 말미암아 살리라 함과 같으니라(롬 1:17).

로마서 1장 17절의 "복음에 나타난 하나님의 의"란 구원을 가리킨다. 이 말씀은 바로 다음 절(18절)과 대조적이다.

> 하나님의 진노가 불의로 진리를 막는 사람들의 경건하지 않음과 불의에 대하여 하늘로부터 나타나나니(롬 1:18).

복음과 상관없는 죄인들에게는 "하나님의 진노"가 나타나는 반면에 복음을 믿는 이들에게는 "하나님의 의"가 나타나는 것이다. 이런 대조적 문맥을 통해서 17절의 "하나님의 의"란 곧 복음을 믿음으로 말미암는 하나님의 구원을 가리킨다는 것을 알 수 있다.

"믿음에서 믿음에 이르게 하나니"에서 "믿음"이란 말이 중첩되어 나타난다.

첫 번째 "믿음에서"라는 말은 복음을 믿음으로 죄로부터 구원 얻는 믿음을 가리킨다.

두 번째 "믿음에"라는 말은 복음 신앙의 결과로 얻게 되는 천국 영생에 대한 믿음, 또는 소망을 가리킨다(참조, 히 11:1).

이와 유사한 표현이 고린도후서 4장 18절, "영광에서 영광에 이르니"라는 말에서도 나타난다.

첫 번째 "영광"은 예수님을 믿어 하나님의 아들로서 영화롭게 된 상태를 가리킨다(롬 3:23; 8:30).

두 번째 "영광"은 성도가 장차 누릴 하나님 나라의 온전한 영광이다(롬 4:16-5:10).[1] 성도가 장차 누릴 천국의 영광은 성도의 믿음의 결과이며 목적이다.[2]

인간은 죄로 말미암은 하나님과의 단절을 회복하기 위해서 불의를 버리고 하나님의 "의"에 이르러야 한다. 그것만이 인간의 살 길이다.

유대교의 "의"는 하나님의 구원 능력(시 31:1; 143:11), 하나님과의 바른 관계(합 2:4), 그리고 율법을 가리키는 반면에(레 18:5; 시 119:142), 헬라 철학적, 윤리적 "의"는 우주적 질서와 이에 근거한 인간관계의 질서를 가리킨다. 유대교는 인격적 하나님과의 관계 개선에 집중하는 반면에, 헬라 철학과 윤리는 비인격적인 자연의 원칙이나 우주 원리에 집중한다. 그러나 인간의 연약한 본성으로 말미암아, 사람이 스스로 의롭게 될 수 없는 것이 분명하다(롬 1:18-2:20). 인간의 오랜 실패의 역사가 이를 확증한다.

율법은 원래 인간을 의롭게 하여 하나님의 의에 이르게 하기 위한 것이었으나 결국 인간의 연약함으로 말미암아 인간의 불의와 죄를 드러냈을 뿐이고, 하나님의 구원 대신 진노와 심판을 초래하였다(롬 7:10). 율법은 하나님의 구원 역사 가운데 유대 민족의 구원을 위해 주어진 구원의 도구였으나, 성경 역사가 보여주듯이 유대 민족은 제대로 율법을 지키지 못했고, 결국 하나님의 거듭된 진노를 받았다.

율법과 유사하게 자연인들, 또는 이방인들은 인간의 양심, 이성, 지혜에 기초하여 도덕과 사회질서 유지를 위한 법 규정을 세웠으나 역시 인간의 깊은 죄성으로 말미암아 이방 나라들도 하나님의 심판의 대상이 되었음을 성경이 보여준다.[3]

복음은 인간 존재의 회복과 구원을 위한 하나님의 최종적 조치다. 즉 하나님께서 인간이 그 연약함으로 말미암아 율법의 "의"를 이룰 수 없음을 아시고, 십자가의 은혜의 복음을 믿음으로 얻게 되는 "의"를 제시하신 것이다(롬 3:20-28; 8:3). 예수의 복음을 믿는 인간은 하나님의 "의"에 합당한 존재로 여김을 받고 구원 얻게 된다. 복음 신앙으로 말미암아 단절되었던 하나님과의 관계가 회복되는 것이다. 이렇게 죄

---

[1] 강창희, 『고린도후서』(서울: 도서출판 햇불, 2007), 437.
[2] 마 5:10-12; 요 3:16; 롬 5:21; 8:18; 고전 15:51-54; 고후 5:1; 딤후 4:7-8, 18; 히 11:6, 16, 40; 벧전 1:9.
[3] 롬 1:18 이하; 삿 7:22-25; 11:21; 15:15; 삼상 15:7; 삼하 10:18; 사 13:1-22; 14:4-24:22; 25:10-12; 47:1-15;렘 46:2-51:64; 겔 25:2-28:2-23; 30:4-26; 욥 1:15; 욘 1:2; 옵 2:1 이하; 슥 9:1-9; 11:1-3 등.

인을 의인으로 여겨 주시는 것이 하나님의 "의"다.

> 곧 이때에(주님께서 희생하셨을 때) 자기의 의로움을 나타내사 자기도 의로우시며 또한 예수 믿는 자를 의롭다 하려 하심이라(롬 3:26).

그리스도를 통한 하나님의 획기적인 구원의 조치에서 죄인을 향하신 하나님의 지혜, 은혜, 구원 능력, 의로우심이 나타난 것이다(고전 1:30).

> 복음에는 하나님의 의가 나타나서 믿음으로 믿음에 이르게 하나니 기록된 바 오직 의인은 믿음으로 말미암아 살리라 함과 같으니라(롬 1:17).

십자가를 통한 하나님의 구원 조치를 하나님의 의로우심으로 믿는 사람은 의롭다 하심을 받게 되는 것이다.

> 그러므로 이제 그리스도 예수 안에 있는 자에게는 결코 정죄함이 없나니 이는 그리스도 예수 안에 있는 생명의 법이 죄와 사망의 법에서 너를 해방하였음이라(롬 8:1-2).

그러나 복음을 믿고 의롭다 하심을 받은 사람도 여전히 하나님의 의를 추구해야 한다(마 6:33; 롬 6:1-23; 8:4-14; 12:1 이하; 갈 5:13-24).

> 율법이 육신의 연약함으로 할 수 없는 그것을 하나님은 하시나니 곧 죄로 말미암아 자기 아들을 죄 있는 육신의 모양으로 보내어 육신에 죄를 정하사 육신을 따르지 않고 그 영을 따라 행하는 우리에게 율법의 요구(의)가 이루어지게 하려 하심이라(롬 8:3-4).

로마서 8장 전체가 의롭다하심(칭의)을 받은 사람이 살아야 할 의로운 삶(성화)을 가르친다. 예수님을 믿음으로 의롭다 하심을 얻은 성도들은 이제 실제로 의롭게 살아야 한다. 당장 하나님의 의가 무엇인지 알기 어려울 때에도, 우리는 낙심하지 말고, 오히려 말씀과 기도로 하나님의 의를 열심히 찾아야 한다.

> 너희 지체를 의의 무기로 하나님께 드리라(롬 6:13).
> 죄로부터 해방되어 의에게 종이 되었느니라(롬 6:18).
> 형제들아 너희가 자유를 위하여 부르심을 입었으나 그러나 그 자유로 육체의 기회를 삼지 말고 오직 사랑으로 서로 종 노릇 하라(갈 5:13).

복잡한 인간 현실 가운데 우리는 "지금 당장 내게 하나님의 의란 무엇인가"라는 문제로 고민할 때가 있다. 우리는 말씀과 기도로 하나님의 의를 꾸준히 찾아야 한다. 비록 하나님께서 하시는 일을 당장 이해할 수 없더라도, 우리는 참고 인내하는 가운데 하나님께서 나타내실 의의 날을 기다리면서, 언제나 하나님의 의를 찾아야 한다.[4]

첫째, 하나님의 의는 분명할 때도 있고, 그렇지 않을 때도 있으나, 우리는 일단 성경이 가르치는 "보편적인 의"의 가르침을 따라 결단해야 한다.

> 의를 위하여 박해를 받은 자는 복이 있나니 천국이 그들의 것임이라(마 5:10).

둘째, 기도로 하나님의 뜻을 찾아야 한다. "기도는 우리의 마음의 소원이 하나님께서 받으실만한 것인지 아니면 우리의 욕망인지를 구별하게 해준다"(*Inst.* III.20.4). 설령 기도로 하나님의 뜻을 당장 찾지 못하더라도 우리는 계속해서 하나님께 기도로 우리의 마음과 생각을 토로하면서 하나님의 뜻을 기다려야 한다.

물론 신앙 선배들의 경험과 조언도 필요하다. 그러나 하나님께서 이루시는 의의 방법은 사람이 이루는 의의 방법과 반드시 일치하지는 않는다는 것을 알아야 한다. 하나님의 생각은 사람의 생각과 다를 수도 있다.

> 이는 하늘이 땅보다 높음같이 내 길은 너희의 길보다 높으며 내 생각은 너희 생각보

---

4 욥 8:22; 20:21; 21:7; 23:1-10; 시 1:3; 73:1-3, 16-19; 잠 24:1, 19-20; 합 2:4.

다 높음이라(사 55:9).

우리는 기도로 우리 자신이 우리의 처지에서 취해야 할 구체적인 "하나님의 의"가 무엇인지를 힘써 찾아야 한다.

세상에 성경이 가르치고 우리가 따르는 하나님의 의를 조롱하고 무시하면서 스스로 인생을 달관한 자로 자처하는 오만한 이들이 얼마나 많은가?

더구나 하나님을 믿는다고 하면서도 실제로는 하나님의 "의"를 무시하고 자신의 뜻대로 사는 오만한 그리스도인들이 얼마나 많은가?

하나님께서 이미 그런 이들에 대하여 경고하셨다.

> 그때에 내가 예루살렘에서 찌꺼기같이 가라앉아서 마음속에 스스로 이르기를 여호와께서는 복도 내리지 아니하시며 화도 내리지 아니하시리라 하는 자를 등불로 두루 찾아 벌하리니(습 1:12).

비록 기도의 응답이 더디고, 심지어 하나님의 존재 자체가 허망하게 보일 때에도, 하나님의 선하심과 지혜와 능력을 믿는 믿음을 포기하지 않고 하나님의 의를 추구해야 한다.

> 오직 의인은 믿음으로 말미암아 살리라(합 2:4).
> 여호와 앞에 잠잠하고 참아 기다리라(시 37:7).
> 내가 여호와를 기다리고 기다렸더니 귀를 기울이사 나의 부르짖음을 들으셨도다(시 40:1).

셋째, 우리는 성령의 인도하심을 믿고 간구해야 한다. 복음을 믿고 의를 이루는 것이 율법으로 의를 이루는 것과 다른 점은 만사에 그리스도의 십자가의 모본과 성령의 인도하심을 따르는 것이다.

> 너희 안에 이 마음을 품으라 곧 그리스도 예수의 마음이니(빌 2:5).

너희는 성령을 따라 행하라(갈 5:16a).

복음을 믿는 사람의 의란 단순히 자신의 선한 의지나 행동이기 전에 믿는 사람 속에 내주하시는 성령의 지시와 인도하심을 받아 자신과 이웃과 만사에 대해서 바른 생각과 바른 마음 자세를 갖는 것이다.

사람이 마음으로 믿어 의에 이르고 입으로 시인하여 구원에 이르느니라(롬 10:10).

나는 나의 원수의 얼굴에서 나의 형제의 얼굴을 보는 그리스도의 마음을 가졌는가?
그렇다면 지금 우리는 그리스도의 영, 즉 성령의 인도하심을 받고 있다.

우리는 마땅히 기도할 바를 알지 못하나 오직 성령이 말할 수 없는 탄식으로 우리를 위하여 친히 간구하시느니라 마음을 살피시는 이가 성령의 생각을 아시나니 이는 성령이 하나님의 뜻대로 성도를 위하여 간구하심이니라(롬 8:26).

성령과 마찬가지로, 성부와 성자도 "현재의 고난" 중에서 허덕이는 우리를 도우신다. 성부는 모든 것을 합력하여 선을 이루게 하시고(롬 8:28), 성자는 우리를 위해 죽으셨고, 지금도 우리를 위해 간구하신다(롬 8:34; 히 7:25). 우리를 위한 삼위 하나님의 구원의 활동을 믿으며 결코 자행자지(自行自止)하지 말아야 한다(롬 8:34-39).

넷째, 우리의 양심의 소리를 들어야 한다.[5] 우리의 양심은 비록 죄로 오염이 되었더라도,[6] 여전히 하나님의 의에 대한 자각 기능을 어느 정도 가지고 있다(*Inst.* III.19.15-16).

무엇보다, 우리는 그리스도의 십자가의 복음을 통해 하나님의 의가 나타났다는 사실을 거듭 상기해야 한다. 우리들의 모든 의의 판단 기준은 그리스도의 십자가의

---

5 행 23:1; 24:16; 롬 2:15; 9:1-2; 13:5; 고전 8:12; 10:25; 고후 1:12; 딤전 1:19; 3:9; 딤후 1:15; 히 9:9, 14; 13:18; 벧전 2:16, 21.
6 고전 8:7; 딤전 4:2; 딛 1:15.

복음을 중심으로 설정되어야 한다.

말씀이 네게 가까워 네 입에 있으며 네 마음에 있다 하였으니 곧 우리가 전파하는 믿음의 말씀이라(롬 10:8).

하나님께서 죄의 본능으로 말미암아 도저히 하나님의 의에 이를 수 없는 연약한 인간을 긍휼히 여기시고 그리스도를 믿음으로 의롭게 되는 길을 보여주신 것이다. 십자가의 복음은 "하나님의 어리석음이 사람보다 지혜롭고, 하나님의 약하심이 사람보다 강함"(고전 1:25)을 증거한다. 우리는 복음에 나타난 하나님의 구원의 은혜를 믿고, 복음에 나타난 그리스도의 십자가의 모델을 따라 의롭게 살기를 힘써야 한다.[7]

그리스도의 사랑이 우리를 강권하시는 도다(고후 5:14a).
너희 안에 이 마음을 품으로 곧 그리스도 예수의 마음이니(빌 2:5).

예수 그리스도의 은혜로운 복음이 그 복음을 믿는 우리 죄인들을 의롭게 여김을 받게 하였을 뿐만 아니라, 우리로 하여금 끊임없이 하나님의 의를 추구하게 만드는 원동력이 되는 것이다(고전 1:30). 그 복음에서 나타난 하나님의 사랑과 지혜와 능력과 의로우심이 우리를 약하게 만드는 안팎의 모든 시험과 방해에도 불구하고 하나님의 나라와 그의 의를 찾게 하는 능력이 되는 것이다. 그리스도인은 자신이 복음의 의로 말미암아 새롭게 지으심을 받은 피조물이라는 자아의식을 가지고 왜곡된 이성이나 부패한 감성, 그리고 불의한 세력에 맞서서 하나님의 의를 추구해야 한다.

2016년 2월 16일

---

[7] 마 11:29; 요 13:34; 롬 6:3 이하; 고후 4:7-15; 6:3-10; 11:23-12:10; 갈 2:20; 6:14, 17; 빌 2:5 이하; 골 1:24; 엡 5:1; 딤후 2:3 이하 등.

44. 하나님의 놀라운 구원 역사

> 건축자가 버린 돌이 집 모퉁이의 머릿돌이 되었나니 이는 여호와께서 행하신 것이요 우리 눈에 기이한 바로다(시 118:22-23).

시편 118편 기자는 고통 중에 하나님께서 구원하여 주심을 찬양한다.

> 내가 고통 중에 여호와께 부르짖었더니 여호와께서 응답하시고 나를 넓은 곳에 세우셨도다(시 118:5).

더구나 그의 구원의 경험이 우연한 구원이 아니라 하나님의 권능의 구원으로서 악인의 음모와 궤계로 완전히 매장될 위기에서(13절), 불명예를 회복하고, 원상복귀하게 된 놀라운 구원의 경험이다.

> 건축자가 버린 돌이 집 모퉁이의 머릿돌이 되었나니 이는 여호와께서 행하신 것이요 우리 눈에 기이한 바로다(시 118:22-23).

이 시편 기자는 고난 중에 자신이 받는 고난이 자신이 지은 과거의 죄에 대한 하나님의 경책으로 알고 회개였던 것 같다(18절). 그러나 지금은 고난에서 구원하여 주신 하나님께 감사한다. 고난에서 벗어난 지금 고난 중에 어려웠던 형편을 돌이켜 보면서 그야말로 하나님께서 기이한 일을 하셨다는 생각이 드는 것이다. 고난이 없었더라면 몰랐을 죄를 찾아 회개하였고, 고난이 없었더라면 경험할 수 없었을 하나님의 구원의 능력도 경험하였으니, 이 모든 것이 하나님께서 하신 놀라운 일이다. 시편 기자는 흔히 자연주의자들처럼 단순히 고난의 긍정적 효과에 만족한 것이 아니라 고난을 통해서 나타난 하나님의 놀라운 구원을 감사하는 것이다.

신약 저자들은 본문을 고난의 십자가를 지시고 영광의 부활을 하셔서 믿는 사람들의 구원주가 되신 그리스도를 가리키는 말로 자주 인용한다(마 21:42; 행 4:11; 벧전 2:7). 사람들이 혐오하는 십자가가 하나님의 구원의 지혜에 의하여 구원의 능력이 되었으니 참으로 "기이한 일"이다. 그러나 동시에 "기이한 일"은 하나님께서 그의 오랜 구원의 역사 가운데 자주 해 오신 "흔한 일"이기도 하다.

성경 전체가 놀라우신 하나님의 구원의 능력을 증거한다. 하나님의 구원의 능력의 특이한 점은 사람들이 잘 아는 어떤 일반 원칙 대신에 사람들이 무시하는 하찮은 일이나 기대하지 않는 무명의 사람에 의하여 크고 기이한 일을 행하시는 것이다. 그것은 하나님께서 태초에 혼돈과 공허와 흑암의 상태에서 빛의 세계를 창조하심으로써 하나님의 영광과 능력을 한껏 나타내시는 것과 같은 맥락이다.

우리는 인생의 여러 고난 중에 자주 기적을 바란다. 실제로 평생 잊을 수 없는 놀라운 기적을 경험하는 경우도 있다. 그러나 우리가 원하는 만큼 기적이 자주 일어나지는 않는다. 우리 같은 일반 그리스도인뿐만 아니라 위대한 하나님의 사람들이라고 해서 언제나 필요할 때마다 기적을 경험한 것은 아니다. 오히려 그들은 우리보다 더 극심한 고통을 겪었다. 그러나 그들이 우리와 다른 점은 기적이 있든지 없든지 흔들림 없이 언제나 하나님을 굳게 믿었다는 사실이다. 한결같이 하나님의 신실하심을 굳게 믿고 그의 말씀을 순종하였던 것이다.

> 내가 어찌하면 하나님을 발견하고 그의 처소에 나아가랴 … 그런데 내가 앞으로 가도 그가 아니 계시고 뒤로 가도 보이지 아니하며 … 그러나 내가 가는 길을 그가 아시나니 그가 나를 단련하신 후에는 내가 순금같이 되어 나오리라(욥 23:3-10).
>
> 오직 의인은 믿음으로 말미암아 살리라(합 2:4).
>
> 여호와 앞에 잠잠하고 참아 기다리라(시 37:7).
>
> 내가 여호와를 기다리고 기다렸더니 귀를 기울이사 나의 부르짖음을 들으셨도다 (시 40:1).

하나님의 뜻을 따라 바르게 사는 사람을 하나님께서는 반드시 도우신다. 우리가 주님의 말씀을 따라 서로 사랑하고 도울 때에 하나님께서는 놀라운 구원의 역사를 나타내신다. 우리가 주님의 말씀을 따라 모든 이웃에게 선을 베풀 때에 크고 놀라운 일이 일어난다. 하나님의 구원 역사는 눈에 보이는 외적인 기적뿐만 아니라 보이지 않는 기적도 포함한다. 즉 말씀을 따라 악한 자를 용서하고 모든 거슬리는 말을 참으며 기도에 힘쓸 때에 고난 중에 주님의 놀라운 구원의 능력을 보게 되는 것이다.

> 여호와의 인자하심과 인생에게 행하신 기적으로 말미암아 그를 찬송할지로다 그가 사모하는 영혼에게 만족을 주시며 주린 영혼에게 좋은 것으로 채워 주심이로다 사람이 흑암과 사망의 그늘에 앉으며 곤고와 쇠사슬에 매임은 하나님의 말씀을 거역하며 지존자의 뜻을 멸시함이라(시 107:8-10).

십자가의 수욕을 참으시고 조롱하는 무리들을 위해 기도하신 그리스도를 따라 끝까지 사랑을 나타내면 하나님께서 행하시는 크고 놀라운 일을 보게 되는 것이다.

> 여호와는 나의 능력과 찬송이시오 또 나의 구원이 되셨도다 의인들의 장막에는 기쁜 소리, 구원의 소리가 있음이여 여호와의 오른 손이 권능을 베푸시며(시 118:14-15).

모든 인생의 고난이나 예측할 수 없는 재난 가운데서도 하나님을 온전히 의지하고, 부활이요 생명이신 주님을 확고하게 믿을 때, 보이는 기적이든지, 보이지 않는 기적이든지 하나님께서 행하시는 크고 놀라운 구원을 보게 되고 하나님을 찬양할 수 있다.

> 여호와께 감사하라 그는 선하시며 그의 인자하심이 영원함이로다(시 118:29).

무엇보다, 복음 신앙은 사람들이 환호하며 따르던 영광의 메시아가 아니라 사람들이 질시하여 처형한 메시아를 믿는 것이다. 우리의 신앙생활이 활력을 잃게 되는 가장 큰 원인은 보이는 기적만을 바라면서, 정작 크고 놀라운 일의 근원이 되는 하나님의 말씀을 제대로 믿고 힘써 따르지 않는 것이다. 우리가 크고 놀라운 일을 바라기 전에 먼저 하나님의 말씀을 따라 살기를 힘쓸 때 하나님께서는 그의 구원의 능력을 나타내시기를 기뻐하시는 것이다.

사람아 주께서 선한 것이 무엇임을 네게 보이셨나니 여호와께서 네게 구하시는 것은 오직 정의를 행하며 인자를 사랑하며 겸손하게 네 하나님과 함께 행하는 것이 아니냐 (미 6:8).

너희는 모든 악독과 노함과 분냄과 떠드는 것과 비방하는 것을 모든 악의와 함께 버리고 서로 친절하게 하며 불쌍히 여기며 서로 용서하기를 하나님이 그리스도 안에서 너희를 용서하심과 같이 하라(엡 4:31-32).

하나님께서는 외식적인 종교인들이 아니라 주 안에서 진실하게 살기를 힘쓰는 이들을 찾으셔서 "크고 놀라운 일들"을 베푸실 것이다.

2016년 2월 22일

45. 육체와 영혼의 주

> 몸을 죽여도 영혼은 능히 죽이지 못하는 자들을 두려워하지 말고 오직 몸과 영혼을 능히 지옥에서 멸하시는 자를 두려워하라(마 10:28).

우리는 모든 생명체와 같이 본능적으로 우리의 육체와 생명을 아낀다. 하나님은 우리 인간을 포함한 모든 생명체의 주가 되시므로 인간은 하나님을 존중해야 한다. 특별히 인간은 "하나님의 형상대로" 창조되었으므로 하나님의 영광을 위해 살아야 한다. 그러나 우리는 우리를 지으신 하나님께 대한 우리의 책임은 잊고 우리 자신의 안위만을 위해 살 때가 많다.

우리의 육체와 생명은 하나님의 은혜로운 선물이다. 비록 우리의 삶이 괴롭더라도 육체와 생명은 창조주 하나님의 선물이란 사실을 기억하고 우리의 육체와 생명을 귀하게 여겨야 한다. 그러나 우리는 본능적으로 우리의 영혼보다 우리의 육체에 집착하는 것이 문제다.

성경은 인간이 육체와 함께 영적 존재임을 가르친다. "하나님의 형상"으로 창조된 인간은 동물과 구별되는 모든 탁월성을 가졌다. 즉 인간은 이성과 감성 외에도 영성(순결함, 거룩함, 의로움, 영원함)을 가졌다. 사람은 영적 존재이므로 사후에도 그 존재가 소멸되지 않는다. 우리 믿는 자의 영혼은 천국에서 주님과 함께 거하게 되고, 불신자의 영혼은 지옥에서 영원히 고통받게 된다. 그러나 주님께서 세상에 오실 때, 이 낡은 세상이 사라지고 새 세상이 나타날 때, 우리의 육체가 "온전한 육체"로 부활하게 되고 우리는 영혼과 육체로 이루어진 완전한 존재로 다시 태어난다(고전 15:44 이하).

영혼과 천국의 실재에 대한 성경의 증거는 물론 실제로 사후 세계의 놀라운 경험을 한 이들의 간증도 많이 있다. 그러나 우리는 여전히 우리의 육체와 현실에 집중하는 나머지 우리의 영혼이나 다음 세계에 대해서는 무관심할 때가 많다. 그러므로 성경은 이 세상에 집착하는 사람은 어리석은 사람이고, 오는 세상을 위해 준비하는 사람이 지혜로운 사람이란 것을 거듭 가르친다(마 7:23-27).

영혼이나 영적 세계에 대한 철학적, 심리학적, 두뇌공학적인 설명은 인간의 유한한 지식과 경험에 의존한 것이므로 한계가 있다. 우리는 다만 세상을 지으신 창조주 하나님의 말씀이 가르치는 영혼과 영원한 세계의 실재를 믿어야 한다. 성경이 가르치는 모든 영적 실재는 인간의 주관적인 감성적 작용이나 이성적 이상(理想)이 아니라 하나님의 계시의 말씀이란 사실을 알아야 한다. 하나님의 말씀은 본질상 인간의 이해와 판단을 초월한다.

물론 인간의 육체도 중요하다. 영혼과 육체가 함께 하나의 온전한 사람을 구성하는 것이다. 주님께서 오실 때 우리의 육체는 "온전한 육체"로 변화될 것이다(고전 15:53). 본문이 "육체의 목숨에 집착하지 말라"고 가르치시지만, 곧 이어서 하나님께서는 참새 한 마리도 돌보시는 분이심을 가르치신다. 하나님께서는 우리의 몸과 영혼을 모두 돌보시지만, 우리는 본능적으로 보이지 않는 영혼보다는 보이는 몸에 집중하고, 보이지 않는 하나님 나라의 가치보다 보이는 이 세상의 가치에 집중하기 때문에 보다 균형 잡힌 삶을 위해서 영적 가치를 강조하는 것이 마땅하다.[1] 태초에 세상과 인간을 지으신 하나님께서 죄악 세상을 심판하실 마지막 날을 예비하시고 영원한 세상을 계획하셨다는 말씀은 지극히 마땅하고 희망찬 말씀이다.

2016년 2월 25일

---

[1] 창 3:6; 마 6:19-33; 요 6:27; 고전 7:31; 고후 4:18; 골 3:1-2; 히 11:1; 요일 2:17 등.

46. 주만 바라볼지라

> 여자가 그 나무를 본 즉 먹음직도 하고 보암직도 하고 지혜롭게 할 만큼 탐스럽기도 한 나무인지라(창 3:6a).

사람은 스스로 지혜롭게 판단할 수 있는 능력을 가진 탁월한 존재이지만, 여전히 자신이 하나님보다 낮은 존재, 즉 "하나님의 형상"이라는 정체성을 잊지 말고, 언제나 하나님의 뜻과 말씀을 우선적으로 생각해야 한다. 그렇지 않을 때 인간은 그를 지으신 하나님과 멀어지게 되고 결국 불행하게 된다는 것이 성경 전체의 가르침이다.

그러나 우리는 얼마나 자주 하나님을 떠나 자의적으로 사는가!

얼마나 자주 하나님의 말씀을 잊고 자의적으로 판단하는가!

얼마나 자주 이 피조 세상의 피상적 가치에 현혹되고, 우리의 탐심을 따라 사는가!

하와가 선악을 알게 하는 나무를 보고 그 탐스런 외양에 끌려 하나님의 경고를 잊어버렸듯이, 우리도 여전히 같은 실수를 되풀이하는 것이다. 그러나 인간의 진정한 행복이란, 피조 세상의 피상적 가치에 대한 우리의 탐심을 만족시키는 데 있는 것이 아니란 것을 알아야 한다.

> 사람이 떡으로만 살 것이 아니요 하나님의 입으로 나오는 모든 말씀으로 살 것이라 (신 8:3; 마 4:4).
> 썩을 양식을 위하여 일하지 말고 영생하도록 있는 양식을 위하여 하라 이 양식은 인자가 너희에게 주리니 인자는 아버지 하나님께서 인치신 자니라(요 6:27).
> 살리는 것은 영이니 육은 무익하니라 내가 너희에게 이른 말은 영이요 생명이니라 (요 6:63).

우리는 세상의 피조물이나 사람이나 자신의 능력과 지혜가 아니라 우리의 존재의 근원이시고 만복의 근원이신 창조주 하나님을 바라보아야 한다.

> 그가 사모하는 영혼에게 만족을 주시며 주린 영혼에게 좋은 것으로 채워주심이로다(시 107:9).
> 내 영혼아 여호와를 송축하며 그의 모든 은택을 잊지 말지어다(시 103:2).

우리는 세상의 보이는 허망한 가치나, 우리의 현실이나, 사람을 의지하지 말아야 한다.

> 우리가 주목하는 것은 보이는 것이 아니요 보이지 않는 것이니 보이는 것은 잠깐이요 보이지 않는 것은 영원함이라(고후 4:18).

우리는 다만 이 모든 것을 주관하시는 창조주 되시고 구속주 되신 하나님만을 바라보아야 한다.

> 내가 하나님을 의지하였은즉 두려워하지 아니하리니 사람이 내게 어찌 하리이까(시 56:11; 참조, 118:6; 롬 8:31).
> 나의 영혼이 잠잠히 하나님만 바람이여 나의 구원이 그에게서 나오는도다 오직 그만이 나의 반석이시요 나의 구원이시요 나의 요새이시니 내가 크게 흔들리지 아니하리로다(시 62:1-2).

무엇보다, 주님께서는 제자들에게 성공이나 실패에 크게 연연하지 말고 언제나 주님을 따라서 자기를 부인하고 십자가를 질 것을 가르치셨다(마 16:24; 눅 21:31-32). 경건한 사람은 자신의 존재 가치 판단에 따라서 지나치게 우쭐해서도 안 되고, 주눅이 들어도 안 된다. 자신의 약한 존재감으로 말미암아 낙심될 때에도 경건한 마음으로 자신을 향하신 하나님의 뜻을 찾아야 하고, 반대로 강한 존재감으로 한껏 부풀어 오를 때에도 오히려 자신을 낮춰서 자신을 향하신 하나님의 뜻을 찾아야 한다. 경건한 사람은 인생의 성공이나 실패에 연연하지 않고, 언제나 선하시고 의로우신 하나님의 뜻을 찾는 사람이다.

> 오직 너 하나님의 사람아 이것들을 피하고 의와 경건과 믿음과 사랑과 인내와 온유를 따르며 믿음의 선한 싸움을 싸우라 영생을 취하라 이를 위하여 네가 부르심을 받았고 많은 증인 앞에서 선한 증언을 하였도다(딤전 11-12).

한 마디로, 사랑하는 부모의 품에 안겨서 부모를 쳐다보며 노는 어린아이와 같이 우리는 언제나 주만 바라보는 진정한 믿음의 사람이 되자.

> 믿음의 주요 또 온전하게 하시는 이인 예수를 바라보자(히 12:2a).

2016년 3월 2일

47. 하늘의 별들을 보라

> 그를 이끌고 밖으로 나가 이르시되 하늘을 우러러 뭇별을 셀 수 있나 보라 또 그에게 이르시되 네 자손이 이와 같으리라(창 15:5).

자식이 없던 늙은 아브라함의 기도의 제일 제목은 단연 아들을 갖는 것이었다. 그러나 아들을 더 바랄 수 없는 상황에서 결국 자신을 상속할 사람은 엘리에셀, 즉 자신의 종외에는 없다고 생각했다. 그러나 하나님께서는 "그 사람이 네 상속자가 아니라 네 몸에서 날 자가 네 상속자가 될 것이라"(창 15:4)고 말씀하셨다. 하나님께서는 창세기 12장 2절에서 아브라함과 맺은 많은 후손의 언약을 재확인하시면서 아브라함이 그 언약을 계속 믿을 것을 권면하신 것이다. 그리고 하나님께서는 아브라함을 집 밖으로 데리고 나오게 하시고, 하늘의 별들을 바라보게 하시고, 그처럼 많은 후손을 주실 것을 재확인하셨다.

현대인은 넓은 하늘 공간 내신 주로 집, 식상, 식낭, 쇼핑 몰, 자동차, 엘리베이터 같은 자신이 만든 상자와 같은 비좁은 공간 속에서 일생을 보내고 결국 좁은 상자 속에서 일생을 마친다. 현대인의 우주관도 닫힌 우주관이다. 보이는 우주 외에 다른 차원을 인정하지 않는다. 현대인에게 초월적인 영적 차원이란 고대인들의 상상물이며, 인간의 두뇌 활동이나 심리적 현상일 뿐이다.

그러나 성경은 분명히 이 세상은 영이신 하나님의 창조물이며 인간은 하나님의 형상을 따라 지어진 영적 존재임을 나타낸다.

① 성경은 영적 차원이 인간의 주관적 추론이나 상상이 아니라 객관적 실재임을 나타낸다. 영적 실재는 이성이나 합리적 지식이 아니라 영으로만 인식할 수 있다.

영적인 일은 영적인 것으로 분별하느니라(고전 2:13b).

신학적 논리로 영적 실재를 이해할 수는 있으나 경험할 수는 없다. 또한 영적 체험은 감성적 체험을 포함하나 본질적으로 다른 차원에 속한 경험이다(욥 4:15).

② 하나님은 자주 인간의 두뇌를 통해 말씀하신다. 성경에서 두뇌를 통한 계시나 환상이나, 때로, 꿈은 두뇌의 자의적 활동이 아니라 두뇌가 하나님의 계시의 통로로 쓰인 것이다.[1]

③ 하나님께 속하지 않은 영적 체험은 악한 영으로 말미암는 것이므로 피해야 한다(레 19:31; 18:11; 삼상 28:8 이하; 왕하 21:3 이하; 23:24; 사 8:19 등).

④ 하나님의 자녀는 하나님과 교제해야 하고 하나님의 말씀만 들어야 한다(요 10:27; 요일 4:6).

진정한 영적 체험은 창조주 하나님과의 교제를 통해 경험하는 것이다. 아브라함은 여러 차례 영적 경험을 통해서 하나님의 말씀을 들었다(창 12:1-3, 7; 15:1-21; 17:1-22; 18:1-33; 22:1-19). 계속해서 야곱, 모세, 욥, 다윗, 선지자들 등 수많은 사람들이 영적 체험을 했다. 제자들은 변화산의 신비한 경험을 했고(마 17:1-9), 사도들도 많은 영적 체험을 했다(행 1:9-11; 2:1-4; 43, 등; 고후 12:2-4). 그 후 계속해서 교회의 지도자들과 성도들이 영적 체험을 했고, 오늘도 우리 주변에 특별한 영적 경험을 한 분들이 있다.

현대인은 닫힌 일차원적 우주관에 따라 보이는 물질을 중시하고 만사를 물질적 가치관에 비추어 판단한다. 심리적 현상이나 정신 활동도 결국 육체적 현상으로 본다. 그러나 물질적 가치관은 일시성, 불완전성, 허무함 등 물질의 한계성을 갖게 마련이다. 인간은 만사를 "자신의 좁은 공간"에서 자신의 계획과 생각에 따라 결정한다. 그러나 인간은 하나님의 말씀을 따라서 "닫힌 자신의 좁은 공간"으로부터 나와서 하나님이 가리키시는 저 열린 하늘을 바라보아야 한다.

혈과 육은 하나님 나라를 이어 받을 수 없고 또한 썩는 것은 썩지 아니하는 것을 유업

1　창 20:6; 28:12; 31:11; 37:5-6, 9; 41:1; -32; 민 12:6; 삼상 28:6, 15; 왕상 3:5-15; 단 2:1-9, 28; 4:5, 10, 13; 5:12; 7:1; 15; 마 2:12; 27:19.

으로 받지 못하느니라(고전 15:50).

성경은 영원한 세계와 영원하고 온전한 영적 가치, 즉 영생에 대한 하나님의 약속을 가르친다. 그것을 단순히 고대인의 모호한 신화적 사고에서 비롯된 것이라고 단정할 수 없는 이유는 하나님의 놀라운 약속들이 실제로 역사 가운데 성취되었기 때문이다. 하나님의 영생의 약속은 하나님께서 이스라엘 백성의 조상인 아브라함과 맺은 언약에서 시작된다(창 12:2-3, 7).

아브라함은 백 세에 하나님의 약속대로 아들 이삭을 얻었다. 그뿐만 아니라 하나님은 아브라함과의 언약을 잊지 않으시고 그의 후손들을 통해서 계속 재확인하시며 실제로 이루어 주셨다.[2] 하나님께서 아브라함과 그의 후손 이스라엘 백성과 맺은 구원 언약은 그리스도를 믿는 모든 하나님 나라의 백성과 맺은 영생의 언약으로 확장되는 것이다(요 3:16; 롬 1:16; 히 11:10, 14-16). 하나님께서 믿음의 조상들과 맺은 보이는 세상의 가치와 관련된 언약은 그리스도를 통한 영원한 구원 언약을 예시하는 것이다. 땅 위의 것에 대한 옛 언약은 그리스도로 말미암은 더 좋은 언약을 위해 예시적으로 보여주신 것이다(롬 3:21; 10:4; 고후 3:14; 갈 3:24-25; 히 8:6; 9:11, 23-24; 10:1).

하나님께서 한 번 맺은 언약을 신실하게 이루어 가시는 데 반하여 아브라함의 후손인 이스라엘 백성이 자주 하나님을 배반하고 제 갈 길로 간 것은 성경이 처음부터 끝까지 지적하는 고질적 문제다. 성경은 이런 이스라엘의 불신은 곧 인간 전체의 문제임을 지적한다.

> 참 빛 곧 세상에 와서 각 사람에게 비추는 빛이 있었나니 그가 세상에 계셨으며 세상은 그로 말미암아 지은 바 되었으되 세상이 그를 알지 못하였고(요 1:9-10).

현대인은 닫힌 물질적 세계관이나 "나 자신의 세계"에서 나와서 하나님께서 계신 영원한 세계를 바라보아야 한다. 그렇지 않으면 물질과 인간 존재의 본질적 한계로

---

[2] 창 12:2-3, 7; 15:18; 26:24; 28:13-15; 50:20; 출 1:7; 2:24-25; 민 23:19 이하; 34:2; 신 2:25; 3:2, 28; 4:1; 19:1; 20:1; 26:1; 31:3; 34:4; 수 1:6; 23:1. 물론, 어떤 꿈은 단순한 심리 현상으로서 헛되고, 때로 거짓 선지자들의 미혹의 수단이 되기도 한다. 시 73:20; 전 5:3; 사 29:8; 렘 29:8; 슥 10:2; 유 1:8.

말미암아 누구나 좌절할 수밖에 없다.

> 내가 산을 향하여 눈을 들리라 나의 도움이 어디서 올까 나의 도움은 천지를 지으신 여호와에게서로다(시 121:2).
> 썩을 양식을 위해 일하지 말고 영생하도록 있는 양식을 위하여 하라(요 6:27a).
> 살리는 것은 영이니 육은 무익하니라 내가 너희에게 이른 말은 영이요 생명이니라(요 6:63).
> 너희가 육신대로 살면 반드시 죽을 것이로되 영으로써 몸의 행실을 죽이면 살리니(롬 8:13).

복음은 이 세상의 모든 가치를 무시하라는 것이 아니라, 세상의 가치를 온전하고 영원한 하나님의 나라와 그 가치로 전환하라는 것이다. 세상만사를 허무한 비실재로 단정하자는 것이 아니라 불확실하고 허망한 세상의 가치와 인간 존재의 가치(시간, 공간, 물질, 에너지, 이상, 노력 등)를 하나님의 의를 따라, 확실하고 영원한 실재로 전환시키자는 것이다(마 6:33). 시간, 공간, 재물, 재능, 생명 등 나와 세상의 모든 가치를 하나님의 뜻을 따라 선용하라는 것이다.

> 너희를 위하여 보물을 땅에 쌓아 두지 말라 … 오직 너희를 위하여 보물을 하늘에 쌓아두라 거기는 좀이나 동록이 해하지 못하며 도둑이 구멍을 뚫지도 못하고 도둑질도 못하느니라(마 6:19-20).

우리는 믿음의 조상 아브라함을 따라 모든 불확실성을 극복하며 믿음을 지켜야 한다(히 6:15).

> 이를 위하여 나도 내 속에서 능력으로 역사하시는 이의 역사를 따라 힘을 다하여 수고하노라(골 1:29).

2016년 3월 7일

48. 개인주의를 넘어서

> 나는 포도나무요 너희는 가지라 그가 내 안에, 내가 그 안에 거하면 사람이 열매를 많이 맺나니 나를 떠나서는 너희가 아무것도 할 수 없음이라(요 15:5).

교회는 생명과 사랑의 역동적 유기체인 거룩한 그리스도의 몸이며 우리는 그 지체다(롬 12:4; 고전 6:15; 12:12 이하; 엡 5:30). 요한과 바울은 교회의 지체된 그리스도인의 교회생활에 대해 자주 가르친다.

> 새 계명을 너희에게 주노니 서로 사랑하라 내가 너희를 사랑한 것같이 너희도 서로 사랑하라 너희가 서로 사랑하면 이로써 모든 사람이 너희가 내 제자인 줄 알리라(요 13:34-35).
> 너희 몸이 그리스도의 지체인 줄을 알지 못하느냐(고전 6:15).
> 오직 사랑 안에서 참된 것을 하여 범사에 그에게까지 자랄지라 그는 머리니 곧 그리스도라(엡 4:15).
> 모든 겸손과 온유로 하고 오래 참음으로 사랑 가운데서 서로 용납하고 평안의 매는 줄로 성령이 하나 되게 하신 것을 힘써 지키라(엡 4:2-3).

그리스도인이 그리스도의 거룩한 공동체의 일원으로 살려고 할 때 여러 가지 시험에 직면하게 된다. 그리스도인의 마음속에 남아 있는 옛 사람의 정욕과 세상의 교훈의 풍조에 미혹되는 것이다.

> 너희는 유혹의 욕심을 따라 썩어져가는 구습을 따르는 옛 사람을 벗어버리고 오직 너희의 심령이 새롭게 되어 하나님을 따라 의와 진리의 거룩함으로 지으심을 받은 새 사람을 입으라(엡 4:22-24).
> 범사에 우리 주 예수 그리스도의 이름으로 항상 아버지 하나님께 감사하며 그리스도

를 경외함으로 피차 복종하라(엡 5:20-21).

현대 개인주의 사상은 개인의 자유를 신장하는 데 주력하는 나머지 사람의 공동체적 필요를 무시함으로써 현대인을 "군중 속의 고독한 존재," 또는 "어둡고 황량한 우주 가운데 던져진 존재"로 만들고 있다. 현대 기계문명은 그 비인격적인 본질로 말미암아 인간을 거대한 기계의 부품처럼 의미 없는 존재로 전락시켰다. 과거 부족 시대의 축제에서의 일체감과 상부상조의 따스한 손길이 거의 사라지고 모든 것이 물량화, 기계화되고 있다.

이런 현대 문명의 비인간화의 비극적 운명을 우리는 어떻게 극복할 것인가?

우리는 어떻게 우리가 사는 이 세상을 따스한 손길과 심장의 고동 소리가 들리는 인간이 사는 세상으로 만들 것인가?

인간의 이기적 소욕에 의한 경쟁과 투쟁 대신에 사랑과 평화가 넘치는 세상으로 만들 수 있을까?

인간의 휴머니즘적 이상만으로는 그런 세상을 만들 수 없다는 것이 이미 오랜 실패의 인간 역사로 말미암아 증명되었다. 하나님께서는 하나님의 집을 떠나 방황하는 탕자 같은 세상을 향하여 자신의 품으로 돌아오라고 말씀하신다(요 3:16). 인간은 자신의 지혜를 버리고 하나님의 지혜의 말씀을 들어야 살 수 있다. 인간은 그를 위해 죽으신 하나님의 아들 그리스도의 십자가 앞에 무릎을 꿇을 때에 진정한 존재 가치와 존재 이유를 발견할 수 있다. 그리스도의 십자가는 우리가 구하거나 생각하는 모든 것을 능가하는 구원의 능력을 준다(갈 6:14; 엡 3:20). 인간을 구하시기 위하여 자신을 희생하신 하나님의 아들을 믿는 믿음을 가질 때 비로소 인간은 참된 존재 가치를 발견하게 되는 것이다(갈 2:20). 인간을 위해 희생하신 그리스도의 사랑을 감사하며, 영생을 약속하는 그리스도의 복음을 믿음으로 인생의 허망함을 극복하고, 모든 선한 일에 힘쓰게 되는 것이다. 완전한 세상이 나타날 때까지 우리 모두 그렇게 살기를 힘써야 한다.

너희는 세상의 소금이라(마 5:13a).

너희는 세상의 빛이라(마 5:14a).

2016년 3월 13일

49. 세상 가치의 제한성

> 네가 먹어서 배부르고 아름다운 집을 짓고 거주하게 되며 또 네 소와 양이 번성하며 네 은금이 증식되며 네 소유가 다 풍부하게 될 때에 네 마음이 교만하여 네 하나님 여호와를 잊어버릴까 염려하노라(신 8:12-14a).

모세가 염려한 대로 이스라엘 백성은 어렵던 광야생활을 청산하고 살기 좋은 가나안 땅에 정착하면서 점차 하나님을 떠나 우상을 섬기기 시작했다(사 2:11 이하). 모든 우상은 인간이 바라는 탐욕을 만족시켜 준다고 약속한다. 그러나 인간의 탐심을 만족시키는 데 집중하는 종교는 진정한 종교가 될 수 없다(골 3:6). 진정한 종교는 세상을 지으신 창조주 하나님과 그의 형상인 인간을 사랑하며 살 것을 가르치는 성경이 가르치는 종교일 뿐이다.

사람은 누구나 이 세상에서 행복한 삶을 추구하며 살아간다. 그러나 일단 바라던 행복한 삶을 성취하면 지금까지 추구해온 삶의 목표가 사리지면서 인일주의에 빠지고 방탕하게 되는 것이다.

이런 반복되는 불행을 어떻게 극복할 것인가?

첫째, 우리는 우리의 삶의 목표를 이 세상의 보이는 일시적 가치가 아니라 보이지 않는 영원한 하나님 나라의 가치로 굳게 정해야 한다. 세상의 모든 가치는 본질상 제한적이므로 인간이 제한적인 세상의 가치에 집착하면 결국 부패하게 되고, 좌절할 수밖에 없다.[1]

이 세상도, 그 정욕도 다 지나가되 오직 하나님의 뜻을 행하는 자는 영원히 거하느니라(요일 2:17).

---

[1] 창 3:6; 마 6:19-33; 요 6:27; 롬 8:24-25; 고전 7:31; 고후 4:18; 골 3:1-2; 히 11:1; 요일 2:17 등.

옛날 이스라엘 백성이 광야에서 하나님의 가나안 땅에 대한 약속을 잊어버리고, 당장 먹을 것과 눈에 보이는 것들에 집중하다가 하나님의 진노를 받은 것을 기억하자(민 11:5; 14:6-10; 14:1-3; 요 6:49). 가나안 땅에 들어간 그들의 후손들도 우상을 비롯하여 보이는 것에 집중하며 살다가 하나님의 진노하심을 받았다(삿 2:11 이하).

둘째, 보이지 않는 하나님 나라의 가치에 대한 하나님의 언약을 계속 확인함으로써 보이는 세상의 가치에 대한 끊임없는 미혹을 극복해야 한다.

> 그러므로 사랑하는 자들아 너희가 이것을 미리 알았은즉 무법한 자들의 미혹에 이끌려 너희가 굳센 데서 떨어질까 삼가라(벧후 3:17).

셋째, 모든 선행을 통해서 우리가 가진 보이는 일시적 세상의 가치를 보이지 않는 영원한 하나님 나라의 가치로 바꿔야 한다. 우리의 재능과 재물, 권세와 명예, 시간과 공간을 하나님 나라에서의 우리의 영원한 소유가 되도록 활용해야 한다.

> 오직 너희를 위하여 보물을 하늘에 쌓아두라 거기는 좀이나 동록이 해하지 못하며 도둑이 구멍을 뚫지도 못하고 도둑질도 못하느니라(마 6:20).
> 썩을 양식을 위하여 일하지 말고 영생하도록 있는 양식을 위하여 하라 이 양식은 인자가 너희에게 주리니 인자는 아버지 하나님께서 인치신 자니라(요 6:27).

2016년 3월 14일

50. 예정-선택 신앙의 유익

> 그 기쁘신 뜻대로 우리를 예정하사 예수 그리스도로 말미암아 자기의 아들들이 되게 하셨으니 이는 그가 사랑하시는 자 안에서 우리에게 거저 주시는 바 그의 은혜의 영광을 찬송하게 하려는 것이라(엡 1:5-6).

예정 신앙은 그 독특한 특성과 오해로 말미암아 자주 도전 받는다. 그러나 우리가 예정 신앙의 타당성과 유익한 기능을 배우면, 우리의 소중한 영적 자산이 된다.

에베소서에서 하나님께서 우리의 구원을 "예정하셨다"(프로오리조)는 말이 5절과 11절에서 두 번 나오고, 비슷한 말(프로티테미)이 9절에서도 나온다. 전지전능하신 하나님의 은혜로우신 선택이 우리의 믿음의 결단을 선행하는 것이다. 에베소서 1장에서 특별히 하나님의 구원의 예정을 강조하지만, 이신득의를 가르치는 로마서 8장 29절, 30절에서도 하나님께서 우리의 구원을 "예지(豫知)하셨고"(푸로기노스코)(참조, 행 2:23; 벧전 1:2), 또한 "예정(豫定)하셨다"(프로오리조)고 한다.

구원의 예정에 대해서 문자적 근거 외에도 성경의 역사적 근거가 있다. 하나님께서 에서가 아니라 가장 작은 야곱을 택하신 것(창 25:23; 사 41:8, 9; 말 1:2, 3; 롬 9:13), 많은 이방 나라들 가운데 가장 작은 이스라엘 민족을 선택하신 것(신 7:6-8), 출애굽을 위해 모세를 위기 중에 구하시고 예비하신 것(출 2:1-10), 이새의 많은 아들 중에 막내 다윗을 택하신 것(삼상 16:12-13), 남 왕국 유대와 북 왕국 이스라엘을 분리하신 것(왕상 12:15) 등이 있다. 그리고 하나님의 섭리와 관련된 말씀도 하나님의 예정을 가리킨다. "여호와 이레"라는 말씀(창 22:14)이나 성경 역사 가운데 나타난 수많은 예언과 성취의 사례들도 하나님의 구원의 예정을 지지한다. 구약의 그리스도에 대한 예언의 말씀들이 그리스도의 사역을 통해 실제로 성취된 사실도 예정을 가리킨다(마 26:54; 요 3:14-15; 롬 1:2; 15:4; 고전 5:7; 10:4).

이르시되 미련하고 선지자들이 말한 모든 것을 마음에 더디 믿는 자들이여 그리스도가 이런 고난을 받고 자기의 영광에 들어가야 할 것이 아니냐 하시고 이에 모세와 모든 선지자의 글로 시작하여 모든 성경에 쓴 바 자기에 관한 것을 자세히 설명하시니라(눅 24:25-27).[1]

또한 예수님의 많은 비유들에서 나타난 "두 가지 대조적 유형의 사람들," 그리고 예수님의 십자가 좌우의 두 강도들도 하나님의 구원의 예정을 받은 자와 받지 못한 자를 가리킨다.

인자는 이미 작정된(호리조) 대로 가거니와 그를 파는 사람에게는 화가 있으리로다 (눅 22:22).

이 모든 증거들은 하나님의 구원 역사 가운데 우연이란 없다는 것을 보여준다. 모든 하나님의 구원 역사는 하나님께서 예정하신 뜻을 따라 이루어지는 것이다.

하나님의 예정과 대립적인 인간의 책임 문제, 그리고 예정론이 결국 하나님을 죄의 창조자로 만든다는 비난에 대해서는 이미 여러 차례 논했으므로[2] 여기서 우리는 다만 예정-선택 신앙의 유익한 기능에 집중하자.

예정론은 기독교 구원론의 신학적 근거일 뿐 아니라, 개인적 신앙을 굳게 세워준다. 예정 자체가 믿음의 대상이지만 적어도 안정된 신앙 구조를 제공한다. 인간의 믿음이란 본질상 유동적이어서 바위처럼 굳세게 보이던 믿음도 어느새 증기처럼 사라져 버리기도 한다. 복음 신앙의 핵심이 되는 "믿음으로 구원 얻는 진리"를 믿는 믿음도 흔들릴 수 있다. 그러나 하나님의 예정하심을 입었다는 믿음은 우리로 하여금 하나님의 백성으로서의 확고한 자아의식을 가지게 한다. 예정 사상과 가까운 "성도의 견인(堅忍)" 사상은 하나님의 구원의 은혜가 우리가 믿음을 결단할 때 나타나는 단회적인 것이 아니라 영원한 나라에 들어가서 구원이 완성될 때까지 그 효능

---

[1] 참조, 창 3:15; 민 21:9; 신 18:15; 사 7:14; 9:6; 35:5, 6; 40:10, 11; 53장; 겔 34:23; 단 9:24; 미 7:20; 말 3:1.
[2] "예정과 믿음"(465-467), 『깊은 곳에서 III』(2011); "예정과 기도"(413-415), 『깊은 곳에서 IV』(2013); "예정론의 타당성"(130-144), 『깊은 곳에서 V』(2014); 예정과 확신 있는 삶"(124-133); "하나님의 예정과 우리의 믿음"(378-383); "예정과 믿음"(577-580), 『깊은 곳에서 VI』(2015).

이 지속된다는 것이다.

> 내가 그들에게 영생을 주노니 영원히 멸망하지 아니할 것이요 또 그들을 내 손에서 빼앗을 자가 없느니라 그들을 주신 내 아버지는 만물보다 크시매 아무도 아버지 손에서 빼앗을 수 없느니라(요 10:28-29).

한 마디로, 하나님께서 구원하시기로 작정하신 약속은 어떤 불신적 조건이나 환경에도 불구하고 끝까지 유효하다는 것이다. 이렇게 예정 신앙은 "성도의 견인" 사상과 함께 유동적일 수 있는 이신득의 구원 신앙을 든든히 보완해 주는 것이다.

신앙이란 본질상 유한한 우리 자신이 아니라 전능하신 하나님을 의지하는 것이고, 모든 불확실성 가운데서도 우리를 돌보시는 자비하신 하나님의 존재와 역사를 확신하는 것이다(*Inst*. III.2.14-37). 예정-선택 신앙은 절대자로서의 하나님의 주권뿐만 아니라 그 하나님을 믿는 사람의 존재감을 확고하게 한다. 인간이 "하나님의 형상"으로 지으심을 받았다는 사실을 "믿음"으로써 인간이 다른 피조물에 비해 하나님과 특별히 가까운 존재임을 확신하게 되듯이, 예정 사상은 상대주의나 보편주의에 맞서서 우리늘이 세상 사람늘에 비해 하나님과 특별히 가까운 사람들임을 확신하고, 어떤 불신적 방해나 환경에서도 하나님 신앙을 굳게 지키게 하는 것이다.

그리스도인은 비록 믿음이 흔들릴 때도 있고, 실패할 때도 있으나, 하나님의 견고한 예정과 선택을 생각할 때, 그리스도 안에서 하나님의 자녀라는 자신의 정체성을 재확인하고 다시 하나님 품으로 돌아가게 되는 것이다. 그것은 탕자가 자신이 아버지의 자식이라는 움직일 수 없는 사실을 깨닫고 다시 아버지 품으로 돌아가기를 결단하는 것과 같다. 한 마디로, 예정 사상은 하나님의 절대적 주권 사상에 근거하여 신자의 신분과 구원을 확고하게 보장하는 유익이 있다.

한편, 예정 신앙의 부작용으로서 이미 구원받았다는 사실에서 오히려 나태한 신앙으로 흐를 수도 있다. 실제로 종교개혁 이후 개혁교회가 이런 신앙적 슬럼프에 빠진 시기도 있었지만, 하나님의 예정을 진실히 믿는 사람이라면 하나님을 두려워하는 마음으로 경건에 힘쓴다. 나태한 신앙의 원인을 예정 사상의 탓으로만 돌릴 수는 없다.

또한 예정 신앙의 고정적 특성과 구원받을 자와 유기자로 나누는 이분법적 사고로 말미암아 자칫 배타적인 오만한 인격 형성을 유발할 수 있으나, 예정 신앙의 본질이 하나님의 은혜와 자비로우심이란 사실을 거듭 상기함으로써 이런 부작용을 경계하고 극복해야 한다. 예정 신앙이 수반할 수 있는 부작용의 위험은 그 유익에 비할 것이 못 된다.

예정 사상은 우리의 연약함과 함께 하나님의 권능을 나타낸다. 하나님의 말씀은 자주 우리에게 모호하게 보이지만, 실제로는 그 모호함이 하나님의 말씀의 통전성과 완전함을 나타내는 것이다.

만일 누군가 하나님의 예정을 불신한다면, 그런 불신 자체가 그가 하나님의 구원의 예정에 속하지 않은 사람임을 입증하는 것이다. 거듭 지적해 왔으나, 하나님의 예정과 섭리는 기계적이고 냉정한 운명론과는 달리, 아들을 희생하시기까지 우리를 사랑하시는 하늘 아버지의 사랑에서 비롯된 것임을 잊지 말아야 한다. 우리가 믿는 하나님은 비인격적 철학적 하나님이 아니라 아들을 희생지시기까지 우리를 지극히 사랑하시는 하늘 아버지심을 알아야 한다. 하나님의 예정도, 영광과 권세도, 결국 연약한 우리의 믿음을 굳게 하시려는 그의 사랑에서 비롯되는 것이다. 하나님의 구원의 예정에 속한 사람은 자신과 이웃을 향하신 하나님의 사랑을 믿는다.

2016년 3월 24일

51. 성령과 성경

> 보혜사 곧 아버지께서 내 이름으로 보내실 성령 그가 너희에게 모든 것을 가르치고 내가 너희에게 말한 모든 것을 생각나게 하리라 (요 14:26).
> 내가 아버지께로부터 너희에게 보낼 보혜사 곧 아버지께로부터 나오시는 진리의 성령이 오실 때에 그가 나를 증언하실 것이요 (요 15:26).
> 그러나 진리의 성령이 오시면 그가 너희를 모든 진리 가운데로 인도하시리니 그가 스스로 말하지 않고 오직 들은 것을 말하며 장래 일을 너희에게 알리시리라 그가 내 영광을 나타내리니 내 것을 가지고 너희에게 알리시겠음이라 (요 16:13-14).

성경은 영감으로 기록된 하나님의 말씀으로서 기독교 신앙의 근본이다. 우리는 성경 말씀을 믿어야 하고 그 말씀을 따라 살아야 한다. 사람의 생각이나 악한 영의 활동을 성령의 지시와 역사로 오인할 수 있으므로, 모든 성령의 지시는 성경 말씀에 비추어 그 진정성을 판단해야 한다. 성경 말씀과 일치하지 않는 성령이 지시린 사람의 생각이나 거짓된 영의 미혹일 뿐이다.

더 나아가 성경 말씀의 해석과 적용도 성령의 뜻을 따라야 한다. 성령의 뜻과 상관없는 사사로운 해석과 적용은 용납될 수 없다. 성령의 뜻이란 그리스도의 교훈은 물론 복음서가 가르치는 그리스도의 인격과 특성과 일치되는 일체의 사고방식과 행동 지침을 말한다. 삼위 하나님께서는 언제나 일치되어 일하시기 때문이다 (요 14:26; 15:26; 16:13-14; 롬 8:27). 어떤 하나의 성경 말씀이라도 성경 전체의 본질적이고 일관된 가르침에 비추어 읽어야 한다.

예수님께서 친히 바른 성경 해석의 모본을 보여주셨다. 예수님은 성경을 해석하실 때 언제나 성경 말씀의 본질적 의미를 찾아 해석하셨다. 예로 예수님께서 신명기 24장 1-42절의 이혼법을 해석하시었다.

> 모세가 너희 마음의 완악함 때문에 아내 버림을 허락하였거니와 본래는 그렇지 아니

하나라 내가 너희에게 말하노니 누구든지 음행한 이유 외에 아내를 버리고 다른 데 장가드는 자는 간음함이니라(마 19:8, 9).

예수님은 성경 말씀의 피상적인 의미가 아니라 성경 말씀의 원래의 뜻을 따라 해석하셨던 것이다(마 5:17 이하). 이런 성경 말씀의 원래의 뜻은 그 말씀과 관련된 성경 전체의 가르침에 비추어 볼 때 분명하게 나타나는 것이다.

성령의 뜻은 성경 말씀을 정확히 이해할 때 분명히 파악될 수 있다. 성경학자들의 논쟁들도 성경의 어느 한 부분이 아니라 성경 전체의 통전적인 가르침에 비추어 볼 때 정리될 수 있다. 그러므로 성경을 읽을 때, 서로 관련된 성경 구절을 되도록 많이 찾아서 함께 놓고 그 의미를 찾는 것이 옳다. 즉 성경이 성경을 해석하는 것이다.

이런 성경과 성령의 상호 의존적 성경 해석을 순환적 논리라고 반박하면서 타당성이 없다고 할 수도 있으나 절대적 가치는 자주 순환론적이라는 사실도 인정해야 한다. 특별히 성경은 절대적인 하나님의 말씀으로서 스스로 옳다고 주장할 수 있는 자증권(自證權, autopistia)을 가진다(*Inst*. I.13.21). 하나님께서도 자신을 "나는 나다"(출 3:14)라고 계시하셨다. 거룩하신 하나님의 섭리에 대해서 유한된 인간이 "왜?"라고 묻는 것 자체가 불경스런 것이다.[1] 하나님의 거룩하신 존재와 뜻은 우리 유한한 인간이 침범할 수도 없고 침범해서도 안 되는 거룩하고 신비한 초월적 영역이다.

그렇다면 이런 성령 중심적 성경 해석이 일반적 성경 해석과 다른 점이 무엇인가?

우리가 일반적 성경 해석 방법, 즉 전통적 교리나 신학 등 절대주의적 사고 유형을 따라서 성경을 읽을 때에는 인간적 약함이나 현실을 도외시하는 절대적인 말씀으로 이해될 수 있다. 그러나 우리가 성령의 도우심을 믿고 성경을 읽을 때 성령의 감동으로 말미암아 우리가 읽는 성경 말씀이 당장 내게 필요하고 절실한 말씀이 된다.

---

[1] 어거스틴, *On Genesis, Against the Manichees*, I.ii.4: "하나님의 뜻보다 더 높은 원인을 찾는 것은 하나님을 모욕하는 것이다"(*Inst*. I.14.1, 재인용); 칼빈, *Inst*. III. 23.2.

보혜사 곧 아버지께서 내 이름으로 보내실 성령 그가 너희에게 모든 것을 가르치고 내가 너희에게 말한 모든 것을 생각나게 하리라(요 14:26).

사람들이 너희를 끌어다가 넘겨 줄 때에 무슨 말을 할까 미리 염려하지 말고 무엇이든지 그때에 너희에게 주시는 그 말을 하라 말하는 이는 너희가 아니요 성령이시니라(막 13:11).

또한 성령은 자유로우면서도 언제나 성경 말씀과 일치되게 말씀하신다. 그러므로 성경 말씀과 상충되는 것은 성령의 지시가 아니다.

스데반이 성령이 충만하여 하늘을 우러러 주목하여 하나님의 영광과 및 예수께서 하나님 우편에 서신 것을 보고 말하되 보라 하늘이 열리고 인자가 하나님 우편에 서신 것을 보노라(행 7:55-56).

2016년 3월 25일

52. 하나님의 기이한 일

> 건축자가 버린 돌이 집 모퉁이의 머릿돌이 되었나니 이는 여호와께서 하신 일이요 우리 눈에 기이한 바로다(시 118:22, 23).

하나님께서는 크고 놀라운 일들을 통해 인간들에게 그의 지혜와 권능과 영광을 나타내신다. 하나님께서는 우리 인간이 상상할 수 없는 하나님의 크신 능력과 우리 인간이 이해하기 어려운 하나님의 깊으신 지혜를 나타냄으로써 인간들에게 그의 위엄과 영광을 나타내시는 것이다. 성경은 하나님의 단회적인 놀라운 사건들, 즉 기적들도 보여주지만, 하나님께서 오랜 시간 속에 행하신 기이한 구원 역사도 보여준다.

하나님께서는 낮은 자를 높이시는가 하면, 높은 자를 낮추시고, 가난한 자를 부하게 하시고, 부한 자를 가난하게도 만드시며, 강한 자를 약하게 만드시고, 약한 자를 강하게 만드신다(삼상 2:7-8; 눅 1:51-53; 렘 9:23-24; 고후 12:9-10). 스스로 지혜롭다고 여기는 자를 어리석게 만드시고, 스스로 어리석다고 여기는 자를 지혜롭게 만드신다(욥 5:11-18). 스스로 자랑하는 자의 입을 부끄럽게 하시고 겸손한 자를 높이신다(잠 27:1; 고전 1:29; 엡 2:9; 약 1:9-19; 3:5; 유 1:16). 나중 된 자가 먼저 되고, 먼저 된 자가 나중 되게 하신다(마 20:16). 하나님께서는 때로 그의 깊으신 경륜 가운데 악한 일도 허락하신다(욥 1:12; 2:6; 잠 16:4). 하나님은 세우신 것을 헐기도 하시고 심은 것을 뽑기도 하신다(렘 45:4).

그런즉 하나님께서 하고자 하시는 자를 긍휼히 여기시고 하고자 하시는 자를 완악하게 하시느니라(롬 9:18; 참조, 출 33:19).

이런 하나님의 기이하고 아이러니한 일들이 하나님의 구원 역사 가운데 실제로 나타났다. 보이지 않으시는 하나님께서 보이는 이 세상을 지으셨다(창 1:1; 히 11:3).

아브라함에게 늦게 주신 이삭을 다시 제물로 바치라고 하셨다(창 22:1). 동생 야곱이 형 에서의 장자권을 가지게 하셨고, 형들의 미움을 받아 종으로 팔린 요셉이 애굽의 총리가 되게 하셨다. 나일강에 빠져 죽었을 모세를 구하셔서 홍해를 건너 이스라엘 백성을 구하게 하셨고, 이스라엘에서 "가장 작은 자" 기드온을 택하여 이스라엘을 구하게 하셨고, 이방 여인 룻이 다윗 왕의 외조모가 되게 하셨다.

어린 목동 다윗이 사울을 대신하여 왕이 되게 하셨다. 의인 욥이 고난을 받고, 악인이 흥왕하게도 하신다(욥 21:7; 잠 24:1). 가장 작은 나라 이스라엘을 택한 백성으로 삼으셨고(신 7:7), 또한 그 나라를 둘로 나누셨다(왕상 12:15, 24; 대하 22:7; 25:20). 그 나라들을 멸망하게 하셨다가 다시 세우시는 기이한 일을 하셨다(슥 8:6). 하나님의 아들 그리스도의 죽으심으로 인간을 구원하셨다(롬 3:22-25). 택한 백성 이스라엘을 잠시 버리시고, 이방인을 구원하셨다(마 21:43; 롬 11:12). 바울같이 복음을 반대하는 이를 불러 복음의 증인으로 삼으셨다.

예수님의 생애와 사역도 "많은 기이한 일들"을 나타낸다. 처녀 탄생, 수많은 기적들, 십자가의 희생을 통한 구원, 승천, 재림의 약속 등은 물리적이면서도, 영적인 요소들을 함께 포함하기 때문에 우리 인간의 생각과 기대를 초월한다.

예수님의 교훈에도 자주 역설과 아이러니가 나타난다. 예수님은 제자들에게는 하나님 나라의 도래를 가르치셨으나 외인에게는 비밀로 하셨다(막 4:11). 겨자씨와 누룩 비유, 감추인 보화 비유, 값비싼 진주 비유(마 13:31-33; 44-46), 포도원 품꾼의 비유(마 20:16), 착한 사마리아인 비유(눅 10:30-37). 잃은 양, 잃은 동전, 탕자 비유(눅 15장), 포기하지 않는 기도와 포기하는 기도(마 5:40-42; 7:7-11; 16:24-25; 26:42; 눅 18:1-8; 19:8) 등을 통해서 하나님께서는 자주 우리가 예상하지 않는 방법으로 일하신다는 것을 보여준다.

이런 기이한 하나님의 구원 역사와 교훈에 근거한 기독교 신학도 역설적 특성이 있다. 삼위일체, 성육신, 그리스도의 양성론, 하나님의 예정과 인간의 책임, 현재적이면서도 미래적인 종말론, 보이는 교회와 보이지 않는 교회(교회론), 죄인들의 손에 죽으신 하나님의 아들을 통한 인간 구원(구원론), 값없이 베푸신 하나님의 구원의 은혜와 그 은혜를 받은 사람의 마땅한 책임(칭의론과 성화론) 등이다.

이 모든 하나님의 기이한 일들은 인간의 유한함과 무지함과 무능함을 나타내며,

동시에 하나님의 존재와 권능을 나타낸다. 하나님은 연약한 우리로서는 도저히 다 "알 수 없는 위대하신 분"(The Great Unknown)이시다. 하나님께서는 이런 기이한 일들을 통해서 유한한 인간이 모든 오만함과 자랑을 버리고 전능하신 하나님을 사랑하고 찬양하기를 원하시는 것이다.

하나님의 모든 기이한 일도, 하나님의 영광과 권능도, 결국 연약한 우리의 믿음을 굳게 하시려는 하나님의 사랑에서 비롯되는 것이다. 아담의 타락 이후 하나님과 사람의 관계는 믿음과 배반, 축복과 징벌의 혼란과 긴장관계가 계속된다. 그러나 하나님께서는 이 모든 기이한 일들을 통해서 그의 권능과 영광을 나타내시고, 또한 우리를 향하신 그의 사랑을 나타내신다.

문제는 우리가 이런 하나님의 기이한 일을 행하시는 하나님의 뜻을 잘 알지 못하고 불신과 혼란에 빠지는 것이다. 광야의 이스라엘 백성은 하나님의 많은 기적들을 보면서도 하나님을 원망하고 불신했다(민 11:1; 14:22). 제자들은 하나님의 아들 예수님께서 행하신 많은 기적을 직접 보았으나, 여전히 총체적인 혼란과 불신 가운데 있었다.

> 빌립이 이르되 주여 아버지를 우리에게 보여주시옵소서 그리하면 족하겠나이다 예수께서 이르시되 빌립아 내가 이렇게 오래 너희와 함께 있으되 네가 나를 알지 못하느냐 나를 본 자는 나를 보았거늘 어찌하여 아버지를 보이라 하느냐(요 14:8-9).
> 도마가 이르되 내가 그의 손의 못 자국을 보며 내 손가락을 그 못 자국에 넣으며 내 손을 그 옆구리에 넣어 보지 않고는 믿지 아니하겠노라(요 20:25).

우리 인간은 본질상 끝없이 외적 증거를 요구하는 불신적 존재다. 우리는 육과 영으로 이루어진 불완전한 존재이기 때문에 우리의 믿음은 자주 불확실성을 수반한다. 연약한 우리는 완전하신 하나님께서 행하시는 기이한 일들이 가리키는 하나님의 뜻을 잘 알지 못하고, 자주 불신적이 된다. 그러나 우리는 뿌리 깊은 우리의 불신적 본능을 극복하고 믿어야 살 수 있다.

우리가 완전한 지식을 소유하게 되는 그날까지 우리는 모든 안팎의 불신적 세력과 싸워야 한다(고전 13:12).

너는 나를 본고로 믿느냐 보지 못하고 믿는 자들은 복되도다(요 20:29).
내 말이 네가 믿으면 하나님의 영광을 보리라 하지 아니하였느냐(요 11:40).
믿음은 바라는 것들의 실상이요 보이지 않는 것들의 증거니 선진들이 이로써 증거를 얻었느니라(히 11:1).

2016년 3월 29일

53. 약자(弱者)를 위한 복음

> 예수께서 온 갈릴리에 두루 다니사 그들의 회당에서 가르치시며 천국 복음을 전파하시며 백성 중의 모든 병과 모든 약한 것을 고치시니(마 4:23).

니체(Friedrich Wilhelm Nietzsche, 1844-1900)는 종교는 약자들의 것이라고 비판하면서 인간의 의지력을 강조하는 초인(超人, Übermensch) 사상을 제시하였다. 이런 인간 중심 사상은 명백히 반복음적이다. 복음은 인간이 스스로 자신의 연약함을 깨닫고 구원의 하나님 앞으로 나아가기를 가르치기 때문이다. 실제로 니체는 자신을 "적(敵)그리스도"라고 불렀다. 그의 초인 사상이 히틀러와 무솔리니 같은 파시스트들에게 악한 영향을 미쳤다. 아이러니하게도, 니체 자신은 그의 생애 마지막 10년 동안 정신병에 시달리면서 남의 도움을 받으며 살아야 했다. 니체는 자신 혼자 힘으로 살 수 없이 하녀의 도움을 받아야 했다. 니체는 하녀의 부축을 받으면서 "나사렛 예수, 당신이 나를 이겼소"라고 냉소했다고 한다.

그러나 여전히 얼마나 많은 그리스도인들이 인간의 힘의 논리에 따라 삶의 목적과 의미를 설정하고 사는가?

얼마나 많은 그리스도인들이 십자가를 지는 대신 도리어 그리스도를 십자가에 못 박는 일을 하고 있는가?

얼마나 자주 우리는 어려운 좁은 길 대신 쉽고 넓은 길을 선택하는가?

얼마나 자주 우리는 십자가의 사랑과 희생 대신 탐욕적 세상 논리와 관행을 선택하는가?

복음 신앙은 하나님 앞에서 스스로 자신의 약함을 인식하는 데서 시작된다. 칼빈은 "하나님을 아는 지식은 인간의 불의, 무지, 무능, 참담한 처지를 인정하는 데서 비롯된다고 했다"(*Inst.* I.1.1, 2). 그리스도께서는 광야 시험을 통해서 자신의 능력 대신 하나님의 능력을 의지하고, 자신의 영광 대신 하나님의 영광을 나타내시는 하나님 중심적 구원 사역을 하시기로 결심하셨다(마 4:1-11). 사탄은 감히 구원 사역을 위한 삼위 하나님의 일치와 협력을 훼방하려고 애썼으나 그리스도는 항상 자신을 비우시고 십자가의 길을 선택하셨다(마 4:4, 7, 10; 26:42). 바울은 주님께로부터 "내 능력이 약한 데서 온전하여 짐이라"는 말씀을 듣고 자신의 약함으로 말미암아 도리어 기뻐했다(고후 12:9, 10).

그리스도의 교회는 가난하고, 병들고, 소외되고, 억울하고, 두려워하고, 협박받고, 죽어가는 모든 고난받는 이들을 도와야 한다(마 5:40-42; 6:3-4; 행 6:1-4; 고후 8:1 이하).[1] 그러나 무엇보다 그리스도의 십자가의 복음 외에 세상의 그 무엇도 궁극적 구원이 될 수 없음을 담대히 증거해야 한다(행 6:4). 십자가에서 약하게 죽으신 그리스도의 구원의 능력이 그를 믿는 모든 사람에게 삶의 궁극적 가치와 의미와 소망을 준다는 것을 분명히 증거해야 한다. 그리스도인의 모든 구제 활동도 이런 하나님의 구원의 약속을 증거하는 방법이다. 복음의 구원 능력은 모든 그리스도인의 선한 사역을 통해 증거되어야 한다. 복음의 구원 능력은 사람들의 합리적, 감성적 인간 구원 의지가 아니라 오직 하나님의 구원 의지와 사랑에서, 사람의 영광을 위해서가 아니라 하나님의 영광을 위해서, 사람의 자랑과 능력이 아니라 십자가의 수치와 약함에서 나타나는 것이다.

하나님 앞에서 우리의 약함을 인정하듯이, 우리 이웃의 약함도 인정하고 이해해야 한다. 육체적, 사회적 약함뿐 아니라 도덕적, 영적 약함도 인정하고 이해해야 한다. 우리가 지은 잘못을 용서받기 원하듯이 남의 잘못도 이해하고 용서해야 한다. 사랑과 용서가 십자가의 도를 따르는 이들의 기본자세다.

2016년 3월 30일

---

[1] 하천풍언, 『神과 걷는 하루』, 최정선 역 (서울: 지성문화사, 1983), 39-40; 288-289.

54. 믿음의 기도

> 예수께서 이르시되 할 수 있거든이 무슨 말이냐 믿는 자에게는 능히 하지 못할 일이 없느니라 하시니(막 9:23).

본문에서 예수님은 자주 아무것도 믿을 수 없는 절망 상태 가운데서도 철저히 하나님을 의지하는 "포기하지 않는 믿음"을 가르치신다. 사실, 성경 전체가, 거룩하신 하나님 아버지의 깊으신 뜻과 섭리와 예정에도 불구하고, 우리는 여전히 우리가 원하는 바를 하나님께서 주실 것을 믿고 간구해야 할 것을 가르친다. 그러나 동시에 예수님은 "포기하는 믿음"도 가르치셨다. 예수님은 자신의 뜻을 버리시고 하나님의 뜻을 따라 십자가를 지신 것이다.

우리가 바른 기도를 하려면 먼저 바른 믿음의 자세를 가져야 한다.

1. 예수님을 믿음으로 구원 얻는 도리의 타당성

믿음은 모든 인격적 관계의 핵심적 요소다. 특히 믿음은 크신 하나님께 대하여 연약한 인간이 취해야 할 가장 적절한 자세다. 하나님은 그를 믿는 자를 구원하시며, 그를 믿는 사람을 통해 일하시기를 기뻐하신다(롬 4:18-24; 갈 5:4).

> 아브람이 여호와를 믿으니 여호와께서 이를 그의 의로 여기시고(창 15:6).

아브라함, 이삭, 야곱, 요셉, 모세, 욥, 다윗, 히스기야, 에스라, 느헤미야, 다니엘, 요나, 하박국 등 모든 하나님의 사람들은 모든 인생의 어려움 가운데서도 언제나 하나님을 믿고 의지하는 사람들이었다(단 6:23; 합 2:4; 히 6:15). 예수님께서는 제자들을 친근히 대하시며 "친구"로 부르셨다(요 15:15).

우리 인간은 뿌리 깊은 죄성으로 말미암아 우리의 행위로는 결코 구원받을 수 없다는 것이 오랜 이스라엘 백성의 배반의 역사와 우리 자신의 죄의 경험으로 증명되었다. 사람은 본질적으로 타락하였고, 때로 의롭게 행하더라도, 바로 그 의로운 행위가 자신을 선하다고 착각하게 만들거나 오만하게 만든다(*Inst.* III.6.3; 14.2). 인간의 선한 행위는 인간의 본질적 죄성으로 말미암아 자주 위선이나 오만함으로 변질된다(롬 2:17; 3:27; 고전 1:29; 엡 2:9). 그러나 믿음은 죄인인 인간으로 하여금 은혜로우신 하나님을 바라보게 함으로써 구원의 은혜를 얻게 하는 것이다.

그러므로 하나님께서는 예수님을 믿는 믿음을 구원의 유일한 조건으로 분명히 제시하셨다(요 3:16; 롬 3:21 이하). 믿음은 우리 자신이나 사람이나 세상의 어떤 것이 아닌 하나님만을 전적으로 의지하는 것이다. 그 믿음조차 우리의 능력이 아니라 하나님께서 주시는 것이며, 우리의 의가 아니라 하나님께서 정하신 구원의 수단일 뿐이다(*Inst.* III.11.7; 18.8). 죄인인 인간은 자신의 선행으로는 도저히 구원받을 수 없음을 자인하고 그리스도의 십자가에서 나타난 하나님의 구원의 은혜를 믿고 하나님 앞으로 나갈 때 구원받게 된다.

2. 예수님을 믿음으로 구원 얻는 도리의 효율성

하나님의 구원의 은혜를 믿음으로 구원 얻는 복음 진리가 대부분의 세상 종교들이 가르치는 바 사람의 선한 행위로 말미암는 구원의 도리와 달리 탁월한 구원 능력을 나타낸다. 선행을 강조하는 종교는 대개 오만한 자율적 도덕주의로 흐르고, 내적 평안을 강조하는 종교는 자주 무기력과 허무함, 나아가 생명과 죽음을 분별하지 못하는 혼돈 상태로 이끈다. 그러나 믿음으로 구원 얻는 복음은 자유와 기쁨, 평안과 생명, 사랑과 진실함을 얻고, 또한 그것들을 모든 이웃과 함께 나누는 이상적인 인간 존재가 되게 한다.

그러므로, 이런 "믿음으로 구원 얻는 도리"의 타당성과 효율성에 근거하여, 우리는 행위가 아니라 믿음으로 구원 얻는다는 복음 진리를 굳게 지켜야 한다. 하나님과의 진실한 관계는 언제나 하나님을 진실히 믿는 마음에서 비롯되는 것이다.

> 너는 마음을 다하고 뜻을 다하고 힘을 다하여 네 하나님 여호와를 사랑하라(신 6:5).

우리는 믿음으로 구원 얻는 진리를 방해하는 모든 불신적 도전을 이기고 믿음을 지켜야 한다.

첫째, 어린아이가 부모를 믿고 조르듯이 우리는 하늘 아버지를 온전히 믿고 간구하면 반드시 응답하신다는 하나님의 약속을 믿어야 한다.

> 만일 마음을 다하고 뜻을 다하여 그를 찾으면 만나리라(신 4:29b).
> 너희가 내게 부르짖으며 내게 와서 기도하면 내가 너희들의 기도를 들을 것이요 (렘 29:12).

우리의 믿음은 너무 쉽게 "포기하는 믿음"은 아닌가?
우리는 간절함과 열심 없는 의례적인 기도를 하지는 않는가?
주님께서는 무엇이든지 주실 것을 믿고 기도해야 할 것을 가르치셨다.

> 무엇이든지 기도하고 구하는 것은 받은 줄로 믿으라 그리하면 너희에게 그대로 되리라 (막 11:24).
> 시험에 들지 않게 깨어 기도하라(마 26:41).
> 구하라 주실 것이요 찾으라 얻을 것이요 두드리라 열릴 것이니라(마 7:7).
> 예수께서 그들에게 항상 기도하고 낙심하지 말아야 할 것을 비유로 말씀하여 (눅 18:1).
> 의심 없이 믿고 간구할 때 산도 옮길 수 있는 능력을 주신다(마 21:21).
> 너희가 기도할 때 믿고 구하는 것은 다 받으리라(마 21:22).
> 주님은 기도의 방법도 알려 주셨다(마 6:5 이하).
> 내 이름으로 무엇이든지 내게 구하면 내가 시행하리라(요 14:14).
> 주님 자신도 친히 기도생활의 모본을 보여주셨다(마 1:35; 눅 5:16).

바울과 베드로도 기도생활을 권면한다.

쉬지 말고 기도하라(살전 5:17).

너희 염려를 다 주께 맡기라 이는 그가 너희를 돌보심이라(벧후 5:7).

우리는 우리를 사랑하사 아들까지 희생하신 성부 하나님께서 우리를 위하여 모든 것을 주실 것을 믿고 간구해야 한다(롬 8:32). 우리를 위해 희생하신 성자 하나님께서도 성부 하나님께 우리를 위하여 간구하신다(롬 8:34; 히 7:25). 설령, 우리가 성부 하나님의 뜻대로 간구하지 못한다고 하더라도, 하나님의 뜻을 아시는 성령께서 하나님의 뜻대로 우리를 위하여 대신 간구하여 주심을 믿어야 한다.

우리는 마땅히 기도할 바를 알지 못하나 성령께서 오직 성령이 말할 수 없는 탄식으로 우리를 위하여 친히 간구하느니라(롬 8:26).

우리는 이 같은 삼위 하나님의 구원의 은혜의 역사를 믿어야 한다.

하나님께서 응답하지 않으실 때도 있으나, 대개 우리의 믿음을 시험하시거나, 응답하실 적절한 시기를 기다리시는 것이다. 물론, 우리의 뜻과 상반되게 응답하실 때도 있다(신 3:26; 마 26:42; 고후 12:8-10). 하나님의 반응이 혹시 더디더라도 우리가 할 것은 오직 믿고 간구할 뿐이다.

믿음이 없이는 하나님을 기쁘시게 하지 못하나니 하나님께 나아가는 자는 반드시 그가 계신 것과 또한 그가 자기를 찾는 자들에게 상 주시는 이심을 믿어야 할지니라(히 1:6).

그러나 이 모든 일에 우리를 사랑하시는 이로 말미암아 넉넉히 이기느니라(롬 8:37).

우리가 하나님께 기도할 때 성경이 가르치는 하나님의 큰 구원의 약속들은 물론 하나님께서 우리의 사사로운 문제도 들으시고 응답해주심을 믿어야 한다. 우리의 사사로운 기도가 우주와 자연의 원칙이나 공공유익이나 다른 사람들과의 이해관계에 미치는 결과 등에 대해 지나치게 생각하지 말고, 도리어 세상만사를 선하게 처리하시는 전능하신 하나님께 맡기고, 우리가 필요한 바를 아뢰어야 한다. 만일 우리의 기도가 우리의 사욕적인 기도라면, 우리의 기도 중에 하나님께서 알려주실 것이다. 우리는 전능하신 삼위 하나님께서 연약한 우리의 기도를 들어주심을 믿고 일단은 우리가 필요한 바를 간구해야 한다.

> 오늘 우리에게 일용한 양식을 주시옵고, 우리가 우리에게 죄 지은 자를 사하여 준 것 같이 우리의 죄를 사하여 주시옵고 우리를 시험에 들게 하지 마시옵고 다만 악에서 구하옵소서(마 6:11-13a).
> 오늘 있다가 내일 아궁이에 던져지는 들풀도 하나님이 이렇게 입히시거든 하물며 너희일까보냐 믿음이 작은 자들아(마 6:30).

하나님의 뜻과 섭리와 예정이 언제나 우리의 뜻과 계획을 선행하지만, 우리는 여전히 우리가 필요한 바를 간구해야 한다. 하나님께서 우리의 사사로운 간구를 들어주셔도, 모든 것을 주관하시는 하나님의 크신 능력과 지혜로 말미암아, 하나님의 예정과 섭리가 아무런 차질 없이 이루어짐을 믿고 우리가 원하는 바를 담대하게 간구해야 한다. 하나님께서는 히스기야 왕이 병으로 죽을 것이라고 말씀하셨으나 히스기야 왕의 간구를 들으시고 그의 생명을 15년간 더 연장해 주셨다(왕하 20:1-7). 우리는 하나님의 깊으신 경륜을 알 수 없으므로 일단은 우리가 원하는 바를 간구해야 하는 것이다. 설령 우리가 성부 하나님의 뜻대로 간구하지 못한다고 하더라도, 하나님의 뜻을 아시는 성령께서 하나님의 뜻대로 우리를 위하여 대신 간구하여 주심을 믿어야 한다.

> 우리는 마땅히 기도할 바를 알지 못하나 오직 성령이 말할 수 없는 탄식으로 우리를 위하여 친히 간구하시느니라 마음을 살피시는 이가 성령의 생각을 아시나니 이는 성령이 하나님의 뜻대로 성도를 위하여 간구하심이니라(롬 8:26-27).

이렇게 하나님 앞에서 많이 아는 체 하지 말고 아무것도 모르는 순전한 어린아이가 부모에게 조르듯이 우리가 필요한 것을 하늘 아버지께 간구해야 한다.

둘째, 우리의 기도는 역시 사사로운 육신의 문제보다는 본질적이고 궁극적인 문제에 집중해야 한다.

> 그런즉 너희는 먼저 그의 나라와 그의 의를 구하라 그리하면 이 모든 것을 너희에게 더하시리라(마 6:33).

우리가 기도할 때 더 많은 사람들에게 유익을 주는 하나님 나라의 가치를 생각하면서 우리의 기도가 자칫 탐심으로 변질되지 않도록 해야 한다.

> 구하여도 받지 못함은 정욕으로 쓰려고 잘못 구하기 때문이라(약 4:3).

주님께서는 오래 먹을 충분한 양식이 아니라 최소한의 "일용할 양식"을 위해서 기도하도록 가르치셨다(마 6:11). 결국 "일용할 양식"을 위한 기도는 창조주 하나님 앞에서 피조물 인간의 연약함을 인정하고, 전적으로 하나님을 의지하는 자세를 가리킨다.[1]

셋째, 설령 우리가 지은 죄로 말미암아 하나님께서 그의 얼굴을 가리시고 우리의 기도를 더 이상 듣지 않으시리라는 생각이 들어도(시 66:18-20; 애 3:8; 요일 3:21, 22), 우리의 죄를 진심으로 고백하면 하나님께서 그의 얼굴을 우리에게 돌리시고 우리의 기도를 들어주심을 믿어야 한다. 주님께서는 바리새인들의 오만한 기도가 아니라 자신들의 죄를 인정하는 세리들의 겸손한 기도를 하나님께서 들어주신다고 가르치셨다(눅 18:9-14). 다윗 왕은 사울 왕보다 더 의롭지 못했다. 오히려 다윗 왕은 사울 왕보다 더 비열한 일들을 저질렀다. 그러나 다윗 왕은 언제나 하나님 앞에서 자신의 죄를 고백하고 하나님께 매달림으로써 하나님의 마음에 합당하게 행했던 것이다.

사울 왕은 자신의 잘못을 하나님께 고백하는 대신 변명만 하다가 하나님께 버림을 받았다(삼상 15:13-26). 사울 왕은 자신의 의를 내세우며, 하나님의 의에 호소하지 않았다. 그는 자신의 의로움이나 온전함이 아니라 하나님을 끝까지 믿고 의

---

1 옛날 광야에서 이스라엘 백성에게 주셨던 만나는 안식일을 제외하고 주중에는 단 하루만을 위한 양식이었음을 기억하라(출 16:19-27).

지하는 것이 하나님이 원하시는 사람의 자세이며, 참된 종교라는 사실을 몰랐다(삼상 15:15, 22). 다윗 왕은 언제나 자신이 아니라 하나님을 의지했고, 매사를 하나님과 의논했다.

> 여호와여 어느 때까지니이까 나를 영원히 잊으시나이까 주의 얼굴을 나에게서 어느 때까지 숨기시겠나이까 (시 13:1).
> 여호와는 나의 목자시니 내게 부족함이 없도다 (시 23:1).
> 주의 얼굴을 내게서 숨기지 마시고 주의 종을 노하여 버리지 마소서 주는 나의 도움이 되셨나이다 나의 구원의 하나님이여 나를 버리지 마시고 떠나지 마소서 (시 27:9).
> 주의 얼굴을 내 죄에서 돌이키시고 내 모든 죄악을 지워 주소서 (시 51:9).
> 만군의 하나님이여 우리를 회복하여 주시고 주의 얼굴의 광채를 비추사 우리가 구원을 얻게 하소서 (시 80:7).

다윗 왕은 평생 하나님 앞에서 순전한 어린아이처럼 겸손히 행했고(시 131:2; 삼하 16:12), 하나님만을 의지하는 이런 다윗 왕의 겸손한 자세가 다윗 왕조의 모든 왕들이 따라야 할 모본으로 제시되었던 것이다.

> 그 조상 다윗 같지 아니하였으며 … (왕하 14:3; 16:2; 참조, 18:3; 22:2).

다윗 왕의 순전한 믿음이 모든 믿는 사람들의 모본이 되는 것이다.

무엇보다 "예수 그리스도 안에 있는 자에게는 결코 정죄함이 없다"는 말씀을 기억하자(롬 8:1). 우리 자신의 의로움이나 온전함을 자랑하지 않고 하나님만을 의지하는 믿음이 하나님 종교의 핵심이며, 바른 기도의 자세다. 그러므로 우리는 예수님의 이름으로 기도한다(요 14:14). 주님께서도 복음서에서 이런 믿음을 거듭 가르치셨고, 사도 바울도 믿음으로만 구원 얻는 도리를 가르쳤다(롬 3:21 이하). 실제로 이런 구원 진리는 오래전 아브라함과의 언약에서도 나타나는 것이다(창 15:6; 롬 4:2). 이 구원 진리는 "의로우신 하나님 앞에 서 있는 죄인인 인간"이라는 인식을 전제로 하는 것이다. 믿음으로 구원 얻는 진리가 성경적 진리임은 물론, 우리의 거듭되는 실패의 경험과 뿌리 깊은 죄성을 인식하고 좌절할 때에도 실제적인 구원 진리가 되는 것이다(롬 7:24-25). 우리의 선행이 우리의 깊은 죄성을 결코 만회할 수 없음을 알아야 한다. 그러므로 우리는 오직 십자가로 말미암은 죄의 용서와 은혜를 믿어야 한다(롬 3:24-25; 5:6-11; 갈 2:16; 3:11, 22).

우리는 결코 인과론이나 순환론, 또는 고정적 운명론이나 유동적 우연론 같은 비인격적 자연 진리나 사람이 만든 도덕적 질서를 믿는 것이 아니라 세상만사를 주관하시며 우리를 사랑하시는 인격적인 하나님 아버지를 믿는다.

> 너희가 악한 자라도 좋은 것으로 자식에게 줄 줄 알거든 하물며 하늘에 계신 너희 아버지께서 구하는 자에게 좋은 것으로 주시지 않겠느냐(마 7:11).

우리 자신의 어떤 선행이나 공로가 아니라 선하신 하나님을 믿는 믿음이 하나님을 기쁘시게 하는 것이다(창 15:6; 롬 4:2-3; 히 11:6). 우리의 선행이 아니라 성경이 가르치는 바 우리 죄인들을 위해 아들을 희생하심으로 그 진정성이 입증된 하나님의 사랑을 믿는 믿음이 기독교 종교의 핵심이며 기도의 근원이다(눅 8:13-14; 요 3:16; 롬 3:27; 5:8; 갈 2:16).

> 자기 아들을 아끼지 아니하시고 우리 모든 사람을 위하여 내주신 이가 어찌 그 아들과 함께 모든 것을 우리에게 주시지 아니하겠느냐 … 누가 우리를 그리스도의 사랑에서 끊으리요 환난이나 곤고나 박해나 기근이나 적신이나 위험이나 칼이랴 … 그러나 이 모든 일에 우리를 사랑하시는 이로 말미암아 우리가 넉넉히 이기느니라(롬 8:32-37).

다시 말하지만, 우리의 믿음과 기도가 "우리의 탐심에서 비롯된 독백"으로 변질되지 않도록 주의해야 한다(약 4:3).[2] 우리가 기도할 때 우리가 집중해야 할 것은, 우리 앞에 보이는 문제가 아니라 이 모든 문제를 주관하시는 보이지 않으시는 하나님이시라는 것을 알아야 한다. 우리가 집중해야 할 것은 우리 앞의 깊은 홍해나, 범람

---

[2] Bill Hybels, *Too Busy Not To Pray: Slowing Down To Be With God* (Downers Grove, Il.: Inter Varsity Press, 1998), 88 이하.

하는 요단강이나, 높은 산이나, 가나안의 장대한 아낙 자손이나, 칼을 든 골리앗이나, 사르밧 여인을 위협한 기근이나, 굶주린 오천 명이나, 소년이 가진 오병이어 같은 가시적 문제들이 아니라, 이 모든 것들을 주장하시는 하늘에 계신 하나님이심을 알아야 한다.³

우리의 문제의 가능성이나 불가능성, 우리 자신의 약함이나 강함이 아니라, 오직 우리를 사랑하시는 하나님의 능력과 은혜를 바라보아야 한다. 우리 자신의 뜻이 아니라 우리를 향해 품으신 하나님의 선하신 뜻을 먼저 찾아야 한다. 진정한 기도란 우리 자신의 뜻이 아니라 하나님의 뜻을 찾아 우리의 믿음을 지키는 방법이다.

믿음의 기도란 아무리 우리가 조급하더라도 하나님의 약속을 믿고 그의 선하신 능력이 나타나기를 참고 기다리는 것이다. 믿음이란 본질적으로 어떤 보이는 증거가 없이도 믿는 것이기 때문이다(히 11:1).

> 이는 우리가 믿음으로 행하고 보는 것으로 행하지 아니함이로라(고후 5:7).

우리는 성경에 계시된 하나님의 약속을 믿는다. 또한 우리의 오랜 기도가 응답되지 않아도, 낙심하지 않고, 오히려 우리의 뜻보다 더 높고 더 깊은 하나님의 뜻, 그리고 하나님께서 정하신 때가 있음을 믿는다(사 55:8-9).⁴

반면에, 진정한 믿음이란 우리의 뜻을 관철하는 것이 아니라 때로는 하나님의 뜻에 순종하며 우리의 뜻을 포기하는 것이다. 아브라함은 이삭을 포기할 때 진실한 하나님의 사람으로 인정을 받았다(창 22:16-18). 하나님께서는 약속의 땅에 들어가기를 원하는 모세에게 포기할 것을 지시하셨다(신 3:26). 한나는 단순히 자식을 달라고 기도하지 않고, 자식을 주시면 주님의 일꾼으로 바칠 것을 결단했을 때 기도의 응답을 받았다(삼상 1:11). 주님께서는 "몸의 가시"를 제거해 달라는 바울의 기도도 거절하셨다.

---

3 Ibid., 76-85: "Don't focus on the mountain."
4 Ibid., 96.

내 은혜가 네게 족하도다 이는 내 능력이 약한 데서 온전하여짐이라(고후 12:9a).

하나님은 바울을 고난받는 종으로 사용하셨던 것이고, 바울은 그 뜻을 기쁘게 따랐던 것이다. 하나님의 깊으신 뜻에 순복할 줄 모르고 내 주장만 하는 것은 탐욕적이며, 불신적이다(왕상 18:28). 진정한 믿음은 언제나 그리스도의 십자가의 모본을 따라 내 뜻이 아니라 하나님의 뜻을 우선시하는 자세다.

그러나 나의 원대로 마시옵고 아버지의 원대로 하옵소서(막 14:36b).
이에 예수께서 제자들에게 이르시되 누구든지 나를 따라오려거든 자기를 부인하고 자기 십자가를 지고 나를 따를 것이니라 누구든지 제 목숨을 구원하고자 하면 잃을 것이요 누구든지 나를 위하여 제 목숨을 잃으면 찾으리라(마 16:24-25).

하나님의 뜻은 결국 더 많은 사람들을 구원하심으로써 그의 은혜와 영광을 온 세상에 나타내시는 것이다. 우리의 뜻을 포기하는 것이 믿음을 포기하는 것이 아니라, 오히려 우리의 뜻을 포기함으로써 하나님께서 우리에게 주실 더 좋은 것을 보려는 것이다. 그러므로 우리는 기도를 포기하거나 게을리할 것이 아니라 오히려 우리는 선하신 하나님께서 우리에게 언제나 우리가 구한 것보다 더 좋은 것으로 주신다는 믿음을 가지고 계속 간구해야 한다(마 7:11). 결국 믿음이란 어떤 경우에도 하나님의 선하심을 끝까지 믿는 적극적이고 낙관적인 자세다.

믿음은 바라는 것들의 실상이요 보이지 않는 것들의 증거니 선진들이 이로써 증거를 얻었느니라(히 11:1).

우리는 항상 우리의 믿음이 세상이나 우리 자신에 대한 집착이나 탐심으로 변질되지 않도록 경계해야 한다. 우리의 기도에서 우리의 뜻이 아니라, 다수의 뜻이 아니라, 높은 사람의 뜻이 아니라, 하나님의 거룩하신 뜻이 우선적이어야 한다. "내 은혜가 네게 족하도다"(고후 12:9a)라는 말씀과 "이는 내 생각이 너희의 생각과 다르며 내 길은 너희의 길과 다름이니라"(사 55:8)는 말씀은 하나님의 크신 뜻을 위해 우리의 뜻을 포기해야 함을 가르친다(신 3:26).

그러나 이런 포기는 동시에 "선하신 하나님께서는 그의 사랑하는 자녀에게 언제나 더 좋은 것으로 주신다"는 믿음을 보여주는 것이다. 죄인을 위해 희생하신 그리스도의 십자가는 우리 자신이 원하는 것과 하나님께서 원하시는 것의 긴장을 극복하고, "포기하지 않는 믿음"과 "포기하는 믿음"을 모두 아우르는 완전한 믿음을 가르친다. 그리스도께서는 십자가를 지시기를 결단하실 때 하나님의 아들로서의 모든 영광과 권능을 포기하셨다(빌 2:5 이하). 그러나 동시에 그리스도께서는 십자가로 말미암은 구원의 역사를 믿으셨던 것이다(막 10:45).

우리의 믿음은 주로 우리가 원하는 것에 집중하는 자아 중심적 믿음은 아닌가?

진정한 믿음과 진정한 기도는 하나님의 영광을 위해서, 더 많은 사람들의 유익을 위해서, 나 자신을 비우고 내가 바라는 것을 포기하는 것이다. 나의 뜻을 포기하는 기도는 동시에 하나님의 선하심과 영광이 나타날 것을 끝까지 믿는 믿음을 가리키는 것이다.

우리 주님께서는 겟세마네 동산에서 핏방울 같은 땀을 흘리시면서 애써 기도하셨다(눅 22:44). 주님의 겟세마네에서의 기도는 "자신을 포기하는 기도"였다. 주님께서는 자신의 뜻을 포기하시면서, 십자가의 희생을 결단하셨다. 때로, "나"를 희생하지 않고서는 우리는 아무것도 얻을 수 없다. 구약의 속죄 제사는 내가 드린 제물이 나를 대신하여 희생하는 것이다. 그러므로 한나는 하나님께서 주실 자식(사무엘)을 미리 하나님께 드림으로써 받았고(삼상 1:11), 소년 다윗은 목숨을 내놓고서 골리앗과 싸워 이겼고(삼상 17:40-50), 사르밧 과부는 선지자 엘리야를 위해 마지막 한 끼 분량의 밀가루와 기름을 포기하여 기근을 이겼고(왕상 17:8-16), 예수님은 어린아이가 바친 오병이어로 오천 명을 먹이셨다(요 6:5-14). 무엇보다, 예수님은 자신을 온전히 드림으로써 우리들을 얻으셨다.

믿음의 기도란 살든지, 죽든지, 우리 자신이 선하신 주님의 것이라는 철저한 믿음, 즉 신앙적 자아인식에서 비롯된다.

> 그러므로 사나 죽으나 우리가 주의 것이로다(롬 14:8b).

2016년 3월 31일

55. 완전한 세계, 완전한 존재를 향하여

> 나팔 소리가 나매 죽은 자들이 썩지 아니할 것으로 다시 살아나고 우리도 변화되리라 이 썩을 것이 반드시 썩지 아니할 것을 입겠고 이 죽을 것이 죽지 아니함을 입으리로다(고전 15:52-53).

태초에 하나님께서는 이 세상을 인간이 행복하게 살 수 있는 복된 낙원으로 창조하셨으나, 인간의 타락으로 말미암아 세상은 하나님의 저주를 받고 살기 어려운 세상이 되었다. 그러나 창조주 하나님께서는 자신이 지으신 세상을 포기하지 않으시고 다시 영원히 복된 세상으로 회복하실 것을 계획하셨다. 요한계시록 21장에 나타나는 완전한 세상은 이사야 65장이 약속하는 "살기 좋은 세상"보다 더 좋은 "영원하고 완전한 세상"이다. 이사야 65장은 사람이 백 세 이상 오래살 수 있는 세상이 온다고 했으나(20절), 요한계시록 21장은 "다시는 사망이 없고 애통하는 것이나 곡하는 것이나 아픈 것이 다시 있지 아니하리니 처음 것들이 다 지나갔음이러라"(4절)고 완전한 세상을 약속한다. 그야말로 "잃었던 에덴의 회복"이다.

하나님은 그 본성이 영원하시기 때문에 그의 형상대로 지음 받은 인간도 영원성을 갖고 있다. 특별히 우리 인생은 영생하는 존재로 지으심을 받았다. 구약은 사람이 사망 후에도 그 영이 정체적 상태인 "르파임"(*Rephaim*, 음령[陰靈], 유혼[幽魂])으로 존재한다는 것을 보여준다(삼상 28:14-15; 욥 26:5; 시 88:10; 사 26:19).[1]

고린도전서 15장에서 바울은 주님께서 재림하실 때 죽은 이들은 영원히 썩지 않을 몸으로 부활할 것이고, 살아 있는 이들의 몸도 마찬가지로, 변화할 것이라고 말한다. 바울은 몸의 부활에 이어서 세상 만물의 변화를 가르친다.

그 후에는 마지막이니 그가 모든 통치와 권세와 능력을 멸하시고 나라를 하나님 아버

---

[1] "르파임"은 "스올"(지하 세계)에 거주하는 죽은 자의 영혼이며, 구약에 25회 나타난다. 잠 2:18, 21:16 등에는 "사망"으로도 번역된다.

지께 바칠 때라(고전 15:25).

성경이 가르치는 종말이 현 세상이 변화되는 것인지 아니면 완전히 다른 세상이 출현하는 것인지는 분명하지 않다. 요한계시록 21장은 기존 세상이 사라지고 "새 하늘과 새 땅"이 나타날 것이라고 하지만, 기존 세상의 변화를 가리키는 것으로 볼 수도 있다. 더구나 바울이 가르치는 대로 우리의 썩을 몸이 썩지 않을 몸으로 변화되는 것은 기존 우주의 질서가 완전히 새로운 우리의 질서로 변화되는 것을 가리킨다.

분명한 사실은 주님께서 오실 때 현재의 불완전한 세상과 육체가 모두 지금과는 완전히 다른 차원의 세상과 육체로 변화된다는 것이다. 그것은 부활하신 예수님의 몸과 같이 영적이면서도 육적인 제3의 차원의 세계다. 이 세상과 우리의 육체는 여전히 창조의 신비함을 지니고 있으나 인간의 타락 후에 받은 저주로 말미암아 땅은 엉경퀴와 가시덤불을 내었고, 인간을 비롯한 모든 생명체는 "현재의 고난" 가운데 신음할 수밖에 없다(롬 8:18 이하). 하나님의 저주 아래서 인간이 추구하는 어떤 새로운 가치나 세상도 결국 유한하고 불완전한 것이며 완전한 가치나 세상을 기대할 수 없다. 다만, 인간은 창조주 하나님의 구원의 약속을 믿고 완전한 구원의 날을 사모해야 한다.

마지막 때 주님께서 오셔서 우리를 완전한 몸으로 만드시고, 완전하고 영원한 "새 하늘과 새 땅"을 세우실 것이다. 그것이 우리 피조물 인간의 궁극적 소망이다.

> 하나님의 날이 임하기를 바라보고 간절히 사모하라 그날에 하늘이 불에 타서 풀어지고 물질이 뜨거운 불에 녹아지려니와 우리는 그의 약속대로 의가 있는 곳인 새 하늘과 새 땅을 바라보도다(벧후 3:12, 13).

성경의 마지막 책인 요한계시록의 마지막 말씀이 바로 우리 인생의 궁극적 소망이다.

> 이것들을 증언하신 이가 이르시되 내가 진실로 속히 오리라 하시거늘 아멘 주 예수여 어서 오시옵소서(계 22:20).

주님의 최종 약속을 바라는 소망 외에는 어떤 유사한 피조물에 대한 소망도, 피조물의 제한적 본질로 말미암아, 결국 허무와 절망으로 판명될 것이다.

참으로 우리가 여기 있어 탄식하며 하늘로부터 오는 우리 처소로 덧입기를 간절히 사모하노라(고후 5:2).

하나님께서는 우리의 모든 고난의 삶을 통해서 우리로 하여금 저 완전한 나라에서의 완전한 삶을 사모하게 하신다는 것을 알아야 한다(롬 8:18-25; 고후 4:16-5:10; 히 4:9-11; 벧전 4:13). 반대로, 세상의 탐욕에 취한 사람들은 하나님 나라를 유업으로 받을 수 없다(마 6:19 이하; 24:38-39; 눅 12:19-21; 21:34; 갈 5:21). 옛날 이스라엘 백성은 어려운 광야생활에서 하나님을 불신하고 원망하다가 모두 광야에서 죽었다(출 15:24, 16:2-12, 22; 민 11:1; 14:1-3, 22; 고전 10:10). 우리는 그들의 실패의 경험을 거울로 삼아 흔들림 없이 하나님의 구원의 약속을 굳게 믿어야 한다(신 8:2-4, 11-20).

우리가 하나님의 나라에 들어가려면 많은 환난을 겪어야 할 것이라(행 14:22).

그렇다고 보다 나은 육신의 삶의 개선을 위한 하나님의 축복과 인간적 노력을 포기하는 것은 잘못이다. 이 세상도 인생도 모두 창조주 하나님으로 말미암은 것이다. 우리는 여전히 오늘의 "일용한 양식"을 감사하며, 현재의 축복에 자족하면서도, 보다 나은 내일을 위해 일해야 한다.

내가 이미 얻었다 함도 아니요 온전히 이루었다 함도 아니라 오직 내가 그리스도 예수께 잡힌바 된 그것을 잡으려고 달려가노라(빌 3:12).

다만 우리의 모든 현실적, 미래적 소망이 우리의 노력과 능력이 아니라 하나님의 은혜와 능력으로 이루어진다는 것을 잊지 말아야 한다. 그리스도를 믿는 우리는 하나님의 구원의 약속에 참여한 자들로서 영원한 천국의 상속자들이다(롬 8:14-17; 엡 3:6). 이 모든 축복이 하나님의 구원의 약속을 믿는 데서 기인하는 것이다.

너희가 내 양이 아니므로 믿지 아니하는도다 내 양은 내 음성을 들으며 나는 그들을 알며 그들은 나를 따르느니라(요 10:26-27).

이 세상의 신은 우리로 하여금 주님의 구원의 약속을 듣지 못하거나, 오해 하도록 방해하므로, 우리는 더욱 힘써 주님의 약속을 굳게 믿어야 한다(고후 4:4-6; 11:13-15).

2016년 4월 1일

56. 정직성

> 솔로몬이 이르되 주의 종 내 아버지 다윗이 성실과 공의와 정직한 마음으로 주와 함께 주 앞에서 행하므로 주께서 그에게 큰 은혜를 베푸셨고 주께서 또 그를 위하여 이 큰 은혜를 항상 주사 오늘과 같이 그의 자리에 앉을 아들을 그에게 주셨나이다(왕상 3:6).

일반적으로 정직성이란 사욕이나 세상의 풍조에 야합하지 않고 대의명분(大義名分)을 따르는 자세를 가리킨다. 이와 유사하게 성경이 가르치는 정직성은 사람이 자신의 사욕을 따르거나 세상과 타협하지 않고 오직 하나님의 말씀을 따르는 자세다.

여호와께서 보시기에 정직하고 선량한 일을 행하라(신 6:18).

솔로몬은 부친 다윗이 하나님 앞에 진실하고 정직하였으므로 하나님께서 그의 왕위를 자신에게 승계하게 하셨다고 생각했다. 비록 다윗 왕은 밧세바의 일로 크게 범죄하였으나 깊이 뉘우쳤다.

주의 얼굴을 내 죄에서 돌이키시고 내 모든 죄악을 지워 주소서 하나님이여 내 속에 정한 마음을 창조하시고 내 안에 정직한 영을 새롭게 하소서(시 51:9-10).

성경은 다윗 왕이 유능한 사람이었으나, 무엇보다 정직한 사람이라는 것을 보여준다.

성경의 율법과 지혜의 가르침은 하나님이 정직한 사람을 사랑하신다는 것을 가르친다. 족장들을 비롯한 모든 하나님의 사람들의 특성이 바로 정직성이었다. 그들은 비록 완전하지는 않더라도 정직한 마음으로 성실하게 하나님을 사랑하고 하나님의 계명을 지키는 이들이었다. 특별히 요셉은 매우 영특한 사람이었으나 자신의 지혜 대신 하나님의 선하심을 의지하고, 정직하게 행함으로써 후세의 모범이 되었다(창 50:20).

하나님께서는 우리의 의로움이 아니라 그의 의로우심으로 우리를 구원하시지만(신 9:5; 롬 3:25-26), 여전히 우리는 정직한 사람이 되기를 힘써야 한다.

> 네가 만일 네 하나님 여호와의 말씀을 듣고 오늘 내가 네게 명하는 그 모든 명령을 지켜 네 하나님 여호와의 목전에서 정직하게 행하면 이같이 되리라('너를 번성하게 하실 것이라') (신 13:18).

욥과 솔로몬도 결국 사람의 정직함이 하나님의 인정을 받는 가장 좋은 삶의 지혜라는 것을 가르친다.

> 만일 내가 허위와 함께 동행하고 내 발이 속임수에 빨랐다면 하나님께서 나를 공평한 저울에 달아보시고 그가 나의 온전함을 아시기를 바라노라(욥 31:5-6).
>
> 거짓 입술은 여호와께 미움을 받아도 진실하게 행하는 자는 그의 기뻐하심을 받느니라(잠 12:22).
>
> 정직하게 행하는 자는 여호와를 경외하여도 패역하게 행하는 자는 여호와를 경멸하느니라(잠 14:2).

세상 사람들도 "정직이 최선의 정책(처세술)이다"(Honesty is the best policy)라고 말한다. 복잡한 세상살이 가운데서 적당히 요령 있게 살아야 한다고 하지만, 사사로운 판단에는 언제나 위험이 따르기 때문에, 역시 정직하게 행하는 것이 가장 안전하다는 것이다. 그러나 이런 공리주의적 정직성은 성경이 가르치는 신앙적 정직성과는 그 동기가 다르다. 공리주의적 정직성은 개인이나 집단에 미치는 유익이 동기이지만, 성경이 가르치는 정직성은 인간이 모든 것을 살피시는 하나님을 믿고 의지하는 믿음이 그 동기다.

또한 성경이 가르치는 정직성은 도덕주의적 정직성과도 다르다. 도덕주의는 인간 자신의 선한 의지와 양심을 중시하지만, 성경은 자신을 희생하신 그리스도의 모본과 성령의 인도하심을 전제로 한다(롬 6:1 이하; 8:4 이하; 갈 5:16; 빌 2:5). 도덕주의는 자주 오만함이나 위선에 빠지지만, 십자가에서 희생하신 그리스도와 성령을 따르는 삶은 모든 선한 열매들을 맺게 마련이다(마 7:16-18; 갈 5:22).

그러나 세상 사람이든지, 믿는 사람이든지, 비록 정도의 차이가 있지만 모두 자주 거짓되게 행한다. 우리는 자주 당장의 어려움을 모면하기 위하여 타협적인 자세를 취한다.

"이 정도의 탈선은 너그러우신 하나님께서 용인해 주시겠지?"
"성경의 인물들도 때로는 실수했는데도 결국 하나님께서 봐주셨잖아?"
심지어 우리는 전도서에 나타나는 회의주의적 말씀들을 오해할 수 있다.

> 지나치게 의인이 되지도 말며 지나치게 지혜자도 되지 말라 어찌하여 스스로 패망하게 하겠느냐(전 7:16).

전도서에 자주 나타나는 아이러니와 역설적 말씀에서 우리는 그 피상적인 의미가 아니라 그 진의를 찾아야 한다. 이 말씀은 왜곡된 세상 현실에서 적당히 세상과 타협하며 살려는 생각이 들더라도 그런 생각을 떨쳐 버리고 바르게 사는 것이 지혜자의 대도(大道)라는 것이다. 거짓과 타협하려는 생각은 우리의 정직성에 대한 도전이며 시험이며 결국 우리를 불행하게 만드는 "우매한 지혜"이므로 결국 정직하게 사는 것이 "최선의 지혜"라는 것이다.

지혜로운 사람은 하나님의 감찰과 의로우신 심판과 보상을 믿고 악한 세상에서 정직하게 행하며, 정직함으로 받는 피해와 고난을 달게 받는다.

> 그러므로 사랑하는 자들아 너희가 이것을(새 하늘과 새 땅을) 바라보나니 주 앞에서 점도 없고 흠도 없이 평강 가운데서 나타나기를 힘쓰라(벧후 3:14).
>
> 그러나 두려워하는 자들과 믿지 아니하는 자들과 흉악한 자들과 살인자들과 점술가들과 우상 숭배자들과 거짓말하는 모든 자들은 불과 유황으로 타는 못에 던져지리니 이것이 둘째 사망이라(계 21:8).

2016년 4월 3일

57. 그리스도인의 완전주의

> 그러므로 하늘에 계신 너희 아버지의 온전하심과 같이 너희도 온전하라 (마 5:48).

완전주의(perfectionism)란 말은 주로 도덕적으로 완전함을 지향하는 절대주의적 가치에 근거한 삶의 방식을 가리킨다. 자유와 평등을 중시하는 사회에서 절대적 가치는 홀대 받기 마련이다. 그러나 성경은 완전주의적 삶을 가르친다.

> 너는 네 하나님 앞에서 완전하라(신 18:13).
> 너희는 거룩하라 이는 나 여호와 너희 하나님이 거룩함이라(레 19:2; 참조, 벧전 1:16).

그러나 예수님께서 말씀하신 본문의 완전주의적 가르침을 문맥에 비추어 읽을 때, 좁은 의미의 율법주의적 완전함을 가르치는 것이 아니라는 것을 알 수 있다. 본문의 문맥이 하나님의 관대하신 사랑과 은혜와 용서를 가르치고 있으므로, 본문은 율법적이 아닌 "복음적 완전함"을 가르치는 것이다. 본문이 속한 산상수훈에서 예수님은 당시 유대인의 문자적이고 외식주의적인 의(義)와는 다른 진정한 "복음적 의"를 가르치신다. 율법주의적 의는 문자와 제도적 규정을 따르는 데 집중되어 있으나, 예수님이 가르치시는 의는 하나님의 무제한적 은혜와 사랑에 근거한 의로서 하나님을 진심으로 사랑하고 하나님 나라 시민으로서의 정체성을 확고히 가진 이들만이 실행할 수 있는 완전히 새로운 "하나님 나라의 의"이다. 한 마디로 "하나님 나라의 의"란 모든 위선적이고 외식적인 자랑이나 오만함을 내려놓고 진실함으로 하나님을 사랑하고 인간을 사랑하는 것이다. "하나님의 나라의 의"를 이루기 위해서 하나님의 백성은 다음과 같이 결단해야 한다.

첫째, 하나님 신앙 없이 기존의 종교적인 제도와 습관을 따르기만 하는 외식주의에서 벗어나야 한다. 종교적 제도와 습관은 하나님의 의를 위한 도구나 통로이지만,

먼저 하나님의 의를 향한 진실한 마음이 있어야 한다(마 5:3, 8, 22-24, 28, 31-33, 34-37).

둘째, 율법의 부분적 특성인 인과론과 정죄에만 집착하지 말고 율법의 보다 본질적 가르침인 정의, 긍휼, 믿음, 그리고 구원에 집중해야 한다(출 33:19; 119:64, 76, 149, 156; 마 5:38-47; 9:13; 23:23). 그리스도인은 그리스도의 십자가의 모본을 따라서 모든 죄인들을 하나님의 사랑과 은혜의 대상으로 알고 사랑하는 자세를 가져야 한다(빌 2:5 이하). 죄인들의 죄를 경계하되 그들을 사랑으로 대해야 한다.

나도 너를 정죄하지 아니하노니 가서 다시는 죄를 범하지 말라(요 8:11).

셋째, 율법의 왜곡과 남용을 경계하되, 반율법주의(antinomianism)로 흘러서는 안 되고, 또한 비성경적 무차별주의나 비복음적 무저항주의로 흘러서도 안 된다. 하나님 나라 백성은 죄와 악을 멀리해야 한다. 하나님의 나라는 악한 사람들이 들어올 수 없는 거룩한 곳이다(계 21:8, 26, 27). 하나님의 사랑은 근본적으로 죄를 용납하지 않는 거룩한 사랑이다.

넷째, 그리스도의 의로 말미암아 온전하게 된 우리는 실제로 온전하게 살아야 한다. 비록 성경의 완전주의가 현대의 나원주의적 가치관에 의해 무시당하고, 우리 사신도 연약하여 자주 실패하지만, 낙심하지 말고 완전함을 지향해야 한다(눅 21:31-32; 갈 6:9).

그러므로 하늘에 계신 너희 아버지의 온전하심과 같이 너희도 온전하라(마 5:48).
그리스도는 모든 믿는 자에게 의를 이루기 위하여 율법의 마침이 되시니라(롬 10:4).[1]

그리스도인의 완전함은, 연약한 인간의 자의적 결단만으로 이룰 수 있는 것이 아니라, 오직 십자가에서 나타난 하나님의 사랑과 죄를 용서하시는 은혜를 의지하고, 성령의 인도하심을 따를 때 가능한 것이다.

---

[1] 이 말씀에서 "마침"(텔로스)이란 말은 "그리스도의 의"로 말미암은 구원 사역의 "완성"을 가리키지만, 동시에 그리스도인의 의로운 삶을 위한 율법의 기능과 함께 그리스도의 "완전하고 의로우신 모본"도 포함하는 것이다. James D. G. Dunn, *Romans 9-16*, WBC 38B (Dallas, TX.: Word Books, Publisher, 1986), 597-598.

우리에게 있는 대제사장은 우리의 연약함을 동정하지 못하실 이가 아니요 모든 일에 우리와 똑같이 시험을 받으신 이로되 죄는 없으시니라 그러므로 우리는 긍휼하심을 받고 때를 따라 돕는 은혜를 얻기 위하여 은혜의 보좌 앞으로 담대히 나아갈 것이니라(히 4:15-16).

이와 같이 성령도 우리의 연약함을 도우시나니 우리는 마땅히 기도할 바를 알지 못하나 오직 성령이 말할 수 없는 탄식으로 우리를 위하여 친히 간구하시느니라(롬 8:26).

너희는 성령을 따라 행하라 그리하면 육체의 욕심을 이루지 아니하리라(갈 5:16).

우리는 삼위 하나님께서 우리의 구원을 위하여 언제나 은혜의 역사를 베푸시고 계심을 믿어야 한다.

2016년 4월 14일

58. 복음의 비밀을 맡은 자

> 사람이 마땅히 우리를 그리스도의 일꾼이요 하나님의 비밀을 맡은 자로 여길지어다(고전 4:1).

제대로 정착되지 못한 초대 교회는 많은 사람들이 제각기 예수의 복음을 전파하면서 '누가 진정한 그리스도의 사도인가'라는 문제가 야기되었다. 특별히 사도 바울은 고린도 교회로부터 자신의 사도직의 진정성에 대한 증거를 제시하도록 요청받았다(고전 3:3 이하; 9:1 이하; 고후 10:1 이하). 바울은 고린도전서와 후서에서 자신이 진정한 그리스도의 사도임을 밝힌다.

첫째, 바울이 제시하는 자신의 사도직의 진정성의 증거는 바로 자신이 전하는 복음과 복음 전파 사명을 그리스도로부터 받은 사실이다.

> 사람이 마땅히 우리를 그리스도의 일꾼이요 하나님의 비밀을 맡은 자로 여길지어다(고전 4:1).

복음은 사람의 생각이 아니라 만세 전부터 하나님께서 예정하신 인간 구원 계획으로서 그리스도의 생애와 사역을 통해 나타났고 이제 바울 자신에게 성령께서 보여주셨다(고전 2:7-16; 갈 1:12; 엡 3:5). 바울은 자신이 다메섹으로 가는 길에서 처음 그리스도를 만나서 소명 받은 경험을 상기한다(행 9:3-9; 22:6-13; 26:13-18).

> 어두운 데에 빛이 비치라 말씀하셨던 그 하나님께서 예수 그리스도의 얼굴에 있는 하나님의 영광을 아는 빛을 우리 마음에 비추셨느니라(고후 4:6).

그러므로 사도 바울은 그의 거의 모든 서신 초두에서 자신이 그리스도의 부르심을 받은 사도임을 밝힌다. 그는 그의 복음 전파 사명을 그의 생명처럼 여긴다.

만일 복음을 전하지 아니하면 내게 화가 있을 것이로다 … 나는 사명을 받았노라 (고전 9:16-17).

둘째, 바울의 사도직의 증거는 그가 받은 많은 고난이다.

내가 생각하건대 하나님이 사도인 우리를 죽이기로 작정된 자같이 끄트머리에 두셨으매 우리는 세계 곧 천사와 사람들에게 구경거리가 되었노라 … 바로 이 시각까지 우리가 주리고 목마르며 헐벗고 매 맞으며 정처가 없고 또 수고하여 친히 손으로 일을 하며 모욕을 당한 즉 축복하고 박해를 받은 즉 참고 비방을 받은 즉 권면하니 우리가 지금까지 세상의 더러운 것과 만물의 찌꺼기같이 되었도다(고전 4:9-13).

내가 수고를 넘치도록 하고 옥에 갇히기도 더 많이 하고 매도 수없이 맞고 여러 번 죽을 뻔하였으니 유대인들에게 사십에서 하나 감한 매를 다섯 번 맞았으며 … 또 수고하며 애쓰고 여러 번 자지 못하고 주리며 목마르고 여러 번 굶고 춥고 헐벗었노라 이외의 일은 고사하고 아직도 날마다 내 속에 눌리는 일이 있으니 곧 모든 교회를 위하여 염려하는 것이라(고후 11:23-28).

바울은 그의 복음 사역 가운데 도처에서 안팎으로 끊임없이 고난을 받았으나 그의 고난은 오히려 그가 고난을 받으신 그리스도의 진정한 사도임을 밝혀주는 가장 확실한 증표로 보았다(고후 7:9).

구든지 나를 따라 오려거든 자기를 부인하고 자기 십자가를 지고 나를 따를 것이니라 (마 16:24).

반면에, 고난 대신 평안이나 인기나 삯을 바라는 사도는 거짓 사도다. 특별히 바울은 고린도 교회에서 삯을 받지 않고 일했다(행 18:1-3; 고전 9:4-15; 고후 11:7-8; 12:16; 참조, 요 10:12; 미 3:5, 11). 그는 오히려 고난을 기쁘게 받았다.

나는 이제 너희를 위하여 받는 괴로움을 기뻐하고 그리스도의 남은 고난을 그의 몸된 교회를 위하여 내 육체에 채우노라(골 1:24).

셋째, 바울의 사도직의 증거는 많은 고난에도 불구하고 언제나 하나님의 위로와 기쁨과 승리를 경험한 것이다.

> 우리 주 예수 그리스도로 말미암아 우리에게 승리를 주시는 하나님께 감사하노니 (고전 15:57).
> 찬송하리로다 그는 우리 주 예수 그리스도의 하나님이시요 자비의 아버지시요 모든 위로의 하나님이시며(고후 1:3).
> 항상 우리를 그리스도 안에서 이기게 하시고 우리로 말미암아 각처에서 그리스도를 아는 냄새를 나타내시는 하나님께 감사하노라 우리는 구원받는 자들에게나 망하는 자들에게나 그리스도의 향기니(고후 2:14-15).
> 그러므로 내가 그리스도를 위하여 약한 것들과 능욕과 궁핍과 박해와 곤고를 기뻐하노라 이는 내가 약한 그때에 곧 강함이라(고후 12:10).

사도 바울이 고난 중에서도 기뻐하며 고난을 이기는 힘을 가진 것은 그가 죽으시고 다시 사신 그리스도와 연합한 존재로서 그리스도의 일을 하기 때문이다.

> 우리가 환난 중에도 즐거워하나니 이는 환난은 인내를, 인내는 연단을, 연단은 소망을 이루는 줄 앎이로다(롬 5:4-5).
> 그리스도께서 약하심으로 십자가에 못 박히셨으나 하나님의 능력으로 살아 계시니 우리도 그 안에서 약하나 너희에 대하여 하나님의 능력으로 그와 함께 살리라 (고후 13:4).

그리고 일시적인 "현재의 고난"은 장래의 영원한 영광과 상급을 약속하기 때문이다(롬 8:18; 고후 4:17; 딤후 4:7-8). 하나님의 일을 하는 사람에게 어떤 일도 허망하게 끝나는 일은 없다. 선한 일에는 반드시 하나님의 보상이 따른다.

나는 선한 싸움을 싸우고 나의 달려갈 길을 마치고 믿음을 지켰으니 이제 후로는 나를 위하여 의의 면류관이 예비되었으므로 주 곧 의로우신 재판장이 그날에 내게 주실 것이며 내게만 아니라 주의 나타나심을 사모하는 모든 자에게도니라(딤후 4:8).

하나님께서는 우리의 모든 고난을 통해서 우리로 하여금 저 영원한 나라에서의 완전한 삶을 사모하게 하신다(롬 8:18-25; 고후 4:16-5:10; 히 4:9-11; 벧전 4:13). 반대로, 세상의 일시적 가치를 탐하는 이들은 하나님 나라를 유업으로 받을 수 없다(마 6:19 이하; 24:38-39; 눅 12:19-21; 21:34; 갈 5:21). 옛날 이스라엘 백성은 어려운 광야생활에서 하나님을 불신하고 원망하다가 모두 광야에서 죽었다(출 15:24, 16:2-12; 민 11:1; 14:1-3, 22; 고전 10:10; 참조, 욥 1:22). 우리는 그들의 실패의 경험을 거울로 삼아 흔들림 없이 영생의 약속을 굳게 믿어야 한다(신 8:2-4, 11-20).

우리가 하나님의 나라에 들어가려면 많은 환난을 겪어야 할 것이라(행 14:22).

넷째, 바울은 자신의 이적과 기사의 능력을 사도직의 증거로 제시한다(고후 12:12). 그러나 여기서도 바울은 "참음"을 "표적과 기사와 능력을 행한 것"보다 먼저 언급함으로써 고난을 진정한 사도로서의 "핵심적 증거"로 중시한다. 거짓 사도들도 기사와 이적을 행하기 때문에 기사와 이적이 사도직의 절대적 증거가 될 수 없고, 또한 기적 행위는 자주 고난 대신 사람들의 칭송과 영광을 받게 하기 때문에 고난을 받아야 하는 진정한 사도직에 반하는 "위험한 증표"가 될 수 있기 때문이다(살후 2:9-12).

복음 전도자들이 탐심 없이 청결한 마음으로 그리스도를 섬기더라도 고난과 박해를 받게 마련이다.

무릇 그리스도 예수 안에서 경건하게 살고자 하는 자는 박해를 받으리라(딤후 3:12).

오늘 우리는 어떤가?

어떤 어려움에도 불구하고, 최후 승리를 믿고, 복음의 사명자로 부르심을 받은 것을 감사하면서, 기쁘게 일하는가?

우리의 삶은 우리를 위해 죽으시고 다시 사신 생명의 주의 모델을 따라 기쁨으로 십자가를 질 때 안정과 능력을 얻게 된다.[1]

연약한 우리는 우리의 신앙 선배들로부터 선한 모본을 배울 수 있다. 그러므로 복음 전도자들이 좀 부족하더라도, 하나님께서 그들에게 맡기신 소중한 사역으로 말미암아, 그들을 사랑하며 존중하고, 그들을 위해 기도해야 한다.

형제들아 우리가 너희에게 구하노니 너희 가운데서 수고하고 주 안에서 너희를 다스리며 권하는 자들을 너희가 알고 그들의 역사로 말미암아 사랑 안에서 가장 귀히 여기며 너희끼리 화목하라(살전 5:12-13; 참조, 딤전 5:17; 히 13:17; 출 22:28; 행전 23:5; 민 12:1-8; 삼상 24:6).

2016년 4월 15일

---

[1] 마 11:29; 요 13:34; 롬 6:3 이하; 고후 4:7-15; 6:3-10; 11:23-12:10; 갈 2:20; 6:14, 17; 빌 2:5 이하; 골 1:24; 엡 5:1; 딤후 2:3 이하 등.

59. 믿음의 유용성과 탁월성

> 아브람이 여호와를 믿으니 여호와께서 이를 그의 의로 여기시고(창 15:6).

인생이 단순히 생존하는 것만으로는 특별한 의미도 가치도 없다. 진정한 인생은 믿음, 소망, 사랑이나 진, 선, 미 같은 궁극적 가치를 추구해야 한다. 특별히 믿음은 모든 인격적 관계의 핵심적인 요소로서 믿음이 없이는 인간다운 삶을 살 수가 없다. "세상에 믿을 것이 아무것도 없다"는 사람이나, "나는 아무것도 안 믿는다"는 사람은 매우 불행한 사람이다. 아무런 믿음 없이 사는 것은 무의미할 뿐만 아니라 위험한 것이다.

우리는 하나님을 믿는다. 연약한 우리는 크신 하나님을 다 알지는 못하나 적어도 믿을 수는 있다. 하나님을 믿는 믿음 없이 하나님의 은혜와 축복을 받을 수 없다. 믿음은 하나님의 모든 은혜와 축복의 수단이며 통로다.

> 네 믿음이 너를 구원하였다 하시니 여자가 그 즉시 구원을 받으니라(마 9:22b).
> 믿음이 없이는 하나님을 기쁘시게 하지 못하나니 하나님께 나아가는 자는 반드시 그가 계신 것과 또한 그가 자기를 찾는 자에게 상주시는 이심을 믿어야 할지니라 (히 11:6).

하나님은 그를 믿는 자를 사랑하사 구원하시며, 그를 믿는 사람을 통해 일하시기를 기뻐하신다(요 3:16; 롬 4:18-24; 갈 5:4). 그러나 연약한 우리는 자주 하나님을 믿지 못한다. 우리 자신이 연약할 뿐만 아니라, 믿음의 본질상, 언제나 불신의 도전과 시험에 직면한다. 우리의 믿음은 자주 도전과 시험으로 약화되거나 변하지만, 진실한 믿음은 바로 그런 불신의 도전과 시험을 통해 도리어 강화되고 성장한다.

그러므로 하나님께서는 우리들을 자주 시험하신다. 하나님께서는 믿을 수 없는 어려운 시험 가운데서도 그를 끝까지 믿는 사람들을 사랑하시고 축복하셨다(창 22:12,

16-18; 욥 7:18; 42:10-12).

우리는 세상의 어떤 피조물이 아니라 전능하신 창조주 하나님을 믿어야 한다. 성경은 하나님 신앙만이 연약한 피조물 인생의 진정한 존재 이유와 목적이 되고, 세상을 이기는 능력이 된다는 것을 보여준다. 하나님께서 그리스도의 복음을 통해 밝히신 인생의 궁극적 이유와 목적을 모르거나 무시하는 인생은 결국 허망하게 되고 멸망하게 된다.

> 아들을 믿는 자에게는 영생이 있고 아들에게 순종하지 않는 자는 영생을 보지 못하고 도리어 하나님의 진노가 그 위에 머물러 있느니라(요 3:36).

복음 신앙의 탁월한 구원 능력은 하나님의 아들의 고난과 죽으심과 부활로 확증되었다.

> 우리가 아직 죄인 되었을 때에 그리스도께서 우리를 위하여 죽으심으로 하나님께서 우리에 대한 자기의 사랑을 확증하셨느니라(롬 5:8).
> 그를 죽은 자 가운데서 다시 살리신 것으로 모든 사람에게 믿을 만한 증거를 주셨음이니라(행 17:31b).

우리의 믿음은 그리스도의 십자가의 모본을 따라서 이 세상의 피조물이나 자신에 대한 집착이 아니라 세상만사를 주관하시는 하나님을 의지하는 것이다. 그러므로 때로는 하나님께서 주신 축복이나 자신까지도 포기할 수 있어야 한다. 아브라함은 하나님 신앙을 위하여 하나님의 축복인 자신의 아들을 포기할 수 있었다(창 22:17-18). 그리스도는 "아버지나 어머니를 나보다 더 사랑하는 자는 내게 합당하지 아니하고 아들이나 딸을 나보다 더 사랑하는 자도 내게 합당하지 아니하며 자기 목숨을 얻는 자는 잃을 것이요 나를 위하여 자기 목숨을 잃는 자는 얻으리라"(마 10:37-38)고 말씀하셨다. 바울도 언제나 그리스도의 고난과 부활을 따라 희생적 사역에 힘썼다.

그리스도께서 약하심으로 십자가에 못 박히셨으나 하나님의 능력으로 살아 계시니 우리도 그 안에서 약하나 너희에 대하여 하나님의 능력으로 그와 함께 살리라 (고후 13:4).

모든 믿음은 반드시 그 믿음을 반대하는 불신 세력과 싸워야 한다. 진실한 믿음은 본질상 불신과의 싸움 가운데 온전한 믿음으로 자라는 것이다. 믿음이 약한 사람들이나 불신자들은 하나님을 대적하는 마귀의 조정 아래 그들의 이성과 감성의 인도를 따라 이런 저런 이유들로 하나님 신앙을 의심하거나 반대하다가 결국 이 죄악 세상의 깊은 암흑과 수렁 가운데 빠지게 된다. 우리의 믿음은 하나님의 선물이지만, 우리는 믿음을 방해하고 반대하는 안팎의 미혹과 불신 세력으로부터 믿음을 지켜야 할 책임이 있다.

왜 하나님은 우리의 눈에는 전혀 보이지 않으시는가?
왜 선하신 하나님께서 악이나 불행을 허락하시는가?
왜 신실하신 하나님께서 그의 약속을 속히 이루어주시지 않으시는가?
왜 하나님의 기적은 자주 일어나지 않는가?

결국 세상만사는 자연의 원칙이나 인간의 결단을 따라서 진행되는 것이 아닌가?
이런 하나님의 존재의 모호함과 섭리의 불확실성에 대한 불신적 질문들이 끊임없이 우리의 믿음을 흔든다. 이에 대해서 성경은 "선하신 하나님께서 모든 것을 보시고 다스리심을 끝까지 믿으면 결국 하나님의 의와 영광이 나타남을 보게 될 것이라"고 가르친다.[1]

그러므로 신자는 모든 시험과 시련 가운데 믿음을 지킴으로써 그의 믿음의 진정성을 지켜야 한다. 어떤 외적 증거나 기적도 나타나지 않는 거친 광야 같은 시련 가운데서도 선하신 하나님을 끝까지 믿을 수 있는 사람은 하나님께서 기뻐하시는 그의 자녀로 인정하심을 받게 되는 것이다.

---

[1] 창 31:42; 출 4:31; 5:18; 욥 42:1; 시 1:6; 33:13, 15; 40:1, 17; 41:1; 73:18; 89:9; 130:3; 139:1, 3; 잠 15:3; 16:2; 렘 11:20; 단 4:26; 요 11:40; 롬 1:24; 2:4; 11:32; 살전 2:4 등.

의인은 믿음으로 말미암아 살리라(합 2:4b).

성경은 모든 믿음의 조상들이 온갖 믿음의 시련과 도전적 환경 가운데서 하나님의 말씀과 약속을 굳게 믿음으로써 놀라운 축복을 받았음을 보여준다.

믿음으로 사라 자신도 나이가 많아 단산하였으나 잉태할 수 있는 힘을 얻었으니 이는 약속하신 이를 미쁘신 줄 알았음이라(히 11:11).
나는 선한 싸움을 싸우고 나의 달려갈 길을 마치고 믿음을 지켰으니 이제 후로는 나를 위하여 의의 면류관이 예비되었으므로 주 곧 의로우신 재판장이 그날에 내게 주실 것이며 내게만 아니라 주의 나타나심을 사모하는 모든 자에게도니라(딤후 4:8).
근신하라 깨어라 너희 대적 마귀가 우는 사자같이 두루 다니며 삼킬 자를 찾나니 너희는 믿음을 굳건하게 하여 그를 대적하라(벧후 5:8-9a).

다시 말하지만 진실한 믿음은 모든 불신적 도전과 시험을 통해 더욱 온전하게 자라는 것이다.

우리의 씨름은 혈과 육을 상대하는 것이 아니요 통치자들과 권세들과 이 어둠의 세상 주관자들과 하늘에 있는 악의 영들을 상대함이라(엡 6:12).

저 원수는 모든 궤계와 술수를 써서 할 수만 있으면 믿는 자라도 미혹하여 자기의 종으로 부리려고 하지만, 우리는 하나님 신앙을 힘써 지켜야 한다. 하나님께서는 모든 불확실성 가운데서도 그를 끝까지 믿는 사람을 진정한 자신의 자녀로 인정하시는 것이다.

믿음은 바라는 것들의 실상이요 보이지 않는 것들의 증거니 선진들이 이로써(믿음으로써) 증거를 얻었느니라(히 11:1-2).

보이는 것이나 증명될 수 있는 것은 이성이나 감성의 대상은 될지언정 믿음의 대상이 될 수는 없다. 믿음의 대상은 본질상 보이지 않으며 당장은 증명이 되지 않는 것이다. 우리가 믿는 하나님은 보이지 않는 분이시며, 그의 언약도 당장 성취되는 것이 아니다.

> 우리가 소망으로 구원을 얻었으매 보이는 소망이 소망이 아니니 보는 것을 누가 바라리요 만일 우리가 보지 못하는 것을 바라면 참음으로 기다릴지니라 (롬 8:24-25).
> 우리가 주목하는 것은 보이는 것이 아니요 보이지 않는 것이니 보이는 것은 잠깐이요 보이지 않는 것은 영원함이라 (고후 4:18).

그러나 우리는 우리의 믿음이 자칫 병적 집착으로 변질되지 않도록 주의해야 한다. 아무리 깊은 믿음이라도 그리스도의 십자가의 희생적 사랑에 근거하지 않으면 결국 탐심으로 변질되거나 조악한 우상 숭배와 같게 된다 (골 3:5b). 마찬가지로, 믿음의 미래형이라고 할 수 있는 우리의 소망도 변질될 수 있다. 그러므로 사도 바울은 우리의 믿음과 소망이 변질될 위험성에 대비해서 사랑의 필요성을 강조하였다.

> 그런즉 믿음, 소망, 사랑, 이 세 가지는 항상 있을 것인데 그 중의 제일은 사랑이라 (고전 13:13).

우리의 믿음이 외적 증거만을 찾는 종교적 감성으로 변질되지 않도록 주의해야 한다.[2] 우리의 믿음은 그리스도 안에서의 존재론적 변화와 성장에 집중해야 한다. 우리의 믿음이 십자가를 지신 그리스도의 모본을 따라서, 또한 성령을 따라서, 언제나 사랑이 넘치는 믿음이 되도록 힘쓰자.

> 내게 능력 주시는 자 안에서 내가 모든 것을 할 수 있느니라 (빌 4:13).

2016년 4월 21일

---

[2] 창 3:6; 마 6:19-33; 요 6:27; 롬 8:24-25; 고전 7:31; 고후 4:18; 골 3:1-2; 히 11:1; 요일 2:17 등.

60. 예수님을 가리키는 구약의 말씀들

> 이 복음은 하나님이 선지자들을 통하여 그의 아들에 관하여 성경에 미리 약속하신 것이라(롬 1:2).

성경 전체의 주제는 그리스도를 믿음으로 구원 얻는 것이다. 이것은 단순히 종교 개혁자들의 견해가 아니라 성경이 가르치는 구원 진리다. 구약은 조상들과의 언약, 출애굽, 가나안 땅 정벌, 그리고 포로 귀환 같은 여러 역사적 사건들, 그리고 선지자들의 예언을 통해서 그리스도의 구원 사역에 대해 미리 예시하고 있다. 복음서는 예수님의 생애와 교훈을 통해서 예수님의 오심과 구원 사역에 대한 구약의 약속과 예언이 실제로 성취되었음을 증거하고 있고, 서신서들도 이를 확증하고 있다.

1. 평강의 왕의 탄생

구약에는 인간을 구원할 메시아의 출생을 예언하는 말씀들이 있다.

> 이름을 노아라 하여 이르되 여호와께서 땅을 저주하시므로 수고롭게 일하는 우리를 이 아들이 안위하리라 하였더라(창 5:29).
> 이는 한 아기가 우리에게 났고 한 아들을 우리에게 주신 바 되었는데 그의 어깨에는 정사를 메었고 그의 이름은 기묘자라, 모사라, 전능하신 하나님이라, 영존하시는 아버지라, 평강의 왕이라 할 것임이라(사 9:6).

미가 5장 2절은 메시야가 다윗의 고향 베들레헴에서 탄생하실 것을 예언한다.

> 지극히 높은 곳에서는 하나님께 영광이요 땅에서는 하나님이 기뻐하신 사람들 중에

평화로다(눅 2:14).

평안을 너희에게 끼치노니 곧 나의 평안을 너희에게 주노라 내가 너희에게 주는 것은 세상이 주는 것과 같지 아니하니라 너희는 마음에 근심하지도 말고 두려워하지도 말라(요 14:27).

2. 창조의 통로(말씀)이신 예수님

하나님은 말씀으로 세상을 창조하셨다. 하나님의 말씀은 곧 창조의 능력이다. 창세기 1:3, 6, 9, 11,14, 20, 22, 24, 26, 28, 29("하나님이 이르시되 …").

믿음으로 모든 세계가 하나님의 말씀으로 지어진 줄을 우리가 아나니, 보이는 것은 나타난 것으로 말미암아 된 것이 아니니라(히 11:3).

예수님은 하나님의 말씀이시며, 창조의 능력이시다.

태초에 말씀이 계시니라 이 말씀이 하나님과 함께 계셨으니 이 말씀이 곧 하나님이라(요 1:1).

예수님은 또한 창조의 빛이시다(요 1:4-9). 창조의 빛이 되신 예수님께서 창조의 능력을 가지시고 어둡고 혼란한 세상을 다시 창조하시기 위해 세상에 육신을 입고 오셨다.

말씀이 육신이 되어 우리 가운데 거하시매 우리가 그의 영광을 보니 아버지의 독생자의 영광이요 은혜와 진리가 충만하더라(요 1:14).

복음서에 나타난 예수님의 모든 구원 사역을 새로운 세계(하나님 나라)의 창조 행위로 볼 수 있다.

3. 아브라함과 다윗 왕의 후손

마태복음 1장 1절은 예수님께서 아브라함과 다윗의 후손임을 밝힌다. 이것은 하나님께서 아브라함과 다윗과 맺은 구원 언약이 예수 그리스도로 말미암아 성취되었음을 보여준다. 마태복음 전체에서 41번 반복되는 "이는 …을 이루려 하심이라"는 성취 어귀는 이런 사실을 더욱 확증해 준다.

바울은 예수님을 믿음으로 구원 얻는 구원론의 근거를 아브라함의 믿음에서 추론한다(롬 4:3).

> 아브람이 여호와를 믿으니 여호와께서 이를 그의 의로 여기시고(창 15:6).
> 이는 그리스도 예수 안에서 아브라함의 복이 이방인에게 미치게 하고 또 우리로 하여금 믿음으로 말미암아 성령의 약속을 받게 하려 함이라(갈 3:14).

한편, 룻기서에 나타나는 불행하게 된 모압 여인 룻의 놀라운 구원 이야기는 주인공 룻이 다윗 왕의 외조모가 된 사실에서, 결국 다윗의 혈통에서 나신 그리스도의 구원 역사를 가리킨다고 보이야 한다.

> 아브라함과 다윗의 자손 예수 그리스도의 계보라(마 1:1).
> 네 수한이 차서 네 조상들과 함께 누울 때에는 네 몸에서 날 네 씨를 네 뒤에 세워 그의 나라를 견고하게 하리라 … 나는 그에게 아버지가 되고 그는 내게 아들이 되리라 네 집과 네 나라가 내 앞에서 영원히 보전되고 네 왕위가 영원히 견고하리라(삼하 7:12-14).

열왕기, 역대하는 다윗 왕조의 흥망성쇠(興亡盛衰)를 가리킨다. 모든 역대의 왕들은 자주 다윗의 신앙 자세를 따르느냐의 여부에 따라 평가된다(왕하 14:3; 16:2; 18:3; 22:2; 대하 17:3; 29:2; 34:2). 예수님은 다윗의 후손이시며 세상의 구주시다(마 1:1, 6, 17). 마지막 주간, 예수님께서 예루살렘 성에 나귀를 타고 들어가실 때 사람들이 "호산나 다윗의 자손이여"라고 찬송하였다(마 21:9, 15). 시편은 절반(75편)이 다윗의 시로서 그리스도에 대한 예언적인 시들이 있다(죽으심, 21:1; 부활, 16:10-11; 승천, 110:1). 이사야서는 장차 나타날 메시아에 대한 예언으로 넘친다. 이사야 7:14; 9:6; 11:1 등은 다윗의 가문에서 메시아가 탄생하실 것을 예언하고, 이사야 32:1 이하; 42:1 이하; 49:1 이하는 모두 메시아의 구원 사역을 예언하고, 이사야 53장은 예수님의 고난과 죽으심을 예언한다.

하나님은 유대 민족이 바벨론 포로가 될 때에도 포로 귀환과 다윗 왕조의 회복을 약속하셨다.

> 다윗에게서 한 공의로운 가지가 나게 하리니 그가 이 땅에 정의와 공의를 실행하리라 (렘 33:15).
> 내 종 다윗이 영원히 그들의 왕이 되리라(겔 37:25).

선지자 미가는 메시야가 다윗의 고향 베들레헴에서 탄생하실 것을 예언한다 (미 5:2).

4. 예수님의 구원 사역

모세는 장차 자신과 같은 선지자가 나타날 것을 예언하였다.

> 너희 가운데 너희 형제 가운데 나와 같은 선지자 하나를 일으키시리니 너희는 그의 말을 들으라(신 18:15).

모세가 예언한 이 선지자는 당장은 자신을 이어 이스라엘 백성을 인도할 여호수아를 가리킨다고 볼 수 있으나, 궁극적으로는 오실 메시아를 가리킨다고 보아야 한다(눅 24:27; 요 1:21, 24-25; 행 3:22). 더구나 모세의 후계자로서 이스라엘 백성을 가나안 땅으로 인도한 "여호수아"는 바로 "예수"의 원래 히브리 이름이다(마 1:25). 사사기에 이스라엘 백성을 이방 나라들의 위협으로부터 구원한 사사들을 "구원자"로

부른다(삿 3:9, 15). 사사들의 구원 사역은 죄의 세력으로부터 우리를 구하신 그리스도의 구원 사역을 가리킨다.

> 주의 성령이 내게 임하셨으니 … 눌린 자를 자유롭게 하고 주의 은혜의 해를 전파하게 하려 하심이라(눅 4:18).
> 내 이름을 경외하는 너희에게는 공의로운 해가 떠올라서 치료하는 광선을 비추리니 너희가 나가서 외양간에서 나온 송아지같이 뛰리라(말 4:2).
> 참 빛 곧 세상에 와서 사람들에게 비취는 빛이 있었나니 그가 세상에 계셨고 세상은 그로 말미암아 지은 바 되었으되 세상이 그를 알지 못하였고 … 영접하는 자 곧 그 이름을 믿는 자들에게는 하나님의 자녀가 되는 권세를 주셨으니 이는 혈통으로나 육정으로나 사람의 뜻으로 나지 아니하고 오직 하나님께로부터 난 자들이니라(요 1:9-13).
> 빌립이 나다나엘을 찾아 이르되 모세가 율법에 기록하였고 여러 선지자가 기록한 그를 우리가 만났으니 요셉의 아들 나사렛 예수라(요 1:45).

5. 사탄을 이기신 예수님

사탄의 주된 업무는 인간과 하나님 사이를 이간하는 일이다. 하나님의 아들 예수님은 사탄의 온갖 방해를 이기시고 구원 사역을 완수하셨다.

> 여자의 후손은 네 머리를 상하게 할 것이요 너는 그의 발꿈치를 상하게 할 것이니라(창 3:15).
> 광야에서 사십 일을 계시면서 사탄에게 시험을 받으시며 … (막 1:13).
> 예수께서 이르시되 사탄이 하늘로부터 번개같이 떨어지는 것을 내가 보았노라(눅 10:18).
> 사탄아 내 뒤로 물러가라 너는 나를 넘어지게 하는 자로다(마 16:23).
> 마귀가 벌써 시몬의 아들 가룟 유다의 마음에 예수를 팔려는 생각을 넣었더니(요 13:2).

다 이루었다(요 19:30).

6. 예수님의 희생과 고난

창세기 22장 1절 이하에서 아브라함이 '이삭을 희생제사로 드리라'는 하나님의 말씀에 순종한 것은 하나님께서 그의 아들 예수 그리스도를 희생하신 것을 가리킨다(요 3:16; 롬 5:8).

내가 목자를 치리니 양의 떼가 흩어지리라(슥 13:7).

출애굽기 2장 1-10절에서 아기 모세가 바로의 살해 위협을 받아 강물에서 건짐을 받은 것은 아기 예수와 그 가족이 헤롯 왕의 살해 위협을 받고 애굽으로 피신했던 사실과 유사하다. 출애굽기 20장에서 모세가 시내산에서 십계명을 받은 것은 예수님께서 마태복음 5장 1절에서 갈릴리 바다 근처 산에서 산상수훈을 가르치신 것과 유사하다. 또한 마태복음 17장 3절에서 변화산에서 예수님이 모세와 엘리야와 함께 말한 것도 참고해야 한다. 출애굽기 12장 21절의 유월절 어린양의 피는 유월절에 돌아가신 그리스도를 가리킨다(고전 5:7). 출애굽기 29장 36절의 속죄제 규정은 레위기서의 많은 세밀한 제사 규정들과 함께 하나님 앞에서 인간이 죄의 속죄를 받는 것이 매우 중요함을 가리킨다. 동시에, 장래의 예수님의 대속적 죽으심을 가리킨다(막 10:45; 롬 3:24-25; 히 9:11-12).

민수기 21장 9절에서 모세가 놋뱀을 만들어 장대에 달고 불뱀에 물린 이스라엘 백성들에게 바라보게 하여 상처를 낫게 한 것은 죄인이 십자가에 달리신 예수님을 믿음으로 구원받는 진리와 유사하다(요 3:14).

민수기 35장 33절에서 "피를 흘리게 한 자의 피가 아니면 속함을 받을 수가 없느니라"는 말씀은 예수 그리스도의 십자가의 대속하는 피를 가리킨다(요 19:34; 롬 3:25).

레위기서의 모든 속죄제사 규정은 속죄 받음의 중요함과 그리스도의 대속하는 죽으심을 가리킨다(막 10:45; 롬 3:24-25; 히 9:11-12).

7. 예수님의 부활, 승천, 재림, 심판

시편 16장 9-11절은 예수의 부활(행 2:31), 시편 110편은 예수의 승천을 가리킨다(행 2:34-35). 다니엘 7장 13-14절은 예수님의 재림을 예언한다(행 1:11). 요나서 1장 17절에서 요나가 큰 물고기 뱃속에 사흘 동안 있었던 것은 예수님께서 사흘 동안 무덤에 계실 것을 가리킨다(마 12:39-41). 세상 끝 날에 예수님은 심판주로 재림하신다(마 7:21; 막 15:62; 요 5:27-29; 행 17:31; 고전 15:24; 살전 1:10; 살후 1:7-9; 딤후 4:1; 벧전 4:5; 유 1:15; 계 20:1-15).

이상의 예수님과 관련된 구약 구절들은 하나님께서 예수님을 믿고 구원 얻는 구원의 도리를 위해서 창세 이후 계속해서 준비하여 오셨음을 가리킨다. 이것은 예수 믿고 구원 얻는 도리는 사람들의 고안이 아니라 하나님의 오랜 구원 계획임을 가리킨다.

첫째, 각 복음서에서 예수님의 구원 사역은 우연이 아니라 모두 하나님의 오랜 구원 계획에 의한 것임을 보여준다. 특별히 마태복음서는 예수님의 행적이 우연이 아니라 구약 성경에 "기록된 바 …를 이루려 하심이라"는 것임을 보여준다. 이런 양식 구와 구약 인용구들이 41개나 나온다.

둘째, 사도 바울은 로마서 초두에서 예수의 복음은 결코 사람의 고안이 아니라 하나님께서 성경에 미리 예언한 것임을 밝힌다.

> 이 복음은 하나님이 선지자들을 통하여 그의 아들에 관하여 성경에 미리 약속하신 것이라(롬 1:2).

또한 바울은 아브라함의 후손에 대한 축복 언약도 예수님을 가리키며(창 12:7; 13:15; 17:8=갈 3:16), 구약도 예수님을 믿음으로 구원 얻는 도리를 미리 가르쳤음을 밝힌다(합 2:4=롬 1:17; 창 15:6=롬 4:3=갈 3:6, 롬 15:4). 구약의 희생 제사와 율법, 출애굽 같은 구원 역사도 결국 그리스도를 통한 최종적 구원을 가리키는 예시적인 것들이다(롬 3:25; 10:4; 고전 10:4; 히 9:12-15 등). 이런 구약의 예언과 예표는 그리스도로 말미암는 구원 진리를 확증한다.

2016년 5월 1일

61. 종말과 재림

> 그러므로 깨어 있으라 어느 날에 너희 주가 임할는지 너희가 알지 못함이니라 … 이러므로 준비하고 있으라 생각하지 않은 때에 인자가 오리라(마 24:42-44).

본문에서 예수님은 임박한 그의 죽음을 앞두고 그를 믿는 제자들이 자신을 못 박은 세상에서 큰 환난을 당하겠으나, 반드시 불신 세상을 심판하고 제자들을 구원하러 다시 오실 것을 예언하시면서, 그때까지 제자들이 불신 세상의 죄악을 따르지 말고 경성하여 믿음을 지킬 것을 당부하신다.

이 세상은 자연의 원칙이 지배하는 것이 아니라 세상을 지으신 하나님께서 다스리신다. 하나님이 세상의 창조주이시며 지배자이시다. 그러나 창세 이후 세상은 하나님을 배반하고 거역해 왔다. 하나님께서 자신의 말씀을 따라 살지 않는 사람이나 세대를 반드시 심판하실 것임을 거듭 경고하시고 실제로 심판하셨다. 하나님께서는 하나님의 경고를 무시하고 그를 배반한 선택받은 백성을 징벌하셨다.

예나 지금이나 세상 사람들은 물론 신자들도 하나님의 심판의 경고를 무시한다. 대부분의 세상 사람들은 세상이나 인생에 대해서 좋은 일과 나쁜 일이 교차적으로 일어나는 순환론적 자연주의적 세계관을 믿는다. 그러나 성경은 세상의 운명은 세상을 다스리시는 하나님의 축복과 진노에 달려 있다고 가르친다. 노아 시대 사람들은 하나님을 떠나 살다가 홍수 심판으로 모두 죽었다(창 7:23; 마 24:37-39). 죄악의 도성 소돔과 고모라도 멸망했다. 특별히 롯의 사위들은 소돔성 멸망의 경고를 농담으로 여겼다가 결국 소돔성과 함께 멸망했다(창 19:14).

베드로가 사역하는 초대 교회 교인들 가운데서도 종말과 재림을 믿지 않는 이들이 있었다.

> 주께서 강림하신다는 약속이 어디 있느냐 조상들이 잔 후로부터 만물이 처음 창조될 때와 같이 그냥 있다(벧후 3:4).

베드로는 본문의 주님의 말씀을 따라서 비록 더디더라도 반드시 주의 날이 반드시 올 것을 강변한다.

> 이제 하늘과 땅은 그 동일한 말씀으로 불사르기 위하여 보호하신 바 되어 경건하지 아니한 사람들의 심판과 멸망의 날까지 보존하여 두신 것이니라(벧후 3:7).

본문 앞의 문맥에서 예수님은 세상의 끝 날에 예루살렘의 훼파, 거짓 선지자들의 출현, 그리고 여러 자연 재해 등의 대환란을 예언하신 후에(15, 29절), 본문에서 대환란 직후에 나타날 인자의 강림을 예언하신다. 그것은 비관적인 사건과 낙관적인 사건이 뒤섞여서 나타나는 순환론적이거나 우연론적인 자연주의적 세계관이 아니라 세상을 지으신 하나님께서는 창세부터 최후 심판의 날과 그리스도의 재림을 이미 계획하셨다는 것이다.

> 그 오른편에 있는 자들에게 이르시되 내 아버지께 복 받은 자들아 나아와 창세로부터 너희를 위하여 예비된 나라를 상속받으라(마 25:34).
> 또 그 왼편에 있는 자들에게 이르시되 저주를 받은 자들아 나를 떠나 마귀와 그 사자들을 위하여 예비된 영원한 불에 들어가라(마 25:41).

예수님께서 제자들에게 하나님의 세상 종말의 계획을 알리시는 것은 그들이 방종하지 않고 언제나 깨어서 믿음을 지키고 경건하게 사는 하나님의 백성이 되기를 원하시기 때문이다(마 24:42).

오늘날같이 물질문명이 발달된 세상일수록 사람들의 주된 관심은 보이는 세상과 보이는 세상의 가치일 뿐이다. 하와는 먹음직하고 탐스러운 선악과를 바라보고서 범죄하였다(창 3:6). 롯의 아내는 "돌아보지 말라"는 천사의 경고를 무시하고 불타는 소돔성을 바라보다가 소금 기둥이 되었다(창 19:17, 26). 옛날 이스라엘 백성은 광야에서 하나님의 가나안 땅의 약속은 잊은 채, 세상의 보이는 가치에 집중하다가 모두 멸망당하였다(출 15:24; 16:2 이하; 민 11:5; 13:31-33; 14:1-3). 가나안 땅에 들어간 그들의 후손도 우상을 비롯하여 보이는 허망한 피조물의 가치에 집중하다가 하나님의 진노하심을 받았다(삿 2:11 이하). 오늘날 많은 신앙인들도 기복(祈福) 신앙에 빠져서 보이지 않는 하나님 나라의 가치보다 보이는 세상의 가치를 더 중시한다.

그러나 주님께서는 보이는 피조물의 가치가 아니라 보이지 않는 하나님 나라의 가치를 추구할 것을 거듭해서 가르치셨다.

> 너희는 먼저 그의 나라와 그의 의를 구하라(마 6:33).
> 썩을 양식을 위하여 일하지 말고 영생하도록 있는 양식을 위하여 하라 이 양식은 인자가 너희에게 주리니 인자는 아버지 하나님께서 인치신 자니라(요 6:27).
> 살리는 것은 영이니 육은 무익하니라 내가 너희에게 이른 말은 영이요 생명이니라 (요 6:63).

바울도 보이는 것이 아니라 보이지 않는 것을 주목해야 할 것이라고 가르친다 (고후 4:18).

> 우리가 소망으로 구원을 얻었으매 보이는 소망이 소망이 아니니 보는 것을 누가 바라리요 만일 우리가 보지 못하는 것을 바라면 참음으로 기다릴지니라(롬 8:24-25).

피조물의 보이는 가치도 하나님의 것이지만, 불완전하고 일시적이기 때문에, 하나님의 자녀는 보이지 않으나 영원하고 완전한 하나님 나라의 가치를 추구해야 한다(마 6:33; 골 1:16; 3:1).

이성을 따르는 "세상의 스승들" 가운데 도덕적 가치를 중시하여 개인의 삶과 세상의 질서를 세우려는 이들도 있으나, 칸트가 이미 지적했듯이, 사람들의 도덕적 능력이 제한적이기 때문에, 사람들의 도덕적 능력과 선행을 "최고의 선"이 되게 지켜줄 수 있는 "절대적이고 초월적인 힘"이 필요한 것이다.[1]

---

[1] Immanuel Kant, 『이성의 한계 안에서의 종교』 백종현 역 (서울: 아카넷, 2012), 157: "도덕법칙들의 가장 엄격한 준수가 (목적으로서) 최고선을 초래하는 원인으로 마땅히 생각되어야 한다고 할지라도, 인간의 능력이 이 세계에서의 행복이 행복을 누릴 품격(덕)과 일치하도록 하기에는 충분하지 못하기 때문에, 하나의 전능한 도덕적 존재자가 세계 지배자로 상정되지(받아들여지지) 않을 수 없으며, 이 존재자의 배려 안에서 이런 일(행복과 덕의 일치)이 일어난다." 또한 Ibid, 157, 주 30: 칸트는 『만물의 종말』에서 "지혜, 다시 말해 만물의 궁극적 목적, 즉 최고

칸트(Immanuel Kant, 1724-1804)가 생각하듯이, 만일 전능하신 하나님이 없다면 이 무책임하고 혼란한 죄악 세상에서 누가 선의 가치와 성취를 끝까지 책임지고 보장할 수 있겠는가?

악에 대한 선의 승리가 보장되지 않는다면 선을 애써 추구하는 모든 일이 허사가 되어 결국 세상은 더욱 혼란해질 것이 분명하다. 그러나 성경은 거룩하신 하나님께서는 불의한 세상을 반드시 심판하시고 그의 의를 이루신다는 것을 가르친다. 인간 역사 가운데 일어난 모든 불행한 일들은 결국 하나님의 심판이며, 그것은 최후의 심판의 전조다. 세상을 지으신 하나님께서 이 땅을 다시 회복하셔야 세상의 모든 문제가 해결될 수 있다.

세상 모든 문제의 핵심은 결국 인간의 죄의 문제다. 하나님께서 보내신 그리스도를 믿음으로만 인간의 죄의 문제가 제대로 해결될 수 있고, 그가 다시 재림하실 때, 비로소 항구적인 평화가 정착될 수 있다. 성경이 가르치는 종말 신앙은 비관론적인 세계관이 아니라 오히려 낙관적인 세계관이며, 기독론이나 구원론과 함께 복음 신앙의 핵심을 이룬다. 그리스도인은 세계와 자신에 대해서 결국 낙관적일 수밖에 없다.

선에 온전히 상응하는 방책들과 부합하는 실천이성은 신에게만 있다"고 한다. Immanuel Kant, 『실천이성비판』, 백종현 역 (서울: 아카넷, 2009), 마지막 쪽: "내 위의 별이 빛나는 하늘과 내 안의 도덕법칙"이란 말도 인간 도덕의 궁극적 목적과 근거인 신적 최고선을 가리킨다.

칸트는 이성에 입각한 도덕율을 중시했으나, 결국 인간 존재의 한계로 말미암아 도덕의 결과를 책임질 수 없고, 최고선(最高善, summum bonum)에 이를 수 없기 때문에, 최고선의 수립자와 완성자로서 하나님의 존재를 요청하였다. 창조주이시고 최후의 심판자이신 하나님의 존재와 역사가 없이는 인간의 이성의 능력이나 도덕적 가치도 그 한계를 극복할 수 없음을 인정한 것이다. 선과 정의가 인간 세상의 모든 불의와 악을 물리치고 최고의 선이 되고 궁극적 가치가 되기 위해서는 세상의 불의와 악을 이기고 선을 이루게 하는 선하고 위대한 초월적 능력, 즉 신의 존재가 필요하다는 것을 인정한 것이다. 다른 곳에서 칸트는 인간 이성의 한계를 인정하면서 기독교 복음을 궁극적 진리의 안내자로서 인정했다. "복음은 참 지혜의 불멸의 지침이다. 이성이 모든 사고를 다 마쳤을 때, 이성은 그 모든 결론이 복음의 지침과 일치한다는 것을 알게 된다. 더구나 이성이 모든 추구를 마친 후에도 이성이 찾던 많은 것이 여전히 암흑 속에 있다는 것을 알게 된다. 이때 이성은 새로운 빛과 신성한 지시가 필요한데 바로 복음으로부터 이런 것들을 찾을 수 있다." Josef Pieper, *Scholasticism: Personalities and Problems of Medieval Philosophy* (New York/Toronto: McGraw-Hill Book Company, 1964), 13에서 재인용(칸트의 책이나, 출처의 인용 없음). 참조. 루이스 벌코프, 『성경 해석학』, 37; 한철하, 『21 세기 인류의 살 길』(양평: 칼빈아카데미, 2016), 373. 이들은 칸트가 하나님과 그리스도의 은혜 중심의 구원의 종교가 아니라 인간 이성 중심의 도덕에 의한 자아 구원의 종교를 만들었다고 비판한다. 우리는 칸트가 이성의 역할에 집중하는 나머지 하나님과 그리스도 중심의 은혜의 복음의 가치를 인식하지 못했으나, 그나마 말년에는 복음 진리에 접근하였다는 점을 지적하는 것이다.

생각하건대 현재의 고난은 장차 우리에게 나타날 영광과 비교할 수 없도다(롬 8:18).

그러나 종말이 오기 전 타락한 현실 세상에서 우리는 하나님의 자녀로서 하나님의 의로우심을 따라 살아야 한다.

너희는 거룩하라 이는 나 여호와 너희 하나님이 거룩함이니라(레 19:2b).
너는 네 하나님 여호와 앞에서 완전하라(신 18:13).
그러므로 하늘에 계신 너희 아버지의 온전하심과 같이 너희도 온전하라(마 5:48).

심지어 하나님께서 택하신 이스라엘 백성도 그랬다. 하나님은 계속해서 선지자들을 보내어 이스라엘 백성이 회개하고 하나님만 섬길 것을 권했으나 이스라엘 백성은 하나님의 말씀을 듣지 않고 자신들의 생각을 따라 살다가 하나님의 심판을 받았다.

하나님은 인간의 타락 후부터 영원한 나라를 예비하셨다(마 25:34, 41). 그리스도의 십자가는 자비하신 하나님께서 오랜 인간과의 적대관계를 청산하고 화해의 관계로 들어가기 위해 세시하신 하나님의 최종석 구원 방안이다. 그러나 사람들은 이런 하나님의 거룩하신 구원 제안을 무시하고 그리스도를 다시 십자가에 못 박는 일을 계속해 왔다. 그러므로 하나님께서는 다시 그리스도를 이 땅에 보내시어 심판하실 것이다. 그리스도 자신이 세상을 떠나기 전에 이런 하나님의 구원과 심판의 최종적 계획을 밝히셨다(마 24:30 이하).

옛날 이스라엘 백성과 같이 오늘날의 그리스도인들도 종말과 재림을 심각하게 믿지 않는다. 현대 그리스도인들은 노아 시대 사람들처럼 하나님의 경고를 무시하고 "먹고 마시고 장가들고 시집가고" 있다(마 24:38). 베드로 당시 불신적 그리스도인들처럼, "주께서 강림하신다는 약속이 어디 있느냐 조상들이 잔 후로부터 만물이 처음 창조될 때와 같이 그냥 있다"(벧후 3:4)라고 반문하는 이들도 많다.

본문에서 주님은 이런 나태한 신앙 자세를 미리 내다보시고 경고하신다.

그러므로 깨어 있으라 어느 날에 너희 주가 임할는지 너희가 알지 못함이니라 …

이러므로 준비하고 있으나 생각하지 않은 때에 인자가 오리라(마 24:42-44).

주님께서 오실 때에 많은 그리스도인들이 세상의 자연주의적 가르침을 따라 주님의 재림을 믿지 않을 것이다. 이런 의미는 마태복음 24장 36절의 "그러나 그날과 그때는 아무도 모르나니 … 오직 아버지만 아시느니라"는 말씀과 같은 맥락이다. 하나님께서 원하시는 것은 우리가 특정한 종말의 시기를 아는 것이 아니라 다만 언제나 깨어서 그날을 대비하는 것이다.

우리가 더 이상 이 불완전한 세상에서 살기를 원하지 않는다면, 우리가 완전한 인으로서 영생하기를 원한다면, 성경이 가르치는 새로운 세상의 출현과 주님의 재림의 약속을 믿어야 한다. 사람들이 자신들이 원하는 이상적인 세계에 대한 제안들도 있으나 결국 그것들은 인간이 바라는 "희망 사항"일 뿐이다. 세상을 지으신 하나님만이 세상을 새롭게 만드실 수 있다. 예수님은 하나님께서 세상을 지으실 때 함께 계셨고, 타락한 세상을 구원하시기 위해 친히 세상에 오셔서 희생하셨으므로 세상의 최후의 심판자로 다시 세상에 오시는 것이 당연하다. 성경은 처음부터 마지막까지 "하나님의 구원 사역"이라는 하나의 주제로 일관된다. 그리스도인은 세상 종말과 그리스도의 재림 소망을 마음으로부터 믿고 모든 나태한 신앙생활을 버리고 경건한 생활에 힘써야 한다.

회개하라 천국이 가까이 왔느니라(마 4:17).
내가 진실로 속히 오리라(계 22:20).

마태복음 24장에 이어 25장에서 나오는 "열처녀 비유," "달란트 비유," "양과 염소의 비유," 등도 모두 종말과 재림 신앙이 복음 신앙의 주변적인 신앙이 아니라 핵심적 신앙이라는 것을 보여준다.

하나님은 여러 선지자들을 통해서 하나님을 떠난 이스라엘 백성의 죄에 대한 징벌을 거듭 경고하셨고 실제로 징벌하셨다. 경고와 징벌의 목적은 이스라엘 백성이 죄를 회개하고 하나님께 돌아오게 하는 것이다.

바울도 자신의 이방 선교 상황에서 회개한 이방인들에게 세상 종말의 위기의식을 가지고 세속적인 생활을 버리고 경건한 그리스도인의 생활을 하도록 촉구한다.

신구약 성경 전체에서 종말론적 가르침이 나타난다. 구약의 인간과 이스라엘의 성패의 역사는 신약의 최후의 종말을 가리키는 것이다. 세상을 지으신 하나님께서 죄악 세상을 좌시하지 않으시고 진노하셨다. 그리고 언젠가는 완전한 "새 하늘과 새 땅"으로 개조하실 것이다. 하나님께서 세우실 하나님의 나라에는 죄인들은 들어갈 수 없고 다만 어린 양의 피로 씻으심을 받은 백성만이 들어갈 수 있다(계 21:8, 27). 그러나 본문에서 주님께서 염려하시는 것은 종말과 주님의 재림을 기다리는 제자들의 바른 신앙생활이다. 믿는 사람이라도 언제든지 불신의 늪으로 빠질 수 있기 때문이다.

그리스도의 재림은 그리스도의 죽으심과 부활, 승천 등의 하나님의 구원 역사의 완성으로서 복음의 핵심 사항이다. 그리스도의 죽으심과 부활로서 시작된 구원이 그리스도의 재림으로 완성되고 마무리되는 것이다. 주님의 재림이야말로 모든 믿는 사람들의 궁극적 소망이다.

첫째, 이 세상은 자연의 힘이 아니라 보이지 않는 하나님께서 지으셨고, 결국 그의 뜻대로 이끌어 가신다는 것이 성경의 대전제이다.

> 이는 만물이 주에게서 나오고 주로 말미암고 주에게로 돌아감이라(롬 11:36; 참조, 고전 8:6).

둘째, 의로우신 하나님께서 죄악 세상을 심판하실 때를 정하셨다. 주님께서 재림하실 때 세상의 모든 불의를 심판하시고, 세상의 모든 불확실한 것들과 불완전한 것들을 끝내시고, 완전한 세상을 세우신다(마 25:21, 23, 34; 계 20:11 이하). 그때에는 우리의 불완전한 존재도, 우리의 불완전한 지식도, 우리의 불완전한 사랑도 모두 온전하게 될 것이다(고전 13:12; 15:42-44; 51-54; 고후 5:4).

셋째, 우리는 최후 심판에 대비하여 온전하게 되기를 힘써야 한다.

> 주 앞에서 점도 없고 흠도 없이 평강 가운데 나타나기를 힘쓰라(벧후 3:14; 참조, 딤후 4:18).

이제 40을 바라보는 우리 아들은 자신이 초등학생일 때 만든 연필통을 자신의 보물로 여긴다. 그것은 백토로 빚고 푸른 색깔의 난을 그려 넣은 소박한 자기(瓷器) 작품이다. 전체 모양은 그런대로 괜찮지만 붓으로 그린 난(蘭)은 삐뚤어져있고, 아들이 사인한 자신의 한자 이름도 제 각기 독특한 모양이다. 아무도 귀하게 볼 수 없는 이 연필통을 아들은 보물처럼 소중히 여긴다.

하나님께서는 이 세상이 아무리 죄악 세상이라도 자신이 친히 지으신 세상이므로 결코 포기하지 않으시고 지금까지 참으시고 돌아오기를 기다리신다(벧후 3:9). 특별히 하나님께서는 그의 아들 그리스도를 죄악 세상에 보내셔서 큰 구원의 사역을 이루시게 하셨다. 그리스도는 승천하실 때 반드시 세상에 다시 오셔서 믿는 자와 불신자를 심판하실 것과 이 죄악 세상을 완전히 선한 세상으로 마무리 지으실 것을 약속하셨다(단 7:13-14; 마 24:30; 요 1:1-4; 14:3; 행 1:11; 살전 4:15-17; 벧후 3:4).

청명한 하늘이 갑자기 검은 구름으로 어두워지고, 돌풍이 일고, 번개와 우렛소리가 나고, 소나기가 뿌려질 때가 있다. 갑작스런 폭풍에 가로수가 넘어지고, 큰 건물의 유리창이 깨지고, 거리의 간판들이 나뒹굴고, 사람들은 몸을 웅크리고 황급히 안전한 곳을 찾는다. 해마다 우리나라에 찾아오는 여름철 태풍이나, 세계 곳곳에서 나타나는 토네이도는 큰 집들도 파괴하고 대형 화물차들을 전복시키고, 가축들과 사람들을 공중으로 날리기도 한다. 이런 갑작스런 이상기후는 발달된 현대 기상관측 기술로도 제대로 예측하기 어렵다. 이런 기상이변은 갑자기 오듯이 또한 갑자기 사라진다. 언제 그랬느냐는 듯이 구름 사이로 맑은 하늘이 보이고, 밝은 해가 비치면서 세상이 다시 안정을 되찾는다.

성경이 예언하는 세상 종말에 대한 기사도 갑자기 변하는 기상이변과 같다. 세상 종말에는 전례 없던 이변과 재해들로 모든 기존 질서가 무너지고 세상은 큰 혼란과 위기에 빠지게 된다. 사람들은 큰 두려움과 공포에 싸이게 된다. 더구나 일부 신앙인들은 거짓 메시아들과 거짓 선지자들에 의해 큰 신앙적 혼란에 빠질 것이다.

그러나 이런 대환란이 세상의 끝은 아니다. 대환란은 새로운 세상의 전조다. 큰 환란 후에 주님께서 오실 것이다. 지루한 장마 끝에 나타나는 태양처럼 주님께서 큰 혼란 가운데 빠진 낡은 세상을 새로운 세상으로 만드시기 위해 오실 것이다.

성경의 세상 종말과 주님의 재림에 대한 놀라운 예언은 세상의 기존질서에 익숙한 우리로서는 믿기 어려운 부분도 있지만 지금까지의 모든 약속을 지켜 오신 신실하신 하나님 아버지의 약속이므로 우리는 믿어야 한다.

첫째, 하나님은 세우기도 하시고 무너뜨리기도 하시는 전능하신 분이시다. 세상을 지으신 하나님께서는 타락한 세상을 심판하시고 다시 세우신다. 이 세상의 모든 문제는 결국 창조주 하나님께서 세상을 근본적으로 회복하실 때에만 완전히 해결될 수 있다.

둘째, 이 세상의 근본적 문제는 인간의 죄다. 하나님께서 제시하신 그리스도를 믿음으로만 인간의 죄의 문제가 해결될 수 있고, 그리스도의 재림으로 세상은 온전한 세상이 된다.

이런 종말 신앙은 기독론, 구원론과 밀접히 연결되어서 복음 신앙의 핵심을 이룬다. 이 세상을 창조할 때 하나님과 함께 계셨고, 또 타락한 세상에 오셔서 하나님의 지극하신 사랑을 증거하셨던 하나님의 아들 예수께서, 불신 세상을 심판하시고 완전한 하나님의 나라를 세우신다는 약속은 지극히 합당한 것이다. 우리는 불완전하나 하나님은 온전하신 분이시므로 결국 이 죄로 오염된 세상을 다시 온전한 세상으로 만드실 것이다(계 21:1 이하). 우리가 이 불완전한 세상 대신 새롭고 완전한 세상을 원한다면, 우리 자신이 완전한 인간 존재로 변화되어 영생하기를 원한다면, 완전한 세상의 도래와 우리의 부활과 영생을 약속하신 주님께 감사하며 그의 약속을 굳게 믿어야 한다.

다만 우리가 기상을 제대로 예측할 수 없듯이 세상 종말과 주님의 재림의 시기는 하나님의 비밀의 경륜에 속한 것이므로 우리가 알 수 없다(마 24:42; 막 13:32; 행 1:6). 그러나 정해진 종말의 날짜가 없다고 해서 결코 주님의 재림 약속을 허망한 약속으로 여겨서는 안 된다.

종말과 재림의 시기를 비밀로 하신 뜻은 무엇인가?

첫째, 종말과 재림의 시기를 비밀로 하신 것은 하나님께서 그의 놀라운 구원 역사를 우리 인간이 미처 예측하지 못할 때에 갑자기 나타내심으로써 그의 영광과 능력을 극대화시키시기 위함이다. 노아 때의 홍수 심판도 갑자기 시작되었고(마 24:37-39), 아브라함 때의 소돔과 고모라의 멸망도 급박하게 진행되었다(창 19:14, 17). 또한 하나님은 아브라함이 백 세가 되어서 아들 이삭을 얻게 하셨고, 야곱으로 하여금 죽은 줄 알았던 사랑하는 아들 요셉을 애굽의 총리가 되게 하시어 극적으로 만나게 하셨고, 모압 여인 룻을 다윗의 외조모로 만드셨고, 이새의 막내아들로서 어린 목동이었던 다윗을 사울 왕 대신 이스라엘의 왕으로 삼으셨다. 낮은 자를 높이시고, 높은 자를 낮추시며, 가난한 자를 부하게도 하시고, 부한 자를 가난하게 하시고, 약한 자를 강하게 하시는 전능하신 하나님이시다(삼상 2:5-10; 눅 1:48-54; 고후 12:9-10).

하나님께서는 혼란과 공허와 어둠 가운데 빛과 질서의 아름다운 세계를 창조하심으로써 그의 능력과 영광을 극대화하시는 것이다(사 45:7, 18). 하나님께서는 자주 일반적인 자연의 원칙을 넘어서 인간이 예측하지 않는 방법으로 그의 구원 역사를 나타내심으로써 그의 영광을 나타내시며, 또한 그로 말미암아 우리의 구원의 기쁨을 배가시켜 주신다. 예수님의 죽으심과 부활도 같은 맥락으로 이해할 수 있다.

둘째, 종말과 재림의 시기의 비밀은 자칫 나태하기 쉬운 우리의 신앙생활을 일깨우시려는 하나님의 사랑과 지혜에서 비롯된 것이라고도 볼 수 있다. 만일 우리가 종말의 시기와 재림의 때를 미리 안다면, 필경 우리는 종말이 올 때까지 더욱 나태하게 될 수 있다. 그러므로 주님께서는 하나님 외에는 아무도 종말의 시기를 알 수 없다는 말씀과 함께 "감람산 교훈"에서 "깨어 있으라"는 말씀을 반복하셨다(막 13:33-37). 또한 마태복음 24장의 종말의 말씀에 이어서 25장에서는 "열 처녀 비유," "달란트 비유," "양과 염소의 비유" 등으로 우리가 나태함을 버리고 항상 깨어서 주님의 심판을 대비하며 살 것을 가르치셨다.

그러므로 재림의 시기를 정하지 않으신 하나님의 선하신 뜻을 알고 언제나 경성하여 주님의 재림을 대비해야 한다.

> 이것들을 증거하신 이가 이르시되 내가 진실로 속히 오리라 하시거늘 아멘 주 예수여 오시옵소서(계 22:20).

재림은 심판과 함께 새로운 세계의 약속이다. 하나님께서는 죄악으로 오염된 이 세상을 다시 온전한 세상으로 회복하실 계획을 태초부터 가지고 계셨다. 노아의 홍수 심판은 새로운 세상의 창조를 위한 것이었다. 그 후 하나님께서는 이사야 선지자를 통해서 메시아를 통한 구원 사역을 예언하셨다(사 53장; 61:1 이하; 65:17; 66:22 등).

이사야의 예언대로 메시아로 오신 주님은 구원 사역을 성취하셨고, 다시 오셔서 구원 사역을 완성하실 것이다. 주님께서는 다시 오실 때까지 우리가 깨어서 기도하며 온전하게 살기를 당부하셨다. 그러므로 우리는 주님의 재림에 대한 모든 시험과 불신을 이기며 주님의 재림을 간절히 사모하자. 우리 자신의 탐심이나 세상의 모든 헛된 가치들을 버리고 오직 그리스도로 옷 입기를 힘쓰자(빌 2:5; 3:7).

오직 주 예수 그리스도로 옷 입고 정욕을 위하여 육신의 일을 도모하지 말라 (롬 13:14).

2016년 5월 2일

62. 사랑하는 사람이 되자(신랑, 신부에게)

> 사랑은 오래 참고 사랑은 온유하며 시기하지 아니하며 사랑은 자랑하지 아니하며 교만하지 아니하며 … 모든 것을 참으며 모든 것을 믿으며 모든 것을 바라며 모든 것을 견디느니라(고전 13:4-7).

태초에 하나님께서 이 세상을 지으셨습니다. 하나님은 이 세상을 단순히 물질적이고 기계적인 세상이 아니라 생명이 넘치는 세상으로 지으셨습니다. 특별히 하나님께서는 태초에 인간을 남녀로 지으시고 하나님께서 지으신 생명의 세계에서 생육하고 번성하도록 축복하셨습니다. 하나님께서 우리를 태어나게 하시고 우리의 일생을 인도하십니다. 하나님께서 우리의 심장이 평생 동안 쉬지 않고 뛰게 하시고, 우리의 모든 생사화복을 주관하십니다. 오늘 이 두 사람을 만나게 해 주신 것도 하나님이십니다.

창조주 하나님께서는 자신이 지으신 세계를 사랑하십니다. 특별히, 사람을 사랑하십니다. 우리의 부모가 우리를 사랑하듯, 하늘 아버지도 우리를 사랑하십니다. 우리가 우리를 향한 우리 부모의 사랑을 잘 모르듯이, 우리도 하나님 아버지의 사랑을 잘 모르고 살지만 하나님은 자신이 지으신 우리를 사랑하십니다. 우리가 하나님의 사랑을 알게 될 때 세상에서 우리가 당하는 모든 어려움도 결국 우리를 사랑하시는 부모의 훈계와 같은 것이라는 것을 알게 되는 것입니다.

하나님은 본질적으로 사랑이 충만하신 분이십니다. 하나님은 사랑의 원천이십니다.

> 하나님은 사랑이심이라(요일 4:8).

성부, 성자, 성령은 온전한 사랑으로 일체를 이루어 존재하십니다(막 1:11; 요 14:31;

15:9; 요 17:23-26).[1] 사랑이 삼위 하나님의 존재 모드입니다. 그러므로 우리가 진실한 사랑을 할 때 보이지 않으시는 하나님께서 우리 가운데 나타나십니다(요 17:26; 롬 5:5).

> 어느 때나 하나님을 본 사람이 없으되 만일 우리가 서로 사랑하면 하나님이 우리 안에 거하시고 그의 사랑이 우리 안에 온전히 이루어지느니라(요일 4:12).

우리가 진실한 사랑을 할 때 하나님의 임재하심을 경험하게 됩니다. 반대로 우리가 미워하고 질투할 때 "저 원수"가 기동(起動)합니다.

세상의 모든 아버지가 그의 자녀들이 서로 돕고 사랑하며 살기를 원하듯이, 하늘 아버지께서도 우리가 서로 돕고 사랑하며 살기를 원하십니다. 우리는 누구나 사랑받기를 원하고, 또한 서로 사랑하기를 원합니다. 사랑이 모든 인간관계의 최고의 이상이며 가치입니다. 사랑이 모든 인간관계의 핵심적 요소이며 최상의 상태입니다. 요즘같이 기계화되고 개별화되는 세상일수록 우리의 사랑에 대한 갈망은 상대적으로 증폭될 것입니다. 인간은 본능적으로 사랑이 필요한 인격적 존재로 지음을 받았기 때문입니다.

그러나 사랑 외에 물질, 명예, 지위 등에 대한 탐심이 인간관계에 개입되면 그 관계는 부패하게 되고 결국 파탄에 이르게 됩니다. 실제로 우리는 돈 많은 사람들이나, 교육을 잘 받은 사람들이나, 인기 높은 유명 인사들도 그들의 인간관계나 결혼생활에서 어려움을 겪는 것을 자주 봅니다. 사람의 이기심이나 탐심이 개입되면 사랑은 어느새 배반과 증오로 변질되는 것입니다.

또한 사람들은 진, 선, 미, 또는 지혜, 용기, 정의, 절제, 또는 삼강오륜 등 도덕적 철학적인 가치를 최고의 가치로 삼아 추구하고, 또는 궁극적 인생의 의미와 가치를 가르치는 종교를 믿지만, 결국 이것들을 추구하는 인간의 본질적인 연약함으로 말미암아 오히려 우리를 자주 좌절하게 만듭니다(롬 7:19-24). 우리는 이런 선한 도덕적, 종교적 가치들을 가르치거나 추구하지만, 정작 제대로 따르지 못합니다. 그러면

---

[1] 조나단 에드워즈, 『사랑』, 서문 강 옮김 (서울: 도서출판 솔로몬, 2016), 395.

서도 그런 고상한 가치를 따르지 못하는 다른 사람들을 곧잘 비난하는 위선적인 사람들입니다.[2]

결국 우리들이 추구하는 선한 가치와는 상반적인 악한 결과가 나타나는 것을 보면서 좌절합니다(롬 7:15-24). 우리 모두 참된 사랑을 갈망하면서도, 연약한 본성으로 말미암아 참된 사랑을 받기도 어렵고 실행하기도 어렵습니다. 사도 바울은 원래 철저히 율법을 지키는 바리새인이었으나 예수님을 만나서 하나님의 사랑을 깨닫고 난 뒤에는 자신의 본질적 연약함을 고백하고 결국 하나님의 은혜와 사랑을 의지하게 되었습니다(롬 3:24; 5:8; 8:1; 고전 13장; 갈 2:20).

우리 인간은 본질상 사랑이 절실히 필요하기 때문에 사랑이 없는 인간으로서의 기본적인 존재 가치와 존재 이유가 약화되어 결국 불행하게 될 수밖에 없습니다. 진정한 사랑 없이는 아무리 많은 것들을 가진 사람이라도 행복할 수가 없습니다. 사람들이 원하는 재산, 교육, 건강, 재능도 사랑이 없으면 오히려 그들은 물론 다른 사람들을 파멸로 이끄는 탐욕적 도구가 될 뿐입니다.

사랑은 "나와 너"의 본질적 연약함을 이해하고 서로 감싸주는 힘입니다. 사랑이야말로 인간이 추구해야 할 최고의 궁극적 가치입니다.

> 그런즉 믿음, 소망, 사랑, 이 세 가지는 항상 있을 것인데 그중의 제일은 사랑이라 (고전 13:13).

그러므로 태초에 하나님께서 이미 말씀하셨습니다.

> 사람이 혼자 사는 것이 좋지 아니하니 내가 그를 위하여 돕는 배필을 지으리라 (창 2:18).

사랑을 갈구하는 인간에게 혼인은 거의 필수적인 인간 존재 방법입니다. 그러나

---

[2] 선행으로 구원받을 수 없는 이유는 인간이 타락한 본성으로 말미암아 하나님의 선하심과 의로우심 대신 자신의 의에 집중하여 오만하게 되거나, 자신의 죄를 잊고 자신이 선하다는 착각에 빠져서 위선적이 되게 하기 때문이다. 반면에, 믿음은 자신을 철저히 비우는 자세다(*Inst.* III.6.3; 14.2).

피조물 인간의 사랑은 인간 자신의 본질적 유한성으로 말미암아 불완전하고 부패할 수밖에 없습니다. 아무리 고상한 사랑이라도 인간의 깊은 죄성으로 말미암아 불완전하고 변질되기 쉽습니다. 실제로 우리는 본능적으로 우리 자신을 사랑하면서도, 남을 사랑하지 못합니다. 우리 자신은 사랑받기를 원하면서도 상대방을 사랑하는 일에는 인색합니다. 우리 모두는 본능적으로 이기적입니다. 우리 모두 남보다 자신을 먼저 생각합니다. 우리 모두 "나는 옳고 너는 그르다"라는 자기 본위의 원칙을 포기하지 않습니다. 남을 사랑한다고 하나 실제로는 자신을 사랑합니다. 누구나 진정한 사랑의 가치와 필요성을 인정하면서도, 실제로 진정한 사랑을 위한 도전과 책임에는 취약합니다.

그러므로 우리는 우리를 창조하신 하나님으로부터 완전한 사랑을 힘써 배워야 합니다. 특별히 자신의 사랑하는 아들을 희생하신 하나님의 참 사랑(아가페)이 모든 인간이 추구하는 사랑의 모델이 되어야 합니다.[3] 십자가에서 나타난 하나님의 사랑을 직접 경험하고 그 사랑의 감동과 능력으로 사람을 사랑해야 합니다. 그리스도의 사랑이 없는 인간만의 사랑은 불완전하고 부패할 수밖에 없습니다.

하나님께서는 우리에게 진정한 사랑을 하도록 명령하셨을 뿐만 아니라 오랜 성경 역사를 통해서 우리를 향하신 진정한 사랑이 무엇인지를 친히 나타내셨습니다. 하나님께서 택하신 백성 이스라엘이 거듭 자신을 배반하였으나 하나님께서는 포기하지 않으시고 계속해서 사랑하셨습니다. 특별히 우리 모든 인간들을 구원하시기 위해 자신의 아들을 희생하셨습니다(요 3:16; 롬 3:21-25; 5:8). 하나님을 믿는 사람들은 이런 하나님의 지극하신 사랑을 본받아 모든 고난 중에서도 하나님과 이웃을 사랑해야 합니다(빌 2:5 이하; 요일 4:9-11).

물론 그리스도인이라고 해도 뿌리 깊은 죄성으로 말미암아 완전한 사랑을 하지 못합니다. 우리가 사랑한다고 하나 대개 사랑의 모양만 낼 뿐입니다. 우리 모두 위선자들입니다. 그러나 그리스도의 십자가의 인내하심의 모본을 따라서 우리는 최소한 상대방에 대한 미움이나 복수심을 억제할 수는 있습니다. 우리가 이웃을 사랑하는 사람이 되기 위해서는 십자가를 참으신 그리스도와 같이 우리의 분노와 복수

---

[3] 마 11:29; 요 13:34; 롬 6:3 이하; 고후 4:7-15; 6:3-10; 11:23-12:10; 갈 2:20; 6:14, 17; 빌 2:5 이하; 골 1:24; 엡 5:1; 딤후 2:3 이하 등.

심을 죽이고, 오래 참고, 오래 견디는 것을 배워야 합니다. 사랑은 상대방의 약함을 참고 받아주는 것입니다. 자신의 약함은 모른 채 남의 약점만을 지적하는 상대방이라도 참고 받아주는 것입니다. 그것이 하늘 아버지의 뜻입니다. 그것이 또한 그리스도의 십자가의 희생적 사랑입니다.

> 사랑은 참고 온유하고 … 교만하지 아니하며 … 모든 것을 참으며 모든 것을 믿으며 모든 것을 바라며 모든 것을 견디느니라(고전 13:4-7).

비록 분노를 참는 자세가 현대적 교육 방식이나 삶의 스타일이 아니지만, 우리는 참는 자세의 가치와 유익을 과소평가해서는 안 됩니다. 그러나 사랑의 효력을 제대로 나타나기 위해서는 마음속의 증오심을 참고 억제하는 것만으로는 충분하지 않습니다. 하늘 아버지께서는 여전히 우리의 모든 자아 중심적 본능을 극복하고 온전한 사랑을 할 것을 명령하십니다. 우리는 하나님의 사랑을 입은 자녀로서 그 사랑을 나타내야 합니다.

우리가 이웃을 사랑하는 사람이 되기 위해서는 연약한 우리 자신이 아닌 성삼위 하나님의 능력에 의존해야 합니다. 우리는 진정한 사랑을 실천하기 위하여 우리를 자주 위선자로 만들거나, 오만하게 만드는 우리 자신의 도덕적 의지나 이성적 판단이나 종교적 제도가 아니라, 죄인들을 구원하시기 위해서 자신의 아들을 희생하신 성부 하나님을 의지해야 합니다(롬 8:28). 또한 우리를 위해 스스로 희생하시고 지금도 우리를 위해 간구하시는 성자 하나님의 모본을 따라야 합니다(롬 8:34; 빌 2:5 이하). 또한 우리를 위해 간구하시는 성령 하나님의 도우심을 받아야 합니다(롬 8:26). 우리는 우리 자신의 의지력이 아니라 먼저 성삼위 하나님의 은혜와 능력을 믿어야 합니다. 특별히, 우리 죄인을 사랑하신 주님의 은혜를 알고 주 안에서 "너도 옳고 나도 옳다"는 열린 마음 자세를 가져야 합니다.

하나님과 그리스도께서 친히 보여주신 십자가의 사랑과 성령께서 주시는 사랑의 능력을 믿으면, 우리의 이웃도 우리와 같이 연약한 인간 존재라는 것을 알게 되고, 그에 대한 우리의 증오심을 억제하고 약화시킬 수 있습니다. 그리스도께서 우리의 연약함을 동정하시고 스스로 자신을 낮추시어 십자가를 참으셨듯이, 우리도 우리 이웃의 연약함을 이해하고 참고 인내해야 합니다(히 11:15). 조나단 에드워즈 (Jonathan Edwards, 1703-1758)는 우리들의 오랜 잘못들을 일일이 응징하지 않으시고 오래 참으시는 하나님의 사랑을 따라서 우리들도 우리들에게 잘못하는 사람들을 용서하고 사랑해야 한다고 가르칩니다.[4]

우리는 이웃을 온전하게 사랑할 수는 없으나 적어도 그리스도의 희생하심을 통해서 우리 자신이 약하고 부족한 것같이 우리의 이웃도 우리 자신과 같이 연약한 사람이란 사실과 우리의 이웃도 우리 자신과 마찬가지로, 사랑이 필요한 연약한 사람이란 사실을 알면 좀 더 참고 인내할 수 있습니다.

오늘 이 두 분이 만나게 된 것은 운명도 아니고, 우연도 아니고, 단순히 생물학적 본능도 아니고, 합리적 판단도 아닙니다. 세상만사를 주관하시며, 사랑의 원천이신 하나님께서 이 두 분들을 만나서 평생 사랑하며 살도록 인도하셨습니다. 하나님께서는 이 두 분들이 평생 하나님을 사랑하고 또한 서로 사랑하며 살기를 원하십니다.

이제 두 분께서 함께 살아가면서 전에는 몰랐던 상대방의 약점과 부족한 점을 점점 더 알게 될 것입니다. 그런 약점들에 대한 불평과 불만도 늘어나게 될 것입니다. 상대방의 나쁜 버릇을 아예 결혼 초기에 고쳐야겠다는 생각도 할 것입니다. 그러나 십자가의 사랑은 오래 참는 것임을 잊지 마시기 바랍니다. 진정한 사랑은 상대방의 약점을 고치려고 하기 전에 먼저 참고 이해하고 받아주는 것입니다. 그것이 주님께서 보여주신 십자가의 사랑입니다.

내가 상대방의 잘못을 따지기 전에 먼저 나 자신도 약점과 부족함을 가진 연약한 인간이란 것을 인정해야 합니다. 상대방의 약점과 부족함을 발견하고 지적하거나 고치려고만 하지 말고 우리 자신의 약점도 고치기 어렵다는 것을 알고, 오히려 상대방의 약점을 참고 이해할 수 있도록 기도해야 합니다. 비록 상대방의 잘못이 나의 잘못보다 더 잦고, 더 크고, 더 심각하다고 해도, 비록 나의 잘못이 상대방의 잘못보다 훨씬 적다고 해도, 하늘 아버지가 보시기에는 별 차이가 없다 것을 알아야 합니다. 우리 모두 하나님 아버지 앞에서 부족한 죄인들이라는 사실을 알아야 합니다. 서로 자신은 옳고 남은 잘못되었다고 싸우는 우리들은 부모 앞에서 싸우는 어린아

---

4 조나단 에드워즈, 『사랑』, 105.

이들과 같이 어리석을 뿐만 아니라 사랑과 은혜를 가르치시는 하늘 아버지를 욕되게 하는 것임을 알아야 합니다.

거듭 말씀드리지만, 하나님께서는 우리가 상대방에 대한 미움을 억제하는 것만으로 만족하지 않으십니다. 하나님께서는 적극적으로 서로 사랑하라고 명령하십니다. 주님께서는 십자가를 지시기 전날 밤에 제자들에게 "내가 너희를 사랑한 것같이 너희도 서로 사랑하라"고 거의 유언처럼 말씀하셨습니다. 사랑은 주님의 권면이 아니라 명령입니다. 또한 십자가의 수욕을 참으시고 승리하신 후에 자신을 배반한 베드로에게 나타나셔서 "네가 이 사람들보다 나를 더 사랑하느냐"고 물으셨습니다(요 21:15, 16, 17). 주님께서는 비겁하고 무능한 제자들에게 질책하시는 대신 부드럽게 대하시고, 선교의 사명까지 맡기셨습니다. 주님께서는 제자들이 비록 실수하였으나 그들의 실패의 경험을 통해 더 굳센 믿음으로 나아갈 수 있다는 것을 가르치셨던 것입니다(눅 21:31-32; 참조, 갈 6:9). 주님께서는 적극적 사랑이 인간 구원을 위한 복음 사역의 핵심이란 것을 끝까지 가르치신 것입니다.

주님께서는 생애 초기에도 제자들에게 주기도문을 가르치시면서 적극적으로 용서할 것을 가르치셨습니다. 주기도문에서 "우리가 우리에게 죄 지은 자를 사하여 준 것같이 우리 죄를 사하여 주시옵고 …"라는 문구가 있습니다. 이것은 곧 그리스도의 십자가의 용서를 가리키는 말입니다. 십자가의 죄 용서하심을 받은 우리들이 우리들에게 잘못한 우리의 이웃을 용서할 것을 가르치는 것입니다(마 6:12, 14-15).

아이러니하게도, 상대방의 실수와 우리 자신의 연약함이 오히려 하나님의 사랑의 촉매제가 되기도 합니다. 흔히 죄가 많은 곳에 은혜도 많은 법입니다(롬 5:20). 우리들은 현재의 무능함과 과거의 실패에 연연하여 좌절해서는 안 됩니다. 우리 자신의 연약한 의지가 아니라 하나님께서 주시는 능력으로 일어나야 합니다. 비록 우리의 사랑이 위선적이고, 완전하지도 않지만, 우리는 낙심하지 말고 이웃을 사랑해야 합니다. 우리의 불완전한 사랑이라도 은혜로우신 하나님께서 온전한 사랑으로 여겨 주실 것을 믿고 이웃을 사랑해야 합니다.

사랑은 나의 모든 악한 생각은 잠그고, 나의 선한 생각을 여는 것입니다. 나의 분노, 거짓, 술수 등을 포기하고, 선한 생각, 진실함과 의로움을 나타내는 것입니다. 상대방에게 해가 될 것은 참고, 유익이 되는 것을 나타내는 것입니다. 사랑은 기적을 낳습니다. 모든 아픈 상처를 아물게 하고, 모든 어려운 인간관계를 해소하고 화해하게 합니다. 그러므로, 다시 반복합니다만, 주님의 제자 된 우리들은 우리에게 잘못한 상대방을 미워하는 마음을 억제하는 데서 그칠 것이 아니라, 실제로 상대방을 용서해야 하고 사랑해야 합니다.

이제부터 두 분께서는 우리의 연약함을 지시고 대신 죽으신 예수님의 순전한 아가페 사랑을 따라 적극적으로, 진심으로, 서로에게 사랑을 나타내시기를 바랍니다. 그리스도께서 스스로 자신을 낮추어 연약한 우리 죄인들을 위해 희생하셨듯이 연약한 상대방을 위하여 먼저 스스로 자신을 낮추시기 바랍니다. 마음뿐만 아니라 말과 행동으로 사랑을 나타내시기를 바랍니다.

설령 상대방이 내 마음을 몰라주고, 나의 진정한 사랑을 무시하더라도, 연약한 우리 죄인들을 불쌍히 여기시고 참으신 예수의 이름으로 먼저 상대방을 사랑하시기를 바랍니다. 상대방이 나의 부족한 점을 지적만 하고, 나를 받아주지 않을 때에도, 바로 그런 상대방의 연약함도 받아 줄 수 있는 사랑이 넘치는 그리스도인이 되도록 기도하시기 바랍니다. 상대방의 잘못이 너무 커서 도저히 사랑할 수 없을 때에도 여전히 먼저 과감히 사랑할 수 있도록 기도하시기 바랍니다. 상대방이 나를 무시하고 나의 사랑을 원치 않을 때에도 여전히 사랑할 수 있도록 기도하시기 바랍니다. 상대방이 사랑할 만해서 사랑하는 것이 아니라, 나 스스로는 도저히 사랑할 수 없을 때라도 나 같은 죄인을 살리시기 위해 십자가를 지신 주님의 은혜와 사랑을 의지하여 사랑해야 합니다.

사랑은 오래 참고 … (고전 13:4).

모든 성령의 은사 가운데 사랑의 은사야말로 최고의 은사입니다(고전 12:31; 갈 5:22). 이제 두 분은 행복한 결혼생활을 위해서, 무엇보다 사랑의 은사를 구하시기를 바랍니다. 하나님께서 두 분의 사랑의 여정을 축복하시기를 바랍니다.

명동 라루채 예식장
2016년 5월 5일

63. 하나님의 일꾼의 고난

> 너는 그리스도 예수의 좋은 병사로 나와 함께 고난을 받으라(딤후 2:3).

이 말씀에서 "좋은"(칼로스)이란 말은 "선한"이란 말로도 번역할 수 있다. "너는 그리스도 예수의 선한 병사로 나와 함께 고난을 받으라." "좋은 병사"보다는 "선한 병사"라고 번역하는 것이 디모데후서 4장 7절에 나오는 같은 형용사(칼로스)를 "좋은 싸움"이라고 번역하지 않고 "선한 싸움"으로 번역하는 것과 일치된다. 사도 바울이 디모데에게 복음 전선에서 지치지 말고 자신과 함께 계속 싸울 것을 독려하는 것이다.

특별히 복음 사역자들은 복음 사역 가운데 물질적 고난을 겪어야 한다. 복음 전도자들은 "머리 둘 곳도 없이" 고생하신 그리스도를 따라서 물질적 빈곤을 견디며 전도에 집중해야 한다(마 8:20; 10:25). 마태복음 10장에서 예수님께서 제자들을 전도 파송하시면서 사람이나 물질에 의지하지 말고 오직 하나님만 의지할 것을 당부하셨다.

> 너희 전대에 금이나 은이나 동을 가지지 말고 여행을 위하여 배낭이나 두 벌 옷이나 신이나 지팡이를 가지지 말라(마 10:9-10).

복음 사역자들은 물질적 고난 외에 세상의 박해와 영적 고난도 받아야 한다.[1] 마태복음 10장에서 예수님은 복음 전도자들이 복음을 반대하는 사람들의 방해와 세상의 권세자들의 핍박을 받을 것이지만 죽을 각오를 하고 하나님만 의지하고 사역할 것을 가르치셨다.

---

[1] 고후 1:8-10; 4:8-12; 6:4-10; 11:23-28; 12:17; 갈 6:17; 히 11:26-38.

몸은 죽여도 영혼은 능히 죽이지 못하는 자들을 두려워하지 말고 오직 몸과 영혼을 능히 지옥에서 멸하실 수 있는 이를 두려워하라 … 누구든지 사람 앞에서 나를 시인하면 나도 하늘에 계신 내 아버지 앞에서 그를 시인할 것이요 누구든지 사람 앞에서 나를 부인하면 나도 하늘에 계신 내 아버지 앞에서 그를 부인하리라(마 10:28-33).

하나님의 일꾼들은 불신적 세상과 싸우면서 많은 고난을 겪어야 했다. 옛날 모세는 광야에서 고생하며 차라리 죽기를 원했다(민 11:15). 엘리야도 아합 왕과 이세벨과 싸우다 지쳐서 차라리 죽기를 원했다(왕상 17:6, 9-14; 19:5-8).

여호와여 넉넉하오니 지금 내 생명을 거두시옵소서 나는 내 조상들보다 낫지 못하니이다(왕상 19:46).

예레미야도 바른 예언을 하며 죽을 고생을 했다.[2] 사도 바울도 많은 고난을 받았다.[3]

나는 날마다 죽노라(고전 15:31).

무엇보다 우리 주님께서 많은 고난을 받으셨다.

고난은 하나님의 사람들의 현실이다. 복음 전도자들은 모든 세상 사람들과 다름없이 물질적, 영적 고난을 받으면서도 변함없이 복음 사역의 사명을 수행해야 한다. 복음 사역은 마치 나라를 위해 충성을 맹세한 군인과 같은 자세를 요구한다. "이름도 없이 빛도 없이" 싸우다가 전사한 무명용사와 같은 자세를 요구한다. 복음 전도자들은 모든 고난을 감내(堪耐) 해야 한다.

너는 그리스도 예수의 좋은 병사로 나와 함께 고난을 받으라(딤후 2:3).

---

2 렘 20:14-18; 32:2; 37:15-16; 애 3:1-18.
3 행 14:19; 21:30-31; 고후 1:3-11; 2:14-16; 4:8-12; 6:4-10; 11:23-33; 골 1:24.

하나님의 일꾼들인 우리도 하나님의 일을 하면서 세상일을 하는 사람들처럼 더 낳은 예우와 더 나은 사역 조건에 집착하지는 않는가?

신실한 복음 사역자라도 때로는 극심한 고난 가운데서 "복음 전도자라고 해도 별 수 없이 모든 자연인들이 겪는 고난을 겪을 뿐이라"는 "자연론적 불신"에 빠질 수도 있을 것이다. 그러나 주님의 일꾼은 주께서 받으신 고난을 생각하면서 모든 불평과 의심을 그치고 기꺼이 고난을 받아야 한다. 약함 가운데 나타나는 그리스도의 능력을 믿어야 한다(고후 12:10). 고난 중에 나타나는 하나님의 위로와 장래의 영광과 상급을 사모해야 한다(고후 13:4).

> 기뻐하고 즐거워하라 하늘에서 너희의 상이 큼이라 너희 전에 있던 선지자들도 이같이 박해하였느니라(마 5:12).
>
> 나는 선한 싸움을 싸우고 나의 달려갈 길을 마치고 믿음을 지켰으니 이제 후로는 나를 위하여 의의 면류관이 예비되었으므로 주 곧 의로우신 재판장이 그날에 내게 주실 것이며 내게만 아니라 주의 나타나심을 사모하는 모든 자에게도니라(딤후 4:7-8).

하나님께서는 고난이라는 여과장치를 통해서 진정한 일꾼들을 찾으시고 그들을 단련시키시고 결국 그의 최종적 승리와 영광에 참여하게 하신다. 탐심에 젖은 거짓 일꾼이나 삯꾼은 고난을 견디지 못하고 떠나지만, 진실한 일꾼은 고난을 주님을 위한 고난으로 알고 견디며 충성한다.

하나님께서는 이스라엘 백성의 고난을 통해서 그의 구원의 영광을 나타내셨다. 이사야는 하나님께서 택하신 백성 이스라엘을 단련시키신 것은 결국 이스라엘을 구원하심으로써 그의 영광을 나타내시기 위함이었다고 한다(사 48:10-11). 하나님의 영광은 또한 그의 백성의 기쁨이요 영광이다.

그러므로 하나님의 일꾼들은 모든 고난을 오히려 그리스도의 고난에 동참하는 기쁨과 신실한 종으로 연단 받는 기쁨으로 생각하고, 또한 장차 나타날 하나님의 영광을 바라보며 힘을 내야 한다.

> 우리가 환난 중에도 즐거워하나니 이는 환난은 인내를, 인내는 연단을, 연단은 소망을

이루는 줄 앎이로다(롬 5:4-5).

나는 이제 너희를 위하여 받는 괴로움을 기뻐하고 그리스도의 남은 고난을 그의 몸된 교회를 위하여 내 육체에 채우노라(골 1:24).

모든 것을 믿고, 모든 것을 바라는 신실한 그리스도인에게는 어떤 고난도, 심지어 죄에 대한 징벌조차도, 결국 축복과 은혜가 되는 것이다. 더구나 자비하신 하나님께서는 우리가 고난을 믿음으로 견디며 수고할 때 잠깐의 평안도 주신다(삼하 7:11; 롬 15:32, 참조, 요 16:33).

2016년 5월 12일

64. 영생의 신앙

> 그때부터 그의 제자 중에서 많은 사람이 떠나가고 다시 그와 함께 다니지 아니하더라 예수께서 열두 제자에게 이르시되 너희도 가려느냐 시몬 베드로가 대답하되 주여 영생의 말씀이 주께 있사오니 우리가 누구에게로 가오리까(요 6:66-68).

본문 앞에서 예수님은 오천 명을 먹이신 후에 자신을 가리켜 "하늘에서 내려 온 영생하게 하는 떡"이라고 가르치셨다.

내 살은 참된 양식이요 내 피는 참된 음료로다(요 6:55).

이 말씀보다 앞서서 "썩을 양식을 위하여 일하지 말고 영생 하도록 있는 양식을 위하여 하라 이 양식은 인자가 너희에게 주리니 인자는 아버지 하나님께서 인치신 자니라"(요 6:27)라고 말씀하시면서 그리스도인들은 자연인들처럼 육신의 양식만을 먹을 것이 아니라 영생의 양식을 먹어야 할 것을 가르치셨다. 그러나 예수님을 육신의 양식을 주는 메시아로 알고 따르던 많은 사람들은 이런 가르침을 들은 후에 주님을 떠나고, 소수의 제자들만이 그를 따랐다.

영생에 대한 가르침은 창세기부터 요한계시록까지 나오는 성경의 중심 주제다. 성경이 가르치는 하나님의 구원은 막연한 이론적 추상적 개념이 아니라 실제적 영생을 가리킨다. 에덴동산에 있던 생명나무는 인간을 영생하게 하는 나무였다(창 3:22; 참조, 계 2:7; 22:2, 14). 인간의 타락 후에 하나님은 절망적인 인간의 구원을 위해 힘써 오셨다.[1] 하나님은 에녹(창 5:24), 욥(욥 19:26), 다윗(시 16:10-11; 133:3), 솔로몬(전 3:11), 엘리야(왕하 2:11), 이사야(사 25:8; cf. 65:20), 에스겔(겔 37:10), 다니엘(단

---

[1] "그 오른편에 있는 자들에게 이르시되 내 아버지께 복 받은 자들아 나아와 창세로부터 너희를 위하여 예비된 나라를 상속받으라"(마 25:34). "또 그 왼편에 있는 자들에게 이르시되 저주를 받은 자들아 나를 떠나 마귀와 그 사자들을 위하여 예비된 영원한 불에 들어가라"(마 25:41).

12:2) 등을 통해 영생의 소망을 주셨다.[2]

출애굽과 가나안 땅의 약속도 하나님의 전체 구원 역사 속에서 볼 때 영생의 약속을 가리킨다. 구약의 예언자들은 생성소멸, 약육강식, 적자생존 등의 자연의 원칙이 지배하는 이 불안한 세상이 끝나고 완전한 메시아 시대가 도래할 것을 예언했다(사 11:6-9; 35:5-10; 61:1; 65:17; 겔 36:25-26; 단 12:2).

신약에는 영생의 주제가 더 분명하게 자주 나타난다. 무엇보다 예수님 자신이 영생이시고, 인생은 그를 믿음으로 영생을 얻을 수 있다(마 25:34; 요 3:16; 5:29; 14:1-2). 예수님의 부활, 승천에 대한 많은 목격자들의 진술들이 있고, 바울과 베드로도 영생에 대한 소망을 자주 가르친다(고전 15:54; 고후 5:1-3; 살전 4:17; 벧후 3:13 등). 결국 영생이 창세기부터 요한계시록까지 성경 전체의 중심 주제다.

장래의 소망에 대한 말씀은 구약과 신약에 모두 있으나, 구약에는 주로 신약의 가르침에 대한 예언과 예시적 사건들이 있다. 신약 저자들은 장래의 소망에 대한 구약의 예언과 예시적 사건들을 찾아 제시함으로써 복음 진리를 확증한다.[3]

영적 존재는 본질상 보이지 않는다. 하나님 자신도 보이지 않으시고, 하나님이 계신 천국도 보이지 않고, 인간의 영혼도 보이지 않지만, 모두 영적 실재다. 하나님의 자녀는 마땅히 영원하신 하나님과 하나님의 나라를 믿고 사모해야 한다(마 6:33; 고후 4:18; 골 3:1-2; 히 11:1, 14-16). 불신자는 자신에게 남아 있는 하나님의 잔존(殘存) 형상인 "영원에 대한 본능"을 애써 억누르며 보이는 피조물의 가치만을 실재로 인정한다. 태초에 하와도 선악과를 보고 "먹음직도 하고, 보암직도 하고, 지혜롭게 할 만큼 탐스럽기도 한 나무"였기 때문에 그것을 따먹었던 것이다(창 3:6).

결국 최초의 사람은 위대하신 창조주 하나님과 그의 진실한 말씀을 잊고 오히려 보이는 피조물의 제한적 가치에 현혹되어 그것을 소유하려는 탐심으로 말미암아 범죄하였다(창 3:6). 롯의 아내는 "돌아보지 말라"는 천사의 경고를 무시하고 불타는 소돔성을 바라보았다가 소금 기둥이 되었다(창 19:17, 26). 이스라엘 백성은 광야에

---

[2] 이들이 위기 중에 토로하는 절망적인 비탄과 절규도 역시 영생에 대한 그들의 소망을 반증한다고 할 수 있다(민 11:15; 왕상 19:4; 욥 19:26; 시 16:10-11; 22:1; 38:1; 55:4 등; 합 1:12-17). 이들의 절규를 들으신 하나님의 구원 조치들도 결국 궁극적인 구원, 영생을 암시한다.

[3] 마 1:22-23; 요 3:14-15; 5:39; 롬 1:2; 4:1-25; 5:12-21; 갈 3:6-29; 4:21-31; 고전 10:1-11; 히 4:14; 5:10; 7:15; 8:1-10:22 등.

서 하나님의 가나안 땅의 약속은 잊은 채, 보이는 피조물의 가치에 집중하다가 모두 멸망하였다(민 11:5; 13:31-33; 14:1-3). 물론 사람들은 보이는 가치뿐만 아니라 보이지 않는 가치, 즉 이념, 사상, 종교 같은 정신적 가치도 중시하지만, 이런 고상한 가치들조차 자신의 의에 대한 자랑이나 위선 같은 죄로 오염되어 있는 것이다.

특별히 현대인들은 물신(物神) 사상에 빠져서 보이는 피조물의 가치를 중시한다. 믿는 이들조차 물질주의적 사상의 영향을 받아 피조 세상의 허망한 보이는 가치에 집중한다. 보이는 피조물의 가치도 창조주 하나님의 선물이지만, 본질상 제한적이고 불완전하기 때문에, 인간은 먼저 보이지 않는 영원하신 창조주 하나님을 믿고 그의 말씀을 들어야 한다(마 6:33; 골 1:16, 3:1). 특별히 인간은 "하나님의 형상"으로 창조되어 만물을 지으신 하나님과 교제하고 만물을 다스리도록 창조되었다. 성경은 인간이 창조주 하나님의 인간 창조의 목적을 망각하고 피조물과 자신에게 집중하는 것은 자가당착적인 패망의 길이며 하나님의 진노를 자초하는 일임을 가르친다.[4]

하나님께서 "보이는 것"과 "보이지 않는 것"을 모두 창조하셨으나(골 1:16), 사람들이 주로 보이는 육적인 가치에 집중하기 때문에, 성경은 보이지 않는 영적인 가치에 집중할 것을 자주 가르친다.

> 너희를 위하여 보물을 땅에 쌓아 두지 말라 … 오직 너희를 위하여 보물을 하늘에 쌓아 두라(마 6:19-20a).
> 너희는 먼저 그의 나라와 그의 의를 구하라(마 6:33).
> 이 모든 것은 세상 백성이 구하는 것이라 … 다만 너희는 그의 나라를 구하라 그리하면 이런 것들을 너희에게 더하시리라(눅 12:30-31).
> 우리가 소망으로 구원을 얻었으매 보이는 소망이 소망이 아니니 보는 것을 누가 바라리요 우리가 보지 못하는 것을 바라면 참음으로 기다릴지니라(롬 8:24-25; 참조, 히 11:1).
> 세상 물건을 쓰는 자들은 다 쓰지 못하는 자같이 하라 이 세상의 외형은 지나감이라(고전 7:31).

---

[4] 출 20:4-5; 23; 레 26:1; 신 4:16; 시 115:4; 사 40:19; 렘 10:14; 합 2:18; 롬 1:23 이하; 고전 10:7, 14 등.

우리가 주목하는 것은 보이는 것이 아니요 보이지 않는 것이니 보이는 것은 잠깐이요 보이지 않는 것은 영원함이라(고후 4:18).

이는 우리가 믿음으로 행하고 보는 것으로 행하지 아니함이로라(고후 5:7).

그러므로 너희가 그리스도와 함께 다시 살리심을 받았으면 위의 것을 찾으라 거기는 그리스도께서 하나님의 우편에 앉아 계시느니라 위의 것을 생각하고 땅의 것을 생각하지 말라(골 3:1-2).

이 세상도 그 정욕도 지나가되 오직 하나님의 뜻을 행하는 자는 영원히 거하느니라 (요일 2:17).

현대 성경학자들은, 보이는 가치를 중시하는 현대 사상에 영향받아서, 성경의 영적 세계에 대한 가르침을 고대 종교나 철학의 이원론적 사상에서 유래한 것으로 폄훼한다. 그러나 성경은 처음부터 끝까지 일관되게 보이지 않으시는 하나님의 초월적 구원 역사와 영생을 가르친다(삼상 28:14-15; 욥 19:26; 26:5; 시 16:10; 49:15; 88:10; 사 26:19; 단 12:2). 다만 하나님의 계시의 점진적 특성을 따라서 구약보다 신약이 더욱 분명하게 영생을 가르치는 것이다. 신약은 구약 시대에서 감추어졌던 하나님의 구원의 비밀이 그리스도로 말미암아 나타났고, 장차 그리스도께서 재림하실 때 완전히 나타날 것임을 가르친다.[5]

> 이 비밀은 만세와 만대로부터 감추어졌던 것인데 이제는 그의 성도들에게 나타났고 (골 1:26).
>
> 보라 내가 너희에게 비밀을 말하노니 우리가 다 잠 잘 것이 아니요 마지막 나팔에 순식간에 홀연히 다 변화되리니 나팔 소리가 나매 죽은 자들이 썩지 아니할 것으로 다시 살아나고 우리도 변화되리라(고전 15:51-51).

하나님께서는 자신의 연약함을 알고 예수님을 하나님의 아들로 믿는 사람들에게 영생을 선물로 주신다. 다른 종교들도 영생을 가르치나, 성경이 가르치는 영생과는

---

[5] G. E. Ladd, *A Theology of the New Testament*(1995), 599; Oscar Cullmann, *Immortality of the Soul or Resurrection of the Dead?*, 56.

구별되어야 한다. 거룩하신 하나님의 영이 다른 악한 영과 구별되어야 하듯이, "그리스도 안에 있는 영생"은 "그리스도 밖에 있는 영생"과는 구별되어야 한다(롬 8:9; 갈 4:6-7; 딤전 4:1; 요일 4:1-2). 그러므로 복음이 가르치는 영생의 교훈과 다른 종교의 영생의 가르침의 유사성에 미혹되어서 결국 모든 종교의 영생의 가르침이 결국 같은 것이라는 비교종교학적 주장을 경계해야 한다. 복음 진리를 다른 종교 사상과 비교만 하면 결국 영적 혼란에 빠지게 된다. 기독교 신앙을 하나의 종교로 보면서 상대화하는 것은 결국 종교 다원주의라는 또 하나의 사상을 절대화하는 것이므로 경계해야 한다. 하나님의 자녀는 누구보다 아버지 하나님을 먼저 알아야 하고, "유괴범"의 말이 아니라 아버지 하나님의 입으로 나오는 말씀에 집중해야 한다(신 12:30-31; 13:1-5).

> 너희가 나를 누구에게 비기며 누구와 짝하며 누구와 비교하여 서로 같다 하겠느냐 (사 46:5; 참조, 시 89:6).

모세는 다신교적 가나안 땅에 들어가서 살게 될 이스라엘 백성에게 경고한다.

> 너는 스스로 삼가 네 앞에서 멸망한 그들의 자취를 밟아 올무에 걸리지 말라 또 그들의 신을 탐구하여 이르기를 이 민족들은 그 신들을 어떻게 섬겼는고 나도 그와 같이 하겠다 하지 말라 네 하나님께는 네가 그와 같이 행하지 못할 것이니라(신 12:30-31).

또한 모세는 다른 신을 섬기게 하기 위하여 이적과 기사를 행하는 거짓 선지자나 꿈꾸는 자를 따르지 말 것을 경고한다.

> (그들은) 너희의 하나님 여호와를 배반하게 하려하며 너희의 하나님 여호와께서 너를 꾀어내려고 말하였음이라(신 13:5).

진정한 사랑이나 궁극적 믿음은 본질상 절대적이며 그 대상이 하나일 수밖에 없다.

> 내가 곧 길이요 진리요 생명이니 나로 말미암지 않고는 아버지께로 올 자가 없느니라
> (요 14:6).
>
> 다른 이로서는 구원을 받을 수 없나니 천하 사람 중에 구원을 받을 만한 다른 이름을 우리에게 주신 일이 없음이라(행 4:12).
>
> 너희가 내 양이 아니므로 믿지 아니하는도다 내 양은 내 음성을 들으며 나는 그들을 알며 그들은 나를 따르느니라(요 10:26, 27).[6]

하나님 나라의 주인은 하나님이시므로 오직 하나님을 믿는 이들만 그 나라에 들어갈 수 있다(계 21:8). 하나님은 우리를 그의 나라 시민으로 부르시고 진실한 신앙인으로 단련하신다. 반면에 그를 불신하는 자들을 심판하신다.

> 이러므로 하나님이 미혹의 역사를 그들에게 보내사 거짓 것을 믿게 하심은 진리를 믿지 않고 불의를 좋아 하는 모든 자들로 하여금 심판을 받게 하려 하심이라(살후 2:11-12; 참조, 고후 4:4).

성경이 가르치는 신앙과 사랑은 본질적으로 절대적 가치이므로 이를 상대적 가치로 보는 것은 성경적이 아니다. 그러나 반복음적인 세력은 세상 끝 날까지 계속 복음 신앙을 방해할 것이다. 이에 맞서서 우리는 좋은 씨와 가라지를 구별하고, 그러나 가라지가 퍼지지 않도록 경계해야 할 것이다(마 13:23-30; 행 20:30; 딤전 4:1; 요일 4:1). 많은 신앙인들이 기복(祈福) 신앙에 빠져서 보이지 않는 하나님 나라의 가치보다 보이는 세상의 가치를 더 중시하는 것이 문제다.

복음서 가운데 요한복음이 가장 분명히 영생을 가르치지만, 공관복음서도 영생에 대한 가르침이 있다. 어떤 사람이 주께 와서 "선생님이여 내가 무슨 선한 일을 하여야 영생을 얻으리이까?"(마 19:16)라고 물었을 때, 주님께서는 "네가 생명에 들어가려면 계명들을 지키라"고 말씀하셨다(마 19:17-19). 그 사람이 계명들을 모두 지켰다

---

6 참조, 출 15:11; 20:3; 신 6:4-5; 시 86:8; 96:5; 사 64:4; 렘 10:6-11; 단 2:47; 마 13:44-46; 요 1:9-12; 10:11-12, 26-27; 행 4:12; 17:21-31; 롬 8:29-30; 고전 2:10 이하; 4:1; 7:40; 8:5-6; 고후 4:4, 6; 갈 1:12; 딤전 4:1; 요일 4:1-6.

고 말하자, 예수님은 "네가 온전하고자 할진대 가서 네 소유를 다 팔아 가난한 자들에게 주라 그리하면 하늘에서 보화가 네게 있으리라 그리고 와서 나를 따르라"(마 19:21)고 말씀하셨다.

그러나 그 사람은 재물이 많으므로 근심하며 예수님을 떠났다(마 19:22). 예수님은 "낙타가 바늘귀로 들어가는 것이 부자가 하나님의 나라에 들어가는 것보다 쉬우리라"(마 19:24)고 말씀하셨다. 제자들이 이 말씀을 듣고 놀라자, 예수님께서는 "사람으로는 할 수 없으나 하나님으로서는 다 하실 수 있느니라"(마 19:26)고 말씀하셨다. 구원은 사람의 노력이 아니라 하나님의 은혜로 받는 것이다. 그러므로 예수님은 "내 이름을 위하여 집이나 형제나 자매나 부모나 자식이나 전토를 버린 자마다 여러 배를 받고 또 영생을 상속하리라"(마 19:29)고 말씀하셨다. 이 말씀은 "예수님을 믿어 영생하는 것"이 예수님의 교훈과 사역의 핵심이라는 것을 보여주는 것이다. 또한 누가복음의 "선한 사마리아인"의 비유도 단순히 "이웃 사랑의 교훈"을 넘어서 예수님의 구원을 암시하는 것으로 볼 수 있다(눅 10:25-37).

공관복음서가 가르치는 영생의 교훈은 공관복음서가 예수님이 메시아라는 사실을 공개하지 않고 제자들에게만 밝히는 소위 "메시아 비밀"과 관련된다(마 13:13; 막 4:11; 눅 8:10).

① 예수님은 유대인들이 자신이 메시아라는 사실을 모를 것이라고 예언되었다는 것을 지적하셨다(사 6:9; 막 4:11).
② 예수님은 불신적 유대인들에게 공개적으로 자신이 메시아라는 사실을 나타낼 경우에 유대인들이 거세게 반대할 것을 예견하시고 자신의 메시아직에 대한 직접적인 언급을 자제하셨다고 볼 수 있다.
③ 특별히 공관복음서에서 예수님은 자신의 복음은 하나님의 비밀한 뜻 가운데 "외인"이 아니라 예수님을 믿는 사람들에게만 한정된 것이라고 가르치신다(마 13:13; 막 4:11; 눅 8:10). 오직 하나님께서 택하시고 부르신 사람들만 예수님의 영생의 가르침을 이해하고 믿을 수 있다(마 25:34; 참조, 마 25:41; 롬 8:30; 16:25-26).

요한복음에도 "메시아 비밀"이 전혀 없는 것은 아니지만(요 7:1-4) 공관복음에 비해서 "메시아 공개"가 지배적이다. 공관복음서와 같이 요한복음서도 영생이 오직 믿는 자들에게만 한정된 비밀이라는 것을 가르치지만, 공관복음서와는 달리, 이 "메시아 비밀"조차 불신적 유대인들 앞에서 공개적으로 나타낸다.

> 너희가 내 양이 아니므로 믿지 아니하는도다 내 양은 내 음성을 들으며 나는 그들을 알며 그들은 나를 따르느니라 내가 그들에게 영생을 주노니 영원히 멸망하지 아니할 것이요 또 그들을 내 손에서 빼앗을 자가 없느니라(요 10:26-28).

복음은 막연한 추상적인 구원이 아니라 천국에서의 영생이라는 구체적인 구원을 약속한다. 모든 복음서 저자들은 그리스도께서 주시는 영생에 대한 독자들의 믿음을 촉구한다. 피조 인생은 영생하시는 창조주 하나님과의 접촉 없이는 절망할 수밖에 없다. 이 세상의 불완전한 삶 대신에 영원하고 완전한 삶(영생)을 얻는 것이 인간 문제의 궁극적 해결책이며, 이에 대한 하나님의 최종적 조치는 그의 아들을 생명의 주로 세상에 보내셔서 그를 믿음으로 구원 얻게 하신 것이다(요 3:16; 롬 3:21 이하; 5:8; 10:9; 갈 3:26). 문제는 하나님께 대한 인간의 적대적 불신이 문제다.

> 이렇게 많은 표적을 그들 앞에서 행하셨으나 그를 믿지 아니하니(요 12:37).

무엇보다, 복음 신앙은 사람들이 환호하며 따르던 영광의 메시아가 아니라 사람들이 멸시하여 처형한 메시아를 믿는 것이다. 무슨 진리든지 반론이 따르게 마련이지만, 구원 진리에 대한 반론은 결국 멸망에 이르게 한다.

2016년 5월 15일

65. 하나님을 모르는 인간의 무지함

> 무지한 말로 이치를 가리는 자가 누구니이까 나는 깨닫지도 못한 일을 말하였고 스스로 알 수도 없고 헤아리기도 어려운 일을 말하였나이다(욥 42:3).
> 이 지식이 내게 너무 기이하니 높아서 내가 능히 미치지 못하나이다(시 139:6).

하나님의 말씀 가운데 하나님의 세계 창조, 인간의 죄와 하나님의 진노와 심판, 하나님의 구원 역사, 그리스도의 구원 역사 등 분명히 계시된 말씀이 있으나, 하나님의 세상 섭리와 선택, 주님의 재림 시기 등은 알려지지 않았다. 하나님께서 의도적으로 감추신 일을 우리는 알 수 없다. 우리는 내일 일을 모른다. 창조주 하나님의 섭리와 계획에 대해 피조물 인간이 모르는 것이 당연하다. 그러므로 우리는 분명히 알 수 없는 하나님의 말씀이나 역사에 대해서 아는 척하며 단정할 수도 없고, 또한 분명히 알 수 없다고 해서 하나님의 말씀을 무시하거나 의심해서도 안 된다. 이에 대해 하나님께서는 "이는 내 생각이 너희의 생각과 다르며 내 길은 너희의 길과 다름이니라"(사 55:8)고 말씀하신다.

우리는 전지전능하신 하나님을 외면한 채 고집스럽게 우리 자신의 제한적인 지식에 몰두하는가 하면, 우리 자신의 무지와 무능을 탓하는 대신에 도리어 하나님의 말씀을 모호하고 불확실한 것으로 여기기도 한다.

이 얼마나 존귀하신 하나님께 불경스런 자세인가?

그러나 욥과 다윗도 하나님의 무한한 지혜 앞에 굴복한다.

> 무지한 말로 이치를 가리는 자가 누구니이까 나는 깨닫지도 못한 일을 말하였고 스스로 알 수도 없고 헤아리기도 어려운 일을 말하였나이다(욥 42:3).
> 이 지식이 내게 너무 기이하니 높아서 내가 능히 미치지 못하나이다(시 139:6).

바울은 하나님의 세상 경륜에 대한 인간의 무지함을 깊이 인식하면서 상대적으로 하나님의 깊으신 지혜를 찬양한다.

> 깊도다 하나님의 지혜와 지식의 풍성함이여, 그의 판단은 헤아리지 못할 것이며 그의 길은 찾지 못할 것이로다 누가 주의 마음을 알았느냐 누가 그의 모사가 되었느냐 누가 주께 먼저 드려서 갚으심을 받겠느냐 이는 만물이 주에게서 나오고 주로 말미암고 주에게로 돌아감이라 그에게 영광이 세세에 있을 지어다 아멘(롬 11:33-36).

특별히 바울은 십자가의 복음에서 하나님의 지혜가 나타났음을 지적한다.

> 십자가의 도가 멸망하는 자들에게는 미련한 것이요 구원을 받는 우리에게는 하나님의 능력이라 … 하나님께서 이 세상의 지혜를 미련하게 하신 것이 아니냐 하나님의 지혜에 있어서는 이 세상이 자기 지혜로 하나님을 알지 못하므로 하나님께서 전도의 미련한 것으로 믿는 자들을 구원하시기를 기뻐하셨도다(고전 1:18-21).

유사하게 주님께서도 지혜로운 자가 아니라 도리어 미련한 자들을 복음으로 구원하시는 하나님의 지혜를 찬양하셨다

> 천지의 주재이신 아버지여 이것을 지혜롭고 슬기 있는 자들에게는 숨기시고 어린아이들에게는 나타내심을 감사하나이다(마 11:25).
>
> 진실로 너희에게 이르노니 너희가 돌이켜 어린아이들과 같이 되지 아니하면 결단코 천국에 들어가지 못하리라(마 18:3).

전지전능하신 하늘 아버지 앞에서 우리의 무지함과 무능을 고백하고 그의 말씀을 순종하는 것이 바른 믿음의 자세다.

2016년 5월 17일

66. 성경의 문학 비평적 연구

> 디모데야 망령되고 헛된 말과 거짓된 지식의 반론을 피함으로 네게 부탁한 것을 지키라 이것을 따르는 사람들이 있어 믿음에서 벗어났느니라 은혜가 너희와 함께 있을 지어다(딤전 6:20-21).

18세기 합리주의적 영향을 받아 시작된 성경에 대한 비평적 연구가 이제는 거의 보편적인 성경 연구가 되었다. 어떤 이들은 비평적 성경 연구가 성경의 권위를 손상시키며 믿음을 약화시키기 때문에 아예 비평적 연구를 중단해야 한다고 주장한다. 그러나 성경의 비평적 연구가 성경의 분명한 해석을 위해 유용할 수도 있고, 또한 성경 권위에 대한 변증을 위해서도 필요하다는 견해도 있다. 예로, 공관복음서를 철저히 연구하기 위해서는 공관복음서에 나타나는 몇 가지 기록상의 차이를 무시할 수 없다.

대부분의 성경 비평가들은 성경의 통일성이나 신적 권위 같은 전통적 성경 연구가들의 관심을 배제한 채, 주로 성경의 상이점에 집중하여 각 성경 저자들의 특별한 의도와 관심에 집중한다. 이런 비평적 연구는 자주 성경 저자의 의도 대신 비평가와 해석자 자신의 주관적 해석으로 변질되어 성경 본문의 의미를 해체하고 상대화한다(해체주의적 포스트모더니즘). 나는 비평적 성경 연구 자체보다 이런 비평적 학자들의 연구의 의도와 목적이 문제라고 생각한다.

비평적 성경 연구를 성경의 권위를 손상시키려는 의도에서 하는가 아니면, 성경의 권위를 보다 확고히 세우려는 의도에서 하는가?

성경 문학비평의 "독자 중심적 해석"에 대해서 롤랑 바르트(Roland Barthes)는 "독자의 탄생은 저자의 죽음이라는 대가를 치러야 한다"고 경고한다.[1] 우리가 성경을 해석할 때 독자인 우리 자신의 주관적 이해보다 성경 저자의 의도를 중시해야 한다.

---

[1] Roland Barthes, 『텍스트의 즐거움』(Le Plaisir du texte/leçon), 김희영 역 (서울: 동문선, 1978), 35.

복음주의적 성경 연구는 성경의 문자적 의미(문법적, 역사적, 문학적 연구), 또는 비평적 연구를 통해서 성경 본문의 문제점이나 병행 본문의 상이점에 대해 논할 수 있으나, 복음주의적 성경 연구는 적어도 다음과 같은 전제와 입장을 견지해야 한다.

첫째, 성경은 성령의 영감 받은 저자들이 기록한 하나님의 계시로서 성경의 원래의 본문은 완전하고 정확무오했으나, 성경이 전래되고 복사되는 과정에서 차이가 발생한 것이라고 본다.[2] 이런 견해를 "완전 축자영감설"(The verbal plenary inspiration of Scripture) 또는 보다 일반적으로, "성경의 무오설"(inerrancy of the Bible)이라고도 한다.

한편, 원래의 성경도 인간의 제한성으로 말미암아 문자적 오류가 있을 수 있다고 보는 신학적 의미의 무오설(infallibility of the Bible)도 있다. 이런 입장은 성경의 연대적, 지리적 차이를 인정하는 것이다.[3] 성령의 인도를 받은 성경 저자들도 인간의 제약성으로 말미암아 일부분 잘못 기록할 수 있었다는 것이다. 이들은 대부분 성경의 "전체적 영감설"을 따르지만, 어떤 이들은 "부분 영감설"을 제안한다.

둘째, 성경은 하나님의 말씀을 인간의 언어로 기록한 것으로서 어떤 성경 이해의 어려운 점들은 근본적으로 인간의 언어와 표현 능력의 제한성으로 말미암은 것이다. 성령의 영감은 성경의 문자적 기록보다는 그 기록이 가르치는 의미와 주제에 대한 것이다.

셋째, 복음서의 상이성은, 성경 비평가들이 주장하듯이, 성경 저자들 자신들의 정황이나 그들의 주관적 의도로 말미암은 것이 아니라 성경 저자들의 마음과 처지를 아시는 성령의 인도하심으로 말미암은 것이다(막 13:11; 요 14:26; 16:13-15; 고전 2:6-16; 7:40; 딤후 4:16).[4] 성령의 하나의 특징은 자유로우심이다(고후 3:17). 더구나 하나님의 말씀은 인간의 다양한 처지와 입장을 통해서 더욱 풍성하고 온전하게 나타날 수

---

2 루이스 벌코프, 『성경 해석학』, 51.
3 강창희, 『복음서의 지명과 복음서의 역사성』, 96-98. 복음서의 지리적 차이의 예로서 예수께서 물 위를 걸으신 후에 도착한 곳이 게네사렛(마 14:34; 막 6:53)과 가버나움(요 6:16, 22)으로 나뉜다. 이 기사와 함께 예수님께서 오천 명 먹이신 장소가 마가복음을 따라서 갈릴리 서편의 타브가라고 볼 수도 있고(요 6:32, 45), 마태, 누가, 요한복음에 따라서 갈릴리 동쪽의 벳세다로 볼 수도 있다(마 14:13, 22, 34; 눅 9:10; 요 6:1, 17).
4 Robert H. Gundry, "A Theological Postscript" in *Matthew* (Grand Rapids: Eerdmans, 1982), 627: "… the Holy Spirit guided the process from beginning to end, from the formation from the original tradition through the successive stages of redaction." Robert H. Stein, *Gospel and Tradition: Studies on Redaction Criticism of the Synoptic Gospels* (Grand Rapids: Baker Book House, 1991), 159.

있다. 복음서의 저자들은 각자의 처지에 맞는 적절한 표현들을 통해서 그리스도의 구원 사역을 더욱 풍성하고 의미 있게 나타내는 것이다. 그러므로 성령의 조명을 받지 않는 비평적 성경연구는 결국 암흑 가운데 빠지게 되고 오류를 낳게 된다.

넷째, 성경의 중심 주제인 "하나님의 인간 구원"에 비추어 성경 본문을 해석할 때 주관적인 해석의 위험이나, 성경 본문의 차이에 대한 과도한 집착을 피할 수 있다.[5]

다섯째, "성경은 스스로 해석한다"(sacra scriptura sui ipsus interpres)는 개혁신학적 성경 해석학의 원칙을 따른다.

(1) "성경의 문자적 의미를 찾아야 한다"는 일반적 해석 원칙을 따라 해석한다.
(2) 같은 주제의 성경 말씀들을 교차적으로 해석한다.

　① 모호한 말씀들은 더 분명한 말씀에 비추어 해석하고,
　② 성경 말씀을 일관된 성경신학에 비추어 해석하며,
　③ 말씀의 문맥에 비추어 해석한다.

(3) 율법은 복음에 비추어 해석하고, 복음도 율법에 비추어 해석한다. 정죄로 끝나는 율법의 한계는 은혜의 구원을 약속하는 복음의 가치를 더 분명히 드러내는 것이다.
(4) 성경의 중심 주제인 복음에 대한 다양한 표현과 의미를 인식하되, 성경의 "전체"(복음 신앙)에 비추어 성경의 "부분들"을 해석함으로써 "성경의 통일성"(Unity of the Bible)과 "연속성"(continuity)을 지향한다.[6]

성경에 대한 비평적 연구는 성경의 권위와 가르침에 대한 믿음을 더욱 공고하게

5　루이스 벌코프, 『성경 해석학』, 51: 성경의 차이를 모두 합쳐도 "신앙에 관한 가르침이나 계명은 단 하나도 바뀌거나 제거되지 않으며 단 하나의 주요한 사실도 변경되지 않는다."

6　Bernard Ramm, *Protestant Biblical Interpretation; A Textbook of Hermeneutics*, 3rd ed., 『성경 해석학: 프로테스탄트 성경 해석학의 교과서』, 정득실 역 (서울: 생명의 말씀사, 2009), 151, 154; 김은수, "종교개혁의 원리로서의 '성경의 명료성(Claritas Scripurae) 교리와 해석학적 함의에 대한 연구: 마르틴 루터 중심으로," 「한국교회사학회지」 제44집 (2016), 109-167, 특히, 154-155.

하는 데 도움을 줄 수 있다. 그러나 대부분의 비평적 성경 연구가 인간 이성을 절대시하는 것이 문제다. 초월적 하나님의 말씀을 제한적인 인간 이성으로 설명하는 데에는 한계가 있다. 성경이 이성을 초월하는 내용을 가지고 있기 때문에 이성만으로는 성경을 충분히 이해할 수 없다. 다만 신앙을 존중하는 이성이나 논리는 보편적 원칙과 질서로 말미암아 하나님의 말씀을 분명히 밝히고 신앙을 강화하는 데 유익하다. 우리가 성경이 사람의 말이 아니라 초월적 하나님의 말씀이란 사실을 인정하는 한, 온전한 성경 이해를 위해서, 이성의 도움을 받되 언제나 신앙을 따라 읽어야 한다.

너희가 성경에서 영생을 얻는 줄 생각하고 성경을 연구하거니와 이 성경이 곧 내게 대하여 증언하는 것이라(요 5:39).

2016년 5월 19일

67. 나의 복음

> 그러므로 우리가 이제부터는 어떤 사람도 육신을 따라 알지 아니하노라 비록 우리가 그리스도도 육신을 따라 알았으나 이제부터는 그같이 알지 아니하노라 그런즉 누구든지 그리스도 안에 있으면 새로운 피조물이라 이전 것은 지나갔으니 보라 새 것이 되었도다(고후 5:16-17).

본문에서 바울은 그가 단순히 예수님을 요셉의 아들로 태어나서 놀라운 사역을 하다가 죽은 실패한 과거의 메시아로 전하는 것이 아니라, 부활 승천하시어서, 그를 믿는 사람을 새로운 사람으로 창조하시며, 세상을 심판하러 다시 오실 오늘과 내일의 메시아로 전하는 것임을 밝힌다.

불트만(Rudolf Karl Bultmann, 1884-1976)은 본문의 "우리가 더 이상 그리스도를 육신을 따라 알지 아니한다"는 말씀을 인용하면서 복음서 해석자는 복음서의 역사적 기술이 아니라 우리 각자의 정황에서 각자가 스스로 복음의 실존적 의미를 찾아야 한다는 자신의 주장을 강화했다.[1]

그러나 바울은 불트만이 주장하듯이 예수의 역사적 생애를 무시한 것이 아니라 당시 고린도 교회에 예수님을 직접 보았던 사람들이 들어와서 자신들이 직접 만난 과거의 "역사적 예수"에 대한 이야기를 자랑하듯이 하면서 복음의 현재적 구원의 능력에 집중하는 바울의 가르침을 무시하는 것을 경계하는 것이다(참조, 고전 11:23).[2]

바울은 자신의 사명이 자신이 직접 보지 못한 예수의 생애에 대한 이야기를 전파하는 것보다 복음의 의미를 해석하여 가르치는 것이라고 생각했다(롬 3:21 이하; 갈

---

[1] Rudolf Bultmann, *The Second Letter to the Corinthians*, ETr. (Minneapolis: Ausburg, 1985), 156-158; The Glauben und Verstehen, I (Tübingen: Mohr, 1933), 10, 207; "The Primitive Christian Kerygma and the Historical Jesus" in *The Historical Jesus and the Kerygmatic Christ: Essays on the New Quest of the Historical Jesus*, ed. & ETr. C. E. Braat and R. A. arrisville (New York: Abingdon Press, 1964), 18, 42; *Theology of the New Testament*, I, ETr. Kendrick Grobel (New York: Scribner, 1951), 239.

[2] 강창희, 『고린도 후서』(서울: 도서출판 햇불, 2007), 586-623.

2:20 이하; 엡 2:1 이하 등). 그러나 바울은 여전히 예수의 역사적 일들을 중시한다. 예로 바울은 성찬 같은 예수의 역사적 사실들을 언급한다(고전 11:23; 15:1 이하). 무엇보다 바울이 그토록 중시하는 예수의 죽으심 자체가 역사적 사실이다.

불트만은 그의 다른 연구에서도 20세기 초에 유행했던 "역사적 예수 연구"를 반대하면서 주로 복음의 실존주의적 의미를 찾았다. 불트만의 실존주의적 성경 해석의 제안은 바울 서신의 독특한 신학은 물론 각 복음서의 문학적 신학적 특성들에 대한 합리적 설명이 될 수 있고, 또한 복음의 초월적 세계관을 수용할 수 없는 과학적 현대인들에게 복음의 실존적, 윤리적 가치와 효능을 인식시키는 적극적 측면이 있다. 이런 불트만의 실존주의적 복음 이해는 "새로운 시대에 맞는 복음의 이해와 제시"라는 책임 있는 성경 연구가의 일면을 보여준다고도 할 수 있다.

그러나 문제는 불트만이 성경의 주관적 의미를 강조하면서 성경의 객관적이고 역사적인 측면을 무시하거나 부인하는 것이다. 예로, 그는 성경이 가르치는 분명한 역사적인 부활을 실존적, 의미론적 부활로 왜곡시키는 것이다. "예수는 '예수가 부활했다는 제자들의 케리그마(복음 선포) 가운데 부활했다'"라는 그의 말은 이런 왜곡된 의미를 나타낸다.[3] 다른 말로, 부활은 역사적 사실이 아니라 복음 전도자의 주관적 믿음일 뿐이라는 것이다. 이에 대해 모울(C. F. D. Moule)은 복음의 역사적 증거가 믿음의 객관적 근거로 필요하다는 점을 강조한다.

> 그러나 맹신도 진정한 믿음이라고 할 수 없다. 믿음은 적어도 무엇인가 보이는 증거를 요구한다. 예수를 주로 믿기 위해서는 예수에 대한 역사적인 증거가 있어야 한다. 아무런 역사적 증거 없는 예수에 대한 신앙은 객관성이 없는 주관적 이상이나 이념에 불과한 것이다.[4]

성경은 진정한 믿음은 보이는 외적 증거를 요구하지 않는다는 것을 가르치면서도, 동시에 하나님의 약속과 그에 대한 우리의 믿음이 상상이나 추상적 개념이 아니

---

3 Rudolf Bultmann, "The Primitive Christian Kerygma and the Historical Jesus" in *The Historical Jesus and the Kerygmatic Christ: Essays on the New Quest of the Historical Jesus*, 42.

4 C. F. D. Moule, *The Phenomenon of the New Testament*, 78f., 재인용 G. E. Ladd, *A Theology of the NT* (1974), 180.

라는 사실을 하나님의 "역사적 활동"을 통해 증거하는 것이다(히 11:1 이하). 구약은 창세 이후에 나타난 하나님의 구원 역사를 보여주고, 신약은 예수로 말미암은 구원 역사를 보여준다. 특별히 신약은 예수님의 일생을 보여주는 복음서로 시작된다.

그러나 불트만은 복음의 주관적 실존적 의미를 찾는 일에 집중하는 나머지 복음서 저자들이 믿음의 근거로 제시하는 복음서의 넘치는 역사적 증거들을 무시했다.

도대체 예수님의 구체적인 역사적 사건들을 떠나서 어떻게 그를 "진정한 존재"의 모델로 삼을 수 있다는 말인가?

불트만이 주장하듯이, 십자가의 죽음이나 부활 같은 실제적 사건을 도덕이나 진정한 삶을 위한 상징적, 의미론적 개체로만 볼 때 그 효과는 반감될 수밖에 없다. 복음서에 대한 비역사적인 의미 중심적 해석은 처음부터 끝까지 이 땅에서의 예수의 생애를 집중적으로 기록한 복음서의 내용에 명백히 배치된다. 그러므로 흔히 역사를 무시하는 불트만의 실존주의적 성경 해석을 가리켜 "1세기 이단 영지주의의 부활," 또는 신영지주의(Neognosticism)라고 비판한다.

더구나 불트만은 지나치게 믿음의 주관성에 집착함으로써 성경이 가르치는 믿음이 사람의 내적인 결단이기 전에 하나님의 선물이요 은혜라는 것을 간과하고 있다. 믿음은 우리 자신의 마음의 결단이기 전에 성령의 감화가 선행하는 것이다.

> 나를 보내신 아버지께서 이끌지 아니하시면 아무도 내게 올 수 없으니 오는 그를 내가 마지막 날에 다시 살리리라(요 6:44).
>
> 영생을 주시기로 작정된 자는 다 믿더라(행 13:48).

이런 불트만의 성경의 역사를 무시한 내면화 위주의 실존주의적 성경 해석의 문제점에도 불구하고, 우리는 적어도 그가 제안하는 바 "진정한 존재"로서 성경 말씀의 해석과 적용을 진지하게 생각하는 자세를 배울 필요가 있다. 단순히 성경의 메시지를 암기하거나 해석하는 데서 그칠 것이 아니라 그 의미를 묵상하며 우리의 구체적인 삶에 적용하는 자세가 필요하다. 시편 기자가 말하는 "율법을 주야로 묵상하는" 자세와 같은 것이다. 이런 성경 해석의 자세는 바울이 본문에서 가르치는 "그리스도 안에서 새로운 피조물로서의 자아인식"에서 비롯되는 것이다. 바울이 가르치는 "새로운 피조물"이란 예수님의 역사적 부활을 믿고, 장래의 부활을 소망하되, 오늘 "새로운 피조물"로서, 옛 사람의 낡은 습관을 과감히 버리고 새 사람으로서 살기를 결단하는 것이다.

모든 "현재의 고난"과 불확실성 가운데서도 그리스도 안에 있는 "진정한 존재"로서 삼위 하나님의 도우심과 종국적 개입을 소망하며 담대하게 사는 것이다(롬 8:18 이하; 고후 13:4). 칼빈도 믿음이란 내외적인 모든 불확실성을 극복하면서 하나님의 긍휼하심과 구원의 약속과 능력을 확신하는 자세라고 했다(*Inst.* III.14-37).

> 내가 이미 얻었다 함도 아니요 온전히 이루었다 함도 아니라 오직 내가 그리스도 예수께 잡힌 바 된 그것을 잡으려고 달려가노라(빌 3:12).

다른 말로, 하나님께서는 불완전한 존재인 우리가 불안한 현재의 삶을 통해서 완전한 나라에서의 완전한 삶을 사모하게 하신다.

불트만은 고린도후서 5장 17절의 "새로운 피조물"을 복음의 역사적 내용을 무시한 채 주관적인 "진정한 존재"(authentic existence)로 이해하는 것이 문제다. "진정한"이란 말에도 불구하고, 이런 막연한 해석 원칙은 얼마든지 저자의 의도나 성령의 인도와는 상관없는 잘못된 해석을 낳게 된다. 불트만의 실존적 성경 해석은 모든 현대 자유주의 신학의 인본주의적 자세와 같은 맥락이다.

성경에서 보듯이 하나님의 말씀은 여러 가지 어려운 역사적 정황과 신앙적 위기에 직면한 성경 저자들을 통해 다양하게 나타난다. 그러나 그 모든 말씀이 결국 하나님의 은혜로운 구원 역사라는 하나의 주제로 통일된다. 특별히 하나님께서는 그리스도로 말미암는 구원의 복음을 한 사람이 아닌, 적어도, 네 사람들을 통해 전해 주셨다. 하나의 복음이 복음을 전하는 이들의 특성과 정황에 따라서 더 깊고 풍성한 의미를 나타내도록 성령께서 역사하신 것이다(유기적 영감설). 이런 복음서의 다양한 기록은 우리 자신도 우리의 삶의 배경과 처지에서, 성령의 인도하심을 받아서, 복음을 우리 자신의 언어로 진술할 수 있는 능력을 요구하는 것이다. 그것은 결코 복음 자체의 다양함이 아니라 복음의 다양한 적용이다. 복음을 우리들의 개성과 독특한 신앙 경험과 언어로써 우리들에게 적절한 하나님의 구원의 말씀으로 나타내는 능력을 개발하는 것이다. 이것은 성경 저자의 의도를 무시하는 나쁜 의미의 "나의 복음"이 아니라 언제나 성경 저자의 의도를 따르는 좋은 의미의 "나의 복음"을 쓰는 것이다. 주님께서 우리 각자를 복음의 증인으로 부르시고 복음 증거의 사명을 맡겨 주신 것은 성경의 복음을 그대로 전할 뿐만 아니라, 하나님께서 우리 각자에게 주신 신앙 경험, 삶의 특징, 인격과 개성 등을 통해서 전하고, 나아가 우리의 청중의 "눈높이"를 고려하여 전하게 하기 위함이다. 이것이 여러 말씀의 일꾼들을 부르시어 하나의 복음서가 아니라 네 개의 복음서를 쓰게 하신 성령의 뜻이라고 할 수 있다 (눅 1:3).

또한 이것이 바울에게 복음을 주신 주님의 뜻이라고 생각할 수 있다(고전 1:17; 갈 1:11).[5] 그러나 이 모든 신약의 책들이 결국 예수님을 믿어 구원 얻는다는 한 가지의 주제를 가리키는 것이므로, 복음을 해석하고 적용할 때, 철저히 복음의 일치된 내용을 따라서, 또한 성령의 인도하심을 따라서, 말씀의 의미를 찾아야 한다. 다른 말로 이런 성경의 이해와 적용은 "성경의 유기적 영감설"을 우리 각자의 삶에 역적용하는 것으로서 우리의 다양한 경험과 환경에서 성경 말씀의 구원의 은혜와 능력을 증거하는 것이다.

2016년 5월 24일

---

[5] 기독교회가 초대 교회 이후에 회자하던 여러 개의 외경 복음서들 가운데 4개의 복음서만을 정경에 넣은 사실은 "우리 자신의 복음"도 역사적으로나 신학적으로나 바른 복음 전승을 따라야 한다는 것을 보여준다.

68. 최후의 승리

> 생각하건대 현재의 고난은 장차 나타날 영광과 비교할 수 없도다(롬 8:18).
> 사망아 너의 승리가 어디 있느냐 사망아 네가 쏘는 것이 어디 있느냐 사망이 쏘는 것은 죄요 죄의 권능은 율법이라 우리 주 예수 그리스도로 말미암아 우리에게 승리를 주시는 하나님께 감사하노니(고전 15:55-57).

주님께서는 그의 십자가로 우리의 죄를 대속해 주셨고 "스올(사망)의 권세로부터" 우리를 구하여 주셨다(호 13:4; 고전 15:54-57). 그러나 주님께서 세상의 마지막 때에 오셔서 완전히 새로운 세상을 창조하실 때까지 우리는 이 불완전한 세상에 살면서 "현재의 고난"을 받을 수밖에 없다. 이 고난은 인간의 타락 후 이 세상의 모든 피조물이 겪는 육적, 영적, 개인적, 집단적, 우주적인 일체의 고난이다(창 3:17; 롬 8:19-23). 다른 말로, 하나님께서는 그의 거룩하신 경륜 가운데 불완전한 인간 존재가 세상의 모든 고난 가운데서 안전한 나라의 영광을 사모하도록 계획하셨다.

그리스도인은 모든 "현재의 고난" 가운데 주님의 구원의 약속을 믿고 산다. 그리스도인은 모든 안팎의 시험과 도전 가운데, 하나님의 사랑을 믿고, 장차 나타날 하나님의 영광을 바라봄으로써 우리의 믿음과 소망을 다진다(롬 8:35-39).

> 또한 그로 말미암아 우리가 믿음으로 서 있는 이 은혜에 들어감을 얻었으며 하나님의 영광을 바라고 즐거워하느니라 다만 이뿐 아니라 우리가 환난 중에도 즐거워하나니 이는 환난은 인내를, 인내는 연단을, 연단은 소망을 이루는 줄 앎이로다 소망이 우리를 부끄럽게 하지 아니함은 우리에게 주신 성령으로 말미암아 하나님의 사랑이 우리 마음에 부은 바 됨이니 우리가 아직 연약할 때에 기약대로 그리스도께서 경건하지 않은 자를 위하여 죽으셨도다(롬 5:2-5).
> 우리가 잠시 받는 환난의 경한 것이 지극히 크고 영원한 영광의 중한 것을 우리에게 이루게 함이니(고후 4:17).

그러므로 영원한 천국의 소망을 가진 그리스도인은 소망 없는 불신자들보다 인생의 고난을 더 잘 극복할 수 있다(롬 8:18-25). 더구나 그리스도인은 삼위 하나님의 도우심으로 "현재의 고난"을 이길 수 있다(롬 8:26-39).

첫째, 우리의 연약함을 아시는 성령께서 우리를 위해 "말할 수 없는 탄식으로" 우리를 위해 기도하여 주심을 믿자(롬 8:26).

둘째, 하나님께서 그의 자녀를 위해 만사를 형통하게 하신다는 믿음을 가지자(롬 8:28).

셋째, 우리를 위해 죽으시고 다시 사신 그리스도를 믿고(롬 8:31-34), 최후의 승리를 확신하자. 최후의 승리는 세상이 아니라 세상을 이기신 우리 주 예수 그리스도이시기 때문이다.

> 그러나 이 모든 일에 우리를 사랑하시는 이로 말미암아 우리가 넉넉히 이기느니라 (롬 8:37; 참조, 고전 15:55-57; 고후 4:14; 13:4; 딤후 4:8; 벧후 3:13).

우리는 연약하나 우리를 항상 도우시는 삼위 하나님의 은혜와 능력, 특별히, 죽음을 이기시고 승리하신 우리 주 예수 그리스도로 말미암아 우리를 약하게 만들고 절망하게 하는 모든 피조물의 미혹과 권세로부터 넉넉히 이길 수 있다.

2016년 6월 8일

69. 기도하는 사람

> 우리가 알거니와 하나님을 사랑하는 자 곧 그의 뜻대로 부르심을 입은 자들에게는 모든 것이 합력하여 선을 이루느니라(롬 8:28).

우리는 고난이든지, 축복이든지, 당장 보이는 삶의 현실 문제에 집중하는 나머지, 정작 우리의 생사화복을 주장하시는 전능하신 하나님을 잊을 때가 많다. 우리가 가진 것이 넉넉하든지, 부족하든지, 우리의 형편이 좋든지, 어렵든지, 우리의 자신의 처지와는 상관없이, 우리는 철저히 하나님께 의존적 존재임을 깊이 인식하는 것이 하나님 앞에 서 있는 인간의 마땅한 자세임을 알아야 한다.

너는 범사에 그를 인정하라 그리하면 네 길을 지도하시리라(잠 3:6).

전능하신 하나님께 만사를 맡긴다고 해서 기도를 게을리 해서는 안 된다. 오히려 하나님을 믿는 만큼 열심히 기도해야 한다. 우리 하나님은 그에게 애통하며 간구하는 우리의 기도를 직접 들으시는 살아 계신 하나님이시다. 하늘 아버지께서는 우리의 필요한 것을 다 아시지만, 동시에 우리가 원하는 바를 기쁘게 들으시는 사랑이 많으신 분이시다(삼상 1:27; 마 6:32; 7:7-11; 눅 18:7).

내가 나의 환난 중에서 여호와께 아뢰며 나의 하나님께 아뢰었더니 그가 그의 성전에서 내 소리를 들으심이여 나의 부르짖음이 그의 귀에 들렸도다(삼하 22:7; 참조, 시 6:8).
내가 네 기도를 들었고 네 눈물을 보았노라(왕하 20:5; 참조, 왕상 9:3).
쉬지 말고 기도하라(살전 5:17).
아무것도 염려하지 말고 다만 모든 일에 기도와 간구로, 너희 구할 것을 감사함으로 하나님께 아뢰라 그리하면 모든 지각에 뛰어난 하나님의 평강이 그리스도 예수 안에서 너희 마음과 생각을 지키시리라(빌 4:6-7).
너희 염려를 다 주께 맡기라 이는 그가 너희를 돌보심이라(벧전 5:7).

또한 하늘 아버지께서는 우리의 기도를 들어 주시면서도 충분히 자신이 예정하신 바를 그대로 이루어 가실 수 있는 전능하신 분이시다. 하나님의 예정하신 뜻이 언제나 우리의 뜻을 선행하지만, 하나님께서는 우리의 기도를 들어 주시면서도 그의 정하신 뜻을 그대로 이루어 가시는 전능하신 분이시다. 하나님은 히스기야 왕을 병으로 죽도록 예정하셨으나 그의 애절한 기도를 들으신 후에 15년을 더 살도록 하셨다(왕하 20:1-7). 우리는 우리를 향하신 하나님의 뜻을 다 알지 못하지만 일단 우리가 원하는 바를 구할 수 있는 것이다. 우리가 하나님의 뜻대로 기도하지 못한다고 하더라도, 여전히 우리가 원하는 바를 기도해야 한다. 하나님의 뜻을 아시는 성령께서 하나님의 뜻대로 우리를 위하여 간구하여 주시기 때문이다.

우리는 마땅히 기도할 바를 알지 못하나 성령께서 오직 성령이 말할 수 없는 탄식으로 우리를 위하여 친히 간구하느니라(롬 8:26).

다시 말하지만, 우리가 기도드릴 때, 우리 자신을 철저히 하나님 의존적 존재로 인식해야 한다. 기도는 무엇을 구하는 것이기 전에 먼저 우리 자신이 하나님께 의존적 존재임을 철저히 인식하는 것이다.

우리가 그를 힘입어 살며 기동하며 존재하느니라(행 17:28).

우리의 생각과 염려를 모두 주님께 맡겨야 한다.

너희 염려를 다 주께 맡기라 이는 그가 너희를 돌보심이라(엡 5:7).

하나님은 우리의 기도를 기쁘게 들으시는 사랑이 많으신 하나님이시다. 그러므로 우리는 기도를 하지 못하게 방해하는 모든 내외적 장애를 극복하고 담대히 하나님의 보좌 앞으로 나아가야 한다. 기도를 한낱 종교적 요식행위로서가 아니라 필수적인 신앙행위로 인식하고 언제나 경건하고 간절한 마음으로 진실한 기도를 드리자.

2016년 6월 13일

70. 육체와 영혼, 세상과 천국

> 너희를 위하여 보물을 땅에 쌓아 두지 말라 거기는 좀과 동록이 해하며 도둑이 구멍을 뚫고 도둑질하느니라 오직 너희를 위하여 보물을 하늘에 쌓아 두라 거기는 좀이나 동록이 해하지 못하며 도둑이 구멍을 뚫지도 못하고 도둑질도 못하느니라 (마 6:19-20).

성경은 이 세계가 시간적으로는 현세와 내세, 공간적으로는 보이는 세상과 보이지 않는 천국으로 구성되어 있고(세계관), 유사하게, 인간도 육체(외적 자아)와 영혼(내적 자아)으로 구성된다는 것을 가르친다(인간관). 한마디로 성경이 가르치는 존재론은 역설적으로 "이원론적 일원론"이다. 태초에 하나님께서 5일간 하늘과 땅을 지으셨고, 마지막 날에 땅의 흙으로 짐승과 사람을 만드셨다.

특별히 하나님께서는 자신의 형상을 따라 사람을 지으시고(창 1:27), "생기"(니쉬마트 하임)를 그의 코에 불어 넣어 "생령"(네페쉬 하야)이 되게 하셨다(창 2:7). 이 "생기"는 육체의 호흡이지만, 동시에 하나님의 영원성을 가진 "영혼"을 가리킨다. 이렇게 인간은 다른 동물과 달리 육체와 영혼으로 이루어진 초자연적 존재다. "생령"이란 말도 인간의 육체적 생명과 함께 초자연성을 가리킨다고 본다(참조, 고전 15:45). 그러나 인간은 하나님이나 천사들과 달리 육체를 가진 불완전한 존재로서 에덴동산에 있던 생명나무의 열매를 먹어야 영생할 수 있었다(창 3:22). 타락 후 에덴에서 추방당한 인간은 결국 죽게 되었다.

> 너는 흙이니 흙으로 돌아 갈 것이니라(창 3:19b).

그러나 타락으로 말미암아 인간은 완전히 멸절되는 형벌이 아니라, 영혼과 육체로 나뉘어 비정상적 상태로 존재하는 존재론적 형벌을 받게 되었다(창 3:16-24). 그의 육체는 흙으로 돌아가나, 그의 영혼은 영존하는 것이다. 인간의 육체는 부패하나 그의 영혼은 죽지 않고 정체적 상태로 영존한다. 사무엘은 죽은 뒤에도 그의 영혼은 살아 있었고, 사울 왕의 죽을 운명을 예언하였다(삼상 28:11-19). 욥과 시편 기자는 악인을 포함한 모든 인간이 죽음 후에 거하게 되는 영적 세계를 믿는다.[1] 전도자도 하나님께서 허무한 인생에게 영원을 사모하는 마음을 주셨다고 한다(전 3:11). 구약의 예언자들은 생성소멸, 약육강식, 적자생존 등의 자연의 원칙이 지배하는 이 불안한 세상이 끝나고 완전한 메시아 시대가 올 것을 예언했다(사 11:6-9; 35:5-10; 61:1; 65:17; 겔 36:25-26; 단 12:2). 예수님은 하나님께서 인간의 타락 후 창세부터 영원한 집을 예비하셨다고 가르치셨다.

> 그 오른편에 있는 자들에게 이르시되 내 아버지께 복 받은 자들아 나아와 창세로부터 너희를 위하여 예비된 나라를 상속 받으라(마 25:34).
> 또 그 왼편에 있는 자들에게 이르시되 저주를 받은 자들아 나를 떠나 마귀와 그 사자들을 위하여 예비된 영원한 불에 들어가라(마 25:41).

예수님은 십자가에서 그를 믿었던 강도에게 "네가 오늘 나와 함께 낙원에 있으리라"고 말씀하셨고(눅 23:43), 또한 운명하실 때, "아버지 내 영혼을 아버지 손에 부탁하나이다"라고 말씀하셨다(눅 23:46). 스데반 집사도 순교하면서, "주 예수여 내 영혼을 받으시옵소서"라고 외쳤다(행 7:59).
이렇게 모든 성경 말씀은 최후 심판 때 악인은 지옥으로, 하나님의 백성은 천국으로 들어간다는 사실을 전제하고 있다.[2]
인간의 영혼은 죽지 않는다고 해도, 육체 없이 영혼만으로 존재하는 것은 불완전한 상태이기 때문에 사람은 여전히 죽음을 두려워한다. 영혼을 믿지 않는 자연주의자들은 육체의 죽음을 담담히 받아들이도록 가르치지만, 성경은 인간이 죽음을 죄에 대한 창조주 하나님의 심판으로서 두려워하는 것이 당연한 반응으로 가르친다.[3]

---

1 욥 7:9; 10:21; 14:13; 17:13; 19:26-27; 시 30:3; 31:17; 49:14-15; 88:3; 89:48 등.
2 시 9:17; 마 5:12; 요 5:29; 고전 14:10; 고후 5:10; 빌 3:20-21; 딤후 4:8; 계 20: 12-15; 21:1-8 등.
3 창 3:19; 욥 33:18; 시 9:17; 16:10; 88:3; 고후 1:8-10; 빌 1:22-25.

그러나 그리스도인은 그리스도의 십자가의 대속을 믿음으로써 사망의 권세로부터 구원받았다(마 25:34; 요 11:25; 롬 3:24; 고전 15:54-57). 그리스도인은 육체의 죽음 후에 그 영혼은 생명의 주시며, 영혼의 목자이신 그리스도와 함께 거하게 된다(요 14:2; 고후 5:8; 빌 1:24; 살전 5:10). 이런 영생의 언약은 우리 인간이 영생하시는 주와 연합한 초자연적 존재라는 사실과 우리를 향하신 그리스도의 변함없는 사랑을 믿음으로써 확증되는 것이다.[4]

한편, 죽음이란 인간의 육체와 영혼이 모두 소멸되는 것이라는 멸절설도 있다(존 스토트). 이런 주장은 "몸은 죽여도 영혼은 능히 죽이지 못하는 자들을 두려워하지 말고 오직 몸과 영혼을 능히 지옥에서 멸하실 수 있는 이를 두려워하라"(마 10:28)와 같이 "악한 자의 멸망"이라는 말에 근거한다.[5] 그러나 이런 말씀들은 죄인의 멸절보다는 죄인이 받게 될 영원한 형벌을 가리키는 것으로 보아야 한다. 더구나 마귀와 악한 자들을 가두는 지옥에 대한 말씀이 성경 도처에 나타난다.[6]

구약의 "스올"이 신약에서는 음부(게엔나), 또는 지옥(하데스)로 나타난다. 신약에는 구약에서는 볼 수 없는 "지옥 불" 같은 사실적 표현과 형벌에 대한 구체적 표현들이 있으나, 이런 표현들은 현대 성경학자들이 주장하듯이 이방 종교의 영향이 아니라, 유대교 사상의 자생적 발전으로 볼 수 있다. 구약이 "스올"이 부정적 이미가 적극적으로 확대되고 발전된 것이라고 논할 수 있다. 다른 말로, 계시사(啓示史)에서 어떤 계시의 말씀이 구약에서 신약으로 지나는 동안 점차 더 분명하게 나타나는 "점진적 계시"로 볼 수 있다.

> 또 그 왼편에 있는 자들에게 이르시되 저주를 받은 자들아 나를 떠나 마귀와 그 사자들을 위하여 예비된 영원한 불에 들어가라(마 25:41).

복음은 마지막 때 주님께서 강림하실 때 불신자를 포함한 모든 육체는 부활하게

---

4 요 14:6, 15; 15:1-19; 롬 6:3-7; 8:35-39; 갈 2:20; 3:27; 고후 5:17; 히 11:1.
5 마 7:13; 10:28; 요 3:16; 17:12; 고전 1:18; 살후 1:9; 약 4:12; 계 11:18 등.
6 창 37:35; 42:38; 신 32:32; 삼상 2:6; 시 6:5; 9:17; 16:10; 116:3; 잠 1:12; 23:14; 아 8:6; 사 5:14; 14:9; 겔 31:15; 호 13:14; 암 9:2; 합 2:5 등; 마 5:22, 29; 10:28; 11:23; 16:18; 18:9; 23:15, 33; 눅 16:23; 약 3:6; 벧후 2:4; 계 19:14; 21:8.

될 것을 밝힌다(마 25:34, 41).

이를 놀랍게 여기지 말라 무덤 속에 있는 자가 다 그의 음성을 들을 때가 오나니 선한 일을 행한 자는 생명의 부활로 악한 일을 행하는 자는 심판의 부활로 나오리라 (요 5:28-29).

마지막 날에 새 하늘과 새 땅이 나타날 때, 그리스도께서 재림하실 때, 그리스도인은 죽음을 이기신 그리스도로 말미암아 완전한 피조물로 재창조될 것이다. 죽은 그리스도인의 몸은 신령한 몸으로 부활하고, 살아 있는 그리스도인의 몸도 온전한 몸으로 변화될 것이다(고전 15:52).

장래의 소망에 대한 말씀은 구약과 신약에 모두 있으나, 구약에는 주로 신약의 가르침에 대한 예언과 예시적 사건들이 있다. 신약 저자들은 장래의 소망에 대한 구약의 예언과 예시적 사건들을 찾아 제시함으로써 복음 진리를 확증한다.[7]

복음이 가르치는 영생은 단순히 장래의 소망이 아니라 다시 사신 그리스도를 믿는 사람들이 지금 누리는 축복이다.

나는 부활이요 생명이니 나를 믿는 자는 죽어도 살겠고 무릇 살아서 나를 믿는 자는 영원히 죽지 아니하리니 이것을 네가 믿느냐(요 11:25-26).
또 그리스도께서 너희 안에 계시면 몸은 죄로 말미암아 죽은 것이나 영은 의로 말미암아 살아 있는 것이라(롬 8:10).
그런즉 누구든지 그리스도 안에 있으면 새로운 피조물이라 이전 것은 지나갔으니 보라 새 것이 되었도다(고후 5:17).
내가 그리스도와 함께 십자가에 못 박혔나니 그런즉 이제는 내가 사는 것이 아니요 오직 내 안에 그리스도께서 사시는 것이라(갈 2:20a).

예나 지금이나 사람들은 주로 보이는 육체와 육체적 삶에 집중하면서 영혼과 영

---

[7] 마 1:22-23; 요 3:14-15; 5:39; 롬 1:2; 4:1-25; 5:12-21; 갈 3:6-29; 4:21-31; 고전 10:1-11; 히 4:14; 5:10; 7:15; 8:1-10:22 등.

원한 삶을 무시한다. 주님께서는 "어리석은 부자 비유"와 "거지 나사로 비유" 등으로 현세에서의 안일한 삶만을 추구하는 탐욕적이고 이기적인 자세를 책망하시면서 모든 선행으로 천국에서의 영원한 삶을 준비해야 할 것을 가르치셨다(눅 12:13-21; 16:19-31). 많은 사람들이 막연하나마 완전한 세계에 대한 "영적 향수"(spiritual nostalgia)를 가지고 있으나 이성적 오만함과 과학적 세계관으로 이를 억누르는 것이다. 그러나 합리적, 과학적 지식은 지금까지 인간들이 경험하고 발견한 제한적 사실들에 근거한 지식이므로 완전한 지식이 못된다. 더구나 인생의 불안, 절망, 그리고 죽음 같은 문제와 함께 인생의 의미와 목적에 대해서 의미 있는 답을 제시하지 못한다. 그리스도인은 영혼과 영원한 나라를 확신하고 모든 선한 일에 힘써야 한다.

그러므로 너희가 그리스도와 함께 다시 살리심을 받았으면 위의 것을 찾으라 거기는 그리스도께서 하나님 우편에 앉아 계시느니라(골 3:1).

누구든지 자신을 위해 죽으시고 다시 사신 생명의 주를 믿을 때 그의 영은 당장 회복되고, 그의 죽을 몸도, 주께서 오실 때, 신령한 몸으로 변화될 것이다(롬 8:10-11; 고전 15:44, 51-54).[8]

2016년 6월 17일

---

8 요 3:16, 36; 롬 6:11; 8:2; 고후 4:16-5:10, 17; 갈 2:20; 빌 3:11; 골 3:1; 엡 2:1 이하 등.

71. 핑계하는 죄

> 아담이 이르되 하나님이 주셔서 나와 함께 있게 하신 여자 그가 그 나무 열매를 내게 주므로 내가 먹었나이다(창 3:12).

사람은 죄의 본능을 따라서 자신이 지은 죄의 책임을 남에게 전가시킨다. 아담은 하와에게, 하와는 뱀에게 죄의 책임을 전가시켰다. 그것은 결국 자신의 잘못을 만물을 지으신 창조주 하나님께 돌리는 것이다. 이런 자세는 제법 논리적으로 보이지만, 모든 신학적 논리의 대전제가 되는 "절대자 하나님의 선하심"을 부정하는 것이므로 논리적 타당성이 없다. 더구나 이런 인간 자신의 죄에 대한 전가는 양심의 소리를 듣지 않는 것이다.

죄는 인간의 깊은 탐욕으로 말미암은 것이며, 탐욕은 절대자 하나님의 지배로부터 벗어나려는 인간의 자율성에서 비롯되는 것이다. 이런 인간의 자율성은 타락한 인간의 자유 의지와 같은 것이다. 마귀는 인간으로 하여금 하나님을 대적하게 한다(창 3:5; 대하 21:1; 욥 1:12; 2:6; 눅 22:3). 우리는 하나님께 순종하고 마귀를 대적해야 한다.

> 그런즉 너희는 하나님께 복종할지어다 마귀를 대적하라 그리하면 너희를 피하리라 (약 4:7).

사울 왕은 자의적으로 판단하여 제사를 드리고(삼하 13:12), 아멜렉의 모든 사람과 가축을 진멸하라는 하나님의 명령을 거역하고 하나님께 제사를 드리기 위해 좋은 가축들을 죽이지 않았다가 하나님의 진노를 받았다(삼상 15:9-23). 사울 왕은 언제나 자신의 잘못을 인정하기를 주저하며 자신을 그럴듯한 변명으로 감쌌다. 반면에, 다윗은 자신의 잘못이 들어났을 때 즉시 인정하고 회개함으로써 하나님의 용서를 받았다(삼하 12:13; 24:10; 시 51편).

현대인들은 죄를 부정하기 위해 애쓴다. 성경이 가르치는 분명한 죄를 문화적, 심리적, 사회적 관습과 차이로 보면서 중립화하고 상대화한다. 심리학자들은 개인의 죄를 "강박 관념"으로 보고, 사회학자들은 집단적 죄를 "인권" 또는 "사회적 갈등 현상"으로 중립화, 객관화하면서 자율적 치유를 장담한다. 현대 민주주의적 가치관은 흔히 "용광로"(a melting pot)에 빗대어 설명된다. 그것은 이론상 모든 형태의 사상들을 수용하는 보편주의적, 상대주의적 가치관이라고 하나 결국은 상대주의적 사고만을 절대시하는 또 하나의 절대주의적인 가치관이라고 할 수 있다.

이런 보편주의적 가치관은 필연적으로 모든 가치관의 혼란을 야기시킨다. 현대는 세대 간, 사회계층 간의 갈등이 심화되고 있으며, 동성애자들의 권익 투쟁과 폭력 행사 등 혼합주의적 가치관으로 말미암아 총체적 난관으로 빠져들고 있다. 거룩하신 하나님의 말씀을 떠난 인본주의적, 자연주의적 화해와 사랑은 결국 우리를 혼란과 공허와 어둠의 세계로 이끈다(창 1:2).

하나님을 떠나 죄의 지배를 받는 사람들은 죄를 버리고 하나님께로 돌아가야 살 수 있다.

> 죄가 문에 엎드려 있느니라 죄가 너를 원하나 너는 죄를 다스릴지니라(창 4:7ᄂ).

어둡고 혼란한 세상에서 방황하는 인간은 하나님의 아들이 오래 전에 외친 소리를 다시 듣고, 하나님께로 돌아가야 살 수 있다.

> 회개하라 천국이 가까이 왔느니라(마 4:17).

특별히 그리스도인은 먼저 자신의 죄를 회개하고, 성경이 가르치는 선악에 대한 절대적 가치관을 따라서, 세상의 소금으로서, 또한 세상의 빛으로 살아야 한다.

> 너희는 세상의 소금이니 소금이 만일 그 맛을 잃으면 무엇으로 짜게 하리요 … 너희는 세상의 빛이라 … 이같이 너희 빛이 사람 앞에 비치게 하여 그들로 너희 착한 행실을 보고 하늘에 계신 너희 아버지께 영광을 돌리게 하라(마 5:13-16).

그러나 절대주의적 신앙으로 말미암아 우리의 믿음이 독선적이고 남을 정죄하는 율법주의적, 도덕주의적 신앙으로 변질되지 않도록 주의하면서, 언제나 성령의 인도하심을 따라 십자가의 사랑과 용서를 우리 자신과 이웃에게 적용하기를 힘써야 한다.

2016년 6월 17일

72. 율법과 복음

> 육신을 좇지 않고 그 영을 좇아 행하는 우리에게 율법의 요구를 이루어지게 하려 하심이라(롬 8:4).

성경에서 율법과 복음은 서로 상반되면서도 상관된다. 상호 연속성과 불연속성이 교차된다. 율법과 복음의 관계는 신학적 문제일 뿐 아니라 우리의 신앙생활, 무엇보다 우리의 구원과 직결되는 중요한 문제이므로 특별히 검토해야 할 필요가 있다.

먼저 율법과 복음의 상관성부터 살펴보자.

첫째, 율법이 질서와 순종을 강조하는 데서 사람의 이성이나 도덕적 의지와 같은 맥락으로 보이고, 복음은 은혜와 성령의 인도하심을 강조하는 데서 사람의 감성이나 선한 마음과 같은 맥락으로 보이지만, 율법과 복음은 모두 영감 받은 하나님의 계시의 말씀이기 때문에 자연적, 인간적 차원이 아닌 영적 차원에 속한 것임을 알아야 한다.

> 천지가 없어지기 전에는 율법의 일점일획도 결코 없어지지 아니하고 다 이루리라(마 5:18; 23:23).
>
> 보혜사 곧 아버지께서 내 이름으로 보내실 성령 그가 너희에게 모든 것을 가르치고 내가 너희에게 말한 모든 것을 생각나게 하리라(요 14:26; 참조, 요 15:26; 16:13-15).
>
> 율법은 거룩하고 계명도 거룩하고 의로우며 선하도다(롬 7:12, 참조, 7:13-16).
>
> 모든 성경은 하나님의 감동으로 된 것으로 … (딤후 3:16).
>
> 형제들아 내가 너희에게 알게 하노니 내가 전한 복음은 사람의 뜻을 따라 된 것이 아니니라 이는 내가 사람에게서 받은 것도 아니요 배운 것도 아니요 오직 예수 그리스도의 계시로 말미암은 것이라(갈 1:11-12; 참조, 엡 3:2-5).

둘째, 율법은 복음을 가르치며 복음은 율법을 든든히 세우며, 온전하게 한다.

아브라함이 하나님을 믿으매 그것을 그에게 의로 정하셨다(창 15:6; 갈 3:6).
내가 율법이나 선지자를 폐하러 온 줄로 생각하지 말라 폐하러 온 것이 아니요 완전하게 하려 함이라(마 5:17).
우리가 율법을 파기하느냐 그럴 수 없느니라 도리어 율법을 굳게 세우느니라 (롬 3:31).
그리스도는 모든 믿는 자에게 의를 이루기 위하여 율법의 마침이 되시느니라 (롬 10:4).

셋째, 율법과 복음 모두 성령의 도우심을 전제하고 있다.

또 내 영을 너희 속에 두어 너희로 내 율례를 행하게 하리니 너희가 내 규례를 지켜 행할지라(겔 36:27).
그가(성령이) 내 영광을 나타내리니 내 것을 가지고 너희에게 알리시겠음이라 (요 16:14; 참조, 요 14:26; 15:26; 16:13-15).
너희는 성령을 따라 행하라 그리하면 육체의 욕심을 이루지 아니하리라(갈 5:16).

인간의 도덕이나 이성은 인간의 보편적 선한 의지나 양심을 중시하지만, 인간의 뿌리 깊은 죄성이나 세상의 악을 생각할 때 인간의 도덕적 행위나 이성적 판단이 최종적 선을 보장할 수 없다. 이런 도덕과 이성의 제한성을 고려할 때 인간의 죄의 문제와 세상의 악에 대한 신앙적, 영적 해결이 인간의 도덕적, 이성적 판단과 행위보다 더 근본적이고 본질적인 인간 문제에 대한 대책이 되는 것이다. 그러나 신앙이 모든 사람들의 것이 아니기 때문에 세상은 어쩔 수 없이 보편적인 도덕이나 법이나 이성의 불완전하고 제한적인 기능과 역할에 의지할 수밖에 없는 것이다.

율법은 인간의 도덕이나 이성이 아닌 하나님의 계명이지만 인간의 뿌리 깊은 죄성으로 말미암아 자주 도적주의적인 오만함과 위선으로 변질되는 것이 문제다(롬 2:17-24). 복음은 인간의 노력이 아니라 하나님의 은혜를 가치 판단기준으로 삼기 때문에 이런 율법주의적 폐해를 극복할 수 있다. 인간은 자신의 의나 노력이 아니라 하나님의 은혜로 말미암아 의롭게 되듯이 모든 선행도 은혜로 말미암는 것을 알고 위선과 오만함을 경계할 수 있다.

넷째, 율법과 복음은 모두 인간 구원을 위한 하나님의 말씀이다. 복음은 물론 율법도 결국 믿음으로 의에 이르는 길(방법)을 가르친다(롬 1:17; 3:21-30; 4:1 이하; 참조, 합 2:4; 창 15:6; 갈 4:21 이하).

너희는 내 규례와 법도를 지키라 사람이 이를 행하면 그로 말미암아 살리라(레 18:5). 주 예수를 믿으라 그리하면 너와 네 집이 구원을 받으리라(행 16:31).

성경에서 하나님의 말씀은 하나님의 영광과 구원의 능력을 구체화한다(롬 1:16; 히 4:12). 태초에 하나님은 말씀으로 세상을 지으셨고, 하나님의 백성은 하나님의 말씀을 순종함으로 살 수 있고, 하나님의 말씀이신 예수 그리스도를 믿음으로 영생을 얻는다(요 1:1-4, 14; 3:16; 딤후 3:15; 히 11:3).[1]

다섯째, 율법과 복음은 모두 진실한 마음과 행위를 요구한다. 율법과 복음은 모두 진실한 마음을 진실한 행위의 좌표와 판단 기준으로 삼는다.[2] 무엇보다 사랑이 율법의 본질이며 완성이다(신 6:5; 마 22:34-40; 참조, 롬 10:4). 율법은 마음으로부터 하나님을 사랑하고 하나님의 말씀을 순종할 것을 가르친다.

너는 마음을 다하고 뜻을 다하고 힘을 다하여 네 하나님 여호와를 사랑하라 오늘 내가 네게 명하는 이 말씀을 너는 마음에 새기고(신 6:5-6; 참조, 왕하 23:3).

---

1 D. Martyn Lloyd-Jones, *Studies in the Sermon on the Mount* (Grand Rapids: Eerdmans, 1976), 171 이하: 복음서는 율법과 복음을 대조하는 것이 아니고, 유대교의 왜곡된 율법 이해와 복음을 대조하는 것도 아니라, 복음서를 전체적으로 볼 때, 구원의 새 시대의 도래로 말미암아, 믿음으로 구원 얻는 도리가 율법 행위에 의한 구원의 도리를 대체하였음을 가르친다(마 5:17-48; 6:12, 14-15; 8:35; 9:13-17, 22; 11:12; 12:1-32; 15:28; 16:16-19; 18:35; 20:28; 요 1:17; 3:16; 20:31). 바울은 믿음으로 구원 얻는 구원의 도리를 가르칠 때 분명히 구약의 율법 행위에 의한 구원의 한계와 종말을 가리킨다(롬 3-8장; 10:4; 갈 3장).

2 신 6:5-6; 10:16; 왕상 2:4; 9:4; 시 119:11, 32, 36, 80, 111, 112, 161; 잠 3:3, 5; 6:21; 7:3; 사 29:13; 겔 44:9; 마 5:3, 8; 7:20; 15:8, 18; 행 7:51; 롬 2:29; 갈 5:16-22.

죄의 회개는 옷이 아니라 마음을 찢는 것이다(욜 2:13). 할례는 몸뿐만 아니라 마음에도 받아야 한다(신 10:16; 겔 44:9). 마음이 인간 존재의 중심이기 때문이다.

> 여호와는 마음이 상한 자를 가까이 하시고 충심으로 통회하는 자를 구원하시는도다 (시 34:18).

하나님은 사람의 마음을 감찰하신다(대상 29:17; 시 7:9; 잠 16:2; 렘 11:20).

복음도 구약을 따라서 마음을 참 종교의 근원으로 본다(마 5:3, 8, 28; 막 7:16-23; 롬 8:27; 10:9-10; 살전 2:4; 히 4:12). 할례는 마음에 해야 하듯이(롬 2:29; 참조, 신 10:16). 복음도 마음으로 믿어야 한다(롬 10:9-10; 빌 2:5). 복음은 인간을 향한 하나님의 사랑이 그리스도를 통해 나타났음을 선포하고, 이를 믿는 이들에게 모든 사람들을 사랑할 것을 가르친다.

이제, 율법과 복음의 상반성에 대해 생각해 보자.

첫째, 하나님께서 율법과 복음을 주신 대상이 다르다. 율법은 모세를 통해서 택한 백성 이스라엘의 구원을 위해 주신 것이고(출 19:9), 복음은 예수님을 통해서 그를 믿는 모든 사람들의 구원을 위해 주신 것이다. 율법의 대상은 역사적 이스라엘 백성이고, 복음의 대상은 모든 사람들이다. 초대 교회 사도 회의에서 결정된 바와 같이, 도덕적 율법은 이방인 그리스도인들도 지켜야 하지만, 할례 같은 의식적 율법은 제외되었다(행 15:1-29).

둘째, 율법 행위의 주체는 실패할 수밖에 없는 연약한 인간이기 때문에 실패할 수밖에 없다. 복음 행위의 외적 주체는 연약한 사람이지만, 내적 주체는 사람 속에 계시는 성령이시기 때문에 좋은 성과를 얻을 수 있다.[3]

> 너희는 이 규례와 법도를 지키라 사람이 이를 행하면 그로 말미암아 살리라 나는 여호와니라(레 18:5).

---

[3] 성령이 우리의 선행의 주체이시지만, 하나님은 그의 긍휼하심 가운데 우리 자신의 선행으로 인정하여 주신다.

생명에 이르게 할 그 계명이 내게 대하여 도리어 사망에 이르게 하는 것이 되었도다 (롬 7:10).

말하는 이는 너희가 아니요 성령이시니라(막 13:11c).

무릇 하나님의 영으로 인도함을 받는 사람은 곧 하나님의 아들이라(롬 8:14).

너희는 성령을 따라 행하라(갈 5:16a).

율법 아래에 있는 사람들의 실패의 근본적 원인은 인간의 연약함이다(롬 7:19, 23-24; 8:3). 또한 인간이 죄성을 따라 율법을 곡해하기도 한다(마 5:21 이하; 19:3-9; 23:23; 막 7:11; 롬 2:17-29). 율법의 목적은 원래 하나님의 영광을 위한 것이지만, 실제로는 율법을 행하는 인간의 자랑과 오만함을 나타내거나 남을 정죄하는 목적으로 변질된다(마 6:1 이하; 7:1-5; 15:1-20; 눅 18:9-14; 롬 2:17-29). 율법 행위의 원초적 동기는 자주 인간 자신의 의지로 변질되지만, 복음 행위의 동기는 인간 자신의 의지가 아니라 성령의 감화와 역사로 말미암은 것이다(막 13:11; 참조, 눅 21:15; 롬 8:3-16; 갈 5:16). 선행을 위한 인간의 의지는 이차적인 것이다. 율법주의적 신앙은 자주 자아 집착적이고 독선적으로 변질된다. 예수님 당시의 유대교와 초대 교회 내의 할례낭이 그 예나.

한편, 복음은 하나님의 은혜와 사랑에 집중한다. 물론 율법도 사랑이 그 본질이지만, 사람들이 그 본질을 잊어버리고, 율법의 준수에만 집중하는 것이 문제다. 무엇보다 사람은 그 본질적 연약함으로 말미암아 율법을 제대로 지키지 못한다(롬 7:19, 23-24; 8:3). 그 결과 율법이 오히려 정죄의 도구가 된 것이다(롬 7:10-11; 8:1-2). 율법이 문제가 아니라 율법을 제대로 지키지 못하는 인간의 연약함이 문제다. 복음은 연약한 인간에게 그리스도를 통해 나타난 하나님의 은혜와 사랑을 믿음으로 말미암는 최종적 구원 약속이다(롬 8:2; 10:4). 더구나 복음은 율법의 행위에는 없는 성령의 능력과 인도하심을 약속하기 때문에 하나님께서 기뻐하시는 성령의 열매를 맺을 수 있다(갈 5:22).

셋째, 율법은 원칙주의적 경직성으로 말미암아 복잡한 윤리적 상황에서의 적응성이 약하나, 복음은 성령의 지혜와 능력으로 말미암아 신축적이며 적응성이 높다.

외식하는 자들아 너희가 각각 안식일에 자기의 소나 나귀를 외양간에서 풀어내어 이끌고 가서 물을 먹이지 아니하냐(눅 13:15, 참조, 눅 13:16).

무엇이든지 그때에 너희에게 주시는 그 말을 하라 말하는 이는 너희가 아니요 성령이시니라(막 13:11b).

내가 이르노니 너희는 성령을 따라 행하라(갈 5:16a; 참조, 롬 8:4, 13; 고후 1:17).

율법을 따르는 것이 지도를 따라 운전하는 것과 같다면, 복음은 실시간 교통정보를 제공하는 내비게이션을 따라서 운전하는 것과 같이 훨씬 효율적이다.

넷째, 율법은 완전한 구원 진리인 복음을 위한 예비적, 또는 보조적 가르침으로서 인간의 연약함으로 말미암은 율법 행위에 의한 구원의 한계를 드러내는 역할을 하고, 복음은 이런 율법의 한계를 극복하고 그리스도의 구원 사역에 나타난 하나님의 은혜를 믿음으로 의롭게 되는 최종적 구원 진리가 된다(롬 3:20 이하; 5:13; 7:11; 8:1-3; 10:4).

다섯째, 율법은 실제적 특성상 보이는 외면적 가치와 성과를 중시하지만, 복음은 주로 보이지 않는 내면적 가치와 동기를 중시한다. 율법은 주로 선한 행위에 의한 구원을 가르친다(신 10:12-13).

너희는 내 규례와 법도를 지키라 사람이 이를 행하면 그로 말미암아 살리라(레 18:5).

반면에 복음은 행위가 아니라 마음으로 믿는 믿음에 의한 구원을 가르친다(롬 10:9-10). 복음 신앙은 율법의 조항보다는 율법의 근본정신을 중시하는 것이다(마 23:23; 롬 7:7-12).

물론 율법도 원칙상 내면성을 중시하나(신 6:5; 신 10:16; 30:6; 렘 4:4; 9:25-26; 욜 2:143a), 율법의 규범적 특성으로 말미암아 그 내면적 차원이 가려지는 것이 문제다(말 1:7 이하; 마 23:23). 더구나 보이는 것을 중시하는 인간의 속성상 진실한 마음보다 종교적 행위가 우선시되었다. 그러므로 예언자들은 종교적 제도와 외양을 그 진정성과 혼동하는 것을 경고했다.

순종이 제사보다 낫고 듣는 것이 숫양의 기름보다 나으니(삼상 15:22b; 호 6:6).

율법을 지키는 것보다 더 중요한 것은 하나님을 진실히 사랑하는 마음이다.

너는 마음을 다하고 뜻을 다하고 힘을 다하여 네 하나님 여호와를 사랑하라(신 6:5).

죄의 회개는 옷이 아니라 마음을 찢는 것이다(욜 2:13). 할례는 몸과 마음 모두에 받아야 한다(신 10:16; 겔 44:9).

여호와는 마음이 상한 자를 가까이 하시고 충심으로 통회하는 자를 구원하시는도다 (시 34:18).

하나님은 사람의 마음을 감찰하신다(대상 29:17; 시 7:9; 잠 16:2; 렘 11:20). 그러나 다수의 유대인들은 이런 율법의 본질적 가르침을 무시하고 단순히 율법을 지킴으로써 구원을 얻는다고 생각했다. 예수님도 당시 유대인들의 외식적 신앙을 자주 지적하셨다(마 6:1 이하; 23:1 이하). 그리스도인들 가운데서도 실제로 "행위에 의한 구원"으로 신앙이 변질된 이들이 있다.[4] 그러나 마음 없는 선행은 모두 위선이다.

한편, 복음도 때로 "행위로 말미암는 구원"을 가르치는 듯이 보일 때가 있으나(약 2:17), 하나님의 은혜를 믿음으로 구원 얻는 도리가 전제되어 있고, 그에 합당한 삶을 독려하는 것으로 보아야 한다.[5]

아름다운 열매를 맺지 아니하는 나무마다 찍혀 불에 던져지느니라(마 7:19).
두렵고 떨림으로 너희 구원을 이루라(빌 2:12b).
각 사람이 자기 행위대로 심판을 받고(계 20:13c).

---

4 D. M. 로이드 존스, 『영적 침체와 치유』, 이용태 옮김 (서울: CLC, 2001), 44.
5 마 19:16 이하; 25:26, 40; 3:16; 20:31; 참조, 마 5:29; 8:10-11.

이런 말씀들은 그리스도를 믿는 이들에게 열매 맺는 신앙생활을 독려하는 것이다. 그러나 여전히 믿음이 없는 선행은 진정한 선행으로 인정받을 수 없다는 것을 잊지 말아야 한다(참조, 약 2:14 이하).

이렇게 율법은 행위의 주체자인 인간의 연약함으로 말미암아 정죄의 도구로 변질되었고, 또한 그 규범적 특성으로 말미암아 행위 대상자와 행위 정황에 대한 적응성과 효율성이 제한적이며, 율법의 문자적, 기계적 적용은 도리어 역효과를 낼 수 있다(마 12:1-13; 15:1-20). 반면에, 복음은 하나님의 은혜 중심이므로 연약한 인간의 구원의 도구로 적절하고 완전하며(히 7:19, 22; 8:6-10:39), 인간 행위의 내적 주체자가 성령이시므로 적응성과 효율성이 높다. 율법은 완전한 구원 도리인 복음을 위한 시험적이고 예비적인 구원 도리다(히 10:1).

이상의 율법과 복음의 상관성과 상반성, 특별히 율법의 제한성(역기능)과 유용성(순기능)을 율법과 복음의 공통적 주제인 구원론과 관련하여 좀 더 논의해 보자.

율법은 우리가 하나님의 백성으로서 우리 자신의 선한 의지력으로 하나님의 말씀을 따라 의롭게 살아야 구원받는다고 가르친다. 그러나 인간의 연약함과 뿌리 깊은 죄성으로 말미암아 율법은 인간 구원이라는 원래의 목적과는 어긋나게, 결과적으로 사람을 정죄하는 도구가 되었다. 그러므로 하나님께서는 그리스도를 믿음으로 구원 얻는 복음을 선포하신 것이다.[6] 우리가 연약하여 율법의 행위로는 의롭게 될 수 없기 때문에 그리스도의 속죄를 믿음으로 말미암아 의롭게 되는 구원법, 즉 복음이 선포되었다.

> 율법이 육신으로 말미암아 연약하여 할 수 없는 것을 하나님은 하시나니 곧 죄로 말미암아 자기 아들을 죄 있는 육신의 모양으로 보내어 육신에 죄를 정하사 육신을 따르지 않고 그 영을 따라 행하는 우리에게 율법의 요구가 이루어지게 하려 하심이라(롬 8:3-4).

이 새로운 구원법은 곧 "생명의 성령의 법"이다(롬 8:1-2).

---

[6] 요 3:16; 20:31; 행 3:16; 롬 3:21; 갈 2:16.

> 율법 조문은 죽이는 것이요 영은 살리는 것이니라(고후 3:6b).

하나님과 그리스도께서 보내신 성령은 우리들에게 그리스도의 말씀을 기억나게 하고 우리가 그 말씀을 따라 살 때 말씀의 능력이 우리들의 인격과 삶에 나타나게 하신다(막 13:11).

> 그가(성령이) 내 영광을 나타내리니 내 것을 가지고 너희에게 알리시겠음이라(요 16:14; 참조. 요 14:26; 15:26; 16:13-15).
> 너희는 성령을 따라 행하라 그리하면 육체의 욕심을 이루지 아니하리라(갈 5:16).

성령의 생명의 법으로 말미암아 의롭다 함(칭의)을 받은 사람은 여전히 남아 있는 자신의 탐욕을 누르고 오직 성령을 따라 살아야 한다(성화)(고전 6:19; 롬 8:13; 갈 5:16). 사람의 선한 의지조차 하나님의 은혜, 즉 성령의 감화로 말미암은 것이다(행 10:43; 빌 2:13).[7] 우리의 감성이나 이성이나 의지력이 성령의 인도와 하나님의 말씀과 그리스도의 십자가의 사랑을 따라 조절되고 검증된다.[8]

성령을 따라 사는 것이 바로 율법의 요구, 즉 의를 이루는 것이다. 그러므로 본문과 갈라디아서 5장 16절 이하에서 사도 바울은 육이 아니라 성령을 따라 살 것을 거듭 강조하고 있다. 율법은 사람이 연약하여 완전히 지킬 수 없을 뿐만 아니라, 도리어 사람을 위선적이 되게 하거나, 자랑하거나, 오만하게 하므로, 결국 정죄 받게 하는 율법 대신 그리스도의 십자가의 은혜와 사랑으로 사람을 살리는 성령을 따라 살아야 한다(엡 5:2).

"성령을 따라 사는 것"이 그리스도인의 내적 성장을 위해 반드시 필요하다. "성령을 따라 선한 열매를 맺는 것"이 성령의 은사와 능력을 나타내는 것보다 더 중요하다. 성령의 역사는 하나님의 임재와 능력을 증거하는 것이지만, 실제로 그리스도

---

[7] 강창희, 『칼빈과 웨슬리의 생애와 신학』, 269, 280, 305. 비록 우리가 성령의 도우심을 받아 행한 선한 행동이라도, 하나님의 은혜로 선행으로 여김을 받는다. 마찬가지로 비록 우리의 불완전한 선행이라도 하나님의 은혜로 우리의 선행으로 여김을 받는다(*Inst*. III.15.4).

[8] 요 4:26; 13:34; 갈 5:16; 딤후 3:16; 롬 7:7; 고전 14:1; 엡 5:2; 빌 2:5.

인의 온전한 인격 형성, 즉 성령의 열매를 맺게 하는 것은 성령을 따름으로써만 가능하기 때문이다. 우리는 자칫 성령에 의한 내적 변화와 성장보다 보이는 외적 증거와 능력에 관심을 갖기 쉬우나 내적 변화와 성장이 없는 성령의 은사란 마귀의 은폐 수단에 불과하기 때문에 우리는 먼저 성령의 열매 맺는 일, 즉 내적 변화와 온전함에 이르도록 기도해야 한다.[9]

성령의 인도하심을 받기 위해서 먼저 우리 속에 하나님의 영, 그리스도의 영, 성령이 내주하심을 믿고 그의 선하신 뜻을 구해야 한다. 성경은 계속해서 거짓 선지자들이 성령의 열매를 맺는 일에는 관심이 없고 거짓 기적과 예언을 성령의 능력으로 위장하여 사람들을 미혹하는 것을 경계한다.[10] 실제로 많은 이단자들이 초월적 능력을 성령의 능력으로 위장하여 사람들을 미혹하였다.

특별히 주의할 것은 바울에게서 "육을 따라 사는 것"은 대개 "탐욕을 따라 사는 것"을 의미하지만, 단순히 습관적으로 "율법을 따라 사는 것"을 의미하기도 한다는 것이다. 율법을 제대로 지키지도 못하면서도 잘 지키는 척하는 위선이나, 율법을 누구보다 잘 지킨다고 자랑하면서 남보다 자신을 의롭게 여기는 오만함도 모두 자기중심적 탐욕이다.

　　　율법을 자랑하는 네가 율법을 범함으로 하나님을 욕되게 하느냐(롬 2:23).

이런 위선, 자랑, 오만은 십자가의 은혜와 사랑과 겸비를 따르는 복음적 자세가 아니다.

성령을 따르는 그리스도인들도 율법의 도덕법을 신앙생활의 지침으로 삼을 필요가 있으나(롬 13:8-10), 율법주의자들이 흔히 빠지는 "자신의 의"나 진실한 마음과 의지를 상실한 전통의 답습이나 외식에서가 아니라, 하나님의 구원의 은혜에 의지하여 율법의 근본정신인 정의, 긍휼, 믿음을 가지고 율법이 가르치는 도덕적 규범을 지켜야 한다(마 23:23).

---

[9] 마 7:15-23; 16:1-4; 24:24; 요 3:5; 5:29; 6:27; 롬 6:2; 8:4, 13; 고전 6:19-20; 12:31-13:2; 갈 2:20; 5:16.
[10] 신 18:22; 사 9:15-16; 28:7; 렘 1:8; 4:9; 5:31; 6:13-14; 8:10-11; 14:14-15; 23:9 이하; 26:8-16; 27:9, 14-18; 29:24 이하; 겔 22:26; 마 7:15-23; 24:24; 행 20:30; 살후 2:9-12; 딤전 4:1; 요일 4:2.

은혜의 복음을 믿는 이들은 더 이상 제사와 할례 같은 율법의 의식법을 따르지 않는다. 율법의 의식법은 복음으로 말미암아 그 의미가 상실되었고, 십자가의 희생이 율법의 속죄제를 대신하고, 하나님의 백성으로서의 언약의 증표인 할례는 세례로 대체되었다.[11] 바울은 할례 같은 율법의 의식법은 시대적으로 제한적인 구원의 상징이므로 복음이 온 후에는 폐기되었다고 가르친다. 믿음으로 구원 얻는 도리가 시대를 초월하는 구원 진리이므로 시대 제한적 구원의 상징으로서의 할례를 주장하는 것은 "육을 따르는 것"이며 성령을 따르는 것이 아니라고 했다. 예수님께서도 이미 바리새인들과의 여러 논쟁들을 통해서 구원의 새 시대에서 의식법이 폐기된 것을 가르치셨다.[12] 복음서 전체가 예수님의 대속적 구원 사역으로 말미암아 율법이 가르치는 속죄 제사의 기능이 상실되었음을 선언한다. 예수님께서 운명하실 때 "성소의 휘장이 위로부터 아래까지 찢어졌다"는 사실도 속죄 제사를 통한 율법의 구원 능력이 상실되고 복음의 구원 능력이 그것을 대체한다는 것을 가리킨다(마 27:51; 참조, 히 3장-10장).

율법의 제한성에도 불구하고 율법은 여전히 신앙생활의 지침이 된다. 예수님은 산상수훈에서 자신이 율법을 폐하러 온 것이 아니라 오히려 온전하게 하기 위해서 왔다고 말씀하시면서 구원의 새 시대에 하나님의 백성이 알고 지켜야 할 율법의 진정한 의미를 가르치셨다.[13] 바울도 율법의 신앙생활의 지침으로서의 적극적 기능을 지적한다.[14]

첫째, 예수님의 복음이 율법의 근본 목적인 구원의 길을 제시하였으므로 복음이 율법을 파기한 것이 아니라 오히려 세운 것이라고 말할 수 있다(롬 3:31; 10:4). 율법은 복음과 마찬가지로, 하나님의 의에 이르기 위한 것이므로 목적상 복음과 일치한다.

둘째, 율법은 우리가 연약하여 율법의 행위로는 구원 얻을 수 없다는 것을 깨닫게 하고(롬 3:20; 7:7), 믿음으로 구원 얻는 복음 진리의 근원도 된다(창 15:6; 합 2:4). 즉

---

11 롬 2:28-29; 3:21-31; 4:9-13; 고전 7:18-19; 갈 5:2-12; 6:12-15; 골 2:20; 히 9:11-10:22.
12 막 2:18-3:6; 7:1-23; 10:2-12; 참조, 1:44.
13 마 5:17-48; 19:8; 22:34-40; 23:23.
14 롬 3:20, 31; 6:15; 7:7, 12, 14, 16, 22, 25.

율법을 통한 구원은 하나님의 전체 구원 역사에서 더 좋고 온전한 복음 구원 진리의 출현을 위한 예비적인 것이다.[15] 하나님께서는 율법주의의 오랜 역사적 과정을 통해서 율법을 행함으로 구원 얻는 진리의 한계를 드러내시고, 이제 예수님을 믿음으로 구원 얻는 복음 진리의 탁월성과 완전성을 분명히 나타내시는 것이다.

> 그리스도는 모든 믿는 자에게 의를 이루기 위하여 율법의 마침이 되시니라(롬 10:4).

셋째, 율법의 하나님 경외 사상과 거룩한 생활을 위한 가르침은 그 근본적 취지와 목적에서 성령의 뜻과 일치한다.[16] 그리스도로 말미암은 구원의 새 시대에서 하나님을 경배하는 율법의 의식법(ceremonial law)과 인간관계의 각종 이해문제를 판단하는 형법(judicial law)과 시민법(civil law)은, 하나님을 경외하고 이웃을 사랑하라는 근본적 가르침을 제외하고 대부분 그 의미를 상실하여 폐기 되었으나, 거룩한 생활을 위한 율법의 도덕적 가르침(moral law)은 여전히 성령의 가르침과 일치되는 하나님의 말씀으로서 신앙생활의 지침이 되는 것이다.[17] 그러므로 위에서 지적한 율법의 적극적 기능들과 함께 율법은 여전히 그리스도인들의 죄인으로서의 바른 자아 이해와 신앙생활의 지침으로서 중요한 기능을 하는 것이다. 예수님은 율법의 바른 해석과 적용을 제시하셨다.

> 내가 율법이나 선지자를 폐하러 온 줄로 생각하지 말라 폐하러 온 것이 아니요 완전하게 하려 함이라(마 5:17).
> 모세가 너희 마음의 완악함 때문에 아내 버림을 허락하였거니와 본래는 그렇지 아니하니라(마 19:8).

종교가 인간이 지향해야 할 궁극적 가치에 대한 하나님의 가르침이라면 그리스도교는 진정한 종교 회복 운동으로 시작된 것이다. 그것은 제도화된 죽은 종교를 버

---

15 갈 3:24; 4:3; 히 7:22; 8:6; 9:11, 23; 10:1; 11:16.
16 레 18:5; 19:2; 롬 6:15; 7:14; 13:8-10; 갈 5:22; 엡 6:17.
17 D. Martyn Lloyd-Jones, *Studies in the Sermon on the Mount* (Grand Rapids: Eerdmans, 1976), 169-171.

리고 하나님 앞에서 인간 자신의 연약함과 죄를 인정하고, 하나님의 은혜와 의로우심에 전적으로 의지하는 새로운 운동이다. 물론 이 운동은 사람의 결단과 의지로 말미암은 것이 아니라 그리스도와 성령으로 말미암은 것이다. 사람 중심의 운동은 하나님의 인정을 받을 수 없고, 하나님의 역사가 일어나지 않는다. 성령이 중심이 되는 운동이 진정한 하나님의 운동이며 사람을 살리는 생명 운동이 된다. 그러므로 복음의 사람은 자신의 의지력이 아니라 성령으로 거듭나야 하고, 성령으로 거듭난 사람은 법이나 도덕, 이성의 명령이 아닌 성령을 따라 살아야 한다(요 14:26; 15:26; 16:13-15; 롬 8:13-16; 갈 5:16).

그것은 단순히 종교적 형식과 제도와 신앙-신학적 전통을 답습함으로써 이루는 외식적 신앙생활과는 다르다. 사람이 성령의 역사로 말미암아 새 사람이 되고, 성령의 감화로 말미암아 심령의 변화를 받아서 하나님과 사람을 사랑하는 것이다. 특별히 그리스도의 십자가의 죽으심에서 나타난 하나님의 사랑과 은혜를 믿고, 그 의미를 우리의 현실에 적용함으로써 그리스도의 구원 능력을 세상에 증거하는 진실한 삶이다. 십자가의 믿음과 성령의 인도 없이 단순히 법질서와 종교적 제도와 도덕적 의지와 종교적 전통을 따르는 신앙생활은 결국 "육체의 소욕"을 따르는 것이며 생명력이 없는 율법수의석 신앙생활로 전락한 것이다(갈 3:3).

> 율법 조문은 죽이는 것이요 영은 살리는 것이니라(고후 3:6b).

그러나 성령을 따른다고 하면서 모든 기존의 제도와 신앙 신학 전통을 무시하는 무지하고 방종적인 도덕 폐기론(antinomianism)도 경계해야 한다(갈 5:13; 살후 3:6; 10:25). 신앙생활의 통일성과 순수성을 유지하기 위해서 체제와 규정 같은 틀을 도외시 할 수는 없다(마 23:23; 행 6:3-4; 15:20; 딤전 3:1-13). 다만, 진정한 믿음의 내용은 버린 채 믿음의 외양적 틀만을 유지하는 것을 믿음으로 오인하는 것이 문제가 되는 것이다(마 23:23).

유대교 신앙 역사는 하나님께서 원하시는 진정한 종교가 시간의 흐름에 따라서, 인간의 제한과 연약함으로 말미암아, 점차 세속화되어 부패하거나 제도적으로 고착화되고 무기력하게 되는 현상을 보여준다. 그것은 마치 건강하게 태어난 어린아이가 자라면서 온갖 질병에 노출되는 것과 같은 것이다. 특별히 율법주의적 외식주의는 마치 노인의 혈관 경화증(硬化症)과 같이 기독교를 포함한 모든 전통적 종교인들에게서 자주 발견되는 고질적인 신앙적 병폐라고 할 수 있다.

외식적 종교라고 해서 종교적 기능이나 세력이 마비되거나 세력이 약화되는 것은 아니다. 예수님 당시 유대교가 그랬듯이, 중세 교회가 그랬듯이, 오히려 얼마든지 사람들의 종교적 기대를 만족시킬 수 있고, 사회적 영향력이 막강할 수 있다. 그러나 아무리 외적으로 막강한 종교라고 해도 외식적 종교는 사람의 마음을 살피시고, 정의와 긍휼과 믿음을 찾으시는 하나님께서 원하시는 진정한 종교가 아니다. 그러므로 예수님께서 제시하신 진정한 하나님의 종교를 지향하는 초대 교회와 외식적 유대교와의 갈등은 필연적인 것이었다.

> 율법을 자랑하는 네가 율법을 범함으로 하나님을 욕되게 하느냐(롬 2:23).

진정성이 없는 표면적 신앙생활은 아무리 자신이 옳다고 믿고, 다른 사람들이 칭찬 하더라도 하나님의 심판의 대상이 되는 것이다(고전 3:13-15).

성경 역사는 끊임없이 참 종교를 찾으려는 운동을 보여준다. 아브라함은 고대 중동 지방의 우상 종교를 버리고 유일신 하나님을 믿는 신앙적 결단을 하여 믿음의 조상이 되었다. 출애굽은 모세의 지도로 고대 중동의 세속적인 우상 종교를 버리고 하나님 중심의 참 종교를 세우는 운동이 있었다. 그러나 가나안 정복 후 사사 시대를 거치면서 사사들의 하나님 신앙 회복 운동에도 불구하고 유대교는 다시 가나안 토속 종교의 도전을 받아 활력과 진정성을 잃었다.

왕국 시대에 들어서서 초기 다윗 왕의 하나님 중심적 신앙 운동이 나타났으나 후기 솔로몬 시대부터 나타난 다원주의적 종교 사상의 도전을 받아 다시 약화되었다. 이때에도 히스기야 왕, 요시아 왕의 종교개혁 운동이 있었고, 바벨론 포로기 후에는 에스라, 느헤미야, 학개 등을 선두로 대대적인 종교개혁 운동이 있었다. 그것은 하나님의 언약백성으로서 하나님의 진노하심을 두려워하는 마음으로 하나님의 언약인 율법을 철저히 지키자는 신앙 부흥 운동이었다. 그러나 이 모든 노력에도 불구하고 근본적인 개혁을 이루지 못했다.

특별히, 왕국 시대의 역사는 제사장 중심의 의식주의적 종교와 탐욕적 거짓 예언자들에 맞서서 진정한 예언자들 중심으로 진정한 종교 회복 운동이 교차적으로 나타난 것을 보여준다. 모세는 율법을 지키기 전에 우선 하나님을 경외하고 순종하는 마음을 가져야 할 것이라고 가르쳤다(신 6:5; 10:12-13). 사무엘과 미가는 제사보다는 순종과 겸손 같은 내적 자세를 강조했다(삼상 15:22; 미 6:6-8). 예레미야도 나태한 제사장과 예언자들의 외식적, 탐욕적 종교를 비판하면서 사랑과 공의의 종교를 가르쳤다(렘 6:13-14; 9:23-25; 28:9). 에스겔도 당시의 부패한 제사장들과 거짓 선지자들을 질책하면서 장차 하나님께서 새 영과 굳은 마음 대신 부드러운 마음을 주실 것을 예언했다.[18] 호세아도 부패한 제사장들과 선지자들을 모두 질타하면서 공의와 인애를 심을 것을 호소했다(호 5:1 이하; 10:1-12). 아모스는 우상 숭배를 그치고 정의와 공의를 행할 것을 외쳤다(아 5:24-26; 6:12). 미가도 탐욕적인 선지자들과 제사장들을 모두 책망한다(미 3:5, 11). 말라기는 당시 유대인들의 형식적 제물을 질타하면서 하나님의 율법을 제대로 지킬 것을 외쳤다(말 1:6 이하).

> 또 내 영을 너희 속에 두어 너희로 내 율례를 행하게 하리니 너희가 내 규례를 지켜 행할지라(겔 36:27).

마음 없는 행위는 모두 위선이다.

이렇게 유대교도 나름대로 외양 중심적, 또는 탐욕적, 외식적 신앙을 극복하고 진정한 신앙을 찾기 위해 애썼으나, 진정한 신앙은 잠시 동안일 뿐이었고, 시간의 흐름에 따라서 다시 타락하였다. 하나님 신앙 대신 외양을 중시하는 우상 신앙으로 흐르거나, 하나님 신앙을 위한 수단인 외양적인 율법 제도와 규정 준수를 신앙의 본질로 삼았던 것이다. 예수님 당시 유대인들도 율법의 요구를 문자적으로만 지키면서 율법의 본질인 정의, 긍휼, 믿음을 무시하였으므로 예수님의 책망을 받았다(마 23:1 이하; 막 7:1 이하). 초대 교회도 안팎으로 유대교의 율법주의적 신앙 전통과의 갈등을 겪어야 했다(행 15:1-21).

---

18 겔 11:19; 13:1-14:11; 22:26, 28; 36:26.

이런 신앙 역사는 우리의 복음 신앙도 부지 중에 얼마든지 타성적이고 인위적인 신앙으로 전락할 수 있음을 보여준다. 예수님께서도 마지막 주간에 계속해서 "그런즉 깨어 있으라"라는 말씀으로 이를 경계하셨다.[19] 계속해서 "열 처녀 비유," "달란트 비유"와 "양과 염소의 비유"(마 25:31-46)로 외적인 행위가 아니라 진정한 믿음을 가진 행위의 중요성을 가르치셨다. 특히 "양과 염소의 비유"는 주님의 몸 된 교회를 위해 봉사한다는 신앙인들이 정작 자신들 앞에서 도움을 바라는 어린아이를 무시하는 것과 같은 외식주의를 경계한다(마 25:41-46). 실제로 초대 교회 이후 그리스도의 교회는 외적으로는 발전되면서도, 끊임없이 인간의 탐욕과 마귀의 훼방을 받으면서 점차 경건의 모양은 있으나 경건의 능력은 소실된 외식적이고 타성적인 종교의 특징들이 나타나기 시작했고,[20] 결국 종교개혁이라는 큰 역사적 전기를 겪게 되었다.

성경 전체가 인위적인 외식적 종교의 껍질을 벗고 전적으로 하나님의 은혜에 의지하는 진실한 마음의 종교로 거듭나는 회복 운동을 가르친다. 하나님의 구원사 가운데 인간의 믿음의 결단, 지속, 그리고 실패에 대한 평가(회개)가 되풀이된다. 우리 그리스도인은 그리스도의 십자가에 나타난 하나님의 구원의 은혜와 사랑, 성령의 도우심에 의지하여 모든 "육의 세력"과 싸워야 한다(롬 6:12-14; 8:12-14; 엡 6:10-17).

우리는 진정한 신앙을 무기력하게 만드는 모든 타성적, 외식주의적 병폐를 경계해야 한다. 우리 자신의 의에 대한 모든 자랑과 자만심을 버리고, 다만 그리스도 안에 있는 하나님의 구원의 은혜를 온전히 의지해야 한다(롬 6:3 이하; 갈 2:20; 빌 2:5 이하).

> 사람아 주께서 선한 것이 무엇임을 네게 보이셨나니 여호와께서 네게 구하시는 것은 오직 정의를 행하며 인자를 사랑하며 겸손하게 네 하나님과 함께 행하는 것이 아니냐 (미 6:8).

우리는 신앙생활이 시간이 지나감에 따라서 제도와 전통으로 활력을 잃게 되는

---

[19] 마 24:43; 25:13; 26:41; 막 13:33-37.
[20] 딤전 6:5; 딤후 3:5; 약 1:26-27; 요일 3:17-18.

문제를 직시하고 하나님과 나와의 친밀한 사랑의 관계를 유지하고 활성화하기 위해서 회개와 개혁을 지속해야 한다.

> 이와 같이 너희도 겉으로는 사람에게 옳게 보이되 안으로는 외식과 불법이 가득하도다(엡 23:28).

세상의 피조물의 허망한 종노릇에서부터 벗어나서 그리스도 안에서 새로운 피조물이 된 그리스도인은 외식, 위선, 자랑, 오만함, 불의 같은 마음의 탐욕과 마귀의 대적과 미혹을 경계하고 성령 안에서 마음을 새롭게 해야 한다(롬 12:1 이하; 엡 6:11). 우리 안팎에서 일어나는 세속주의적 탐욕과 자랑을 과감히 버리고, 모호한 자연주의적 질서의식이나 스스로 지혜롭게 여기는 오만한 인간 중심적 이성주의와 도덕주의 대신 오직 하나님의 말씀에 집중해야 한다.

더 나아가, 그리스도인은 "말씀 중심"이나 "은혜와 성령의 역사"로 위장된 "육적 세력"과도 싸워야 한다. 우리의 신앙생활 가운데 경건의 모양은 있으나 경건의 능력이 상실된 타성적 신앙생활로 변질시키는 거짓 것들을 찾아 버리고 "믿음과 성령이 충만한 그리스도인"이 되노록 산구해야 한다. 우리 모두 성령의 능력을 받아, 남을 나보다 낫게 여기며, 생명의 복음을 주님께서 오실 때까지 세상과 싸워야 한다.[21] 중요한 것은 성령과 하나님의 말씀이 분리될 수 없고 언제나 함께 역사한다는 사실이다.[22]

진정한 신앙 회복 운동이라고 해서 양적 성장과 외적 성과를 무시할 수는 없으나 여전히 우리는 내적 진정성 회복에 집중하도록 힘써야 한다. "행위 없는 믿음"을 경계해야 하나, "믿음 없는 행위"를 더욱 경계해야 한다. 그것이 종교적인 사람들이 흔히 빠지는 위선이기 때문이다. 하나님께서는 수와 양이 아니라 말씀에 순종하는 진실한 "남은 자"와 "창조적 소수"를 통해 역사하신다.[23] 유사하게 예수님께서도 겨

---

[21] 마 5:11-16; 롬 8:4-39; 12:1 이하; 고후 4:17; 엡 6:10-20.
[22] 요 14:26; 15:26; 16:13-15; 엡 6:17; 딤전 4:1; 요일 4:1-3.
[23] 민 14:24, 30, 38; 삿 7:4-7; 왕상 18:22; 사 10:20, 22=롬 9:27; 28:5; 렘 23:3; 암 5:15; 미 2:12; 습 3:13; 학 2:3; 슥 8:6 등.

자씨 비유와 누룩 비유 등으로 하나님 나라의 미미한 시작을 가르치셨고, 자신의 제자들을 가리켜 "작은 자들"이라고 하셨다. 또한 "내 형제 중에 지극히 작은 자들에게 한 것이 곧 내게 한 것이니라"(마 25:40b)고 가르치셨다. 하나님의 사람은 보이는 외적 성과나 인기나 공로 등 "육적 요소"에 연연하지 않고 묵묵히 자신에게 맡겨진 하나님의 일을 성실하게 수행하는 사람이다. 그는 그의 모든 선한 일의 공로를 자신이 아니라 하나님께 돌린다.

> 나는 심었고 아볼로는 물을 주었으되 오직 하나님께서 자라나게 하셨나니 그런즉 심는 이나 물 주는 이는 아무것도 아니로되 오직 자라게 하시는 이는 하나님뿐이니라 (고전 3:6-7).

무엇보다, 복음 신앙은 사람들이 환호하며 따르던 영광의 메시아가 아니라 사람들이 질시하여 처형한 메시아를 믿는 것이다.

2017년은 종교개혁 500주년이 되는 해이다. 개혁자들은 천주교의 비성경적 제도와 미신적이고 인위적인 교리를 비판하면서 성경적 교리와 신앙을 가르쳤다. 많은 말씀의 일꾼들이 하나님의 진리를 세우고 수호하는 일에 헌신해 왔다. 현시대를 지배하는 자아 집착적인 오만한 인본주의와 불신적 자연주의(인과론, 순환론, 운명론, 우연론, 진화론 등), 그리고 보편주의, 상대주의, 다원주의 등으로 말미암아 그리스도의 교회가 많은 도전을 받고 어려움 가운데 있으나 이럴 때일수록 경건한 위기의식을 가지고 믿음과 성령이 충만한 일꾼들이 일어나서 복음진리와 하나님의 교회를 위해 담대히 싸워야 한다.

무엇보다 우리 각자가 자신의 의에 대한 모든 자랑과 교만을 버리고, 또한 만사를 그 외양과 크기로 판단하기를 그치고, 각자의 죄를 찾아 회개하며, 겸손하게 십자가를 지신 그리스도를 바라보고 그의 온전하신 은혜와 사랑에 합당하게 살기를 힘써야 한다. 우리는 안으로는 율법적 타성과 속박, 밖으로는 세속적 안일주의와 방종 같은 "육적 세력"과 싸우면서 하나님 나라와 그의 의를 구해야 한다. 우리 자신의 의와 선, 자랑과 공로에 집중하거나, 또는 반대로, 우리의 죄의 수치와 실패에 집중하기 쉬운 우리의 마음을 돌려서 성령을 따라 십자가의 그리스도를 통해 나타나는 하나님의 구원의 은혜에 집중해야 한다.

  진정한 복음 신앙 부흥 운동은 인간의 의지와 행위가 아니라 하나님의 말씀과 십자가의 사랑과 성령의 인도하심을 온전히 따를 때 일어난다(롬 1:16; 고전 1:18). 복음을 믿고, 성령을 따라, 진정한 복음 신앙을 간절히 사모하는 이들만이 하나님의 구원 역사의 일꾼들이 될 수 있다.

2016년 6월 20일

73. 우리의 십자가

> 이에 예수께서 제자들에게 이르시되 누구든지 나를 따라오려거든 자기를 부인하고 자기 십자가를 지고 나를 따를 것이니라(마 16:24).

본문에서 주님은 제자들에게 "누구든지 나를 따라오려거든 자기를 부인하고 자기 십자가를 지고 나를 따를 것이니라"고 말씀하십니다. 이 말씀은 흔히 예수님의 제자들이 지켜야 할 제자도(弟子道)라고 합니다. 예수님의 제자가 되려면 자기를 부인하고 자기 십자가를 져야 합니다. 그리스도인은 그리스도께서 하셨듯이 자신의 십자가를 지고 그를 따라가야 합니다. 주님의 제자는 영광보다 고난을 각오해야 합니다. 이 말씀은 그리스도인의 존재 이유와 목적, 가치관, 믿음, 선행, 전도, 사역, 교제 등 모든 그리스도인의 생각과 행동의 기본적 자세를 함축적으로 가르칩니다.

이 말씀을 세 가지 말씀으로 나누어 생각할 수 있습니다.

첫째, "누구든지 나를 따라오려거든"이라는 말씀입니다. 이 "조건절"이 실제로는 전체 말씀의 주제와 목적입니다.

둘째, "자기를 부인하고"라는 말씀입니다.

셋째, "자기 십자가를 지고"라는 말씀입니다. 이 "결과절"이 실제로는 제자도의 조건이나 방법을 나타냅니다. 예수님을 따르는 제자가 되려면, 먼저 자신을 부인하고, 자신의 십자가를 져야 한다는 말씀입니다.

첫 번째 말씀 "누구든지 나를 따라 오려거든"이란 말씀은 예수님을 믿기로 결단하는 것을 가리킵니다.

"자기를 부인하고 자기 십자가를 지고 예수님을 따르려는 사람"은 우선 예수님을 믿기로 결단해야 합니다. 예수님을 믿는다는 것은 나와 예수님이 하나가 되는 것입니다. 그리스도를 믿음으로써 그와 연합한 그리스도인은 그리스도처럼 생각하고 행동해야 합니다. "그리스도와의 연합"은 예수님의 존귀한 신분과 완전한 존재론적 일치가 아니라 부분적 일치로서, 우리의 자아가 예수님의 형상, 생명, 성품, 모델을 따라 형성되는 것을 가리킵니다.¹ 그리스도로 말미암아 우리는 하나님의 자녀가 되었고 이 새로운 신분에 합당하게 살아야 합니다(롬 8:12-17).

이것은 너무나 당연한 말이지만, 어떤 사람은 예수님을 다른 종교가 가르치는 인물들과 비교만 하면서 실제로 예수님을 믿지는 않습니다. 그러나 믿음은 비교가 아니라 결단과 헌신입니다. 결혼하려는 사람이 결혼 대상을 결정하지는 않고, 여러 결혼 대상들을 계속해서 비교만 한다면, 결혼할 수 없는 것과 같습니다. 우리나라 말에 "눈에 콩깍지가 씌워서 결혼했다"는 말이 있습니다만, 특정한 상대방을 선택하지 않으면 사랑할 수도 없고 결혼할 수 없습니다. 상대방에 대해 느끼는 사랑의 감정이 결단으로 이루어질 때 결혼이 성립되는 것입니다. 그리고 우리는 그렇게 결혼한 사람만 사랑해야 합니다. 다른 사람에게 한 눈을 팔면 우리의 결혼이 파탄에 이르게 됩니다. 마찬가지로, 우리는 한 분 하나님만을 믿어야 합니다.

> 너는 나 외에는 다른 신들을 네게 두지 말라(출 20:3).

이런 믿음은 바로 우리가 믿는 성경의 하나님이 참 신이심을 증거하는 것입니다. 아무나 믿어도 좋다는 신이야말로 신뢰할 수 없는 무책임한 신입니다.

그래서 성경은 하나님과 이스라엘 백성, 예수님과 우리를 신랑과 신부로 나타냅니다.² 신랑은 신부만, 신부는 신랑만 사랑해야 하듯이 우리는 신랑 되신 예수님만을 사랑해야 합니다.

예수님의 제자들은 예수님을 믿기로 결단하고 따랐지만, 당시 많은 이들은 예수님을 다른 종교적 인물들과 비교만 하면서 믿지는 않았습니다. 어떤 이들은 예수님을 세례 요한이라고 하고, 더러는 엘리야, 또 다른 이들은 예레미야나 선지자 중에 하나로 보았던 것입니다(마 16:15). 다만 베드로만 분명히 "주는 그리스도시요 살아 계신 하나님의 아들"이라고 고백하면서 예수님을 믿었습니다.

---

1 마 11:29; 요 13:34; 롬 6:3 이하; 고후 4:7-15; 6:3-10; 11:23-12:10; 갈 2:20; 6:14, 17; 빌 2:5 이하; 골 1:24; 엡 5:1; 딤후 2:3 이하 등.

2 사 54:5-6; 62:5; 렘 3:1, 8, 14; 호 1:2; 2:16, 19-20; 3:1; 9:1; 14:4; 마 9:15; 25:1-13; 계 19:7-8.

우리는 현대인들의 보편주의적 시각을 따라 복음 신앙을 상대화함으로써 믿음이 흐려지지 않도록 주의해야 합니다. 하나님께서 많은 사람들 가운데서 우리를 불러주신 특별한 구원의 은혜를 잊고 복음 신앙을 다른 종교의 신앙과 비교하다 보면 어느새 믿음을 잃게 됩니다. 구약 시대 사람들도 처음에는 하나님만 섬겼으나, 점점 다른 신들을 섬기다가 하나님의 진노를 받았습니다.

너희가 나를 누구에게 비기며 누구와 짝하며 누구와 비교하여 서로 같다 하겠느냐 (사 46:5).

우리가 일단 사랑하기로 결단한 사람만을 계속 사랑해야 하듯이, 우리는 믿기로 작정한 예수님만을 사랑해야 합니다. 우리는 우리를 사랑하사 우리 대신 십자가를 지신 주님만을 절대적으로 믿고 따라야 합니다. 주님께서는 분명히, "내가 곧 길이요 진리요 생명이니 나로 말미하지 않고는 아버지께로 올 자가 없느니라"고 말씀하셨습니다(요 14:6; 참조, 요 10:7-8). 베드로는 "다른 이로써는 구원을 받을 수 없나니 천하 사람 중에 구원을 받을 만한 다른 이름을 우리에게 주신 일이 없음이라"(행 4:12)고 단언했습니다. 바울도 "하나님은 한 분이시요 또 하나님과 사람 사이에 중보자도 한 분이시니 곧 사람이신 그리스도 예수라"(딤전 2:5)고 말했습니다. 복음 신앙을 상대화함으로써 믿음을 혼란하게 하는 사탄의 미혹을 경계해야 하고, 우리의 믿음을 단련시키시는 하나님의 시험을 잘 통과해야 합니다(고후 4:4; 살후 2:9-12).

인간을 구원하시는 이는 예수 그리스도 단 한 분뿐이십니다. 우리는 이 분이 하시는 말씀을 심각하게 들어야 합니다.

누구든지 나를 따라오려거든 자기를 부인하고 자기 십자가를 지고 나를 따를 것이니라 (마 16:24).

예수님의 제자가 되려면 자기를 부인하고 자기 십자가를 져야 합니다. 그리스도와 연합한 그리스도인은 그리스도처럼 생각하고 행동해야 합니다. 우리를 사랑하시어 죽으시고 다시 사신 생명의 주의 모델을 따라 우리의 삶을 재정립할 때 세상

이 줄 수 없는 안정과 능력을 얻게 됩니다.[3]

두 번째 말씀은 "자기를 부인하라"는 말씀입니다.[4] 이 말씀은 우리 각자의 십자가를 지기 위한 첫 번째 조건, 또는 방법입니다.

우리의 십자가란 특별히 우리 자신의 모든 약점과 고난을 극복하면서 복음 사역에 헌신하는 것을 가리킵니다. 복음 사역은 우리의 전인적 헌신과 희생을 요구하는 심각한 일입니다. 십자가를 지는 일에 가장 큰 장애는 바로 우리 자신의 이기적 본능입니다. 우리는 본능적으로 우리 자신을 보호하기 위해서 어떤 어려움을 피하려고 합니다. 그러나 진실한 그리스도의 제자는 장차 나타날 영광과 주님의 인정하심을 바라면서 복음 사역을 위해 기꺼이 자신의 모든 것을 희생합니다(골 1:24, 29).

우리는 "자기를 부인하는 십자가의 믿음"을 "자아 집착적 신앙"과 구별해야 합니다. 또한 스토아 철학같이 자신의 욕구를 단절함으로써 얻게 되는 인위적 평안과도 구별해야 합니다. 우리는 다만 십자가를 지신 그리스도의 희생적인 사랑의 모본을 따라서 자신을 부인해야 합니다.

우리는 십자가를 자랑삼아 져서는 안 됩니다. 십자가의 가치를 존중하는 제도적 교회 공동체 안에서 사실 우리의 십자가의 사역이 우리 자신의 자랑과 오만함을 나타내는 수단으로 변질되지 않도록 주의해야 합니다. 우리는 언제나 자신은 십자가 뒤에 감추고 오직 십자가에 달리신 주님을 바라보며 주님만 의지하고 주님의 영광을 위해 일해야 합니다(고후 10:1; 엡 4:1 이하; 빌 2:1 이하; 벧전 5:3). 하나님께서는 자신이 택하신 이스라엘 백성을 모든 고난 가운데 단련시키심으로써 그의 영광을 나타내셨습니다.

---

[3] 마 11:29; 요 13:34; 롬 6:3 이하; 고후 4:7-15; 6:3-10; 11:23-12:10; 갈 2:20; 6:14, 17; 빌 2:5 이하; 골 1:24; 엡 5:1; 딤후 2:3 이하 등.

[4] "자기를 부인하고 자기 십자가를 지고 나를 따르라"는 말씀은 구약의 제사의식 규정에 비추어 이해할 수 있다. 모든 제사의 가장 중요한 사항은 제물과 제사장이 온전하고 정결해야 한다는 것이다(레 1:9, 13, 3:1; 4:3; 16:4 등). 이에 따라서 본문에서 "자기를 부인하는 것"은 탐욕을 버린 정결한 자세를 가리킨다. 유사하게 바울은 "너희 몸을 하나님이 기뻐하시는 거룩한 산 제물로 드리라"고 했다(롬 12:1). 물론 제물과 제물을 드리는 자가 하나가 되는 원리도 속죄제의 핵심적 원리다(레 1:4). 이 원리와 같이 우리를 위해 죽으신 그리스도를 믿음으로써 이루어진 우리와 그리스도의 연합으로 말미암아 구원의 능력이 나타나는 것이다. 이런 존재론적 연합으로 말미암아 우리가 그리스도를 따라 실제로 우리의 십자가를 져야 하는 당위성이 발생하는 것이다.

내가 너를 연단하였으나 … 어찌 내 이름을 욕되게 하리요 내 영광을 다른 자에게 주지 아니하리라(사 48:10-11).

오늘 우리가 지는 십자가를 통해서도 오직 하나님의 영광을 나타내야 합니다.

본문의 말씀은 예수님께서 아직 십자가를 지시기 전에, 곧 십자가를 지실 것을 아시고 장차 고난을 받아야 할 제자들에게 당부하시는 말씀입니다. 제자들이 험한 세상에 나가서 복음을 전할 때 세상의 미움과 박해로 고난을 받게 되겠지만, 두려워하지 말고 십자가로 승리하신 주님만 의지하면서 복음 사역에 전념할 것을 당부하시는 것입니다.[5] 주님의 말씀을 따라서 주님의 제자들은 모든 핍박을 무릅쓰고 열심히 복음을 전도하며 순교하였습니다.

그러나 이 말씀은 복음 사역을 위해 부르심을 받은 제자들이나 교회 사역자들을 위해서만 하신 말씀이 아니라, 십자가의 은혜로 구원받은 모든 그리스도인들에게 하신 말씀입니다. 제자들은 모든 믿는 사람들을 대표하는 이들이기 때문에 그들에게 하신 말씀을 바로 우리들에게 하신 말씀입니다. 십자가는 그리스도인의 존재 이유와 삶의 목적을 위한 함축적 모델입니다.[6]

예수님을 믿고 따르기로 결단한 우리는 이기적 탐심과 불신을 버리고 우리를 위해 죽으신 십자가의 주님만 바라보며 살아야 합니다. 십자가의 은혜를 받은 사람은 세상의 모든 자랑과 탐심을 버려야 합니다. 하나님을 믿는다고 하면서도 실제로는 자신의 탐욕을 믿지 않도록 주의해야 합니다. 육을 따라 살면서 하나님을 믿으면 결국 하나님 대신 탐욕을 믿게 됩니다. 탐심을 버리지 않은 채 "육"의 요구를 따르면 결국 멸망할 수밖에 없습니다(롬 8:13). 하나님께서 주신 축복이라도 우리는 하나님

---

5 참조, 마 10:38; 27:32 이하; 요 21:15-17; 롬 6:6; 고전 1:18; 2:2; 갈 2:20; 3:1; 2:16; 빌 2:8; 히 12:2. 마태복음 10장에서 제자들을 파송하시면서 "자기 십자가를 지고 나를 따르라"고 말씀하신다(마 10:38). 거기서도 "자기 십자가를 지라"는 말씀에 이어서 "누구든지 제 목숨을 구원하고자 하면 잃을 것이요 누구든지 나를 위하여 제 목숨을 잃으면 찾으리라"고 말씀하셨다(마 10:39; 16:25). 다만 마 10:38의 병행구에는 본문에 있는 "자기를 부인하고"라는 말이 없다. 본문의 "자기를 부인하고"라는 말씀이 "자기 십자가를 지고 나를 따를 것이라"는 말씀을 더 분명하게 나타낸다. 본문은 "십자가를 지는 것"이란 먼저 "자신을 부인함"으로써 가능한 것임을 가르친다. 제자들은 복음을 전파할 때 핍박과 위협을 받더라도 죽음을 두려워하지 말고 천국에서 받을 상을 바라며 자신들을 온전히 주님께 맡기고 담대하게 복음 전도 사명을 완수하라는 것이다.

6 마 11:29; 요 13:34; 롬 6:3 이하; 고후 4:7-15; 6:3-10; 11:23-12:10; 갈 2:20; 6:14, 17; 빌 2:5 이하; 골 1:24; 엡 5:1; 딤후 2:3 이하 등.

보다 하나님의 축복을 더 중시해서는 안 됩니다.

  신앙생활은 결국 우리 자신과의 싸움입니다. 우리 자신의 탐심과 불신과의 싸움입니다. 그리스도께서 겟세마네 동산에서, "내 원대로 마옵시고, 아버지의 원대로 하옵소서"(막 14:36)라고 기도드리신 것과 같이, 하나님을 믿는 사람은 "나 중심적 생각"을 십자가에 못 박고 오직 하나님만 의지하며 사는 것입니다. 우리의 십자가를 질 때 먼저 우리 자신의 탐심과 불신을 버려야 합니다. 그리스도께서 자신을 비워 종의 모습으로 십자가를 지셨듯이 그의 제자된 우리는 우리의 모든 자랑과 탐심과 이기심을 십자가에 못 박고 가볍고 자유로운 마음으로 주님의 몸 된 교회를 섬겨야 합니다. 또한 우리는 우리의 원망, 억울함, 열등감, 수치심, 죄책감, 좌절감, 연약함 등을 십자가에 못 박아야 합니다. 우월감은 물론 열등감도 결국 자아 중심적 자세이므로 나의 십자가에 못 박아버리고 십자가의 주님만 바라보아야 합니다. 그러나 다시 말씀드리지만, 이런 결단조차 우리의 의지가 아니라 하나님의 은혜로 말미암은 것임을 알아야 합니다.

  문제는 우리가 흔히 우리의 죄를 인정하지 않고 이런 저런 이유를 들어 변명하거나 핑계하는 것입니다. 죄를 인정한다 하더라도 나의 잘못이 아니라 남의 잘못, 나쁜 환경이나 어쩔 수 없는 상황 탓으로 돌리는 것입니다(창 3:12-13). 현대 인본주의적 문화는 죄를 심각하게 보지 않고, 유전적, 환경적, 심리적, 사회적 문제로 보면서 죄를 중립화, 객관화, 보편화합니다. 그리고 인간 스스로 죄의 문제를 해결할 수 있다고 주장합니다. 악에 대한 사회적 장치와 심리적, 도덕적 교육 등 인간의 이성적 판단과 의지가 어느 정도 악을 억제할 수는 있으나, 근본적인 대책이 될 수 없습니다. 인간 역사에서의 거듭된 실패와 매일 보도되는 인간의 부패와 죄악이 인간 이성의 억제력의 한계를 보여줍니다. 인간 이성을 신봉하는 현대도 옛날과 다름없는 죄악 세상입니다. 세상이 이 지경인데도 인본주의자들은 인간 스스로 인간 문제를 해결할 수 있다는 그들의 "믿음"을 포기하지 않습니다.

  하나님께서는 그가 지으신 세상이 죄악으로 물드는 것을 한탄하시며 구원을 위해 힘써 오셨습니다(창 6:5-7; 요 3:16; 롬 5:8; 벧후 3:9). 그런데도 불신 세상은 세상 법을 어기는 죄에 대해서는 큰 관심을 가지면서도 하나님의 법을 어기는 데에는 별 관심이 없습니다.

물론 세상 종교나 도덕도 탐심을 경계하지만, 하나님께서는 자신의 아들을 희생시키심으로써 인간의 탐심과 죄에 대한 근본적인 해결책을 제시하셨습니다. 즉 십자가의 그리스도를 믿고 새 사람이 된 이들이 과거의 육을 따라 살던 무거운 삶을 십자가에 못 박아버리고, 그리스도 안에서 자유롭게 살게 하신 것입니다(롬 6:12; 갈 2:20).

무엇보다 믿는 우리 자신도 날마다 우리 마음에서 일어나는 죄와 싸워야 합니다. 죄는 고질적인 인간 문제이며 모든 인간 불행의 근본 원인입니다. 예수 믿는다고 해서 죄와의 전쟁이 끝난 것은 아닙니다. 우리는 죄의 근원이 되는 탐심을 십자가에 못 박아야 합니다.

① 탐심은 하나님과 하나님의 말씀을 잊게 만드는 마취제와 같은 것입니다(시 119:16; 눅 12:15). 아담 이후 모든 사람들이 자신들의 탐심을 따라 하나님을 떠났습니다.

② 탐심은 하나님께 집중하지 아니하고 하나님의 말씀이 아닌 피조물의 가치에 집착하는 죄의 본성입니다. 그것은 곧 우상 숭배와 같은 것입니다(골 3:5). 우리 속의 탐심을 찾아서 버리지 않으면 어느새 탐심이 나의 우상이 되는 것입니다. 하나님께서 우리에게 주신 축복도 우리가 지나치게 그것에 집중하면 탐심으로 변할 수 있습니다. 그러므로 하나님께서 아브라함에게 하나님 자신과 하나님의 축복인 이삭을 분명히 구별하는지를 시험하셨던 것입니다(창 22:1 이하). 우리의 믿음도 때로 탐심으로 얼룩질 때가 있습니다.

③ 우리의 하나님께 대한 열심, 충성, 헌신, 봉사 등도 자주 탐심으로 변질되는 것을 주의해야 합니다.[7] 제자들의 하나님 나라와 주님께 대한 충성심도 그들의 탐심으로 얼룩졌습니다(마 20:20-28; 26:31-35; 69-75). 십자가의 주님을 바라보면서 우리의 믿음을 순수한 십자가 신앙으로 지켜야 합니다.

이렇게 우리는 계속해서 죄와 싸워야 합니다. 그러나 우리의 죄와의 싸움은 우리

---

[7] 마 6:24; 23:25; 막 6:8; 눅 16:13-14; 살전 2:5; 엡 5:3; 벧후 2:3; 히 13:5.

가 그리스도를 믿기 이전에 우리가 싸우던 죄와의 싸움과는 다릅니다.

첫째, 우리의 싸움은 선으로 악을 이기는 선한 싸움입니다(롬 12:21; 딤후 4:7).

십자가는 악을 방조하는 것도 아니고, 악에 굴복하는 것도 아니고, 악을 피하는 것도 아니고, 적극적으로 선으로 악을 이기는 것입니다. 우리의 싸움은 허무한 싸움이 아니라 영생의 약속이 있는 선한 싸움이므로 힘써 싸워야 합니다.

둘째, 우리의 싸움은 이길 수 있는 싸움입니다.

우리가 예수님을 믿기 전에 싸우던 선과 악의 싸움은 전적으로 우리의 약한 "육신의 힘" 또는 우리 자신의 도덕적 의지력에 의존한 싸움이었으므로 실패할 수밖에 없는 싸움이었으나(롬 7:15, 23), 이제는 우리 속에 계시는 삼위 하나님의 영의 능력과 은혜로 싸우기 때문에 승리할 수 있는 싸움입니다(롬 8:26-39; 엡 6:10 이하). 특별히, 죄의 사망 권세를 이기시고 승리하신 그리스도의 영의 도움을 받기 때문에 이길 수 있습니다(롬 8:34-39).

> 항상 우리를 그리스도 안에서 이기게 하시고 우리로 말미암아 각처에서 그리스도를 아는 냄새를 나타내시는 하나님께 감사하노라(고후 2:14).

산상수훈, 특히 팔복은 구체적으로 탐욕을 버리고 십자가를 지는 그리스도인의 자세를 보여줍니다. "심령이 가난한 자," "애통하는 자," "온유한 자," "의에 주리고 목마른 자," "긍휼히 여기는 자," "마음이 청결한 자," "화평하게 하는 자," "의를 위해 핍박을 받는 자," "주님을 위해 핍박을 받는 자"는 복이 있는 자입니다(마 5:3-12). 팔복은 탐심을 버리고 "청결한 마음"으로 날마다 좁은 길을 가는 이들이 받게 되는 복입니다. 주님께서는 이런 사람들이 영생을 얻게 되고, 반면에, 남을 미워하고, 비판하고, 외식하고, 거짓되고, 세상의 것들을 탐하는 자는 결국 파멸에 이르게 된다고 말씀하셨습니다.

주님께서는 넓은 문이 아니라 좁은 문으로 들어가라고 말씀하셨습니다(마 7:13-14). 좁은 문으로 난 좁은 길은 곧 십자가의 길입니다. 예수님을 믿고 좁은 십자가의 길을 걸을 때 불신 세상으로부터 당연히 박해를 받게 될 것입니다(마 5:11; 10:16-39; 24:9; 요 12:25; 15:18-19; 16:33). 그러나 그렇게 사는 것이 영원한 생명을 얻는 길임을 명심해야 합니다. 하나님께서는 고난과 시험을 통해서 우리의 믿음을 단련시키시고 열심을 강화시키십니다.

"자기를 부인하라"는 말씀은 모든 자기중심적 생각을 버리고 온전히 주님만 의지하라는 것입니다.

첫째, 우리는 본능적으로 우리 자신을 보호하기 위해서 고난을 피하려고 합니다. 그러나 우리가 당하는 고난을 두려워하지 않고 주님을 의지하고 고난을 받을 때, 오히려 기쁨과 감사가 넘치게 됩니다.

둘째, 우리는 우리 자신의 우월감의 노예가 되어 우리의 자랑이나 영광을 위해 십자가를 져서는 안 됩니다.

셋째, 반대로 우리의 연약함이나 과거의 실패의 경험과 죄책감 등 열등감의 포로가 되어 십자가를 피해서도 안 됩니다.

하나님께서는 우리의 연약함과 실패를 통해서 하나님만 의지하는 믿음을 강화시켜 주시고, 또한 하나님의 구원의 능력과 영광을 나타내시기를 기뻐하십니다. 하나님은 실패같이 보이는 그리스도의 십자가로 구원의 큰 능력과 영광을 나타내셨습니다. 그러므로 우리는 강한 우리 자신도 아니고, 약한 우리 자신도 아니라, 오직 주님만 의지하고 십자가를 져야 합니다. 우리가 실패했을 때 세상을 원망하거나 남을 탓하거나, 지나치게 자신을 미워해서도 안 됩니다. 죄 없으신 하나님의 아들로서 죄인들에게 배반당하시고 고난받으신 그리스도를 생각할 때 우리는 모든 원망과 불평을 그치고, 모든 논쟁을 그치고, 모든 것을 감찰하시는 선하신 하나님의 재량에 맡기고, 우리의 고난을 달게 질 수 있습니다. 우리 자신을 부인하고 주님을 의지하며 십자가를 질 때 절망 가운데서도 재기할 수 있는 능력을 얻게 됩니다.

이렇게 십자가를 지려면 먼저 우리 자신을 부인하고 십자가를 지신 주님만 바라보아야 합니다. 다른 말로, 십자가를 제대로 지려면 우리의 전인적 헌신이 필요합니다.

세 번째 말씀, "자기 십자가를 지라"는 우리가 예수님을 따르는 방법입니다.

죄악 세상을 위해 죄 없으신 하나님의 아들 예수께서 십자가를 지시고 고난을 받으셨습니다. 예수님의 제자 된 우리도 세상에서 고난받을 각오를 해야 합니다. 십자가의 복음은 구원의 은혜를 받은 사람에게 모든 고난과 시험을 통해서 자신이 받은 구원의 능력을 스스로 확증할 것을 요구합니다. 십자가의 구원의 은혜에 대한 보답이 없는 신앙생활은 거짓된 것입니다. 진실한 신자는 구원받은 은혜를 감사하며 고난과 시험을 통해서 그 믿음을 굳게 지킴으로써 그 믿음의 확실성과 진정성을 확증해야 합니다.

예수님은 억울하고, 수치스럽고, 견디기 어려운 십자가를 참으셨습니다.[8] 우리도 모든 "현재의 고난"을 참고 견디며 살아야 합니다.[9] 현대인은 대개 개인의 자유와 인권을 강조하면서 참고 인내하는 것을 무시합니다만, 하나님을 믿는 사람은 자주 참고 견디며 하나님의 뜻을 기다려야 합니다. 주님께서는 넓은 문이 아니라 좁은 문으로 들어가라고 말씀하셨습니다(마 7:13-14). 좁은 문으로 들어가는 길은 좁은 길, 곧 십자가의 길입니다. 예수님을 믿고 좁은 십자가의 길을 선택할 때 곧 안팎의 불신적 도전과 박해를 받게 될 것입니다.[10] 그러나 그렇게 사는 것이 영원한 가치와 생명을 얻는 길임을 명심해야 합니다.

사도 바울은 전도 여행을 하면서 모든 육체적 고난과 정신적 고난을 겪었습니다. 자주 굶고, 자지 못하고, 춥고 헐벗었으며, 여러 번 매 맞고, 여러 번 죽을 뻔하고, 여러 사람들에게 오해도 받고 위협도 당했습니다(고후 11:23-27). 이 외에도 모든 교회에 대한 염려가 자신을 "날마다" 누른다고 말했습니다(고후 11:28). 또한 자신의 몸에 어떤 "가시"가 있다고 했습니다(고후 12:7). 또는 "내 몸에 예수의 흔적을 지니고 있노라"(갈 6:17)고도 말했습니다. 그리고 사도 바울은 본문의 주님의 말씀과 같이 "우리가 그와 함께 영광을 받기 위하여 고난도 함께 받아야 할 것이니라"(롬 8:17b)고 가르칩니다.

바울은 자신이 복음 전도와 교회 사역을 하면서 받는 여러 가지 고난의 원인을 따지거나 불평하지 않았습니다. 또한 고난받는 것을 부끄러워하지도 않았습니다. 오히려 자신이 받는 고난을 그리스도의 진정한 사도라는 가장 확실한 증표로 생각

---

8 마 26:67, 70; 27:3, 28-31, 39-44; 히 12:2; 사 53:3.
9 마 5:10-12; 막 13:13; 롬 5:3; 8:18 이하; 딤후 1:8; 2:3; 3:11-12; 4:5 이하; 히 12:3; 약 5:7; 벧전 4:13-16; 계 2:10 등.
10 마 5:11; 10:16-39; 24:9; 요 12:25; 15:18-19; 16:33; 행 14:22; 롬 8:17; 히 11:34-37; 벧전 3:17 등.

합니다. 이적과 기사, 초월적 경험도 사도의 증표가 되지만(고후 12:12), 주께서 고난을 당하신 것처럼 자신이 주님의 몸 된 교회를 위해 고난받는 것을 가장 확실한 사도의 증표로 여깁니다(고후 11:23 이하).

우리가 져야 할 십자가는 우리가 세상에 살면서 겪는 모든 육체적, 심리적, 영적 고난을 포함하는 총체적인 고난을 가리킵니다. 우리는 생존을 위해 날마다 일해야 하고, 싸우고, 속고, 배반당하고, 병들고, 지치고, 만나고, 이별하는 등 모든 피조물이 겪는 한계 상황 속에 삽니다(롬 8:18). 만인 대 만인이 투쟁하는 이 세상에서 우리는 세상과 싸우면서 몸과 마음이 지쳐 있습니다.

세상 사람들은 세상의 고난을 피할 수 없기 때문에 그저 고난을 받아들이며 삽니다. 오늘 주님께서는 제자들에게 세상의 고난을 이기며 사는 방법을 가르쳐 주셨습니다.

"자기를 부인하고 자기 십자가를 지고 나를 따르라."

그것은 세상의 고난을 피하는 것이 아니라, 고난에 굴복하는 것이 아니라, 고난을 불평하는 것이 아니라, 오히려 십자가를 지신 주님께서 보여주셨듯이 우리의 모든 시험과 고난을 참고 견디며 끝까지 하나님을 믿고 의지하는 것입니다.

우리는 지금 모든 절대적 가치를 거절하면서도 상대적 가치를 절대시하는 세상에서 삽니다. 이런 세상에서 하나님을 절대적으로 섬기며, 그의 말씀대로 살려는 사람은 조롱과 박해를 받습니다. 더구나 우리 자신도 세속적인 자연주의와 보편주의적 가치관에 물들 수 있습니다. 만사를 자연적 현상으로 보면서 과학적 진리와 성경적 진리 신앙 사이에서 머뭇거릴 수 있습니다. 새로운 과학적 발견과 발명은 계속해서 성경의 가르침과 우리의 신앙 지식과 믿음을 공격합니다.[11] 또한 보편주의와 종교적 관용주의를 따라서 기독교 사상을 다른 종교 사상과 비교하고, 혼동하거나, 혼합할 수도 있습니다.

이런 혼란한 세상에서 심지어 우리는 하나님의 존재와 하나님의 선하심을 의심할 수도 있습니다.

---

[11] 천동설이 지동설로 바뀌었듯이, 과학적 지식은 절대적이 아니라 새로운 발견과 경험에 의해 수정되고 대체된다. 더구나 과학적 지식은 하나님의 형상인 인간의 본성이 요구하는 인생의 궁극적 의미와 목적에 대한 답을 제시하지 못한다.

하나님은 정말 계신가?

왜 선하신 하나님께서는 악을 허락하시는가?

선하신 하나님께서 악을 통해 선을 이루시는 것이 옳은가?

사실 누구나 어째서 선하신 하나님께서 죄인들의 악한 행위를 막지 않으시고 죄 없으신 그의 아들을 죽게 하셨는가라고 반문할 수 있습니다. 어쩌면 예수님께서도 십자가를 지시기 전날 밤 겟세마네동산에서 잠시나마 이와 유사한 시험을 받으셨는지도 모릅니다. 오래 전에 욥과 시편 기자도 이 같은 시험을 받았습니다(욥 23:1-9; 시 73:2-16). 철저한 불신적 사고는 "십자가를 지라"는 말씀조차 보편적 인생고를 미화시키는 일종의 "종교적 자위"일 뿐이라고 폄훼할 수도 있습니다. 이런 모든 불확실한 문제와 시험 자체가 우리가 매일, 매순간 져야 할 십자가입니다.

그러나 십자가의 신앙인은 모든 불신적 도전과 불확실성 가운데서도 성령의 도우심을 받아 결국 하나님의 존재와 선하심을 믿는 사람입니다. 그리스도는 십자가의 어려운 시험 가운데서도 끝까지 하나님의 선하심을 믿으심으로써 승리하셨습니다. 우리도 그리스도를 따라서 우리의 모든 "현재의 고난" 가운데서 선하신 하나님을 끝까지 믿음으로써 믿음의 승리를 이루어야 하겠습니다. 우리가 받는 모든 미혹을 빌으시면서도 십자가를 지시기로 결단하신 주님, 그리고 사망 권세를 이기시고 부활하신 주님을 따라서 "현재의 고난"을 견디어야 합니다.

> 자녀이면 또한 상속자 곧 하나님의 상속자요 그리스도와 함께 한 상속자니 우리가 그와 함께 영광을 받기 위하여 고난도 함께 받아야 할 것이니라(롬 8:17).

비록 우리가 우리의 믿음에 대한 모든 회의적인 질문에 대하여 논리적이고 과학적인 명쾌한 대답을 할 수 없더라도 우리는 인간의 논리가 아니라 하나님의 선하심을 굳게 믿어야 합니다. 우리는 사람의 논리가 아니라 하나님의 약속과 말씀을 의지해야 합니다. 진정한 믿음은 시험을 통해 약해지지 않고, 오히려 굳게 자라고 성숙하게 됩니다. 불신자들에게는 하나님의 존재와 선하심을 불신하게 만드는 모호하고 불확실한 문제가 믿는 이들에게는 오히려 하나님의 무한하신 지혜와 깊으신 섭리와 신비한 영광으로 인식되는 것입니다(욥 38:2; 42:3; 사 55:8-9).

깊도다 하나님의 지혜와 지식의 풍성함이여, 그의 판단은 헤아리지 못할 것이며 그의 길은 찾지 못할 것이로다 누가 주의 마음을 알았느냐 누가 그의 모사가 되었느냐 (롬 11:33-34).

하나님의 선하심과 절대적 주권을 굳게 믿을 때, 하나님은 사람의 악행을 통해서도 결국 그의 선하신 섭리를 이루어 가신다는 것도 수긍할 수 있습니다(잠 16:4; Augustine, *On Grace and Free Will*, xxi.42; *Inst.* I.84.1).

하나님의 어리석음이 사람보다 지혜롭고 하나님의 약하심이 사람보다 강하니라 (고전 1:25).

피조물 인간은 본질상 아무리 명백한 이성적 논리로도 창조주 하나님의 깊으신 뜻과 섭리에 대항할 수 없다는 사실을 알아야 합니다(사 45:9-10). 인간은 전능하신 하나님 앞에서 자신의 지혜와 논리를 자랑할 수 없습니다. 피조물 인간은 알 수 없고 알아서도 안 되는 창조주 하나님만의 신비한 섭리와 지혜의 영역을 인정해야 합니다. 하나님과 인간 사이에는 본질적인 차이가 있습니다. 하나님은 높은 하늘에 계시고 우리는 낮은 땅에 있습니다.

내 생각이 너희의 생각과 다르며 내 길은 너희의 길과 다름이니라 이는 하늘이 땅보다 높음같이 내 길은 너희의 길보다 높으며 내 생각은 너희의 생각보다 높음이니라 (사 55:8-9).

전능하신 하나님 앞에서 인간은, 욥처럼, "무지한 말로 이치를 가리는 자가 누구이니이까 나는 깨닫지도 못한 일을 말하였고 스스로 알 수도 없는 일을 말하였나이다"(욥 42:3)라고 자신의 무지와 무능을 인정하고 하나님의 지혜와 사랑을 믿어야 합니다. 세상 사람들에게는 미련하게 보이는 것이라도 믿는 우리에게는 지혜가 됩니다.

십자가의 도가 멸망하는 자들에게는 미련한 것이요 구원을 받는 우리에게는 하나님의 능력이라(고전 1:18).

더구나 십자가를 믿는 신앙인은 십자가의 말할 수 없는 하나님의 사랑과 구원의 능력에 압도되어 자신의 이성적 논리와 합리적 원칙을 스스로 십자가에 못 박아 버립니다. 진정한 신앙인은 하나님의 선하심을 의심하고 반박하고 원망하는 모든 논리를 거절하고 모든 것을 하나님의 선하신 재량에 맡깁니다. 신앙인은 이성이 아니라 믿음으로 살아야 합니다. 이것은 이성적 사고나 행위를 모두 버린다는 것이 아니라 다만 이성적 논리가 하나님의 의로우심과 영광을 가릴 때 그것을 따르지 않고 기꺼이 포기한다는 것입니다. 이성적으로는 모호하고 불합리하게 보이는 하나님의 말씀이나 역사도 우리가 알 수 없는 하나님의 높은 지혜와 깊으신 섭리를 가리키는 것으로 믿고 겸손히 순종하는 것입니다.

우리는 십자가를 지신 주님께서 하늘 아버지를 의지하신 것처럼 우리의 모든 "현재의 고난" 가운데서 우리를 이기게 하시는 삼위 하나님을 믿고 의지해야 합니다. 우리는 십자가를 지신 주님께서 하늘 아버지를 의지하신 것처럼 우리의 모든 육적, 영적, 개인적, 집단적, 우주적 고난 가운데서 우리를 이기게 하시는 삼위 하나님을 믿고 의지해야 합니다.

첫째, 우리는 모든 "현재의 고난" 가운데 선하신 성부 하나님을 믿고 의지해야 합니다. 주님께서 겟세마네 동산에서 십자가를 지시기 전날 밤에 모든 혼란과 불확실성 가운데서 선하신 하나님만 의지하고 십자가를 지시기로 결단하셨듯이, 우리도 현재의 모든 불확실성 가운데서도 선하신 하늘 아버지께서 언제나 모든 일을 선하게 인도하여 주신다는 믿음을 가져야 합니다.

하나님을 사랑하는 자 곧 그의 뜻대로 부르심을 입은 자들에게는 모든 것이 합력하여 선을 이루느니라(롬 8:28).

둘째, 나를 사랑하사 나를 위해 죽으시고 다시 사신 성자 그리스도를 믿고 의지함으로써 모든 "현재의 고난"을 극복할 수 있습니다.

> 누가 우리를 그리스도의 사랑에서 끊으리요 환난이나 곤고나 박해나 기근이나 적신이나 위험이나 칼이랴 … 내가 확신하노니 사망이나 생명이나 천사들이나 권세자들이나 현재 일이나 장래 일이나 능력이나 높음이나 깊음이나 다른 어떤 피조물이라도 우리를 우리 주 그리스도 예수 안에 있는 하나님의 사랑에서 끊을 수 없으리라 (롬 8:35-39).

셋째, 언제나 우리 중에 계시는 성령 하나님께서 연약한 우리를 위로하시고, 도와주시고, 우리를 위해 간구하여 주시기 때문에 우리의 십자가를 능히 질 수 있습니다(롬 8:26). 그러므로 토마스 아 캠피스(Thomas à Kempis, 1379-1471)는 "십자가를 기꺼이 지면 십자가가 너를 져줄 것이다"라고 말했습니다(『그리스도를 본받아』, 2권 12장 5). 우리는 본능적으로 고난을 피하려고 하지만, 우리가 당하는 고난을 두려워하지 않고 주님께 맡길 때, 십자가를 질 때, 오히려 자유롭게 되고, 감사와 기쁨이 넘치게 됩니다.

"십자가를 지라"는 말씀은 주님께서 약속하신 축복의 말씀들과는 상반되게 들립니다. 주님께서는 그의 제자들에게 평안을 약속하셨기 때문입니다(마 11:28-30; 요 14:27; 16:33). 그러나 주님께서 평안을 약속하신 말씀들을 자세히 읽으면 주님께서 주시는 평안은 언제나 핍박이나 고난과 함께 나타난다는 것을 알 수 있습니다(요 14:1; 15:20; 16:1, 32).

> 수고하고 무거운 짐 진 자들아 다 내게로 오라 내가 너희를 쉬게 하리라 나는 마음이 온유하고 겸손하니 나의 멍에를 메고 내게 배우라 그리하면 너희 마음이 쉼을 얻으리니 이는 내 멍에는 쉽고 내 짐은 가벼움이라 하시니라(마 11:28-30).

우리가 져야 할 주님의 멍에(고난)는 세상의 소망 없는 고난이 아니라 영원한 소망과 영광을 약속하는 멍에이기 때문에 힘은 들어도 마음은 편합니다.

"고난 없는 평안"만을 약속하는 것은 거짓 예언자들이 사람들의 인기를 얻기 위해서 오랫동안 가르쳐온 잘못된 가르침입니다(렘 6:13-14; 9:23-25; 28:9; 호 5:1 이하; 10:1-12; 미 3:5, 11). 특별히 많은 현대 그리스도인과 교회는 편의주의와 안일주의에 젖어 있습니다. 편안하고 풍족함 가운데서는 기도를 그치게 되고, 천국도 무관심하게 되고, 영적 가치보다는 이 땅의 보이는 허망한 피조물의 가치에만 집중할 수 있습니다. 우리는 스스로 우리의 십자가를 짊어짐으로써 무사안일주의에서 벗어나야 합니다. 복음은 십자가의 은혜를 믿음으로 구원을 얻게 되는 진리이면서, 동시에 구원의 은혜를 받은 사람은 모든 고난과 시험을 통해서 자신이 받은 구원을 스스로 확증할 것을 요구합니다. 십자가의 구원의 은혜에 대한 보답이 없는 신앙생활은 거짓된 것입니다. 진실한 신자는 구원받은 은혜를 감사하며 도저히 믿을 수 없는 조건 가운데서도 그 믿음을 지킴으로써 자신의 믿음의 진정성을 확증합니다.

"십자가를 지라"는 주님의 말씀은 특별한 말씀이 아니라 성경 전체의 말씀과 일치하는 말씀입니다. 즉 성경은 하나님의 구원 역사가 모든 불신과 방해 가운데 성취된다는 것을 보여줍니다. 하나님의 영광은 모든 어려움과 방해 가운데 더욱 빛나는 것입니다. 성경은 모든 하나님의 사람들이 각자의 특별한 고난을 경험하면서 하나님 신앙을 더욱 돈독하게 다지게 된 것을 보여줍니다. 고난과 시험을 당하지 않은 하나님의 사람은 하나도 없습니다. 아브라함, 이삭, 야곱, 요셉, 모세, 사사들, 욥, 다윗, 예언자들, 사도들 모두 고난을 받았고, 특별히 예수님께서 십자가의 고난을 친히 받으셨습니다(히 6:15; 11:17-12:13). 하나님이 **언약**을 **믿는** 사람은 고난을 통해서 더욱 깊고 진실한 신앙인이 되는 것입니다.

본문의 앞에서, 예수님께서 자신이 장차 받을 고난을 처음으로 예고하셨을 때 베드로가 이를 만류하였습니다. 하나님의 구원 역사가 언제나 승승장구하는 것이라고 믿던 베드로에게 주님의 고난 예고는 전혀 예상할 수 없었고, 이해할 수도 없는 말씀이었던 것입니다. 그러나 "십자가를 지라"는 주님의 말씀은 성경 전체가 가르치는 하나님의 말씀과 일치합니다. 또한 "십자가를 지라"는 말씀은 특정한 사람들에게, 특별한 경우에 한정된 말씀이 아니라 모든 그리스도인이 언제나 실천해야 하는 보편적이고 일상적인 그리스도인의 삶의 자세를 가르치는 말씀입니다. 본문의 누가복음의 병행구(9:23)에는 "날마다"라는 말이 있습니다.

"날마다 제 십자가를 지고 나를 따르라."

우리가 십자가를 질 때 먼저 우리 자신을 부인해야 합니다. 십자가를 지는 일에 가장 큰 장애가 되는 것은 바로 우리 자신의 이기적 본능입니다. 우리는 본능적으로 우리 자신을 보호하기 위해서 고난을 피하려고 합니다. 그러나 우리가 당하는 고난을 두려워하지 않고 주님을 의지하고 고난을 받을 때, 신기하게도, 오히려 자유롭고, 오히려 기쁘고, 오히려 감사가 넘치게 됩니다. 그러므로 모든 탐욕을 버리고, 자기중심적 자세를 버리고, 모든 어려움과 역경 가운데서도 하나님만을 의지해야 합니다. 그리스도께서 하나님을 의지하시고, 고난을 참으시며 십자가를 지실 때 하나님의 구원의 능력이 나타났듯이, 오늘 우리도 십자가의 그리스도를 따라 탐욕을 버리고 하나님을 전적으로 의지하면서 "현재의 고난"을 이겨 나갈 때 하나님의 구원의 능력이 나타나는 것입니다. 하나님의 능력으로 말미암아 약함이 강함으로, 죽음이 생명으로, 슬픔이 기쁨으로, 고난이 영광으로 바뀌는 이변이 일어나는 것입니다.

> 누구든지 제 목숨을 구원하고자 하면 잃을 것이요 누구든지 나를 위하여 제 목숨을 잃으면 찾으리라(마 16:25).

우리가 그리스도를 위해 받는 고난은 우리가 진정한 그리스도의 제자라는 가장 분명한 증표가 되는 것입니다. 또한 고난은 끊임없이 탐욕과 안일을 추구하는 우리의 부패한 죄의 본성을 억제하고 순화시키는 해독제도 됩니다(시 119:71).

우리가 받는 십자가의 고난을 통해서 하나님 나라가 성장하고 확장됩니다. 장래의 하나님 나라의 영광만을 바라며 오늘 자신이 져야 하는 십자가를 지지 않는 그리스도인은 무책임한 종으로 책망 받게 될 것입니다. 성숙한 그리스도인은 장래의 영광과 소망을 바라보며 모든 "현재의 고난"에 기꺼이 참여하는 사람입니다. 하나님의 일을 위해 기꺼이 자신의 모든 것을 바치는 사람입니다.

우리는 하나님의 구원의 은혜를 거저 받았습니다(마 10:8). 그러나 그리스도의 십자가는 거저가 아니었습니다. 그리스도는 십자가에서 그의 존귀한 신분과 큰 능력을 버리시고 죄인의 모습으로 죽으셨습니다. 그리고 그를 따르는 제자들에게 각자의 십자가를 지고 자기를 따르라고 말씀하십니다. 십자가의 "값 비싼 은혜"를 거저 받은 그리스도인은 이제 그 은혜에 보답하고 증거하는 삶을 살아야 합니다. 구원의 은혜를 받은 것으로만 만족하는 그리스도인은 미성숙한 그리스도인일 뿐입니다. 그리스도께서는 우리에게 평안과 고난을 모두 약속하셨습니다. 십자가와 면류관을 함께 주셨습니다.

우리가 그와 함께 영광을 받기 위하여 고난도 함께 받아야 할 것이니라(롬 8:17b).

주님의 제자는 영광을 받기 전에 먼저 고난받을 각오를 해야 합니다.[12] 그러나 우리가 받는 고난은 그리스도께서 주신 구원의 큰 은혜와 지극한 영광에 비해 매우 작은 것임을 알아야 합니다(롬 8:18; 고후 4:17).

또한 신앙이란 결국 이상적 허구에 불과하다는 이들에게 우리의 십자가를 짐으로써 하나님의 사랑과 은혜를 믿는 우리의 믿음이 망상이 아니라 실재라는 것을 증거해야 합니다. 기독교는 혹세무민(惑世誣民)하는 미신 종교가 아니라 십자가를 지신 그리스도의 모본을 따라 모든 사람들의 유익을 위해 선행과 희생을 가르치고 실행하는 참 종교라는 것을 증거해야 합니다.

우리가 예수님의 참 제자가 되려면 자기를 부인하고 자기 십자가를 져야 합니다. 죄악 세상을 위해 하나님의 아들이 십자가를 지시고 고난을 받으셨듯이, 예수님의 제자는 세상에서 고난받을 각오를 해야 합니다. 십자가를 지는 일은 우리의 전인적 헌신을 요구합니다.

우리가 십자가를 질 때 주님의 십자가는 죄인을 향하신 하나님의 사랑에서 비롯되었다는 것을 잊어서는 안 됩니다. 고난의 십자가를 지는 일이 자칫 인습(因習)으로 경직된 엄격주의(rigorism)로 변질되지 않도록 주의해야 합니다. 십자가의 고통에 지쳐서 십자가의 본질인 사랑과 용서를 잊지 않도록 주의해야 합니다.

하나님은 사랑이십니다. 사랑이 하나님의 본질입니다. 사랑이 삼위 하나님의 존재 모드입니다. 삼위 하나님께서는 서로 사랑하는 관계입니다(막 1:11; 요 14:31; 15:9; 요 17:23-26).[13] 성부는 성자를 사랑하고, 성자는 성부를 사랑하고, 또한 성부와 성자는 성령을 사랑하고, 성령은 성부와 성자를 사랑합니다. 예수님의 십자가 죽으심

---

12 마 19:29; 막 10:30; 빌 1:29; 살후 1:5; 딤후 2:11, 12; 히 12:1-2; 약 1:12.

13 Augustini, *De Trinitate*, IV.20.29, 215-216; Jonathan Edwards, "Discourse on the Trinity," *The Works of Jonathan Edwards*, vol. 21, (New Haven: Yale University Press, 2004), 121, 133: 조나단 에드워즈는 성경에 하나님이 성령을 사랑한다는 말은 없으나 마 3:17, 롬 5:5, 요일 4:12-13 등에 근거하여 성령이 하나님의 사랑이라고 유추한다. 조나단 에드워즈, 『사랑』, 395.

의 동기는 바로 죄인을 향하신 하나님의 사랑이었습니다.

> 우리가 아직 죄인 되었을 때에 그리스도께서 우리를 위하여 죽으심으로 하나님께서 우리에 대한 자기의 사랑을 확증하셨느니라(롬 5:8).

하나님은 본질상 사랑이시고 주님께서 십자가를 지신 동기가 분명히 죄인을 향하신 하나님의 사랑이란 것을 아는 우리는 사랑으로 우리의 십자가를 져야 합니다. 우리의 열심과 충성과 헌신과 봉사도 사랑에서 비롯되어야 합니다. 우리의 사랑의 대상과 범위를 모든 사람들과 모든 일로 넓혀야 합니다(요일 4:11). 모든 사람들에게 우리의 사랑을 나타내야 하고 만사를 사랑을 따라 추구해야 합니다(고전 14:1). 천국은 바로 성도들이 서로 사랑으로 섬기는 곳입니다.[14]

탐욕을 버리는 것도 어렵고, 억울함을 참는 것도 어렵지만, 사랑하는 것은 더 어려운 일입니다. 그러나 우리의 마음에 주님의 사랑이 있으면 탐심도 버릴 수 있고, 억울함도 참을 수 있습니다. 사랑이 없는 열심과 충성은 울리는 꽹과리와 같은 것입니다. 사랑이 없는 경건은 자주 위선, 외식, 독선으로 변질되어 모든 관계를 파괴하고 주님의 몸 된 교회를 어지럽힙니다. 만사를 사랑을 따라 추구해야 합니다(고전 12:31; 14:1). 사랑은 모든 선하고 좋은 것들의 총체적 가치입니다. 사랑은 모든 인격적 관계의 최상의 상태입니다.

> 사랑은 오래 참고, 사랑은 온유하며, 시기하지 아니하며, 사랑은 자랑하지 아니하며, 교만하지 아니하며, 무례히 행하지 아니하며, 자기의 유익을 구하지 아니하며, 성내지 아니하며, 악한 것을 생각하지 아니하며, 불의를 기뻐하지 아니하며, 진리와 함께 기뻐하며, 모든 것을 참으며, 모든 것을 믿으며, 모든 것을 바라며, 모든 것을 견디느니라(고전 13:4-7).

이 사랑에 대한 정의는 시작도 끝도 모두 "사랑은 오래 참거나 모든 것을 참고 견

---

[14] 어거스틴, *The City of God*, BK 12.30; 조나단 에드워즈, 『사랑』, 409 이하.

디는 것이라"고 합니다. 사랑이란 십자가의 인내와 같은 것이라고 생각할 수 있습니다. 십자가를 지는 것은 고난 중에 사랑을 따라 하나님의 구원이 나타날 때까지 오래 참고, 또 모든 것을 견디는 것입니다. 사랑을 따라 사는 것이 곧 성령을 따라 사는 것입니다(롬 8:18; 고전 14:1; 갈 5:16; 22).

때로 사랑과 정의 중 양자택일을 해야 할 때가 있지만, 대개 사랑을 우선적으로 선택해야 합니다. 십자가에서 하나님의 공의와 사랑이 모두 나타났으나, 하나님의 사랑이 선행적(先行的) 동기였던 것입니다. 십자가는 하나님께서 공의로우심을 넘어 사랑하시는 분이심을 가르칩니다. 우리는 불의와 싸우고 정의를 세워야 하지만, 언제나 십자가의 인내와 희생적 사랑을 우선시해야 합니다.

오직 사랑 안에서 참된 것을 하여 범사에 그에게까지 자랄지라(엡 4:15a).

그리스도의 십자가는 죄를 지적하고 드러내는 것보다 죄를 덮어주고 용서하는 것입니다. 무엇보다 바로 우리 자신들이 십자가의 구원의 은혜와 사랑으로 용서받은 죄인들이란 사실을 명심해야 합니다.

그리스도의 십자가의 사랑이 없이 순전히 인간이 이성과 도덕적 원리를 따르는 도덕적 가치는 인간의 뿌리 깊은 죄성으로 말미암아 결국 위선과 오만함으로 변질됩니다. 더구나 이성이나 도덕은 세상과 사람들의 마음을 지배하는 절대적 악의 세력에 대항하여 선을 선이 되게 하는 최고선(最高善, summum bonum), 또는 "초월적 능력"을 무시하므로 결국 허무한 가치일 뿐입니다.[15] 세상이 칭송하는 어떤 위대한 인물들도 자기 자랑과 오만함에 대해서 하나님의 심판을 받게 될 것입니다. 모든 인간은 본질상 탐심과 죄성으로 오염되었으므로 궁극적인 선의 모델이 될 수 없습니다. 자연주의(인과론, 순환론, 운명론, 우연론, 진화론 등)가 가르치는 선이나 가치는 피조물의 본질상 불완전합니다. 오직 사랑으로 십자가를 지시고 부활 승리하신 하나님의 아들 그리스도만이 실제적이고 완전한 선의 모델이 될 수 있습니다.[16]

---

15 루이스 벌코프, 『성경 해석학』, 37; 한철하, 『21세기 인류의 살 길』(양평: 칼빈아카데미, 2016), 373. 이들은 칸트가 하나님과 그리스도 중심의 은혜의 종교가 아니라 인간 이성 중심의 도덕적 종교를 만들었다고 비판한다.
16 마 11:29; 요 13:34; 롬 6:3 이하; 고후 4:7-15; 6:3-10; 11:23-12:10; 갈 2:20; 6:14, 17; 빌 2:5 이하; 골 1:24; 엡

어떤 종교나 철학은 고행과 수행을 통해 인생의 괴로움을 극복할 수 있다고 가르칩니다. 그러나 십자가의 사랑이 없는 고행이나 헌신은 자주 오만한 도덕주의나 독선주의에 빠집니다. 사랑 없이 십자가를 지는 것은 고행주의와 같고, 그것은 또 하나의 오만하고 이기적인 삶의 유형일 뿐입니다.

십자가의 사랑은 도덕적이고 종교적인 사람들에게서 자주 나타나는 위선, 독선, 외식 등의 독성을 제거하기 위해 필요한 가장 탁월한 해독제입니다. 우리는 십자가의 사랑으로 우리가 자칫 빠지기 쉬운 위선과 오만함과 독선주의와 외식주의를 극복할 수 있습니다.

모든 사랑이 기적을 낳는 것은 아닙니다. 탐심으로 위장되고 오염된 사랑은 결국 불행을 낳을 뿐입니다. 다만 십자가의 보혈로 정결하게 된 그리스도인의 순수한 아가페 사랑만이 진정한 기적을 낳는 것입니다. 우리가 잘 아는 손양원 목사님의 "사랑의 원자탄"은 십자가의 사랑의 위대한 가치와 놀라운 능력을 우리 모두에게 증거합니다. 그리스도인의 최종적 가치 판단 기준은 역시 사랑입니다.

하나님의 은혜, 능력, 영광, 생명, 사랑은 나를 자랑하고 나를 내세울 때에는 사라지고, 나를 낮추고 나를 감출 때에 나타납니다. 또한 나의 연약함과 나의 모든 의심과 고뇌와 수치, 억울함, 원망, 분노, 불신을 십자가에 못 박을 때에 하나님의 은혜, 능력, 위로, 기쁨, 영광, 생명이 나타납니다.

> 우리가 항상 예수의 죽음을 몸에 짊어짐은 예수의 생명이 또한 우리 몸에 나타나게 하려 함이라(고후 4:10).

사탄은 부단히 우리의 십자가를 우리의 자랑과 고집, 우리 자신의 명예와 자아성취의 도구로 변질시킵니다. 또한 사탄은 우리의 십자가를 우리의 부끄러움과 죄책감으로 곡해하게 합니다. 그러나 우리는 부단히 십자가에 달리신 그리스도를 바라보면서 우리의 십자가를 주님께서 지신 십자가를 따라 바르게 지도록 힘써야 합니다. 우리의 약함이나 강함, 우리의 자랑이나 수치, 우리의 실패나 성공도 모두 십자

5:1; 딤후 2:3 이하 등.

가에 못 박고 주님만 따라가야 합니다. 우리는 십자가에 달리신 그리스도를 따라서 모든 자랑과 영광을 하나님께 돌림으로써 인간의 헛된 자랑과 허영심으로 말미암는 혼란과 갈등을 억제하고, 그리스도의 몸으로서 생명과 사랑의 역동적 유기체를 이루어야 합니다.

십자가를 지는 것은 나의 유익이 아니라 남의 유익을 구하고, 나를 기쁘게 하기보다 남을 기쁘게 하고, 나의 행복보다는 남을 행복하게 함으로써 십자가에 달리신 그리스도의 구원의 은혜와 사랑을 세상에 나타내는 것입니다. 실제로 내 자신의 유익을 위해 받는 이기적 고난은 그 가치가 제한적입니다. 남의 유익을 위한 도덕적 고난은 어느 정도 가치가 있습니다. 그러나 영원하신 하나님의 영광을 위한 고난이 가장 귀한 가치가 됩니다. 하나님께서 인정하여 주시기 때문입니다.

(고난을 두려워하지 말고) 네가 죽도록 충성하라 그리하면 내가 생명의 관을 네게 주리라(계 2:10c).

그러므로 우리는 주님의 제자로서 당하게 되는 고난을 두려워하지 말고 주님께 의지하며 사랑 가운데 고난을 참고 견디어야 합니다. 이렇게 십자가를 질 때 오히려 자유롭고, 기쁘고, 감사가 넘치게 됩니다. 주 안에서 모든 것을 믿고 모든 것을 바라는 이들에게는 결국 어떤 고난도 축복과 은혜가 된다는 것을 잊지 말아야 합니다.

죄악 세상을 위해 하나님의 아들이 십자가를 지시고 고난을 받으셨습니다. 예수님의 제자 된 우리는 세상에서 기꺼이 고난받을 각오를 해야 합니다. 십자가를 지는 것이 진정한 그리스도인의 삶의 증표입니다. 거짓 그리스도인은 고난을 만나면 믿음을 포기하지만 참 그리스도인은 고난 중에 오히려 믿음과 헌신을 굳게 합니다.

우리가 환난 중에도 즐거워하나니 이는 환난은 인내를, 인내는 연단을, 연단은 소망을 이루는 줄 앎이로다(롬 5:3-4).

그리스도께서 약함으로 십자가를 지셨듯이 우리가 약할 때 오히려 십자가의 능력이 나타납니다(고후 12:9-10). 그리스도의 십자가가 어두운 죄악 세상에서 그 빛을 나타내듯이, 우리의 십자가도 오히려 어려운 인생의 길목에서 그 능력이 나타납니다. 그러므로 우리의 약함이나 불행한 환경을 불평하지 말고 오히려 그리스도의 십자가의 능력이 나타나도록 기도해야 합니다. 십자가를 지는 능력은 결국 하나님께서 주시는 능력이므로 주님께 간구함으로 얻을 수 있습니다. 우리 모두 우리의 십자가를 제대로 질 수 있도록 주님께 간구합시다.

미국 남가주동신교회

2016년 7월 5일

74. 믿음의 주관성과 객관성

> 믿음은 바라는 것들의 실상이요, 보이지 않는 것들의 증거니, 선진들이 이로써 증거를 얻었느니라. 믿음으로 모든 세계가 하나님의 말씀으로 지어진 줄을 우리가 아나니, 보이는 것은 나타난 것으로 말미암아 된 것이 아니니라(히 11:1-3).

히브리서 4-10장은 율법의 제사의식를 통한 속죄는 그리스도의 희생을 통한 속죄의 예표적 성경 계시의 근거이며, 율법의 제사의식의 예비적이고 불완전한 특성이 그리스도의 속죄의 완전성과 탁월성을 가리킨다고 논한다.

같은 맥락에서 히브리서 11장은 복음 신앙을 오랜 성경의 신앙 전통과 역사에 비추어 그 탁월성과 완전성을 논한다. 그리스도를 믿어 구원 얻는 복음은 단순히 특정 신앙인들의 주관적인 믿음이 아니라 실제로 하나님의 언약에 대한 조상들의 믿음이 오랜 역사를 통해 실제로 성취된 객관적 사례들에 근거하기 때문에 기독교 신앙은 그 진실성이 증명된 하나의 "실상" 또는 "실체"(substance, hypostasis, reality)라는 것이다.

> 믿음은 바라는 것들의 실상이요, 보이지 않는 것들의 증거니, 선진들이 이로써 증거를 얻었느니라 믿음으로 모든 세계가 하나님의 말씀으로 지어진 줄을 우리가 아나니, 보이는 것은 나타난 것으로 말미암아 된 것이 아니니라(히 11:1-3).

흔히 사람의 어떤 욕구가 그 욕구의 대상이 실재한다는 것을 나타내듯이 우리가 믿는 믿음의 대상이 허구가 아니라 실재라고 논할 수도 있다. 그러나 복음 신앙은 본질적으로 우리 자신의 주관적 주장이 아니라 하나님의 객관적 말씀이라는 사실이 언약과 성취의 오랜 성경 역사를 통해 증명되었다.

물론 이런 하나님 언약 중심의 신앙적 역사관은 하나님이 구원의 주가 되신다는 믿음이 전제된다(히 11:3, 6). 이런 하나님 중심적 역사관을 "소수의 주관적 의견"이라고 보며 부끄러워할 필요가 없다. 세상의 모든 역사가 나름대로 어떤 특별한 역사철학을 따라서 주관적으로 역사적 사실들을 관찰하고 해석하기 때문이다.

흔히 이성주의자들은 믿음이란 개인적이고 주관적인 감성이나 가치일 뿐이며 만인이 수긍하는 객관적 의미나 가치가 될 수 없다고 논한다. 그러나 개인적 관심이나 가치를 떠난 완전히 객관적 가치란 무의미하고 맹목적이다. 객관적 관찰이나 경험을 통한 진리가 보편타당성은 있으나, 일정한 주관적 입장이 없는 관찰이나 경험은 아무런 진리를 찾지 못한 채 총체적인 혼란으로 흐르게 마련이다. 사물을 관찰하는 사람이 일정한 위치와 각도를 정하지 않으면 제대로 사물을 관찰할 수 없다. 우리가 창밖을 내다 볼 때 우리는 여러 창문들을 통해 동시에 바라볼 수 없고, 여러 창문들 가운데 어느 것 하나만을 선택해야 한다. 다른 말로, "감성 없는 오성(惡性)은 공허하고, 오성 없는 감성은 맹목적이다"(칸트) 감성은 주관성, 오성은 객관성에 해당한다고 보면, 주관성 없는 객관성은 공허하고, 객관성 없는 주관성은 맹목적이다.

유사하게, 물질 세계에 대한 과학적 지식이나 물리학적 이론만으로는 인간에게 어떤 의미와 가치를 줄 수 없다. 객관적인 물리학적 현상이나 진리를 사람의 어떤 주관적 이념이나 사상, 또는 감성에 비추어 의미화할 때 비로소 그 물리학적 사실이 의미를 갖게 되는 것이다. 사람이 객관적 사물의 존재나 물리적 현상의 의미에 대한 주관적 이해를 하지 못할 때에는 결국 허무와 공허함에 빠질 수밖에 없다. 비인격적 세계관이나 인간관은 사람을 공허하게 만들고 어두운 우주 공간을 떠도는 외로운 별이나, 물질의 분자나 입자처럼 맹목적이고 무의미한 존재로 만들 뿐이다. 그러므로 모든 고대인들은 무인격적 자연물을 인격화하거나 신격화하는 자연숭배로써 우주와 인생의 의미를 찾으려고 했던 것이다. 그러나 우리는 하나님께서 세상 만물을 창조하신 것으로 믿고 만물을 선한 목적을 위해 사용하는 것이다.

결국 인간 사고와 경험과 역사 가운데 객관성이나 주관성은 함께 작용하는 것이다. 현대인의 불행은 객관적 진리를 중시하는 이성주의와 과학에 집중하면서 지금까지 인류가 쌓아 놓은 전통적 가치관이나 의미론, 특별히 기독교 신앙을 객관화, 중립화, 상대화함으로써 결국 총체적인 가치관의 혼란에 빠지게 된 것이다.

작금에 일어나는 이슬람 원리주의자들의 위협과 공격에도 불구하고, 현대 서양 세계는 여전히 종교란 결국 모두 같은 것이라는 종교적 상대주의를 고수한다. 서양 세계의 혼란한 상대적 가치관이 이슬람 같은 절대주의적 종교의 확장을 초래한 것이다. 이런 절대주의적 종교의 위험한 확장에 대한 근본적인 해결책은 십자가의 화해의 신앙을 회복하는 것이다. 십자가 신앙도 절대주의적이지만, 십자가의 은혜와 사랑과 화해의 정신은 이 시대의 난국을 충분히 극복할 수 있는 궁극적 해결책이 된다. 이 시대의 난국의 근본적인 원인은 바로 현대인들의 불신에 있음을 알아야 한다. 과거의 십자군 전쟁을 비판만 할 것이 아니라 십자가의 사랑과 화해의 가르침으로 현재의 난국을 극복해야 한다.

성경은 하나님이 절대적 존재로서 세상과 사람의 주인이라는 믿음, 즉 주관적 신앙 진리를 가르친다. 그러나 성경이 가르치는 믿음은 단순히 사람이 만든 인위적 주관적 진리가 아니라 하나님의 객관적 언약과 계시에 대한 믿음이기 때문에 믿을 만한 객관적 타당성이 있다. 복음서는 예수님의 인격과 구원 사역이 모두 구약의 예언에 따라 역사적으로 성취되었음을 보여준다, 특히 마태복음은 41개의 성취 구절들을 인용하면서 이를 증거하고 있다.

바울도 로마서 초두에서 "이 복음은 하나님이 선지자들을 통하여 그의 아들에 관하여 미리 약속하신 것이라"(롬 1:2)라고 지적하고 이어서 "기록된 바," 또는 "기록된 대로"라는 말로 시작되는 구약 인용구들을 통해서 복음의 역사적 신학적 객관성을 논한다(롬 1:17; 3:10-31; 10:5-21; 11:10; 21:13 등). 특별히 히브리서는 하나님의 모든 언약과 그 언약을 믿었던 사람들의 믿음이 실제로 역사 가운데 이루어졌다는 객관적 사실을 지적하면서 오랜 하나님의 언약 전통을 따르는 복음의 언약도 같은 신빙성이 있으므로 우리가 믿는 것이 마땅함을 가르친다(히 11:2, 4 이하; 12:1). 구약 성경도 조상들에게 하신 하나님의 언약의 말씀들이 어떻게 이스라엘의 오랜 역사 가운데 성취되어 왔는가를 보여주면서 하나님 신앙의 타당성을 가르치는 것이다.[1]

이렇게 성경은 단순히 주관적인 신앙 서적이나 문학 이야기가 아니라, 하나님께서 그의 존재와 신실하심을 역사를 통해 객관적으로 증거하시는 역사다. 모든 역사는 주관적인 역사 철학이나 어떤 주관적 의도에서 해석된 것이다. 아무런 해석 없이 단순히 역사적 사실만을 기술하는 것은 역사가 아니라 연대록(年代錄)일 뿐이며

---

1 창 28:13-15; 출 2:24-25; 시 44:1; 77:11; 78장; 114:1; 126:1; 사 46:9-10; 애 2:17; 겔 38:17; 미 7:20 등.

역사가가 그 역사적 사실들을 자신의 사관(史觀)에 비추어 해석하고 의미를 부여할 때까지는 특별한 의미나 교훈이 없는 사료(史料)일 뿐이다. 성경은 역사적 사실들을 찾는 현대 역사가들이 참고할 만한 귀중한 객관적 역사적 사실들을 담고 있으나, 성경 저자들이 성령의 영감을 받아 역사적 사실들을 신앙-신학적으로 해석한 역사책이다. 성경의 묵시론적 예언 문학도 저자들의 특별한 역사적 상황에서 저자들이 성령의 영감을 받아 하나님께서 이 세상을 끝까지 이끄신다는 것을 보여주는 것이다. 성경은 자신이 창조하신 인간의 타락으로 말미암은 비극적 세상을 보시고 이를 구원하기 위해 힘써 오신 창조주 하나님의 구원 역사다.

> 믿음이 없이는 하나님을 기쁘시게 하지 못하나니 하나님께 나아가는 자는 반드시 그가 계신 것과 또한 그가 자기를 찾는 자들에게 상 주시는 이심을 믿어야 할지니라 (히 11:6).

이렇게 성경이 제시하는 믿음은 사람의 주관적 의지나 소망이 아니라 신실하신 하나님의 약속에 근거한 믿음이기 때문에 실재(실상)이며 세상의 모든 믿음 위에 뛰어난 탁월한 믿음이다. 그러므로 우리는 구원을 향한 믿음의 대열에서 이탈하지 말고 완전한 구원에 이르기까지 믿음의 경주를 계속해야 한다(히 12:1-2).

2016년 7월 11일

75. 창조와 인간의 존재 이유와 목적

> 너희를 위하여 보물을 땅에 쌓아 두지 말라 … 오직 너희를 위하여 보물을 하늘에 쌓아 두라(마 6:19-20a).
>
> 그러므로 내가 너희에게 이르노니 목숨을 위하여 무엇을 먹을까 무엇을 마실까 몸을 위하여 무엇을 입을까 염려하지 말라 … 이는 다 이방인들이 구하는 것이라 … 그런즉 너희는 먼저 그의 나라와 그의 나라를 구하라. 그리하면 이 모든 것을 너희에게 더하시리라(마 6:25-33).

성경은 태초에 하나님께서 세상과 인간을 창조하셨음을 선언한다. 특별히 인간은 "하나님의 형상"으로 창조된 특별한 존재임을 밝힌다. 더구나 하나님의 아들 예수님께서 세상에 오셔서 타락한 인간을 구원하시기 위해 몸소 희생하셨다.

현대의 합리주의와 자연주의적 영향을 받은 비평적 성경학자들은 이런 초월적인 인간 이해와 인간 구원을 위한 복음을 지난 시대의 문화적 유산으로 여기며 무시한다. 그러나 하나님은 어떤 문화든지 자신이 정하신 문화를 통해 말씀하실 수도 있다. 모든 하나님의 계시의 말씀은 특별한 문화적 특징이 있든 없든 모든 시대를 초월하여 동일한 권위를 가진다(막 7:1-23; 롬 2:25-29; 3:30; 4:9-13; 고전 7:18-19; 갈 5:6; 6:15).

현대 사상을 지배하는 우주과학은 인간의 존재 이유와 목적을 자연 발생론적으로 설명한다. 우주는 135억 년 전에 시작되었고, 지구는 38만 년 전에 나타났다고 한다. 그 후 우주는 계속해서 팽창되고 있다고 한다. 유사하게, 진화론은 우리 인간이나 원숭이나 모두 하나의 같은 종(種)에서 진화되었다고 한다. 진화론의 진실 여부와 상관없이 대다수의 현대인들은 우연이든지, 필연이든지, 인간이 자연의 산물이라는 자연 발생론을 신봉하고 있다. 비록 현대인들이 인간의 자유를 최고의 가치로 높이지만, 이들은 물질적 가치관의 열렬한 신봉자들이다. 그러나 이들이 사는 선진국에서의 사회적 혼란과 도덕적 문란, 점증하는 범죄율과 폭력 사건, 그리고 소외감과 허무함, 그리고 높은 자살률은 물질주의적 가치관의 폐해를 반증한다.

이런 인간과 우주의 자연 발생론적 사고가 우리 인간의 존재 가치와 이유와 목적에 어떤 의미를 주는가?

우리 인간 존재가 거대한 우주의 운동 가운데 우연히 태어난 지극히 미미한 존재라는 소극적 평가와 함께, 반대로 인간이 이 우주에 적잖은 영향을 미치는 존재라는 적극적 평가도 가능하다. 그러나 인간 존재를 비인격적인 자연 발생이나 우연으로 생각할 때 인간 존재는 이 공허한 우주의 무의미한 입자로 전락할 뿐이다.

성경은 인간이 주로 보이는 가치를 실재로 여기는 본성을 가졌으며 바로 그 본성이 보이지 않으시는 인격적 하나님을 비롯한 영적 가치를 불신하는 근본적 원인이라고 한다.

> 여자가 그 나무를 본즉 먹음직도 하고 보암직도 하고 지혜롭게 할 만큼 탐스럽기도 한 나무인지라 여자가 그 열매를 따먹고 자기와 함께 있는 남편에게도 주매 그도 먹은지라(창 3:6).

그러나 보이는 비인격적 가치는 제한적이며 결국 인간을 좌절하게 만든다.

> 이 세상도 그 정욕도 지나가되 오직 하나님의 뜻을 행하는 자는 영원히 거하느니라(요일 2:17).
> 세상 물건을 쓰는 자들은 다 쓰지 못하는 자같이 하라 이 세상의 외형은 지나감이라(고전 7:31).

물질주의는 인간을 비인격적 방법으로 속박하고, 비인간화하여 결국 허무와 좌절로 이끌기 때문에 인간은 썩어질 물질주의적 우상을 과감히 버려야 한다. 인간은 인간을 사랑하시는 인격적인 하나님과 교제하며, 그의 말씀을 따라서 보이는 현상 세계 저편의 보이지 않는 하나님과 영원한 세계를 믿어야 진정한 존재 이유와 가치를 느낄 수 있다.

> 우리가 주목하는 것은 보이는 것이 아니요 보이지 않는 것이니 보이는 것은 잠깐이요 보이지 않는 것은 영원함이라(고후 4:18).
> 내 말이 네가 믿으면 하나님의 영광을 보리라 하지 아니하였느냐(요 11:40).

영원하신 하나님과의 만남이 없는 인생은 결국 절망할 수밖에 없다. 그러나 인간은 죄의 본성을 따라서 주로 보이는 물질만을 절대시한다. 복음은 다만 그리스도로 말미암아 자유롭게 될 수 있음을 선언한다.

> 진리를 알지니 진리가 너희를 자유롭게 하리라(요 8:32).
> 그러므로 너희가 그리스도와 함께 다시 살리심을 받았으면 위의 것을 찾으라 거기는 그리스도께서 하나님의 우편에 앉아 계시느니라 위의 것을 생각하고 땅의 것을 생각하지 말라(골 3:1-2).

물론, 보이는 물질이나 현상 세계도 이 땅도 결국은 하나님의 작품이다(골1:16).

> 믿음으로 모든 세계가 하나님의 말씀으로 지어진 줄을 우리가 아나니, 보이는 것은 나타난 것으로 말미암아 된 것이 아니니라(히 11:3).

문제는 우리가 보이는 물질 세계에만 집착하는 것이 문제다.

> 너희가 나를 찾는 것은 표적을 본 까닭이 아니요 떡을 먹고 배부른 까닭이로다 (요 6:26).

창세기 첫 절의 "태초"라는 말은 과학적 시간 개념과 함께 우리 인간이 감히 접근할 수 없고, 제대로 설명할 수도 없는 거룩하신 하나님의 신비로운 세계 창조의 시작이라는 신학적 의미가 있다.

우리는 창조 기사가 역사적이라고 믿는다. 더구나 하나님께서 창조 기사를 통해서 세상과 인간의 존재의 가치와 의미를 가르치신다.[1] 우리가 우리의 출생이나 어릴 때를 기억할 수 없으나, 우리의 부모의 말씀을 통해서 우리가 그들의 자식으로 태어났고, 그들의 사랑을 받으며 자랐다는 것을 알듯이, 하나님께서 태초에 세상을 지으셨고, 특별히 그가 그의 형상대로 지으신 인간을 사랑하신다는 것을 말씀하시는 것이다. 우리가 부모의 말씀을 의심하지 않고 믿듯이, 하나님의 자녀는 하늘 아버지의 말씀을 의심 없이 믿는다.

창조 기사는 그 초월적 특성으로 말미암아 합리적, 과학적 방법만으로는 제대로 이해할 수 없다. 성경은 우리가 세계 창조의 과학적 증명보다 창조주 하나님께서 세상과 인간을 창조하셨다는 것과 타락한 인간을 위한 하나님의 구원 역사 같은 신학적 의미에 집중해야 할 것을 가르친다. 인간은 그를 향한 하나님의 사랑을 알아야 인간 본연의 자리에 설 수 있다.

우주와 인간의 기원에 대한 과학적 정보와 설명은 인간의 존재 이유와 목적에 대해 어떤 특별한 의미를 줄 수 없지만, 태초에 보이지 않는 하나님께서 보이는 이 세상을 지으시고 또한 인간을 그의 형상을 따라 지으셨다는 성경의 가르침은 우리 인간의 존재 이유와 목적을 분명히 가르쳐 준다. 하나님의 형상으로 창조된 인간은 죄로 오염된 비인격적 세계에 집착할 것이 아니라 이 세상과 자신을 지으신 인격적 하나님을 사랑하고 교제함으로써 가장 온전한 존재 이유와 목적을 가질 수 있다.

더구나 성경 전체가 대부분 인간이 이해하기 어려운 놀랍고 기이한 하나님의 사건과 말씀을 가르친다. 성경은 천지 창조 기사를 통해서 하나님께서 그의 권능과 영광을 온 세계에 나타내셨음을 보여준다.

태초에 이 세상을 지으신 하나님께서는 세상의 종말에 죄로 오염된 이 세상을 대신해서 완전한 새 하늘과 새 땅을 지으실 것이다(계 21:1). 또한 우리를 완전한 인간으로 재창조하여 완전한 새로운 세상에서 살게 하실 것이다. 예수 그리스도께서 이런 하나님의 구원 계획을 분명히 보여주셨다. 또한 천국과 천국의 가치를 우리의 삶의 이유와 목적으로 삼아야 할 것을 가르쳐 주셨다.

---

[1] 하나님께서는 그의 섭리 가운데 히브리어나 헬라어가 사용된 특정한 문화와 시대를 통해서 그의 말씀을 계시하셨듯이, 여러 가지 문학적 장르를 통해서도 말씀하실 수 있다.

너희는 먼저 그의 나라와 그의 의를 구하라(마 6:33).

모든 그리스도인들은 모든 세상 사람들에게 이런 성경의 가르침을 따르는 것이 가장 좋은 삶의 길임을 힘써 증거해야 한다.

2016년 7월 12일

76. 나는 왜 기독교인인가?

> 만일 우리의 복음이 가리었으면 망하는 자들에게 가리어진 것이라 그 중에 이 세상의 신이 믿지 아니하는 자들의 마음을 혼미하게 하여 그리스도의 영광의 복음의 광채가 비치지 못하게 함이니 그리스도는 하나님의 형상이라(고후 4:3-4).

버트란드 럿셀(Bertrand Russel, 1872-1970)은 1930년에 『왜 나는 기독교인이 아닌가?』(Why I am not a Christian?)라는 책을 써서 기독교 신앙을 공격하였다. 한 마디로 이 책은 합리주의적 시각에서 기독교 신앙을 비판한 것이다. 이 책은 지금까지 근 한 세기 동안 세상의 적그리스도인들의 반기독교적 공감대를 형성하는 데 크게 기여하여 왔다. 인터넷에 나타난 이 책에 대한 많은 우호적인 댓글들이 이 책의 막강한 영향력을 보여준다. 그러나 그 영향력이 크다고 해서 반드시 럿셀의 기독교 비판의 타당성을 입증하는 것은 아니다. 그의 기독교 비판을 두 가지로 요약할 수 있다.

첫째, 성경의 하나님은 사랑과 관용의 하나님이 아니라 잔인하고 독선적인 하나님이다. 하나님이 죄인들을 지옥에 가두어 영원히 형벌한다는 것이나 그의 아들을 십자가에서 죽였다는 것은 끔찍한 일이다.

그러나 의로우신 하나님의 악에 대한 진노와 심판은 지극히 당연한 것이다. 예수님의 십자가는 하나님의 지극하신 사랑의 증거다. 아무런 대가도 없이 무조건 구원을 약속하는 종교야말로 거짓된 것이다.

럿셀이 주장하는 종교적 관용은 상대주의적 가치관으로서 결국 상대주의적 가치만을 고집하기 때문에 결국 또 하나의 절대적 가치관일 뿐이다. 모든 진리는 본질상 절대적이기 때문이다. 진실한 사랑이 한 사람에 대한 절대적 헌신이듯이, 진실한 신이나 종교는 당연히 절대적 신앙을 요구하는 것이다. 자식이 부모에게 순종해야 하듯이 창조주 하나님은 자신이 지은 인간에게 절대적 순종을 요구할 수 있다.

종교란 본질상 절대적 가치와 절대적 헌신을 가르치기 때문에 종교 간의 대립은 불가피한 것이다. 실제로 종교마다 제각기 절대적 가르침임을 표방하므로 종교 간의 갈등은 필연적이다. 물론 대부분의 종교가 관용적 자세도 가르치지만, 그것은 일반적인 윤리일 뿐이며, 다른 신앙에 대한 관용을 가르치는 종교란 거의 없다. 만일 다른 신이나 종교에 대해 관용적 신이나 종교가 있다면 결국 그 종교의 절대성을 포기하는 것이다. 그러므로 종교 간의 대화를 주장하는 이들은 모든 종교란 결국 본질상 같은 것이라고 보는 보편주의적 혼합주의자들이다.[1] 그러나, 위에서 지적하였듯이, 보편주의와 상대주의 자체가 결국 또 하나의 절대주의란 사실을 알아야 한다.

성경은 철저히 혼합주의를 배제하며, 일관되게 유일신 신앙을 가르친다.

> 너는 나 외에는 다른 신들을 네게 두지 말라(출 20:3).
> 주 외에는 하나님이 없나이다(대상 18:20).
> 나 외에 다른 신은 없느니라(사 44:6).

신약 성경은 예수님은 하나님의 독생자이시며 유일한 구원의 주이심을 반복적으로 가르친다.[2]

> 내가 곧 길이요 진리요 생명이니 나로 말미암지 않고는 아버지께로 올 자가 없느니라 (요 14:6).

우리가 다른 종교인들과 함께 사회적, 종교적 문제에 대해서 논의할 수도 있으나, 그런 논의에 참여하는 것 자체가 종교적 상대주의를 인정하는 것으로 세상에 비칠 수 있음을 알고 주의해야 한다.

---

1 Tom Harpur, *The Pagan Christ* (Toronto: Thomas Allen Publishing, 2005). 이 책의 혼합주의를 반대해서 쓴 책으로, Stanley E. Porter and Stephen J. Bedard, *Unmasking the Pagan Christ* (Toronto: Clements Publishing, 2006); Graig A. Evans, *Fabricating Jesus: How Modern Scholars Distort the Gospels* (Downer's Grove, Il.: IVP Books, 2008)을 보라.

2 마 5:11; 10:34-40; 11:6, 27; 12:32; 16:16; 27:43; 막 1:1; 9:37; 눅 3:22; 4:41; 요 3:16; 14:6; 행 4:12; 17:31; 28:22; 롬 1:2; 3:22; 5:6, 8, 14 이하; 8:1 이하; 10:9; 고전 1:23-24; 15:1 이하; 고후 2:14-17; 4:3 이하; 5:17; 6:15-18; 갈 1:7; 히 1:2 이하; 엡 1:20-23; 4:5-6; 빌 2:10; 골 1:15-18; 살전 1:9; 딤전 2:5; 딤후 4:3; 히 1:2 이하; 12:2, 24; 벧전 1:3; 2:4; 벧후 2:1; 요일 2:18-29; 4:3; 5:1-12, 20; 요이 9-11; 유 4; 계 1:5; 5:6 이하; 7:9-17; 14:1; 20:4; 21:27 등.

둘째, 럿셀은 기독교의 목적론적 세계 창조론을 반대하면서 이 세상은 우연히 나타난 것이라고 보았다. 만일 하나님이 세상을 지었다면 그가 이 세상의 모든 악의 궁극적 책임자다. 이 오래된 불신적 자연주의적 논리는 하나님은 선하시다는 신학적 대전제를 무시하는 것이고(삼상 3:18), 창조주 하나님의 절대적 섭리와 지혜에 대한 피조물 인간의 도전이므로 신학적 타당성은 물론 일반 논리적 타당성도 잃은 것이다. 하나님께서는 사람이 그를 지으신 하나님께 대항하는 것 자체가 불신이며 하나님의 말씀이나 그가 하신 일에 대하여 "왜?"라고 묻는 자세를 불경스런 행위로 책망하신다(*Inst.* I.17.5, 9; I.18.4).

트집 잡는 자가 전능자와 다투겠느냐(욥 40:2a).

하나님 자신이 인간의 제한된 지혜로는 자신의 무한한 지혜를 이해할 수 없고 감당할 수 없음을 천명하셨다(렘 9:23-24).

이는 하늘이 땅보다 높음같이 내 길은 너희의 길보다 높으며 내 생각은 너희 생각보다 높음이라(사 55:9).

하나님의 절대성을 인정할 때 하나님은 사람의 악행을 통해서도 결국 그의 선하신 섭리를 이루어 가신다는 사실도 수긍할 수 있다(잠 16:4; Augustine, *On Grace and Free Will*, xxi.42; *Inst.* I.84.1). 사람의 논리에 맞지 않는 하나님의 말씀과 일은 오히려 사람이 알 수 없는 하나님의 무한하신 지혜와 섭리를 가리키는 것이다. 경건한 사람은 인간의 이성의 한계를 인정하고 모든 논리적 갈등이나 모순을 인간이 이해할 수 없는 하나님의 신비로운 경륜과 지혜로 알고 오히려 하나님을 찬양하는 것이다(롬 11:33).

불신자들은 이런 신학적 반론에 굴복하지 않고 여전히 자신들의 불신적 논리를 계속 주장할 것이다. 하나님 불신 사상은 새로운 현상이 아니고 인간의 타락 이후 계속해서 나타난 보편적 현상이다. 믿는 우리가 불신 사상에 일일이 맞대응하면서 지나치게 신경을 쓰지 않는 것이 현명하지만(출 23:13), 그렇다고 불신적 언동을 수

수방관할 수도 없다. 더구나 불신자들이 난무하는 인터넷의 영향력은 막강하다. 수년 전부터 이런 불신적 네티즌들이 거대한 반기독교적 세력을 형성하여 복음과 그리스도인들을 반대한다. 그들은 자신들이 그토록 혐오하는 "광신자들"을 능가하는 반기독교적 "광신론자들"이다. 그들은 기독교가 독선적인 절대주의적 가치관으로서 현대의 보편주의적, 상대주의적 가치관에 상반된다고 공격하지만, 그들 자신들도 그들의 불신적 가치관을 절대시하고 있음을 시인해야 한다. 사람이 추구해야 할 궁극적 가치는 사망 권세를 이기신 그리스도 안에 있다.

우리는 이들의 어리석은 불신적 논쟁에 휘말리는 것이 바로 "이 세상의 신"의 전술이라는 것을 경계하면서도, 이들의 폭력적 언동에 대해 적절한 변증적 대응을 함으로써 우리의 믿음을 보호해야 한다.

> 근신하라 깨어라 너희 대적 마귀가 우는 사자 같이 두루 다니며 삼킬 자를 찾나니 너희는 믿음을 굳건하게 하여 그를 대적하라(벧전 5:8-9a).

나아가, 적극적으로, "우리는 왜 기독교인인가?"를 세상에 담대히 증거해야 할 것이다. 적그리스도인들이 열렬한 비판과 공격은 복음에 대해 전혀 무관심한 이들과는 달리 적어도 반대하는 이들이 기독교 복음에 대해 어느 정도 알고 관심도 있음을 보여준다. 하나님께서는 가끔 이런 적극적 불신자들을 회개하게 하여 복음의 능력을 나타내신다. 그러므로 우리는 성령을 의지하여 복음과 복음을 전하는 자들을 미워하는 저들에게 온유한 마음으로 복음을 권면하면서도, 동시에 그들이 깊은 불신의 잠에서 깨어나도록 분명하고 담대하게 복음을 전해야 한다.

"예수 천당, 불신 지옥!"

> 너는 말씀을 전파하라 때를 얻든지 못 얻든지 항상 힘쓰라 범사에 오래 참음과 가르침으로 경책하며 경계하며 권하라(딤후 4:2).
>
> 많은 사람을 옳은 데로 돌아오게 한 자는 별과 같이 영원토록 빛나리라(단 12:3).

2016년 7월 13일

77. 생명의 주, 사랑의 주

> 네 하나님 여호와를 사랑하고 그의 말씀을 청종하며 또 그를 의지하라 그는 네 생명이시요 네 장수(長壽)이시니 여호와께서 네 조상 아브라함과 이삭과 야곱에게 주리라고 맹세하신 땅에 네가 거주하리라(신 30:20).

창세기의 세계 창조와 인간 창조는 기독교의 세계관과 인간관의 근거다. 창세기가 가르치는 인간 존재의 핵심적인 요소는 생명과 사랑이다.

태초에 하나님께서 모든 동식물들에게 생명을 주셨다. 특별히 인간은 "하나님의 형상"대로 지음 받았고, 하나님의 "생기"(니쉬트 하임)를 직접 주입받았으므로 인간은 다른 동물과 구별된 특별한 존재로 나타난다. 하나님께서 인간에게 불어 넣으신 "생기"는 인간의 육체의 생명과 함께 영혼의 생명을 가리킨다. 인간이 "생령"(네페쉬 하야)이 되었다는 말은 육체와 영혼을 함께 가진 완전한 존재가 되었다는 것이다(창 2:7). 타락 후에 인간은 저주를 받아 그의 육체의 생명은 제한적이 되었으나, 그의 영혼의 생명은 여전히 남아 있었다. 인간 영혼은 그 신적 속성상 영원한 것이기 때문이다.

하나님께서는 그가 지으신 인간과 교제하셨다. 인간의 타락으로 하나님과의 교제에 큰 위기가 왔지만, 하나님께서는 자신이 지으신 인간을 계속 사랑하시면서 완전한 사랑의 교제의 회복을 위해 애써 오셨다. 하나님께서는 타락한 아담과 하와를 에덴에서 추방하실 때 가죽옷을 입도록 배려하셨고, 동생을 살인한 가인에게 "표"를 주어 보호하셨다. 노아 시대에 하나님을 불신하는 사람들과 동물들을 수장하셨으나 노아 가족과 다른 동물들을 방주로 보존하셨다. 그 후에도 하나님과 인간과의 애증관계는 계속되었다. 하나님께서는 바벨탑 시대 사람들이 하나님을 대적하였으나 많이 참으시고 그들을 흩뜨리기만 하셨다.

그 후 하나님께서는 택하신 이스라엘 백성의 조상들과 교제하시면서 그들과의 특별한 사랑의 교제를 통해서 만민을 구원하시려는 계획을 하셨다. 모세를 통해 율법을 주시고 율법을 행함으로써 하나님의 백성으로 살도록 하셨으나 택하신 이스라엘 백성들조차 하나님을 배반하였다.

이제 하나님께서는 자신의 아들의 희생을 통해 인간을 향한 자신의 사랑을 나타내심으로써 인간 구원을 위한 최종적 방법을 제시하셨다(요 3:16; 롬 3:21 이하; 5:8).

하나님이 세상을 이처럼 사랑하사 독생자를 주셨으니 이는 그를 믿는 자마다 멸망하지 않고 영생을 얻게 하심이라(요 3:16).
우리가 아직 죄인 되었을 때에 그리스도께서 우리를 위하여 죽으심으로 하나님께서 우리에 대한 자기의 사랑을 확증하셨느니라(롬 5:8).

우리 인간은 우리를 지으신 하나님께로 돌아가야 제대로 살 수 있다. 우리로 하여금 하나님을 불신하도록 이끄는 안팎의 모든 불신적 세력들과 싸우면서 하나님 신앙을 지켜야 살 수 있다. 우리 마음의 탐욕과 연약함, 세상의 악과 횡포로부터 우리를 구원하시는 삼위 하나님을 믿어야 살 수 있다. 오직 하나님에게만 생명과 사랑이 있다. 그리스도의 십자가를 통해 나타난 하나님의 사랑을 믿는 사람들은 결국 인간 본연의 온전함과 평안에 이를 수 있다.

주 예수 그리스도의 은혜와 하나님의 사랑과 성령의 교통하심이 너희 무리와 함께 있을 지어다(고후 13:13).

2016년 7월 20일

78. 중생과 세례의 창조적 의미

> 예수께서 대답하시되 진실로 진실로 네게 이르노니 사람이 물과 성령으로 나지 아니하면 하나님 나라에 들어갈 수 없느니라 육으로 난 것은 육이요 영으로 난 것은 영이니 내가 네게 거듭나야 하겠다는 말을 놀랍게 여기지 말라(요 3:5).

복음이 가르치는 구원 진리는 예수님을 믿음으로 구원 얻는 것이다. 본문이 가르치는 바 "물과 성령으로 거듭나야 한다"는 중생의 가르침은 요한복음 3장 16절의 예수님을 믿음으로 구원 얻는 사람의 "신비로운 영적 재창조(중생)"를 가르친다.

첫째, 어떤 이들은 "물"은 모태의 물(양수)을 가리킨다고 하지만, 4절에서 니고데모가 "두 번째 모태에 들어갔다가 날 수 있사옵니까?"라는 질문과 이어서 나오는 "육으로 난 것은 육이요"라는 말씀은 "물"을 오히려 영적 의미를 가진 것으로 보게 한다. 즉 "물"은 믿는 사람의 "영적 창조"를 가리킨다.

둘째, 대부분의 해석자들은 "물"은 물세례를 가리킨다고 한다.

① 세례란 죄를 씻고 새로운 인간으로 태어나는 것을 의미하기 때문이다.
② 유대교의 제사의식에서 제물을 세척하는 것을 가리킨다.
③ 본문의 "물"과 "성령"은 에스겔 36장 25-26절의 "맑은 물"과 "새 영"을 가리킨다.

> 맑은 물을 너희에게 뿌려서 너희로 정결하게 하되 곧 너희 모든 더러운 것에서와 모든 우상 숭배 에서 너희를 정결하게 할 것이며 또 새 영을 너희 속에 두고 새 마음을 너희에게 주되 … (겔 36:25-26).

본문은 에스겔서의 이스라엘의 종말론적 회복을 예언하는 말과 유사하므로 결국 본문은 믿는 사람의 영적 회복이나 영적 창조를 가리킨다고 본다.

본문을 해석할 때 물의 정결 기능과 함께 생명의 근원으로서의 물의 특성도 중시해야 한다.

땅이 혼돈하고 공허하며 흑암이 깊음 위에 있고 하나님의 영은 수면 위에 운행하시니라(창 1:2).

이 말씀은 "물"과 "하나님의 영"이 세계 창조를 위해 함께 작용한 것을 보여준다. 그러므로 이 말씀은 본문의 "물"과 "성령"과 관련된다. 또한 창세기 2장 7절에서 하나님이 흙으로 사람을 지으신 후에 그 코에 "생기"를 불어 넣으셨다는 기사도 본문의 "성령"으로 거듭나는 영적 창조와 관련지을 수 있다. 그렇다면 본문은 "물"과 "성령"이 함께 역사한 창조 기사에 비추어 죄와 사망의 상태에 있는 인간이 생명의 주를 믿을 때 일어나는 신비로운 영적 창조(중생)를 기술하는 것이다.

내가 네게 거듭나야 하겠다는 말을 놀랍게 여기지 말라(요 3:7).

더구나, 위에서 언급한 에스겔 36장의 종말론적 약속도 "물"로 씻음 받고 "새 영"을 부여 받은 새로운 존재의 창조라는 사실을 주목해야 한다(참조, 롬 8:9-14, 26).

본문을 인간 창조에 대한 본문의 문맥과 창세기의 창조 기사나 에스겔 36장의 종말론적 창조의 약속에 비추어 볼 때 죄의 정결과 하나님의 영의 사역을 통한 새로운 인간의 창조라는 주제가 분명하게 나타나는 것이다.

물론 마태복음의 예수님의 수세 기사에도 나타나는 "물"과 "성령"도 인간 창조라는 본문의 주제와 관련시켜 생각할 수도 있다(마 3:16). 물론 예수님의 수세는 예수님 자신의 죄를 씻는 의미가 아니라 인간 구원 사역을 위한 임직식과 같은 것이다. 예수님은 세상의 종말에 인간을 재창조하시는 구원 사역을 시작하신 것이다(마 4:17).

모든 예수님의 구원 사역은 곧 하나님의 창조의 사역이다. 예수님의 사역은 궁극적으로 타락한 인간 존재를 살리는 것이다. 이런 예수의 생명 창조의 사역이 요한복음 전체에서 나타난다. 예수님은 세계 창조의 말씀(로고스)이시며(1:1), 창조의 빛이시고(9:5), 생명이시다(14:6). 그러므로 예수님은 병자들을 고치시고, 날 때부터 맹인된 사람을 보게 하시고(9:5-7), 죽은 나사로를 살리시고(11:44), 친히 부활하심으로써 생명의 주이심을 증거하셨다. 부활하신 주님의 영원한 생명이 주님을 믿는 사람에게, 주님과 연합한 사람에게 들어가서 그를 새로운 피조물로 창조되게 하는 것이다(요 3:5; 롬 6:1 이하; 8:9 이하; 고후 5:17).

이렇게 본문의 중생의 가르침에 나타나는 "물"과 "성령"은 분명히 세례와 관련된 말씀이지만 창조 기사에 나타나는 "물"과 "성령"에 비추어 해석할 때 그 의미가 더욱 명확하게 나타난다. 결국 세례 자체가 죄 씻음 받아 성령의 능력으로 말미암아 새로운 영적 존재로 태어나고, 하나님과의 관계가 회복되는 것을 의미한다. 그리스도인은 거듭난 존재로서의 자아의식을 가지고 자연인과는 구별된 삶을 살아야 한다.

> 그러므로 우리가 그의 죽으심과 함께 세례를 받음으로 그와 함께 장사되었나니 이는 아버지의 영광으로 말미암아 그리스도를 죽은 자 가운데서 살리심과 같이 우리로 또한 새 생명 가운데서 행하게 하려 하심이라(롬 6:4).

중생은 교리와 신학적 가르침에서 그치지 않고 실제적인 인격적 변화와 거룩한 삶을 요구한다. 중생과 변화된 삶의 주역은 성령이다. 성령은 하나님의 창조 능력으로서 천지 창조와 인간 창조에 참여했고, 그 후 하나님의 구원 역사에 참여했고, 그리스도의 성육신과 구원 사역에 참여했다. 그리스도의 부활 승천 후에는 그의 몸 된 교회의 창설과 운영을 도왔고, 그를 믿는 사람을 새로운 피조물로 만들고, 새로운 피조물로서의 인격 형성을 돕고(갈 5:22), 계속해서 그의 삶을 인도한다.

2016년 7월 20일

79. 자연인 vs. 하나님의 아들

> 너희가 육신대로 살면 반드시 죽을 것이로되 영으로써 몸의 행실을 죽이면 살리니 무릇 하나님의 영으로 인도함을 받는 사람은 곧 하나님의 아들이라(롬 8:13-14).

그리스도로 말미암아 새 사람이 된 우리도 여전히 죄의 본성을 따라서 하나님을 떠나 우리 마음대로 생각하고 행동할 때가 많다. 특별히 어려운 일을 당할 때 하나님의 자녀로서의 신분을 잊은 채 자연인으로서 생각하고 판단할 때가 많다. 그 결과 우리는 세상 사람들과 같이 허무와 절망의 늪 속으로 빠져들게 된다. 육신의 생각과 행실을 따르면 결국은 죽음에 이르게 된다.

반면에, 아무리 어려운 현실 가운데서도 우리의 어려운 사정을 아시는 하나님을 의지하면 어느새 우리는 빛과 생명으로 넘치게 되는 것이다. 우리의 믿음에 따라서 어둠에서 빛으로, 절망에서 소망으로, 슬픔에서 기쁨으로, 불평에서 감사로, 죽음에서 생명으로 우리의 영적 상태가 바뀌는 것이다. 우리는 그리스도를 믿음으로 말미암아 하나님의 자녀와 상속자가 되었다. 이 믿음은 단순한 심리적 현상이 아니라, 죽으시고 다시 사신 그리스도로 말미암아 확증된 영적 사실이다. 더구나 우리가 믿는 그리스도의 영이 우리 속에 계심을 잊지 말아야 한다(롬 8:9; 고전 3:16; 갈 4:6).

우리 자신은 약하고 죄악 세상은 우리를 온갖 방법으로 위협하더라도 우리의 신분이 하나님의 자녀와 상속자라는 사실을 믿고 모든 "현재의 고난"에서 하나님을 온전히 의지할 때 하나님의 구원 역사가 시작되는 것이다(롬 8:17-18). 다른 말로, 하나님께서는 불완전한 존재인 우리가 불안한 현재의 삶을 통해서 완전한 나라에서의 완전한 삶을 사모하게 하신다(롬 8:18-25; 고후 4:16-5:10; 히 4:9-11; 벧전 4:13). 반대로, 세상의 탐욕에 취한 불신자들은 하나님 나라를 유업으로 받을 수 없다(마 6:19 이하; 24:38-39; 눅 12:19-21; 21:34; 갈 5:21).

그리스도께서는 세상에 계실 때 "감추어진 메시아"로서 사역하시면서 온갖 오해와 고초를 겪으셨다. 유사하게 그의 친구인 우리도 세상에 사는 동안 "감추어진 하나님의 상속자"로서 모든 오해와 시련 가운데 사는 것이다.

> 우리가 그와 함께 영광을 받기 위하여 고난도 함께 받아야 할 것이니라(롬 8:17b).

그러나 다시 사신 그리스도 안에 있는 우리는 그리스도를 살리신 하나님의 자녀로서 하나님의 모든 소유 즉 생명과 능력과 영광의 상속자가 된 것이다. 문제는 우리가 "현재의 고난" 가운데서 우리의 영적 감각이 둔해져서 이 중요한 사실을 자주 잊어버리는 것이다. 우리는 인생의 모든 육적, 영적, 존재론적, 우주론적 고난 가운데서도 그리스도로 변화된 우리의 신분을 잊지 말고 영원한 소망이요 생명이신 그리스도를 향하여 나아가기를 힘쓰자(롬 8:18 이하; 고후 4:17; 히 12:2). 하나님께서는 불완전한 우리가 고난의 삶을 통해서 완전한 나라에서의 완전한 삶을 사모하기를 원하신다는 것을 명심하자(행 14:22; 롬 8:18-25; 고후 4:16-5:10; 히 4:9-11; 벧전 4:13). 그러므로 우리는 하나님의 자녀로서 단순히 고난에서 벗어나기를 기도할 것이 아니라 오히려 고난을 이기는 믿음을 얻기 위해 기도해야 할 것이다.

고난을 그대로 받아들이거나 무시하는 것이 아니라 오히려 고난을 견디면서 장차 나타날 하나님의 영광에 대한 소망을 강화하는 것이다(롬 8:18). 이것이 하나님의 자녀와 상속자 된 사람의 마땅한 자세며, 또한 십자가를 지신 그리스도를 따르는 제자 된 도리다. 옛날 이스라엘 백성은 어려운 광야생활에서 하나님을 불신하고 원망하다가 모두 광야에서 죽었다(출 15:24, 16:2-12; 민 11:1; 14:1-3, 22; 고전 10:10; 참조, 욥 1:22). 우리는 그들의 실패의 경험을 거울로 삼아 흔들림 없이 하나님의 구원의 약속을 굳게 믿어야 한다(신 8:2-4, 11-20; 욥 1:22; 벧전 4:12).

> 우리가 하나님의 나라에 들어가려면 많은 환난을 겪어야 할 것이라(행 14:22).

요약하면, 그리스도인의 존재 이유와 목적은 하나님의 자녀와 상속자라는 자아 이해에서 비롯된다. 다른 말로, 인간은 인격적 하나님과의 관계 안에서만 진정한 존재 이유와 가치를 얻게 된다. 자연인, 또는 자연의 일부로서의 자아 이해는 결국 피조물 자연의 본성인 허무와 절망으로 우리를 이끈다. 고대인이나 현대인은 자주 자연을 신격화 또는 인격화하여 섬기거나, 절대적 가치로 믿으면서 피조물 자연에 굴복하였다. 그러나 하나님(personal God)께서는 인간을 비인격적인 피조물(impersonal creature)과 구별되게 인격적 존재, 즉 "하나님의 형상"으로 지으시고 만물을 다스리도록 명령하셨다(창 1:28).

그러므로 세상 만물을 지으신 하나님을 섬기는 것이 "하나님의 형상"인 사람의 마땅한 도리다. 비록 우리가 하나님과 같이 온전하지 못하나 자연과는 구별되는 하나님의 특별한 사랑의 대상임을 알고, 그리스도로 말미암은 속죄의 은혜를 감사하며 사랑받는 하나님의 자녀로 살기를 힘써야 한다.

하나님이 세상을 이처럼 사랑하사 독생자를 주셨으니 이는 그를 믿는 자마다 멸망하지 않고 영생을 얻게 하려 하심이라(요 3:16).

2016년 8월 10일

80. 인간의 지혜 vs. 하나님의 지혜

> 여호와를 경외하는 것이 지식의 근본이거늘 미련한 자는 지혜와 훈계를 멸시하느니라(잠 1:7).

욥기, 시편, 잠언, 전도서 같은 지혜문학의 공통적 교훈은 하나님의 무한한 지혜 앞에서 인간은 자신의 지혜의 유한성을 인정하라는 것이다. 흔히 시편, 잠언은 누구나 수긍할 수 있는 보편적인 지혜(conventional wisdom)를 가르치고, 욥기서, 전도서는 보편적 지혜에 맞서서 회의적 지혜를 제시한다고 하지만, 모두 "하나님 경외"라는 중심 주제를 가지고 있다. 다만 욥기서와 전도서는 보다 분명하게 인간이 이해하기 어려운 하나님의 깊으신 경륜에 입각한 지혜를 가르치는 반면에, 시편과 잠언은 주로 인간이 이해하기 쉬운 보편적인 인과론에 근거한 지혜를 가르친다. 그러나 잠언과 시편은 인과론을 따라 선행과 악행을 대조하면서도, 욥기서와 전도서와 마찬가지로, 인간의 존재론적 한계를 인정하고 하나님을 경외하는 것이 진정한 지혜임을 가르친다(시 73:3; 110:10; 잠 1:7; 9:10; 16:9, 33; 19:21; 20:24; 21:31).

그러므로 성경의 모든 지혜서가 가르치는 진정한 지혜란 명백하고 단순한 인과론적 지혜를 넘어서 인간이 이해하기 어렵고 설명하기도 어려운 하나님의 깊으신 지혜가 있음을 아는 것이다. 예로, 인과론 자체는 보편적이고 중요한 하나님의 경륜과 섭리지만, 인과론만으로는 깊으신 하나님의 경륜과 지혜를 모두 설명할 수 없다. 하나님께서는 인과론을 따라 세상을 운영하시지만, 때로 인과론을 깨뜨리시고 자유롭게 일하신다. 하나님께서는 자신이 만드신 법에 매이지 않고 자유롭게 일하신다. 그러므로 인간이 이해하기 쉬운 단순한 지혜는 대개 불완전한 지혜로서 인간의 어리석음을 나타낸다(잠 23:4).

> 너희의 격언은 재 같은 속담이요 너희가 방어하는 것은 토성이라(욥 12:12).
> 내가 지혜자가 되리라 하였으나 지혜가 나를 멀리 하였도다(전 7:23).

잠언의 "지혜의 선생"은 지혜를 가르치기 전에 그의 제자("아들")에게 사람의 지혜는 불완전하나 하나님의 지혜는 완전한 것임을 알고 지혜를 배우기 전에 먼저 하나님을 경외하는 자세부터 배워야 함을 거듭 가르친다.

여호와를 경외하는 것이 지식의 근본이거늘 미련한 자는 지혜와 훈계를 멸시하느니라(잠 1:7).

지혜는 워낙 깊은 것이어서 몇 가지 지혜를 알았다고 해서 자만해서는 안 된다.

스스로 지혜롭게 여기지 말지어다 여호와를 경외하며 악을 떠날지어다(잠 3:7).

피상적이고 일시적인 현상만 보고 판단하는 "경솔한 지혜자"가 되어서는 안 된다. 물론 인과론적으로 선행과 악행에 상응하는 보응이 따르는 것이 대원칙이다. 탐욕적인 자는 망하고, 정직한 자는 상을 받고, 거짓된 자는 벌을 받고, 부지런한 자는 흥하고, 게으른 자는 망한다. 율법을 따라 살면 복을 받고, 율법을 떠나 살면, 벌을 받는다(잠 13:13; 28:4, 7, 9; 29:18).

그러나 인과론적 지혜에만 집중하면 하나님의 의로우심이 성취되기까지의 과정을 참지 못하고 불신에 빠질 수 있다. 진정한 지혜자는 악인의 일시적 형통을 부러워하지 않고 언제나 하나님의 의로우심을 믿고 그를 경외하며 정직하고 바르게 살기를 힘써야 한다(잠 21:4; 23:17; 시 73:7). 스스로 지혜롭게 여기는 "거만한 자"가 되지 말고 지혜의 원천이시며 세상을 다스리시는 하나님을 경외해야 한다(잠 12:15; 13:1, 6).

사람이 마음으로 자기의 길을 계획할지라도 그의 걸음을 인도하시는 이는 여호와시니라(잠 16:9; 참조, 19:21; 20:24).

제비는 사람이 뽑으나 모든 일을 작정하기는 여호와께 있느니라(잠 16:33).

시편 기자도 인간의 지혜의 한계를 알고 하나님을 의지해야 한다고 가르친다. 악인들은 자신들의 지혜를 의지하면서 하나님을 무시하나 결국 멸망한다(시 1:6; 2편; 5:10).

> 여호와께서는 사람의 생각이 허무함을 아시느니라(시 94:11).

시편 기자는 하나님의 선하심을 믿는 그의 믿음이 도전 받는 어려운 처지에서도 믿음을 지킨다.

> 내 하나님이여 내 하나님이여 어찌 나를 버리셨나이까 어찌 나를 멀리 하여 돕지 아니하시오며 내 신음 소리를 듣지 아니하시나이까 … 그는 곤고한 자의 곤고를 멸시하거나 싫어하지 아니하시며 그의 얼굴을 그에게서 숨기지 아니하시고 그가 울부짖을 때에 들으셨도다(시 22:1-24).
> 하나님이여 나를 구원하소서 물들이 내 영혼에까지 흘러 들어왔나이다 … 여호와는 궁핍한 자의 소리를 들으시며 자기로 말미암아 갇힌 자를 멸시하지 아니하시나니(시 69:1-33).
> 주께서 내 눈을 붙이지 못하게 하시니 내가 괴로워 말할 수 없나이다 … 이는 나의 잘못이라 지존자의 오른손의 해 곧 여호와의 일들을 기억하며 옛적에 행하신 기이한 일을 기억하리이다(시 77:4-11).

이렇게 하나님 앞에서 인간의 존재와 한계와 불완전성을 인정하고, 하나님의 완전하심을 겸허히 인정하는 데서 잠언과 시편은 결국 욥기서와 전도서의 일종의 회의주의적 지혜와도 일치되는 측면도 있다(시 73:1-3, 22-25).

욥기서는 세 친구들의 인과론적 지혜는 완전한 지혜가 아니라고 한다.

> 그러나 지혜는 어디서 얻으며 명철이 있는 곳은 어디인고 그 길은 사람이 알지 못하나니 사람 사는 땅에서는 찾을 수 없구나(욥 28:12-13).
> 내가 어찌하면 하나님을 발견하고 그의 처소에 나아가랴 … 그런데 내가 앞으로 가도 그가 아니 계시고 뒤로 가도 보이지 아니하며 … 그러나 내가 가는 길을 그가 아시나

니 그가 나를 단련하신 후에는 내가 순금같이 되어 나오리라(욥 23:3-10).

전도서도 자연주의적 지혜론이나 단순한 인과론적 지혜 사상을 경고한다. 전도자는 인생의 유한성과 세상에 일어나는 많은 부조리와 혼란을 지적하면서 인과론적 지혜가 완전한 지혜가 아님을 지적한다. 전도자는 자연주의에 근거한 인간의 지혜의 한계와 불완전성을 반의적(反意的) 어법으로 지적하는 것이다. 전도자는 인간 존재의 한계와 함께 인간의 지혜의 한계를 탄식한다. 전도자는 회의론, 반론, 역설 등으로 일반적 지혜의 불완전성을 지적하면서 지혜의 원천이신 하나님을 찾는다. 어리석은 자는 인간 지혜의 한계를 모르고 피상적인 지혜를 따라 살다가 망한다. 그러나 진정한 지혜자는 인간의 지혜의 한계를 인정하고 지혜의 원천이신 창조주 하나님을 경외하는 것이다. 전도서 전체에서 하나님 경외 사상이 고르게 나타난다(전 3:14; 5:7; 7:18; 8:12, 13; 12:13).

지혜가 많으면 번뇌도 많으니 지식을 더하는 자는 근심을 더하느니라(전 1:18).
하나님은 모든 행위와 모든 은밀한 일을 선악 간에 심판하시리라(전 12:14).

전도자 자신도 하나의 자연주의자라고 할 수 있으나, 그는 세속적 자연주의자가 아니라, 하나님의 궁극적 통치를 믿는 신본주의적 자연주의자다.
바울은 보다 적극적으로 인간의 유한한 지혜로는 감당할 수 없는 하나님의 깊으신 지혜를 찬양한다.

깊도다 하나님의 지혜와 지식의 풍성함이여, 그의 판단은 헤아리지 못할 것이며, 그의 길은 찾지 못할 것이로다(롬 11:33; 참조, 욥 35:7; 41:11; 사 40:13-14; 55:8-11).

특별히 그리스도의 십자가에서 인간의 지혜를 어리석게 만드는 하나님의 지혜가 나타났다(고전 1:18 이하).
세상의 혼돈과 무질서, 불의와 죄악을 보면서 불신자들은 하나님 신앙을 조롱하지만, 신실한 사람들은 세상의 혼란과 불확실성을 오히려 인간이 알 수 없는 하나님의 지혜로우신 경륜으로 믿고, 장차 나타날 하나님의 완전한 나라를 소망하는 것이다(롬 8:18; 11:33-34). 하나님께서는 불완전한 우리가 불안한 현재의 삶을 통해서 완전한 나라에서의 완전한 삶을 사모하기를 원하신다(행 14:22; 롬 8:18-25; 고후 4:16-5:10; 히 4:9-11; 벧전 4:13). 세상의 탐욕에 취한 사람들은 하나님 나라를 유업으로 받을 수 없다(마 6:19 이하; 24:38-39; 눅 12:19-21; 21:34; 갈 5:21).

이스라엘 백성은 어려운 광야생활을 하면서 하나님을 불신하고 원망하다가 모두 멸망 받았다(출 15:24, 16:2-12; 민 11:1; 14:1-3, 22; 신 8:2-24; 11-20; 고전 10:10; 참조, 욥 1:22). 그들의 실패의 경험을 통해 우리는 모든 믿음의 시험 가운데서도 우리의 생각을 의지하지 말고 하나님의 구원의 약속을 굳게 믿어야 한다. 진정한 지혜란 결국 자신의 지혜를 포기하고 지혜의 원천이신 하나님을 믿는 것이다. 악인은 하나님을 불신하고 스스로 지혜로운 척하나 결국 망한다.

> 지혜로운 자는 그의 지혜를 자랑하지 말라 용사는 그의 용맹을 자랑하지 말라 부자는 그의 부함을 자랑하지 말라 자랑하는 자는 이것으로 자랑할지니 곧 명철하여 나를 아는 것과 나 여호와는 사랑과 정의와 공의를 땅에 행하는 자인 줄 깨닫는 것이라 나는 이 일을 기뻐하노라 여호와의 말씀이니라(렘 9:23-24).

자신의 지혜를 포기한다는 것은 지혜에 대한 탐구나 논쟁을 모두 그친다는 것은 아니다. 아이러니컬 하지만 우리는 우리 자신의 지혜의 한계를 확인하기 위하여 지혜를 탐구하는 것이다. 하나님을 믿는 신앙적 지혜로 하나님의 말씀을 탐구하고 사리를 판단하되 무궁하신 하나님의 지혜 앞에서 우리의 지혜의 제한성을 아는 것이 경건한 신앙인의 지혜이다.

> 하나님을 가장 잘 아는 사람이란 자신이 하나님께 대하여 생각하고 말하는 것이 하나님께 대한 실제 지식보다는 언제나 미흡하다는 것을 인정하는 사람이다.
>
> -토마스 아퀴나스-

2016년 8월 11일

81. 천국 신앙의 중요함

> 천국은 마치 밭에 감추인 보화와 같으니 사람이 이를 발견한 후 숨겨두고 기뻐하며 돌아가서 자기의 소유를 다 팔아 그 밭을 샀느니라 또 천국은 마치 좋은 진주를 구하는 장사와 같으니 극히 값진 진주 하나를 발견하매 가서 자기의 소유를 다 팔아 그 진주를 사느니라(마 13:44-45).

사람은 누구나 자신의 정체성에 따라서 자신의 삶을 살게 마련이다. 정체성이 분명하면 존재 이유와 목적이 분명할 것이지만, 그렇지 않으면 존재 이유와 목적도 불분명할 것이다. 그리스도인은 언제나 자신이 하나님의 자녀, 천국의 상속자, 약속에 참여한 자, 그리스도의 지체라는 것을 분명히 믿고, 살아야 한다(마 5:12; 요 15:1-19; 롬 8:12-17; 엡 3:6). 영원과의 접촉점이 없는 인생은 허무하고 절망할 수밖에 없으나, 그리스도인은 그리스도로 말미암는 영생의 약속을 소망한다(롬 8:18). 복음은 막연한 구원이 아니라 천국에서의 영생이라는 구체적이고 실제적인 구원을 약속한다.

> 나를 믿는 자는 죽어도 살겠고 무릇 살아서 나를 믿는 자는 영원히 죽지 아니하리니 이것을 네가 믿느냐(요 11:25b-26).

본문의 두 비유는 모두 그리스도인이 천국 시민으로서의 자아 이해와 천국 신앙의 소중한 가치를 알고 모든 것을 바쳐서 천국 신앙을 힘써 지켜야 할 것을 가르친다. 믿음은 "밭에 감추인 보화"나, "값비싼 진주"와 같이 매우 소중한 것이다. 그리스도인은 언제나 자신이 이런 소중한 믿음의 소유자라는 사실을 명심하고 살아야 한다. 그리스도인은 예수님으로 말미암아 하나님의 새로운 구원의 역사가 시작되었음을 믿고 죄를 회개하고 예수님의 교훈을 따라 천국의 시민으로서의 분명한 정체성을 가지고 살아야 한다(마 4:17; 5:3 이하).

모든 사람들은 나름대로 믿음을 가지고 산다. 복음을 반대하는 이들도 자신들의 믿음을 가진 이들이다. 천국 신앙은 우리들에게 주신 하나님의 특별한 선물이다. 보이지 않는 하나님과 이루어지지 않은 하나님의 약속을 믿는 것이 결코 쉬운 일이 아니지만, 우리는 다만 하나님의 은혜로 믿음을 갖게 되었다. 우리는 그리스도로 말미암아 삼위 하나님의 영을 받고 하나님 나라의 상속자들이 되었다(롬 8:11; 갈 4:6).

믿음이란 본질상 인간적 노력과 환경적 요인을 선행하는 하나님의 의지와 뜻을 전제하는 것이다. 남들이 모르는 "밭에 감추인 보화"나 "값비싼 진주"를 발견한 것은 모두 우리를 향하신 하나님의 특별한 구원의 은혜를 가리킨다. "밭에 감추인 보화"를 발견한 것이 우연한 일로 보이고, "값진 진주"를 발견한 것이 진주장사의 끈질긴 노력 때문으로 보이지만, 실제로는 모두 하나님의 은혜로 말미암은 것이다. 우리가 복음을 믿게 된 것이 우리의 의지로 말미암은 것처럼 보이지만, 실제로는 하나님께서 우리가 믿고 구원받도록 우리를 예정하시고 불러주신 것이다.

> 또 미리 정하신 그들을 또한 부르시고, 부르신 그들을 또한 의롭다 하시고, 의롭다 하신 그들을 또한 영화롭게 하셨느니라(롬 8:30).

우리는 "하나님의 자녀," "천국 백성," "영생의 상속자," "약속에 참여한 자," "그리스도 몸의 지체" 등, 그리스도의 형상을 본받게 하기 위하여 특별히 택정함을 받은 사람들이다.[1] 이런 의미에서 천국 복음은 하나님의 비밀이다. 하나님께서는 그의 은혜로우신 경륜을 따라서 복음의 비밀을 다른 사람들이 아닌 우리에게 특별히 알게 하신 것이다(마 4:11; 롬 16:26; 고전 1:7; 4:1; 엡 1:9; 3:4; 골 2:2; 4:3).

천국 백성으로 선택받은 우리는 이 믿음을 하나님의 은혜로운 선물로 알고 소중히 지켜야 할 책임이 있다. 이것은 부차적인 신앙이 아니라 가장 핵심적인 기독교 신앙의 내용이다. 한철하 박사는 『기독교 강요』(1536년 초판 ii.2)에서 칼빈이 "'죄 사함 받고 거룩하게 됨을 입어서 구원 얻어 하나님 나라로 인도함을 받는다'는 것이 성경의 주제요, 전체요, 목표요, 표적이라"고 말한 사실을 중시한다.[2] 천국 신앙은

---

[1] 마 19:29; 25:34; 롬 8:14-17, 29; 엡 3:6; 딛 3:7; 히 1:14; 6:17; 11:9.
[2] 한철하, 『21세기 인류의 살길』(양평: 칼빈아카데미, 2011), 290, 308-309; John Calvin, *Institutes of the Christian Religion*, trans. Ford Lewis Battles (Grand Rapids: Eerdmans, 1975; Basel: 1536), 43(III.4.2). 칼빈은 이런 초판에서의 진술의 내용을 개정판에서 항목별로 확대하여 논한다.

자칫 모호해질 수 있는 구원의 목적을 분명히 밝혀준다. 우리는 존재 이유와 목적, 존재 가치, 지성, 감성, 영성, 시간, 관계, 습관, 인격 등을 영원한 천국의 가치를 따라 재구성해야 한다.

> 너희는 먼저 그의 나라와 그의 의를 구하라 그리하면 이 모든 것을 너희에게 더하시리라(마 6:33).
> 그러므로 너희가 그리스도와 함께 다시 살리심을 받았으면 위의 것을 찾으라 거기는 그리스도께서 하나님 우편에 앉아 계시느니라 위의 것을 생각하고 땅의 것을 생각하지 말라(골 3:1-2).

천국 신앙은 하나님께서 우리에게 주신 모든 선물들 가운데 가장 소중하고 가장 궁극적인 선물이며 절대적 가치이므로 전인적 헌신을 요구한다(히 11:6). 하나님 제일주의, 하나님의 말씀 제일주의, 하나님의 일 제일주의로 나아가야 한다. 하나님을 철저히 믿지 않으면, 항상 우리의 믿음을 노리는 "저 원수"에게 우리의 믿음을 빼앗길 수도 있다는 위기의식을 가져야 한다(마 13:19, 25, 39). 어두운 불신 세상에서 천국 신앙을 발견한 우리는 이 신앙을 우리의 목숨처럼 소중히 여겨야 한다. 세상과 타협적으로 믿거나 "대강 믿는 이들"은 진정한 신앙인들이 아니며, 신앙의 깊은 맛을 모르는 사람이다. 천국 복음을 전파하신 그리스도께서는 자신을 희생하심으로 천국 백성으로서의 마땅한 도리를 친히 보여주셨다.

> 이에 예수께서 제자들에게 이르시되 누구든지 나를 따라오려거든 자기를 부인하고 자기 십자가를 지고 나를 따를 것이니라 누구든지 제 목숨을 구원하고자 하면 잃을 것이요 누구든지 나를 위하여 제 목숨을 잃으면 찾으리라(마 16:24-25).

천국 신앙은 세상의 다른 종교나 철학 사상이 가르치는 초월적 세계와 달리 인간의 상상이나 고안이 아니라 하나님께서 인간에게 주신 특별한 선물이며 약속이란 점을 명심해야 한다. 태초에 하나님께서 우리의 육체와 함께 영혼을 지으셨듯이, 보이는 세상과 함께 보이지 않는 세계도 지으셨다(골 1:16). 하나님은 우리의 육체의 부활을 약속하셨고, 또한 우리가 거처할 완전한 세상을 지으실 것을 약속하셨다. 우리가 죽으면 우리의 영혼이 주님과 함께 있다가, 주님께서 재림하실 때 우리의 육체가 부활할 것이다(눅 23:42; 행 7:59; 고전 15:42, 51-54; 살전 4:17). 그리고 우리가 영원히 거처할 세상이 나타날 것이다(계 21:1). 우리의 영혼이 거하는 천국이나 마지막 때에 나타나는 새로운 세상은 모두 하나님께서 다스리시는 영원하고 완전한 세계다.

오랜 신앙 역사 가운데서 하나님의 모든 약속들이 성취되었다는 사실은 이런 놀라운 천국의 약속의 확실성을 높인다(히 11:4 이하). 하나님은 예언과 예시적 사건들을 통해서 천국의 비전을 거듭 밝히셨다. 특별히 믿음의 조상들의 방랑생활과 이스라엘의 광야생활과 함께 하나님께서 제시하신 약속의 땅의 소망은 인간의 궁극적 소망으로서의 천국을 가리킨다(마 11:12; 요 6:49-50; 고전 10:1-11; 히 3:17-18; 11:2-16). 무엇보다 사망 권세를 이기시고 부활하신 예수 그리스도로 말미암아 천국의 실재가 더욱 확증된다.

보편주의적 가치관을 따라서 모든 차별을 금기시하는 세상에서 우리는 선과 악을 분별해야 하고, 육의 일과 영의 일을 구별해야 하고, 하나님의 영과 거짓 영을 분별해야 하고, 육과 영, 천국과 세상, 땅에 속한 것과 하늘에 속한 것을 분별해야 한다(마 25:32-33; 요 9:39; 10:26-27; 고후 6:14-18; 요일 4:1).

> 영적인 일은 영적인 것으로 분별하느니라(고전 2:13b).

진정한 신앙은 "보이는 밭"과 "보이지 않는 보화," "값싼 진주"와 "값비싼 진주"를 분별하는 영적 가치 판단 능력을 요구한다. 천국 신앙은 보이는 우상과 보이지 않으시는 하나님, 보이는 세상과 보이지 않는 천국, 보이는 세상의 가치와 보이지 않는 천국의 가치, 보이는 허망한 가치와 보이지 않는 감춰진 영적 실체와 가치를 구별하고 발견해 내는 신앙적 분별력과 판단력을 요구한다. 무엇보다, 복음 신앙은 영광의 메시아가 아니라 초라한 십자가의 메시아를 믿는 것이다.

그러나 우리는 사람들을 분별의 대상으로 삼아서는 안 된다. 영원한 천국의 가치와 허무한 세상의 가치를 나누고, 참 믿음과 거짓 믿음을 분별하는 "이분법적 믿음"이 자칫 독선적 특성으로 변질되어 우리와 다른 사람들을 적대시하지 않도록 주의해야 한다. 우리의 영적 분별력은 제한적일 뿐만 아니라, 분별하는 믿음이 사랑의 계명을 상회할 수는 없다.

> 오직 사랑 안에서 참된 것을 하여 범사에 그에게까지 자랄지라 그는 머리니 곧 그리스도라(엡 4:15).

천국인은 이기적이 아니라 오히려 천국의 선한 것들을 함께 나눈다. 그러나 여전히 많은 그리스도인들이 천국의 소중한 가치를 잊고서 당장 보이는 허망한 세상의 판단기준을 따르는 것이 문제다.

2016년 8월 18일

82. 복음 신앙의 절대성

> 이제 너희 중에 있는 이방신들을 치워 버리고 너희의 마음을 이스라엘 하나님 여호와께로 향하라(수 24:23).

고대로부터 지금까지 세상에 여러 신들과 종교가 있으나 성경은 일관되게 하나님만이 참 신이시므로 하나님만 섬길 것을 가르친다. 하나님이 참 신이신 증거는 그가 베푸신 놀라운 기적들과 함께 그가 하신 약속들이 실제로 성취된 역사적 사실이다. 우리의 믿음은 단순히 자아 집착적인 주관적 믿음이 아니라 하나님의 약속에 근거한 역사-실증적 믿음이다. 다른 종교 신앙에 대한 성경적 믿음의 탁월성은 믿음의 대상이신 하나님이 만물의 창조주시라는 것과 무엇보다 그의 아들을 희생하심으로써 그의 사랑을 실제로 확증하신 것이다(롬 5:8).

과학적이고 객관적인 사고를 중시하는 현대인들은 어느 특정 종교 대신 모든 종교를 인정한다. 더구나 교통 수단의 발달로 하나의 지구촌이 된 이 시대에서 종교적 논쟁과 갈등을 피하기 위해서 어느 특정 종교만을 절대적 종교로 주장할 수가 없게 된 것이다. 종교적 관용주의와 다원주의가 왕 노릇하는 시대가 된 것이다.

그러나 종교다원주의는 현대에 국한된 현상이 아니라 오랜 역사를 가지고 있다. 구약 시대 이스라엘 민족도 유일신 신앙과 함께 다른 가나안 종교 신앙을 혼합적으로 믿을 때가 많았다. 그러므로 혼합주의적 신앙이 구약 성경의 가장 큰 문제로 대두되었던 것이다.

세상 사람들은 각 종교가 공통적 특징들을 가지고 있기 때문에 결국 자신이 믿는 종교를 주장하기보다는 다른 종교 신앙을 인정하고 존중하는 것이 합리적이라는 판단을 할 수밖에 없다. 이런 종교 다원주의의 타당성에 대한 설명은 흔히 음식의 고른 섭취가 건강을 위해 가장 좋다는 사실을 들어 그 타당성을 주장한다. 그러나 이런 음식의 고른 섭취를 참 종교의 진위를 판단하는 근거로 사용하는 것은 옳지 않다. 오히려 사람마다 체질이 다르기 때문에 음식의 고른 섭취보다는 자신의 체질에 맞는 적절한 음식을 골라서 적당히 먹는 것이 바른 건강 식사법이다.

우리의 체질은 우리를 낳으신 부모, 또는 전문 의사가 가장 잘 안다. 마찬가지로 우리를 지으신 창조주 하나님만이 우리의 본질을 가장 잘 아시며, 우리의 영혼을 위해 가장 적절한 영적 음식을 주신다.

> 나는 그들을 알며 그들은 나를 따르느니라(요 10:27b).
> 내 살을 먹고 내 피를 마시는 자는 영생을 가졌고 마지막 날에 내가 그를 다시 살리리니 내 살은 참된 양식이요 내 피는 참된 음료로다(요 6:54-55).

성경은 한 분 하나님께서 이 세상을 지으시고 인간을 지으셨고, 그의 말씀을 순종하고 사는 것이 구원의 길이며 가장 복된 인생임을 가르친다. 그 분만이 참 하나님이시며, 그의 아들 그리스도만이 인생이 따라야 할 참 빛이시라는 것을 거듭해서 가르친다(요 1:9; 9:5; 14:6; 15:1; 요일 2:8).

다른 신앙과 종교는 참 빛이 아니라 사람들을 미혹하는 거짓된 빛이며, 사탄의 미혹의 수단이다(요 10:8; 고후 4:4; 살후 2:9-12; 행 20:30; 딤전 4:1; 요일 4:1-6).

> 이것은 이상한 일이 아니니라 사탄도 자기를 광명의 천사로 가장하느니라 (고후 11:14).

참 빛이 아닌 빛을 따라가면 결국 어두움과 혼란에 빠지게 된다.

하나님께서 빛과 어두움을 모두 지으셨으나(창 1:2, 4; 사 45:7), 어두움을 빛으로 밝히시며 그의 구원의 능력과 영광을 나타내신다(창 1:3-4; 사 58:10; 요 1:5; 엡 6:12). 하나님을 믿는 사람은 빛과 어두움은 물론, 참 빛과 거짓 빛, 참 영과 거짓 영, 선한 목자와 삯군 목자를 구별하는 특별한 은혜와 능력을 하나님께로부터 받은 사람들이다.[1]

---

[1] 출 15:11; 20:3; 신 6:4-5; 시 86:8; 96:5; 사 64:4; 렘 10:6-11; 단 2:47; 마 13:44-46; 요 1:9-12; 10:11-12, 26-27; 행 4:12; 17:21-31; 20:30; 롬 8:29-30; 고전 2:10 이하; 4:1; 7:40; 8:5-6; 고후 4:4, 6; 갈 1:12; 딤전 4:1; 요일 4:1-6.

나는 선한 목자라 나는 내 양을 알고 양도 나를 아는 것이(요 10:14).
내 양은 내 음성을 들으며 나는 그들을 알며 그들은 나를 따르느니라(요 10:27).

상대주의적 사고는 모든 사람들이 선호하는 객관적, 중립적, 보편적 사고라는 매력을 가지고 우리의 믿음을 혼란하게 만들어 혼합주의적 신앙으로 인도한다. 그러나 우리는 상대주의적 가치관이 결국 사탄이 전술적으로 위장한 또 하나의 절대적 가치관이란 사실을 간과하고 오히려 주님만이 영생으로 인도하는 참 빛이시며 참 진리이심을 믿어야 한다(고후 4:4).

나는 세상의 빛이니 나를 따르는 자는 어두움에 다니지 아니하고 생명의 빛을 얻으리라(요 8:12).
내가 곧 길이요 진리요 생명이니 나로 말미암지 않고는 아버지께로 올 자가 없느니라(요 14:6).

주님이 아닌 다른 무엇을 믿을 때 인생은 결국 파멸에 이르게 된다는 것이 성경의 지속적인 경고다.

주여 영생의 말씀이 주께 있사오니 우리가 누구에게로 가오리까(요 6:68).

우리가 다른 신앙을 경계하되, 그 신앙을 가진 이들을 모두 미워하지는 말고, 오히려 그들을 주님의 사랑으로 대하며 구원의 길로 인도해야 한다. 참 빛은 어두움과 대립적이면서도, 결국 어두움을 밝게 만드는 능력도 있다.

내가 세상에 있는 동안에는 세상의 빛이로다(요 9:5).
너희는 세상의 빛이라(마 5:14a).

2016년 8월 28일

83. 감사함으로 아뢰라

> 아무것도 염려하지 말고 다만 모든 일에 기도와 간구로 너희 구할 것을 감사함으로 하나님께 아뢰라 그리하면 모든 지각에 뛰어난 하나님의 평강이 그리스도 예수 안에서 너희 마음과 생각을 지키시리라(빌 4:6-7).

　우리는 하나님께서 우리의 모든 기도를 들어주신다는 믿음을 반드시 가져야 한다. 때로 우리 자신, 또는 타인이나 무가치한 존재, 심지어 해로운 존재라는 생각이 들더라도, 여전히 모두 하나님의 구원의 대상이라는 사실을 잊지 말아야 한다. 더구나 하나님께서는 약하고 보잘 것 없는 이들, 심지어 죄인과 악인을 통해서도 그의 능력과 영광을 나타내신다는 사실을 잊지 말아야 한다. 하나님께서는 사람이 보기에는 어렵고 불가능한 일을 통해 큰 능력을 나타내시기를 기뻐하시는 분이심을 알아야 한다.

　하나님께서는 굶주린 이스라엘 백성을 메마른 광야에서 40년 동안이나 먹이셨고, 이방 여인 룻을 축복하셨고, 어린 다윗이 골리앗을 이기게 하셨고, 사울을 대신하여 이스라엘의 왕이 되게 하셨고, 광야에서 굶주린 엘리야에게 천사를 보내어 먹이셨다. 주님께서는 벳세다 광야에서 오병이어로 굶주린 오천 명을 먹이셨고, 십자가를 구원의 지혜로 삼으셨고, 교회를 핍박하던 사울을 교회의 사도로 부르셨다.

　그러므로 연약한 우리도 하나님의 은혜의 보좌 앞으로 나아가서 구하는 것이 마땅하다. 특별히 우리의 평생을 돌아볼 때 우리가 드린 기도를 하나님께서 들으시고 응답해주신 은혜를 깊이 감사하게 된다. 물론 오랜 기도에도 불구하고 여전히 응답받지 못한 기도들도 있다. 어쩌면 우리가 이 세상을 떠날 때까지 평생 응답받지 못할 기도도 있을 것이다.

　그래도 우리는 쉬지 말고 기도해야 한다. 우리가 어떤 형편에 있든지 기도로 하나님과 교제하는 것이 우리를 향하신 하나님의 뜻이기 때문이다. 하나님께서 때로 "내 은혜가 네게 족하다"고 말씀하시면서 우리의 오랜 기도를 그만 그치라고 하실 때도 있겠지만(신 3:26; 고후 12:9), 과거에 베풀어 주신 하나님의 모든 은혜와 현재의 축복에 감사하면서도, 여전히 보다 큰 축복과 보다 나은 장래를 위해 계속해서 기도하는 것이 하나님의 일반적인 뜻임을 알아야 한다.

무엇보다 우리는 감사함으로 아뢰어야 한다. 지금까지 우리의 기도를 응답해 주신 은혜는 물론, 우리의 기도를 응답해주지 않으신 것도 우리가 알지 못하는 하나님의 깊으신 뜻으로 알고 감사해야 한다. 우리를 향하신 하나님의 사랑과 지혜와 섭리를 믿을 때, 우리 자신의 한계를 알 때, 기도의 응답여부와 상관없이 감사함으로 기도해야 한다. 언제나 가장 적절할 때에, 우리에게 가장 좋은 것을 주시는 선하신 하나님을 믿고, 오래 동안 응답받지 못한 기도라고 해도, 계속 간구해야 한다.

우리가 하나님의 뜻대로 기도하지 못할 때, 우리가 구하는 것을 우리 자신이 감당할 수 없을 때, 우리가 우리 자신의 유익과 축복보다 "하나님의 나라와 하나님의 의"를 위해 기도하기를 원하실 때, 하나님께서는 우리가 이런 하나님의 뜻을 깨달을 때까지 기다리신다.

첫째, 우리의 자족함이 자칫 영적 태만함으로 변질되지 않도록 주의해야 한다. 우리는 주 안에서 항상 자족하고 감사하되 보다 큰 은혜를 위해 기도에 힘써야 한다.

둘째, 우리의 뜻이 아니라 하나님의 뜻에 우리의 기도의 초점을 맞추어야 한다. 그러므로 우리는 때로는 하나님의 뜻을 위해 우리의 뜻과 기도를 포기해야 한다.

셋째, 우리 앞을 막는 산을 볼 것이 아니라 그 산을 움직이시는 은혜와 능력의 하나님을 바라보아야 한다.

이렇게 우리를 향하신 하나님의 사랑과 선하심을 믿고 감사함으로 기도할 때 어느새 모든 염려는 사라지고 하늘의 평안과 기쁨과 소망으로 충만하게 되는 것이다. 하나님께서 자신이 정하신 가장 적절한 시기에, 가장 좋은 방법으로 우리의 기도를 들어주실 것이라는 믿음과 소망으로 말미암아 우리는 기뻐하고 감사하게 되는 것이다. 평안과 기쁨이 바로 우리의 모든 기도에 대한 하나님의 보편적인 응답이며, 또한 예비적인 응답이다.

아무것도 염려하지 말고 다만 모든 일에 기도와 간구로 너희 구할 것을 감사함으로 하나님께 아뢰라 그리하면 모든 지각에 뛰어난 하나님의 평강이 그리스도 예수 안에서 너희 마음과 생각을 지키시리라(빌 4:6-7).

바울이 이 말씀을 특별히 로마 감옥에서 썼다는 사실은 바울 자신이 고난 중에 기도함으로써 주님께서 주시는 평안을 직접 경험하고 있음을 보여주는 것이다. 비록 자신이 감옥에서 석방되어 자유롭게 복음 사역을 계속하기를 원하는 기도가 아직 응답되지 않았더라도, 사람의 생각을 넘어 역사하시는 하나님을 믿음으로 말미암아 자족하고 감사하면서도 여전히 더 큰 은혜를 사모하며 기도를 쉬지 않은 것이다.

2016년 9월 1일

84. 목사들의 죄

> 내 형제들아 너희는 선생된 우리가 더 큰 심판을 받을 줄 알고 선생이 많이 되지 말라(약 3:1).
>
> 너희 중에 지혜와 총명이 있는 자가 누구냐 그는 선행으로 말미암아 지혜의 온유함으로 그 행함을 보일지니라 그러나 너희 마음속에 독한 시기와 다툼이 있으면 자랑하지 말라 진리를 거슬러 거짓말하지 말라 이러한 지혜는 위로부터 내려온 것이 아니요 땅 위의 것이요 정욕의 것이요 귀신의 것이니 시기와 다툼이 있는 곳에는 혼란과 악한 일이 있음이라(약 3:13-16).
>
> 하나님이 교만한 자를 물리치시고 겸손한 자에게 은혜를 주신다 하였느니라 그런즉 너희는 하나님께 복종할지어다 마귀를 대적하라 그리하면 너희를 피하리라… 주 앞에서 낮추라 그리하면 주께서 너희를 높이시리라(약 4:7a-10).

목사들의 범죄에 대한 뉴스 보도를 들을 때마다 실망하고 좌절한다. 사실 성직자들의 범죄는 오랜 역사를 가지고 있다. 성경 역사에서 하나님의 예언자들은 불의한 제사장들과 탈선한 선지자들의 안이하고 탐욕적인 자세를 자주 책망하였다.[1] 불의한 제사장들과 거짓 예언자들은 주로 사람들이 듣기 좋아하는 평화와 축복의 말을 하였다. 예레미야는 임박한 예루살렘의 멸망을 예언하였는데, 당시 제사장들과 예언자들을 이와는 상반된 말로 백성들을 진정시켰다.

> 그들이 내 백성의 상처를 가볍게 여기면서 말하기를 평강하다 평강하다 평강하다 하나 평강이 없도다(렘 6:14).

많은 중세 성직자들도 매관매직과 함께 여러 추악한 범죄를 저질렀다. 슬프게도,

---

[1] 사 28:7; 렘 1:8; 4:9; 5:31; 6:13-14; 8:10-11; 14:14-15; 23:9 이하; 26:8-16; 27:9, 14-18; 29:24 이하 등; 겔 22:26.

그들을 비난하고 종교개혁을 감행했던 개혁자들의 후예인 오늘의 목사들 가운데 심각한 범죄를 저지르는 이들이 있다.

일부 목사들의 실패는 결국 모든 목사들에 대한 하나님의 경고로 보아야 한다. 모든 목사들은 남의 실패를 거울삼아 자신들의 죄를 회개하고 하나님 앞에 바로 서기를 힘써야 한다. 그러나 평신도들도 목사들만 탓하지 말고 자신들을 살펴야 한다. 목사들을 넘어뜨리는 마귀가 얼마든지 평신도들도 넘어뜨린다는 것을 알아야 한다. 결국 우리 모두 연약한 죄인들임을 알아야 한다. 세상에 완전한 부모들은 없다. 부모들도 자녀들에게 부끄러운 일을 한다. 마찬가지로 자녀들도 부모들을 실망시키는 일을 한다. 부부는 서로의 잘못을 탓하면서 정작 자신의 잘못은 무시한다.

우리는 시민으로서 마땅히 준수해야 할 법칙을 얼마나 자주 어기는가?

우리는 직장인으로서 지켜야 할 책무를 얼마나 자주 방기(放棄)하는가?

남의 잘못을 지적하기 전에 우리 자신도 언제나 마귀의 표적이라는 사실을 알고 자신을 살펴야 한다. 자신의 잘못을 변명하려는 본능을 누르고 하나님과 사람 앞에서 자신의 잘못을 솔직히 인정하고 용서를 구해야 한다. 우리 모두 나름대로 죄인이라는 사실을 알고 남의 죄를 지적하기보다는 우리 자신의 죄부터 고백해야 한다. 남의 죄를 논하는 것 자체가 우리의 시선을 남에게 돌려서 우리의 죄를 보지 못하게 하고, 우리의 마음을 미움으로 채워서, 사랑의 공동체를 파괴하여 결국 미움의 공동체로 만들려는 마귀의 궤계다. 마귀는 지도자들의 실패를 들추어내면서 우리의 마음속에 믿음에 대한 근본적인 의구심을 일으키고 또한 세상이 하나님의 교회를 조롱하게 하고, 하나님의 존재와 영광을 가리게 하는 것이다.

우리는 형제의 실패를 보고 비판할 것이 아니라, 하나님의 구원의 은혜와 사랑을 기억하고, 사랑하는 마음으로 그의 회복을 위해 기도하며, 겸손한 마음으로 연약한 자신을 살펴야 한다. 더구나 믿는 사람들의 실패를 보고 믿음 자체에 대해 의심하는 것은 마귀가 놓은 올무에 걸린 것이므로 속히 벗어나야 한다. 복음 신앙은 온전하지만 그것을 믿는 우리가 온전하지 못한 것이 문제임을 알아야 한다.

2016년 9월 15일

85. 천국 운동: 신앙 가족 공동체 운동

> 회개하라 천국이 가까이 왔느니라(마 4:17).
> 나는 너희에게 이르노니 너희 원수를 사랑하며 너희를 박해하는 자를 위하여 기도하라 이같이 한즉 하늘에 계신 너희 아버지의 아들이 되리니 이는 하나님이 그 해를 악인과 선인에게 비추시며 비를 의로운 자와 불의한 자에게 내려 주심이라 … 그러므로 하늘에 계신 너희 아버지의 온전하심과 같이 너희도 온전하라 (마 5:44-48).

예수님께서 천국 운동을 시작하시면서 먼저 사람들의 회개를 촉구하였다. 예수님으로 말미암은 새로운 구원의 시대를 맞아서 사람들은 각자의 죄를 회개해야 한다. 예수님께서 원하신 죄의 회개란 유대인들이 가졌던 하나님의 나라에 대한 잘못된 생각을 버리고 예수님께서 제시하시는 하나님의 나라에 대한 새로운 생각을 갖는 것이다.

예수님께서 시작하신 천국 운동은 많은 유대인들이 기대하던 유대 민족의 회복이 아니라 세상 모든 사람들이 하나님을 아버지로 모시고 사는 "범세계 신앙 가족 공동체 운동"이다.[1] 그것은 개인과 가정과 민족의 경계를 넘어 하나님을 믿는 모든 사람들을 신앙 가족으로 여기는 하나님 나라 운동이다. 그러므로 예수님은 자주 하나님을 아버지로 부르셨고, 제자들을 "천국 아이들," 또는 "천국의 작은 자들"로 부르셨다(마 18:1-10).

> 아버지나 어머니를 나보다 더 사랑하는 자는 내게 합당하지 아니하고 아들이나 딸을 나보다 더 사랑하는 자도 내게 합당하지 아니하며 또 자기 십자가를 지고 나를 따르지 않는 자도 내게 합당하지 아니하니라(마 10:37-38).

---

[1] 1960 년대 양도천 목사가 "세계일가공회"라는 이단을 시작하였으나 명칭상으로 유사할 뿐이며 관련성이 없다.

또한 예수님께서 가버나움 집에 계실 때 예수님의 모친과 동생들이 예수님을 찾아 왔으나, 예수님께서는 우리가 혈연적 가족관계를 넘어 신앙적 가족관계를 지향해야 할 것을 가르치셨다.

> 누가 내 어머니이며 내 동생들이냐 하시고 손을 내밀어 제자들을 가리켜 이르시되 나의 어머니와 나의 동생들을 보라 누구든지 하늘에 계신 내 아버지의 뜻대로 하는 자가 내 형제요 자매요 어머니이니라 하시더라(마 12:48)

이외에도 예수님께서는 야곱의 12지파의 회복을 위해 12제자들을 택하시고(사 49:6), 산상수훈에서 "심령이 가난한 자는 복이 있나니 천국이 그들의 것임이요"(마 5:3), 그리고, "오직 너희를 위하여 하늘에 보물을 하늘에 쌓아두라"(마 6:19), 계속해서, "너희는 먼저 그의 나라와 그의 의를 구하라"(마 6:33)고 하나님의 나라 시민의 도리를 가르치셨다. 또한 제자들이 "우리 중에 누가 제일 크냐"라는 문제로 논쟁할 때, 하나님의 나라는 큰 자가 작은 자를 지배하는 세상이 아니라 오히려 "큰 자가 작은 자를 섬기는 특별한 세상"임을 가르치셨다(마 20:25-26).

최후 만찬 때에도, 제자들의 발을 씻으시면서, "내가 주와 선생이 되어 너희 발을 씻었으니 너희도 서로 발을 씻어주는 것이 옳으니라"(요 13:14), 그리고, "내가 너희를 사랑한 것같이 너희도 서로 사랑하라"(요 13:34)고 가르치셨다. 이런 모든 말씀들은 믿는 사람들이 각기 "범세계 신앙 가족 공동체"의 일원이라는 의식을 가지고 서로 사랑으로 섬기며 살 것을 가르치신 것이다.

초대 교회도 이런 신앙 가족 공동체를 지향하면서 함께 모여서, 예배하고, 찬양하며, 서로 나누고, 함께 떡을 떼었다(행 2:44-46; 롬 15:31; 고후 8:4; 9:1). 이렇게 "하나님의 나라"를 국가적, 법적, 종교적, 도덕적 개념보다 더 친밀한 가족적 개념으로 이해해야 한다. 이런 예수님의 제안은 그때까지 없던 새로운 하나님 나라의 개념이다. 예수님은 이런 신앙 가족 공동체로서의 하나님 나라의 특성을 세상 전체로 확대해 나가야 할 것을 가르치셨다.

> 너희는 세상의 소금이라 … 너희는 세상의 빛이라(마 5:13, 14).

하나님의 나라는 지역, 관계, 대상의 경계를 넘어 모든 사람에게 하나님의 사랑과 은혜를 나타내는 것이다.

물론, 악한 세상의 저항으로 말미암아 완전한 "범세계 신앙 가족 공동체"는 주님의 재림과 새 하늘과 새 땅이 나타날 때에야 이루어진다. 그러나 그때까지 그리스도인은 이 세상에서 신앙 가족 공동체의 일원으로서의 의식을 가지고 힘써 삶에 적용해야 한다.

하나님의 나라는 본질상 정체적인 것이 아니라 "작은 겨자씨," "누룩 반죽"과 같이 계속 확장되는 것이다.

> 세례 요한의 때부터 지금까지 천국은 침노를 당하나니 침노하는 자는 빼앗느니라(마 11:12).
>
> 그러나 내가 하나님의 성령을 힘입어 귀신을 쫓아내는 것이면 하나님의 나라가 이미 너희에게 임하였느니라(마 12:28).

천국 백성이 된 사람은 누구나 이런 동적인 하나님 나라의 능력을 따라 살아야 한다. 하나님의 나라는 자주 약한 사람이나, 적은 일을 통해서 나타난다. 비록 우리 자신이 미약한 존재라고 해도, 비록 우리가 하는 일이 미미한 일이라고 해도, 우리가 성실히 최선을 다할 때, 아버지 하나님께서 우리를 도우심으로 말미암아 놀라운 성과가 나타나게 되는 것이다. 아버지 하나님께서는 흔히 사람들이 업신여기는 보잘 것 없는 것을 통해서 그의 크신 능력과 영광을 나타내시기를 기뻐하시기 때문이다. 한 달란트를 가지고도 최선을 다하고, "지극히 작은 자 하나"에게 하는 것이 곧 주님께 하는 것으로 알고 적은 일에도 충성할 때에, 하나님 나라가 점점 확장되는 것이다(눅 25:21). 연약한 우리 자신이나 열악한 환경이나 일의 크기에 개의치 않고, 아버지 하나님의 은혜와 능력을 믿고 충성할 때에 놀라운 성과가 나타나는 것이다. 이것이 하나님 나라의 신비이며 비밀이다(참조, 막 4:11-12, 34; 롬 16:25-26).

이런 "범세계 신앙 가족 공동체"라는 하나님 나라의 개념은 기존의 정치적, 군사적 의미의 하나님 나라의 개념을 넘어서 그리스도인의 모든 삶의 현장과 사사로운 인간관계 가운데 나타나는 현존적 하나님 나라를 가리킨다.

> 하나님의 나라는 볼 수 있게 임하는 것이 아니요 또 여기 있다 저기 있다고도 못하리니 하나님의 나라는 너희 안에 있느니라(눅 17:20b-21).

또한 그리스도인은 불신인들을 포함해서 모든 사람들을 가족같이 대해야 한다. 불신인들도 하나님의 은혜로우신 경륜 가운데 믿음의 가족이 될 수 있기 때문이다. 이렇게 하나님 나라의 이해를 확대하여 적용하는 것이 모든 사람들을 가족같이 대하라는 그리스도의 윤리적 교훈에도 나타난다(마 5:38-48; 25:31-46).

> 너희가 너희 형제에게만 문안하면 남보다 더하는 것이 무엇이냐 이방인들도 이같이 아니하느냐(마 5:47).

이렇게, "범세계 신앙 가족 공동체"로서의 하나님 나라의 이해는 그리스도인 각자가 "신앙 가족 공동체의 일원"으로서의 자아의식을 가지고, 매순간 진지하게 신앙적 결단을 하게 한다.

> 그런즉 깨어 있으라 너희는 그날과 그때를 알지 못하느니라(마 25:13).

하나님 나라의 가족적, 현재적 개념은 장차 나타날 종말론적 하나님 나라에 대한 대망과 연계되고 확대된다.

> 내 나라는 이 세상에 속한 것이 아니니라(요 18:36a).

그러나 장차 나타날 영광의 나라는 삼위 하나님의 사랑의 빛으로 충만한 곳이다. 성삼위 하나님, 천사들, 그리고 모든 성도들이 함께 서로 온전하게 사랑하며 모든 소유를 함께 나누는 영원한 가족 공동체다. 하나님은 모든 성도들의 아버지이시고,

모든 성도들은 그의 자녀들이며, 예수님은 모든 성도들의 신랑이며, 모든 성도들은 그리스도의 신부들이며, 교회는 서로 사랑하는 형제들이 모인 예비적인 하늘 가족 공동체다.[2] 천국은 사랑이 충만한 곳인 반면에, 지옥은 미움이 가득한 곳이다.[3]

하나님의 자녀들은 이 험한 세상에 사는 동안 장차 나타날 온전한 사랑의 하나님 나라를 사모하면서 하나님과 사람들을 사랑하기를 힘써야 한다.[4] 방탕하고 이기적인 세속적 사랑이 아니라 십자가에서 나타난 하나님의 온전한 사랑을 따라 거룩하고 진실한 하나님 나라에서의 사랑을 실천해야 한다.

2016년 9월 21일

---

[2] 조나단 에드워즈, 『사랑』, 415-416.
[3] Ibid., 433-434.
[4] Ibid., 444.

86. 믿음 주머니

> 또 이르시되 사람에게서 나오는 그것이 사람을 더럽게 하느니라 속에서 곧 사람의 마음에서 나오는 것은 악한 생각 곧 음란과 도둑질과 살인과 간음과 탐욕과 악독과 속임과 음탕과 질투와 비방과 교만과 우매함이니 이 모든 악한 것이 다 속에서 나와서 사람을 더럽게 하느니라(막 7:20-23).

　믿음이란 한 분 하나님께 대한 변함없는 충성과 한결같은 헌신이다. 그러나 현실적으로 우리의 신앙생활은 온전한 믿음에 이르는 과정 가운데 우여곡절을 겪는다. 믿는 사람들이라도 때로 믿음의 확실성과 불확실성 사이에서 머뭇거린다. 믿음이 강할 때도 있고 약할 때도 있다. 우리의 믿음은 인간의 연약한 본성이나 변하는 삶의 환경으로 말미암아 흔들린다.

　믿음의 주체인 우리의 연약함으로 말미암아 우리의 믿음은 부동성과 변동성, 확실성과 불확실성을 함께 가지고 있다. 사람이 믿음은 신앙 경험이 부족하거나, 하나님의 말씀을 분명히 이해하지 못하는 경우에도 흔들린다. 그러므로 우리의 신앙 경험이 쌓이거나, 하나님의 말씀을 바르게 이해함으로써 보다 확고한 믿음을 갖게 된다. 믿음의 조상 아브라함도 하나님의 언약을 믿었으나 그의 믿음도 때로는 흔들렸다. 그는 약속의 자식 이삭을 얻기 전에 하갈을 통해 이스마엘을 얻었던 것이다. 그 후 야곱도, 요셉도 모두 하나님의 언약을 믿기 어려운 삶의 환경 가운데서 언약 신앙을 지켰다.

　우리가 믿음이 강할 때에는 믿음의 확실성을 따라서 신앙적 삶을 결단한다. 반면에, 우리의 믿음이 약할 때에는 불확실성을 따라서 불신적인 삶을 결단하는 것이다. 믿음이 불확실성을 극복하는 적극적 자세라면, 불신은 확실성을 포기하는 부정적 자세다. 믿음은 어떤 대상을 믿음의 확실성을 따라 결정하고 오직 그것에만 집중하는 것이다. 하나님을 믿는 사람은 하나님만 바라보아야 한다. 믿음은 생명의 활력소이고, 불신은 생명을 죽이는 부정적 요소다.

믿음이 없이는 하나님을 기쁘시게 하지 못하나니 하나님께 나아가는 자는 반드시 그
가 계신 것과 또한 그가 자기를 찾는 자들에게 상 주시는 이심을 믿어야 할지니라
(히 1:6).

하나님은 그를 믿는 사람을 그의 자녀로 여기시고, 그의 믿음을 통해 일하시기를
기뻐하신다(막 5:34; 롬 4:23-24; 갈 3:6-7). 우리 인간은 오직 믿음으로 하나님과 연결
될 수 있다. 이 믿음은 우리의 의지나 고안이나 능력이 아니라 하나님의 은혜로운
선물이다(롬 3:24; 갈 5:4; *Inst*. III.18.8). 우리가 하나님을 믿기 전에 하나님께서 믿게
해주신 것이다.

영생을 주시기로 작정된 자들은 다 믿더라(행 13:48b).

우리가 믿는 하나님은 창조주시며, 모든 생명의 원천이시다. 하나님은 자신이 지
으신 피조물이 잘못될 때 진멸하기도 하시지만, 그가 지으신 피조물에 대한 애착심
을 가지시고 파괴된 피조물의 회복을 위해 일하신다. 공의로우신 하나님이시지만
인애가 더 많으신 하나님이시다.[1] 특별히 하나님은 자신의 형상대로 지으신 인간에
대해 각별한 사랑을 품고 계신다. 성경은 하나님께서 창세 이후 하나님을 떠난 죄악
세상을 구원하시기 위해서 힘써 오셨음을 보여준다.

최종적으로 하나님께서는 그의 아들 예수 그리스도를 보내시어 죄인들이 그를
믿음으로 말미암는 구원의 도를 베푸셨다(요 3:16). 생명을 사모하는 이들은 하나님
의 구원 진리를 믿고 영생을 얻는다. 생명을 하찮게 여기는 이들은 하나님의 구원
진리를 무시하고 멸망을 자초한다.

많은 신앙인들이 겪는 문제는 믿음의 모양은 있으나, 믿음의 진정성을 잃고 타성
적인 신앙이 되는 것이다. 겉으로는 믿으면서 실제로는 생동력이 없는 죽은 신앙이
되는 것이다. 산 신앙을 유지하기 위해서 우리는 믿음의 질과 강도를 꾸준히 높여
나가야 한다. 말씀과 기도로 믿음을 굳게 다지고 선한 행실로 증거해야 한다. 그렇

---

1 출 34:6; 민 14:18; 시 30:5; 103:10-13; 107:1; 118:1, 29; 사 48:9; 렘 15:15; 애 3:22, 31-33; 욜 2:13; 욘 4:2; 미 7:18; 행 13:18; 롬 2:4; 9:22; 벧전 3:20; 벧후 3:9.

지 않으면 어느새 불확실성이 우리를 불신의 늪으로 인도한다.

> 믿음은 바라는 것들의 실상이요, 보이지 않는 것들의 증거니, 선진들이 이로써 증거를 얻었느니라 믿음으로 모든 세계가 하나님의 말씀으로 지어진 줄을 우리가 아나니, 보이는 것은 나타난 것으로 말미암아 된 것이 아니니라(히 11:1-3).

믿음은 우리의 옷의 주머니와 같다. 신앙인이라면 누구나 자신의 "믿음 주머니"를 가지고 있다. 진정한 신앙인은 그의 "믿음 주머니"에 구멍이 나지 않도록 든든하게 지키고, 믿음의 선한 열매들로 열심히 채운다. 더구나 "믿음 주머니"에 어떤 해로운 것이나 불결한 것이 들어가서 망가지지 않도록 주의해야 한다.

예수님 당시 하나님을 잘 믿는다고 자처하던 바리새인들은 실제로는 외식주의자들이었다(마 23장; 막 7:1-23). 그들은 나름대로 온 마음과 뜻과 힘을 다해 잘 믿는다고 자부했다. 그러나 그들의 종교적 열성이 곧 그들의 믿음의 진정성을 가리키는 것은 아니었다(마 23:23). 그들의 "믿음 주머니"는 선한 것들이 아니라 온갖 불결한 것들로 채워졌던 것이다. 그들의 믿음은 진정성이 없는 외식적 믿음으로 변질되었던 것이다.

위선과 오만함으로 얼룩진 바리새인들의 외식주의는 오늘날 우리 믿는 이들에게 경각심을 일깨워 준다.

혹 우리의 "믿음 주머니"도 나쁜 것들로 채워진 것은 아닌가?

그 속에 세상의 염려, 탐심, 의심, 거짓, 위선, 오만함, 자랑, 음란, 시기, 타성 같은 불결하고 혐오스런 것들이 숨어있지는 않은가?

우리의 믿음은 주님께서 인정하시는 진정한 믿음인가?

십자가의 사랑이 우리의 믿음의 중심에 자리 잡고 있는가?

그리스도 안에서 새 생명을 얻은 이들은 이 어두움의 세상에서 장래의 영광을 소망하며 빛의 아들로 살기를 힘써야 한다.

> 나는 포도나무요 너희는 가지라 그가 내 안에, 내가 그 안에 거하면 사람이 열매를 많이 맺나니 나를 떠나서는 너희가 아무것도 할 수 없음이라(요 15:5).

너희가 열매를 많이 맺으면 내 아버지께서 영광을 받으실 것이요 너희는 내 제자가 되리라(요 15:8).

우리의 "믿음 주머니"에서 모든 거짓되고 불순한 것들을 가려내고, 정결하고 선한 것들로 채우자.
그리스도의 십자가를 따라 우리의 믿음의 질과 순도를 높이자.

2016년 9월 27일

87. 경고성 재난

> 너희에게 이르노니 아니라 너희도 만일 회개하지 아니하면 다 이와 같이 망하리라 (눅 13:3).

요즘 자연 재해가 자주 보도되어 우리들을 놀라게 하고 불안하게 한다. 한 달 전 9월 12일에 경주에서 진도 5.8의 지진이 일어나서 전국을 놀라게 했고, 그 후 거의 한 달이 된 오늘 아침까지도 여진이 계속되어 사람들을 불안하게 하고 있다. 지난주에는 울산 부산 등 경남 해안 지방에 태풍이 불어 인명과 재산에 큰 피해를 입혔다. 지난주에는 우리나라뿐 아니라 세계 도처에서 지진과 폭풍의 보도가 있었다. 일본 아소산이 분화를 시작하여 주변 사람들이 대피하였고, 5년 전 지진으로 수천 명이 죽은 아이티에서는 지난 주 폭풍으로 900명 가까이 목숨을 잃었고, 플로리다 주를 비롯한 미국 남부 지방은 같은 폭풍을 피해 300만 명이 대이동을 하였다.

인간이 겪는 모든 재난에 대한 성경의 가르침은 두 가지로 나뉜다. 대부분이 인간의 죄악에 대한 하나님의 진노로서 죄의 회개를 요구한다.[1] 욥과 시편 기자의 경우는 대개 재난이 믿음의 시험, 또는 신앙의 단련을 위한 것이었다(욥 23:10; 시 66:10; 73:2-3; 119:71; 롬 5:3-4; 히 12:7-11). 대부분의 재난은 죄인인 인간에 대한 하나님의 경고와 심판의 성격을 가지고 있다.[2] 주님께서는 특별히 마지막 때에 나타날 종말론적 재난을 경고하셨다.

민족이 민족을, 나라가 나라를 대적하여 일어나겠고 곳곳에 지진이 있으며 기근이 있으리니 이는 재난의 시작이라(막 13:8).
그때에 그 환난 후 해가 어두워지며 달이 빛을 내지 아니하며 별들이 하늘에서 떨어

---
1 창 6:13; 19:13; 민 11:33; 신 28:15-68; 욘 1:7, 12, 3:10; 마 11:20-24; 롬 2:5.
2 욜 1:4 이하; 2:1-11; 암 1:7; 2:5; 욘 1:4; 슥 14:18-19; 말 2:2; 마 7:25-27; 마 11:24; 눅 13:5 등.

지며 하늘에 있는 권능들이 흔들리리라(막 13:24).

현대인들은 원하는 것은 무엇이든 할 수 있다는 인본주의적 자만심과 자아 집착증에 젖어 있다. 이런 오만한 자세는 현대인만의 자세가 아니라 오랜 인간의 습성이다. 흥망성쇠로 이어진 인류 역사 전체가 이런 인간의 오만함의 거듭된 폐해를 보여준다고 할 수 있다. 성경도 처음부터 끝까지 하나님의 계명을 떠난 이런 자율적 인간의 죄성으로 얼룩진 인류의 죄악의 역사를 보여준다. 에덴에서의 추방, 노아 홍수, 바벨탑, 믿음의 조상들의 실패, 계속되는 전쟁, 출애굽과 광야생활, 이스라엘 왕국 시대의 가뭄, 역병, 굶주림, 신약 시대의 하나님의 아들의 처형과 교회 핍박 그리고 마지막 종말론적 배역에 이르기까지 인류는 하나님의 뜻과는 상반되게 행한다.

이런 불신적 인간이 주인 노릇하는 세상에서 자연 재난마저 없다면 인간은 얼마나 오만하게 될 것인가?

믿는 사람들 가운데 재난을 주로 신앙의 단련으로 보는 경향이 있으나 재난에 대한 성경의 지배적인 가르침은 주로 경고와 심판이다. 믿는 사람들은 재난 가운데 죄를 회개하며 새로운 삶을 결단해야 한다. 특별히 무한한 인간의 가능성을 믿는 현대인이 사는 세계에서 일어나는 재난은 자아 집착적인 오만한 인본주의에 대한 하나님의 경고와 심판이라고 보아야 한다. 불신 세상은 언제나 그렇듯이 자연 재해 방지와 복구에만 집중하고 하나님 신앙에 대해서는 전혀 관심이 없다. 그러나 하나님을 믿는 신앙인들은 재난의 소식을 들을 때마다 자긍심과 안일한 자세를 버리고 죄를 회개하며 경건에 힘써야 한다. 신앙인은 죄의 징벌을 받을 때 신앙의 훈련도 함께 받는다.

하나님께서는 우리를 고난에서 구원하심으로써 그의 은혜와 영광을 나타내신다.

> 내가 너를 연단하였으나 … 어찌 내 이름을 욕되게 하리요 내 영광을 다른 자에게 주지 아니하리라(사 48:10-11).

하나님은 우리의 고난을 통해서 자신의 영광만을 나타내실 뿐만 아니라 우리를 장차 그의 영광에 직접 참여하게 하실 것이다.

우리가 그와 함께 영광을 받기 위하여 고난도 함께 받아야 할 것이니라(롬 8:17b).

우리가 받는 재난이 죄에 대한 징벌이든지, 신앙의 단련을 위한 것이든지, 우리가 참된 회개와 믿음과 소망으로 재난을 받을 때 하나님께서는 결국 우리를 은혜와 평안으로 인도하신다(욥 42:10 이하; 시 116:1-10; 119:71; 히 12:7-11).

내가 크게 고통을 당하였다고 말할 때에도 나는 믿었도다(시 116:10).

2016년 10월 10일

88. 초월적 가치의 중요함

> 부활이 없다 하는 사두개인들이 예수께 와서 물어 이르되(막 12:18).

물질주의 문명에 젖은 많은 현대인들은 주로 보이는 피조물의 가치를 실재(實在)로 인정한다. 자유주의 신학자들이나, 비평적 성경학자들도 보이지 않는 천국이나 부활이나 종말을 고대의 문화유산으로 취급하면서 핵심적 신앙으로 보지 않는다. 그들의 관심은 대개 사회 정의와 윤리와 같은 현실적 문제에 집중되어 있다.

그러나 보이는 가치나 현실 문제도 중요하지만, 그것만 중시하는 종교는 진정한 종교라고 할 수 없다. 종교는 언제나 인생의 궁극적인 가치와 의미에 대한 해답을 주어야 하기 때문이다. 그러므로 모든 종교는 인생의 현실적 문제를 넘어 초월적 문제를 제시한다. 자유주의자들이 중시하는 구약의 예언자들의 윤리적 메시지도 자주 하나님의 심판과 함께 나타난다. 창조주 하나님의 개입이 없이는 이 혼란한 세상의 문제가 완전히 해결될 수 없기 때문이다. 사람들은 자신의 운명과 내일을 모르고, 사후 세계를 모른다(약 4:14). 그러므로 인간은 불안하다. 신앙인들조차 기복(祈福) 신앙에 빠져서 보이지 않는 하나님 나라의 가치보다 보이는 세상의 가치를 더 중시한다. 그러나 하나님의 구원의 약속의 말씀을 믿는 사람들은 최종적 구원의 소망을 중시해야 한다.

물질-현실주의적 자세는 결국 사람들을 불안과 절망으로 이끈다. 이를 극복하는 길은 사람의 철학이나, 사람을 미혹하기 위해 귀신이 만든 종교가 아니라, 하나님의 구원의 말씀뿐이다.

> 너희는 마음에 근심하지 말라 하나님을 믿으니 또 나를 믿으라 내 아버지 집에 거할 곳이 많도다 그렇지 않으면 너희에게 일렀으리라 내가 너희를 위하여 거처를 예비하러 가노니 가서 너희를 위하여 거처를 예비하면 내가 다시 와서 너희를 내게로 영접하여 나 있는 곳에 너희도 있게 하리라 … 내가 곧 길이요, 진리요, 생명이니 나로 말

미암지 않고는 아버지께로 올 자가 없느니라(요 14:1-6).

옛날 이스라엘 백성은 광야에서 하나님의 가나안 땅의 약속은 잊은 채, 먹을 것과 같은 보이는 현실적 가치에만 집중하다가 모두 멸망하였다(민 11:5; 13:31-33; 14:1-3). 오직 여호수아와 갈렙만이 가나안 땅에 대한 하나님의 약속을 믿었다(민 14:6-10). 가나안 땅에 들어간 그들의 후손들도 우상을 비롯하여 보이는 피조물의 가치에 집중하다가 하나님의 진노하심을 받았다(삿 2:11 이하). 욥은 사후에 그의 영혼이 하나님을 만나 뵐 것을 믿었다(욥 19:26). 다윗도 영생을 믿었다(시 16:10-11; 133:3). 솔로몬도 전도서에서 인생의 한계와 허무함을 탄식하면서도 하나님께서 인간의 내면에 영원을 사모하는 마음을 주신 것을 알았다(전 3:11). 이사야와 다니엘은 더욱 분명하게 인간의 영원한 미래를 내다보았다(사 11:6-9; 35:1-10; 65:17; 단 7:13-14; 12:2). 영원과의 접촉점이 없는 인생은 허무하고 절망할 수밖에 없다. 그리스도인은 언제나 영생을 소망하며 살아야 한다(롬 8:18-24; 딤후 4:18).

영원한 세계에 대한 하나님의 약속을 믿는 데 장애가 되는 것은 현대인들의 닫힌 물질적 우주관(the closed world view)이다. 어떤 이들은 성경이 가르치는 천국을 보이는 하늘이나 우주의 어떤 부분으로 생각한다. 비록 성경이 자주 보이는 하늘을 영인한 세계로 묘사하지만, 그것은 단순히 보이는 하늘과 천국을 동일시하는 것이 아니라 보이는 하늘의 "신비하고 초월적인 특성들"을 통해서 보이지 않는 영원한 천국을 설명하는 것이다.

선진국들이 우주 개발을 위해 경쟁하는 세상에서 보이는 하늘이나 우주를 성경이 가르치는 천국으로 지칭하기가 더욱 어렵게 되었다. 그러나 저 광대무변(廣大無邊)한 우주는 여전히 그 신비로움과 아름다움으로 하나님이 계시고 우리의 영혼이 거할 영원한 나라가 실재한다는 사실을 가리킨다. 예나 지금이나 오직 믿음의 눈을 가진 사람만이 그 나라를 볼 수 있다.

그들이 이제는 더 나은 본향을 사모하니 곧 하늘에 있는 것이라 이러므로 하나님이 그들의 하나님이라 일컬음 받으심을 부끄러워하지 아니하시고 그들을 위하여 한 성을 예비하셨느니라(히 11:16).

스데반이 성령이 충만하여 하늘을 우러러 주목하여 하나님의 영광과 및 예수께서 하나님 우편에 서신 것을 보고 말하되 보라 하늘이 열리고 인자가 하나님 우편에 서신 것을 보노라 한대 그들이 큰 소리를 지르며 귀를 막고 일제히 그에게 달려들어 성 밖으로 내치고 돌로 칠 새 증인들이 옷을 벗어 사울이라 하는 청년의 발 앞에 두니라 (행 7:55-58).

사도 바울은 영원한 나라의 소망이 인생 문제에 대한 궁극적 해결책임을 가르친다.

생각하건대 현재의 고난은 장차 나타날 영광과 비교할 수 없도다(롬 8:18).
만일 땅에 있는 우리의 장막 집이 무너지면 하나님께서 지으신 집 곧 손으로 지은 것이 아니요 하늘에 있는 영원한 집이 우리에게 있는 줄 아느니라(고후 5:1).

우리는 오직 주님의 언약을 믿음으로써 장래의 부활에 참여할 수 있다.

나는 부활이요 생명이니 나를 믿는 자는 죽어도 살겠고 무릇 살아서 나를 믿는 자는 영원히 죽지 아니하리니 이것을 네가 믿느냐(요 11:25-26).

이 말씀은 예수로 말미암는 부활과 영생을 믿는 사람은 종말이 오기 전 이 세상에서도 모든 사람이 걸려 있는 "죽음에 이르는 병"과 존재론적 불안을 극복하고 하늘의 평안을 누릴 수 있음을 약속한다.

끝으로, 성경의 윤리는 영원한 나라와 관련된다. 우리의 모든 행위는 이 세상에서 끝나는 것이 아니라 영원한 세계로 이어진다. 우리의 사랑은 영원한 세계로 이어진다.

사랑은 언제까지나 떨어지지 아니하되 예언도 폐하고 방언도 그치고 지식도 폐하리라(고전 13:8).[1]

---

[1] 참조, 조나단 에드워즈, 『사랑』, 409 이하.

하나님께서는 최후 심판에서 우리의 모든 행위에 대해 심판하신다(고전 3:13; 계 20:13).

한편, 현대 윤리학도 인간 사랑을 가치 판단 기준으로 삼으나, 하나님 사랑을 배제하기 때문에 성경적 윤리와 다르다. 하나님 신앙과 하나님의 말씀에 기초하지 않고 인간의 자의적 도덕력에 근거한 인간 윤리는 궁극적 의미와 목적을 줄 수 없기 때문에 모래 위에 지은 집과 같이 공허할 뿐이다. 진정한 윤리는 하나님을 사랑하고 그의 영광을 위해 그의 말씀을 순종하는 책임 있는 인간 존재로서의 의식이 전제되어야 한다. 하나님께서 우리의 마음과 행위를 감찰하고 계시며, 마지막 심판 때에 우리의 감추었던 모든 것을 분명히 드러내실 것이라는 신앙적 전제에서 진정한 윤리가 가능한 것이다.

믿음 없이도 인간의 결단과 의지로 진실하게 살 수 있다는 자아 집착적 인본주의적, 도덕주의적 윤리는 인간의 본질적인 죄성을 무시하고, 죄인인 인간이 스스로 자신의 의로움을 판단한다는 데서 윤리적 진정성과 타당성을 결여하고 있다.

> 나는 선한 싸움을 싸우고 나의 달려갈 길을 마치고 믿음을 지켰으니 이제 후로는 나를 위하여 의의 면류관이 예비되었으므로 주 곧 의로우신 재판장이 그날에 내게 주실 것이며 내게만 아니라 주의 나타나심을 사모하는 모든 자에게도니라(딤후 4:7-8).

2016년 10월 19일

89. 복음서들의 일치와 차이, 객관성과 주관성

> 우리 중에 이루어진 사실에 대하여 처음부터 목격자와 말씀의 일꾼된 자들이 전하여 준 그대로 내력을 저술하려고 붓을 든 사람이 많은 지라(눅 1:1).

공관복음서와 요한복음의 차이 그리고 공관복음서 상호 간의 차이는 성경의 권위 문제와 관련되어 학자들 사이에서 오랫동안 논의해온 문제다. 공관복음서의 차이들에 대해서 양식비평은 자연주의적인 발전론적 시각에서 공관복음서의 전승과 자료는 각기 독특한 "삶의 정황"(Sitz im Leben) 가운데서 다양한 문화적 사회적 요인으로 말미암아 형성된 것이라고 논하고, 편집비평은, 양식비평의 연구를 토대로 삼아, 인본주의적 시각에서, 복음서 저자들(복음 전승과 자료의 편집자들)의 신학적, 목회적, 문학적 의도가 복음서 형성에 영향을 미쳤다고 본다.

사실 복음서들을 서로 비교할 때 내용의 차이가 있을 뿐만 아니라, 마태, 마가, 누가, 요한은 각자나 그들의 신앙 공동체의 독특한 신학적, 목회적, 문학적 관심과 어떤 일관된 신학적, 사회적, 목회적, 언어적, 문학적 성향(tendency)과 특징을 보여 주는 것을 부인할 수 없다. 일반적으로 마태는 "의로운 행위"를 강조하고, 마가는 "고난받는 종"으로서의 그리스도를 부각시키고, 누가는 소외 계층(가난한 자, 여자들, 사마리아인)에 대한 관심, 그리고 요한은 믿음의 영적 차원을 일관되게 보여주는 것이다.

이런 내용의 차이는 복음서들의 일관된 구원의 메시지에 비추어 볼 때 하찮은 문제라고 무시할 수도 있으나, 성경의 권위를 믿는 우리의 신앙을 다지기 위해 적합한 논리적 설명이 요구된다.

첫째, 일반적으로 각 복음서의 차이는 성령께서 저자들이나 그들의 공동체의 관심과 환경에 따라서 적절하게 조절하여 말씀하시고 쓰게 하신 결과로 볼 수 있다. 양식비평이 중시하는 성경 형성의 환경적 요인이나 편집비평의 저자들의 의도조차, 그 진정성이 확인된 것이라면, 결국 성령의 인도하심을 받은 것으로 볼 수 있다(참조, 잠 25:1).¹ 그러므로 성령의 조명과 인도하심을 받지 않는 이성 중심적 성경 연구는 결국 암흑 가운데 빠지게 되고 오류를 낳게 된다.

복음서를 포함한 모든 성경은 하나님께서 성경 저자들의 특성과 처지에 따라 다양하게 계시하셨다(유기적 영감). 구약의 사무엘-열왕기와 역대하는 모두 같은 유다와 이스라엘 왕조의 역사적 기록이지만, 내용과 저술 의도에서 차이가 있다.² 역대기는 사무엘-열왕기에 비해서 북 왕국 이스라엘의 왕조를 무시하는 한편, 다윗 중심의 유대 왕조의 정통성을 부각시킨다. 물론 "유기적 영감"이 모든 성경의 기록에 대한 만족스런 설명은 아니다. 저자들이 본 환상과 계시를 그대로 따라 쓴 어떤 성경 기록은 오히려 "축자 영감설"을 지지한다. 한 마디로 복음서들의 차이(주관성)는 환경적 요인과 저자들의 생각이면서도 결국 성령의 감동으로 말미암은 것이다. 만일 모든 복음서들이 문자적으로 일치된다면 그것이야말로 복음서들이 인위적 작품이라는 증거가 될 것이다.

성령은 각 저자들의 특성과 형편에 따라 적절하게 역사하신다.

> 그때에 너희에게 주시는 그 말을 하라 말하는 이는 너희가 아니요 성령이시니라 (막 13:11b).

각 복음서의 차이는 오히려 각 복음서가 성령의 감동으로 말미암은 것이라는 증거가 된다. 성령은 차이를 모순이 아니라 조화로운 풍성함으로 이끄신다(고전 12:11; 엡 2:18).

둘째, 복음서들은, 그 차이에도 불구하고, 구약의 메시아 예언이 예수님의 인격과 사역을 통해 성취된 사실을 지적함으로써 하나님의 말씀으로서의 권위와 영감을 가진다.³ 다른 말로, 복음서들은 그 차이에도 불구하고 구약에서 시작된 하나님의

---

1 Robert H. Gundry, "A Theological Postscript" in *Matthew* (Grand Rapids: Eerdmans, 1982), 627: "… the Holy Spirit guided the process from beginning to end, from the formation from the original tradition through the successive stages of redaction." Robert H. Stein, *Gospel and Tradition: Studies on Redaction Criticism of the Synoptic Gospels* (Grand Rapids: Baker Book House, 1991), 159.

2 Robert H. Gundry, 627, 633, 637.

3 마 1:22; 5:17-18; 26:54; 막 1:1-3; 참조, 롬 1:2; 막 12:`10-11; 눅 4:16-21; 20:42-43; 요 5:39; 7:42; 12:38-41; 19:24.

구원 역사가 예수님의 인격과 사역을 통해 완수되었음을 증거하는 데서 일치한다.

셋째, 복음서들의 역사적, 지리적, 연대적 차이는 "오류"로 단정 짓기 전에 더 확실한 자료와 증거가 나올 때까지 유보하는 자세를 취한다.[4]

넷째, 성경 연구가들은 공관복음서의 차이와 특징에 대해 연구하고 나름대로 제안할 수는 있으나 언제나 성경의 일치와 연속성을 찾는 일에 집중해야 한다. 진지한 성경 연구자는 복음서의 차이에 대해서 복음서의 비진정성이 아니라 오히려 진정성을 위해 논해야 한다. 즉 예수님의 말씀과 행위가 한 가지 표현으로 나타내기에는 너무나 깊은 뜻이 있기 때문에 각 복음서 기자가 다양하게 표현하였다고 볼 수 있다. 복음서 저자들의 다양한 표현들이 결국 예수님의 말씀과 행동을 더 깊이 있게 나타낸다.

다섯째, 복음서 저자들의 중심 관심은 예수님의 말씀이나 사건에 대한 자신들의 주관적 해석이 아니라 목격자의 증언을 따르는 객관적 사실 보도라는 것을 인정해야 한다(눅 1:1). 키에르케고르는 "사도는 복음을 전하는 책임을 수행했으며 복음을 해석하는 책임을 수행한 것은 아니다"라고 말했다.[5] 그러므로 성경 연구자들은 복음서 저자들의 특별한 신학적, 목회적, 문학적 관심을 지적하기 전에 복음서들이 상호 일치하여 가르치는 중심 주제인 "하나님의 구원"에 집중하여 독자들의 믿음을 증진시키는 데 집중해야 한다. 칼빈이 자신의 공관복음서 주석을 "복음서의 조화"(Harmony of the Gospels)라고 명명한 것도 이와 같은 뜻을 나타내는 것이다. 성령은 복음서의 차이를 조화로운 풍성함으로 이끄신다(고전 12:4; 엡 2:18).

여섯째, 복음서들의 차이는 복음서들을 읽는 모든 그리스도인들에게 진정한 복음의 증인들로서의 책임을 일깨운다. 복음서 저자들은 그들이 받은 복음을 그대로 복사만 한 것이 아니라 자신들이 믿고 이해하는 대로 썼던 것이다. 그렇다면, 오늘 우리도 예수님의 복음을 마음과 생각 없이 답습할 것이 아니라 나의 존재 이해와 나의 삶에 비추어 "나의 복음"으로 증거해야 한다. 예수님의 복음을, 하나님의 말씀

---

[4] 예로, 예수님의 처형일자가 공관복음서에는 니산월 15일로(마 26:17, 27:1; 막 14:12; 15:1, 6; 눅 22:7, 6), 요한복음에는 니산월 14일(유월절 전날, 예비일)로 다르게 나타난다(요 18:28; 19:42). 또한 예수님께서 오천 명을 먹이신 후에 가신 곳이 일치하지 않는다(마 14:34[게네사렛]; 막 6:45[벳세다]; 요 6:17, 24[가버나움]). 강창희, 『복음서의 지명과 복음서의 역사성』, 96-97.

[5] S. Kierkegaard, *The Present Age and Two Minor Ethico-Religious Treatises*, (New York, 1940), 160ff.

을, 성령의 조명을 받아,[6] 나의 언어와 경험으로 해석하고 적용함으로써 복음의 능력을 나타내야 한다.[7] 그것은 전도자 자신의 말씀에 대한 묵상, 연구, 독서 등의 수고와 함께 성령의 도우심을 기다리는 시간과 인내를 요구하는 것이다.

이렇게 복음서는 예수님의 행적이라는 객관성과 함께 저자들의 집필로서의 주관성을 함께 가지는 것이다. 그러나 복음서들의 일치와 차이, 객관성과 주관성의 갈등 문제는 결국 저자들을 감동시키신 성령으로 말미암아 극복되고, 복음서들은 결국 우리에게 하나님의 말씀이 되는 것이다.

2016년 10월 20일

---

[6] 성경 저자는 "성령의 영감"을 받고 성경을 썼으나 성경 해석자는 그보다는 낮은 수준의 "성령의 조명"을 받는다. 그러므로 그들의 해석이나 적용은 성경 본문보다 낮은 권위를 갖는다. Robert H. Gundry, "A Theological Postscript" in *Matthew* (Grand Rapids: Eerdmans, 1982), 629-30.

[7] 이런 주관적 복음 이해는 불트만(R. Bultmann)이 복음서 해석의 목적을 "진정한 존재"(authentic existence)를 찾는 것으로 주장하는 것과 유사하나, 우리는 불트만과 달리 복음서의 초월성과 복음서의 역사성을 중시한다. 복음서의 중심 주제는 "진정한 존재"가 아니라 예수님을 통한 하나님의 초월적 역사 개입이다. "진정한 존재"는 예수님의 인격과 사역을 통해 나타난 하나님의 구원 역사로 말미암은 인간의 반응이다. "회개하라 천국이 가까이 왔느니라"(마 4:17). 더구나 복음서의 차이(주관성)는 환경적 요인과 저자들의 생각이면서도 결국 성령의 안내와 지시로 말미암은 것이다.

90. "병 주고 약 주기" vs. "은혜 위에 은혜"[1]

> 예수께서 길을 가실 때에 날 때부터 맹인이 된 사람을 보신지라 제자들이 물어 이르되 랍비여 이 사람이 맹인으로 난 것이 누구의 죄로 인함이니이까 자기니이까 그의 부모니이까 예수께서 대답하시되 이 사람이나 그 부모의 죄로 인한 것이 아니라 그에게서 하나님이 하시는 일을 나타내고자 하심이라 때가 아직 낮이매 나를 보내신 이의 일을 우리가 하여야 하리라 밤이 오리니 그때는 아무도 할 수 없느니라 내가 세상에 있는 동안에는 세상의 빛이로라 (요 9:1-5).

인생은 주로 고난의 연속이다. 극심한 고난 가운데 처한 사람은 차라리 죽음을 원하기도 한다. 성경은 이런 고달픈 인생을 향하신 선하신 하나님의 구원의 은혜를 보여준다. 본문도 날 때부터 맹인으로 태어나서 고생하는 사람의 운명에 대한 제자들의 질문을 통해서 하나님의 구원의 은혜를 보여준다.

제자들의 질문은 다른 유사한 질문들을 일으킨다.

하나님께서는 이런 고난의 인생이 전개될 것을 창세 전에 미리 아셨는가?

그렇다면 왜 하나님께서는 인간을 창조하셨는가?

운명론자들이나 불가지론자들은 인간의 고난 문제를 이해할 수 없는 운명의 장난으로 돌린다. 적대적인 불신자들은 결국 하나님이 모든 인간 불행의 원인이라고 생각한다. 그들에게 하나님은 병 주고 약주는 무자비한 독재자일 뿐이다. 그러나 성경은 하나님은 은혜로우시고 자비하신 하나님이심을 거듭 증거한다. 하나님을 믿는 사람은 언뜻 그 원인을 알 수 없는 하나님의 진노와 징벌도 결국은 하나님의 선하시고 거룩하신 뜻에서 비롯된 것임을 믿는다.

---

[1] "우리가 다 그의 충만한 데서 받으니 은혜 위에 은혜러라"(요 1:16). "은혜 위에 은혜러라"는 하나님께서 그의 자녀에게 계속해서 베푸시는 풍성한 은혜를 가리킨다.

나는 은혜 베풀 자에게 은혜를 베풀고 긍휼히 여길 자에게 긍휼을 베푸느니라 (출 33:19b; 참조, 롬 9:18).

하나님을 대적하는 사람은 모든 불행을 하나님 탓으로 돌리며 하나님을 불신한다. 그러나 신실한 사람은 만사를 하나님의 은혜로 돌리는 것이다. 그것이 우리를 향하신 하나님의 뜻이다.

내 은혜가 네게 족하도다(고후 12:9a).

우리가 당장은 알 수 없는 불행의 원인도 하나님의 선하시고 의로우신 섭리에서 비롯된 것임을 믿는다.

우리가 알거니와 하나님을 사랑하는 자 곧 그의 뜻대로 부르심을 입은 자들에게는 모든 것이 합력하여 선을 이루느니라(롬 8:28).

성경은 인간 불행의 근본 원인은 결국 인간 자신의 죄로 말미암은 것임을 밝힌다. 동시에 성경은 신앙의 단련을 위한 고난도 가르친다. 무엇보다 하나님께서는 우리의 모든 불행과 고난을 통해서 그의 은혜와 영광을 나타낸다. 하나님은 모든 영광을 받으시기에 합당하신 분이시기 때문이다. 그러나 하나님은 결코 자신의 만족을 위해 의도적으로 불행과 고난을 주신다고 할 수는 없다. 설령 하나님께서 그렇게 보이실 때라도, 선하신 하나님께서 우리의 믿음을 단련하신다고 믿어야 한다. 우리 하나님은 언제나 자비로우시고 인애로우신 하나님이심을 굳게 믿어야 한다. 욥기는 의인이 고난받는 "불의한 현실"에도 불구하고 하나님의 선하심과 의로우심, 능력과 영광을 굳게 믿어야 함을 가르친다.

네가 내 공의를 부인하려느냐 네 의를 세우려고 나를 악하다 하겠느냐(욥 40:8).

하나님께서는 의인의 고난은 물론 악인의 악행조차 하나님의 의로우심과 은혜의 통로로 사용하시는 것이다(출 9:16; 롬 3:5-7; 5:20; 9:18, 22-23). 하나님은 악행을 징벌하심으로써 그의 의로우심과 영광과 존귀를 나타내신다(시 73:18-19; 사 59:19). 그러므로 우리는 모든 고난 가운데서 먼저 죄를 찾아 회개하고, 하나님의 선하심을 믿고, 그의 사랑과 구원의 은혜를 사모해야 한다.

모든 고난은 전능하신 하나님께서 그의 구원의 능력과 영광을 더욱 분명히 나타내시기 위해 준비하신 것이다. 창세기 1장 2절에서 빛의 창조 이전의 상태는 혼돈, 공허와 암흑이었다. 태초에 어둡고 혼란한 세상을 빛과 질서의 세상으로 창조하신 하나님께서는 세상 끝에 이 혼란한 죄악 세상을 끝내시고 온전한 세계를 지으실 것이다(사 55:8-9; 계 21:1). 비록 지금 이 고난의 세상에서는 우리의 육체가 흙으로 돌아가더라도, 마지막 영광의 날에는 하나님께서 우리의 몸을 온전한 몸으로 일으키실 것이다(고전 15:42-53).

하나님은 우리의 모든 고난을 통해서 자신의 영광을 나타내실 뿐만 아니라 결국 우리도 그의 영광에 참여하게 하시는 것이다. 하나님께서는 불완전한 존재인 우리가 불안한 현재의 삶을 통해서 완전한 나라에서의 완전한 삶을 사모하게 하신다(롬 8:18-25; 고후 4:16-5:10; 히 4:9-11; 벧전 4:13). 그러므로 우리는 이 세상의 "현재의 고난"을 받으면서도 고난의 현실을 장래의 영광의 전조로 알고 오히려 감사와 찬송으로 하나님을 높여야 한다.

> 우리가 그와 함께 영광을 받기 위하여 고난도 함께 받아야 할 것이니라 생각하건대 현재의 고난은 장차 나타날 영광과 비교할 수 없도다(롬 8:17-18).
> 우리가 하나님의 나라에 들어가려면 많은 환난을 겪어야 할 것이라(행 14:22).

하나님께서는 우리를 고난 가운데서 구원하심으로써 그의 영광을 나타내신다.

> 내가 너를 연단하였으나 … 어찌 내 이름을 욕되게 하리요 내 영광을 다른 자에게 주지 아니하리라(사 48:10-11).

이런 종말론적 믿음은 결국 인격적인 선하신 하나님을 믿는 믿음에서 나오는 것이다. 비인격적인 과학적 우주관이나 오만한 인본주의적 인간관은 피조물의 본질적 한계로 말미암아 결국 사람을 허무와 절망으로 이끈다. 사랑과 은혜로 충만하신 하나님을 믿는 믿음만이 사람을 영원한 소망과 생명으로 이끈다.

옛날 이스라엘 백성은 어려운 광야생활에서 하나님의 약속을 불신하고 원망만 하다가 모두 광야에서 죽었다(출 15:24, 16:2-12; 민 11:1; 14:1-3, 22; 신 8:2-24; 11-20; 고전 10:10; 참조, 욥 1:22). 우리는 그들의 실패를 거울로 삼아 모든 불시험 가운데서도 흔들림 없이 하나님의 영원한 구원의 약속을 굳게 믿어야 한다(신 8:2-4, 11-20; 욥 1:22; 벧전 4:12). 불신자들은 인생의 고난과 불행의 이면에 있는 하나님의 구원의 약속과 선하신 뜻을 모른 채 불평하거나 막연한 운명으로 돌린다. 빛의 자녀들은 하나님의 선하심과 의로우심을 모르고 훼방하는 어두움의 자녀들의 불신적 논리와 모든 오만한 소리에 귀를 막고, 선하시고 은혜로우신 하나님의 약속의 말씀을 들으며 하나님을 향해 나아가야 한다. 신실한 사람은 만사를 자연의 원리나 자신의 지혜를 따라 판단하지 않고, 만사를 선하신 하나님의 선하심과 은혜를 따라 생각한다.

> 이는 여호와이시니 선하신 대로 하실 것이니라(삼상 3:18b).
> 은혜에서 떨어진 이들은 이런 생각은 어리서게 어긴다(갈 5:4).

그러나 우리들은 이를 하나님께서 주신 은혜로운 지혜로 생각한다.

> 하나님이 교만한 자를 물리치시고 겸손한 자에게 은혜를 주신다 하였느니라(약 4:6).

하나님께서는 하나님의 선하심에 대한 모든 논쟁과 의구심을 버리고 하나님의 선하심을 끝까지 믿는 사람을 그의 자녀로 인정하신다.

2016년 10월 21일

91. 고난: 징벌과 연단

> 우리가 환난 중에도 즐거워하나니 이는 환난은 인내를, 인내는 연단을, 연단은 소망을 이루는 줄 앎이로다(롬 5:3-4).

그리스도인은 고난 가운데 자신이 지은 죄를 회개하고 새로운 삶을 다짐한다. 비록 우리의 고난이 우리의 잘못에 대한 하나님의 경고나 징벌이라고 해도 우리의 믿음에 따라서 고난은 신앙 성장의 기회가 될 수 있다.

첫째, 사랑의 하나님께서 모든 고난을 통해서 우리의 믿음을 단련시키는 것으로 알고 다만 선하신 하나님만 의지해야 한다.

둘째, 우리는 고난을 받으면서 평소에 우리에게 주신 하나님의 축복과 은혜를 감사해야 한다.

셋째, 하나님께서는 우리의 모든 "현재의 고난"을 통해서 그의 영광을 나타내시고 또한 장차 우리를 그의 영광에 참여하게 하신다.

넷째, 고난의 원인이 징벌이든지, 신앙 훈련이든지, 의와 복음을 위한 고난이든지,[1] 피조물로서 겪는 일반적인 고난이든지,[2] 주 안에서 모든 것을 믿고 모든 것을 바라는 이들에게는 결국 어떤 고난도 축복과 은혜가 되고 하나님께 영광이 되는 것이다.

구약에는 고난이 주로 하나님의 징벌로 나타난다. 옛날 이스라엘 백성은 하나님의 약속을 불신하고 원망하다가 하나님의 징벌을 받았다(출 15:24, 16:2-12; 민 11:1; 14:1-3, 22; 신 8:2-24; 11-20; 고전 10:10; 참조, 욥 1:22). 그러나 욥이나 시편 기자의 경우와 같이 고난이 신앙 훈련의 과정이기도 하다. 고난에 대해서 신약 성경은 "우리의 죄에 대한 하나님의 징벌"이라기보다는 "신앙 훈련"을 위한 기회(롬 5:3-4; 히 12:11),

---

[1] 민 11:11-15; 렘 15:10-21; 18:18-23; 20:1-18; 애 3장; 단 6장; 마 5:10-12; 10:16-33; 롬 8:35-37; 고후 4:4-10; 갈 6:17; 골 1:24; 딤후 2:3; 히 11:32-38; 벧전 3:14 등.

[2] 욥 5:7; 시 103:5; 전 1:3; 3:6; 애 3:33; 롬 8:18-22, 39; 고후 4:16-18 등.

또는 장차 나타날 "영광의 전조"라는 점을 강조한다(롬 8:18; 고후 4:17). 그리스도로 말미암은 구원의 큰 사랑과 은혜를 생각할 때 환난을 단순히 하나님의 징벌로만 보지 않고, 보다 적극적으로, 신앙 단련의 기회로 보는 것이다. 그러므로 사도 바울은 "우리가 환난 중에도 즐거워한다"고 말한다(롬 5:3-4).

실제로 징벌과 훈련은 동시에 이루어진다. 고난은 자주 우리가 지은 죄의 징벌이면서도 동시에 신앙 훈련의 기회가 되는 것이다. 고난 중에 우리의 죄를 회개하면서, 믿음으로 모든 불신적 도전과 싸울 때 우리의 믿음이 점차 강화되는 것이다.

> 이는 우리로 자기를 의지하지 말고 오직 죽은 자를 다시 살리시는 하나님만 의지하게 하심이라(고후 1:9b).

바울은 "현재의 고난" 가운데서 장차 나타날 영광과 상급을 소망한다(롬 8:18; 고후 4:17; 딤후 4:7-8).

첫째, 우리는 고난을 받으면서 지금까지 현실에 안주하려던 자세를 회개하고 더 나은 삶을 다짐하며 하나님의 구원과 영광의 약속을 바라게 된다.

둘째, 우리는 고난을 받으면서 오히려 선하신 하나님을 믿고 감사할 수 있게 된다.

셋째, 우리는 고난을 당할 때 전능하신 하나님께서 만사를 합력하여 선하게 이루어 주실 것을 믿으며 인내할 수 있다(롬 8:28).

넷째, 적어도 우리는 고난 가운데 우리가 지금까지 살았던 것도 결국 하나님의 은혜였음을 깨닫게 된다. 하나님께서는 우리의 고난의 삶을 통해서 우리로 하여금 완전한 나라에서의 완전한 삶을 사모하게 하신다(롬 8:18-25; 고후 4:16-5:10; 히 4:9-11; 벧전 4:13).

> 우리가 하나님의 나라에 들어가려면 많은 환난을 겪어야 할 것이라(행 14:22).

이렇게 하나님의 자녀 된 우리는 "현재의 고난" 중에도 기뻐하고, 감사하며, 더 좋은 것을 위해 기도하는 특별한 사람들이다.

항상 기뻐하라 쉬지 말고 기도하라 범사에 감사하라 이것이 그리스도 예수 안에서 너희를 향하신 하나님의 뜻이니라(살전 5:16-18).

다시 말하지만, 고난의 원인이 무엇이든지, 징벌이든지, 훈련이든지, 주 안에서 모든 것을 믿고 모든 것을 바라는 이들에게는 결국 어떤 고난도 축복과 은혜가 되는 것이다.

2016년 10월 26일

92. 허망한 세상의 가치 vs. 영원한 하나님 나라의 가치.

> 세상 물건을 쓰는 자들은 다 쓰지 못하는 자같이 하라 이 세상의 외형은 지나감이라 너희가 염려 없기를 원하노라 … 내가 이것을 말함은 너희의 유익을 위함이요 너희에게 올무를 놓으려 함이 아니니 오직 너희로 하여금 이치에 합당하게 하여 흐트러짐이 없이 주를 섬기게 하려 함이라(고전 7:35).
>
> 그러므로 염려하여 이르기를 무엇을 먹을까 무엇을 마실까 무엇을 입을까 하지 말라 이는 다 이방인들이 구하는 것이라 너희 하늘 아버지께서 이 모든 것이 너희에게 있어야 할 줄을 아시느니라 그런즉 너희는 먼저 그의 나라와 그의 의를 구하라 그리하면 이 모든 것을 너희에게 더하시리라(마 6:31-33).

본문의 바울의 권면은 주님의 말씀과 같은 맥락이다. 사도 바울은 본문 앞에서 결혼 문제로 고민하는 이들에게, 자신의 사견임을 전제하면서, 때가 임박하였으므로 바울 자신처럼 혼자 지낼 것을 권면한다(고전 7:25-28). 결혼하거나 하지 않는 것은 개인적 문제며, 죄와는 상관없는 일이다. 그러나 결혼으로 말미암아 가정 일에 집중하게 되어 주의 일을 제대로 할 수 없게 되는 것이 문제다(고전 7:33). 더 나아가 바울은 허무한 세상의 일에 지나치게 집중하지 않도록 권면한다(고전 7:30). 성도는 주님께서 맡겨 주신 사명을 성실히 수행함으로써 주님을 기쁘시게 해야 한다(고전 7:32). 우리는 하나님 나라 시민으로서 세상의 일이 아니라 하나님 나라의 일에 집중해야 한다.

이런 말씀들이 모두 새로운 시대의 도래를 소망하는 종말론적 신앙과 관련된 것이지만, 그렇다고 단순히 종말론적 시대에 한정된 말씀이라고 단정할 수는 없다. 오래 전에 예레미야도 같은 말을 했다.

지혜로운 자는 그의 지혜를 자랑하지 말라 용사는 그의 용맹을 자랑하지 말라 부자는 그의 부함을 자랑하지 말라 자랑하는 자는 이것으로 자랑할지니 곧 명철하여 나를 아는 것과 나 여호와는 사랑과 정의와 공의를 땅에 행하는 자인 줄 깨닫는 것이라 나는 이 일을 기뻐하노라 여호와의 말씀이니라(렘 9:23-24).

더 오래 전에 솔로몬도 부자의 음식이나 허망한 재물을 탐하지 말고, 사사로운 지혜를 자랑하지 말라고 가르쳤다(잠 23:1-6).

이 세상의 가치는 제한적이며 일시적이다. 영원한 하나님 나라의 가치를 위해서 일시적 세상의 가치를 포기하는 것이 지혜로운 것이다.

그런데도 우리는 거의 언제나 이 세상의 가치에 집중하지 않는가?

우리는 여전히 "믿음이 적은 자들"이다.

물론 이 말씀은 우리가 모든 세상일을 무시하라는 것이 아니라, 세상일을 하되, 하나님 나라 시민의식을 가지고, 하나님 나라의 의를 따라서, 하나님의 영광을 위해 하라는 것이다.

오직 너희를 위하여 보물을 하늘에 쌓아 두라(마 6:20a).

2016년 10월 28일

93. 죄인을 찾으시는 하나님

> 서로 말하되, '자, 벽돌을 만들어 견고히 굽자' 하고 이에 벽돌로 돌을 대신하며 역청으로 진흙을 대신하고, 또 말하되, '자, 성읍과 탑을 건설하여 그 탑 꼭대기를 하늘에 닿게 하여 우리 이름을 내고 온 지면에 흩어짐을 면하자' 하였더니 여호와께서 사람들이 건설하는 그 성과 탑을 보려고 내려오셨더라. 여호와께서 이르시되, '이 무리가 한 족속이요 언어도 하나이므로 이같이 시작하였으니 이 후로는 그 하고자 하는 일을 막을 수 없으리로다'(창 11:3-6).

바벨탑 건설은 하나님께 대항하는 오만한 인간들의 작업이었으므로 하나님께서 파괴하셨다. 본문의 "성읍과 탑을 건설하여 그 탑 꼭대기를 하늘에 닿게 하여 우리 이름을 내고"라는 어귀가 인본주의적 문명의 오만함과 하나님께 대한 적대적 자세를 보여준다. 실제로 성경에 나타나는 인간의 모든 나라와 문명들이 우상 숭배와 오만함으로 타락하였고 결국 하나님께서 멸망시키셨다. 여러 작은 나라들과 함께 한 때 세상을 지배하던 애굽, 앗시리아, 바벨론, 페르시아, 희랍, 로마, 중세, 고대 중국의 나라들, 고대 남미의 제국과 인도의 큰 나라들과 문명들이 역사 속에 나타났다가 사라졌다. 하나님께서 세상 모든 나라와 문명의 흥망성쇠를 좌우하시는 것이다.

> 그의 팔로 힘을 보이사 마음의 생각이 교만한 자들을 흩으셨고 권세 있는 자를 그 위에서 내리치셨으며 비천한 자를 높이셨고(눅 1:51-52).

이런 인본주의적 문명들이 멸망한 피상적 원인들이 있으나, 궁극적 원인은 역시 하나님께 대한 이런 문명의 오만한 자아 집착적 자세 때문이라고 단정할 수 있다.

성경은 바벨탑 사건을 통해서 인간의 유한성을 지적하면서 하나님을 믿고 의지하는 것이 최상의 지혜이며 능력임을 가르친다.

> 지혜로운 자는 그의 지혜를 자랑하지 말라 용사는 그의 용맹을 자랑하지 말라 부자는 그의 부함을 자랑하지 말라 자랑하는 자는 이것으로 자랑할지니 곧 명철하여 나를 아는 것과 나 여호와는 사랑과 정의와 공의를 땅에 행하는 자인 줄 깨닫는 것이라 나는 이 일을 기뻐하노라 여호와의 말씀이니라(렘 9:23-24).

무엇보다 창조주 하나님은 자신이 지으신 피조 세계가 하나님을 배반하고 대적해도 결코 포기하지 않으시고 계속해서 관계 회복을 위해 일하신다는 사실이다. 하나님께서는 인간 타락 이후 계속해서 타락한 인간을 찾아 관계를 회복하시기 위해 애써 오셨다. 하나님께서는 아담과 하와가 타락한 후에도 그들을 당장 죽이지는 않으시고, 가죽옷을 지어 입히시고, 930년이나 살게 하셨다(창 5:5). 아담의 아들 가인도 범죄하고 하나님의 징벌을 받았으나 하나님께서는 그를 특별히 보호하셨다.

> 가인을 죽이는 자는 벌을 칠 배나 받으리라 하시고 가인에게 표를 주사 그를 만나는 모든 사람에게서 죽임을 면하게 하시니라(창 4:15b).

하나님께서는 그가 택하신 이스라엘 백성이 하나님을 배반할 때마다 그들을 징벌하셨으나 그들을 완전히 버리지는 않으시고 언제나 회복을 약속하셨다.[1] 그리고 마지막으로 자신의 아들까지 희생하시면서 인간을 향하신 변함없는 그의 사랑을 확증하셨다(롬 5:8).

> 우리는 다 양 같아서 그릇 행하여 각기 제 길로 갔거늘 여호와께서는 우리 모두의 죄악을 그에게 담당시키셨도다(사 53:6).

예수님께서는 "인자가 온 것은 잃어버린 자를 찾아 구원하려 함이니라"(눅 19:10)고 말씀하시면서 특별히 죄인들과 세리들에게 복음을 전하셨다(눅 15:1 이하). 예

---

1 사 60-66; 렘 50:19-20; 겔 36-37; 호 11, 14; 암 9:11-15; 미 5; 습 3; 슥 8-14.

수님은 선한 목자로서 잃은 양을 찾으셨고, 또한 양들을 위해 목숨을 버리셨다(마 18:12; 눅 15:6; 요 10:11-18).

우리는 모든 인생의 위기와 고난 가운데 하나님을 찾는다. 시편은 다윗이 그의 파란만장한 인생 가운데 언제나 하나님을 찾으며 살았음을 보여준다.

> 여호와여 주의 이름을 아는 자는 주를 의지하오리니 이는 주를 찾는 자들을 버리지 아니하심이니이다(시 9:10).
> 여호와여 어찌하여 멀리 서시며 어찌하여 환난 때에 숨으시나이까(시 10:1).
> 여호와여 어느 때까지니이까 나를 영원히 잊으시나이까 주의 얼굴을 나에게서 어느 때까지 숨기시겠나이까(시 13:1).
> 하나님이여 나를 지켜 주소서 내가 주께 피하나이다(시 16:1).
> 하나님이여 나를 구원하소서 물들이 내 영혼에까지 흘러 들어왔나이다(시 69:1).
> 하나님이여 나를 건지소서 여호와여 속히 나를 도우소서(시 70:1).
> 하나님이여 주께서 어찌하여 우리를 영원히 버리시나이까 어찌하여 주께서 기르시는 양을 향하여 진노의 연기를 뿜으시나이까(시 74:1).
> 여호와여 내가 깊은 곳에서 주께 부르짖었나이다(시 130:1).
> 내가 소리 내어 여호와께 부르짖으며 소리 내어 여호와께 간구하는도다(시 142:1).

다윗은 때로 하나님을 조용히 찾을 때도 있다.

> 나의 영혼이 잠잠히 하나님만 바람이여 나의 구원이 그에게서 나오는도다(시 62:1).
> 여호와여 내 마음이 교만하지 아니하고 내 눈이 오만하지 아니하오며 내가 큰 일과 감당하지 못할 놀라운 일을 하려고 힘쓰지 아니하나이다 실로 내가 내 영혼으로 고요하고 평온하게 하기를 젖 뗀 아이가 그의 어머니 품에 있음 같게 하였나니 내 영혼이 젖 뗀 아이와 같도다(시 131:1-2).

한편, 현대인은 대부분 하나님 없이 스스로 살기를 힘쓴다. 인간 스스로 모든 문제를 해결할 수 있다고 자부하는 현대 인본주의는 하나의 신흥 종교와 같다. 현대인은 인간 자신의 선한 의지와 능력과 가능성을 믿는다. 그는 인간의 죄를 자연적, 심리적, 사회적 현상으로 중립화하면서, 내적 의지력으로 스스로 통제할 수 있다고 믿는다. 현대인은 죄의 무서운 영향을 과소평가하며, 애써 무시한다. 그러나 인간은 자신의 탐욕이나 죄성을 제대로 억제할 수 없다는 것이 오랜 인간 역사를 통해 증명되었다. 인간은 자신의 죄와 세상의 악이 바로 자신의 파멸과 거대한 문명의 몰락의 근본적 원인이란 것을 인정해야 한다. 인간은 스스로 죄를 통제할 능력이 없음을 인정해야 한다. 그러나 인간은 하나님을 무시하고, 죄의 심각성을 무시한다(롬 1:32).

> 어리석은 자는 그의 마음에 이르기를 하나님이 없다 하도다 그들은 부패하여 가증한 악을 행함이여 선을 행하는 자가 없도다(시 53:1).

인자하신 하나님께서는 불신적 인간과 세상을 오래 참으시고 징벌을 유보하시지만, 회개하지 않을 때 결국 징벌하신다.

> 그들이 어찌하여 그리 갑자기 황폐되었는가 놀랄 정도로 그들은 전멸하였나이다 (시 73:19).

비극적 인간 역사는 자연 현상이 아니라 인간의 죄에 대한 하나님의 진노하심의 결과다. 하나님께서는 모든 사람들과 그들의 행위를 살피시면서 자신이 정하신 때에 나타나셔서 구원하실 자를 구원하시고, 징벌할 자를 징벌하신다. 우리는 주로 다급할 때 하나님을 찾지만, 하나님께서는 자신이 정하신 때에 우리를 찾으시기 때문에, 우리는 모든 불의를 버리고 항상 의의 길을 걷도록 힘써야 한다.

> 네가 하나님의 인자하심이 너를 인도하여 회개하게 하심을 알지 못하여 그의 인자하심과 용납하심과 길이 참으심이 풍성하심을 멸시하느냐(롬 2:4).
> 내가 여호와를 기다리고 기다렸더니 귀를 기울이사 나의 부르짖음을 들으셨도다 (시 40:1).

하나님을 사랑하는 이들은 하나님의 진노하심도 "사랑의 매," 즉 거룩한 사랑의 표현으로 믿는다(창 22:1-18; 신 8:2-6; 시 119: 67, 71; 롬 8:28).

무엇보다 하나님께서는 그의 아들 그리스도를 보내시어 죄인들을 찾으셨다. 하나님께서는 그리스도를 통해 나타난 하나님의 사랑과 은혜를 믿는 사람을 그의 자녀로 삼기로 작정하셨다. 이 큰 구원의 소식을 믿는 사람들은 참된 인생의 길을 찾은 것이다. 그것이 태초에 세상과 사람을 지으신 창조주 하나님께서 혼란한 세상과 죄인을 구원하시기 위해 제시하신 유일한 구원의 길이다.

내가 곧 길이요 진리요 생명이니 나로 말미암지 않고는 아버지께로 올 자가 없느니라 (요 14:6).

2016년 11월 4월

94. 절대자 하나님

> 하나님을 가까이 하라 그리하면 너희를 가까이 하시리라 죄인들아 손을 깨끗이 하라 두 마음을 품은 자들아 마음을 성결하게 하라(약 4:8).

믿음은 하나님을 만나서 그분을 절대자로 인식하고, 동시에 우리 자신을 무익한 죄인으로 인식하고, 오직 하나님만을 절대적으로 섬기는 것이다. 믿음의 조상 아브라함도 처음 하나님을 만나서 그를 절대자로 인식하였으므로 그가 말씀하시는 대로 고향과 친척과 아버지의 집을 떠나 하나님께서 보여주실 땅을 향해 떠났던 것이다(창 12:1-4).

아브라함이 고향과 친척과 아버지의 집을 떠났다는 것은 자신을 의지하던 자세를 버리고 하나님을 절대적으로 의지하였음을 보여주는 것이다. 600년 후 모세도 호렙산의 불붙는 떨기나무에서 그를 부르시는 하나님을 만나서 출애굽의 사명을 받았다(출 3:3-4:17).

하나님께서는 특별히 "너는 나 외에는 다른 신들을 네게 두지 말라"(출 20:3)고 엄명하셨다. 3,500년 후 바울도 다메섹으로 가는 길에서 주님을 만나서 복음의 절대성을 깨닫고, 복음 전도의 사명을 받았다(행 9:3-19). 우리도 복음의 절대성을 믿는다.

문제는 우리가 하나님 절대 의존 신앙을 잊고서 자주 우리 자신의 생각이나 세상의 습관을 따르는 것이다. 그러나 피조물 인간이 창조주 하나님을 떠나면 결국 비참한 지경에 이르게 되는 것이다. 창세 후 모든 인류 역사가 이를 증거한다. 과거 유대인들도 조상이 섬기던 하나님을 버리고 이방신들을 섬기다가 하나님의 진노를 받아 바벨론에 포로로 끌려가서 고생했다.

예수님 당시 유대인들은 진실한 마음이 없이 외식적인 신앙생활을 하다가 예수님의 책망을 받았다. 중세 교회도 진정성이 없는 인위적 제도와 제의(祭儀) 중심적 종교로 변질되었다. 대다수의 현대인들은 인격적 하나님 대신 비인격적 자연과 물질과 사람을 함께 섬긴다. 결국 이것은 고대인들이 자연이나 물질을 인격화하고 신성시하여 절대적으로 섬기던 것과 다를 바가 없다. 다만 현대인들은 고대인들과 달리 초월적 차원을 배제하고 자연과 인간을 함께 혼합하여 신봉한다.

나의 어머니는 나를 낳으셨을 때 유도(乳道)가 좋지 않으셔서 내게 충분한 젖을 먹일 수가 없으셨다고 한다. 때마침 나의 고모께서도 아이를 낳으셨는데, 유도가 괜찮아서 어머니 대신 내게 자신의 젖을 먹이시려고 하셨으나, 나는 절대 고모의 젖을 먹지 않았다고 한다.

심지어 밤에 불을 끄고 어머니 대신 고모가 가만히 자리를 바꾸어 젖을 물려도 나는 이내 어머니의 젖이 아님을 알아채고 먹지 않았다고 한다. 어머니는 안타까워하시면서도 은근히 나에게 특별한 애정을 느끼셨다고 한다.

"얘는 역시 내 자식이로구나!"

마찬가지로 하나님께서도 자신만을 믿고 섬기는 사람들을 기뻐하시며 자신의 자녀로 인정하시는 것이다.[1]

> 내 양은 내 음성을 들으며 나는 그들을 알며 그들은 나를 따르느니라(요 10:27).
> 야곱아 너를 창조하신 여호와께서 지금 말씀하시느니라 이스라엘아 너를 지으신 이가 말씀하시느니라 너는 두려워하지 말라 내가 너를 구속하였고 내가 너를 지명하여 불렀나니 너는 내 것이라(사 43:1b).

세속적 현대인들뿐만 아니라 많은 현대 그리스도인들도 현대인들의 혼합적 가치관을 따라 방종적이 아닌가?

우리는 하나님의 말씀이 아니라 자연주의나 물질주의, 불신적 이성, 도덕, 의지, 감성, 경험, 전통 등을 중시하는 세속주의적 가치관을 따르지는 않는가?

우리는 성령 대신에 우리의 죄성이나 본능을 따라 살지는 않는가?

이제 우리의 모든 소욕을 십자가에 못 박아버리고 하나님의 거룩하심을 힘써 따르자.

---

1 출 15:11; 20:3; 신 6:4-5; 시 86:8; 96:5; 사 64:4; 렘 10:6-11; 단 2:47; 마 13:44-46; 요 1:9-12; 10:11-12, 26-27; 행 4:12; 17:21-31; 20:30; 롬 8:29-30; 고전 2:10 이하; 4:1; 7:40; 8:5-6; 고후 4:4, 6; 갈 1:12; 딤전 4:1; 요일 4:1-6.

우리를 사랑하사 아들을 희생하신 하나님만을 사랑하고 섬기며, 그분의 말씀을 따라 생각하고 행동하자.

그것만이 우리 인간이 진정한 존재 가치와 행복을 얻는 길이다.

2016년 11월 9일

95. 말조심

> 혀는 능히 길들일 사람이 없나니 쉬지 아니하는 악이요 죽이는 독이 가득한 것이라(약 3:8).

하나님의 말씀은 하나님의 거룩하신 존재와 능력과 영광을 나타낸다. 하나님께서는 말씀으로 세상을 지으셨고, 그 지으신 세상은 하나님의 지혜와 아름다움을 나타낸다. 예수님 자신이 "말씀"으로 세상에 오셔서 구원의 능력을 나타내셨다(요 1:14). 하나님의 말씀은 창조력과 함께 파괴력도 있으나, 결국은 더 나은 창조를 위한 것이다.

보라 나는 내가 세운 것을 헐기도 하며 내가 심은 것을 뽑기도 하나니(렘 45:4).

마찬가지로 우리의 말이 우리 자신의 존재와 능력을 나타낸다. 우리의 말은 우리의 품위, 이성, 감성, 지성, 인성, 관심, 이상, 믿음, 소망 등을 나타낸다. 반대로, 언어학자들은 사람의 언어가 그 사람을 만든다고 한다. 우리가 어떤 언어를 쓰느냐에 따라서 우리 자신의 존재와 가치, 이성, 감성, 지성, 인성, 관심, 이상, 믿음, 소망 등이 형성된다고 한다. 잠언서도 언어가 사람의 품격을 나타내고, 또한 인생의 운명을 결정하기도 한다는 것을 가르친다.[1] 사람의 언어는 그의 본질을 나타내며, 다른 이들에게도 심각한 영향을 미친다. 적절한 말은 복이 되는 반면에 부적절한 말은 불과 같은 큰 재앙을 초래하는 것이다.

말은 인간의 탐욕과 죄성으로 말미암아 엄청난 파괴력을 나타낸다. 야고보서는 우리의 말이 미치는 부정적 영향을 불의 파괴적 힘에 비추어 논한다.

---

1 잠 4:24; 10:19, 31-32; 12:6, 14, 13:3, 5; 16:23, 27-28; 17:27; 18:6-8, 13, 21; 20:19; 21:23; 24:26; 25:11; 26:28 등.

> 혀는 곧 불이요 불의 세계라 혀는 우리 지체 중에서 온 몸을 더럽히고 삶의 수레바퀴를 불사르나니 그 사르는 것이 지옥 불에서 나느니라(약 3:6).

그러므로 우리가 불조심을 하듯이 말조심을 해야 한다. 말 한 마디가 개인은 물론 공동체 전체의 운명을 결정하기도 한다.

> 죽고 사는 것이 혀의 힘에 달렸나니 혀를 쓰기 좋아 하는 자는 혀의 열매를 먹으리라 (잠 18:21).
> 경우에 합당한 말은 아로새긴 은쟁반에 금사과니라(잠 25:11).

실제로 적절한 말을 하기는 어렵고 대개 말에 실수하는 경우가 많으므로 말을 많이 하는 것보다는 억제하는 것이 지혜로운 자세라고 가르친다(잠 17:27; 10:19; 30:8; 전 5:2; 10:14). 야고보도 동의한다.

> 내 사랑하는 형제들아 너희가 알지니 사람마다 듣기는 속히 하고 말하기는 더디 하며 성내기도 더디 하라(약 1:18).

더구나 한 번 한 말은 쏟아버린 물과 같이 되돌릴 수 없다. 그러므로 예수님은 최후의 심판 때 우리가 한 "무익한 말"에 대해 심문을 받을 것이라고 말씀하셨다.

> 네 말로 의롭다함을 받고, 네 말로 정죄함을 받으리라(마 12:37).

말의 위험성에도 불구하고 우리는 말을 하지 않을 수 없다. 더구나 바울은 우리의 구원조차도 "입으로 예수를 주로 시인하고" 또한 그의 부활을 마음에 믿음으로써 가능하다고 가르친다(롬 10:9). 언어는 우리의 본질을 나타내기 때문에 우리의 신앙고백은 우리가 하나님의 구원의 은혜를 받은 사람이란 사실을 증명하는 것이다.

말의 중요성에도 불구하고 우리의 "본질적 한계"로 말미암아 "완전한 언어"를 구사할 수 없는 것이 문제다. 우리 자신의 제한적인 표현 능력과 마음 자세, 또한 우리의 말을 듣는 상대방의 이해 능력과 마음 자세 등 복잡하고 미묘한 인간의 반응이 완전한 언어와 의사소통의 장애가 된다. 무엇보다 우리의 죄성이 자주 우리의 말을 주장한다. 그러나 우리는 성령을 따라 우리의 말을 통제해야 한다(롬 6:12; 8:12-14; 갈 5:16). 성령이 그리스도인의 삶의 중심적 동인(動因)이요 진정한 주체다.[2] 그리스도인은 모든 "육체의 소욕"을 버리고 "성령을 따라" 거룩하게 살기를 힘써야 한다. 우리의 이성, 감성, 의지, 사회적 통념, 관습과 제도를 따라 사고하고 결단하는 옛 사람의 자세를 버리고, 그리스도 안에서의 새로운 피조물로서 오직 성령의 지시와 함께 하나님의 말씀을 따라 살아야 한다.

성경은, 우리의 한계와 죄성 때문에, 우리가 말을 조절하고 절제해야 할 것을 거듭 가르친다. 우리가 말을 하기 전에 상대방과 정황에 따라서 그 적절성을 신중히 고려해야 한다. 무엇보다, 성령의 인도하심을 간구해야 한다(막 13:11). 그러나 분명히 하나님의 뜻을 알 수 없을 때에는 차라리 침묵하는 편이 낫다.

우리가 우리의 죄성을 깊이 인식하고 말을 절제해야 하되, 어차피 말을 해야 할 경우에는, 우리의 사욕을 따라서 말하지 말고, 또한 상사의 명령이나 다수의 의견이라고 무조건 따르지도 말고, 언제나 하나님의 말씀과 성령을 따라서 상대방이나 공동체 전체에 유익하고 은혜로운 말을 해야 한다.

> 무릇 더러운 말은 너희 입 밖에도 내지 말고 오직 덕을 세우는 데 소용되는 대로 선한 말을 하여 듣는 자들에게 은혜를 끼치게 하라(엡 4:29).

2016년 11월 13일

---

[2] L. H. Marshall, *The Challenge of NT Ethics* (London: Macmillan, 1974), 220; E. H. Wahlstrom, *The New Life in Christ*, 152; cf. G. E. Ladd, *A Theology of the New Testament* (1995), 559. Ladd는 성령 외에도 양심, 이성, 본성, 그리스도의 모본, 그리스도와의 연합, 종말론 등이 바울의 윤리의식의 동기라고 한다(고전 3:15; 6:15; 11:1, 14; 고후 5:10; 엡 2:3; 빌 2:5 이하; 딤후 4:8 등). 그러나 믿는 이들의 윤리적 판단은 여전히 성령이 주도한다. 즉 성령이 그를 따르는 이들의 양심, 이성, 본성 등 자연인의 기능을 지배한다.

96. 기독교 인간관과 구원관의 탁월함

> 내가 그리스도와 함께 십자가에 못 박혔나니 그런즉 이제는 내가 사는 것이 아니요 오직 내 안에 그리스도께서 사시는 것이라 이제 내가 육체 가운데 사는 것은 나를 사랑하사 나를 위하여 자기 자신을 버리신 하나님의 아들을 믿는 믿음 안에서 사는 것이라(갈 2:20).

하나님의 인간 구원이 성경의 주제이므로 성경의 인간관과 구원관은 서로 연관된다. 그리스도를 믿음으로 구원 얻는 진리는 보다 심층적인 "중생의 원리"에 근거하고 있고, 이런 구원의 진리는 생물학적, 도덕적, 심리적 인간관을 넘어 초월적이고 영적인 인간관을 전제한다. 즉 사람은 육체와 함께 영혼을 가지고 있으며 구원이란 이 모두의 총체적 구원이다.

첫째, 모든 인간은 하나님 앞에서 죄인이며, 인간이 회개하고 그를 지으신 하나님께 돌아오지 않는 한, 불안과 절망 가운데 방황하다가 파멸에 이를 뿐이다(창 4:14; 6:5-7; 11:1-9; 눅 15:11-24; 롬 3:9-18).

둘째, 죄인은 그리스도를 믿음으로써 속죄 받고 의롭다함을 받아 구원받는다. 다른 말로, 사람은 중보자 그리스도와 연합함으로써 하나님과 화해하게 되고, 그리스도의 의로우심을 전가 받아 새 사람이 된다(막 10:45; 요 15:1-16; 롬 3:21-25; 6:1-11; 고후 5:17-21; 갈 2:20).

그리스도를 통한 구원 진리는 하나님의 일반적 구원 원리, 즉 중생의 원리에 근거한 것이다. 그리스도의 속죄를 믿는 사람은 "물과 성령"으로 말미암아 "위로부터 태어나는" 하나님의 창조의 원리로 말미암아 구원받는다(요 3:5). 이 창조 원리는 "물"과 "성령"이 함께 역사한 세계 창조에 비추어 이해할 수 있고(창 1:2), 또한 제사를 위한 제물을 물로 씻는 정결의식과 관련되고, 에스겔 36장 24-25절에서 "물"로 씻고, "새 영"으로 새롭게 지음 받는 종말론적 약속과도 관련된다. 종말도 결국 새로운 창조의 역사라고 보면,[1] 결국 창조 원리가 세례의식과 성령의 역사를 통해서 하나님의 자녀의 탄생에도 적용되는 것이다. 그 결과가 "위로부터 난 사람"이다.

① 하나님의 영(그리스도의 영, 성령)이 그 사람의 속에 내주하시며,
② 하나님의 양자, 또는 하나님의 자녀가 되어서,
③ 하나님을 아버지로 부른다(롬 5:5; 8:9-17; 고전 6:19; 고후 5:17-21; 갈 4:6; 참조, 요 15:1-16).

셋째, 중보자 그리스도를 믿음으로 그와 연합하여 의롭다함(칭의)을 입은 그리스도인은 내적으로는 그리스도의 영이 그 안에 거하게 되고(롬 8:9), 대외적으로는 세례를 받고 모든 믿는 사람 앞에서 공개적으로 "입으로" 예수님을 자신의 존재와 삶을 주관하시는 주로 시인한다(롬 6:3-11; 10:9). 그의 인격과 삶을 그를 위해 죽으시고 다시 사신 생명의 주의 모델을 따라 재정립함으로써 놀라운 안정과 능력을 얻는다.[2]

넷째, 그리스도인은 그 속에 내주하시는 성령을 따라 육을 죽이고 영이 지배하는 거룩한 생활을 해야 한다(롬 6:1-23; 8:4-13; 12:1-21; 갈 2:20; 5:16 이하). 중생은 내적 의식과 믿음에서부터 인격과 삶의 차원으로 나타나야 한다. 그리스도인이 성령을 따라 사는 것은 자연인이 자신의 이성, 감성, 그리고 자연의 원칙이나, 사회 통념, 문화 전통을 따라 사는 것과 대조적이다.

다섯째, 그리스도인은 "현재의 고난" 가운데서도 그가 온전하게 되는 영광스런 장래를 바라보며 참고 인내해야 한다(막 13:13; 롬 8:18 이하; 고전 13:9-12; 15:42-54; 고후 4:17; 벧후 3:10-13). 하나님께서는 우리의 고난의 삶을 통해서 우리로 하여금 완전한 나라에서의 완전한 삶을 사모하게 하신다(행 14:22; 롬 8:18-25; 고후 4:16-5:10; 히 4:9-11; 벧전 4:13). 세상의 탐욕에 취한 사람들은 하나님 나라를 유업으로 받을 수 없다(마 6:19 이하; 24:38-39; 눅 12:19-21; 21:34; 갈 5:21). 특별히 옛날 이스라엘 백성의 실패의 경험을 통해서 우리는 모든 시험 가운데서도 흔들림 없이 하나님의 구원의 약속

---

1 요 3:5의 "물과 성령"의 구약적 배경에 대해서 7월 20일에 쓴 "중생과 세례의 창조적 의미"를 참조하라.
2 마 11:29; 요 13:34; 롬 6:3 이하; 고후 4:7-15; 6:3-10; 11:23-12:10; 갈 2:20; 6:14, 17; 빌 2:5 이하; 골 1:24; 엡 5:1; 딤후 2:3 이하 등.

을 굳게 믿어야 한다(신 8:2-4, 11-20).

> 우리가 하나님의 나라에 들어가려면 많은 환난을 겪어야 할 것이라(행 14:22).

이렇게 요약한 기독교 구원관은 자연주의나 인본주의가 제시하는 인간관이나 세계관과 다르다. 기독교 구원관은 사람을 잘 아시는 인격적인 하나님께서 세상을 다스리신다는 것과 사람은 생물학적 존재 이상이며 근본적으로 영적 존재라는 것을 전제하고 있다. 그리스도를 통한 구원 진리와 중생의 원리 자체가 사람의 초월적이고 영적인 존재라는 것을 전제한다. 물론 많은 현대인들이 인간의 영적 본질을 믿지 않지만, 심리학이나 두뇌학이 다룰 수 없는 초월적 차원이 있음을 알아야 성경이 가르치는 인간의 구원을 이해할 수 있다.

기독교의 인간관과 구원관은 일반 자연 종교와 유사하게 인간이 연약한 존재로서 상대적으로 초월적 존재를 요구한다는 것을 인정하나, 오직 창조주 되시고 구속주 되신 하나님의 특별 계시, 즉 그리스도를 믿음으로 얻는 구원 진리를 유일한 구원의 통로로 인정하는 데서 자연 종교와 다르다.

성경의 하나님은 연약한 인간을 사랑하시는 인격적 하나님이신데 반하여, 자연 종교의 신은 자연을 인격화 또는 신격화한 것으로서 악한 영의 미혹의 수단이다. 기독교의 구원관은 하나님께서 자신이 지으신 인간을 향해 품으신 지극한 사랑을 인간 구원의 근본적 동기로 전제한다(요 3:16).

> 우리가 아직 죄인 되었을 때에 그리스도께서 우리를 위하여 죽으심으로 하나님께서 우리에 대한 자기의 사랑을 확증하셨느니라(롬 5:8).

하나님의 구원의 동기가 사랑이라는 사실에서 복음 진리를 믿는 사람은 허무한 비인격적 자연주의 사상이나 오만한 인본주의적 가치관 대신 십자가에서 나타난 하나님의 지극하신 사랑을 생각과 삶의 기준과 지침으로 삼고 살게 된다.[3] 십자가의

---

[3] 마 5:44; 요 13:34; 15:13; 롬 12:1-21; 고전 13:1-13; 고후 4:5-12; 갈 2:20; 엡 4:15; 빌 2:5-8; 요일 4:7-5:3.

사랑의 가치와 효과는 여타의 종교적, 도덕적, 인본주의적, 자연주의적 가치와 효과를 상회한다. 일반 종교와 도덕, 인본주의적, 자연주의적 가치는 본질상 비인격적이며, 피조물의 제한적 가치와 효과를 상회할 수 없으나 복음은 인격적인 창조주 하나님의 말씀으로서 인간에게 가장 탁월한 가치와 효능을 나타내기 때문이다. 십자가에서 나타난 희생적 사랑의 하나님을 믿는 신앙이야말로 인간에게 가장 가치 있는 삶을 제공한다.

유대인은 표적을 구하고 헬라인은 지혜를 찾으나 우리는 십자가에 못 박힌 그리스도를 전하니 유대인에게는 거리끼는 것이요 이방인에게는 미련한 것이로되 오직 부르심을 받은 자들에게는 유대인이나 헬라인이나 그리스도는 하나님의 능력이요 하나님의 지혜니라(고전 1:22-24).

2016년 11월 16일

97. 약속 받은 평안

> 평안을 너희에게 끼치노니 곧 나의 평안을 너희에게 주노라 내가 너희에게 주는 것은 세상이 주는 것과 같지 아니하니라 너희는 마음에 근심하지도 말고 두려워하지도 말라(요 14:27).

요한복음 14-16장은 예수님의 고별(告別)설교로서 예수님께서 세상을 떠나시기 전에 성령과 평안을 약속하시며 위로와 함께 힘을 주시는 말씀이다. 그리스도인의 평안은 주님께서 약속하신 평안이다. 반면에, 세상의 평안은 아무런 보장이 없는 불안한 평안이다. 세상의 평안은 피조물의 본질상 일시적이고 피상적일 뿐이며 고난은 파도처럼 쉬지 않고 밀려온다. 더구나 현대인은 점차 바쁘게 돌아가는 기계적인 사회 구조 가운데 평안을 잃고 스트레스와 불안 가운데 살아간다.

무엇보다 평안을 원하는 인간은 불안한 존재다. 인간 불안의 근본적 원인은 인간의 죄 때문이다. 에덴동산에서 죄를 짓고 하나님의 낯을 피하여 나무 사이에 숨었던 아담의 불안이 우리 모든 죄인들의 불안의 심층적 원인이다.

그리스도께서도 세상에서 온갖 고초를 겪으시고 십자가의 고난도 받으셨다. 사실 예수님은 십자가를 지시기 전부터 십자가의 고난을 예상하시고 괴로워하셨다.

> 지금 내 마음이 괴로우니 무슨 말을 하리요 아버지여 나를 구원하여 주옵소서 그러나 내가 이를 위하여 이때에 왔나이다(요 12:27; 참조, 마 26:38-42).

그러나 그리스도께서는 하나님을 의지하심으로써 십자가의 고난의 두려움을 이기셨다. 또한 그리스도께서는 세상에서 고난을 받게 될 제자들에게도 그의 평안을 약속하셨다. 그가 주시는 평안은 세상의 고난을 충분히 극복하게 하는 능력을 지닌 특별한 평안이었다.

이것을 너희에게 이르는 것은 너희로 내 안에서 평안을 누리게 함이라 세상에서는 너희가 환난을 당하나 담대하라 내가 세상을 이기었노라(요 16:33).

주님의 평안은 세상의 평안이 줄 수 없는 탁월한 평안이다. 그리스도를 믿는 이들은 누구나 이런 완전한 평안으로 이 불안한 세상을 극복할 수 있다.
그러므로 그리스도인은 이 세상의 고난을 두려워하지 말고, 이 세상의 거짓되고 불완전한 평안에 미혹되지 말고, 오직 세상을 이기신 그리스도 안에 있는 완전한 평안을 사모해야 한다. 그리스도 안에 있는 평안은 영원한 하늘의 평안이며 성령께서 주시는 능력과 기쁨을 동반한다.

우리가 환난 중에도 즐거워하나니 이는 환난은 인내를, 인내는 연단을, 연단은 소망을 이루는 줄 앎이로다(롬 5:3).
근심하는 자 같으나 항상 기뻐하고(고후 6:10a).

다시 말하지만, 그리스도께서 주시는 평안은 사람의 상상이나 심리적 효과가 아니라, 이 세상의 허무와 사망을 이기시고 승리하신 주님과의 친밀한 교제를 통해서 얻게 되는 주님의 확실한 약속이다.

내 안에 거하라 나도 너희 안에 거하리라(요 15:4a).
수고하고 무거운 짐 진 자들아 다 내게로 오라 내가 너희를 쉬게 하리라(마 11:28).
내가 확신하노니 사망이나 생명이나 천사들이나 권세자들이나 현재 일이나 장래 일이나 능력이나 높음이나 깊음이나 다른 어떤 피조물이라도 우리를 우리 주 그리스도 예수 안에 있는 하나님의 사랑에서 끊을 수 없느니라(롬 8:38-39).

2016년 11월 19일

98. 참 신이신 하나님

> 오직 여호와는 참 하나님이시요 살아계신 하나님이시요 영원한 왕이시라 그 진노하심에 땅이 진동하며 그 분노하심을 이방이 능히 당하지 못하느니라 너희는 이같이 그들에게 이르기를 천지를 짓지 아니한 신들은 땅 위에서, 이 하늘 아래에서 망하리라 하라(렘 10:10-11).

세상에 여러 신들이 있으나 참 신은 오직 하나님 한 분뿐이시다. 하나님의 자녀는 영적 경계심과 분별력을 가지고 거짓 신들을 버리고 참 하나님만을 섬겨야 한다.

여호와여 우리 귀로 들은 대로는 주와 같은 이가 없고 주 외에는 하나님이 없나이다(대상 17:20).

비록 하나님께서 마귀나 거짓 신의 활동을 허락하시지만, 하나님의 자녀는 그들의 미혹을 물리치고 오직 하나님만을 믿어야 한다. 그것이 우리를 행하신 하나님의 뜻이다.

너는 나 외에는 다른 신들을 네게 두지 말라(출 20:3).
나는 처음이요 나는 마지막이라 나 외에는 다른 신이 없느니라(사 44:6).

하나님이 참 신이시라는 성경의 증거를 다음과 같이 요약할 수 있다.

첫째, 성경의 하나님은 비인격적인 자연 세계에 대한 인간의 사색에서 유추된 절대자가 아니라 스스로 사람에게 나타나 자신을 직접 인간에게 계시하신 인격적 신이시다(창 1:12; 출 34:6).

나는 스스로 있는 자이니라(출 3:14a).

하나님은 사랑이시다(요일 4:8). 하나님은 자신이 지으신 인간을 사랑하시며 교제하시기를 원하신다.

하나님의 말씀인 성경은 그 장엄한 내용, 체계적 구조와 분명한 논리, 많은 역사적 증거와 말씀의 성취, 건전한 윤리 등으로 하나님의 진정성을 나타낸다. 성경은 절대자 하나님의 말씀으로서의 자증권(*autopistia*)을 가진다(*Inst*. I.13.21). 물론 이 전제는 성경의 권위를 믿는 데서 기인하지만, 실제로, 성경과 같이 인간 구원이라는 하나의 주제를 가지고 인간의 오랜 역사 가운데서 일관되게 가르치는 경전을 다른 종교에서는 찾을 수 없다.

하나님은 영이시고, 능력이 크신 반면에, 우리는 연약하여 하나님의 존재와 능력을 제대로 인식하지 못하는 것이 문제다.

> 측량할 수 없는 큰 일을, 셀 수 없는 기이한 일을 행하시느니라 그가 내 앞으로 지나시나 내가 보지 못하며 그가 내 앞에서 움직이시나 내가 깨닫지 못하느니라(욥 9:10).

그러나 우리는 하나님에 대하여 추측해서는 안 되고 하나님께서 계시하신 성경 말씀을 따라서 그를 알기를 힘써야 한다.[1]

둘째, 하나님은 만물의 창조주로서의 본질상 다른 신들과 비교할 수 없는 절대적 신이시다.

① 다른 모든 신들은 결국 피조물들이며, 사람들이 자신들의 종교적 목적을 위해 만든 우상일 뿐이다.

> 천지를 짓지 아니한 신들은 땅 위에서, 이 하늘 아래에서 망하리라(렘 10:11).

태초에 천지를 지으신 하나님께서는 세상의 종말에 이 죄악 세상을 심판하시고 새 하늘과 새 땅, 즉 온전한 세상을 지으신다(사 65:17; 벧후 3:13; 계 21:1).

---

[1] "그의 거룩하신 말씀 밖에서 하나님을 찾거나, 그의 말씀에 의해 가르쳐지지 않은 것으로 그에 대해서 어떤 생각을 하거나, 또는 그의 말씀에서 취해지지 않은 어떤 것도 우리 머리속에 있게 하지 말자"(*Inst*. I.13.21).

② 세상의 대부분의 신들이 민족의 신들로서 민족의 기원(起源)과 관련된다. 그러나 하나님은 세상의 창조주로서 이스라엘의 하나님이시기 전에 온 세상의 하나님이시다(출 19:5; 시 19:4). 그리스도의 복음도 온 세계를 위한 것이다(마 28:19-20; 행 1:8; 롬 1:16; 15:19).

하나님께서는 태초에 세상을 창조하셨을 뿐만 아니라, 지으신 세상을 다스리시며, 마지막에는 온전한 세상으로 다시 창조하신다(사 65:17; 계 21:1). 이런 약속은 자신이 지으신 세상에 대한 창조주로서의 애착심과 "책임 있는 자세"를 나타내는 것이다.

동시에 창조주 하나님은 사람들에게 절대적인 신봉을 요구한다.

> 너는 나 외에는 다른 신들을 네게 두지 말라(출 20:3).
> 나 네 하나님은 질투하는 하나님인즉 나를 미워하는 자의 죄를 갚되 아버지로부터 아들에게로 삼사 대까지 이르게 하거니와 나를 사랑하고 내 계명을 지키는 자에게는 천 대까지 은혜를 베푸느니라(출 20:5-6).

하나님의 질투는 절대자로서의 마땅한 요구이며, 참 신이신 증거다. 자신을 떠나 다른 신을 섬기는 인간들에게 아무런 질투를 느끼지 않는 신이라면 자신이 절대적 신이 아니라는 것을 스스로 나타내는 것이다. 하나님은 절대적 신으로서 그가 지으신 인간에게 절대적 사랑을 요구하시는 것이 당연하다. 진정한 사랑은 일대일의 관계이며 본질상 질투를 수반하게 마련이다. 그러나 하나님의 질투는 인간의 "부패한 질투"와 구별된 "거룩한 질투"다.

셋째, 하나님은 진, 선, 미 같은 궁극적 가치의 원천이시다. 많은 현대인은 창조론을 믿지 않고 주로 자연 발생론, 또는 진화론을 믿는다. 그러나 이 세상의 조화와 질서, 특히 아름다움을 볼 때, 그것들이 비인격적인 자연 세계의 자율적 발전의 결과라는 주장보다는 인격적 창조주의 지혜와 선하심을 나타낸다는 성경의 가르침이 더욱 타당하다. 자연의 자율적 발전은 조화와 질서보다는 끊임없는 혼란을 예측하게 한다. 더구나 세상의 아름다움은 비인격적 자연의 형성 과정에서는 나타나기 어려운 것으로서, 위대한 인격적 존재의 탁월한 솜씨를 가리킨다(시 8:1; 19:1; 27:4; 104:1-33; 147:5; 148:1-14; 마 6:29). 비록 세상이 죄로 말미암아 저주 아래 있으나 여전히 창조 때의 아름답고 오묘함을 지니고 있고, 그런 피조 세상의 특징들이 창조주 하나님의 지혜와 영광을 나타낸다. 무엇보다 창조주 하나님 자신이 그가 지으신 세상을 보시고 좋아하셨다.

하나님이 보시기에 좋았더라(창 1:4, 10, 12, 18, 21, 25, 31).

노아 홍수 후에 하나님께서 다시는 세상을 물로 심판하시지 않으시겠다고 언약하실 때에도 구름 사이에 있는 아름다운 무지개를 새로운 언약의 증거로 보여주셨다(창 6:13-17).

믿음으로 모든 세계가 하나님의 말씀으로 지어진 줄을 우리가 아나니 보이는 것은 나타난 것으로 말미암아 된 것이 아니니라(히 11:3).

또한 인간이 스스로 극복하기 어려운 악의 문제를 단순히 자연 현상이나 인간 현상으로 볼 것이 아니라 창조주 하나님을 배반하고 대적하는 인간 자신의 죄로 말미암은 것이라는 성경의 지적이 악의 근본적 해결을 위해 가장 타당하고 효과적인 출발이 된다. 세상의 악의 문제의 해결을 위하여 먼저 선의 원천이신 창조주 앞에서 인간이 겸손히 자신의 잘못을 인정하는 자세가 요구되는 것이다. 선하신 하나님의 존재를 인정하지 않고 인간 스스로 자신의 잘못을 인식하고 책임 있게 행동할 수 있다는 오만한 도덕주의는 인간의 불신과 죄성을 나타내며, 하나님의 진노를 초래함으로써 결국 실패할 수밖에 없다는 것이 성경의 가르침이다.

다만 네 고집과 회개하지 아니한 마음을 따라 진노의 날 곧 하나님의 의로우신 심판이 나타나는 그날에 임할 진노를 네게 쌓는도다(롬 2:5).

넷째, 하나님은 전능하신 분으로서 자신이 지으신 세상을 자신이 만드신 일정한 창조 질서와 원리를 따라 다스리시지만, 때로 기적과 기이한 역사로 자신의 존재와 능력과 영광을 나타내신다. 다른 말로, 하나님은 역사의 주관자로서 자신이 만드신 창조 원리를 통해 세상을 다스리시지만, 자주 초월적으로 일하신다. 현대인들은 세상의 합리적 현상만을 중시하고 초월적인 현상을 인정하지 않지만, 성경은 하나님의 초월적인 역사 개입을 중시한다. 고대 역사가들은 일반적인 사건이나 초월적인 사건을 구별하지 않았으나 현대 역사가들은 합리주의적 시각에서 역사적 사실들을 다루면서 초월적 사건들을 정사(正史)가 아닌 야사(野史)로 폄훼한다. 성경은 초월적인 사건들을 하나님의 역사 개입으로 중시한다. 특별히 엘리야가 갈멜산에서 바알신 제사장들과의 대결에서 승리한 사건은 하나님만이 참 신이심을 보여준다(왕상 18:20-40).

물론 세상의 신들도 때로 초월적 능력을 행한다. 그러나 세상의 신들의 능력은 제한적이며 하나님의 능력에 비할 바가 못된다. 출애굽 때 아론이 지팡이를 뱀으로 만들었을 때 애굽의 마술사들도 같은 기적을 행했다. 그러나 아론의 뱀이 된 지팡이가 그들의 지팡이를 삼켰다(출 7:11). 또한 하나님께서 애굽에 열 가지 재앙을 내리실 때, 애굽의 마술사들도 첫째 재앙, "나일 강물을 피로 변하게 한 재앙"과, 셋째 재앙, "티끌을 이로 만든 재앙"을 따라 기적을 행했으나(출 7:22; 8:18), 나머지 재앙들을 따라 할 수는 없었고, 결국 바로 왕은 하나님께서 내리신 큰 재앙들로 말미암아 굴복할 수밖에 없었던 것이다.

현대인도 초월적인 과학적 기술 능력을 자랑한다. 그러나 창세기의 바벨탑 사건이 보여주듯이 인간의 능력은 언제나 한계가 있고 부작용을 수반한다. 더구나 현대인의 과학만능주의는 비인격적이고, 비인간적 자세를 촉진하여 세상과 인간을 기계화, 물량화, 비인간화함으로써 스트레스, 불안감, 공황 장애, 소외감 등 새로운 문명병을 유발하는 것이 문제다. 무엇보다 인간의 오만한 자세는 하나님의 진노하심을 부른다. 성경은 인간은 인격적이신 창조주 하나님과의 바른 관계를 통해서만 온전해 질 수 있음을 가르친다. 창조주 하나님 외의 어떤 비인격적 피조물이나 원리가 하나님께서 지으신 인간과 세상의 합당한 주관자가 될 수 없다.

그러나 성경이 가르치는 믿음은 기적 같은 외적 증거에 의존하는 믿음보다는 보이는 증거 없이도 믿는 믿음이다.

아브람이 여호와를 믿으니 여호와께서 이를 그의 의로 여기시고(창 15:6).

믿음이 없이는 하나님을 기쁘시게 하지 못하나니 하나님께 나아가는 자는 반드시 그가 계신 것과 또한 그가 자기를 찾는 자에게 상 주시는 이심을 믿어야 할지니라 (히 11:6).

너는 나를 본 고로 믿느냐 보지 못하고 믿는 자들은 복되도다(요 20:29).

성경이 가르치는 믿음은 어떤 특별한 보증이나 증거 없이도 언약과 언약의 당사자를 신뢰하는 "일반적인 믿음의 본질"을 포함한다.

다섯째, 하나님은 한 번 약속하신 것을 반드시 이루시는 분이시다(삼상 15:29; 히 6:17-18). 성경 역사는 하나님께서는 오래 전에 아브라함에게 하신 약속을 기억하시고 그의 자손들을 통해서 계속해서 이루어 주심을 보여준다.[2] 하나님은 장차 연약한 우리와 불완전한 이 세상을 완전하게 만드실 것을 약속하셨다.

나팔 소리가 나매 죽은 자들이 썩지 아니할 것으로 다시 살아나고 우리도 변화되리라 (고전 15:52; 참조, 고후 5:4; 빌 3:21; 살전 4:16-17).

우리는 그의 약속대로 의가 있는 곳인 새 하늘과 새 땅을 바라보도다(벧후 3:13).

하나님은 약속(예언)하신 대로 메시아를 보내셨고, 그리스도를 통해 크신 구원 역사를 이루셨다(사 61:1 이하; 눅 4:16-20; 마 26:54). 승천하신 예수님은 약속하신 대로 세상의 심판주로 오실 것이다.

내가 진실로 속히 오리라(계 22:20).

여섯째, 자신이 지으신 인간을 향하신 하나님의 끈질긴 사랑이 하나님이 참 신이심을 증거한다. 하나님은 다른 신들과 같이 그를 섬기는 사람들에게 은혜를 베푸시며, 그를 배반하는 이들에게는 진노하시고 징벌하신다. 그러나 하나님이 다른 신들

---

[2] 창 12:2-3, 7; 22:16-18; 24:7; 26:2-5; 28:13-15; 50:20; 출 1:19-20; 2:24-25; 수 24:1 이하; 히 11:1 이하.

과 구별되는 특성은 자신이 지으신 인간에 대해서 창조주로서의 특별한 사랑을 가지신 것이다(마 5:45). 성경은 인간의 거듭된 배반에도 불구하고 하나님이 인간을 변함없이 사랑하신다는 것을 보여준다. 하나님은 본질상 사랑이시다(요일 4:8).

무엇보다, 하나님은 죄인인 인간을 구원하시기 위해서 자신의 아들을 보내시기까지 인간을 사랑하셨다.

> 우리가 아직 죄인 되었을 때에 그리스도께서 우리를 위하여 죽으심으로 하나님께서 우리에 대한 자기의 사랑을 확증하셨느니라(롬 5:8).

예수님의 죽으심에서 나타난 인간을 향하신 하나님의 희생적 사랑은 성경의 하나님이 참 신이심을 가장 분명히 보여주는 증거다(요 3:16).[3] 세상의 신들도 창조, 또는 파괴를 주장하는 신들로 자처하고, 기적을 행하고, 예언하며, 지혜와 교훈을 가르치지만, 그들의 정체는 바로 마귀의 지시를 따라 사람들을 미혹하는 거짓 영들이라는 것을 알아야 한다.[4] 그들은 사람들을 사랑하기 때문이 아니라 다만 그들이 하나님을 믿지 못하게 만들고, 자신들의 종들로 만들기 위해서, 선한 신들로 자신들을 가장할 뿐이다.

일곱째, 성령의 모든 역사, 은사와 열매가 하나님이 참 신이심을 증거한다. 성령은 예수님의 사역을 도왔고, 승천 후 제자들에게 하나님의 말씀을 생각나게 하고, 하나님의 능력을 나타나게 하며, 세상을 정죄하고, 성도들의 신앙생활을 돕는다.[5]

이 세상에 진짜와 유사한 가짜가 있고, 진품과 유사한 유사품이 있다. 사람들은 진짜와 진품을 좋아하지만, 주로 낮은 가격 때문에, 가짜와 유사품이 계속 유통되는 것이다. 마찬가지로 성경의 하나님이 참 신이시라는 증거는 충분하지만, 불신자들은 그들의 죄성과 탐욕을 따르면서 하나님께서 요구하시는 절대적 신앙과 거룩한 생활을 거절한다.

---

[3] "죽음에서 생명으로 옮겨지기 위해서는 하나님을 창조주로만이 아니라 구속주로 인정하는 것이 필수적이다(*Inst.* I.6.1). 칼빈은 자주 "창조주 되시고, 구속주 되시는 하나님"이라는 표현을 쓰는데, 이것은 그의 이중적 신지식(*duplex cognito Dei*)을 나타낸다.

[4] 신 18:20-22; 왕상 22:20-23; 렘 28:15; 행 20:30; 마 24:5, 24; 고후 4:4; 11:14; 살후 2:9-12; 딤전 4:1; 요일 4:1.

[5] 요 14:26; 15:26; 16:8, 13-15; 롬 8:26; 고전 2:3 이하; 12:3 이하; 갈 5:16-26; 엡 6:18 등.

탐심은 우상 숭배니라(골 3:5).

이 세상의 신들은 사람들에게 오만하고 혼란한 마음을 주어 하나님의 말씀을 무시하게 한다.

만일 우리의 복음이 가리었으면 망하는 자들에게 가리어진 것이라 그 중에 이 세상의 신이 믿지 아니하는 자들의 마음을 혼미하게 하여 그리스도의 영광의 복음의 광채가 비치지 못하게 함이니 그리스도는 하나님의 형상이라(고후 4:3-4).

하나님은 우리가 참된 믿음을 갖게 하기 위해 시험하신다(살후 2:11-12). 많은 현대인들이 현대 사회를 지배하는 개인주의, 상대주의, 보편주의, 다원주의, 자연주의(인과론, 순환론, 운명론, 우연론, 진화론 등), 인본주의 등을 따르면서 인격적 하나님을 유일하신 참 신으로 인정하는 것을 거부한다.

너희가 내 양이 아니므로 믿지 아니하는도다 내 양은 내 음성을 들으며 나는 그들을 알며 그들은 나를 따르느니라(요 10:26-27).

성경은 창조주 되시고 구원주 되시는 하나님의 유일성과 탁월성을 가르친다.[6] 그러므로 그리스도인들은 세상의 비방과 조롱 가운데서도 성경이 가르치는 하나님만을 참 신으로 믿어야 한다. 참 신이신 하나님과 생명의 주를 믿는 것만이 영원히 살 길이다.

주여 영생의 말씀이 주께 있사오니 우리가 누구에게로 가오리이까(요 6:68).
나는 포도나무요 너희는 가지라(요 15:5a).
가지가 포도나무에 붙어 있지 아니하면 스스로 열매를 맺을 수 없음같이 너희도 내 안에 있지 아니하면 그러하리라(요 15:4b).

---

6 출 15:11; 20:3; 신 6:4-5; 시 86:8; 96:5; 사 64:4; 렘 10:6-11; 단 2:47; 마 13:44-46; 요 1:9-12; 10:11-12, 26-27; 행 4:12; 17:21-31; 20:30; 롬 8:29-30; 고전 2:10 이하; 4:1; 7:40; 8:5-6; 고후 4:4, 6; 갈 1:12; 딤전 4:1; 요일 4:1-6.

> 그러므로 누구든지 나의 이 말을 듣고 행하는 자는 그 집을 반석 위에 지은 지혜로운 사람 같으리니 비가 내리고 창수가 나고 바람이 불어 그 집에 부딪치되 무너지지 아니하나니 이는 주추를 반석 위에 놓은 까닭이요 나의 이 말을 듣고 행하지 아니하는 자는 그 집을 모래 위에 지은 어리석은 사람 같으리니 비가 내리고 창수가 나고 바람이 불어 그 집에 부딪치매 무너져 그 무너짐이 심하니라(마 7:24-27).

이상을 요약하면, 우리의 믿음은 인간의 의지나 소망에 근거한 주관적인 것이 아니라 신실하신 하나님의 약속에 근거한 객관적인 것이다.

첫째, 우리의 믿음의 대상이신 하나님은 보이지 않으시지만 보이는 이 세상을 창조하신 분이심으로 추상적인 존재가 아니라 실재하시는 분이시다(히 11:3).

둘째, 우리가 믿는 하나님의 모든 약속이 역사 가운데 실제로 성취되었으므로(히 11:4 이하) 하나님은 신실한 분이시며, 그를 믿는 우리의 믿음도 실상(실재, reality, substance, hypostasis)이다.

> 믿음은 바라는 것들의 실상이요 보이지 않는 것들의 증거니 선진들이 이로써 증거를 얻었느니라(히 11:1-2).

믿음은 본질상 증거를 필요로 하지 않으나 믿음의 실재성을 가리키는 역사적 증거를 찾아서 믿음을 강화하는 것이다(요 14:11; 20:29; 고후 5:7).

셋째, 우리가 믿는 하나님이 참 신이신 가장 분명한 증거는 죄인들을 위해 자신의 아들을 희생하신 일이다(요 3:16; 롬 5:8). 참 부모는 본능적으로 자식을 위해 기꺼이 희생한다. 참 목자는 양을 위해 희생한다.

> 나는 양을 위하여 목숨을 버리노라(요 10:15b).

희생적 사랑이 모든 인격적 관계의 최고의 가치이며, 참 신과 참 사람의 가치 판단 기준이다.

넷째, 더구나, 하나님께서는 그리스도를 사망 권세를 이기시고 부활하게 하심으로써 생명의 주이심을 확증하셨다. 죽을 수밖에 없는 허무한 인생은 부활하신 생명의 주를 믿음으로써 영생의 소망을 갖는다(롬 6:8; 고전 15:20 이하).

다섯째, 성령께서 연약한 우리와 함께 하시고 우리의 믿음을 도우신다(눅 22:32; 24:17-32; 요 14:26; 16:13; 롬 8:26; 고후 1:22).

하나님을 믿는 우리는 모든 사람들을 진심으로 사랑함으로써 참 사랑의 원천이신 하나님을 증거해야 한다.

2016년 11월 22일

99. 우주 가운데 던져진 존재 vs. 주님의 품에 안긴 아이

> 해 질 때에 아브람에게 깊은 잠이 임하고 큰 흑암과 두려움이 그에게 임하였더니 (창 15:12).

창세기 12장에서 아브라함은 하나님의 축복과 구원 언약을 받은 후 그 언약의 성취와 역행하는 여러 가지 도전을 받으면서도 하나님께서 약속하신 축복과 구원 언약이 실제로 입증되는 것을 실감하였다. 다른 말로 하나님께서는 아브라함의 언약에 대한 믿음을 시험하시면서 그의 믿음을 단련시키셨다. 그러나 아브라함은 계속되는 인생의 도전과 불확실성의 시험 가운데 두려워할 수밖에 없었다. 더구나 그는 아직 하나님께서 약속하신 자식도 받지 못한 상태였다. 그러므로 15장 초두에서 하나님께서는 아브라함을 위로하시며 그의 언약을 반드시 이루어 주실 것을 다시 확약하셨다.

아브람아 두려워하지 말라 나는 네 방패요 너의 지극히 큰 상급이니라 … 하늘을 우러러 뭇별을 셀 수 있나 보라 또 그에게 이르시되 네 자손이 이와 같으리라(창 15:1-5).

이에 아브라함은 하나님을 믿었고 하나님께서는 아브라함의 믿음을 그의 의로 여기셨다(창 15:6). 하나님은 아브라함의 믿음을 보시고 그와 계속해서 교제하시기를 원하셨다. 그러나 이때 아브라함은 하나님께 그 언약이 반드시 성취된다는 확실한 증거를 요청했다. 하나님은 그의 언약이 성취 되는 미래를 환상으로 아브라함에게 보여주셨다.

해 질 때에 아브람에게 깊은 잠이 임하고 큰 흑암과 두려움이 그에게 임하였더니 (창 15:12).

아브라함의 후손이 애굽으로 내려가 400년 동안 종살이를 하겠지만 결국 하나님께서 그들을 구원하여 약속의 땅에 살게 하실 것임을 미리 보여주셨다.

아브라함의 신앙 경험은 우리를 포함한 그의 후손들에게 살기 힘든 광야 같은 세상에서 하나님의 언약 백성으로서의 정체성을 분명히 가지고 하나님의 구원 언약을 확고히 믿고 살아야 할 것을 보여준다(히 6:15). 하나님께서는 어떤 환경에서도 그의 언약을 끝까지 믿는 사람들을 그의 자녀로 인정하시는 것이다.

아브람이 여호와를 믿으니 여호와께서 이를 그의 의로 여기시고(창 15:6).

그러나 아브라함의 후손 이스라엘 백성은 자주 실패했다. 그들의 실패의 경험을 통해서 우리는 모든 시험 가운데서도 흔들림 없이 하나님의 사랑의 약속을 굳게 믿어야 한다(신 8:2-4, 11-20).

지난 세기의 실존주의 철학자들은 인생은 "어두운 우주 공간으로 던저진 존재"로서 허망하고 불안한 존재라고 보았다. 현대인들은 이런 인생의 깊은 불안과 공포를 과학 기술의 발달과 인간 이성의 힘에 의지하여 충분히 극복할 수 있다고 자신하면서 이전 세대보다는 대체로 낙관적인 인생관과 세계관을 가진 듯이 보인다. 그러나 많은 현대인들은 스트레스, 불안감, 소외감, 삶의 의미 상실, 공황장애 등, 새로운 문명병으로 시달리고 있다. 문제 해결을 위한 인간의 지혜는 한계와 부작용을 낳는다. 사람이 지금까지 사용한 항생제는 세균의 내성을 강화시켜서 더 이상 치료 효과가 없어져서 이제는 더 강한 항생제를 개발해야 한다고 한다. 성경은 창조주 하나님 외에 어떤 피조물의 가치나 꿈도 인생에게 궁극적인 만족을 줄 수 없음을 단언한다.

피조물이 다 이제까지 함께 탄식하며 함께 고통을 겪고 있는 것을 우리가 아느니라 (롬 8:22).

사실 사람은 누구나 인생의 허망감에 사로잡힐 때가 있다. 누구나 얼마간의 공황장애 증상을 가지고 있다.[1] 구원의 은혜를 입은 그리스도인들도 완전한 구원의 날이 나타날 때까지 이 세상에서 자연인으로서의 모든 고난을 받으며 살 수밖에 없다.

> 그뿐 아니라 또한 우리 곧 성령의 처음 익은 열매를 받은 우리까지도 속으로 탄식하여 양자 될 것 곧 우리 몸의 속량을 기다리느니라(롬 8:23).

다만 그리스도인들은 하나님께서 약속하신 하나님 나라의 소망을 가지고 살 수 있다.

> 생각하건대 현재의 고난은 장차 우리에게 나타날 영광과 비교할 수 없도다(롬 8:18).

다른 말로, 하나님께서는 우리의 고난의 삶을 통해서 우리로 하여금 완전한 나라에서의 완전한 삶을 사모하게 하신다(행 14:22; 롬 8:18-25; 고후 4:16-5:10; 히 4:9-11; 벧전 4:13). 반면에, 세상의 탐욕에 취한 사람들은 하나님 나라를 유업으로 받을 수 없다(마 6:19 이하; 24:38-39; 눅 12:19-21; 21:34; 갈 5:21).

우리 그리스도인은 생명의 주를 믿음으로써 변화된 우리 자신의 정체성을 잊지 말아야 한다. 우리는 더 이상 자연인이 아니라 우리를 사랑하시는 하나님의 양자가 되었다(롬 8:16). 우리는 더 이상 이 어두운 세상에 홀로 던져진 존재가 아니라 주님의 사랑하는 자녀임을 알아야 한다.

> 실로 내가 내 영혼으로 고요하고 평온하게 하기를 젖 뗀 아이가 그의 어머니 품에 있음 같게 하였나니 내 영혼이 젖 뗀 아이와 같도다 이스라엘아 지금부터 영원까지 여호와를 바랄지어다(시 131:2-3).
>
> (예수께서) 어린아이 하나를 데려다가 그들 가운데 세우시고 안으시며 제자들에게 이르시되 누구든지 내 이름으로 이런 어린아이 하나를 영접하면 곧 나를 영접함이

---

[1] 2016년도 우리나라의 공황장애증 환자는 2만 7천 명이다.

> 요 누구든지 나를 영접하면 나를 영접함이 아니요 나를 보내신 이를 영접함이니라 (막 9:36-37).

그리스도인은 이 불안한 세상에서도 하나님의 구원의 언약 백성, 하나님의 영을 가진 하나님의 자녀, 하나님 나라의 상속자라는 존재감과 정체성을 확고하게 가지고 하나님께서 약속하신 영원한 본향을 바라보며, 현재의 불안과 공포를 극복할 수 있다(롬 8:15-16; 갈 4:5-7; 고후 5:1; 히 11:10-16).

다만 우리는 상대주의, 보편주의, 다원주의, 혼합주의가 왕 노릇하는 시대에서 하나님의 구원의 언약과 유사한 다른 가르침에 미혹되지 않도록 주의해야 한다. 성경은 창조주 되시고, 구원주 되신 하나님의 유일성과 탁월성을 가르친다.[2] 주님의 말씀 아닌 다른 말을 듣거나 따르지 말아야 한다.

> 내 양은 내 음성을 들으며 나는 그들을 알며 그들은 나를 따르느니라(요 10:27).

사랑이란 원칙적으로 두 인격체 사이의 언약에 근거하기 때문에 다른 존재가 개입할 여지가 없다. 모든 진실한 사랑은 본질상 절대적이다. 그러므로 하나님을 향한 우리 사랑에 다른 무엇이 개입되지 않도록 주의해야 한다.[3] 무엇보다 하나님 자신이 절대적 사랑을 요구하신다.

> 너는 나 외에는 다른 신들을 네게 두지 말라(출 20:3).
> 네 하나님 여호와는 소멸하는 불이시요 질투하시는 하나님이시라(신 4:24).

우리를 향하신 하나님의 사랑도 절대적이다.

---

2 출 15:11; 20:3; 신 6:4-5; 시 86:3; 96:5; 사 64:4; 렘 10:6-11; 단 2:47; 마 13:44-46; 요 1:9-12; 10:11-12, 26-27; 행 4:12; 17:21-31; 20:30; 롬 8:29-30; 고전 2:10 이하; 4:1; 7:40; 8:5-6; 고후 4:4, 6; 갈 1:12; 딤전 4:1; 요일 4:1-6.

3 우리가 하나님을 절대적으로 믿을 때 다른 종교와 신앙을 가진 이들과의 대립은 필연적이다. 그러나 우리는 그들을 적대시할 것이 아니라 그들도 하나님의 구원의 대상임을 알고 오히려 사랑의 마음으로 대해야 한다.

예루살렘아 예루살렘아 선지자들을 죽이고 네게 파송된 자들을 돌로 치는 자여 암탉이 그 새끼를 날개 아래에 모음같이 내가 네 자녀를 모으려 한 일이 몇 번이더냐 그러나 너희가 원하지 아니하였도다(마 23:37).

진정한 사랑은 그 절대적 특성으로 말미암아 모든 사랑의 도전을 극복하며 사랑의 언약을 끝까지 지킨다. 진정한 사랑은 설령 사랑의 언약이 깨어졌을 때에도 그 사랑을 회복하기 위해 부단히 애쓴다. 하나님은 타락한 인생이 돌아오기를 오래 기다리신다.

이스라엘아 네 하나님 여호와께로 돌아오라(호 14:1).
사랑은 오래 참고(고전 13:4).
오직 주께서는 너희를 대하여 오래 참으사 아무도 멸망하지 아니하고 다 회개하기에 이르기를 원하시느니라(벧후 3:9b).

성경이 가르치는 진정한 믿음이란 창조주 되시고 구속주 되시는 성경의 하나님과 그 아들 그리스도 예수밖에는 우리 같은 죄인들을 위한 참된 구원의 도리가 결코 없음을 고백하는 것이다.

주여 영생의 말씀이 주께 있사오니 우리가 누구에게로 가오리까(요 6:68).

성경이 가르치는 믿음을 정리해 보자.

① 하나님은 사람의 믿음을 그의 진정한 자녀의 증거로 여기신다(창 15:6). 또한 하나님은 그를 믿는 사람들과 교제하시며, 그들의 믿음을 통해서 일하시기를 기뻐하신다.

네 믿음이 너를 구원하였다(마 9:22).

② 우리가 믿는 하나님은 보이지 않으시는 영이시지만, 보이는 이 세상을 지으신 실재하시는 분이시다(히 11:3).

③ 우리의 믿음은 허황된 미신이나 인본주의적 믿음이 아니라 창조주 하나님께서 친히 약속하신 약속에 근거한 믿음이다. 더구나 하나님의 모든 약속이 오랜 구원 역사 가운데 실제로 성취되었으므로(히 11:4 이하), 하나님은 신실하신 분이시며, 우리가 믿는 그의 약속(천국, 영생)도 성취될 것이 분명하다.

> 믿음은 바라는 것들의 실상이요 보이지 않는 것들의 증거니 선진들이 이로써 증거를 얻었느니라(히 11:1-2).
>
> 그들이 이제는 더 나은 본향을 사모하니 곧 하늘에 있는 것이라 그러므로 하나님이 그들의 하나님이라 일컬음 받으심을 부끄러워하지 아니하시고 그들을 위하여 한 성을 예비하셨느니라(히 11:16).

④ 무엇보다, 이 땅에 육신을 입고 오신 그리스도의 구원 사역으로, 특별히 죽으심과 부활하심으로, 하나님의 구원의 능력과 함께 그것을 믿는 우리의 믿음도 확증되었다.

⑤ 성령께서 연약한 우리들과 함께 하시며 우리의 약한 믿음을 도우신다(눅 22:32; 24:17-32; 요 14:26; 16:13; 롬 8:26).

2016년 12월 3일

100. 친구들의 믿음

> 침상에 누운 중풍병자를 사람들이 데리고 오거늘 예수께서 그들의 믿음을 보시고 중풍병자에게 이르시되 작은 자야 안심하라 네 죄사함을 받았느니라(마 9:2).

본문은 믿음이 없이는 하나님께 나아갈 수 없으나(히 11:6), 우리의 믿음이 자주 흔들리기 때문에 우리의 믿음을 지켜 주는 조력자가 필요함을 가르친다.

첫째, 성경은 처음부터 끝까지 믿음의 중요성을 가르친다. 하나님은 믿는 자를 그의 자녀로 여기시고, 그의 믿음을 통해서 일하시기를 기뻐하신다(히 11:6).

둘째, 누구나 믿음이 약해질 수 있기 때문에 믿음이 강한 사람의 도움을 받을 필요가 있다. 본문에서 중풍병자는 친구들의 믿음과 도움으로 말미암아 병 고침을 받았다.

> 믿음이 강한 우리는 마땅히 믿음이 약한 자의 약점을 담당하고 자기를 기쁘게 하지 아니할 것이라(롬 15:1).

주님께서도 베드로를 위해 기도하신다고 하셨다.

> 시몬아, 시몬아, 보라 사탄이 너희를 밀 까부르듯 하려고 요구하였으나 그러나 내가 너를 위하여 네 믿음이 떨어지지 않기를 기도하였노니 너는 돌이킨 후에 네 형제를 굳게 하라(눅 22:31-32).

우리의 친구 되신 주님께서는 지금도 우리를 위하여 간구하신다(롬 8:34).

셋째, 우리가 믿음이 약할 때 남과 주님의 도움을 받을 수 있으나 결국 우리의 믿음은 우리 자신이 지켜야 한다. 본문에서 중풍병자는 그의 친구들의 믿음과 도움으로 고침을 받았으나, 중풍병자 자신도 친구들과 같은 믿음을 가졌기 때문에 구원받

왔다고 보는 것이 옳다. 본문의 "그들의 믿음"이란 말은 친구들의 믿음뿐만 아니라 중풍병자의 믿음도 포함하는 것으로 보아야 한다. 어쩌면 중풍병자는 몸이 불편해서 자신이 직접 예수님께 나아갈 수 없어서 그의 친구들에게 부탁하였을 것이다. 설령, 친구들이 먼저 예수님께 갈 것을 제안했다고 하더라도 적어도 중풍병자의 동의를 받았을 것이다. 만일 중풍병자 자신이 믿음이 없었다면 고침을 받지 못했을 것이다. 사람은 남의 믿음이 아니라 자신의 믿음으로 구원받기 때문이다.

딸아 안심하라 네 믿음이 너를 구원하였다(마 9:22).

천주교는 어쩌면 본문에서 중풍병자가 친구들의 믿음으로 말미암아 고침을 받았다고 보면서, 연옥에 간 친족들의 죄를 보속(補贖)받기 위한 기도와 선행을 독려할 것이다. 우리가 이웃을 위한 중보 기도를 할 수는 있으나, 죽은 자의 영혼 구원을 위한 기도는 성경적이 아니고, 미신에 불과하다. 그런 미신적 기도는 종교적 안위와 소망을 주는 효과는 있을지언정 구원을 보장할 수 없다. 우리가 다른 사람의 믿음을 도울 수는 있으나, 결국 사람은 자신의 믿음으로 구원 얻을 수 있다는 것이 성경의 가르침이다.

마태복음 25장의 열 처녀 비유도 같은 교훈을 가르친다. 기름 준비를 하지 못한 게으른 다섯 처녀들은 다른 다섯 처녀들에게 그들의 기름을 나눠 달라고 요청했으나 거절당하고, 그들이 기름을 사러 나간 사이에 신랑이 도착하고, 잔치 집 문은 닫혔다. 게으른 다섯 처녀들은 결국 혼인 잔치에 참여하지 못했다. 이 비유는 사람이 남의 믿음이 아니라 오직 자신의 믿음으로 구원 얻는 것임을 가르친다. 본문의 주제가 중풍병자의 믿음이 아니라 중풍병자를 돕는 친구들의 믿음이라고 해도, 당사자인 중풍병자의 믿음을 도외시할 수는 없다. 만일 중풍병자가 믿음이 없는 사람이었다면 아무런 기적도 일어나지 않았을 것이다.

그들이 믿지 않음으로 말미암아 거기서 많은 능력을 행하지 아니하시니라(마 13:58).

우리는 혹 믿음 없는 중풍병자로서 "남의 믿음의 침상"에 누워 있지는 않은가? 우리 자신의 분명한 믿음 없이 남의 믿음을 따라 믿는 것은 아닌가?

믿는 가정에서 자라나서, 기계적이고 습관적인 신앙생활을 하는 것은 아닌가?

이제 우리 자신의 믿음을 갖도록 기도하자. "남의 믿음의 침상"에서 일어나 우리 자신의 믿음으로 주님께 나아가자.

이제 우리가 믿는 것은 네 말로 인함이 아니니 이는 우리가 친히 듣고 그가 참으로 세상의 구주신 줄 앎이라(요 4:42).

2016년 12월 9일

101. 징벌과 단련

> 베드로가 이르되 너희가 어찌 함께 꾀하여 주의 영을 시험하려고 하느냐 보라 네 남편을 장사하고 오는 사람들의 발이 문 앞에 이르렀으니 또 너를 메어내어 가리라 곧 그가 베드로의 발 앞에 엎드러져 혼이 떠나는지라(행 5:9-10a).

초대 교회는 전적으로 성령이 주관하는 교회였다. 예루살렘 교회의 일곱 집사는 모두 성령이 충만한 사람들이었다(행 6:3, 5). 그러나 예루살렘 교회의 아나니아와 삽비라 부부는 "육을 따라" 밭을 판 값의 일부를 감추고 헌금하였다가 베드로에게 발각되어 "성령을 속인 죄"로 급사(急死)하였다. 이런 성령의 역사를 목격하고 들은 이들은 모두 크게 두려워하였다. 그러나 그 두려움으로 말미암아 오히려 교회는 왕성하게 자랐다.

인간은 본능적으로 보이는 외양적 가치에 집중한다(창 3:6). 인간은 자신과 이웃의 육적 추구를 인간의 기본권으로 인정하고 수용한다(롬 1:32). 더구나 현대인은 인권과 개인의 자유를 중시하면서, 죄의 책임과 징벌을 무시하는 편이다. 그리스도의 교회도 하나님의 사랑과 은혜를 강조하면서, 하나님의 진노와 징벌에 대해서는 소극적인 편이다. 그러나 죄의 징벌은 창세기부터 요한계시록까지 성경의 중요한 주제다. 비록 신약의 복음이 하나님의 사랑과 은혜를 강조하나 그렇다고 징벌을 도외시하는 것은 아니다. 하나님은 여전히 사람의 죄를 징벌하시며, 최후의 심판을 준비하고 계신다.

너희도 만일 회개하지 아니하면 다 이와 같이 망하리라(눅 13:5).

선한 일을 행하는 자는 생명의 부활로, 악한 일을 행한 자는 심판의 부활로 나오리라 (요 5:29).

바울이 의와 절제와 장차 오는 심판을 강론하니 벨릭스가 두려워하여 … (행 24:25).

이런 일을 행하는 자에게 하나님의 심판이 진리대로 되는 줄 우리가 아노라(롬 2:2).

성경은 우리가 받는 고난은 자주 우리가 지은 죄에 대한 하나님의 징벌로 가르친다. 비록 우리 자신의 고난이나 남의 고난을 어떤 특정한 죄 때문이라고 단정 짓는 일은 사람뿐만 아니라 하나님 앞에서 오만한 행위이므로 마땅히 삼가야 하지만, 불행이나 고난을 죄에 대한 형벌로 보는 것이 성경의 지배적인 가르침이다. 하나님께서는 죄를 범한 우리에게 고난을 주시고 무지한 우리가 그 고난의 아픔을 통해서 우리의 죄를 깨닫고 회개하기를 원하시는 것이다.

> 고난 당한 것이 내게 유익이라 이로 말미암아 내가 주의 율례들을 배우게 되었나이다 (시 119:71).

구약 예언자들의 공통된 메시지는 바로 하나님께 대한 반역을 그치고 하나님께로 돌아오라는 것이다.[1] 욥이나 시편 기자가 받는 고난과 같이 신앙 단련을 위한 고난도 있으나, 우선 고난을 우리의 죄에 대한 징벌로 생각하고 우리 자신을 돌아보며 회개하고 하나님 앞에서 자신을 낮추는 것이 안전하고 지혜로운 자세다. 의로운 욥까지도 결국 고난의 경험을 통해서 때로 하나님의 선하심과 권위에 대해 의심했던 자신의 죄를 회개하였다(욥 19:23:1-9; 27:2; 42:6). 많은 현대 그리스도인들이 자유로운 세상 풍조를 따라서 고난과 죄의 상관성을 무시하지만, 우리는 고난을 우리의 죄에 대한 징벌로 알고, 그 고난을 통해서 하나님께서 우리를 단련시키시려는 뜻을 찾아야 한다. 하나님의 자녀들은 결국 하늘 아버지의 징벌도 결국 축복이 된다는 것을 믿는다. 믿는 이들에게는 하나님의 진노하심도 하나님의 거룩한 사랑의 표현일 뿐이다("사랑의 매").

> 그리스도의 고난이 우리에게 넘친 것같이 우리가 받는 위로도 그리스도로 말미암아 넘치는도다(고후 1:5).

우리가 받는 고난이 징벌이든지, 신앙의 단련을 위한 것이든지, 또는 피조물의 일

---

[1] 신 4:30; 30:2, 10; 삼상 7:3; 대하 30:9; 느 1:9; 9:26; 사 9:13; 10:21; 31:6; 44:22; 49:6; 렘 3:12; 15:19; 애 3:40; 겔 34:16; 호 5:4; 12:6; 14:1; 욜 2:12-13; 암 4:6-11; 슥 1:3; 9:12; 말 3:7; 참조, 눅 11:24.

반적 현상이든지, 하나님께서는 고난을 통해 그의 영광을 나타내신다.

> 내가 너를 연단하였으나 … 어찌 내 이름을 욕되게 하리요 내 영광을 다른 자에게 주지 아니하리라(사 48:10-11).

또한 하나님께서는 우리를 장차 그의 영광에 참여하게 하실 것이다.

> 우리가 그와 함께 영광을 받기 위하여 고난도 함께 받아야 할 것이니라(롬 8:17b).

믿는 사람에게는 고난도 하나님의 은혜와 사랑과 영광으로 나아가는 통로가 되는 것이다.

2016년 12월 9일

102. 성경의 지혜

> 여호와는 그를 경외하는 자 곧 그의 인자하심을 바라는 자를 살피사 그들의 영혼을 사망에서 건지시며 그들이 굶주릴 때에 그들을 살리시는도다(시 33:18-19). 꿈이 많으면 헛된 일들이 많아지고 말이 많아도 그러하니 오직 너는 하나님을 경외할지니라(전 5:7).

성경에서 욥기, 시편, 잠언, 전도서, 아가서는 모두 인간의 한계를 깨닫고 하나님을 경외하고 사랑하는 것이 지혜임을 가르친다.

여호와를 경외함이 지혜의 근본이요 거룩하신 자를 아는 것이 명철이니라(잠 9:10).

욥기, 잠언, 전도서는 지혜문학으로서 다양한 인간 경험과 인간 현상의 관찰을 통해서 피조물 인간의 지혜를 넘는 창조주 하나님의 깊은 지혜를 가르친다. 잠언은 주로 인간이 이해할 수 있는 보편적인 지혜를 가르치고, 욥기서와 전도서는 인간이 이해하기 어려운 보다 심오한 철학적 질문과 신학적 논쟁들을 통해서, 다른 말로, 인간의 비애와 한계를 통해서, 하나님을 경외하는 것이 인간 존재의 궁극적 가치와 지혜라는 것을 밝힌다.

시편의 "지혜시"도 지혜문학과 같이 인간의 지혜의 한계를 뛰어 넘는 하나님의 지혜를 알고 하나님을 경외하는 것이 인간의 마땅한 도리라는 것을 보여준다.

내가 이같이 우매 무지함으로 주 앞에 짐승이오나 내가 항상 주와 함께 하니 주께서 내 오른 손을 붙드셨나이다(시 73:23).

시편의 탄식시와 찬양시도 인간의 생사고락의 경험 가운데 결국 하나님의 선하심과 의로우심을 믿고 의지하는 것이 최선의 자세임을 가르친다.

아가서는 남녀의 사랑의 경험을 통해서 사랑이 인간의 궁극적 존재 이유와 목적이며 최고의 가치라는 것을 보여준다.

> 많은 물도 이 사랑을 끄지 못하겠고 홍수라도 삼키지 못하나니 사람이 그의 온 가산을 다 주고 사랑과 바꾸려 할지라도 오히려 멸시를 받으리라(아 8:7).

남녀의 사랑은 창조주 하나님께서 특별히 인간에게 주신 축복이다(창 2:23). 인간은 사랑을 주고받음으로써 자신의 존재 이유와 목적과 가치를 갖도록 창조되었다. 하나님은 사랑이시며, 그 하나님의 형상을 따라 지음 받은 사람은 사랑의 능력을 가진 존재다. 그러나 아가서는 남녀의 사랑과 함께 인간을 지으신 창조주 하나님을 사랑하는 것이 인간의 가장 우선적이며 궁극적 가치라는 것을 암시한다고 보아야 한다. 아가서 마지막 8장 6절, "사랑은 죽음같이 강하고 질투는 스올같이 잔인하며 불길같이 일어나니 그 기세가 여호와의 불과 같으니라"는 말씀은 아가서가 인간의 사랑을 통해서 하나님 사랑을 암시한다는 주장을 지지한다

한편, 아가서는 인간의 사랑의 한계도 암시한다.

첫째, 아가서에서 솔로몬은 때로 사랑하는 술람미 여인을 잃고 찾아 헤매기도 한다(아 3:1-4; 6:1).

둘째, 아가서의 사랑 이야기의 주인공인 솔로몬 자신이 바로 인생의 허망함을 한탄하는 전도서의 저자라는 사실을 유념해야 한다.

솔로몬은 사랑을 포함하여 인생들이 기뻐하는 모든 것을 경험했으나, 그의 말년에 이르러 결국 그 모든 것이 자신의 무지에서 비롯된 허사였음을 고백한다(전 2:8-11). 그러므로 지혜문학의 전통에 비추어 볼 때 아가서는 일종의 "보조적, 또는 보완적 지혜서"라고 할 수 있다.

아가서는 지혜서는 아니지만 사랑의 경험을 통해서 하나님을 향한 궁극적 지혜를 암시한다고 볼 수 있다. 사랑이 인간의 존재 이유와 목적이며 궁극적 가치지만, 인간의 사랑은 죄성으로 오염되어 있고, 피조물의 한계를 가지기 때문에 결국 사랑의 원천이신 하나님을 아는 것이 중요하다는 것을 암시한다. 아가서가 가르치는 남녀의 사랑의 가치는 전도서가 가르치는 인간 운명의 한계에 비추어 통제되고, 상대

적 균형을 이루는 것이다. 한편, 성경의 각 책을 배열한 성경학자들은 인간 존재의 한계와 인생의 비애와 한계를 가르치는 전도서에 이어서 남녀 간의 애정이라는 인생의 행복을 묘사하는 아가서를 대조적으로 배치함으로써 인생에 대한 하나님의 공의로우심과 함께 인자하심을 균형 있게 나타내는 것으로 볼 수도 있다. 하나님께서는 인생에게 울음뿐만 아니라 웃음도 주셨다. 인생의 전반적인 불행 가운데서도 행복에의 길을 열어 놓으셨다.[1] 사랑은 인생의 존재론적 한계를 극복할 수 있는 힘이요 수단이다. 그러나 사람을 사랑하는 것보다 하나님을 사랑하는 것이 제일이다.

모든 성경의 지혜서들은 우리 인생이 이 피조 세상에서 다양한 꿈과 가치를 추구하며 살지만, 영원히 계시는 창조주 하나님을 경외하고 사랑하지 않으면, 결국 좌절할 수밖에 없는 연약한 존재임을 가르친다.

> 나의 때가 얼마나 짧은지 기억하소서 주께서 모든 사람을 어찌 그리 허무하게 창조하셨는지요(시 89:47).
> 우리에게 우리 날 계수함을 가르치사 지혜로운 마음을 얻게 하소서(시 90:12).

성경의 모든 지혜서는 인생의 한계를 절감하면서 지혜의 원천이신 하나님을 의지한다. 그리고 온전한 지혜의 스승이 나타나기를 사모하는 것이다.
허무한 피조물 인생에게 복음은 하나님의 유일한 구원의 지혜다.

> 그리스도는 하나님의 능력이요 하나님의 지혜니라(고전 1:24b).

복음은 그리스도 안에 있는 영생을 아는 것이 궁극적 지혜다. 그리스도인은 그리스도 안에 있는 새로운 피조물로서의 자아 인식과 영생의 약속을 믿고, 죽으시고 다시 사신 그리스도를 따라서 모든 "현재의 고난"을 극복한다(롬 8:18).

---

[1] 아가서에 나타나는 인간 상호 간의 사랑은 불완전하고 일시적이지만, 하나님의 사랑은 완전하고 영원하다. 이런 시각에서 아가서의 사랑은 장차 십자가에서 나타날 완전한 하나님의 사랑을 기다린다고 할 수 있다.

우리가 살아도 주를 위하여 살고 죽어도 주를 위하여 죽나니 그러므로 사나 죽으나 우리가 주의 것이로다(롬 14:8).

그리스도인은 십자가에서 모든 인간적 사랑을 능가하는 하나님의 완전한 사랑을 확증한다(롬 5:8).

그리스도의 사랑이 우리를 강권하시는도다 … 그가 모든 사람을 대신하여 죽으심은 살아 있는 자들로 하여금 다시는 그들 자신을 위하여 살지 않고 오직 그들을 대신하여 죽었다가 다시 살아나신 이를 위하여 살게 하려 함이라(고후 5:14-15).

십자가에서 나타난 하나님의 사랑과 지혜는 기존의 모든 인간의 사랑과 지혜를 능가하는 완전하고 궁극적인 것이다.

2016년 12월 17일

103. 절대적 구원 진리와 절대적 사랑

> 진리를 알지니 진리가 너희를 자유롭게 하리라(요 8:32).

예수님께서 가르치신 진리는 세상적 진리가 아니라 죄로부터 자유롭게 하는 구원의 진리다. 하나님께서 세상을 사랑하사 독생자를 보내시어 그를 믿는 자를 구원하시는 복음이 곧 진리다(요 3:16; 20:31). 구원의 길은 그리스도의 복음뿐이다.

> 내가 곧 길이요 진리요 생명이니 나로 말미암지 않고는 아버지께로 올 자가 없느니라 (요 14:6).

이 절대적인 구원 진리는 율법의 행위 구원을 비롯한 다른 구원 진리들을 상대화시키며, 동시에 우리로 하여금 모든 세상의 가치를 상대화하도록 요구한다.

그러나 복음 신앙의 절대화는 사랑과 은혜 같은 복음의 특성과는 반대되는 정죄와 독선 같은 율법주의적 자세로 변질될 수 있는 부작용을 경계해야 한다.

성경은 처음부터 끝까지 하나님께서 자신이 지으신 세상과 인간을 주관하심을 보여준다. 이런 기독교 신학과 신앙을 가리켜 신본주의라고 한다. 그러나 신본주의는 그 절대적 특성으로 말미암아 자칫 성경이 가르치는 진정한 의미의 신본주의를 왜곡할 수 있음을 경계해야 한다. 신본주의가 절대적 사고 유형으로 고착될 때, 하나님의 말씀과 그리스도인의 인격이 인간의 절대주의적 독선과 아집으로 왜곡되고 변질될 수 있다.

하나님께서는 창조주로서 세상을 주관하시지만, 동시에 인간에게 자유 의지를 주시고 자신의 일을 스스로 선택하고, 결정할 수 있는 "독립적 인격체"로 만드셨다(창 2:17, 19). 억지로 하는 행위는 진정성이 없고, 자발적이고 자의적인 마음과 행동만이 그 진정성을 인정받을 수 있기 때문이다. 그러므로 하나님께서는 아담과 하와가 선악과를 따서 먹을 때 막지 않으셨고, 가인이 아벨을 죽일 때 막지 않으셨다. 그 후 사람의 죄가 세상에 만연할 때도 막지 않으셨고, 다만 "땅위에 사람 지으셨음"을 한탄하셨던 것이다(창 6:6). 하나님께서는 사람들이 바벨탑 건설 공사를 시작할 때에도 처음부터 막지는 않으셨다. 유사하게, 예수님의 "탕자 비유"에서도 탕자의 아버지는 탕자가 재산권을 요구하며 집을 나갈 때 그를 막지 않고 오히려 그가 원하는 대로 재산을 나눠주고 집을 나가게 했다. 그러나 탕자의 아버지는 탕자가 재산을 탕진하고 집으로 돌아왔을 때 오히려 그를 반기며 아들로서의 신분을 재확인하였다(눅 15:11-32). 마찬가지로, 우리의 하늘 아버지께서는 공의로우시면서도, 노하시기를 더디하시는 인자하신 분이시다.[1] 성경 전체에서 하나님의 공의로우심에 대한 하나님의 사랑의 우선성이 나타난다.

> 그의 노염은 잠깐이요 그의 은총은 평생이로다 저녁에는 울음이 깃들일지라도 아침에는 기쁨이 오리로다(시 30:5).

시편 136편은 "여호와께 감사하라 그는 선하시며 그 인자하심이 영원함이로다"라는 어귀를 반복한다. 모든 예언자들은 일치하여 하나님을 떠난 이스라엘 백성에 대한 하나님의 진노하심을 경고하면서, 동시에 그들이 죄를 회개하고 하나님께로 스스로 다시 돌아올 것을 호소한다. "돌아오라"는 명령이 예언서 전체의 공통적 어귀다. 인애하신 하나님은 그를 배반한 이스라엘을 포기하지 않으시고 계속해서 찾으셨다.

> 야곱아 너를 창조하신 여호와께서 지금 말씀하시느니라 이스라엘아 너를 지으신 이가 말씀하시느니라 너는 두려워하지 말라 내가 너를 구속하였고 내가 너를 지명하여 불렀나니 너는 내 것이라(사 43:1).
> 너는 내게로 돌아오라 내가 너를 구속하였음이니라(사 44:22b).
> 그런즉 너의 하나님께로 돌아와서 인애와 정의를 지키며 항상 너의 하나님을 바랄지니라(호 12:6).

---

1 출 34:6; 민 14:18; 시 30:5; 103:10-13; 107:1; 118:1, 29; 사 48:9; 렘 15:15; 애 3:22, 31-33; 욜 2:13; 욘 4:2; 미 7:18; 행 13:18; 롬 2:4; 9:22; 벧전 3:20; 벧후 3:9.

무엇보다, 하나님께서 사랑하는 아들을 우리의 죄를 위해 희생하신 것은 그의 공의로우심과 함께 그의 지극하신 사랑을 나타내시는 것이다(요 3:16; 롬 3:25; 5:8). 하나님 자신이 사랑이시다(요일 4:6). 삼위 하나님은 서로 사랑을 나누신다(요 14:31; 15:19; 16:23-26).[2]

물론 하나님의 사랑은 거룩한 사랑이다. 하나님의 사랑은 하나님의 공의와 함께 나타난다.

> (사랑은) 불의를 기뻐하지 아니하며 진리와 함께 기뻐하고 모든 것을 참으며 모든 것을 믿으며 모든 것을 바라며 모든 것을 견디느니라(고전 13:6-7).

그러므로 하나님의 아들이 인간의 죄를 위해 십자가에서 죽으셨다. 그러나 동시에 예수 그리스도의 죽으심은 죄인을 향하신 하나님의 사랑을 가리킨다(롬 5:8).

> 누가 정죄하리요 죽으실 뿐 아니라 다시 살아나신 이는 그리스도 예수시니 그는 하나님 우편에 계신 자요 우리를 위하여 간구하시는 자시니라 누가 우리를 그리스도의 사랑에서 끊으리요(롬 8:34-35a).

하나님의 구원 역사 가운데서 하나님의 공의보다 하나님의 사랑이 지배적이다. 하나님의 사랑으로 구원받은 우리는 만사를 그리스도의 사랑을 따라 결정함으로써 정죄와 독선 같은 율법주의와 절대주의적 사고의 부작용을 피해야 한다.

> 오직 사랑 안에서 참된 것을 하여 범사에 그에게까지 자랄지라 그는 머리니 곧 그리스도라(엡 4:15).

---

[2] Augustini, *De Trinitate*, IV.20.29, 215-216; Jonathan Edwards, "Discourse on the Trinity," *The Works of Jonathan Edwards*. vol. 21, (New Haven: Yale University Press, 2004), 121, 133; 조나단 에드워즈, 『사랑』(*Charity Its Fruits*), 서문 강 역 (서울: 청교도 신앙사, 2016), 395: 조나단 에드워즈는 성경에 하나님이 성령을 사랑한다는 말은 없으나 마 3:17, 롬 5:5, 요일 4:12-13 등에 근거하여 성령이 하나님의 사랑이라고 유추한다.

공의도 사랑의 범주 안에 있다. 사랑이 공의에 우선한다. 그리스도인의 사랑은 모든 사욕적인 절대적 가치를 상대화하고, 그로부터 자유하는 것이다.

(사랑은) 자기의 유익을 구하지 아니하며 성내지 아니하며 악한 것을 생각하지 아니하며 (고전 13:5b).

우리의 믿음이 왜곡된 신본주의적 절대주의적 믿음이 아니라 진정한 신본주의적 절대주의적 믿음이 되기 위해서는 만사를 사랑을 따라 결정해야 한다(고전 14:1).

형제들아 너희가 자유를 위하여 부르심을 입었으나 그러나 그 자유로 육체의 기회를 삼지 말고 오직 사랑으로 서로 종 노릇하라(갈 5:13).
그런즉 믿음, 소망, 사랑, 이 세 가지는 항상 있을 것인데 그중에 제일은 사랑이라 (고전 13:13).

2016년 12월 20일

104. 평강의 왕

> 나니 두려워하지 말라(마 14:27; 막 6:50; 요 6:20).

인생은 누구나 망망한 대해를 항해하는 작은 배와 같이 불안한 존재다. 누구나 성난 바다 같은 세상의 온갖 도전 가운데서 고전한다. "인생은 울며 태어나고, 울며 살다가, 울음 속에 세상을 떠난다"는 말이 지나친 말은 아니다.

> 인생은 고난을 위하여 났나니(욥 5:7).
> 우리의 연수가 칠십이요 강건하면 팔십이라도 그 연수의 자랑은 수고와 슬픔뿐이요 신속히 가니 우리가 날아가나이다(시 90:10).

우리 인생은 누구나 거의 언제나 한계 상황 가운데 있다. 인생의 불안의 근본적 원인은 세상과 인간 자신의 죄와 탐욕 때문이다. 인간 세상이 모두 죄와 탐욕으로 말미암아 하나님을 떠났기 때문이다. 사람은 탐욕이나 야망을 버리고 그를 지으신 하나님의 뜻을 따를 때 평안이 온다.

> 여호와여 내 마음이 교만하지 아니하고 내 눈이 오만하지 아니하오며 내가 큰 일과 감당하지 못할 놀라운 일을 하려고 힘쓰지 아니하나이다 실로 내가 내 영혼으로 고요하고 평온하게 하기를 젖 뗀 아이가 그의 어머니 품에 있음 같게 하였나니 내 영혼이 젖 뗀 아이와 같도다(시 131:1-2).
> (예수께서) 어린아이 하나를 데려다가 그들 가운데 세우시고 안으시며 제자들에게 이르시되 누구든지 내 이름으로 이런 어린아이 하나를 영접하면 곧 나를 영접함이요 누구든지 나를 영접하면 나를 영접함이 아니요 나를 보내신 이를 영접함이니라(막 9:36-37).

이런 말씀들은 우리가 하나님의 자녀로서의 정체성을 분명히 가지고, 세상의 허황된 욕심을 버리고, 하나님께서 주신 분복을 족하게 여길 때 평안을 얻게 될 것을 약속한다(딤전 6:6-9; 히 13:5), 또한 주님의 현존하심과 성령의 인도하심을 믿고(시 73:23; 마 28:20; 요 14:26; 롬 8:26 이하), 변하는 세상의 가치가 아니라 영원한 하나님의 나라의 가치를 추구할 때(마 6:33; 롬 8:18; 고후 4:17; 5:1; 골 3:1; 히 11:10-16), 현재의 불안과 공포를 극복할 수 있다.

사람들은 불안을 극복하기 위한 여러 가지 방법들을 사용하지만 모두 한계가 있고, 부작용이 따른다. 종교, 철학, 건강 관리, 스포츠, 취미활동, 오락, 교제 등 "육체의 연습"은 약간의 효과는 있으나 근본적인 대책이 될 수 없다(딤전 4:8). 그것들은 대개 인간이 스스로 고안한 것이며, 어떤 것들은 마귀가 인간을 미혹하기 위하여 지어낸 거짓 평안의 도구들일 뿐이다. 우리는 일시적인 현상 세계의 가치에 집착하지 말고, 하나님의 영원한 약속에 집중해야 한다. 불안한 인생은 그를 지으신 하나님의 품 안에서만 진정한 평안을 누릴 수 있다("Our hearts are restless until we find rest in you." 어거스틴, 『참회록』). 미움과 분노를 버리고 하나님을 사랑하고 인간을 사랑하는 마음이 진정한 평안의 조건이다. 그리스도의 십자가에서 하나님의 지극하신 사랑을 느낄 때 영원한 평안 속에 깃들게 되는 것이다.

다시 말하지만, 우리는 사람이 만든 거짓된 평안의 방법이나 도구를 버리고 하나님께서 가르치신 평안의 방법을 따라야 한다. 사람이나 마귀가 만든 평안의 방안들은 가장된 거짓이며 결국 허무와 파멸로 이끈다. 어떤 종교는 피조물의 허망한 생성소멸 원칙이나 적자생존 원칙을 그대로 따라 살도록 가르친다. 그런 종교는 결국 피조물의 본질인 허무와 절망으로 이끈다. 때로, 그런 종교는 인생의 허무와 절망을 평안과 기쁨으로 미화시키기도 하나, 그것도 역시 거짓된 영의 속임수에 불과한 것이다.

더구나 대부분의 종교들은 연약하고 좌절할 수밖에 없는 인간의 도덕적 의지와 힘에 의존하기 때문에 실패할 수밖에 없다. 복음은 성령을 따라 살 것을 가르치기 때문에 인간의 수행과 도덕에 의존하는 다른 종교의 선행과는 근본적으로 다르다(갈 5:16-22). 세상의 종교나 철학도 도덕과 선행을 가르치지만, 여전히 사람들의 자랑이나 오만함으로 오염되었고, 결국 사람들을 미혹하는 이 세상 신의 가르침과 같다(고후 4:4). 우리는 하나님의 입에서 나오는 계시의 말씀만을 들어야 한다. 그리스도의 십자가에서만 하나님의 넘치는 사랑과 은혜, 그리고 영원한 평안을 얻을 수 있다.

> 하나님께 속한 자는 하나님의 말씀을 듣나니 너희가 듣지 아니함은 하나님께 속하지 아니하였음이로다(요 8:47).

그리스도인의 평안은 세상의 피조물이 주는 불완전한 평안이 아닌 하나님의 아들의 온전한 평안이다. 우리는 열매로 나무를 알 수 있다(마 7:16-20).
우리 그리스도인들도 주님이 오시기까지는 이 힘한 세상에서 존재론적 불안을 경험하며 살 수밖에 없다.

> 또한 우리 곧 성령의 처음 익은 열매를 받은 우리까지도 속으로 탄식하여 양자 될 것 곧 우리 몸의 속량을 기다리느니라(롬 8:23).

양자의 영을 받은 그리스도인들도 주님께서 오실 때까지 여전히 "현재의 고난" 가운데 살 수밖에 없다(롬 8:15-25, 31-39). 그러나 그리스도인은 구속주이시며 "평강의 왕"이신 주님을 의지하고 산다(사 9:6; 눅 2:14). 주님께서는 그를 믿고 따르는 이들에게 평안을 약속하셨다.

> 수고하고 무거운 짐 진 자들아 다 내게로 오라 내가 너희를 쉬게 하리라 나는 마음이 온유하고 겸손하니 나의 멍에를 메고 내게 배우라 그리하면 너희 마음이 쉼을 얻으리니 이는 내 멍에는 쉽고 내 짐은 가벼움이라 하시니라(마 11:28-30).

실제로 주님은 그의 구원 사역 전체를 통해서 평강의 왕이심을 증거하셨다.

> 이것을 너희에게 이르는 것은 너희로 내 안에서 평안을 누리게 함이라 세상에서는 너희가 환난을 당하나 담대하라 내가 세상을 이기었노라(요 16:33).

특별히 주님의 십자가와 부활은 이를 믿는 모든 이들에게 죄로부터 자유하게 하고 하나님과 화목하게 하는 진정한 평안을 준다(엡 2:16-17).

> 진리를 알지니 진리가 너희를 자유롭게 하리라(요 8:32).

우리는 죽음을 이기시고 승리하신 주님, 그리고 영광 중에 다시 오실 주님을 믿는 믿음으로써 이 험한 세상에서도 평안을 누릴 수 있다. 주님께서 사망 권세를 이기시고 부활하셨고, 또한 그를 믿는 우리를 사망에서 건져내셨다(롬 8:2). 주님께서는 이 세상의 풍파 가운데서도 우리를 건져주신다. 주님께서는 풍랑 이는 갈릴리 바다 위를 당당히 걸어서 제자들에게 오셨다. 또한 주님께서는 성난 바다를 꾸짖어 잔잔하게도 하셨다(마 8:23-27). 주님은 고난받는 우리를 위로하실 뿐 아니라 아예 고난의 근본 원인을 근절하시는 분이시다. 어제나 오늘이나 영원토록 동일하신 주님께서는 오늘도 험한 세상에서 십자가를 지고 고난받는 우리들을 격려하시며 믿음을 굳게 하신다(히 13:8).

> 나니 두려워하지 말라(마 14:27; 막 6:50; 요 6:20).
> 두려워하지 말라 너희는 많은 참새보다 귀하니라(마 10:31).

때로 주님은 믿음 없이 두려워하는 우리들을 책망하신다.

> 어찌하여 무서워하느냐 믿음이 작은 자들아(마 8:26; 참조, 6:30).

하나님께서 자신의 영광과 능력을 나타내시기 위하여 만물과 인생에게 의도적으로 범죄하도록 만들어 고난을 주셨다는 생각은 잘못된 것이다. 칼빈이 말했듯이, 하나님은 그렇게 하실 필요나 이유가 없으신 완전하시고 선하신 분이시기 때문이다(*Inst.* I.15.8). 그러므로 완전하시고 선하신 하나님을 믿는 사람의 "가장 주된 활동은 하늘의 생명을 사모하는 것이다"(*Inst.* I.15.6; 마 6:33; 고후 4:18-5:10; 골 3:1).

또한 철학자들이 말하듯이, 우리는 더 이상 어두운 우주 가운데 던져진 존재가 아니라, 그리스도로 말미암아 하나님의 자녀들이 되었음을 잊지 말아야 한다. 인생의 모든 대소사(大小事) 가운데 "평강의 왕"이신 사랑의 주님께서 친히 우리와 함께 계심을 잊지 말아야 한다.

> 여호와께서 자기 백성에게 힘을 주심이여 여호와께서 자기 백성에게 평강의 복을 주시리로다(시 29:11).
> 평강의 주께서 친히 때마다 일마다 너희에게 평강을 주시고 주께서 너희 모든 사람과 함께 하시기를 원하노라(살후 3:16).

우리의 모든 "현재의 고난" 가운데 우리는 삼위 하나님의 도우심을 믿어야 한다. 성령께서는 마땅히 빌 바를 알지 못하는 우리를 위해 친히 간구하시고(롬 8:26), 성부께서는 우리를 위해 모든 것이 합력하여 선을 이루도록 역사하시고(롬 8:28), 이미 우리를 위해 희생하신 성자께서도 우리를 위해 계속 간구하여 주신다(롬 8:34).

> 그러나 이 모든 일에 우리를 사랑하시는 이로 말미암아 우리가 넉넉히 이기느니라 (롬 8:37).

은혜로우신 하나님께서 그리스도 안에 있는 우리에게 온전한 평안을 주셨으나 우리의 불신으로 말미암아 이 평안을 지키지 못하는 것이 문제다. 우리 모두 때로 제자들처럼 믿음이 약해져서 우리를 구원하시는 주님을 모호한 "유령" 정도로 믿는다. 우리는 "현재의 고난" 중에서 우리를 위해 희생하신 그리스도를 마음으로 믿고 의지할 때 진정한 평안을 얻게 된다. 모든 현재의 불안과 두려움을 "평강의 왕" 예수 그리스도의 이름으로 물리치자. 세상에서의 고통과 아픔에 집착할 것이 아니라, 풍랑 이는 갈릴리 바다 위를 걸어오신 주님께서 우리의 고난을 아시며, 우리를 위로하시는 것을 믿자. 또한 주님께서 결국 영광 중에 다시 오실 것을 굳게 믿고 우리의 모든 "현재의 고난"을 이기자. 세상의 허망한 고난에 집착할 것이 아니라, "영생의 복음을 위한 의미 있는 고난"에 적극 동참하자(행전 14:22; 롬 9:1; 고후 11:28; 갈 4:19; 6:17).

우리가 그와 함께 영광을 받기 위하여 고난도 함께 받아야 할 것이니라(롬 8:17b).

나는 선한 싸움을 싸우고 나의 달려갈 길을 마치고 믿음을 지켰으니 이제 후로는 나를 위하여 의의 면류관이 예비되었으므로 주 곧 의로우신 재판장이 그날에 내게 주실 것이며 내게만 아니라 주의 나타나심을 사모하는 모든 자에게도니라(딤후 4:7-8).

2016년 성탄절

105. 하나님의 예정과 우리의 책임

> 우리를 시험에 들게 하지 마옵시고 다만 악에서 구하옵소서(마 6:13).

전능하신 하나님께서 구원받을 자와 구원받지 못할 자를 미리 정하셨다는 예정론(豫定論)과 하나님께서 세상만사를 미리 계획하셨다는 섭리론은 모두 하나님의 절대적 주권 사상에서 비롯된다(롬 8:30; 고전 2:7; 엡 1:4, 9, 11; *Inst.* I.17; III.21-24). 예정론과 섭리론의 약점은 선하신 하나님이 결국 모든 악의 근원도 된다는 논리적 모순이다.

또한 하나님의 철저한 예정은 인간의 자유 의지를 무용지물로 만든다. 이런 예정론(豫定論)의 논리적 약점을 극복하고 악에 대한 책임이 하나님이 아니라 사람에게 있음을 지적하는 예지론(豫知論)도 제시되었다(알미니안주의).[1] 즉 하나님께서 구원받을 자와 유기자(遺棄者)를 작정하신 것이 아니라 다만 미리 아셨을 뿐이며, 죄에 대한 책임은 하나님이 아니라 죄를 지은 사람에게 있다는 것이다.

---

1 강창희, 『칼빈과 웨슬리의 생애와 신학』, 162-181(특히, 167-173); 268-286. 천주교, 스콜라주의, 알미니안주의, 웨슬리는 예지론(豫知論)을 가르친다. 이들은 공로 사상을 주장하고, 선행을 장려하기 위해서 하나님께서 창세 전에 우리의 선행을 미리 내다보시고 선택하셨다는 예지론을 가르친다. 이들은 예정론에 맞서서 하나님께서는 태초부터 누가 믿고 믿지 않을지를 알고 계셨으나, 직접 결정하신 것은 아니라는 것으로서 인간의 결정과 책임을 중시한다. 그러나 칼빈은 예지론을 반대한다(*Inst.* III.23,6,9). 칼빈은 인간의 공로를 철저히 배제한 어거스틴의 하나님의 절대적 주권과 인간의 비참한 절망적 상태에 근거한 예정론적 구원론을 따른다(*Inst.* III.22,9). 칼빈은 하나님께서 우리의 선행을 미리 아셨다고 해도 여전히 우리의 공로가 아니라 그의 은혜로 우리를 택하셨다고 한다. 예지론은 결국 하나님의 구원 계획에 사람의 판단을 개입시킴으로써 "하나님의 기쁘신 뜻"을 흐리게 하는 것이 문제이다.
예지론적 구원 논리가 예정론보다 합리적으로 보이지만, 그렇다고 완전히 합리적인 주장도 아니다. 절대적으로 공의로우시고 자유로우신 하나님을 그 자신 외에 어떤 법이나 원칙에 고정시키는 것 자체가 부당하기 때문이다 (*Inst.* III.22,6, 9-11; 23,2, 8-9).
물론 칼빈이 예지론 자체를 반대하는 것은 아니다. 칼빈은 예정론과 함께 예지론을 대체로 인정하면서도(*Inst.* III.21,5), 인간의 공로를 인정하는 스콜라주의의 예지론을 반대한다. 하나님은 우리가 선을 행하기 전에 그의 기쁘신 뜻을 따라 우리를 택하셨다(롬 9:11-13; *Inst.* III.22,8-9).
웨슬리는 칼빈의 예정론을 단호히 반대한다(*WW*.I. 207; "예정론자와 그의 친구와의 대화," "A Dialogue between A Predestinarian and His Friend," *WW*.I. 259-266; "우리의 구원을 이루기", "Working out Our Own Salvation", *WW*.IV. 511, 등; 참조, 빌 2:12). 웨슬리는 인간이 하나님의 은총을 선택하는 천부적인 능력을 갖고 있다고 믿고, 또한 인간의 책임을 중시한다(신인협력사상, 알미니안주의).

예정론은 하나님의 절대적 자유와 인간의 자유, 하나님의 절대적 주권과 인간의 책임 사이의 분명한 논리적 모순과 혼란조차 인간이 알 수 없는 하나님의 무한하신 지혜와 권능(주권)에 돌리는 것이다. 하나님께서는 인간의 자유 의지와 책임, 그리고 인간의 죄와 악을 허락하시면서도, 인간이 알 수 없는 무한하신 지혜와 권능으로 그가 정하신 뜻을 온전히 이루어 가신다. 이런 예정론은 하나님께서 만사를 미리 아셨다는 예지론을 포함하나, 예지보다 예정을 우선시한다. 즉 하나님께서는 만사를 이미 작정하셨기 때문에 미리 아신다는 것이다.

예지론은 예정론의 약점인 죄에 대한 사람의 책임 문제와 함께 "하나님이 악의 근원"이 되는 문제를 나름대로 극복하지만, 동시에 예정론의 주제인 하나님의 절대적 주권과 자유를 약화시키는 것이 문제다. 다른 말로, 예지론은 예정론이 가르치는 바 인간이 알 수 없고, 알아서도 안 되는 하나님의 섭리와 지혜를 유한한 인간의 논리에 맞추어 이해하려는 문제가 있다.

우리는 하나님의 예정을 믿으면서도 동시에 책임 있게 살아야 한다.

첫째, 하나님의 예정과 섭리에도 불구하고 우리는 하나님께서 주신 우리의 자유 의지를 따라 만사를 결정해야하고, 또한 우리가 결정한 일에 대해 전적으로 책임을 져야 한다.

때로, 하나님께서 자신의 영광을 위해서 사람의 마음을 주장하실 때도 있으나, 사람은 일반적으로 자신의 자유 의지를 따라서 행동할 수 있다. 하나님께서 바로와 다윗의 마음을 주장하셨으나, 그들은 아무런 강압을 느끼지 않고 자유롭게 자신들의 의사를 결정한 것이고, 그들의 잘못된 결정을 자신들의 책임으로 인정했다(출 4:21; 삼하 24:1). 우리가 잘못했을 때에도 우리 스스로 책임을 느끼게 마련이다. 그런데도 우리의 잘못을 하나님께 전가하는 자세야말로 우리 자신의 죄의 본능을 나타내는 것이다.

둘째, 우리가 자유 의지를 가지고 만사를 결정하지만, 여전히 우리는 하나님의 말씀을 따라, 성령을 따라서, 양심을 따라서, 우리의 의사를 결정해야 한다.

이런 점에서 우리는 특별히 주기도문 가운데 "우리를 시험에 들게 하지 마옵시고 다만 악에서 구하옵소서"라는 기도에 유의해야 한다. 하나님께서 그의 섭리 가운데 우리의 믿음을 시험하실 수 있으나, 우리는 결코 악에 빠져서는 안 되고, 오히려 악의 도전과 시험 가운데서 하나님의 사랑과 은혜와 말씀에 의지하여 선과 의로움을 힘써 지켜야 하는 것이다.

한편, 야고보서 1장 13절의 "하나님은 악에게 시험을 받지도 아니하시며 친히 아무도 시험하지 아니하심이라"는 말씀은 주기도문과 달리 언뜻 하나님께서는 우리를 전혀 시험하지 않으신다는 의미로 보인다. 그러나 이런 의미는 성경 전체의 가르침에 비추어 볼 때 타당하지 않다. 하나님께서는 우리를 시험하신다.[2]

다만, 하나님께서는 사탄과 달리 우리를 미혹하여 멸망에 이르게 하는 "악한 시험"이 아니라 우리의 믿음을 진정한 믿음이 되도록 단련하는 "선한 시험"을 하신다. 진정한 믿음은 단련의 과정을 통해 완성되기 때문이다. 하나님의 시험의 동기와 목적은 우리로 하여금 진실한 믿음을 갖도록 하시려는 것인데 반하여, 사탄의 시험은 우리로 하여금 하나님을 시험하게 하고, 불신하게 만들려는 것이다.

하나님께서는 태초에 선악과를 만드시고 아담의 믿음을 시험하셨다(창 2:17). 또한 하나님께서는 아브라함과 욥도 시험하셨다(창 22:1; 욥 1:12; 2:6). 이스라엘 백성의 믿음을 시험하셨다.[3] 반면에, 그들도 하나님을 불신하고 시험하다가, 하나님의 진노하심을 받았다.[4] 예수님도 시험을 받으셨다(마 4:1; 16:23). 믿음은 시험을 통해 진정한 믿음으로 단련되는 것이다.

> 그러나 내가 가는 길을 그가 아시나니 그가 나를 단련하신 후에는 내가 순금같이 되어 나오리라(욥 23:10).

시편 기자는 이스라엘의 출애굽 경험을 하나님의 시험과 단련으로 본다.

> 하나님이여 주께서 우리를 시험하시되 우리를 단련하시기를 은을 단련함같이 하셨으며 우리를 끌어 그물에 걸리게 하시며 어려운 짐을 우리 허리에 매어 두셨으며 사람

---

[2] 창 22:1; 신 13:3; 삿 2:22; 3:1, 4; 욥 1:12; 2:6; 7:18; 23:10; 시 17:3; 66:10; 렘 17:10; 20:12; 고후 12:7; 살후 2:11 등.
[3] 출 15:25; 16:4; 20:20; 신 8:2, 16; 13:3; 삿 2:22; 3:1, 4; 시 66:10.
[4] 출 17:2; 민 14:22; 신 6:16; 시 78:18, 41, 56.

들이 우리 머리를 타고 가게 하셨나이다 우리가 불과 물을 통과하였더니 주께서 우리를 끌어내사 풍부한 곳에 들이셨나이다(시 66:10-12).

같은 시험이라도 우리의 믿음에 따라서 하나님의 시험이 될 수도 있고, 사탄의 시험이 될 수도 있다. 다윗의 인구조사가 사무엘하 24장 1절에서는 하나님의 시험으로, 역대하 21장 1절에서는 사탄의 시험으로 나타나고, 욥의 시험도, 예수님의 시험도 성령과 사탄이 함께 역사하는 것으로 나타난다. 모든 것을 주관하시는 하나님께서 그의 지혜와 섭리 가운데 사탄으로 말미암은 불의와 악을 허용하시면서도 결국 의와 선을 이루시는 것이다. 같은 시험이라도 하나님과 사탄의 동기와 목적이 전혀 다르다. 하나님께서는 사탄처럼 우리를 악에 빠지도록 미혹하시는 것이 아니라, 우리가 모든 시험 가운데 악을 이기고 선을 행하여 진정한 하나님의 자녀임을 스스로 입증하기를 원하시는 것이다(삼하 24:1; 대하 21:1; 약 2:24; 4:17; 히 13:16, 18, 21).

오직 하나님은 미쁘사 너희가 감당하지 못할 시험 당함을 허락지 아니하시고 시험 당할 즈음에 또한 피할 길을 내사 너희로 능히 감당하게 하시느니라(고전 10:13).

같은 시험이라도 우리의 믿음에 따라서 유익이 될 수도 있고 손해가 될 수도 있다. 우리가 시험을 받을 때 우리의 이성과 감성이 혼란하게 하고 영적 판단력이 혼미하게 되어 불신에 빠지게 되지만, 우리는 깨어서 믿음을 선택해야 한다.

사람아 주께서 선한 것이 무엇인지를 네게 보이셨나니 여호와께서 네게 구하시는 것은 오직 정의를 행하며 인자를 사랑하며 겸손하게 네 하나님과 함께 행하는 것이 아니냐(미 6:8).

이와 같은 맥락에서 야고보 1장 3절의 말씀은 시험에서 우리가 실패하더라도 하나님 탓으로 돌리지 말고 자신의 책임을 인정하는 성숙한 신앙인이 되라는 것이다. 이 말씀을 선행하는 13절과 12절, 그리고 2장 전체가 "책임 있는 믿음"을 강조한다. 그렇다면 이 말씀은 "시험에 들게 하지 마옵시고"라는 주기도문의 본문과 상충되는 것이 아니라, 상호보완적이다. 주기도문의 본문은 자주 시험에 빠지는 연약한 우리를 위해 하나님께 도움을 요청하는 기도이며, 야고보 본문은 우리가 받는 시험을 믿음으로 이겨야 할 것을 가르친다.

이렇게 하나님의 예정과 인간의 책임에서 나타나는 모순과 역설은 하나님의 선하심을 믿는 믿음 안에서, 오히려 하나님의 깊으신 지혜와 섭리를 가리킨다. 실제로 완전한 진리는 자주 역설과 모순으로 나타나기도 한다. 창조주 하나님께서는 자연 현상은 물론 인간의 의지나 결정도 주장하신다.[5] 선은 물론 악도 결국 인간이 알 수 없는 전능하신 하나님의 깊으신 경륜과 지혜에서 비롯된 것이다.[6]

그러나 하나님께서는 언제나 그의 선하시고 의로우신 본성에 따라 만사를 결국 선하고 의롭게 인도하신다(롬 8:28). 특별히 하나님께서는 그의 택하신 백성들의 기도와 선한 행동을 통해 일하신다. 우리가 겪는 불행이나 아이러니한 일도 결국은 하나님의 깊으신 경륜 가운데 하나님의 선하심을 나타내는 것이다.

> 우리가 알거니와 하나님을 사랑하는 자 곧 그의 뜻대로 부르심을 입은 자들에게는 모든 것이 합력하여 선을 이루느니라(롬 8:28).

그러므로 우리는 자주 욥의 마지막 고백을 기억한다.

> 무지한 말로 이치를 가리는 자가 누구니이까 나는 깨닫지도 못한 일을 말하였고 스스로 알 수도 없고 헤아리기도 어려운 일을 말하였나이다(욥 42:3).

하나님께서는 그가 택하신 이스라엘 백성을 고난 가운데서 구원하심으로써 그의 영광을 나타내셨다.

---

[5] 출 7:3; 민 24:13; 왕하 20:11; 사 19:14; 45:7; 55:8-9; 마 8:26; 14:25; 롬 8:26.
[6] 신 29:29; 삿 9:23; 삼상 16:14-16, 23; 18:10; 19:9; 삼하 24:1; 대상 21:1; 욥 1:12; 2:6; 사 55:8, 9.

내가 너를 연단하였으나 … 어찌 내 이름을 욕되게 하리요 내 영광을 다른 자에게 주지 아니하리라(사 48:10-11).

마찬가지로, 우리도 우리의 현재의 고난 가운데서 구원하시고 그의 영광에 참여하게 하실 것이다.

우리가 그와 함께 영광을 받기 위하여 고난도 함께 받아야 할 것이니라(롬 8:17b).

결국, 우리의 믿음이 문제다. 우리의 자유와 책임은 물론, 하나님의 예정과 섭리도 결국 우리의 믿음의 결단을 요구한다. 비록 우리는 하나님께서 예정하신 바를 모르지만, 선하신 하나님께서 그의 거룩하신 예정과 섭리에 따라서 만사를 선하게 이루신다는 것을 믿는다(롬 8:28). 더구나 성경은 하나님의 과거의 모든 구원의 약속이 하나님의 구원 역사 가운데 실제로 성취되었다는 사실을 보여준다.

첫째, 하나님의 예정과 인간의 책임, 하나님의 자유와 인간의 자유의 논리적 혼란에 대해서, 불신적 이성의 판단을 따를 것이 아니라 신앙적 이성의 판단을 따라서, 우리는 모든 선한 것을 하나님의 은혜와 사랑과 영광으로 돌리고 모든 악한 것을 우리 자신의 죄의 탓으로 돌려야 한다. 하나님께서 구원받을 자를 예정하셨다는 예정론과 함께 사람이 믿음으로 구원 얻는다는 구원론은 대립적이 아니라 상호 보완적으로 완전한 구원 진리를 이룬다. 즉 하나님의 구원의 예정에 들어 있는 사람은 결국 믿게 마련이다. 반대로 멸망받기로 예정된 사람은 불신하게 마련이다.

이러므로 하나님이 미혹의 역사를 그들에게 보내사 거짓 것을 믿게 하심은 진리를 믿지 않고 불의를 좋아하는 모든 자들로 하여금 심판을 받게 하려 하심이라 (살후 2:11-12).

둘째, 동시에, 우리는 이런 예정론과 하나님 중심의 절대적 원칙으로 파생되는 부정적인 문제들을 극복해야 한다. 즉 하나님의 예정과 절대 주권에 대한 믿음이 사람들을 편파적으로 대하거나(구원받은 자 vs. 버림받은 자, 유기자[遺棄者]), 또는 오만한 인격으로 변질되는 위험을 경계하면서, 도리어 하나님의 무한하신 섭리와 지혜에 굴복하는 겸비함을 사람들 앞에서도 나타내야 한다. 무엇보다 그리스도의 십자가는 하나님의 지혜가 인간의 지혜를 상회하고, 하나님의 은혜와 사랑이 하나님의 공의를 상회한다는 것을 믿는 우리에게 보여주기 때문이다.[7]

2016년 12월 31일

---

[7] 출 34:6-7; 민 14:18; 느 9:17; 시 86:15; 103:8; 145:8; 사 48:9; 욜 2:13; 욘 4:2; 나 1:3; 마 5:45; 17:21-35; 눅 7:36-50; 고전 1:19-25; 롬 3:25; 5:8; 6:14-17; 8:1-2.

106. 예레미야애가서 3장

> 그가 비록 근심하게 하시나 그의 풍부한 인자하심에 따라 긍휼히 여기실 것임이라. 주께서 인생으로 고생하게 하시며 근심하게 하심은 본심이 아니시로다 … 살아 있는 사람은 자기 죄들 때문에 벌을 받으니 어찌 원망하랴(애 3:32-33, 39).

예레미야애가서는 처음부터 끝까지 철저히 탄식으로 일관한다. 눈물의 선지자 예레미야가 택한 백성 이스라엘이 바벨론의 포로가 되어 패망한 것을 탄식하는 것이다. 그러나 애가서 3장에서, 지루한 장마 끝에 검은 구름 사이로 비치는 햇살같이, 하나님의 인자하심을 믿고 그의 구원을 바라는 소망이 나타난다.

> 스스로 이르기를 나의 힘과 여호와께 대한 나의 소망이 끊어졌다 하였도다 … 이것을 내 마음에 담아 두었더니 그것이 오히려 나의 소망이 되었사옴은 여호와의 인자와 긍휼이 무궁하시므로 우리가 진멸되지 아니함이니이다(애 3:18-22).

이스라엘 백성이 오랜 세월 동안 여러 가지 재난을 받아왔으나 완전히 멸망하지는 않고 지금까지 버티어온 것은 결국 하나님의 인자하심과 긍휼하심에 대한 믿음을 포기하지 않았기 때문이다. 다른 말로, 하나님께서는 죄지은 백성이라도 회개하고 돌아 올 때 다시 품으시기 때문이다. 자기 백성을 향한 하나님의 변함없으신 사랑이 성경 전체의 일관된 가르침이다. 하나님은 본질상 살리시는 영이시다. 그러므로 애가서의 탄식은 태양 빛을 잠시 덮은 구름에 불과하다. 구름 위에 언제나 밝은 해가 빛나듯이, 애가서의 탄식은 역설적으로 하나님의 인자하심과 구원의 소망을 가리키는 것이다.

사람들은 불행의 원인을 흔히 환경이나 원수들에게서 찾는다. 그러나 성경은 인생의 불행의 원인을 환경이나 원수 탓으로 보지 않고 나 자신의 죄에 대한 하나님의 진노하심으로 볼 것을 가르친다. 이스라엘 백성이 겪은 모든 고난의 정치적, 사회적, 경제적 원인은 외적 원인에 불과한 것이다. 그 고난의 진정한 원인은 이스라엘 백성의 죄에 대한 하나님의 정책과 진노하심이다. 생사화복을 주장하시는 하나님께서 죄지은 그의 백성을 응징하셨다.

> 화와 복이 지존자의 입으로부터 나오지 아니하느냐 살아 있는 사람은 자기 죄들 때문에 벌을 받나니 어찌 원망하랴 우리가 스스로 우리의 행위들을 조사하고 여호와께로 돌아가자(애 3:38-40).

우리가 겪는 모든 불행의 외적 원인은 열악한 환경이나 우리를 미워하는 원수들이지만, 그 진정한 원인은 우리의 죄에 대한 하나님의 진노하심이다. 우리는 불신자들처럼 불행의 원인을 환경이나 원수들에게서 찾을 것이 아니라, 오히려 이런 피상적 원인들을 주장하시는 하나님의 거룩하신 뜻과 우리들의 잘못에서 찾아야 하는 것이다(욥 1:22).

그렇다고 거듭되는 우리의 죄와 실패로 말미암아 낙심하는 것은 여전히 불신적 자세일 뿐이다. 우리는 죄와 불신을 회개하고 하나님께로 돌아가야 한다. 하나님은 죄 지은 우리를 미워하시고, 상응하는 징벌도 하시지만, 회개하는 우리들을 언제나 다시 품어주시는 인자하신 하늘 아버지이심을 잊지 말아야 한다(눅 21:31-32; 갈 6:9). 하나님은 본질상 생명의 주시다. 성경 전체가 비록 우리가 죄인이라도 오히려 하나님의 인자하심을 믿고 그의 구원을 바랄 것을 가르친다. 특별히 시편 136편은 1-26절 전체에서 "여호와께 감사하라 그는 선하시며 그 인자하심이 영원함이로다"라는 어귀를 반복한다. 믿는 이들에게는 하나님의 진노도 결국 하나님의 거룩한 사랑의 표현이다.

그리스도로 말미암아 하나님과 화해한 우리 그리스도인은 새로운 피조물로서 험한 세상에서 담대히 살아야 한다. 죄악 세상에서 실패하고 좌절할 수밖에 없는 것이 엄연한 우리의 현실이지만, 우리는 결코 낙심해서는 안 된다(눅 21:31-32; 갈 6:9; 살후 3:13). 우리는 먼저 우리의 죄와 불신을 회개하고, 선하신 하나님을 믿는 믿음과 그의 구원을 바라는 소망을 새롭게 함으로써 우리의 "현재의 고난"을 극복해야 한다(롬 5:3-11; 8:18; 12:12; 고후 4:17). 무엇보다 우리를 하나님의 진노로부터 구원하여 주신 그리스도의 지극하신 사랑이 이 세상의 모든 악한 죄의 도전으로부터 여전히 우리를 안전하게 지켜준다는 사실을 굳게 믿어야 한다.

> 하나님이 우리를 위하시면 누가 우리를 대적하리요(롬 8:31).
> 누가 능히 하나님께서 택하신 자들을 고발하리요(롬 8:33).
> 누가 정죄하리요 죽으실 뿐 아니라 다시 살아나신 이는 그리스도니 그는 하나님 우편에 계신 자요 우리를 위하여 간구하시는 자시니라 누가 우리를 그리스도의 사랑에서 끊으리요 환난이나 곤고나 박해나 기근이나 적신이나 위험이나 칼이랴 … 그러나 이 모든 일에 우리를 사랑하시는 이로 말미암아 우리가 넉넉히 이기느니라(롬 8:35-37).

2017년 1월 2일

107. 영생: 완전한 삶

> 다시 밤이 없겠고 등불과 햇빛이 쓸 데 없으니 이는 주 하나님이 그들에게 비취심이라 그들이 세세토록 왕노릇 하리로다(계 22:5; 참조, 사 60:19-20).

이 세상에서의 우리의 삶은 불완전한 삶이다. 나이, 건강, 신분, 환경 여건 등의 변화로 말미암아 우리의 삶은 하루도 편안한 날이 없다. 간혹 짧은 평안을 누릴 수는 있으나, 여러 가지 내외적 불안한 요인들로 말미암아 이내 사라져 버린다. 전도인은 해 아래 새 것이 없고, 모두 바람을 잡는 것과 같이 무익하고 헛되다고 했다(전 1:9, 14; 2:11). 전도인은 여전히 하나님께서 허무한 인생에게 영원을 사모하는 마음을 주셨음을 지적한다(전 3:11). 그러나 대부분의 인간은 영원을 사모하는 본능을 애써 억누르며 보이는 세상의 허무한 가치를 추구하다가 허무한 종말을 맞는다. 영원과의 접촉점이 없는 인생은 절망할 수밖에 없다. 복음서는 생명의 주이신 그리스도께서 약속하신 영생 외에는, 어떤 대안도 우리를 이 피조 세상의 불안과 공허함으로부터 벗어나게 할 궁극적 방안이 될 수 없음을 가르친다.

그리스도께서 약속하신 영생은 완전한 지복의 삶이다(요 14:2-3; 요일 2:25; 고후 5:1; 살전 4:17). 천국은 무료하고 지루한 평안이 아니라 완전한 평안을 누리는 곳이다. 평강의 왕이신 하나님께서 친히 천국을 다스리시기 때문이다(계 21:1-5). 마지막에 나타날 새 하늘과 새 땅은 생성소멸을 반복하는 불안한 이 세상과는 전혀 다른 새로운 차원의 완전한 세계다. 주님께서 재림하실 때 완전한 몸으로 부활한 우리는 완전한 존재로서, 완전한 시공간 속에서, 완전한 삶을 살게 되는 것이다(고전 15:42-44, 52-57). 그때까지 하나님께서는 우리의 고난의 삶을 통해서 우리로 하여금 완전한 나라에서의 완전한 삶을 사모하게 하신다(행 14:22; 롬 8:18-25; 고후 4:16-5:10; 히 4:9-11; 벧전 4:13).

생각하건대 현재의 고난은 장차 우리에게 나타날 영광과 비교할 수 없도다(롬 8:18).
우리는 그의 약속대로 의가 있는 곳인 새 하늘과 새 땅을 바라보도다(벧후 3:13).
그 바라는 것은 피조물도 썩어짐의 종노릇 한 데서 해방되어 하나님의 자녀들의 영광의 자유에 이르는 것이라(롬 8:21).

세상의 탐욕에 취한 사람들은 하나님 나라를 유업으로 받을 수 없다(마 6:19 이하; 24:38-39; 눅 12:19-21; 21:34; 갈 5:21). 과거 이스라엘 백성의 실패의 경험을 통해 우리는 흔들림 없이 영생의 약속을 굳게 믿어야 한다(신 8:2-4, 11-20).

우리가 하나님의 나라에 들어가려면 많은 환난을 겪어야 할 것이라(행 14:22).

하나님께서는 인간의 타락 후 창세부터 완전한 세상을 예비하셨다(마 25:34, 41).
믿음의 조상들이 험한 인생 가운데서도 약속하신 본향을 바라보며 믿음을 지켰듯이(히 11:10, 16), 우리도 불안하고 허망한 세상에서 하나님께서 약속하신 영원하고 완전한 나라를 바라보자.
하나님께서 약속하신 영원한 나라에서의 영생의 소망이야말로 이 피조 세상의 허망함과 절망감을 극복할 수 있는 유일한 비결이다. 더구나 예수님의 부활이 우리의 영생의 소망을 더욱 확실하게 보장한다.

예수 안에서 자는 자들도 하나님이 그와 함께 데리고 오시리라(살전 4:14b).

2017년 1월 3일

108. 인간의 살길

> 듣는 자들이 이르되 그런즉 누가 구원을 얻을 수 있나이까 이르시되 무릇 사람이 할 수 없는 것을 하나님은 하실 수 있느니라(눅 18:26-27).

성경은 인간 스스로는 죄, 재난, 죽음에서 구원받을 수 없고 다만 인간을 창조하신 생명의 하나님만이 인간을 구원하실 수 있음을 가르친다. 우리의 경험에 비추어 볼 때에도, "죄와 사망으로부터의 구원"이라는 인생의 궁극적 문제는 우리 스스로서는 해결할 수 없음이 자명하다. 우리는 수시로 죄의 미혹을 받고, 죄를 짓는 연약한 존재다. 우리 인생은 결국 죄로 말미암아 편안한 날이 거의 없다. 또한 우리 인간은 평생 죽음의 공포로 시달린다. 우리는 생존을 위협하는 지진이나 태풍 같은 자연재해를 막을 수 없고, 질병, 노쇠, 재난, 사고 등 모든 피조물의 위험으로부터 안전할 수 없다. 모든 생명체가 본능적으로 생명 유지를 위해 애쓰게 마련이고, 또 그렇게 노력해야 하지만, 우리는 결국 죽을 수밖에 없는 유한한 존재임을 알기 때문에 죽음에 대한 공포가 더욱 큰 것이다.

> 오호라 나는 곤고한 사람이로다 이 사망의 몸에서 누가 나를 건져내랴(롬 7:24).

인간이 죽음의 공포로부터 자유롭게 되는 해결책은 무엇인가?

인간은 오랫동안 이 문제로 고민해 왔다. 고대인들은 대개 초월적 신앙으로 인간의 궁극적 문제를 해결하려고 했다. 그러나 고대인의 신앙은 무지와 미신으로 모호할 뿐만 아니라 공포심을 더욱 증대시키는 부작용도 나타났다. 이런 미신 신앙을 비웃는 자연주의자들이나 인본주의자들은 죽음을 모든 생명체의 숙명으로 알고 인간 자신의 의지력으로 담담히 받아들이거나 용기 있게 대응할 것을 촉구한다.

그러나 과연 얼마나 많은 자연주의자들이나 인본주의자들이 자신의 의지력으로 죽음의 공포를 극복하였는가?

지난 세기의 실존주의는 인간은 결국 불안한 존재라는 사실을 토로하였다. 현대 과학주의는 눈부신 과학의 발전에 의지하여 보다 낙관적인 인간의 미래를 제시하고 있으나, 과학기술로 말미암은 공해와 환경 파괴, 인구의 폭발적 증가, 그리고 비인간화와 물질문명으로 말미암은 점증하는 개인적 스트레스와 도덕적 가치관의 혼란과 사회적 갈등 등의 문제는 인간 생존과 번영에 대한 새로운 위협이 되고 있다. 우리는 자연 과학이 우리에게 주는 유익을 무시하는 것이 아니라 과학주의의 한계를 지적함으로써 과학만능주의를 경계하려는 것이다.[1] 과학 기술이 복잡한 인간 문제에 대한 만능적 대책이 될 수 없다. 성경은 세상과 인간을 지으신 하나님을 믿는 것만이 인간의 문제의 궁극적이고 유일한 해결책임을 밝힌다.

> 무릇 사람이 할 수 없는 것을 하나님은 하실 수 있느니라(눅 18:26-27).
> 이는 힘으로 되지 아니하며 능력으로 되지 아니하고 오직 나의 영으로 되느니라(슥 4:6b).
> 인생들아 어느 때까지 나의 영광을 바꾸어 욕되게 하며 헛된 일을 좋아하고 거짓을 구하려는가 … 나를 안전히 살게 하시는 이는 오직 여호와시니이다(시 4:2).

사람은 자신의 지혜와 능력의 한계를 인정하고 전능하신 하나님께 돌아가야 한다. 모든 피조물의 가치는 제한적이다. 하나님의 아들 예수 그리스도의 십자가의 은혜와 사랑을 깨닫고 그리스도를 구주로 믿는 것만이 인간 문제의 궁극적 해결책임을 알아야 한다.

> 내가 곧 길이요 진리요 생명이니 나로 말미암지 않고는 아버지께로 올 자가 없느니라(요 14:6).

2017년 1월 4일

---

[1] 하천풍언, 『神과 걷는 하루』, 최정선 역 (서울: 지성문화사, 1983), 206. 하천풍언은 과학과 종교의 갈등을 봉합하여 과학은 "생명의 진리"이며, 종교는 "생명의 예술"이라고 한다. 즉 과학은 생명 밖의 우주의 조직을 연구하고, 종교는 생명 속에서 "생명의 예술"을 연구한다. 현대의 놀라운 과학적 발명들은 장래의 부활과 "새 하늘 새 땅"의 도래 같은 믿기 어려운 하나님의 초월적인 약속의 신빙성을 더욱 강화시킨다. 하나님의 능력이 사람의 능력을 능가하는 것은 당연하다.

109. 계시의 수단과 주체

> 모세가 온 이스라엘을 소집하고 그들에게 이르되 여호와께서 애굽 땅에서 너희의 목전에 바로와 그의 모든 신하와 그의 온 땅에 행하신 모든 일을 너희가 보았나니 곧 그 큰 시험과 이적과 기사를 네 눈으로 보았느니라 그러나 깨닫는 마음과 보는 눈과 듣는 귀는 오늘 여호와께서 너희에게 주지 아니하셨느니라 (신 29:2-4).

믿음이란 사람이 자신과 보이는 세계의 가치의 유한성을 깨닫고 무한하신 하나님을 바라보는 것이다. 반대로, 불신이란 사람이 자신이나 세상이나 하나님 아닌 다른 무엇을 바라보는 것이다. 아무것도 안 믿는다는 사람도 결국 무신론을 절대적으로 신봉하는 또 하나의 "신자"라고 할 수 있다.

하나님의 존재와 역할에 대한 믿음은 하나님 자신의 말씀을 따라 생각할 때 확고하게 된다. 반대로 하나님의 말씀이 아닌 다른 무엇을 따라 생각할 때 하나님의 존재와 역할에 대한 믿음은 모호하게 된다.

불신적 현대인은 성경의 기적이나 계시 사건을 미신이나 무지, 또는 인간의 심리 현상이나 두뇌 작용에 의한 것으로 본다.[1] 현대인의 가치 판단 기준은 주로 보이는 사물이나 물질적, 형이하학적(形而下學的) 가치뿐이며, 물질 배후의 형이상학적(形而上學的, metaphysical) 가치를 무시하거나 부인한다. 철저한 물질주의적 가치관은 인간의 심리적, 정신적 가치마저 물질주의적 가치로 희석하거나 변질시킨다. 현대의 물질 중심적 가치관은 과학적 발달과 문명의 이기(利器)로 생활의 풍요로움을 주는 반면에, 기계화, 비인간화, 도덕적 가치 혼란, 소외감, 불안감, 각종 심신장애 같은 현대 사회가 극복해야 할 새로운 문제들을 유발하는 것이다.

고대인이라고 해서 모두 보이지 않는 차원을 쉽게 믿은 것은 아니다. 시대를 막론

---

[1] Karl Heim, *Christian Faith and Natural Science*, 15f.

하고 누구나 보이지 않는 것을 실재로 믿기는 어렵다. 그러나 고대 희랍 철학자들은 변하는 불완전한 현상 세계의 배후에 변하지 않는 완전한 형이상학적 세계가 있다고 보면서, 진, 선, 미 같은 인생의 궁극적 가치를 추구했던 것이다. 중세에서는 형이상학적 철학을 기독교 신학과 신앙에 적용하여 인생의 가치와 의미를 설명했다. 한편, 고대의 일반 대중은 꿈, 주술, 죽은 자와의 대화, 신적 계시 등 신비주의 사상을 통해서 인생의 미스터리나 고난의 현실의 가치와 의미를 찾았던 것이다. 이런 형이상학적, 신비주의적, 초월적 가치관은 초월적 존재로서의 신인식(神認識), 물질주의적 탐욕의 억제와 도덕적 가치의 확립 등 적극적 측면과 함께, 미신, 맹신, 무지, 태만, 거짓 종교의 횡포 등 부정적 측면도 있다.

성경의 창조주 하나님의 계시의 말씀은 형이상학적 가치관과 형이하학적 가치관의 적극적 측면과는 일치하는 반면에 그 부정적 측면과는 배치된다. 성경은 하나님께서 창조하신 현상 세계는 원래는 선하며 인간을 위한 축복임을 밝힌다. 문제는 인간이 탐욕에 이끌리어 창조주에게 대항하고, 창조 질서를 혼란하게 하는 것이다. 그러므로 하나님께서는 태초부터 인간의 죄로 오염된 혼란하고 불완전한 세상을 완전한 세계로 재창조하실 계획을 가지고 일해 오셨다. 특별히 하나님은 그리스도의 십자가의 희생을 통해서 자기의 백성들을 성결하게 하시고 하나님의 나라 건설을 위해 일하게 하신다.

> 사람이 떡으로만 살 것이 아니요 하나님의 입으로 나오는 모든 말씀으로 살 것이라 (마 4:4; 신 8:3).
>
> 너희를 위하여 보물을 땅에 쌓아 두지 말라 거기는 좀과 동록이 해하며 도둑이 구멍을 뚫고 도둑질 하느니라 오직 너희를 위하여 보물을 하늘에 쌓아두라 거기는 좀과 동록이 해하지 못하며 도둑이 구멍을 뚫지도 못하고 도둑질도 못하느니라(마 6:19).
>
> 그런즉 너희는 먼저 그 나라와 그의 의를 구하라 그리하면 이 모든 것을 너희에게 더하시리라(마 6:33).
>
> 썩을 양식을 위해 일하지 말고 영생하도록 있는 양식을 위하여 하라(요 6:27a).
>
> 우리가 주목하는 것은 보이는 것이 아니요 보이지 않는 것이니 보이는 것은 잠깐이요 보이지 않는 것은 영원함이라(고후 4:18).

세상을 지으시고 다스리시는 하나님은, 기적이든지, 일반 섭리든지, 자신이 지으신 세상의 모든 가치와 원칙을 통해서 자신의 영광과 권능을 나타내신다. 동시에, 하나님은 자신이 지으신 인간에 대한 애착심을 가지시고 인간을 구원하시기 위해 일하신다. 하나님의 인간 구원 역사 가운데 정치, 경제, 사회, 문화 같은 세상의 가치들과 사람의 마음, 지식, 지혜, 재능 같은 개인적 가치들은 자주 하나님의 영광과 권능을 나타내기 위한 "자연 계시의 수단"으로 쓰인다.

하나님께서는 "불붙는 떨기나무"를 통해서 모세를 부르셨고, 열 가지 재앙을 통해서 바로 왕으로 하여금 이스라엘 백성을 해방하게 하셨다. 홍해 바다를 가르는 기적, 불기둥과 구름기둥, 만나, 메추라기 등도 모두 하나님의 영광을 나타낸다. 하나님께서는 다니엘과 세 친구들의 놀라운 경험을 통해서 하나님께서 이스라엘 백성의 하나님이실 뿐만 아니라 온 세계를 다스리시는 크신 하나님이심을 세상에 나타내셨다. 특별히 하나님은 그의 아들을 세상에 보내셔서 하나님의 영광과 권능을 나타내셨다. 사람은 자연 현상이나 기적 같은 초월적 현상에 집중할 것이 아니라 그것들을 통해 계시하시는 하나님의 말씀을 들어야 한다("특별 계시"와 "자연 계시").[2]

신비한 기적뿐만 아니라 일상적인 삶도 결국 하나님의 구원 경륜을 나타내는 것이다. 이스라엘 백성의 배반의 역사는 물론 인류의 반역의 역사도 결국 하나님의 구원 역사를 위한 과정과 수단이란 것을 알아야 한다. 인간이 창조주 하나님의 존재와 구원 경륜을 모르거나 불신할 때, 즉 세상의 피상적인 외적 가치와 현상만을 중시할 때, 진실을 왜곡하게 되고 멸망을 자초하게 되는 것이다.

> 그 큰 시험과 이적과 기사를 네 눈으로 보았느니라 그러나 깨닫는 마음과 보는 눈과 듣는 귀는 오늘 여호와께서 너희에게 주지 아니하셨느니라(신 29:2-4).

자연주의자들과 인본주의자들은 사람이 하나님을 믿게 되는 신앙의 조건과 동기가 사람의 연약함과 열악한 현실 때문이라고 하지만, 바로 그런 환경 조건이나 심리적 동기도 세상을 구원하시기를 원하시는 하나님의 섭리라는 것을 알아야 한다. 우

---

2 자연 계시의 왜곡과 남용을 막기 위해서 모든 자연 계시는 하나님께서 직접 하신 말씀, 즉 특별 계시에 비추어 검증되어야 한다.

리는 끊임없이 보이는 허망한 피조물의 가치로 향하는 우리의 눈을 만물을 창조하시고 다스리시는 영원하신 창조주 하나님께 돌려야 한다(마 6:33; 고후 4:16-18; 5:1 이하; 골 3:1). 우리는 피상적인 세상의 가치와 일시적 현상에 집중할 것이 아니라 그것들을 통해 계시하시는 하나님의 말씀을 들어야 한다. 그때부터 비로소 진정한 하나님 신앙이 시작되는 것이다.

2017년 1월 5일

110. 네 열매는 무엇이냐?

> 아름다운 열매를 맺지 아니하는 나무마다 찍혀 불에 던져지느니라(마 7:19).

산상수훈의 종결부분, 즉 마태복음 7장 15절부터 27절까지의 주제는 "좋은 열매와 나쁜 열매"로서 예수님께서 산상수훈 전체에서 가르치신 "의로운 하나님 나라의 시민으로서의 행동 지침"을 성실히 수행하여 하나님의 최후의 심판에서 좋은 평가를 받으라는 격려의 말씀이다.

성경 말씀 가운데 "열매"는 "행위의 열매,"[1] "입의 열매,"[2] "마음의 열매,"[3] "의의 열매"[4] 등 사람의 마음과 행위의 결과를 가리킨다. 유사하게, 갈라디아서 5장 22절의 "성령의 열매"는 완전한 그리스도인의 인격과 삶의 특성을 가리킨다.

2016년이 지나고 2017년의 새해가 왔다.

지난해에 내가 뿌린 씨는 무엇이며, 내가 거둔 열매는 무엇인가?

금년에 내가 뿌릴 씨는 무엇이며, 내가 거둘 열매는 무엇인가?

지난해 나는 내가 일하는 밭의 주인께서 원하시는 씨를 뿌리고 그 열매를 거뒀는가?

또한 우리는 "나의 열매들"을 수확한 후에는 그 열매들을 점검해야 한다.

"나의 열매들" 가운데 흠이 있거나 상한 열매는 없는가?

"땀과 수고의 열매"가 아닌 "탐욕의 벌레가 먹은 열매"는 없는가?

겉으로는 깨끗하고 탐스럽게 보이지만 실제로는 화학 비료를 쓴 "위선적인 열매"는 없는가?

설익은 열매는 없는가?

---

1 잠 1:31; 사 3:10; 렘 32:19; 미 7:13.
2 잠 12:14; 13:2; 18:20; 사 57:19.
3 사 10:12; 고전 14:14.
4 암 6:12; 고후 9:10; 빌 1:11; 약 3:18.

반대로, 제 때 따지 않아 썩은 열매는 없는가?

내가 한 일들을 제대로 살피지 않은 채 같은 일을 반복하는 것은 어리석고 무책임하다. 한 해를 보내면서, 또는 새해를 맞으면서, 내 자신이 지난해에 한 일들을 정리하여 평가하는 것이 책임 있는 그리스도인의 자세다. 건강, 재능, 건강, 가족, 직업, 소유 등 나의 존재와 시공간이 모두 주님의 은혜임을 알고, 제대로 주님의 뜻대로 사용하였는지를 살펴야 한다. 그리고 새해를 위한 새로운 결단과 행동 지침을 설정해야 한다. 나는 금년을 위한 나의 행동지침으로 에베소서 4장 29절 말씀을 정했다.

> 무릇 더러운 말은 너희 입 밖에도 내지 말고 오직 덕을 세우는 데 소용되는 대로 선한 말을 하여 듣는 자들에게 은혜를 끼치게 하라(엡 4:29).

언젠가 이 땅에서의 나의 생을 마감하고 주님 앞에 설 때 주님께서 나에게 "네 열매는 무엇이냐?"라고 물으실 것이다.

주님께서 나의 삶의 열매를 보시고 칭찬하시도록 매 순간 진실한 그리스도인으로 살기를 힘쓰자.

> 잘하였도다 착하고 충성된 종아 네가 적은 일에 충성하였으매 내가 많은 것을 네게 맡기리니 네 주인의 즐거움에 참예할 지어다(마 25:21, 23).

2017년 1월 6일

111. 심리학 vs. 하나님의 말씀

> 만군의 여호와 이스라엘의 하나님께서 이와 같이 말하노라 너희 중에 있는 선지자들에게와 점쟁이에게 미혹되지 말며 너희가 꾼 꿈도 곧이 듣고 믿지 말라 (렘 29:8).

심리학은 대부분의 종교 현상을 사람의 심리적 현상으로 본다. 심리학은 신앙을 일종의 강박관념이나 자아 최면 같은 심리적 현상으로 본다. 심지어 하나님의 계시도 환청이나 환시 같은 병적인 심리 현상의 하나로 취급할 수 있다.

그러나, 비록 종교 현상이 인간의 심리적 현상과 유사하다고 해도, 종교적 현상은 심리학이 알 수도 없고, 다룰 수도 없는 초월적인 영역에 속하는 것이다. 심리학은 신앙의 초월적 차원을 무시하고 인간의 일반적 경험과 보이는 환경에만 집중하기 때문에 초월적 차원에서 비롯된 종교적 현상을 제대로 다룰 수가 없다. 종교적 경험은 인위적인 고안이 아니라 초월적, 영적 차원에 속하기 때문이다.

영적인 일은 영적인 것으로 분별하느니라(고전 3:13b).

그러나 세상의 모든 가치를 주의 깊게 판단해야 하듯이 진정한 초월적 종교 현상과 거짓 현상을 구별해야 한다. 우리는 성경이 가르치는 창조주 하나님과 그의 초월적 사건들을 진정한 종교적 가치로 믿어야 한다. 아브라함을 비롯한 믿음의 조상들은 하나님의 계시를 받았고, 모세도 불붙는 떨기나무 가운데서 말씀하시는 하나님의 음성을 들었다. 심지어 하나님께서는 발람의 나귀를 통해서도 말씀하셨다(민 22:28-30). 많은 예언자들도 하나님의 말씀을 듣고 전했다. 무엇보다 하나님의 계시, 또는 약속이 믿는 사람들의 생애와 역사 가운데 성취되었기 때문에 하나님의 약속의 말씀은 인간의 주관적, 심리적 현상이 아니라 신실하신 하나님의 존재와 역사하심이 분명하다(히 11:1 이하).

하나님의 계시는 환청이나 환시 같은 병적인 심리 현상과 달리 실재성과 윤리성을 갖는다. 성경은 하나님의 약속의 말씀이 역사 가운데 모두 성취되었음을 보여준다. 예수님께서는 병자들이 예수님을 볼 수도 없고 그의 말씀을 들을 수도 없는 상황, 즉 심리적 작용이나 효과가 나타날 수 없는 상황에서 그들의 병을 고쳐 주셨다(마 8:5-13; 요 4:47-52). 예수님의 부활은 신자들의 주관적인 확신이기 전에 분명히 객관적인 역사적 사건으로 증거 된다. 특별히 예수님은 모든 고통받는 이들을 지극하신 사랑으로 구원해 주셨다.

심리학은 꿈을 일반 심리적 현상으로 설명하지만, 성경은 꿈도 하나님의 계시의 수단임을 보여준다. 창세기의 믿음의 조상들은 자주 꿈을 통해 하나님의 계시를 받았다(창 20:6; 28:12; 31:10; 37:5; 41:5 등). 그 후 솔로몬과 다니엘, 그리고 이방의 왕들과 어떤 사람들도 꿈으로 하나님의 계시를 받았다(삿 7:13; 삼상 28:6; 왕상 3:5; 욥 7:14; 단 2:1-4; 4:5; 마 2:12, 22; 27:19). 무엇보다 하나님 자신께서 때로 꿈을 통해 계시하신다는 것을 밝히셨다.

> 너희 중에 선지자가 있으면 나 여호와가 환상으로 나를 그에게 알리기도 하고 꿈으로 그와 말하기도 하거니와 내 종 모세와는 그렇지 아니하니 … 그와는 내가 대면하여 명백히 말하고 은밀한 말로 하지 아니하며 그는 또한 여호와의 형상을 보거늘 … (민 12:6-8).

꿈이 중요한 하나님의 계시의 수단임을 계시의 주체이신 하나님 자신이 밝히신 것이다.

그러나 성경은 꿈이 계시를 위한 완전한 수단이 아니라 제한적 수단이라고 한다. 성경은 심리학이 밝히듯이 꿈이 단순히 인간의 욕구 같은 마음의 상태를 가리키는 지표일 수 있다고 한다(시 73:20; 전 5:3; 사 29:7-8; 렘 29:8). 더구나 꿈은 거짓 선지자들의 미혹의 수단이 될 수도 있음을 경고한다(신 13:1-5; 슥 10:2; 유 1:8).

> 너희 중에 선지자나 꿈 꾸는 자가 일어나서 이적과 기사를 네게 보이고 그가 네게 말한 그 이적과 기사가 이루어지고 너희가 알지 못하던 다른 신들을 우리가 섬기자고

말할지라도 너는 그 선지자나 꿈 꾸는 자의 말을 청종하지 말라(신 13:1-5).

그러므로 우리는 모든 꿈을 신뢰해서는 안 된다. 진실한 꿈은 하나님의 가르침과 일치해야 한다. 심리학은 하나님을 믿는 믿음과 그리스도의 십자가의 죽으심을 믿음으로 말미암는 구원의 확신을 결국 하나의 "대리 만족 효과"라고 하겠지만, 성경은 믿음으로 말미암는 심리적 현상의 근원이 사람의 마음이나 두뇌가 아니라 성령의 감동이며, 하나님의 선물임을 강조한다(요 14:27; 16:33; 엡 6:23; 빌 4:17; 살후 3:16 등). 속죄함을 받은 이들의 심리적 위안과 평안은 장차 나타날 영원한 천국에서의 완전한 평안의 전조로서 역시 하나님의 "심리적 선물"이다(사 11:6-9; 32:17; 요 14:27; 롬 8:18; 고후 5:1; 계 21:4; 22:3). 하나님께서는 사람의 모든 심리적 기능과 현상을 통해서도 역사하신다. 다만, 하나님의 약속은 심리적 고양에서 끝나지 않고 실제적으로 성취된다는 사실을 약속과 성취의 오랜 성경 역사를 통해 확증할 수 있다. 그러므로 우리는 구원을 향한 믿음의 대열에서 이탈하지 말고 완전한 구원에 이르기까지 믿음의 경주를 계속해야 한다(히 12:2).

믿는 사람의 심리적 반응의 원인은 어떤 허황된 사실이 아니라 진실하신 하나님의 구원 역사다. 하나님의 말씀과 역사는 본질상 심리학적 현상을 선행한다. 심리학적 치료가 사람의 마음을 고치고 바르게 생각하도록 돕기도 하지만, 심리학적 치료를 영적 능력과 동일시해서는 안 된다.

① 심리학이 다루는 사람의 마음은 사람의 영과 깊이 관련되나 본질상 사람의 영이 사람의 마음을 지배한다.[1]
① 심리학은 사람의 마음과 의지에 집중하나, 성경은 하나님의 영이 사람의 마음을 움직이고 인도한다고 가르친다(삼하 6:10; 고전 2:12).

---

[1] 믿는 사람은 삼위 하나님의 영, 즉 "하나님의 영," "그리스도의 영," "성령"이 계시며(롬 8:4-16; 고전 5:19), 또한 "양자의 영"을 받았다(롬 8:10, 15-16; 고전 2:11-12; 5:5; 6:17). 하나님의 영이 계시는 곳은 사람의 몸부터 마음까지 전인적(全人的)으로 계신다(고전 2:16; 빌 2:5; 고전 6:17). 고전 2:10-16에서 "주의 영"과 "주의 마음," "우리의 영"과 "우리의 마음"이 동일하게 취급된다. 분명한 것은 사람의 영, 마음, 몸 등, 사람의 전인적 요소가 하나님의 계시와 역사의 중요한 통로로 사용된다는 것이다(롬 10:9; 빌 2:5).

무릇 하나님의 영으로 인도함을 받는 사람은 곧 하나님의 아들이라(롬 8:14).

③ 사람의 마음은 하나님의 계시의 통로로서 사람은 자신의 마음을 하나님께서 계시거나 쓰실 수 있도록 언제나 거룩하고 청결하게 지켜야 할 책임이 있다.

마음이 청결한 자는 복이 있나니 그들이 하나님을 볼 것임이요(마 5:8).
사람이 마음으로 믿어 의에 이르고 입으로 시인하여 구원에 이르느니라(롬 10:10).

성령의 지시는 언제나 하나님의 말씀과 일치되어야 한다(요 14:26; 16:13). 그렇지 않으면 자칫 성령의 지시가 사람의 주관적, 심리적 판단과 혼동될 수 있기 때문이다. 그러므로 하나님의 사람은 하나님의 말씀과 성령을 온전히 따르기 위해서 몸과 마음을 항상 성결하게 지켜야 한다(마 5:8; 막 7:23; 롬 12:2; 고전 6:19; 약 3:8; 4:8).

너희 몸은 너희가 하나님께로부터 받은 바 너희 가운데 계신 성령의 전인 줄을 알지 못하느냐 너희는 너희 자신의 것이 아니라 값으로 산 것이 되었으니 그런즉 너희 몸으로 하나님께 영광을 돌리라(고전 6:19).
너희는 성령을 따라 행하라(갈 5:16).

2017년 1월 9일

112. 종의 자유

> 그리스도께서 우리를 자유롭게 하려고 자유를 주셨으니 그러므로 굳건하게 서서 다시는 종의 멍에를 메지 말라(갈 5:1).
> 형제들아 너희가 자유를 위하여 부르심을 입었으나 그러나 그 자유로 육체의 기회를 삼지 말고 오직 사랑으로 서로 종 노릇 하라(갈 5:13).

이 두 말씀은 상호 대립적으로 보이지만, 실제로는 상호 보완적이다. 첫 번째 말씀은 그리스도인은 율법의 행위("종의 멍에")로써가 아니라 오직 예수님을 믿음으로써 구원 얻음을 가르치고(칭의), 두 번째 말씀은 구원받은 사람이 선행("사랑으로 종 노릇하라")에 힘써야 할 것을 가르친다(성화). 이 말씀은 주님의 말씀과 일치한다.

> 너희 중에 누구든지 으뜸이 되고자 하는 자는 모든 사람의 종이 되어야 하리라 인자가 온 것은 섬김을 받으려 함이 아니라 도리어 섬기려 하고 자기 목숨을 많은 사람의 대속물로 주려 함이니라(막 10:44).

기독교의 구원이 다른 일반 종교의 구원과 다른 점은 사람의 구원이 사람의 의지나 노력이 아닌 오직 창조주 하나님의 사랑과 은혜로 말미암는 것이다.

> 우리가 하나님을 사랑한 것이 아니요 하나님이 우리를 사랑하사 우리 죄를 속하기 위하여 화목 제물로 그 아들을 보내셨음이라(요일 4:10).
> 우리가 아직 연약할 때에 기약대로 그리스도께서 경건하지 않은 자를 위하여 죽으셨도다(롬 5:6).

이런 복음적 구원관은 신약뿐만 아니라 구약도 함께 가르치는 성경 전체의 일치된 구원관이다. 물론 구약 성경에 모세의 율법을 지킴으로써 구원 얻는다는 가르침이 많이 있으나(레 18:5; 신 6:25), 바울이 지적하듯이, 모세의 율법 이전 인 아브라함 때에도, 율법 이후인 하박국 시대에도, 이미 믿음으로 구원받는다는 가르침이 있었다(창 15:6; 합 2:4; 롬 1:17; 4:2 이하). 무엇보다 사도 바울은 자신이 전파하는 믿음으로 구원 얻는 진리가 자신의 창작이 아니라 하나님의 계시로 말미암은 것임을 밝혔다(갈 1:12; 고전 2:10; 고후 4:6). 그것은 물론 그리스도 자신의 가르침에서 비롯된 것이다(막 10:45).

초대 교회 교인들 가운데는 믿음으로 구원 얻는 진리를 제대로 이해하지 못하고 갈라디아 교인들의 경우와 같이 "율법적 구원"으로 회귀하는 이들이 있었다. 사도 바울은 단호하게 믿음으로 구원 얻는 진리만이 구원의 새 시대의 유일한 구원 진리임을 천명하였다. 현대 그리스도인들 가운데, 율법을 행함으로 구원 얻는 것과 유사하게, 정해진 신앙 전통의 틀을 따르는 것을 구원의 길로 착각하는 이들이 있다. 그것은 하나님의 은혜에 의지하는 복음적 믿음이 아니라 자신의 삶의 질서 유지를 통한 자기만족(自己滿足)과 다를 바 없다.

예수의 보혈로 말미암아 죄로부터 자유하게 된 그리스도인은 여전히 죄의 성향을 가지고 있으므로 죄를 짓지 않도록 주의해야 한다. 죄를 짓는다고 해서 한 번 받은 구원이 취소되는 것은 아니지만, 죄를 짓는 것은 우리를 죄로부터 자유하게 하신 그리스도에게 부끄러운 일이기 때문이다. 구원받은 그리스도인은 악을 버리고 선을 힘써야 한다.

그리스도인도 죄를 짓는다. 구원받기 이전에 비해서 죄를 억제하며 덜 지을 수는 있으나, 여전히 죄를 짓는다. 그렇다고 그리스도인은 그리스도의 공로로 구원받았다는 확신을 절대로 포기해서는 안 된다. 구원의 확신은 개인의 주관적인 심리적 결단이기 전에 하나님의 객관적인 구원의 선포로 말미암은 것임을 알아야 한다.

> 그러므로 이제 그리스도 예수 안에 있는 자에게는 결코 정죄함이 없나니 이는 그리스도 예수 안에 있는 생명의 성령의 법이 죄와 사망의 법에서 너를 해방하였음이라 (롬 8:1-2).

그리스도인은 자유인이면서도 동시에 모든 사람의 종이라는 자신의 정체성을 분명히 인식해야 한다. 십자가를 지고 종의 모습으로 죽으신 그리스도의 모본을 따라 나를 부인하고 나의 십자가를 져야한다. 그것은 이웃을 겸손히 섬기는 삶으로 나타난다. 갈라디아서 5장 14절에서 바울은 본문의 말씀을 보다 보편적인 "이웃 사랑"의 교훈으로 반복한다.

> 온 율법은 네 이웃 사랑하기를 네 몸과 같이 하라 하신 한 말씀에서 이루어졌나니 (갈 5:14).

이 말씀은 예수님의 이웃 사랑의 교훈과 일치하고(마 5:43 이하; 22:37-40), 또한 예수님의 희생적 모본과도 일치한다(막 10:45; 빌 2:5). 그러므로 "그리스도의 법"이란 바로 "이웃 사랑"이다.

> 너희가 짐을 서로 지라 그리하여 그리스도의 법을 성취하라(갈 6:2).

"이웃 사랑의 법"은 모든 율법의 요구를 만족시키는 완전한 법이며, 모든 그리스도인들이 따라야 할 보편적인 법이다.

그러므로 우리는 율법 조항과 같이 굳어진 신앙생활의 규범이나 습관과 전통의 장벽을 넘어서, 생명이 넘치는 그리스도의 교훈과 모본을 따라, 우리 중에 역사하시는 성령을 따라, 모든 이웃을 제 몸처럼 섬기는 그리스도의 종으로서의 자유를 누리자(고후 4:5; 빌 2:1 이하).

2017년 1월 10일

113. 점진적 계시

> 오직 은밀한 가운데 있는 하나님의 지혜를 말하는 것으로서 곧 감추어졌던 것인데 하나님이 우리의 영광을 위하여 만세 전에 미리 정하신 것이라(고전 2:7).

점진적 계시(progressive revelation)란 하나님의 뜻이 구원 역사 가운데 점진적으로 나타났음을 가리킨다. 즉 구약에서는 율법이 구원의 도리로서 제시되었으나, 신약에서는 복음으로 분명히 나타난다. 점진적 계시는 성경의 모형론적 해석과 관련된다. 모형론은 하나님의 구원 역사가 일정한 유형을 따라서 진행된 사실에 근거하여, 옛 언약에 대한 새 언약, 즉 율법에 대한 복음의 탁월성을 증명하는 방법이다. 바울은 아담을 그리스도의 모형으로 보면서, 아담으로 말미암아 사망이 세상에 들어왔으나, 제2의 아담 예수로 말미암아 영생이 넘치게 되었다고 논한다(롬 5:14-21; 참조, 롬 15:4; 고전 10:1-11). 히브리서 기자는 바울의 모형론을 확대하여 율법의 구원론에 대한 복음이 구원론이 원초성과 탁월성을 논한다.

① 구약 시대의 대제사장과 하늘의 대제사장 멜기세덱은 모두 오실 그리스도를 가리키는 역사적 표상으로 본다(시 110:4; 창 14:18; 히 4:14-8:13).

② 성전은 하늘의 참 성소를 가리킨다(히 8:2, 9:1 이하).

③ 율법이 가르치는 짐승의 피로 제사하는 구약의 제사법이 신약에서는 하나님의 아들 그리스도의 온전하고 더 좋은 제사로 대체되었다(히 9:1-10:18).

④ 약속의 땅의 소망이 더 좋은 천국의 소망으로 나타난다(히 11:10-16, 39-40).

⑤ 더 나아가 믿음의 조상들도 믿음으로 평생을 살았고, 그리스도를 통한 완전한 구원을 바라보고 사모하는 믿음으로 살았으므로, 우리도 구원을 향한 믿음의 대열에서 이탈하지 말고 완전한 구원에 이르기까지 믿음의 경주를 계속해야 한다(히 12:1-2).

이렇게 복음을 하나님의 구원 역사에서 나타나는 일정한 유형을 따라 이해할 때, 복음 신앙이, 유대인들이 비난하듯이, 율법을 왜곡한 잘못된 구원 진리가 아니라, 오히려 하나님의 원초적 구원 진리라는 사실을 보여준다. "율법을 행함으로 얻는 구원"은 "복음을 믿음으로 구원 얻는 완전한 진리"의 예비적 단계이고, 불완전한 그림자와 같다(히 9:11-28; 10:1-22).

하나님의 구원 역사에 대한 모형론적 이해나, 점진적 계시는 하나님의 구원 역사에서의 예정과 섭리를 전제한다. 하나님께서는 만세 전부터 복음 신앙에 의한 구원을 최종적 구원 방법으로 미리 설정하셨고, 율법 행위에 의한 구원을 시험적이고 예비적인 구원 방법으로 제시하셨던 것이다. 인간이 자신의 본질적 한계와 연약함으로 말미암아 율법 행위에 의한 구원이 불가능함을 인정하고, 십자가에서 나타난 하나님의 은혜를 온전히 의지함으로 구원을 얻게 함으로써, 하나님의 지혜와 영광과 권세가 더욱 극대화되는 것이다.

> 곧 이때에 자기의 의로움을 나타내사 자기도 의로우시며 또한 예수 믿는 자를 의롭다 하려 하심이라(롬 3:26).
> 하나님이 모든 사람을 순종하지 아니하는 가운데 가두어 두심은 모든 사람에게 긍휼을 베풀려 하심이로다 깊도다 하나님의 지혜와 지식의 풍성함이여, 그의 판단은 헤아리지 못할 것이며 그의 길은 찾지 못할 것이로다(롬 11:32-33).

동시에, 은혜를 믿음으로 구원받는 진리는 우리에게 감사와 기쁨과 평안의 축복을 준다. 이것이 복음 진리가 율법보다 더 나은 구원 진리임을 증거하는 것이다(롬 7:25; 히 7:19; 8:6; 9:11; 10:1; 11:16).

2017년 1월 12일

114. 비교종교학

> 너희가 나를 누구에게 비기며 누구와 짝하며 누구와 비교하여 서로 같다 하겠느냐(사 46:5)

오늘날의 종교 다원주의 시대에서 복음 진리를 변증하고 그 탁월성을 증명하기 위하여 다른 종교의 가르침을 연구하고 복음 진리와 비교할 수는 있다. 그러나 복음의 절대성의 수호를 위한 분명한 목적 없이 단순히 복음 진리와 다른 종교의 가르침과의 유사성을 찾는 일에만 집중하면 결국 종교적 다원주의 또는 혼합주의에 빠지게 되고,[1] 정작 해야 할 하나님의 말씀의 연구는 게을리 하게 된다.

실제로 대부분의 비교종교학자들이 "모든 종교는 결국 같다"는 종교적 보편주의자들로 자처한다. 현대 다원주의 사회에서 다른 종교에 대한 관용주의적 자세도 필요하나, 그것은 복음 진리에 대한 양보나 상대화가 아니라, 세상이 회개하고 돌아오기까지 오래 참고 기다리시는 하나님의 심정을 대변하는 것이어야 한다(창 18:23-33; 벧후 3:9). 다른 말로 우리는 다른 종교에 대해서 "제한적 관용주의"를 표방한다.

세상 종교에 대한 기독교 진리의 우수성은 무엇인가?

첫째, 경배의 대상인 신에 대해서, 세상 종교들은 대부분 피조물이나 그 가치를 절대적으로 섬기면서 결국 피조물에 굴복하고 그 한계를 벗어나지 못한다. 하지만 기독교는 하나님의 말씀을 따라서 피조물을 지으신 창조주 하나님을 섬김으로써 피조물의 한계를 극복하고 하나님께서 약속하신 영생의 축복을 가르친다. 성경은 하나님만이 참 신이시고 다른 모든 신은 거짓임을 밝히기 때문에 우리는 어떤 세상

---

[1] "자연 종교와 기독교"(357-363), 『깊은 곳에서 IV』(2013); "종교 간의 대화"(52-57), "비교 종교와 우리의 신앙"(105-109), "진정한 종교"(110-112), "복음과 다원주의"(233-240), "부록"(종교 철학 사상 대비표, 618-619), 『깊은 곳에서 V』(2014).

스승의 가르침이 아니라 오직 하나님의 말씀을 배워야 한다(딤후 3:15-17).[2]

둘째, 다른 종교의 구원관은 인간의 공로에 의한 것이나, 기독교의 구원관은 하나님의 은혜에 근거한다. 인간의 공로에 근거한 구원 진리는 결국 오만함이나 위선 같은 인간의 한계로 말미암아 그 부적절성이 입증되었다(마 23:1-39; 롬 2:17-29).

셋째, 종교적 삶이나 행위에 대해서, 세상 종교들의 교훈은 종교적 이상이나 도덕적 사색에서 비롯되지만, 기독교의 교훈은 그리스도의 십자가 사건과 하나님의 사랑에 근거한다(요 13:34; 15:12; 롬 5:8; 8:1-39; 고전 13:1-13 갈 2:20; 빌 2:1 이하). 하나님은 이스라엘 민족의 신앙 역사를 통해서 율법을 행함으로 얻는 구원 진리의 한계를 확인하신 후에 최종적으로 하나님의 독생자 그리스도를 믿음으로만 구원 얻는다는 진리를 선포하셨다(행 4:12; 롬 3:21 이하; 10:4). 하나님은 그의 아들을 희생하심으로써 그의 참된 사랑을 확증하셨다(롬 5:8).

넷째, 기독교의 모든 진리는 사람의 고안이 아니라 하나님의 오랜 구원 섭리와 역사 가운데 구약에 예언되고 예시된 것이다. 특별히 예수님의 고난과 부활, 천국의 약속은 구약에 예언되거나 예시된 것이다(마 26:54; 요 3:14).

이렇게 기독교 진리의 탁월성을 변증하기 위해서 다른 종교와의 제한적인 비교는 필요하지만, 기독교 진리를 상대화하기 위한 비교는 경계해야 한다. 성경은 하나님이나 그의 가르침을 다른 신들이나 그들의 가르침과 비교하지 않는다. 그렇게 하는 것이, 본문이 가르치듯이, 참 신이신 하나님께 불경스런 일이기 때문이다(참조, 고후 6:15-16; 행 17:22-31).

> 무릇 구름 위에서 능히 여호와와 비교할 자 누구며 신들 중에서 여호와와 같은 자 누구리이까(시 89:6).

나아가 성경은 하나님을 다른 신들과 비교하는 연구가 결국 불신의 올무가 된다는 것을 경고한다. 모세는 다신교적 가나안 땅에 들어가 살게 될 이스라엘 백성에게 경고한다.

---

[2] 출 20:3-5; 24:13; 신 6:5; 대하 33:15; 사 45:22; 46:9; 렘 25:6; 44:17-23; 호 4:17; 11:2; 13:2-4; 행 4:12; 17:16, 30-31; 살전 1:9 등.

너는 스스로 삼가 네 앞에서 멸망한 그들의 자취를 밟아 올무에 걸리지 말라 또 그들의 신을 탐구하여 이르기를 이 민족들은 그 신들을 어떻게 섬겼는고 나도 그와 같이 하겠다 하지 말라 네 하나님께서는 네가 그와 같이 행하지 못할 것이니라(신 12:30-31).

계속해서 모세는 다른 신을 섬기게 하기 위하여 이적과 기사를 행하는 거짓 선지자나 꿈 꾸는 자를 따르지 말 것을 경고한다.

(그들은) 너희의 하나님 여호와를 배반하게 하려 하며 너희의 하나님 여호와께서 너를 꾀어내려고 말하였음이라(신 13:5).

그러나 가나안 땅에 들어간 이스라엘 백성의 후손들은 이런 경고를 무시한 채 가나안 땅의 우상들을 섬기다가 하나님의 진노하심을 받았다(삿 2:11 이하).

설교자가 강단에서 하나님의 말씀을 다른 종교의 가르침과 비교할 때가 있으나, 전문적 지식이 없는 일반 청중은 자칫 신앙적 혼란에 빠질 수 있으므로 되도록 피해야 한다. 신학자는 비록 복음의 변증이나 성경 말씀의 깊은 이해를 위해 다른 종교의 연구가 필요하나고 해도, 성경 말씀과는 상관없는 사변적 논쟁에 휘말려서 정작 성경의 가르침을 등한히 여기지 않도록 주의해야 한다. 그리스도인은 복음을 다른 가르침과 비교하도록 부르심을 받은 것이 아니라 듣고, 받은 것을 믿고, 전하도록 부르심을 받았다(롬 10:15; 고전 11:23; 15:1; 딤후 3:14-16). 복음 진리를 배우고 전파하기에도 우리의 시간은 매우 제한적이다.

흔히 다원주의 시대인 만큼 종교 간의 화해와 평화를 위한 종교 간의 대화가 필요하다는 제안도 있으나, 이런 제안 자체가 종교적 상대주의를 인정하는 셈이 되기 때문에 아예 피하는 것이 상책이다. 어쩔 수 없이 다른 종교인들과 대화를 해야 하는 경우에도 대화라는 유연한 분위기에 빠져서 복음의 절대성을 양보할 것이 아니라, 오히려 복음의 절대성을 밝히는 기회로 삼아야 한다. 바울은 종교적 상대주의를 신봉하는 아덴의 아레오바고 언덕에서 사람들의 조롱을 받으면서도 담대히 전도했다(행 17:21-34).

예수님은 복음 전도를 위해 제자들을 파송하시면서 "내가 세상에 평화를 주러 온 줄로 생각하지 말라 화평이 아니요 검을 주러 왔노라"(마 10:34)고 말씀하셨다. 예수님은 복음으로 말미암은 분쟁을 피할 수 없음을 아셨다. 예수님 자신도 유대교와 분쟁하셨다. 전도란 본질적으로 대화가 아니라 복음의 선포이며 복음의 능력을 나타내는 것이다.

비교 종교 연구는 우리의 지적 호기심을 유발하여 결국 우리를 상대주의적 혼란에 빠뜨리려는 사탄의 지적 올무다.

> 어리석고 무식한 변론을 버리라 이에서 다툼이 나는 줄 앎이라(딤후 2:23).

물론, 세상에 대한 하나님의 사랑과 은혜가 복음의 동기이므로 복음 전도자는 복음을 반대하는 이들을 미워하고 정죄하기보다 언제나 그들을 사랑으로 품고 그들을 위해 기도하는 자세를 가져야 한다. 그러나 사람을 사랑하기 위하여 하나님의 구원 진리를 양보하는 것은 하나님을 배신하는 것이다(갈 1:10). 반복음적인 세력은 최후의 심판 때까지 존속할 것이다. 다만 우리는 가라지의 세력이 확장되어 좋은 씨(복음)의 성장을 막지 않도록 힘써야 한다(마 13:24-30; 딤후 4:1; 요일 4:1).

> 예수를 시인하지 아니하는 영마다 하나님께 속한 것이 아니니 이것이 곧 적그리스도의 영이니라 오리라 한 말을 너희가 들었거니와 지금 벌써 세상에 있느니라(요일 4:3).

그러므로 종교 다원주의가 왕 노릇하는 세상에서 하나님의 말씀을 다른 종교의 가르침과 비교하려는 안팎의 미혹을 이기고 오직 하나님의 말씀에 집중하자.

> 다른 신들의 이름은 부르지도 말며 네 입에서 들리게도 하지 말지니라(출 23:13).

종교 다원주의는 새로운 시험이 아니라 옛날 이스라엘 백성들이 자주 겪었던 오랜 시험이다. 옛날 이스라엘 백성이 같은 시험에 실패하여 하나님의 진노하심을 받았다는 사실을 깨달아야 한다. 그리고 우리는 같은 실패를 되풀이 하지 않도록 주의해야 한다(출 23:31-33; 신 7:3-11; 왕상 11:1-11; 고전 10:7).
우리는 다만 하나님의 독생자 그리스도의 복음만을 믿고 전하자.

다른 이로써는 구원을 받을 수 없나니 천하 사람 중에 구원을 받을 만한 다른 이름을 우리에게 주신 일이 없음이라(행 4:12).

2017년 1월 13일

115. 보이지 않는 기적

> 너희는 내가 창조하는 것으로 말미암아 영원히 기뻐하며 즐거워할지니라 (사 65:18a).

성경에 기록된 기적들은 하나님의 구원 역사 가운데 일어난 초자연적 사건들이다. 특별히, 예수님께서는 하나님의 아들로서의 그의 신분과 능력을 증거하시기 위해서 놀라운 기적들을 베푸셨다. 초대 교회에서도 기적들이 자주 일어났다. 하나님께서는 그런 기적들을 통해서 복음의 구원 능력을 증거하셨다.

그러나 하나님의 구원 역사와 권능을 단회적인 기적 사건들로만 제한하는 것은 옳지 않다. 오히려 하나님께서는 믿음의 조상들과의 언약을 오랜 기간 동안 서서히 이루어 가셨다. 또한 하나님께서는 우리가 모르는 기이한 일들을 홀로 행하신다(욥 5:9; 시 139:14). 하나님께서는, 태초에 "무에서의 창조"로부터 세상 종말에 이르기까지, 그의 구원의 권능을 세상에 나타내신다. 다만 우리의 불신으로 말미암아 그의 놀라운 구원 역사를 제대로 보지 못하는 것이 문제다.

그러므로 기적을 보이는 일시적 사건들로만 한정하는 것은 옳지 않다. 성경은 외적 기적보다 오히려 보이지 않는 사람의 내적인 변화를 더 본질적인 하나님의 구원 역사로 보기 때문이다. 맹인이 눈을 뜨고, 못 듣는 사람이 듣게 되고, 걷지 못하는 사람이 걷게 되는 것도 기적이지만, 사람이 그리스도를 믿음으로 새로운 피조물이 되는 것이나(고후 5:17), "물과 성령"으로 거듭나는 것도 보이지 않는 기적이다(요 3:5).

> 내가 심판하러 이 세상에 왔으니 보지 못하는 자들은 보게 하고 보는 자들은 맹인이 되게 하려 함이라(요 9:39).

오병이어로 오천 명을 먹이신 예수님께서는 단순히 떡을 먹고 배가 불러서 그를 따를 것이 아니라 기적의 의미와 목적, 즉 기적을 베푸신 그를 하나님의 아들로 믿고 따라야 할 것을 가르치셨다(요 6:26; 참조, 요 14:11).

무엇보다, 우리가 십자가의 놀라운 하나님의 사랑을 믿고 서로 사랑할 때에 놀라운 기적이 일어나는 것이다. 십자가의 사랑을 믿음으로 말미암아 깨어진 인간관계가 회복이 되고, 어둡던 세상이 활력을 얻게 되는 기적이 일어나는 것이다(요이 3:17). 참된 사랑은 기적을 낳는다.

우리 자신의 지난날들을 돌이켜 볼 때 우리가 제대로 알지 못했던 하나님께서 베푸신 놀라운 일들이 얼마나 많은가?

모든 역경에서 우리를 건져 주셨고, 잘못된 길로부터 우리를 지켜 주셨다. 우리의 일생 동안 하나님께서는 도저히 불가능하게 보이는 일들을 가능하게 하셨다. 생각하면, 성경의 이스라엘 백성들이 경험한 기적들과 다를 바 없는 놀라운 일들이 바로 우리 자신의 생애 가운데 일어난 것이다. 하나님께서는 우리의 잦은 불신과 배반에도 불구하고 우리 앞의 거대한 홍해 바다를 갈라지게 하셨고, 반석에서 샘물이 터지게 하셨고, 날마다 만나를 내려 주셨고, 불기둥과 구름기둥으로 우리를 지켜 주셨다. 그리고 마침내 저 영원하고 완전한 나라로 우리를 인도해 주실 것이다.[1]

이런 의미에서 하나님의 기적은 날마다 순간마다 일어나는 것이다. 다만 우리의 불신 때문에 우리에게 일어나는 하나님의 기적을 제대로 보지 못하는 것이 문제다. "주여, 저희의 어두운 눈을 밝혀 주사 저희로 하여금 주께서 베푸시는 놀라운 일들을 보고 주님을 찬양하게 하옵소서. 아멘."

2017년 1월 17일

---

[1] 인생의 역경의 원인이 무엇이든지 선하신 하나님께서 결국 우리를 선하게 인도하여 주실 것을 굳게 믿는 것이 신자의 기본적 자세다.

116. 십자가: 진정한 사랑의 모델

> 아버지 저들을 사하여 주옵소서 자기들이 하는 것을 알지 못함이니이다
> (눅 23:34).

진실한 인간관계는 우리의 삶의 핵심적인 요소다. 불신인들은 하나님을 믿지 않아도 진실한 인간관계가 가능하다고 한다. 그러나 성경은 하나님 신앙 없이는 진실한 인간관계가 불가능하다고 가르친다. 인간의 본질적 연약함으로 말미암아 성령의 감화와 도움 없이는 사람을 진정으로 사랑할 수가 없음을 가르친다. 또한 성경은 하나님 신앙에 비추어 인간관계를 개선하고 정립함으로써 진실한 인간관계를 형성할 수 있다고 가르친다. 하나님 사랑이 이웃 사랑에 선행하는 전제 조건이다. 그러나 외식적인 사랑이 많기 때문에 성경은 이웃 사랑으로 하나님 사랑의 진정성을 증거할 것을 가르친다. 그렇지만 우리 모두 이기주의적 자기 사랑에 빠져서 하나님도, 이웃도 진실하게 사랑하지 못하는 것이 문제다.

진실한 하나님 사랑이나 진실한 이웃 사랑을 위해서 우리는 우선 우리 자신을 향하신 하나님의 사랑을 깊이 깨달아야 한다. 특별히 사람은 자신을 향하신 십자가의 사랑을 깨달은 뒤에야 하나님과 이웃을 진실하게 사랑할 수 있다. 설령 하나님과 사람을 사랑하지 못하고 실패했을 때에도 좌절하지 않고 다시 재기할 수 있는 능력을 바로 그리스도의 십자가에서 얻을 수 있다.[1]

사람은 누구나 모방본능(模倣本能)이 있다. 악인은 악행을 보고 모방범죄(模倣犯罪)를 저지르지만, 의인은 선행을 보고 모방선행(模倣善行)을 한다. 우리 그리스도인은 십자가의 그리스도를 삶의 모델로 삼고 이름도 없이 빛도 없이 만사에 남을 사랑으로 섬기기를 힘써야 한다.

---

[1] 마 11:29; 눅 21:31-32; 요 13:34; 롬 6:3 이하; 고후 4:7-15; 6:3-10; 11:23-12:10; 갈 2:20; 6:9, 14, 17; 빌 2:5 이하; 골 1:24; 엡 5:1; 살후 3:13; 딤후 2:3 이하 등.

너희 안에 이 마음을 품으라 곧 그리스도 예수의 마음이니(빌 2:5).
누구든지 나를 따라오려거든 자기를 부인하고 자기 십자가를 지고 나를 따를 것이니라 (마 16:24).

우리의 사랑의 모본은 다른 사람에게 하나의 사랑의 모본이 되고, 그 사람 자신도 또 다른 사랑의 모본이 됨으로써 거대한 사랑의 연쇄반응을 불러일으킬 수 있다.

나와 같이 모든 일에 모든 사람을 기쁘게 하여 자신의 유익을 구하지 아니하고 많은 사람의 유익을 구하여 그들로 구원을 받게 하라 내가 그리스도를 본받는 자가 된 것 같이 너희는 나를 본받는 자가 되라(고전 10:33-11:1).

2017년 1월 22일

117. 하늘에 계신 하나님 vs. 땅에 있는 인간

> 하나님은 하늘에 계시고 너는 땅에 있음이니라(전 5:2b).

하나님께서 하늘과 땅을 모두 지으셨고, 이 우주에 충만하신 분이시나, 하나님의 원래의 위치는 하늘이고 사람의 원래의 위치는 땅이다. 하나님은 영이시지만, 사람은 땅의 흙으로 지으심을 받았다. 그러나 사람은 특별히 "하나님의 형상"으로 지으심을 받았기 때문에, 다른 피조물과 구별된다. 사람은 땅에 속하면서도 하늘의 하나님과 교제할 수 있는 특별한 이중적 존재다. 사람은 그의 이중성으로 말미암아 존재론적 갈등을 겪는다. 흙에서 왔으므로, 주로 당장 보이는 땅의 일시적인 가치를 구하면서도, "하나님의 형상"이기 때문에, 땅의 가치만으로는 만족할 수 없으므로, 보이지 않는 하늘의 영원한 가치를 찾는다.

그러므로 주님께서는 이 땅에 보화를 쌓아 둘 것이 아니라 하늘에 쌓아두어야 할 것을 가르치셨다(마 6:19 이하). 그리고 계속해서, "너희는 먼저 그의 나라와 그의 의를 구하라"(마 6:33)고 가르치셨다. 또한 "썩을 양식을 위하여 일하지 말고 영생하도록 있는 양식을 위하여 하라 이 양식은 인자가 너희에게 주리니 인자는 아버지 하나님께서 인치신 자니라"(요 6:27)고 가르치셨다. 바울도 "너희가 육신대로 살면 반드시 죽을 것이로되 영으로써 몸의 행실을 죽이면 살리니 무릇 하나님의 영으로 인도함을 받는 사람은 곧 하나님의 아들이라"고 말했다(롬 8:13-14).

사람은 그리스도를 통해 나타난 하나님의 구원 진리를 믿을 때 하나님의 자녀가 되고 이 땅의 종노릇에서 벗어나서 하나님의 아들의 자유로움을 누리게 된다. 물론 우리가 이 땅에 사는 동안에는 완전한 자유를 누릴 수는 없으나, 적어도 이 땅에서의 "현재의 고난"을 조금이라도 극복할 수 있는 영적인 힘을 복음으로부터 얻게 되는 것이다. 땅의 만물이 하늘의 비와 햇빛으로 생명을 얻게 되듯이, 땅의 사람이 하늘에서 생명의 빛으로 오신 하나님의 아들 예수를 영접함으로써 영생을 얻게 되는 것이다.

참 빛 곧 세상에 와서 각 사람에게 비추는 빛이 있었나니 그가 세상에 계셨으며 세상은 그로 말미암아 지은 바 되었으되 세상이 그를 알지 못하였고 자기 땅에 오매 자기 백성이 영접하지 아니하였으나 영접하는 자 곧 그 이름을 믿는 자들에게는 하나님의 자녀가 되는 권세를 주셨으니 이는 혈통으로나 육정으로나 사람의 뜻으로 나지 아니하고 오직 하나님께로부터 난 자들이니라 말씀이 육신이 되어 우리 가운데 거하시매 우리가 그의 영광을 보니 아버지의 독생자의 영광이요 은혜와 진리가 충만하더라 (요 1:9-14).

사람은 창조주 되시고 구속주 되신 하나님과 빛 되신 그리스도를 믿어야 자신을 분명히 알게 되고 인생의 존재 가치와 의미를 분명히 알게 된다. 불신적인 자연주의적, 인본주의적 인간관은 결국 사람과 세상을 혼란과 어둠으로 인도한다.

2017년 1월 23일

118. 율법 중심적 삶 vs. 성령 중심적 삶

> 육신을 따르지 않고 그 영을 따라 행하는 우리에게 율법의 요구가 이루어지게 하려 하심이라(롬 8:4).

사람은 영과 육으로 이루어진 존재이지만, 사람의 마음과 행동의 결정에 있어서 영과 육은 자주 대립한다. "육의 생각"과 "영의 생각," 그리고 "육의 일"과 "영의 일"(롬 8:5-6), "악한 마음"과 "선한 마음," "악한 일"과 "선한 일" 등으로 대립하는 것이다. 그러므로 바울은 로마서 8장 4절 이하에서 그리스도인은 자신 안에 내주(來住)하시는 하나님의 영, 그리스도의 영, 또는 성령을 따라서 자신에게 여전히 남아 있는 육의 소욕과 싸워 이겨야 할 것을 가르친다. 모든 자연인들은 자신의 탐욕과 세상의 악의 횡포를 흔히 양심과 선(善)의 의식, 도덕율, 사회적 계약, 종교적 계율 등을 따라서 통제하지만(롬 2:12-15; 7:4-25), 그리스도인들은 그들의 속에 내주하시는 성령을 따라 육의 소욕을 제어해야 한다.

> 그러므로 너희는 죄가 너희 죽을 몸을 지배하지 못하게 하여 몸의 사욕에 순종하지 말고(롬 6:12).
> 너희가 육신대로 살면 반드시 죽을 것이로되 영으로써 몸의 행실을 죽이면 살리니(롬 8:13).
> 내가 이르노니 너희는 성령을 따라 행하라 그리하면 육체의 욕심을 이루지 아니하리라(갈 5:16).
> 영혼을 거슬러 싸우는 육체의 정욕을 제어하라(벧전 2:11b).

인간의 양심, 선의 의식, 도덕율, 사회적 계약, 종교적 계율(율법) 등을 따라 죄악을 통제하려는 것은 인간의 본질적 연약함으로 말미암아 결국 실패할 수밖에 없다.

내가 원하는 바 선은 행하지 아니하고 도리어 원하지 아니하는 바 악을 행하는도다 (롬 7:19).

인간의 자유 의지는 부패하고 타락하여 그 선한 기능을 상실하였다(*Inst*. II.5.14).

물론 성령의 인도함을 받는 그리스도인도 여전히 육의 소욕에 시달린다. 그러나 믿기 이전과 달리 더 이상 연약한 인간의 선한 의지가 아니라 그리스도인 속에 계신 성령의 인도와 지시를 따르기 때문에 수준 높은 진정한 선행을 이룰 가능성과 효율성이 높다.

너희는 성령을 따라 행하라 그리하면 육체의 욕심을 이루지 아니하리라(갈 5:16).

첫째, 그리스도인은 십자가의 속죄로 말미암아 새 사람이 되었고, 십자가에 우리의 정욕과 탐심을 못 박아 버리고 하나님의 형상으로 회복되어서, 성령과 교제함으로써 하나님의 거룩하신 성품을 본받고, 성령의 모든 선한 일에 힘쓰게 된다(갈 5:22-25). 다른 말로, 그리스도인은 십자가의 구원 사건으로 말미암아 하나님의 자녀로서의 새로운 정체성을 가지게 되었음을 주지하고, 그에 합당한 새로운 삶을 결단해야 한다.

둘째, 그리스도인은 십자가의 구원의 은혜의 모드를 따라서 모든 행동 결정에 있어서 자신을 의지하지 않고 다만 성령을 의지한다. 십자가의 구원의 은혜를 진심으로 믿는 사람들은 내주하시는 성령을 따라서 육신을 제어하고 선행을 도모하는 것이다. "율법이 육신으로 말미암아 연약하여 할 수 없는 그것을 하나님은 하시나니" 곧 그리스도의 속죄제로 말미암아 우리가 주 안에서 새 사람이 되고("제1은혜"), 또한 우리 속에 거하시는 주의 영을 따라서 새 사람으로 살게 하신 것이다 ("제2은혜").[1]

셋째, 자신의 선한 의지력이 아니라 성령의 인도를 받는 사람은 도덕이나 율법, 또는 양심을 따르는 이들에게서 자주 나타나는 도덕적 오만함 대신 겸손함을 볼 수

---

[1] John Wesley, *WW*. II. 391; III. 212, 215; IV. 116; V.146, 315; 강창희, 『칼빈과 웨슬리의 생애와 신학』, 276.

있다.[2] 물론 성령 중심적 인격과 생활도 영적 오만함으로 변질될 수 있으나 도덕주의나 율법주의에 비해 그 확률이 낮다. 성령 중심적 삶은 도덕주의나 율법주의의 경우와 같이 비인격적인 원리나 강령을 따르는 것이 아니라 인격적 성령을 따르기 때문이다.

> 이와 같이 성령도 우리의 연약함을 도우시나니 우리는 마땅히 기도할 바를 알지 못하나 오직 성령이 말할 수 없는 탄식으로 우리를 위하여 간구하시느니라(롬 8:26).

넷째, 도덕주의와 율법주의는 자주 그 경직성으로 말미암아 복잡하고 어려운 윤리적 상황에서 우리로 하여금 적절하게 대응하지 못한다. 하지만 성령 중심적 삶은 성령의 지혜와 능력으로 복잡하고 어려운 상황 가운데 바르게 대처할 수 있도록 우리를 돕는다.

> 그때에 너희에게 주시는 그 말을 하라 말하는 이는 너희가 아니요 성령이시니라 (막 13:11b).

다른 말로, 도덕주의와 율법주의는 거의 필연적으로 사람들을 고답적인 형식주의의 틀에 가두고, 위선적으로 만들지만, 성령 중심적 인격과 삶은 성령의 역동적 능력으로 우리를 자유롭게 한다.

> 주의 영이 계신 곳에는 자유가 있느니라(고후 3:17).

다섯째, 성령 중심적 삶은 율법을 무시하는 것이 아니라 율법을 제대로 알지도 못하고 지키지도 못하는 우리의 한계를 인정하고, "성령의 조명"을 받아 율법의 진의를 제대로 이해하고 지키게 한다(마 22:23-46; 막 7:1-23; 요 5:39; 행 8:35; 롬 15:4; 고전 10:1-11).

---

[2] 인간의 노력과 책임을 강조하는 율법은 우리를 자주 오만함이나 위선에 빠지게 하지만, 전능하신 하나님 앞에서 인간의 약함을 인정하는 복음은 철저히 하나님의 은혜에 의존한다(*Inst.* II.7.6; III.6.3).

여섯째, 도덕주의와 율법주의는 인간의 연약함으로 말미암아 우리를 좌절하게 하지만, 성령은 우리의 모든 고난 가운데서도 성령의 능력으로 말미암아 용서와 사랑, 기쁨과 평안으로 우리를 인도한다.

> 제자들은 기쁨과 성령이 충만하니라(행 13:52).
> 하나님 나라는 먹는 것과 마시는 것이 아니요 오직 성령 안에 있는 평강과 희락이라(롬 14:17).
> 너희는 많은 환난 가운데서 성령의 기쁨으로 말씀을 받아 우리와 주를 본 받는 자가 되었으니(살전 1:6).

어두운 밤에 나 홀로 낯선 산을 오르는 것은 위험하다. 산행을 하기 전에 그 길에 대한 정보를 숙지해야 한다. 그러나 가장 좋은 방법은 그 산길을 잘 아는 안내자와 동행하는 것이다. 이 어두운 세상에서 우리는 내일을 알 수 없으나(약 4:15), 성령께서 친히 우리의 안내자가 되신다. 주께서 우리 속에 영의 모드(형태)로 계신다.

> 내가 주의 영을 떠나 어디로 가며 주의 앞에서 어디로 피하리이까(시 139:7).[3]

하나님은 "나의 모든 길"을 살피시고 나의 모든 발걸음을 아신다(시 139:3).

> 주에게는 흑암이 숨기지 못하며 밤이 낮과 같이 비추이나니 주에게는 흑암과 빛이 같음이니이다(시 139:12).
> 내가 사망의 음침한 골짜기로 다닐지라도 해를 두려워하지 않을 것은 주께서 나와 함께 하심이라 주의 지팡이와 막대기가 나를 안위하시나이다(시 23:4).

---

3 다윗이 시편 23편에서 말하듯이 하나님 자신을 우리의 인도자시라고 말할 수도 있으나, 바울이 로마서 8장에서 가르치듯이, "하나님의 영"[그리스도의 영, 성령]을 우리의 인도자라고 지칭하는 것이 더 정확한 이유는 하나님께서 영의 "모드"(방식, 모양)로 우리 속에 계시기 때문이다. 다윗도 시 139: 7에서 "내가 주의 영을 떠나 어디로 가며 주의 앞에서 어디로 피하리이까"라고, 바울과 같이, "주의 영"이란 말을 쓴다.

여기서 "주의 지팡이와 막대기"는 하나님의 말씀을 가리킨다. 주님의 말씀이 바른 길로 가는데 도움을 준다. 그러나 말씀도 성령의 조명을 받아 읽어야 제대로 이해할 수 있다.

우리는 우리의 소욕을 따르는 삶으로써 성령을 근심하게 하지 말고, 말씀을 묵상하는 가운데 성령의 지시를 따라야 한다(요 16:13-15; 롬 8:13, 26; 엡 4:25-30).

2017년 1월 24일

119. 죄와의 싸움

> 너희가 육신대로 살면 반드시 죽을 것이로되 영으로써 몸의 행실을 죽이면 살리니(롬 8:13).

사도 바울은 로마서 7장에서 죄와의 싸움에서 거듭해서 패배만 하는 연약한 인간 존재와 그 비참한 운명을 지적한 후에, 8장에서 예수님을 믿음으로 의롭다함을 입은 사람들은 더 이상 정죄 받지 않고, 영생을 얻은 하나님의 자녀가 되었음을 선언한다(롬 8:1-17). 또한 "물과 성령"으로 거듭난 하나님의 자녀에게는 성령이 내주하시면서 그를 선하게 인도하신다(요 3:5; 롬 8:4-26). 이것이 십자가의 은혜로 죄의 사면을 받은 사람이 받는 두 번째 은혜다. 그리스도인은 새 사람이 되었으니 이제 새 사람으로 살아야 한다. 성령으로 거듭난 사람으로서의 정체성을 분명히 가지고, 자신을 인도하시는 성령을 따라 살아야 한다.

> 성령이 친히 우리 영과 더불어 우리가 하나님의 자녀인 것을 증거하시나니(롬 8:16).

성령을 따라서, 성령의 가르침에 우리의 마음과 행위를 비추어보면서, 우리의 영으로 우리의 육을 죽이며 살아야 한다.

이런 말씀은 단순히 관념적이고 도덕적인 권면이 아니라 실제로 모든 그리스도인의 산 경험이다. 우리가 처음 예수님을 믿었을 때 새로운 존재로서 거듭나는 놀라운 경험을 했고, 그 후 신앙생활에서 영으로 육을 이기고 승리하는 즐거운 삶을 살게 되었다.

물론, 그리스도인도 실패한다. 하나님의 은혜로 새 사람이 되었으나, 여전히 옛 사람의 죄의 본성과 습관을 가지고 있으므로 죄악 세상의 미혹을 받을 수밖에 없다. 그러므로 바울은 자주 그리스도 안에서 거듭난 이들에게 새 사람으로 승리하는 삶을 살도록 격려하는 것이다.[1] 성령으로 거듭난 사람은 성령을 따라 살아야 한다. 바울은 이런 그리스도인의 죄와의 싸움이 로마서 7장에서 논한 믿기 이전의 죄와의 싸움과는 다르다는 것을 강조한다.

첫째, 그리스도인은 삼위 하나님의 영, 즉 성령의 도우심을 받는다. 우리 속에 내주하시는 성령께서는 연약한 우리를 위해 기도해 주신다(롬 8:26).

둘째, 그리스도인은 그를 구원하신 그리스도의 사랑과 은혜를 따라 산다.

> 그리스도의 사랑이 우리를 강권하시는도다 … 그가 모든 사람을 대신하여 죽으심은 살아 있는 자들로 하여금 다시는 그들 자신을 위하여 살지 않고 오직 그들을 대신하여 죽었다가 다시 살아나신 이를 위하여 살게 하려 하심이라 그러므로 우리가 이제부터는 어떤 사람도 육신을 따라 알지 아니하노라 비록 우리가 그리스도도 육신을 따라 알았으나 이제부터는 그같이 알지 아니하노라(고후 5:14-16).

셋째, 거룩하신 하나님의 말씀은 여전히 그리스도인의 삶의 지침이 된다.

> 무엇이든지 전에 기록된 바는 우리의 교훈을 위하여 기록된 것이니 우리로 하여금 인내로 또는 성경의 위로로 소망을 가지게 하려 함이라(롬 15:4; 참조, 고전 10:1-12).

죄는 인간의 육적인 본능을 자극하는 것들로 우리를 미혹한다. 그러므로 사도 바울은 본문에서 그리스도인이 하나님의 영을 받은 하나님의 자녀로서의 거룩한 본성과 본분을 잊고 다시 육을 따라 살면 반드시 하나님의 진노하심을 받게 되고 후회하게 된다는 것을 엄중히 경고한다.

> 너희가 육신대로 살면 반드시 죽을 것이로되 영으로써 몸의 행실을 죽이면 살리니(롬 8:13).

---

1 롬 5:1-11; 6:12-23; 8:4 이하; 12장; 갈 5:16 이하, 6:9; 엡 4:17 이하; 빌 2:1 이하; 골 2:6 이하, 살후 3:13 등.

이런 가르침이 단순한 경계의 말씀이 아니라 실제적인 재앙에 대한 경고라는 것을 우리 자신의 많은 실패의 경험이 증거한다.

믿는 우리도 죄의 은근한 미혹에 빠져서 고통받을 때가 얼마나 많은가! 죄의 시험을 받을 때, "내 속에 있는 그리스도는 내 속에 있는 악한 욕망보다 더 강하시다"라고 외치며 죄를 물리치자("Christ in me is stronger than the wrong desire in me!").

우리가 백신 예방주사를 맞고 어떤 질병에 걸리지 않게 되었다고 하더라도, 여전히 그 질병에 걸리지 않도록 건강관리를 잘 해야 하듯이, 십자가의 보혈로 죄 사함받고 거듭난 우리도 여전히 죄의 미혹에 빠지지 않도록 주의해야 한다. 죄의 수취와 참담한 결과를 기억하고 성령의 인도와 십자가의 사랑을 확신하면서 성령과 성경 말씀을 따라서 탐심과 죄를 버리고 선에 속하기를 힘써야 한다.

2017년 1월 31일

120. 아가서의 사랑

> 너는 나를 도장같이 마음에 품고 도장같이 팔에 두라 사랑은 죽음같이 강하고 질투는 스올같이 잔인하며 불길같이 일어나니 그 기세가 여호와의 불과 같으니라 많은 물도 이 사랑을 끄지 못하겠고 홍수라도 삼키지 못하나니 사람이 그의 온 가산을 다 주고 바꾸려 할지라도 오히려 멸시를 받으리라(아 8:6-7).

아가서는 솔로몬 왕과 술람미라는 시골 처녀와의 절절한 사랑의 이야기이다. 동시에, 아가서는 하나님께서 인간을 자신의 형상을 따라 창조하시되 특별히 "남자와 여자로"로 창조하셨다는 사실을 상기시키면서 남녀의 사랑이 하나님의 형상인 인간의 원초적인 존재 방식이며, 하나님께서 자신의 본성인 사랑을 그의 형상인 인간이 추구해야 할 최고의 가치와 덕목으로 설정하셨음을 암시한다(창 1:27; 2:18-25). 인간은 서로 사랑하며 살도록 창조되었으므로, 인간은 사랑할 때 최고의 존재 가치를 누릴 수 있다. 무엇보다 인간은 그를 지으신 하나님을 사랑해야 한다(신 6:5; 마 21:37-39). 실제로 성경은 자주 언약 백성 이스라엘과 하나님의 관계를 남녀의 애증 관계로 나타낸다.[1] 본문도 남녀의 사랑의 강렬함을 "여호와의 불"로 표현한다

인간은 처음부터 하나님을 사랑하고 다른 사람들, 즉 다른 "하나님의 형상들"을 사랑하도록 창조되었다. 창조 기사에는 다른 동물들을 암수로 지으셨다는 말은 없으나, 특별히 사람을 남녀로 지으셨다는 것이 강조된다. 성경의 창조 기사는 인간을 다른 동물들과 구별하지 않는 자연주의와는 달리 인간을 "하나님의 형상"으로 다른 동물들의 창조와 구별한다. 또한 남녀의 관계를 "둘이 한 몸이라"라는 사랑의 교제 관계로 가르치는 것이다. 사람은 "생각하는 사람"이나 "도구를 쓰는 동물"이기 전에 서로 사랑하며 살도록 지음 받은 피조물이다. 남녀의 사랑은 인간의 성적 본능에서 비롯되는 인간의 증식을 통한 창조 세계의 유지와 확장을 위한 것이다. "생육

---

[1] 사 54:5-6; 62:5; 렘 3:1, 8, 14; 호 1:2; 2:16, 19-20; 3:1; 9:1; 14:4; 마 9:15; 25:1-13; 고후 11:2-4; 계 19:7-9.

하고 번성하여 땅에 충만하라 땅을 정복하라 … 모든 생물을 다스리라"(창 2:28)는 창조주 하나님의 말씀은 인간에 대한 하나님의 특별한 사랑과 함께 하나님께서 창조하신 생명 세계를 남녀의 사랑을 통해서 확장하시려는 창조주 하나님의 의지를 나타낸다.

하나님은 인간이 서로 사랑하며 살도록 지으셨다.

> 너는 그의 품을 항상 족하게 여기며 그의 사랑을 항상 연모하라(잠 5:19b).

남녀는 서로 사랑할 때 완전한 존재감을 누린다. 사람이 홀로 있을 때에는 존재감이 약화된다. 남녀의 사랑은 하나님께서 인간에게 주신 최고의 선물이다. 사랑은 때로 미움으로 변하기도 하지만(창 3:12), 여전히 남녀의 사랑은 인생의 기쁨의 극치다.

무엇보다 하나님 자신이 사랑이시다(요일 4:8, 16). 사랑은 삼위 하나님의 존재 방식이다. 성부, 성자, 성령이신 삼위 하나님은 서로 사랑하심으로써 하나의 인격체를 이룬다.[2] 성부, 성자, 성령 하나님은 영원한 사랑으로 일체를 이루어 존재하시는 인격적 신이시다(막 1:11; 요 14:31; 15:9; 요 17:23-26). 성부 하나님은 아들을 사랑하시고, 아들은 하나님을 사랑하시고, 성령은 성부와 성자를, 성자와 성부는 성령을 사랑하신다.[3]

하나님의 사랑이 세계 창조의 동기다. 하나님의 사랑이 생명으로 충만한 세계를 낳았다. 그러므로 하나님은 자신이 만드신 세상을 사랑하신다.[4] 특별히 하나님은 사람을 자신의 형상을 따라서 "사랑의, 사랑에 의한, 사랑을 위한 피조물"로 지으셨다. 실제로 창세기부터 요한계시록까지 성경 전체가 하나님의 인간 사랑 이야기다. 비록 세상이 하나님을 배반하고 떠나 비참한 상태에 이르렀으나 사랑이신 하나님은 죄인인 인간을 포기하지 않으시고, 오히려 친히 그의 아들을 보내셔서 구원의 길

---

[2] 조나단 에드워즈, 『사랑』, 서문 강 옮김 (서울: 도서출판 솔로몬, 2016), 395.
[3] 조나단 에드워즈는 성경에 하나님이 성령을 사랑한다는 말은 없으나 마 3:17, 롬 5:5, 요일 4:12-13 등에 근거하여 성령이 하나님의 사랑이라고 유추한다. 조나단 에드워즈, 『사랑』, 395.
[4] 창 1:4, 10, 12, 18, 21, 25, 31; 8:21-22; 9:15-17; 시 33:5-6; 마 6:26-30; 요 3:16.

을 마련해 주셨다.

> 하나님이 세상을 이처럼 사랑하사 독생자를 주셨으니 이는 그를 믿는 자마다 멸망하지 않고 영생을 얻게 하려 하심이라(요 3:16).
> 우리가 아직 죄인 되었을 때에 그리스도께서 우리를 위하여 죽으심으로 하나님께서 우리에 대한 자기의 사랑을 확증하셨느니라(롬 5:8).

인간과 세상의 모든 피조물이 세상의 회복을 기다린다(롬 8:18 이하). 하나님을 사랑하는 자들에게는 하나님의 진노하심도 결국 하나님의 거룩한 사랑의 표현이다(창 22:1-18; 신 8:2-6; 시 119:67, 71; 롬 8:28).

하나님은 인간을 향한 자신의 사랑을 인간이 깨닫고 언제 어디서나 하나님을 사랑하기를 원하신다. 특별히 십자가에 나타난 하나님의 참 사랑을 깨닫고 타락 이전 에덴에서의 온전한 사랑을 회복하기를 원하신다. 우리가 서로 사랑하기를 원하신다(요 13:34b; 요일 4:7-21). 가족, 친구, 심지어 원수도 사랑하기를 원하신다(잠 25:21; 마 5:44). 하나님께서는 크신 자비로우심 가운데 회개하는 죄인들을 용납하시기 때문이다(시 51:1 이하; 사 1:18; 단 9:9; 눅 15:7; 롬 5:10).

하나님을 사랑하는 우리가 서로 사랑할 때 하나님의 임재를 경험하게 된다(요 17:26; 롬 5:5).

> 어느 때나 하나님을 본 사람이 없으되 만일 우리가 서로 사랑하면 하나님이 우리 안에 거하시고 그의 사랑이 우리 안에 온전히 이루어지느니라(요일 4:12).

반대로, 우리가 미워하고 질투할 때 "저 원수"가 기동(起動)한다. 우리가 서로 사랑할 때 기쁨과 생명으로 충만한 사랑의 공동체가 창조되는 것이다.

> 내가 너희를 사랑한 것과 같이 너희도 서로 사랑하라(요 13:34b).
> 남편들아 아내 사랑하기를 그리스도께서 교회를 사랑하시고 그 교회를 위하여 자신을 주심같이 하라(엡 5:25).

이렇게, 사랑이 하나님의 인간 창조의 이유와 목적이다. 하나님께서 그의 형상을 따라 지으신 인간에게 주신 가장 고귀한 신적 본성과 가치이기 때문에, 인간은 하나님과 사람을 사랑할 때와 사랑을 받을 때 가장 분명하게 자신의 존재 가치를 느끼게 되는 것이다. 진실한 사랑이 인간의 존재 이유와 목적이다.

아가서는 남녀가 사랑하듯이 사람은 하나님을 사랑해야 한다는 것을 암시한다. 특별히, 아가서를 욥, 시편, 잠언, 전도서 같은 지혜 문학과 함께 배열한 성경학자들의 의도를 생각하면, 사람이 여호와를 경외하는 것이 지혜의 근본이듯이 하나님을 사랑하는 것 또한 지혜의 근본임을 가르친다(참조, 잠 1:7; 신 6:5; 30:16). 솔로몬 왕이 아가서와 전도서의 저자란 점도 특기 할만하다. 성경학자들은, 성경 전체의 일관된 구원 중심 계시사(啓示史)를 따라서, 아가서를 전도서 다음에 배치함으로써 아가서가 가르치는 인간의 사랑의 축복을 전도서가 가르치는 인간의 비참한 운명과 대조한다.

① 아가서의 사랑의 주제는 전도서의 인간의 한계의 주제를 보완하여 인간을 향하신 하나님의 사랑과 구원의 은혜를 나타낸다. 전도서의 저주와 아가서의 축복은 대조적으로 하나님은 단순히 인생의 생사화복을 주장하시는 무심한 중립적인 신이 아니라, 인간을 남녀로 지으시고 "생육하고 번성하라"고 축복하신 사랑과 은혜가 충만하신 인격적 신이심을 보여준다(창 1:26).
② 전도서의 인생의 허무함은 남녀의 사랑으로 어느 정도 극복될 수 있으나, 피조물의 한계로 말미암아 완전히 극복될 수는 없고, 하나님의 온전한 사랑으로만 극복될 수 있음을 암시한다. 남녀 간의 사랑도 전도서가 앞서 지적한 바 피조물 인생의 한계를 완전히 벗어나게 할 수 없을 뿐만 아니라(전 2:8), 부정한 사랑은 불행의 원인이 될 수도 있다(잠 7:5-27; 전 7:26). 전도서가 가르치는 인생의 비애와 한계를 도외시하는 남녀의 사랑은 어리석은 것이다. 피조물인 인간의 사랑은 일시적이고 불완전하고 자주 탐욕과 죄성으로 오염되어 있다.

그러나 창조주 하나님의 사랑은 영원하고 완전하고 무한한 사랑이다. 지혜와 능력이 제한적인 피조 인생은 무한하신 하나님을 경외해야 한다(전 3:14; 5:7; 7:18; 8:12-13; 12:13). 유사하게 아가서는 피조물 인간의 불완전한 사랑을 통해서 성경 전체가 가르치는 하나님의 온전한 사랑을 가리킨다. 아가서는, 하나님의 전체 구원 역사 안에서, 십자가에서 나타날 창조주 하나님의 지극하고 완전한 사랑을 기다린다. 십자가에서 나타난 하나님의 사랑과 지혜는 인간의 사랑과 지혜 등 모든 제한적인 가치와 대조적으로 완전하고 무한한 가치다. 하나님의 세상 경륜의 최종 목적은 이 어렵고 불안한 세상을 생명과 사랑으로 충만한 완전한 세상으로 재창조하는 것이다(롬 8:18; 벧후 3:13; 계 21:1).

그러므로 인간은 비록 고난의 세상에서 살지만, 하나님께서 약속하신 완전한 세상의 도래를 소망하며 살아야 한다. 사랑의 하나님께서 우리를 사랑으로 돌보신다는 믿음을 가지고 살아야 한다. 특별히 아들을 희생하시기까지 인간을 사랑하시는 하나님의 사랑을 본받아 서로 사랑해야 한다. 이런 시각에서 솔로몬과 술람미 여인이 사랑을 나누는 포도원은 하나님과 우리의 사랑이 완성되는 영원한 천국을 예견한다. 우리는 세상 끝날 우리의 신랑 되신 주님과의 혼인 잔치에 참여하게 될 것이다(마 9:15; 22:1-14; 25:1-13; 계 21:2, 9).

아가서는 인간 사랑의 한계를 알지만 강조하지는 않고, 다만, 남녀가 서로 사랑할 때 최고의 존재 가치를 느낄 수 있음을 강조한다(전 9:9). 사랑하던 남녀가 이별할 때 각자의 존재 가치가 약해지고 존재론적 절망에 빠지게 된다(아 3:1-3; 5:6-8). 하나님께서 남녀가 서로 사랑하며 살도록 창조하셨기 때문이다(창 2:18, 23).

사랑은 기쁨과 생명을 낳고, 미움은 절망과 죽음을 낳는다. 사람이 하나님을 떠나 우상을 섬기면 하나님은 질투하시고 진노하신다(출 20:5; 34:14; 신 4:24; 6:15; 사 1:3 이하; 호 3:1 이하). 하나님의 사랑은 변함이 없으나 사람이 하나님을 자주 배반하는 것이 문제다. 사람이 서로 사랑하듯이 또한 하나님을 사랑해야 한다. 원칙적으로 인간 존재의 창조자이신 하나님을 사랑하는 것이 인간 사랑보다 우선적이다(마 22:36-40). 사랑의 원천이신 하나님과의 교제가 깨어지면 인간의 사랑은 깨어진다(창 3:12).

인간은 연약한 죄인이므로 하나님의 완전한 사랑의 본을 따르지 않는 인간들만의 사랑은 위선적이고 깨어지기 쉽다. 특별히 십자가에서 나타난 하나님의 희생적 사랑에 근거한 인간의 사랑이 가장 안정되고 완전한 사랑이다(요 13:34b; 요일 4:9).

그리스도인은 신부가 신랑을 사랑하듯이 예수님을 사랑하고 사모해야 한다(마 9:15; 25:1-6). 실제로 예수님은 마지막 때 주님과 성도들의 만남을 혼인 잔치로 표현하고 자신을 신랑으로 표현하셨다(마 9:15; 25:1; 계 19:9).

그러나 사람을 사랑하지 않고, 하나님만을 사랑한다는 것은 진실성이 없다(요일 4:20). 보이는 사람을 하나님의 형상으로 알고 사랑함으로써 보이지 않는 하나님께 대한 사랑의 진정성을 증거해야 한다(약 3:9).

인간의 사랑은 인간의 뿌리 깊은 죄성과 탐욕으로 말미암아 자주 오염되고 변질되기 때문에, 언제나 하나님의 온전한 사랑을 따라서 조정되고 정화되어야 한다. 특별히, 그리스도의 십자가에서 나타난 하나님의 희생적 사랑(아가페)을 모든 인간의 사랑에 적용해야 한다. 모든 것이 기계화되고, 물량화되는 비인격적인 물질주의적 세상에서 십자가에 나타난 하나님의 지극하신 사랑을 따라서, 또한 우리와 함께 계시는 성령의 인도와 감화를 받아서, 모든 사람들을 진실히 사랑하는 사람이 되기를 힘쓰자.

> 사랑하는 자들아 하나님이 이같이 우리를 사랑하셨은즉 우리도 서로 사랑하는 것이 마땅하도다(요일 4:11).

비록 이 세상에서의 우리의 사랑은 불완전하지만, 영원한 천국에서 우리는 드디어 온전한 사랑의 교제를 즐기게 될 것이다.[5]

그때까지 하나님과 모든 사람들을 사랑하자. 이 기계화되고, 비인격적인 각박한 세상에서 하나님의 사랑으로 충만한 사랑의 공동체를 이루자(요 21:15-17).

> 오직 사랑 안에서 참된 것을 하여 범사에 그에게까지 자랄지라 그는 머리니 곧 그리스도라(엡 4:15).

2017년 2월 2일

---

[5] 조나단 에드워즈, 『사랑』, 415-416.

121. 어린아이의 교훈

> 진실로 너희에게 이르노니 너희가 돌이켜 어린아이들과 같이 되지 아니하면 결단코 천국에 들어가지 못하리라 그러므로 누구든지 이 어린아이와 같이 자기를 낮추는 사람이 천국에서 큰 자니라(마 18:3-4).
> 어린아이들이 내게 오는 것을 용납하고 금하지 말라 하나님의 나라가 이런 자의 것이니라 내가 진실로 너희에게 이르노니 누구든지 하나님의 나라를 어린아이와 같이 받아들이지[1] 않는 자는 결단코 그곳에 들어가지 못하리라(막 10:15).

예수님의 구원 사역과 교훈의 핵심은 천국 복음이다. 예수님은 처음부터 하나님 나라가 가까이 왔음을 선포하시면서 회개하고 하나님의 백성으로 살 것을 촉구하셨다(마 4:17). 세상 사람들이 추구하는 모든 세상의 가치는 궁극적 가치가 없고, 결국 파멸에 이르게 한다. 사람들은 다만 창조주 하나님의 천국의 약속의 말씀을 들어야 살 수 있다. 특별히 본문에서 예수님은 임박한 하나님 나라의 도래에 대비하여 사람들에게 그들의 정체성과 삶에 대한 일대 전환을 촉구한다.

> 진실로 너희에게 이르노니 너희가 돌이켜 어린아이들과 같이 되지 아니하면 결단코 천국에 들어가지 못하리라 그러므로 누구든지 이 어린아이와 같이 자기를 낮추는 사람이 천국에서 큰 자니라(마 18:3-4).

---

[1] 한글 개역개정판은 기존의 한글 개역판을 따라서 막 10:15의 "데크세타이"를 "받들다"로 번역하나 눅 18:17에서는 같은 동사를 "받아들이다"로 번역한다. 표준 새번역 개정판은 모두 "받아들이다"로 번역한다. 같은 동사가 막 9:37에 나오는데 두 한글 성경 모두 "영접하다"로 번역한다. "누구든지 내 이름으로 이런 어린아이 하나를 영접하면 곧 나를 영접함이요 …" 이 동사에 대한 한글 성경들의 다양한 번역과는 달리 모든 영어 성경은 "receive"라는 하나의 동사로 번역한다. 한 마디로, 이 동사는 하나님의 구원의 은혜를 감사히 받는 수혜자의 겸손한 자세를 나타낸다.

하나님 나라는 그 백성에게 기존의 가치관을 버리고 획기적인 변화를 요구한다. 거룩하고 완전한 그 나라에 상응하는 자아의식과 행동을 요구한다.

예수님께서는 적어도 세 번 어린아이를 교재로 삼아 천국 복음을 가르치셨다.

첫째, 사람은 어린아이의 천진난만한 본성을 회복해야 천국에 들어갈 수 있다(마 18:3-4; 19:14; 막 10:13-16; 눅 18:15-17).

둘째, 사람은 어린아이들처럼 자신을 낮추며 서로 섬기며 살아야 한다(마 20:26-27; 막 9:33-37; 10:43-45; 눅 9:46-48).

셋째, 목회자들은 부모가 어린아이들을 사랑으로 돌보듯이 교인들을 귀히 여기며 돌보아야 한다(마 18:5-7, 10-14; 막 9:36-37).

이런 어린아이 중심의 교훈들은 서로 연관된다. 마태복음 본문(마 18:3-4)의 첫 번째의 가르침은 천국 입국을 위한 요건으로서 어린아이와 같은 존재론적 이해와 변화를 요구하지만, 계속된 문맥(마 18:5-14)에서 세 번째의 목회적 가르침과 관련된다. 첫 번째와 세 번째 가르침은 모두 두 번째의 가르침, 즉 자신을 낮추고 남을 섬기라는 교훈과 연계된다. 실제로 본문과 멀지 않은 마태복음 20장 20-28절에서 자신을 낮추고 서로 섬기라는 제자도가 나타난다.

마가복음 본문(막 10:15)도 마태복음 본문(마 18:34)과 같이 먼저 근본적으로 변화된 우리 자신의 존재론적 이해를 요구하면서, 겸손히 섬기는 자세를 가르친다. 또한 마태복음 본문과 같은 문맥에서 "자신을 낮추고 남을 섬기라"는 제자도가 나타난다(마 20:20-28; 막 10:35-45).

본문은 어린아이의 주제로 말미암아 언뜻 온화한 권면같이 보이지만, 실제로는 천국 입국을 위한 엄격한 조건을 제시한다.

> 진실로 너희에게 이르노니 너희가 돌이켜 어린아이들과 같이 되지 아니하면 결단코 천국에 들어가지 못하리라(마 18:3).

첫째, 본문 말씀의 "진실로 내가 너희에게 이르노니"라는 양식 어귀는 본문의 말씀이 매우 심각한 내용임을 나타낸다.

둘째, "돌이키다"(스트라페테)라는 동사와, 그 앞에 있는 "결단코 … 아니하면"(에안

메)이라는 한정적 부정어는 모두 강조하는 문장을 구성한다. 즉 사람이 천국에 들어가려면 반드시 어린아이와 같이 변화되어야 한다는 것이다.

이 말씀에서 "돌이키다"(스트라페테)라는 동사는 "된다"(게네스데)라는 말과 함께 믿는 사람의 존재론적, 영적 변화를 나타낸다(마 18:3). 사람이 하나님 나라에 들어가기 위해서는 어린아이의 순전한 본성을 회복해야 한다. 어린아이와 같이 자신의 연약함을 인정하고 하나님을 온전히 의지하는 사람만이 복음을 믿고 구원받을 수 있다.

> 누구든지 하나님의 나라를 어린아이와 같이 받아들이지 않는 자는 결단코 그곳에 들어가지 못하리라(막 10:15).
> 천지의 주재이신 아버지여 이것(복음)을 지혜롭고 슬기 있는 자들에게는 숨기시고 어린아이들에게는 나타내심을 감사하나이다(마 11:25).

유사하게, 바울도 "십자가의 도가 멸망하는 자들에게는 미련한 것이요 구원을 받는 우리에게는 하나님의 능력이라"(고전 1:18)라고 말했다. 어린아이 같은 사람만이 하나님의 나라를 받아들일 수 있다.

그러나 죄인인 인간이 스스로 어린아이의 순전한 본성을 회복하는 것은 불가능한 일이다. 이 말씀을 문자적으로 해석하면 결국 어른들은 구원받을 수 없고, 어린아이들만 구원받을 수 있다는 것이 된다. 그러나 복음은 십자가의 구원의 은혜를 믿으면 누구나 구원받는 진리다. 십자가에 나타난 하나님의 구원의 은혜를 믿음으로 구원 얻는 진리는 결국 "돌이켜 어린아이와 같이 될 수 없는 인간의 문제," 즉 "사람의 뿌리 깊은 죄성으로 말미암아 천국 시민이 될 수 없는 문제"에 대한 하나님의 해결책이다(롬 3:10 이하; 7:15 이하; 8:15; 갈 4:6). 사람은 결국 의지나 노력이 아니라 하나님의 은혜와 능력으로 하나님의 자녀(어린아이)가 되는 것이다(롬 7:25; 8:1-2). 그리스도인은 하나님의 은혜와 능력으로 그리스도 안에서 하늘 아버지의 자녀가 되었음을 믿고 하늘 아버지를 전적으로 의지하고, 그의 말씀을 믿고 순종하며 살아야 한다.

이런 어린아이로서의 자아의식의 변화는 곧 하늘 아버지에 대한 믿음의 진보를 전제한다. 세상을 정죄하시고 심판하시던 하나님은 이제는 용서와 사랑의 하나님으로 나타나신다(요 3:16; 8:10). 유대교의 율법 행위와 제사의식을 통해 하나님께 나아가는 대신 이제는 "영과 진리"로 하나님께 나아가야 한다.

본문과 유사하게, 예수님은 요한복음 3장 3-5절에서 믿는 사람의 존재론적, 영적 변화의 과정을 "물"과 "성령"으로 말미암아 "위로부터" 거듭나는(중생) 것으로 설명하신다.[2]

① 태초에 세상 창조의 중보자(로고스, 말씀)이셨던 예수님을 믿는 사람들에게는 예수의 영(하나님의 영=성령)이 내주하심으로써 영적 존재로 새롭게 태어난다(요 1:1-4, 12-13; 15:4 이하; 롬 8:9-16; 고전 6:19; 고후 5:17; 갈 4:6). 그것은 어떤 인위적인 힘이 아니라 순전히 초월적이고 신비로운 하나님의 은혜와 능력으로 말미암은 것이다.

> 너희가 아들이므로 하나님이 그 아들의 영을 우리 마음 가운데 보내사 아빠 아버지라 부르게 하셨느니라(갈 4:6; 참조, 롬 8:15).

② 새로운 영적 존재로 거듭난 사람은 성령을 따라 산다(요 10:27; 14:26; 15:7, 10, 26; 16:13-15; 롬 6:1 이하; 8:4 이하; 갈 5:16). 그러므로 "돌이켜 어린아이와 같이 되라는 말씀"은 십자가의 구원의 은혜를 믿음으로 말미암아 변화되는 그리스도인의 새로운 정체성과 함께 변화된 삶의 자세도 가르친다.

지혜로운 사람이 아니라 어린아이 같이 자신의 연약함을 인정하고 하늘 아버지를 온전히 의지하는 사람이 복음의 수혜자가 된다는 사실은 하나님의 오랜 구원 역사의 역설적 특성이다. 죽음을 이기시고 승리하신 그리스도의 구원 역사를 포함해

---

2 "물"은 직접적으로는 물세례를 가리키지만, 근본적으로 세상 창조의 중요한 요소로서 중보자 그리스도를 믿음으로 말미암아 새로운 피조물로 창조되는 것을 가리킨다(창 1:3; 롬 6:3 이하; 고후 5:17). "성령"은 세계 창조에 참여하였듯이(창 1:3), 또한 하나님의 "생기"(니쉬마트 하임)가 인간을 생령이 되게 하였듯이(창 2:7), 이제 주 안에서 우리를 새로운 피조물로 창조하셨고, 계속해서 우리 안에 내주하시면서, 지시하시고, 인도하신다(요 14:16-17, 26; 롬 8:9-11).

서 하나님의 전체 구원 역사가 역설적이다. 하나님은 부자를 가난하게 만드시고, 가난한 자를 부하게 만드시며, 천한 사람을 높이시고, 귀한 사람을 낮추시며, 약한 것을 강하게, 강한 것을 약하게 만드심으로써 하나님의 구원의 권능과 영광을 온 세상에 나타내신다(창 25:23; 신 7:7-8; 삼상 2:5-8; 막 4:11; 눅 1:51-53; 롬 16:25-26; 고후 12:9).

구원은 하나님의 은혜로 말미암는 것이지만 인간의 결단과 행위를 수반한다. 본문의 말씀은 하나님의 역설적인 구원의 은혜로 말미암아 구원받은 사람의 인격적 변화와 함께 삶의 변화를 요구한다. 예수님께서 본문의 어린아이의 교훈과 관련하여 으뜸이 되고자 하는 사람은 오히려 자신을 낮추어 남을 섬기라고 가르치신다(마 20:26-27; 막 9:33-37; 10:43-45; 눅 9:46-48).

> 너희 중에 누구든지 으뜸이 되고자 하는 자는 너희의 종이 되어야 하리라(마 20:27).

또한 "돌이켜 어린아이가 되라"는 마태복음의 본문의 말씀에 이어서 목회자들은 교인들을 어린아이를 돌보듯이 귀히 여기라고 가르치신다(마 18:5-14). 하나님의 은혜로 "돌이켜," 존재론적으로, 하나님의 어린아이가 된 사람은 또한 실제적으로, "돌이켜" 어린아이와 같이 겸손히 남을 섬기며 살아야 한다. 그것이 바로 이 세상과 대조되는 천국의 생활을 예비하는 삶이다.

> 진실로 너희에게 이르노니 너희가 돌이켜 어린아이들과 같이 되지 아니하면 결단코 천국에 들어가지 못하리라 그러므로 누구든지 이 어린아이와 같이 자기를 낮추는 사람이 천국에서 큰 자니라(마 18:3-4).

실제로 많은 성경의 교훈들이 하나님 앞에서 어린아이들같이 자신을 낮출 것을 가르친다. 하나님께서는 스스로 "가장 작은 자"로 여긴 기드온을 택하여 이스라엘을 구하게 하셨다(삿 6:15). 다윗이 법궤를 오벧에돔의 집에서 다윗 성으로 옮길 때 마치 어린아이처럼 여호와 앞에서 힘을 다하여 춤을 추었던 것을 상기하자(삼하 6:14, 20-22). 솔로몬 왕은 하나님께 "종은 작은 아이라"라고 고백했다(왕상 3:7b). 예레미야는 하나님의 부르심을 받을 때, "나는 아이라 말할 줄을 알지 못하나이다"라고 말했고, 이에 대해 하나님께서는 "내가 너와 함께 하여 너를 구원하리라"고 말씀하셨다(렘 1:6-8).

> 여호와여 내 마음이 교만하지 아니하고 내 눈이 오만하지 아니하오며 내가 큰 일과 감당하지 못할 놀라운 일을 하려고 힘쓰지 아니하나이다 실로 내가 내 영혼으로 고요하고 평온하게 하기를 젖 뗀 아이가 그의 어머니 품에 있음 같게 하였나니 내 영혼이 젖 뗀 아이와 같도다(시 131:1-2).

또한 복음서에는 많은 말씀들이 "하늘에 계신 아버지"란 말로 시작된다.

> 그러므로 하늘에 계신 너희 아버지의 온전하심과 같이 너희도 온전하라(마 5:48).
> 하늘에 계신 우리 아버지여 이름이 거룩히 여김을 받으시오며(마 6:9).

이런 말씀들은 상대적으로 우리가 하늘 아버지의 어린아이들임을 나타낸다. 특별히 산상수훈의 대부분의 교훈들은 모두 어린아이와 같이 하늘 아버지를 믿고 의지하는 자세를 전제한다.

> 심령이 가난한 자는 복이 있나니 천국이 그들의 것임이요 애통하는 자는 복이 있나니 그들이 위로를 받을 것임이요 온유한 자는 복이 있나니 그들이 땅을 기업으로 받을 것임이요(마 5:3-5).
> 그들로 너희 착한 행실을 보고 하늘에 계신 너희 아버지께 영광을 돌리게 하라(마 5:16).
> 너희 하늘 아버지께서 이 모든 것이 너희에게 있어야 할 줄을 아시느니라(마 6:32).
> 너희가 악한 자라도 좋은 것으로 자식에게 줄 줄 알거든 하물며 구하는 자에게 좋은 것으로 주시지 않겠느냐(마 7:11).

사도 바울도, 그리스도인은, 어린아이처럼, 자신을 낮추고 남을 섬겨야 할 것을 가르친다.

> 아무 일에든지 다툼이나 허영으로 하지 말고 오직 겸손한 마음으로 각각 자기보다 남을 낫게 여기고 … 너희 안에 이 마음을 품으라 곧 그리스도 예수의 마음이니(빌 2:3-5).
> 이는 내가 약한 그때에 강함이라(고후 12:10b).

하나님의 은혜로 "돌이켜" 하나님의 어린아이가 된 사람은 오만하였던 자신을 어린아이와 같이 낮추어 남을 나보다 낫게 여기며 살아야 한다.

> 아무 일에든지 다툼이나 허영으로 하지 말고 오직 겸손한 마음으로 각각 자기보다 남을 낫게 여기고(빌 2:3).

우리가 상실해 버린 "하나님의 형상"을 회복하기 위해서 어린아이들의 성품과 자세를 회복하고 그렇게 살아야 한다(롬 8:29; 12:1 이하; 고후 3:18; 갈 4:19; 엡 4:1 이하; 골 3:10). 어린아이들은 비록 완전하지는 않지만, 순결함, 거룩함, 의로움, 온유함 등 "하나님의 형상"을 어느 정도 유지하고 있기 때문이다.

> 형제들아 지혜에는 아이가 되지 말고 악에는 어린아이가 되라(고전 14:20a).

성인들은 위선적이고, 거짓되고, 남을 이기려고 하고, 내일 일을 염려하지만, 어린아이들은 자신의 연약함을 알고 부모를 의지한다. 성인들이 상실한 어린아이들의 겸손함, 순전함, 낙천적이고, 의존적인 특성이 하나님 나라 시민의 기본적인 자세와 일치하는 것이다.

> 어린아이들이 내게 오는 것을 용납하고 금하지 말라 하나님의 나라가 이런 자의 것이니라(막 10:15a).

만일 누군가 "어린아이처럼 자신을 낮추며 남을 나보다 낫게 여기며, 남을 섬기라는 말씀"을 폄훼하여, 역시 "종교는 약한 자의 것이다"(니체)라고 한다면, 자신만을 위해 사는 이기적인 사람이야말로 하나님께 버림받은 불행한 사람이란 것을 알아야 한다. 하나님 앞에서 자신의 한계를 알고 이웃을 섬기는 것이 하나님 나라 시민의 도리이며 지혜다. 무엇보다, 하늘 아버지께서는 죄악 세상을 끝내시고 완전한 하나님 나라를 세우실 것을 약속하셨다. 그때까지 하나님께서는 자신을 낮추고 남을 섬기는 이들을 그의 자녀로 인정하신다(막 9:33-37; 10:13-16; 42-45).

> 내가 진실로 너희에게 이르노니 누구든지 하나님의 나라를 어린아이와 같이 받아들이지 않는 자는 결단코 그곳에 들어가지 못하리라(막 10:15b).

하나님의 역설적 구원 역사 속에서, 또한 약함으로 죽으셨으나 다시 사신 그리스도 안에서, 결국 약한 자가 승리한다는 것을 알아야 한다.

사람들은 누구나 "꼬리"가 아니라 "머리"가 되기를 원한다(신 28:13). 그러나 예수님은 제자들에게 "머리"가 되기 전에 먼저 "꼬리"가 되어야 할 것을 가르치신다.

> 너희 중에 누구든지 으뜸이 되고자 하는 자는 너희의 종이 되어야 하리라(마 20:27).

사실 하나님께서도 이스라엘 백성을 진정한 하나님의 백성으로 훈련시키시기 위해서 많은 고난을 주심으로써 먼저 "꼬리"부터 되게 하셨다(출 2:23; 신 4:30; 7:7; 31:17; 28:30; 수 5:6; 대하 28:19). 그러나 "머리"가 되기 위하여 "꼬리"부터 되어야 한다는 가르침은 결코 세속적이고 탐욕적인 처세술이 아니라, 하나님 나라 시민이면 누구나 지켜야 할 순전한 자세를 제시하는 것이다. 그런 자세가 하나님 나라에서 하나님을 영화롭게 하고 모든 성도들에게 기쁨과 유익이 되기 때문이다.

이렇게, "돌이켜 어린아이가 되라"는 말씀은 모든 그리스도인이 기존의 자아의식과 삶의 방식을 버리고 거룩하고 완전한 하나님 나라에 상응하는 변화된 자아의식과 삶을 요구한다. 중생한 사람은 자신의 거듭남에 대한 의식과 믿음에서 그치지 않고, 변화된 그리스도인의 인격과 삶을 추구해야 한다.

> 너희는 먼저 그의 나라와 그의 의를 구하라(마 6:33).

이런 사람이 천국에서 영생을 얻기에 합당한 사람이다.

그러나 천국의 영생은 인간의 소원이기 전에 하나님의 은혜로운 약속이고, 구원의 결과다(요 3:16; 고후 5:1; 딤후 4:18). 복음은 막연한 구원이 아니라 실제적인 구원의 약속이다. 마찬가지로, 복음은 천국의 약속뿐만 아니라 천국의 현실적 적용을 요구하는 것이다. 천국의 영생을 진지하게 믿는 사람이라면 이 세상에서도 천국생활로 자신의 정체성(중생한 하나님의 자녀, 천국 백성, 새로운 피조물)을 증거해야 한다. 죄인들은 죄악 세상에서 "돌이켜" 하나님의 자녀로 살아야 하고, 하나님의 자녀가 된 이들은 모든 위선과 외식에서 "돌이켜" 주 안에서 순전한 아이들로 살기를 결단해야 한다.

> 그러므로 모든 악독과 모든 기만과 외식과 시기와 모든 비방하는 말을 버리고 갓난아기들같이 순전하고 신령한 젖을 사모하라 이는 그로 말미암아 너희로 구원에 이르도록 자라게 하려 함이라(벧전 2:2).

예수님은 세상 나라 사람들과 대조되는 하나님 나라 시민의 온전한 인격과 자세를 가르치셨다.

> 그러므로 하늘에 계신 너희 아버지의 온전하심과 같이 너희도 온전하라(마 5:48).

불완전한 우리들이 하나님의 온전하심에 이르는 비결은 십자가를 지신 그리스도의 모본을 따라 스스로 우리 자신이 아니라 남을 사랑으로 섬기는 것이다.

> 새 계명을 너희에게 주노니 서로 사랑하라 내가 너희를 사랑한 것같이 너희도 서로 사랑하라(요 13:34).

2017년 2월 15일

122. 이단 경계

> 끝으로 너희가 주 안에서와 그 힘의 능력으로 강건하여지고 마귀의 간계를 능히 대적하기 위하여 하나님의 전신갑주를 입으라(엡 6:1-2).

정통 교리와 신앙을 부인하는 이단 세력이 교회를 어지럽혀 왔다. "신앙의 자유"가 허용된 혼란한 세상에서 우리 스스로 이단적 사상을 경계하지 않으면 참된 구원 신앙을 잃게 된다.

복음을 대적하는 세력이 교회 안팎에 있다. 세속주의, 다원주의 등 세상의 외적 세력도 있으나 교회 안에서 전통 신앙과 신학을 반대하며 새로운 신앙과 신학을 세우려는 세력도 있다. 우리는 여기서 주로 교회 안에서 일어나는 이단 사상에 집중한다.

이단은 이미 초대 교회 때부터 있었다. 베드로, 요한, 유다(야고보의 형제), 바울은 모두 특별한 관심을 가지고 이단자들과 그들의 사상을 경계한다.[1] 예수님께서도 이단을 경계하셨다.

> 사람들이 잘 때에 그 원수가 와서 곡식 가운데 가라지를 덧뿌리고 갔더니(마 13:26).

그들은 "가라지"(마 13:25-30), "거짓 그리스도"(마 24:24), "거짓 선지자"(마 7:15-23; 24:24; 행 13:6; 벧후 2:1; 요일 4:1; 계 16:13; 19:20 등), "삯군 목자"(요 10:12-13)이다.

바울은 그들을 책망하면서 "거짓 사도"(고후 11:13), "거짓 형제"(갈 2:4), "할례당"(엡 2:11; 빌 3:3; 골 4:11), "멸망의 아들"(살후 2:3), "불법한 자"(살후 2:3, 8), "외식함과 거짓말하는 자"(딤전 4:2), "배만 섬기는 자"(롬 16:18; 빌 3:19), "사욕을 따르는 스

---

[1] 마 7:15-23; 행 13:6; 20:29-30; 롬 16:17-19; 고후 11:4, 13-15; 12:16; 갈 1:7; 2:4; 엡 5:6; 골 2:8; 살후 2:1-12; 딤전 4:1-3; 6:3; 딤후 2:17-18; 3:4; 4:3; 딛 1:10-16; 3:9-11; 벧후 2:1-22; 3:4-7; 요일 2:18-24; 4:1-6; 요이 7; 유 4-19; 계 16:13; 19:20; 20:10.

승"(딤후 4:3) 등으로 불렀다.

베드로는 "멸망의 종"(벧후 2:19), "조롱하는 자"(벧후 3:4-7)라고 한다. 요한계시록에서 예수님은 에베소 교회가 도덕적 자유주의자들의 집단인 "니골라당"을 미워하였음을 칭찬하신다(계 2:6).

사도들이 이단에 대해 예민하게 반응한 것은 많은 신자들이 이단 사상에 대해서 의외로 취약했기 때문이다(갈 1:6). 초대 교회 안의 모든 반대파들을 이단으로 몰아서는 안 되지만, 그들이 이단으로 발전할 가능성은 있었다(고후 11:13-15; 12:16; 빌 1:15, 17; 3:18-19).

이단이 발생하는 이유는 무엇인가?

첫째, 이단은 기성 교회 자체의 약점에서 비롯된다. 교회의 불완전한 리더십, 부족한 의사소통, 무기력한 기능과 제도 등에 대한 저항과 불만에서 발생한다.

실제로, 성경에 나타나는 거의 모든 하나님의 사람들은 거짓 선지자들을 비롯한 반대 세력에 의해 고통받았다(눅 6:26). 모세는 밖으로는 애굽의 바로 왕, 마술사 얀네와 얌브레(출 7:11; 딤후 3:8), 그리고 이방 민족들, 안으로는 고라를 비롯한 반대자들에 의해 고통받았다(민 11:1-15; 12:1-15; 14:1-45; 16:1-50; 20:1-21; 유 1:11). 아합 왕 때에 미가야는 시드기야를 비롯한 다수의 거짓 선지자들에게 따돌림을 받았다(왕상 22:11-28). 예레미야는 거짓 선지자들에게 비난받으면서도 자신의 예언은 "알곡"이며, 사람들을 미혹하는 거짓 선지자들의 예언은 "겨"("가라지")라고 담대히 말했다(렘 23:28).

특별히 사도 바울은 자신을 반대하는 세력에 대해서 자신의 "강점"보다는 오히려 자신의 "약점"을 강조함으로써 자신이 약함으로 십자가를 지신 그리스도의 고난의 사역을 그대로 따르는 진정한 사도임을 역설적으로 강변한다(고후 11:23-30; 12:9-10; 갈 4:13-14, 19).

이단 세력은 교회의 불완전성을 지적하면서 교회의 개혁을 외치는 이들을 중심으로 형성될 수도 있다. 그러나 이단의 판단 기준은 복음의 핵심인 그리스도의 십자가다. 십자가를 통한 구원의 은혜와 사랑, 그리고 그런 가치가 복음 사역에 실제로 적용되어야 한다. 그러나 땅 위의 교회는 불완전한 사람들과 역경 속에서 불완전할 수밖에 없으므로, 교회가 세상에 있는 한 이단은 계속 나타날 것이다. 그러므로 주님께서는 본문에 이어서 "알곡"과 "가라지"를 뽑지 말고 심판 때까지 그대로 두라고 말씀하셨다(마 13:29-30). 우리가 이단을 경계해야 하되, 교회가 있는 한 이단도 계속 나타날 것임을 말씀하신 것이다.

둘째, 이단성 시비는 자주 성경 말씀에 대한 해석 문제로 야기된다. 성경 해석의 진위는 성경에 대한 성경 해석자의 바른 믿음에 따라 결정된다. 복음주의적 성경 해석은 다음과 같은 복음주의 5대 강령을 존중해야 한다.

① 모든 성경 말씀을 정확무오한 하나님의 말씀으로 믿어야 한다. 성경은 인간의 구원을 위한 하나님의 말씀으로서 아무것도 가감될 수 없다.
② 복음 신앙의 핵심인 그리스도의 처녀 탄생을 믿어야 한다. 그리스도는 성령으로 잉태하신 하나님의 아들이시다.
③ 그리스도의 신성을 믿어야 한다. 그리스도는 우리와 같은 몸을 가지셨으나 본질상 하나님의 아들이시다.
④ 그리스도의 육체적 부활을 믿어야 한다. 부활은 신앙이기 전에 실제적 사건이다.
⑥ 그리스도의 재림을 믿어야 한다. 그리스도께서 이 세상을 온전하게 만드실 때가 온다는 것을 믿어야 한다.

때로 성경의 기적을 믿어야 한다는 조항을 넣기도 하나 이미 이상의 항목에 기적에 대한 믿음이 포함된 것으로 볼 수 있다. 이런 조항들은 "사도들의 신앙고백"(사도신경)의 핵심적 내용과 일치한다.

사람들이 모인 교회에서 분쟁과 시비가 없을 수는 없으나 이상의 핵심적 교리에 위배되는 믿음을 주장하는 것은 심각한 문제다. 이런 신앙 문제가 아닌 교회의 분쟁은 십자가의 사랑 안에서 원만히 해결되도록 힘써야 한다.

> 오직 사랑 안에서 참된 것을 하여 범사에 그에게까지 자랄지라 그는 머리니 곧 그리스도라(엡 4:15).

셋째, 개혁교회는 성경이 가르치는 바를 가감 없이 그대로 믿고 따르려는 교회다. 개혁교회가 로마 가톨릭교회에서 나온 것은 로마 가톨릭교회가 기독교 신앙을 성경의 가르침에 근거하지 않고 사람의 종교적 성향이나 사회적 추세와 환경에 따라서 자의적으로 해석하기 때문이다. 그러므로 성경을 자의적으로 해석하는 이단자들이 종교개혁의 전통을 따르는 것으로 자처하는 것은 기만이다.

넷째, 이단은 언제나 양의 옷을 입고 참되고 아름답게 포장되어 나타나지만 그 속은 노략질하는 이리다(마 7:15; 고후 11:13-15; 골 2:18). 나무의 가치는 그 열매로 결정되듯이, 이단은 결국 그 교훈과 활동의 나쁜 결과로 말미암아 판명된다(신 18:22; 렘 28:9; 마 7:16-19). 그리스도의 교회에서 개인이나 개인적 견해에 대한 반대는 가능하나 성경의 명백한 가르침에 대한 반대는 허용될 수 없다.

하나님께서는 언제나 우리의 마음을 감찰하신다. 하나님을 믿는 사람은 언제나 진실한 마음과 기도로, 하나님의 말씀, 그리스도의 십자가의 모본, 그리고 성령의 인도하심을 힘써 따라야 한다.

2017년 2월 22일

123. 복음서의 역사성

> 우리 중에 이루어진 사실에 대하여 처음부터 목격자와 말씀의 일꾼 된 자들이 전하여 준 그대로 내력을 저술하려고 붓을 든 사람이 많은지라 그 모든 일을 근원부터 자세히 미루어 살핀 나도 데오빌로 각하에게 차례대로 써 보내는 것이 좋은 줄 알았노니 이는 각하가 알고 있는 바를 더 확실하게 하려 함이라(눅 1:1-4).

전기(傳記, biography)란 특정한 사람의 일생을 기록한 것이다. 그 사람에 대한 모든 역사적 자료들을 저자의 특정한 시각에서 정리한 것이다. 그러므로 하나의 전기에는 해당 인물의 객관적 생애와 저자의 주관적 시각이 함께 나타나는 것이다.

대부분의 성경 문학 비평가들은 복음서를 예수님의 전기로 본다. 성경의 복음서는 마태, 마가, 누가, 요한에 의해서 예수님의 역사적 자료들이 정리된 것이다. 그 결과 복음서들은 각 저자들의 주관적 의도를 보여준다. 각 복음서를 그 특징을 따라 읽을 때 마태는 예언과 성취, 마가는 그리스도의 고난, 누가는 사회적 약자를 위한 관심, 요한은 복음의 영적 의미라는 저자들의 주관적 의도가 나타난다. 이것은 4복음서가 각기 다른 주제를 가졌다는 것이 아니라 모두 "예수님을 믿음으로 얻는 구원"이라는 하나의 공통된 주제를 가지고 있으며 단지 강조점이 다르다는 것이다.

복음서에 이어서 나오는 사도행전은 예수님의 부활 승천 후에 일어난 초대 교회의 역사 기록이다. 물론 사도행전의 저자인 누가의 신학적, 목회적 관심도 나타나지만 역시 역사가 지배적인 특징이다. 서신서들은 바울을 비롯한 각 저자의 복음에 대한 설명과 교훈이 중심 주제이지만, 거의 모두 초대 교회의 실제적 역사적 문제를 논하고 있다.

한편 구약도 창세기부터 말라기까지 역사적 내용과 배경을 가지고 있다. 모세오경을 비롯한 대부분의 책들은 이스라엘 민족의 신앙 역사와 신앙 전통을 나타낸다. 지혜서와 시편은 주로 개인적 삶의 경험에 근거하고 있다. 그러나 시편은 자주 출애굽, 바벨론 포로 같은 이스라엘 민족의 과거의 역사적 경험을 돌아보면서 믿음을 다지고(시 78; 80; 105; 106; 114; 126; 135; 136; 137), 또한 현재의 어려운 정치적 사회적 처지에 대해 호소하기도 한다. 대부분의 예언서는 초두에서 당시의 역사적, 사회적 정황을 먼저 밝힌다. 예언서의 내용도 이스라엘의 정치적, 사회적, 종교적 문제와 관련하여 여호와 신앙의 회복을 촉구한다.

이렇게 성경의 중심 주제가 하나님의 구원을 가르치므로 성경을 한 마디로 하나님의 구원사라고 한다. 현대 성경 연구가들은 성경 역사를 이성주의적 비평적 시각에서 보면서 성경 저자들이 역사적 자료를 하나님의 구원이라는 사관(史觀)에서 정리하고 편집한 것이라고 본다. 즉 그들의 믿음이 하나님의 구원 역사를 창조했다는 것이다.

그러나 성경은 하나님의 역사 개입이 먼저 있었고 그 다음에 인간의 믿음이 나타나는 것으로 기술한다. 노아도, 아브라함도, 모세도 언제나 하나님의 부르심과 지시가 그들의 신앙적 결단에 선행했음을 보여준다. 사람의 믿음이 하나님의 구원 역사를 창조한다는 것은 비성경적이다. 오히려 하나님의 구원 역사가 사람의 믿음의 반응을 요구하는 것이다.

성경뿐만이 아니라 다른 고대 역사에도 초월적인 내용이 많이 있으나, 현대 이성 중심적 역사는 이런 초월적 사건들을 야사(野史)라고 무시하고, 원인과 결과가 분명한 역사를 정사(正史)라고 중시한다. 현대 역사가들이 야사로 취급하는 전설이나 초월적 사건 가운데 역사적 근거가 없는 조약한 내용도 있으나 어떤 야사는 정사와 긴밀히 관련된다는 사실을 주목해야 한다. 이것은 역사란 단순히 인간의 뜻대로 전개되는 것이 아니라 인간이 다룰 수 없는 초월적 신이나 운명이나 자연의 힘에 의한 것이라는 고대 역사가의 초월적 사관(史觀)을 따라 기록되었음을 보여주는 것이다.

고대 역사의 초월적 차원을 제거한 현대 역사, 즉 이성 중심적 역사의 장점은 인간이 어떤 막연한 초월적 운명을 따라 생각하는 것이 아니라 모든 역사적 사건에 대해서 스스로 책임 있는 존재임을 인정하는 것이다. 반면에, 이성 중심적 역사관의 약점은 인간 이성의 본질적 한계를 무시하는 데 있다. 예로, 이성 중심적 현대 역사가는 인간의 죄의 문제를 심각하게 다루지 않는다. 물론 현대 역사가라도 인간 역사의 흥망성쇠(興亡盛衰)의 근본적 원인이 바로 인간의 탐욕이라는 것을 인정할 것이다. 그러나 인간의 탐욕을 통제하는 이성의 능력은 한계가 있다. 인간의 탐욕 자체가 인간이 스스로 통제하기 어려운 비이성적인 힘이기 때문이다.

칸트는 평생 이성 중심적 사고의 유용성을 깊이 탐구한 후에 결국 인간 이성의 한계와 뿌리 깊은 인간의 죄성, 그리고 선을 방해하는 악한 세상의 세력을 인정하고, 이것들을 이기고 선(善)을 승리로 이끌어 줄 절대적 신의 존재, 또는 최고선(最高善, Sumum Bonum)을 요청했던 것이다.[1] 더 나아가 칸트는 인간 이성의 한계에 대한 대안으로써 복음을 제시한다.

> 복음은 참 지혜의 영원한 지침이다. 이성이 그 모든 사색을 마친 후에 내리는 결론은 결국 복음의 가르침과 일치되는 것이다. 더구나 이성이 그 모든 사고 과정을 마쳤을 때 이성이 찾는 바가 여전히 암흑 가운데 있음을 알게 되고, 이성은 새로운 빛과 신선한 교훈이 필요한데, 바로 복음에서 이것들을 찾게 되는 것이다.[2]

인간의 도덕이나 이성은 인간의 보편적 선한 의지나 양심을 중시하지만, 인간의 뿌리 깊은 죄성이나 세상의 악을 생각할 때 인간의 도덕이나 이성적 판단이나 행위가 최종적 선을 이룬다는 보장이 없다. 도덕과 이성의 제한성을 고려할 때 인간의 죄의 문제와 세상의 악에 대한 신앙적, 영적 해결이 인간의 도덕적, 이성적 판단과 선한 행위의 독려보다 더 근본적이고 본질적인 것이다. 비록 도덕이 하나님의 말씀을 반영하기도 하나, 결국 복음은 하나님의 말씀인 반면에 도덕은 사람의 교훈이다. 문제는 믿음이 모든 사람들의 것이 아니기 때문에 일반적으로 사람들은 보편적인 도덕이나 이성의 제한적 역할에 의지하는 것이다.

이성 중심적 역사관의 한계를 볼 때, 성경이 인간의 죄의 문제를 심각하게 보면서 선하신 하나님의 구원을 역사의 주제로 다루는 것은 타당하다. 복음서는 하나님의 아들 예수께서 이 세상에 오셔서 구원의 능력을 나타내시고 승천하신 역사를 기록

---

1 Immanuel Kant, 『이성의 한계 안에서의 종교』, 백종현 역 (서울: 아카넷, 2012), 157, 157 주 30; 앞의 "인간 이성의 한계"에서 이와 관련된 주(註)를 보라.

2 Josef Pieper, *Scholasticism: Personalities and Problems of Medieval Philosophy* (New York/Toronto: McGraw-Hill Book Company, 1964), 13.

하고 있다. 그러나 복음서가 다루는 핵심적 역사적 사건들(예수님의 탄생, 기적, 부활)이 대개 초역사적(超歷史的) 사건들이기 때문에 독자들의 믿음을 요구한다. 현대 성경 연구가들이 복음서를 역사적 비평 방법을 통해서 연구하면서 성경의 핵심적인 초월적 내용, 즉 예수님을 통한 하나님의 구원을 무시하고 윤리적 가치만을 찾으려고 한 것은 잘못이다. 또한 그들은 복음서가 저자들과 초대 교회의 신앙적 저술로만 보면서 복음서에 나타난 역사적 사건들의 실재성(實在性)을 무시하는 것도 잘못이다. 복음서는 많은 역사적 사건들에 대한 증언이다(눅 1:2).[3]

성경의 진정성과 권위에 대한 도전이 점증하는 때에 단순한 믿음보다는 든든한 역사적 증거를 가진 믿음이 필요하다. 믿음은 본질상 증거 없이도 믿는 것이지만, 적어도 얼마의 증거는 필요한 것이다.[4] 복음서도 역사적 증거를 통해서 예수님의 신분과 구원 역사를 제시한다. 그러므로 우리는 복음서를 읽으면서 복음서에 나타나는 역사적 사건들과 자료들의 실재성을 확인해야 한다. 그리고 동시에 복음서가 성경 전체의 주제인 하나님의 구원사적 시각을 충실히 따르고 있음을 확인함으로써 복음서가 가르치는 예수 그리스도의 생애가 단순히 저자나 초대 교회의 신앙적 산물이 아니라 구원 역사를 주관하시는 하나님의 최종적 구원 제안이라는 것을 밝혀야 한다.

그리스도는 모든 믿는 자에게 의를 이루기 위하여 율법의 마침이 되시니라(롬 10:4).

2017년 3월 4일

---

[3] 강창희, 『복음서의 지명과 복음서의 역사성』, 11-15, 130-133.
[4] C. F. D. Moule, *The Phenomenon of the New Testament*, 78f., 재인용 G. E. Ladd, *A Theology of the NT* (1974), 180.

124. 선하신 하나님

> 여호와께서 그의 앞으로 지나시며 선포하시되 여호와라 여호와라 자비롭고 은혜
> 롭고 노하기를 더디하고 인자와 진실이 많은 하나님이라 인자를 천대까지 베풀며
> 악과 과실과 죄를 용서하리라 그러나 벌을 면제하지는 아니하고 아버지의 악행을
> 자손 삼사 대까지 보응하리라(출 34:6-7).

한 마디로 하나님은 공의와 사랑을 함께 가지신 분이시지만, 역시 사랑이 많으신 분이시다.[1]

> 하나님은 사랑이심이라(요일 4:8b).

하나님은 창조주의 본질상 그가 지으신 인간을 사랑하시며 친밀한 교제를 원하신다. 창세 후에 인간은 하나님을 떠나 자행자지(自行自止)하여 왔으나 하나님은 인간을 포기하지 않으시고 계속해서 접근해 오셨다. 무엇보다 그의 아들의 희생을 통해서 사람에 대한 그의 사랑을 확증하셨다(요 3:16; 롬 5:8). 그러나 여전히 인간은 하나님의 사랑을 무시하고 마음대로 산다.

하나님을 믿는 사람이라도 믿음이 약해져서 하나님 대신 다른 것을 의지할 때가 있다. 그러므로 하나님은 그들의 믿음을 단련하고 시험하신다. 하나님께서는 아담과 하와에게 선악과를 시험 거리로 주셨는데, 결국 그들은 시험에 실패했다. 하나님께서는 믿음의 조상 아브라함도 시험하셨다(창 22:1 이하). 하나님께서 주신 선물 이삭을 바치라고 명령하셨던 것이다. 아브라함은 그 명령을 그대로 순종하였고 하나님께서 그의 진실함을 보시고 아브라함을 축복하셨다(창 22:16-18; 히 6:15). 하나님께서는 출애굽 때 이스라엘 백성을 광야에서 시험하셨는데 그들은 완전히 실패하

---

1 출 34:6; 민 14:18; 시 30:5; 103:10-13; 107:1; 118:1, 29; 사 48:9; 렘 15:15; 애 3:22, 31-33; 욜 2:13; 욘 4:2; 미 7:18; 행 13:18; 롬 2:4; 9:22; 벧전 3:20; 벧후 3:9.

였다. 다윗 왕도 시험을 받았는데, 실패하였고, 하나님의 징벌을 받았다(삼하 11:2 이하; 24:1 이하=대상 21:1 이하). 예수님은 광야에서 시험을 받으셨는데 시험을 모두 이기시고 공생애를 시작하셨다. 마지막 십자가의 고난을 앞두시고 겟세마네 동산에서 시험을 받으셨으나 결국 이기시고 구원의 대업을 완성하셨다.

  시험은 본질상 하나님의 시험도 되고, 사탄의 시험도 된다. 하나님께서 아담과 하와의 믿음을 단련하기 위해 선악과를 만드셨으나, 그들은 결국 사탄의 시험에 넘어갔던 것이다. 욥은 물론 그의 친구들도 시험을 받았다. 욥은 시험을 이겼으나 친구들은 실패했다. 다윗이 받은 "인구 조사의 시험"을 사무엘하 24장 1절에서는 "하나님께서 다윗을 격동시키셨다"고 했고, 역대상 21장 1절에서는 "사탄이 일어나 이스라엘을 대적하고 다윗을 충동하여 이스라엘을 계수하게 하니라"고 했다.[2] 예수님도 "성령에 이끌리시어 마귀에게 시험을 받으셨다"(마 4:1; 막 1:12-13; 눅 4:1-2). 다만 하나님께서는 시험을 통해 우리의 믿음을 든든히 단련하시기를 원하시지만, 사탄은 무너뜨리기를 원한다(약 1:13). 하나님과 사탄의 시험의 동기와 목적이 다른 것이다(욥 1:12; 2:6; 살후 2:9-13).

  그러므로 누구의 시험이냐라는 논쟁을 떠나서 우리가 당면한 시험을 어떻게 이기느냐에 집중해야 한다. 모든 시험을 이기기 위한 적절한 자세는 아무리 어려운 시험 가운데서도 하나님의 선하심을 끝까지 믿는 것이다. 욥은 잠시 흔들리기도 하였으나 끝까지 하나님의 선하심을 믿음으로 시험을 이겼고, 그의 아내와 친구들은 시험에 실패하였다. 그들은 단순히 욥의 고난을 욥의 숨겨진 잘못에 대한 하나님의 징벌로 보았던 것이다. 인생문제에 대한 인과론적인 이해만으로는 하나님의 선하심을 끝까지 믿을 수 없다. 불신에 빠지는 이들은 대부분 하나님의 말씀이 아니라 인간 논리를 따라 믿기 때문이다.

  그러나 인간의 이성과 논리로는 하나님의 뜻을 모두 이해할 수가 없다. 우리는 어떤 자연의 원칙이나 사람의 이성적 논리를 따라 하나님을 믿을 것이 아니라 오히려 그 한계를 인정하고 모든 불확실성과 혼란 가운데서도 하나님의 의로우심과 선하심을 끝까지 믿고 선한 일을 힘써야 한다(눅 21:31-32; 갈 6:9; 살후 3:13). 하나님께서

---

[2] 다윗은 이스라엘 전국 인구 조사를 실시할 때 하나님을 의지 하지 않고 사람의 수와 칼과 창에 의지하는 시험에 빠졌다(참조, 삿 7:7; 삼상 14:6; 17:47; 시 52:7; 사 31:1 등).

는 우리를 고난에서 구원하심으로써 우리를 위로하시고, 그의 영광을 나타내시기를 기뻐하시기 때문이다.

> 내가 너를 연단하였으나 … 어찌 내 이름을 욕되게 하리요 내 영광을 다른 자에게 주지 아니하리라(사 48:10-11).

하나님은 고난을 통해서 우리로 하여금 하나님을 더욱 의지하게 하고, 고난을 이기게 하심으로써 하나님께 감사와 찬송을 드리게 하신다(시 119:69, 72). 나아가 하나님께서는 우리를 장차 그의 영광에 참여하게 하실 것이다.

> 우리가 그와 함께 영광을 받기 위하여 고난도 함께 받아야 할 것이니라(롬 8:17b).

2017년 3월 7일

125. 꿈을 가진 자 vs. 꿈을 포기한 자

> 요셉이 그들에게 가까이 오기 전에 그들이 요셉을 멀리서 보고 죽이기를 꾀하여 서로 이르되 꿈꾸는 자가 오는도다(창 37:18-19).

우리는 욥이나 전도자와 같이 자주 인생이나 세상사(世上事)가 복잡하여 어떤 원칙을 따라 정리하고 예측하는 것이 불가능하다고 생각하면서 인생의 무상함을 느낄 때가 많다. 전도자도 불안하고 허무한 세상에서 영원하고 온전한 세계를 갈망한다(전 3:11). 영원과의 접촉점이 없는 인생은 결국 절망할 수밖에 없다. 시편 기자도 자주 허무하고 고통스런 현실을 개탄한다. 그러나 시편 기자는 결국 영원히 살아계시고 인생을 돌보시는 인자하신 하나님을 믿고 의지한다(시 90; 107; 118; 121). 시편의 탄식시조차 마지막 부분은 거의 언제나 하나님의 구원과 소망으로 맺는다.

세상이 복잡하게 돌아가는 듯이 보이지만, 성경 전체가 가르치듯이, 결국 선하신 하나님께서 세상을 이끌어 가신다는 것을 잊지 말아야 한다. 다만 하나님께서는 자주 우리가 알지 못하는 자신만의 계획과 섭리로 세상을 이끌어 가신다.

> 내 생각이 너희의 생각과 다르며 내 길은 너희의 길과 다름이니라 이는 하늘이 땅보다 높음 같이 내 길은 너희의 길보다 높으며 내 생각은 너희의 생각보다 높음이니라 (사 55:8-9).

그러나 하나님의 세상 섭리는 막연한 원리가 아니라 인간 구원을 위한 단 하나의 목적을 따라 진행된다. 하나님께서 그의 구원 섭리를 이루어 가실 때 단순히 자연법을 따라서 이루어 가시는 것이 아니라 그의 선하심과 인자하심을 따라 행하신다. 더구나 하나님께서는 자주 인간이 예측할 수 없는 신기한 방법으로 그의 섭리를 이루심으로써 그의 존재와 능력과 영광을 우리에게 나타내시기를 기뻐하신다.

"내가 여호와인 줄 너희가 알지라."[1]

하나님께서는 우리의 믿음을 단련하시기 위해서 우리를 하나님의 선하심과 구원을 도저히 믿기 어려운 환경과 조건 가운데 두실 때도 있다. 그러나 결국은 언제나 그의 구원의 능력과 영광을 나타내신다. 하나님께서는 결국 온전한 하나님의 나라를 세우실 것이다. 우리는 그 나라에 대한 하나님의 약속을 끝까지 믿어야 한다.

하나님께서는 믿음의 조상들의 생애 가운데 자주 인간의 예상이나 자연법을 넘어 역사하심으로써 그의 존재와 능력과 영광을 나타내셨다. 하나님께서 형에서 대신 동생 야곱을 축복하셨고, 야곱의 열두 아들들 가운데 어린 요셉을 축복하여 그의 가족 전체를 구하게 하셨다. 요셉은 형들의 미움을 받아 극심한 고난을 겪었으나 하나님께서 자신을 축복하실 것이라는 어릴 때 꾼 꿈을 굳게 믿고서, 꿈을 방해하는 모든 역경을 참고 견딜 때, 하나님께서는 그의 꿈을 통해 말씀하신 약속을 이루어 주셨다. 한 마디로 하나님께서는 그의 약속을 굳게 믿는 이들에게 반드시 그 약속을 이루신다. 반대로 하나님의 약속을 믿지 않는 이들에게는 그의 능력과 영광을 나타내시지 않으신다.

> 너희 믿음대로 되라(마 9:29).
> 네 믿음이 크도다 네 소원대로 되리라(마 15:28).
> 내 말이 네가 믿으면 하나님의 영광을 보리라 하지 아니하였느냐(요 11:40).
> 믿음은 바라는 것들의 실상이요 보이지 않는 것들의 증거니 선진들이 이로써 증거를 얻었느니라(히 11:1-2).

하나님을 믿는 믿음은 "꿈은 이루어진다"는 인본주의적인 주장과 유사하게 보이지만 본질적으로 다르다. "하나님은 스스로 돕는 자를 돕는다"는 말이나 "소년이여 야망을 가져라"라는 말은 다분히 사람의 의지와 책임을 강조하지만, 성경이 가르치는 믿음의 근거는 자신감이나 야망이 아니고, 이 세상의 일시적 가치나 영광도 아니며, 오직 하나님과 그의 구원의 약속을 철저히 믿는 것이다(마 6:33; 골 3:1; *Inst*. III.2,

---

[1] 출 6:7; 10:2; 14:4; 31:13; 삼상 20:13; 28; 왕하 19:19; 대상 12:23; 시 100:3; 사 45:3; 렘 31:32; 겔 22:16; 25:5, 7, 11; 39:6, 22, 28; 욜 3:17 등.

28, 57). 그리스도인의 이상과 꿈은 세상의 가치, 개인적 자아확신이나 오만함에서 나온 것이 아니라 주님의 구원의 약속을 믿음에서 비롯된 것이다.

> 여호와여 내 마음이 교만하지 아니하고 내 눈이 오만하지 아니하오며 내가 큰 일과 감당하지 못할 놀라운 일을 하려고 힘쓰지 아니하나이다(시 131:1).
> 높은 데 마음을 두지 말고 도리어 낮은 데 처하며 … (롬 12:16).
> 너희는 먼저 그의 나라와 그의 의를 구하라(마 6:33).

성경은 자신의 분복(分福)을 감사히 여기면서도, 하나님의 영원한 약속과 함께 하나님께서 주신 자신의 사명을 가지고 꾸준히 정진하는 경건한 인생관을 제시한다. 하나님의 약속은 모든 믿는 자에게 주시는 영원한 구원의 축복과 함께, 이 땅에 사는 동안 하나님의 영광과 능력의 도구로써 자신을 인식하고 꾸준히 힘쓰는 모든 사람에게 주시는 이 땅에서의 축복도 포함하는 것이다. 하나님은 자주 사람의 믿음을 통해서 일하시기를 기뻐하신다(창 15:6; 합 2:4; 막 5:34; 롬 4:9). 반면에 하나님은 나태한 신앙인들과[2] 불신적 세상을 책망하신다.[3]

하나님의 구원의 소망이 없는 인생은 허망하다. 하나님께서는 인생이 아무리 어렵더라도 하나님께서 우리에게 말씀하신 구원의 약속을 믿고 살기를 원하신다. 그것이 하나님 나라의 영원한 약속이든지, 이 땅에서의 어떤 소망이든지, 우리는 날마다 그 소망을 방해하는 모든 도전과 역경을 참고 견디며 하나님께서 그 소망을 이루어주시도록 기도해야 한다. 때로, 인생이 일장춘몽(一場春夢)이라는 허무감에 젖기도 하고, "세상만사(世上萬事) 요지경(瑤池鏡)"이라는 혼란한 자연주의적 사고의 미혹을 받으면서도, 하나님께서 이 세상과 우리 각자에게 품으신 거룩하신 뜻이 있음을 새롭게 믿어야 한다.

아무리 우리 인생이 무의미하게 보이더라도 우리를 향하신 하나님의 거룩하신 뜻과 그에 합당한 꿈을 힘써 다져야 한다. 그러므로 야곱은 정든 고향 집을 떠난 첫

---

[2] 잠 19:24; 20:4; 31:13-31; 마 25:26.
[3] 창 6:5-7; 사 1:3 이하; 마 13:58; 11:17, 20-24; 17:17; 롬 4:20.

날밤 아무도 없는 적막한 광야에서도 하나님께서 그의 길을 인도하심을 깨달았다(창 28:16). 모세도 광야에서 밤낮 하나님과 자신을 원망만 하는 이스라엘 백성들로 말미암아 차라리 죽기를 원했으나 하나님께서 그에게 모든 난관을 이길 능력을 주셨다(민 11:15-17; 12:7-8). 엘리야는 이세벨의 위협을 피해 광야로 도망가서 거기서 자신의 인생을 마무리하기를 원했으나, 하나님께서는 엘리야에게 새로운 사명을 맡기셨다(왕상 19:4-8).

예레미야는 예루살렘 멸망을 탄식하면서도 구원의 소망을 붙들었다(애 3:21-38). 예수님께서는 하나님께서는 우리의 머리털까지 세시며, 하나님께서 허락하지 않으시면 참 새 한 마리도 그저 떨어지는 법이 없다고 하셨다(마 10:29-30). 우리의 꿈과 이상이 완전히 깨어지고 아무런 출구가 보이지 않는 절망적인 상태에서도 하나님의 구원의 능력과 약속을 굳게 믿어야 한다. 성경 전체가 하나님의 약속을 굳게 믿을 것과 하나님께서 장차 우리에게 이루실 놀라운 일에 대한 소망을 가지고 살 것을 가르치기 때문이다. 믿음의 조상들은 약속의 땅의 비전을 가졌고, 이사야는 새 하늘과 새 땅의 비전을 가졌고, 에스겔과 다니엘은 패망한 이스라엘의 허망한 현실 가운데서도 장래의 회복의 비전을 가졌고, 다니엘도 요엘도 장차 나타날 하나님의 구원의 날을 대망하였다.

> 그 후에 내가 내 영을 만민에게 부어 주리니 너희 자녀들이 장래 일을 말할 것이며 너희 늙은이는 꿈을 꾸며 너희 젊은이는 이상을 볼 것이며 그때에 내가 또 내 영을 남종과 여종에게 부어 줄 것이며 … 누구든지 여호와의 이름을 부르는 자는 구원을 얻으리니(욜 2:31-32a).

우리는 연약한 우리 자신이나 어려운 현실 가운데 절망하지 말고 하늘 아버지께서 언제나 우리를 사랑하신다는 것과 우리에게 주신 약속과 소망, 이상과 꿈을 반드시 이루어 주실 것을 믿어야 한다. 비록 우리의 꿈과 이상이 사사롭고 단편적인 것이라고 해도, 우리가 지금은 알 수 없는 하나님의 더 큰 구원의 약속으로 진전될 것을 믿고 간구해야 한다.

만군의 여호와의 열심히 이를 이루시리라(사 9:7; 37:32).

자신이 없고 답답한 현실 가운데서도 하나님께서 우리에게 주신 약속과 소망, 사명과 꿈을 잊지 말아야 한다.

내가 산을 향하여 눈을 들리라 나의 도움이 어디서 올까 나의 도움은 천지를 지으신 여호와에게서로다(시 121:1-2).

우리는 연약하나 우리가 믿는 하나님이 강하심을 믿어야 한다.

자녀들아 너희는 하나님께 속하였고 또 그들을 이기었나니 이는 너희 안에 계신 이가 세상에 있는 자보다 크심이라(요일 4:4).

우리 인생의 마지막 순간에도 "우리를 사랑하시는 이로 말미암아 우리가 넉넉히 이기느니라"(롬 8:37)는 말씀을 믿어야 한다.

거듭 말하지만, 주 안에서 모든 것을 믿고, 모든 것을 바라는 사람들에게는 어떤 고난이나 시험이나 징벌도 결국 축복과 은혜의 과정일 뿐이다. 중요한 것은 우리가 기존의 안락한 자리를 포기하고 더 큰 비전을 향해 나아가는 도전적 신앙을 결단하는 것이다.

2017년 4월 16일

126. 예수님의 부활

> 내가 받은 것을 먼저 너희에게 전하였노니 이는 성경대로 그리스도께서 우리 죄를 위하여 죽으시고 장사 지낸 바 되셨다가 성경대로 사흘 만에 다시 살아 나사 게바에게 보이시고 …(고전 15:3-5).

예수님은 부활하셨다.

그러나 과연 우리도 부활하게 되는가?

부활의 진정한 의미는 무엇인가?

부활 신앙이란 단순히 인간 존재에 대한 이상적인 좋은 생각일 뿐인가?

우리는 사도들의 신앙고백을 암송하면서 부활 신앙을 다지지만, 때로는 부활의 실재성에 대해 회의적이 될 때도 있다. 19세기 이후 다수의 비평적 주석가들은 부활 신앙을 1세기 초대 교회의 신화적 산물로 보았다. 초대 교회 신자들의 예수님의 부활 신앙이 부활 전승을 이루었고, 복음서의 부활 기사를 만들었다는 것이다. 그들은 헬라의 이원론적 세계관과 인간관에 근거한 신화적, 묵시론적 부활 신앙을 일원론적 세계관과 인간관을 믿는 현대 그리스도인들이 받아들일 수 없으므로, 실존주의적 재해석이 필요하다고 주장했다. 복음서가 전하는 예수님의 부활을 사실로 믿기보다는 그 의미를 우리 자신의 현실에 적용하는 것이 더 중요하다는 것이다.

그러나 본문을 비롯한 복음서의 예수님의 부활 보도는 이런 실존적 재해석을 가르치는 것이 아니라, 예수님이 실제로 다시 사셨다는 목격자들의 증언과 사실적 보도에 집중하고 있다.[1]

① 많은 사람들이 부활하신 예수님을 직접 보고 그의 말씀을 들었다(마 28:16-17; 고전 15:5-6).

---

1 마 28:9; 눅 24:31-37, 42-43; 요 20:1-8; 16-19, 26-27; 행 1:1; 2:32; 10:41; 고전 15:4 이하.

② 예수님의 부활 사건이 기독교 복음 운동의 원인이며, 복음의 핵심이다.[2] 예수님의 부활은 성경의 다른 많은 기적들과 같이 물리적 설명이 불가능한 초월적 사건이다. 기존의 낡은 질서에 완전히 새로운 신적 질서가 개입함으로써 일어난 사건이다.[3]

③ 예수님의 부활은 그가 우리의 구주이시며, 새로운 구원의 시대를 시작하셨고, 다시 오실 것을 확증한다. 다른 말로 그리스도의 부활은 기독론과 구원론, 그리고 종말론이 단순한 신학적 개념 이상으로서 확실한 하나님의 약속임을 나타낸다(고전 15:2, 20-22, 42-57).

④ 또한 예수님의 부활로 말미암아 그를 믿는 우리도 새로운 피조물로서 거룩한 삶을 살고, 또한 부활의 소망을 갖고 살 것을 가르친다.[4] 예수님의 부활은 그를 믿음으로 그와 연합한 사람들의 현재와 장래의 존재론적 근거이며 삶의 동력이다.

> 나는 부활이요 생명이니 나를 믿는 자는 죽어도 살겠고 무릇 살아서 믿는 자는 영원히 죽지 아니하리니 이것을 네가 믿느냐(요 11:25-26).
> 그리스도께서 약하심으로 십자가에 못 박히셨으나 하나님의 능력으로 살아 계시니 우리도 그 안에서 약하나 너희에 대하여 하나님의 능력으로 그와 함께 살리라(고후 13:4).

예수님의 부활은, 자연주의자들이 생각하듯이, 이 세상이 단순히 생성소멸의 법칙을 따라 반복적으로 순환되는 것이 아니라 창조주 하나님의 세상 구원의 계획을 따라서 생명이 충만한 완전한 세계를 지향하고 있음을 보여준다(계 21:1). 이 세상에 대한 고난과 사망의 저주는 하나님의 본심이 아니라 그의 사랑하시는 백성에 대한

---

[2] 행 1:3-11, 22; 2:24-32; 3:15; 4:2, 10, 33; 5:30; 10:40-41; 13:30-37; 17:3; 31-32; 24:15; 25:19; 26:8; 롬 1:4; 6:4, 8, 11; 8:34; 10:9; 14:9; 고전 6:14; 15:15-19; 고후 4:14; 5:15; 13:4; 갈 1:1; 엡 1:20; 2:5; 빌 3:10; 골 1:18; 3:1; 살전 1:10; 딤후 2:8, 11; 히 13:20; 벧전 1:3; 3:18.

[3] G. E. Ladd, *A Theology of the New Testament* (1974), 323: "예수의 부활은 죽은 몸의 육체적 생명의 복원이 아니라 새로운 생명의 질서가 시작된 것이다."

[4] 요 11:25-26; 15:5; 롬 6:5; 고전 15:15:22-23; 엡 2:5; 골 3:1; 딤후 2:11.

책망과 징계이고, 그의 구원 계획을 방해하는 세력에 대한 제재와 방어 수단이다(애 3:33). 피조 세계는 하나님의 구원 계획을 방해는 악한 세력으로 말미암아 고난받으면서 하나님의 구원 개입을 간절히 바라고 있다(롬 8:19-25).

예수님의 죽음과 부활은 하나님이 운명이나 우주적 에너지 같은 비인격적 능력이 아니라 아들을 희생하시기까지 인간을 사랑하시는 긍휼이 많으신 하늘 아버지이심을 보여준다.

성경이 가르치는 예수님의 부활의 역할과 기능은 비평적 해석자들이 강조하는 바 부활 신앙의 현실적 역할과 기능, 즉 어려운 인간 현실을 극복하는 실존적 힘과 의지를 주는 것 이상이다. 예수님의 부활은 영원한 나라의 도래와 몸의 부활이라는 엄청난 존재론적 변화 그리고 완전하고 영원한 구원 등 하나님의 구원 약속의 확고한 근거가 된다(고전 15:50-58).[5]

주의할 것은, 예수님의 부활 사건이 부활 신앙을 선행했다는 사실이다. 구원 역사의 주체는 우리의 믿음이 아니라 하나님이시다. 우리의 믿음 자체에 무슨 구원의 능력이 있는 것이 아니다. 우리의 믿음은 하나님의 구원의 은혜와 능력의 수단일 뿐이다(*Inst.* III.18.8). 하나님의 말씀과 구원 행위가 먼저 나타난 후에 사람의 믿음이 나타난다. 우리의 믿음이 구원 역사를 창조하는 것이 아니라 하나님께서 우리의 믿음을 통해서 구원 역사를 창조하시기를 기뻐하시는 것이다. 본문은 예수님의 부활이라는 역사적 사실이 우리의 믿음의 근거이며, 동시에 하나님의 구원 약속은 공허한 것이 아니라 예수님의 부활과 같이 실제적이고 진실한 것임을 밝힌다.

고린도전서는 고린도 교회가 당면한 여러 가지 신앙 문제들에 대해서 바울이 차례로 설명하는 형식을 취한다. 15장은 교리적 문제로서 부활론을 다룬다.[6] 바울은 부활을 복음의 가장 핵심적 주제로 보고 마지막 장에서 심도 있게 다룬다. 바울은 먼저 본문 1-11절에서 예수의 부활의 확실성을 밝힌 후에, 나머지 부분(12-58절)에서는 주로 예수님을 믿는 우리들의 장래 부활의 확실성을 논한다. 그러므로 15장의 주제는 "예수님의 부활은 곧 우리들의 부활"이다. 그런 의미에서 본문이 밝히는 예

---

[5] Leon Morris, *The First Epistle of Paul to the Corinthians* (Grand Rapids: Eerdmans, 1975), 203.

[6] F. W. Grosheide, *The First Epistle to the Corinthians*, The New International Commentary on the NT (Grand Rapids: Eermans, 1953), 346.

수님의 부활의 확실성은 15장의 부활론의 전제이고 논리적 근거다.

바울은 본문에서 부활의 신학적 의미가 부활의 실재성과 분리될 수 없는 하나의 주제로 알고, 먼저 부활의 역사적 실재성을 부활의 신학적 근거로 제시한다.

> 그리스도께서 우리 죄를 위하여 죽으시고 장사 지낸 바 되셨다가 성경대로 사흘 만에 다시 살아 나사 게바에게 보이시고 … (고전 15:3-5).

그리스도의 부활은 그를 믿는 우리들에게 큰 유익이 된다. 즉 그리스도와 연합한 그리스도인은 그리스도의 부활에 참여하게 된다. 그리스도의 부활이 육체적, 실재적이었듯이, 우리의 부활도 몸의 부활이며, 시공간 가운데 일어날 구체적인 사건이다. 묵시론적 부활이란 단순히 문학적, 종교적 상상이 아니라 장차 나타날 실제적 사건이다.

> 아담 안에서 모든 사람이 죽은 것같이 그리스도 안에서 모든 사람이 삶을 얻으리라 (고전 15:22).

본문은 예수님의 부활에 대한 가장 최초의 기록이며, 500여 명과 복음서에 나타나지 않는 야고보 같은 부활에 대한 증인들을 제시한다.[7] 물론 복음서의 부활 보도와 사도행전 2장의 베드로의 오순절 성령 강림 설교에서 부활이 언급되었지만, 본문의 기록 연대가 55년 초이므로 복음서와 사도행전의 기록 연대보다 대개 십년 이상 빠르다. 더구나 본문은 단순히 예수님의 부활의 기원과 전승을 밝히고 있다.

> 내가 받은 것을 먼저 너희에게 전하였노니 … (고전 15:3 이하).

---

[7] C. K. Barrett, *The First Epistle to the Corinthians*, Harper's NT Commentaries (New York: Harper & Row, Publishers, 1968), 342-343; Gary R. Habermass, *Ancient Evidence for the Life of Jesus* (Nasvhille/Camden/New York: Thomas Nelson Publishers, 1984), 26.

인간의 운명에 대하여 고린도 교회는 헬레니즘 사상과 함께 영지주의 사상의 도전을 받았다. 헬레니즘 사상은 인간의 육체를 영혼의 감옥으로 보고, 죽음은 인간의 영혼이 자유롭게 되어 신에게로 돌아가는 현상으로 믿었다.[8] 1-2세기에 유행했던 영지주의는 이원론적 인간관을 가지고 "영혼 불멸"을 가르쳤으나 "육체적 부활"은 부인하였다. 헬레니즘과 영지주의의 영향을 받은 어떤 고린도 교회 교인들은 복음이 가르치는 육체의 부활을 부인하였다(고전 15:1).[9] 이에 대하여 본문에서 사도 바울은 예수님의 몸의 부활의 역사적 확실성과 신학적(구원론적) 의미를 논한다.

① 예수님의 부활은 사람이 만든 신앙 전승이 아니라 고린도 교인들이 부활의 증인들로부터 전해 받은 것이다(고전 15:1-3).
② 부활하신 예수님을 만난 부활의 증인들이 대부분 여전히 생존하고 있다(고전 15:5-8).
③ 예수님의 부활은 우연한 사건이 아니라 하나님의 오랜 약속이 성취된 것이다(고전 15:3["성경대로"], 54).[10]
④ 예수님의 부활은 하나님의 구원 계획의 완성이다. 예수님의 부활은 우리의 부활의 선소적 증거다(고전 15:14 20).

그러나 이제 그리스도께서 죽은 자 가운데서 다시 살아나사 잠자는 자들의 첫 열매가 되셨도다(고전 15:20).

고린도전서 15장 3-4절에 사도신경에 나오는 그리스도의 죽으심이 언급되므로 콘젤만(Hans Conzelmann)은 본문에서 바울이 초대 교회의 부활 신앙 전승이나 신앙

---

8 William Barclay, *The Letters to the Corinthians* (Philadelphia: The Westminster Press, 1975), 140.
9 F. W. Grosheide, *The First Epistle to the Corinthians*, 356. 바클레이(137)와 그로쉬드는 영혼과 육체의 분리를 믿는 고린도 교인들이 예수의 부활을 믿으면서도 믿는 자의 몸의 부활을 믿지 않았다고 한다. 이에 대해 바울이 예수의 부활을 따라 믿는 자들도 부활하게 된다는 것을 가르쳤다고 한다. 그러나 본문과 본문에 이어 나오는 12-20절에서 바울이 예수의 부활의 역사성을 강조하는 사실에 비추어 볼 때 어떤 고린도 교인들이 예수의 부활을 포함하여 모든 육체적 부활을 믿지 않았다고 볼 수 있다.
10 눅 24:26-27; 행 2:25-28; 13:34-35; 마 16:4; 참조, 욥 19:25; 시 16:10-11; 사 26:19; 단 12:2.

신조에 대해 논한다고 본다. 그는 불트만과 같이 예수님의 부활에 대한 역사적 가치를 무시하는 한편, 신앙적, 주관적 가치에 집중한다.[11] 대부분의 성경 비평가들도 초대 교회의 부활 신앙이 부활 전승이나 자료를 만들어냈다고 본다. 그러나 복음서와 본문은 부활 신앙이 예수님의 역사적 부활 사건에서 비롯되었음을 밝힌다. 본문과 15장 전체가 예수님의 부활에 대한 역사적 증거에 근거하고 있다. 본문에서 바울이 지적하는 예수님의 육체적 부활에 대한 역사적이고 객관적인 모든 증거는 예수님의 부활에 대한 초대 교회의 창작설을 거부한다. 마찬가지로, 복음서와 요한복음 20장 1-18절, 그리고 사도행전 10장 34-43절 같은 기록들도 예수님의 부활에 대한 역사적 증거를 제시하면서 독자들의 부활 신앙을 독려한다.

본문 4절에서 바울은 예수님께서 "성경대로 사흘 만에 다시 살아나사"라고 말하면서 요나 1장 17절을 가리킨다. 이것은 어쩌면 바울이 복음 전승에서 배운 것일 것이다. 예수님께서 자신의 죽음을 요나의 경험에 비추어 예언하셨기 때문이다(마 12:40). 호세아 6장 2절은 이스라엘의 회복을 가리키는 말이므로 부활과 관련되지 않는다. 예수님의 부활에 대한 구약의 예언이 비교적 제한적이지만(욥 19:25; 시 16:10-11; 사 26:19; 단 12:2), 신약 저자들은 부활에 대한 근거로 구약 예언을 인용한다(마 26:54; 눅 24:27; 행 2:24, 31; 10:43; 13:34; 26:22-23). 더구나, 하나님께서는 자주 전례가 없는 새롭고 기이한 일을 행하심으로써 그의 권능과 영광을 나타내신다는 것을 알아야 한다.[12]

바울은 본문의 후반부, 5절에서 11절까지에서, 베드로, 야고보, 열두 제자들과 오백여 형제들 같은 부활의 많은 증인들을 나열하면서 자신도 부활의 증인이라고 한다. 특별히 바울은 이전에 교회를 핍박하였으므로 "사도 중에 가장 작은 자"로 자신을 지칭한다(9절). 사도가 되기에 부적합한 사람으로서 사도가 된 것은 결국 하나님의 은혜라고 술회한다. 바울은 자신의 비하(卑下)와 하나님의 은혜를 대조하면서 결국 그리스도

---

[11] Hans Conzelmann, *1 Corinthians*, trans. James W. Leitch, Hermeneia (Philadelphia: Fortress Press, 1975), 249, 260.

[12] 출 15:11; 대상 16:24; 욥 5:9; 시 107:8; 118:23; 사 29:14; 48:6-8; 마 15:31; 21:42. 복음은 본질상 오래 감추어졌던 하나님의 구원 계획이 나타난 것이다(막 4:11; 롬 11:25; 16:25-26; 고전 4:1; 14:2; 3:3, 9; 5:32; 6:19; 골 1:26; 27; 2:2; 4:3). 예수님은 하나님 나라의 비밀을 "외인들"은 알아들을 수 없도록 비유로 가르치셨고, 조용할 때 제자들에게 그 의미를 해석해 주셨다(막 4:11-34; 마 13:11-46). 예수님의 부활에 대한 예언이 많지 않은 것은 그것이 하나님의 숨겨진 구원 계획이었기 때문이라고 볼 수 있다.

의 부활도 우리의 구원을 위한 하나님의 지혜와 은혜라는 것을 암시한다.

본문과 복음서는 예수님의 부활로 말미암아 시작된 초대 교회에서도 육체의 부활을 믿지 못하는 이들이 적지 않았음을 보여준다(고전 15:20; 요 20:25).

> 그리스도께서 죽은 자 가운데서 다시 살아 나셨다고 전파되었거늘 너희 중에서 어떤 사람들은 어찌하여 죽은 자 가운데서 부활이 없다 하느냐(고전 15:12).
> 예수를 뵈옵고 경배하나 아직도 의심하는 사람들이 있더라(마 28:17).

이에 대해 본문의 바울과 복음서 저자들은 예수님의 부활이 역사적 사실임을 힘써 증거한다.

① 어떤 이들은 예수님이 잠시 기절했다가 깨어난 것이라고 생각한다(기절설). 이에 대해 요한은 한 군인이 이미 죽은 예수님의 옆구리를 창으로 찔러서 피와 물이 나왔다고 진술한다(요 19:34). 이런 사도 요한의 증언을 믿는 사람들이 모두 함께 독자들에게 부활 신앙을 권면한다.

> 이를 본 자가 증언하였으니 그 증언이 참이라 그가 자기의 말하는 것이 참인 줄 알고 너희로 믿게 하려 함이라(요 19:35).

② 어떤 이들은 제자들의 집단 환각설을 제안한다. 그러나 제자들은 예수님께서 자신이 부활하실 것이라고 말씀하신 예언을 믿지 않았고, 부활하신 예수님을 직접 만난 여자들의 말도 믿지 않았다(막 8:32; 마 17:23; 28:17; 눅 24:11; 22-25; 요 2:21-22; 11:24).

③ 제자들이 예수님의 시체를 감추었다는 주장도 있었으나 대제사장들이 퍼뜨린 낭설임을 밝힌다(마 27:64; 28:12, 13).

복음서 기록에 의하면 부활하신 예수님은 믿는 사람들에게만 편향적으로 나타나신 것으로 보인다. 그러므로 예수님의 부활이 객관적 사실이라는 복음서 저자들의 주장이 여전히 의심스럽다고 할 수 있다.

왜 예수님께서는 대제사장이나 빌라도 같은 불신자들에게 직접 나타나지 않고 그를 믿는 제자들에게만 나타났는가? (*Inst*. III.25.3).

그러나, 설령, 예수님께서 불신자들에게 나타나셨다고 해도, 그들은 여러 가지 이유들로 믿지 않았을 것이다. 즉 기절했다가 다시 살아났다고 하거나, 유령이나 환영(幻影)이라고 했을 것이다. 그러므로 예수님은 주로 그를 믿는 제자들에게만 나타나서 그의 부활의 증인되도록 하셨다. 그러나 필요한 경우 예수님은 바울 같은 불신인에게도 나타나셨다(고전 15:8).

회의주의적 현대 비평가들은 예수님의 부활이 역사적 사건이 아니라 초대 교회 교인들의 주관적 믿음으로 해석한다.

불트만은 고린도전서 15장의 초대 교회가 가르치는 예수님의 육체적, 역사적 부활을, 오히려 자신이 주장하는 "진정한 부활 신앙"의 장애로 여기면서, 과학 시대의 현대인은 예수님의 육체적, 역사적 부활이 아니라 실존적인, 진정한 존재론적 의미의 부활로 이해해야 한다고 주장한다.[13] 예수님의 부활은 모든 인생의 절망적 상황에서 진정한 존재로서의 믿음을 가지고 승리하는 것을 가르친다고 한다.

첫째, 불트만은 바울과 초대 교회의 예수님의 역사적, 육체적 부활, 즉 사도들의 케리그마(설교)를 축소, 변형, 왜곡하여 자신의 케리그마를 만들어낸 것이다. 불트만은 자신이 제시하는 실존적 부활 신앙이 신약이 가르치는 부활 신앙에 대한 현대적 재해석이라고 한다.

하지만, 신약이 가르치는 부활 신앙은 예수님의 역사적 부활과 장래에 이루어질 우리의 신령한 몸의 부활에 근거한 신앙으로서 불트만이 가르치는 주관적, 실존주의적 의미의 부활 신앙과는 달리 객관성과 초월성을 함께 가진다(고전 15:44). 물론 신약에 그리스도인의 존재와 삶을 그리스도의 죽으심과 부활에 비추어 설명하는 말씀들이 있다(롬 6:4; 고후 5:17; 갈 2:20 등). 그러나 그런 말씀들은 불트만이 제안하듯이 그리스도인의 새로운 존재와 삶을 위한 개인적, 실존적 결단이나 신앙적 교훈이

---

13 Rudolf Bultmann, *Theology of the New Testament*, vol. I, ETr. K. Grobel (London: SCM Press, 1952), 295; *Offenbarung und Heilsgeschchen* (Munchen: A. Lempp, 1941), 64; David H. Wallace, "Jesus of Nazareth and Salvation," *Foundations*, no. 7 (1964).

기 전에, 먼저 독자들에게 예수님의 부활이 실제로 일어난 역사적 사건으로 믿는 믿음을 요구하는 것이다.[14]

바울은 예수님의 역사적 부활과 성도들의 장래의 부활에 대해서 회의적인 고린도 교인들에게 예수님의 부활이 그가 전한 복음의 핵심 사항이라는 것과 예수의 부활이 단순한 주관적 믿음이 아니라 시공간에서 발생한 객관적, 역사적, 초월적 사건이란 사실을 거듭해서 강조한다.

> 그리스도께서 만일 다시 살아나지 못하셨으면 우리가 전파하는 것도 헛것이요 또 너희 믿음도 헛것이며 또 우리가 하나님의 거짓 증인으로 발견되리니 … 그러나 이제 그리스도께서 죽은 자 가운데서 다시 살아나사 잠자는 자들의 첫 열매가 되셨도다 (고전 15:13-20).

둘째, 불트만은 예수님의 십자가와 부활은 역사적 사건도 아니고, 구원의 유일한 수단도 아니고, 다만 초대 교회의 신앙이며, 오늘 우리가 진정한 존재로 살 것을 결단하도록 요구하는 케리그마, 즉 "말씀"이라고 한다.

그러나 불트만이 제시하는 예수님의 죽으심과 부활에 대한 현실적, 실존적, 의미론적 해석은 인간의 죽음이 시대를 초월하여 가장 심각하고 근본적인 인간문제라는 사실을 도외시(度外視)하는 것이다. 성경이 가르치는 예수님의 육체적, 역사적 부활 보도는 고대인은 물론 현대인에게도 여전히 영원한 삶의 소망의 확실한 근거가 되는 것이다. 예수님의 육체적 부활이 가리키는 죽음을 극복하는 영생의 약속은 인간의 막연한 장래는 물론, 인간의 고된 현실을 극복하는 "실존적 믿음"의 실증적 근거가 되는 것이다.

> 만일 그리스도 안에서 우리가 바라는 것이 다만 이 세상의 삶뿐이면 모든 사람 가운데 우리가 더욱 불쌍한 자이리라 그러나 이제 그리스도께서 죽은 자 가운데서 다시 살아나사 잠자는 자들의 첫 열매가 되셨도다(고전 15:19-20).

---

14 롬 8:35-39; 고전 15:29-34; 고후 4:10-11; 5:4; 13:4; 엡 2:5-6; 4:22-24; 골 2:12; 3:1.

셋째, 불트만은 초자연적 부활을 믿을 수 없는 현대인을 위해 부활에 대한 실존적 해석이 필요하다고 하나, 초자연적 부활은 시대를 초월하여 누구나 믿기 어려운 과제다. 예수님 당시에도 예수님이 부활한 자신을 직접 보여주기까지 아무도 부활을 믿지 않았다. 신약 전체가 거듭해서 가르치는 예수님의 역사적, 육체적 부활을 도외시 한 채, 그 도덕적, 철학적 의미에만 집중하려는 모든 합리주의적 시도야말로 "현대판 영지주의적 부활"로 경계해야 한다.[15] 불트만의 실존적 부활은 결국 성경이 가르치는 예수님의 부활 신앙을 거부하기 위한 "지능적 은폐 수단"이다. 성경이 가르치는 믿음은 인간의 지혜와 능력에 집중하거나, 자연의 원칙에 굴복하는 것이 아니라 오히려 이것들을 이용하시거나, 초월하여 역사하시는 하나님께 대한 믿음이다.

이는 내 생각이 너희의 생각과 다르며 내 길은 너희의 길과 다름이니라(사 55:8).

빌리 맑센(Willi Marxsen)은 아무도 죽으신 예수님이 일어나시는 것을 직접 본 사람은 없다고 하면서 부활은 예수님의 출현을 경험한 이들의 추론일 뿐이라고 한다.[16] 이에 대해서 래드(G. E. Ladd, 1911-1982)는 추론이라고 해도, 분명한 역사적 증거에 의한 추론이므로 신빙성이 높다고 한다.[17] 래드는 예수님의 부활은 인간의 일반적 지식과 경험의 범주를 초월하는 역사적이고 객관적인 사건이라고 한다. 또한 믿음이란 본질상 역사나 객관적 사실로 말미암지 않고, 성령의 역사로 말미암는 것이지만, 성령께서도 부활에 대한 제자들의 역사적 증거를 사용하신다고 논한다.[18] 비록 진정한 믿음은 어떤 보이는 외적 증거를 요구하지 않는다고 하더라도, 진정한 믿음이라고 해도 적어도 얼마간의 역사적 증거는 필요한 것이다.[19]

실제로 성경은 하나님의 말씀과 함께 그 말씀의 역사적 배경과 증거를 제시한다. 성경은 창세기부터 요한계시록까지 인간의 사색이나 상상이 아니라 역사 가운데

---

[15] David H. Wallace, *Foundations*, no. 7, 19.
[16] Willi Marxen, *The Resurrection of Jesus of Nazareth*, trans. Margaret Kohl (Philadelphia: Fortress Press, 1970), 77.
[17] G. E. Ladd, *A Theology of the New Testament* (1974), 327.
[18] G. E. Ladd, Ibid., 319.
[19] C. F. D. Moule, *The Phenomenon of the New Testament*, 78f., 재인용 G. E. Ladd, *A Theology of the NT* (1974), 180.

나타난 하나님의 계시적 사건들을 중심으로 기록되었다. 성경은 사람의 믿음에서 비롯된 신화나 전설 같은 "해석된 역사적 사건들"과 달리, 하나님의 역사적 개입으로 말미암은 구원 사건들을 제시하면서 독자들의 믿음의 반응을 요구한다. 예수님의 몸의 부활을 논하는 본문에서도 바울은 부활의 신학적 의미보다 몸의 부활의 사실적 증거들을 열거하는 일에 집중하고 있다. 복음서는 예수님의 몸의 부활의 증거들로 넘친다.

> 내 손과 발을 보고 나인 줄 알라 또 나를 만져 보라 영은 살과 뼈가 없으되 너희 보는 바와 같이 나는 있느니라(눅 24:39).

회당장 야이로의 딸, 나인성 과부의 아들, 그리고 나사로 같은 예수님께서 살리신 사람들의 기사들도 예수님의 부활의 확실성을 가리킨다(막 5:22-43; 눅 7:11-17; 요 11:44).

맑센이 예수님이 일어나시는 것을 직접 목격한 증인을 요구하는 것은 지나친 요구다.

어떻게 누가 예수님의 무덤 속에 앉아서 그의 시체가 일어나는 것을 볼 수 있었겠는가?

그것은 마치 우리가 세상에 태어나는 것을 직접 목격한 사람이 없다면 우리의 존재를 인정할 수 없다는 억지 논리와 같다. 더구나 예수님의 시체는 석굴 속에 돌문으로 인봉되었고 군인들이 지켰다(마 27:66).

불트만과 맑센 같은 현대인들은 초월적인 사후의 세계에 대한 관심이 없고, 다만 현실적 삶을 위한 용기와 믿음만을 논한다. 부활을 불신하는 이들이 부활을 믿는 이들에 비해서 특별히 불행한 삶을 산다고 할 수는 없다. 그러나 분명한 것은 불신인들은 모든 자연인들처럼 궁극적 소망 없이 살다가 허무하게 죽는다는 사실이다. 반면에, 부활하신 그리스도를 믿는 사람들은 보다 활력 있는 삶을 살 수 있다(행 10:43).

너희가 십자가에 못 박고 하나님이 죽은 자 가운데서 살리신 나사렛 예수 그리스도의 이름으로 이 사람이 건강하게 되어 너희 앞에 섰느니라(행 4:10).

본문은 예수님께서 실제로 다시 사셨음을 증거한다. 예수님의 부활의 사실성은 예수님의 가르침, 즉 그가 생전에 가르쳤던 그의 영적 신분(생명의 주, 제2의 아담, 그리스도, 하나님의 아들, 인자, 다윗의 후손 등)과 구원 능력, 그리고 그의 예언과 교훈 등도 추상적이고, 이상적인 주장이 아니라, 명백한 사실임을 확증해준다. 예수님의 부활의 확실성을 믿는 사람은 결국 예수님의 신분, 교훈, 약속 등, 예수님께 대한 모든 말씀을 믿는다. 예수님의 부활이 기독론, 구원론, 종말론의 확실한 근거다. 예수님의 부활은 주님께서 약속하셨던 우리의 부활과 영생을 확증하게 한다(마 28; 10:39; 요 5:29; 11:25; 14:6).

아담 안에서 모든 사람이 죽은 것같이 그리스도 안에서 모든 사람이 삶을 얻으리라 (고전 15:22).

예수님의 부활은 하나님의 종말론적인 완전히 새로운 세계 창조의 시작이다.

사망을 삼키고 이기리라고 기록된 말씀이 이루어지리라(고전 15:54b; 참조, 사 25:8).

예수님의 부활은 우리의 "현재의 고난"을 극복하게 하는 영원한 소망과 영광의 실제적 근거가 된다(롬 8:17-18; 14:8; 고후 4:17; 히 11:1 이하).

인생의 가장 큰 위기는 우리가 아무것도 믿을 수 없는 혼란한 상태다. 진정한 믿음은 아무것도 믿을 수 없는 불확실성 가운데서도 결국 보이지 않는 하나님과 아직 이루어지지 않은 하나님의 약속을 믿는 것이다(롬 8:24; 히 11:1). 거짓된 믿음은 보이는 것, 물리적인 것, 또는 인간 자신을 믿는다. 참된 믿음은 부활이요 생명이신 그리스도를 믿는다.

이는 우리로 자기를 의지하지 말고 오직 죽은 자를 다시 살리시는 하나님만 의지하게 하심이라(고후 1:9b).

보이는 것만을 실재로 여기는 현대인의 물질주의 그리고 닫힌 세계관(a closed world view)은 보이지 않는 영적 차원을 부인하면서 부활 신앙을 과거의 문화적 유산으로 취급한다. 물질주의는 사람의 가치를 보이는 육체적 가치로 제한하고, 사람의 운명을 생성소멸이라는 자연주의적 순환론에 매단다.

그러나 성경은 열린 세계관(an open world view)을 제시한다. 하나님께서 지으신 세계는 보이는 현상 세계뿐만 아니라 보이지 않는 영원한 세계도 지으셨다. 태초에 하나님께서는 천지를 모두 지으셨다. 하나님은 천사들과 함께 하늘에 계시고, 예수님께서는 승천하셔서 하나님 우편에 계신다. 하나님께서는 인간을 짐승과 달리 그의 형상을 따라 지으셨고 그의 숨(생명, 신적 존엄성)을 불어 넣어 주셨다. 비록 하나님께서는 인간의 죄로 말미암아 인간에게 죽음의 형벌을 주셨으나, 그의 인자하심 가운데 그리스도 안에서 영생의 존재로 회복시키는 구원 진리를 마련해 주셨다. 그리스도의 부활은 하나님의 새로운 인간 구원 계획이 시작된 구체적 증거다. 그러므로 부활 신앙은 인간 구원을 위한 불가결한 요소다.

네가 만일 네 입으로 예수를 주로 시인하며 또 하나님께서 그를 죽은 자 가운데서 살리신 것을 네 마음에 믿으면 구원을 받으리라(롬 10:9).

사람은 누구나 "죽음에 이르는 병"에 걸려 있다(키에르케고르). 특별히 물질적 세계관에 사로잡혀 있는 현대인은 복음이 증거하는 열려진 생명의 세계로 나아가야 살 수 있다. 하나님께서 약속하신 열린 세계는 모호한 영적 세계가 아니라 신령한 몸을 가진 이들이 그리스도의 희생적 사랑으로 서로 섬기는 실재의 세계다.[20] 스티브 잡스(Steve Paul Jobs, 1955-2011)는 "죽음은 자연이 계속 존재하기 위해 스스로 만든 자연의 위대한 발명"이라고 했다. 많은 현대인들이 이런 죽음에 대한 자연주의

---

20 조나단 에드워즈, 『고린도전서 13장 사랑』, 서문 강 역 (서울: 청교도 신앙사, 2016), 402-403.

적 이해를 공유한다. 이것은 결국 생성소멸이라는 순환론적 자연주의적 가치관의 또 다른 표현일 뿐이다. 그러나 이런 죽음에 대한 적극적 이해와 담담한 수용 자세에도 불구하고 죽음은 여전히 모든 사람들이 가장 두려워하는 문제임을 인정해야 한다. 모든 인간이 죽음에 대한 본능적 공포를 가지고 있다. 인간 자신의 죽음은 물론, 사랑하는 사람의 죽음도 견디기 어려운 위기다. 죽음의 공포를 애써 부인하거나 태연한 척하는 사람이야말로 위선적이고 오만한 사람이다. 구약 시대 사람들은 사후 세계(스올)에 대한 막연한 믿음을 가지고 있었으나 그들도 여전히 죽음을 두려워했다.[21]

이제 예수님께서는 사망 권세를 이기시고 부활하심으로써 그가 가르치신 영원한 생명으로 나아가는 길을 실제로 여신 것이다(마 10:28, 29; 요 11:25-26; 12:24-25; 14:6; 롬 10:9). 예수님의 부활을 통해 영생의 주로서의 예수님의 신분과 그의 구원의 능력을 친히 확증하여 주신 것이다.

> 나는 부활이요 생명이니 나를 믿는 자는 죽어도 살겠고 무릇 살아서 믿는 자는 영원히 죽지 아니하리니 이것을 네가 믿느냐(요 11:25-26).

이제 우리는 진부한 순환론적, 운명론적 사고를 십자가에 못 박아 버리고, 다시 사신 그리스도께서 우리에게 주신 믿음의 새로운 날개옷을 입고 그가 계신 영원한 나라를 향해 힘차게 날아오르자.

우리는 본문과 복음서가 가르치는 예수님의 육체적 부활도 역시 하나의 물질적 증거라고 반문할 수 있다. 믿음이란 본질상 믿음의 대상인 하나님의 약속의 불확실성과 확실성 사이에서 확실성을 선택하는 것이지만(히 11:1), 바른 선택을 위한 어떤 구체적인 물질적 증거가 필요한 것도 사실이다.[22] 복음은 영지주의와 달리 물질적 가치를 무시하지는 않는다. 하나님은 영이시지만, 보이는 천지를 지으신 분이시다. 예수님은 육신을 입고 이 땅에 오신 하나님의 아들이시다. 그는 우리의 죄를 씻으시

---

21 욥 19:25-27; 시 6:5; 16:10-11; 30:9; 39:13; 73:24; 88:10-12; 115:17; 전 9:4, 5, 10; 사 38:18.
22 강창희, "히브리서의 신앙론 재고(再考)," 『깊은 곳에서 VI』 (서울: 샬롬 출판사, 2015), 357-365.

기 위해 피와 물을 흘리시고 죽으셨다(요 19:34).

그러나 우리는 보이는 물질적 증거에만 집착하면서 초월적 차원과 능력을 부인하는 것을 경계해야 한다. 믿음이란 본질적으로 어떤 외적 증거 없이도 믿는 것이다.

> 너는 나를 본고로 믿느냐 보지 못하고 믿는 자들은 복되도다(요 20:29).

하나님께서는 보지 않고도 믿는 사람의 믿음을 진정한 믿음으로 인정하시는 것이다(창 15:6). 예수님의 육체적 부활은 외적 증거이면서도 자연적 원리나 인간 경험만으로는 설명할 수 없는 하나님의 초월적 사건이기 때문에 결국 우리의 믿음을 요구한다. 더구나, 우리의 장래의 부활은 여전히 바라는 것이고, 아직 보이지 않는 불확실한 것으로서 우리의 믿음을 요구한다(히 11:1). 우리는 그리스도의 부활의 확실성에 근거하여 우리의 아직 이루어지지 않은 미래적인 부활의 불확실성을 극복할 수 있다.

본문이 밝히는 예수님의 부활은 예수님이 평소에 가르치셨던 자신의 신적 신분과 구원 능력에 대한 말씀들이 모두 진실임을 분명히 증거한다. 예수님의 부활은 성경이 가르치는 예수님을 통한 하나님의 구원 계획과 기독론, 구원론, 종말론 같은 신학적 주제가 단순히 개념적 추상적 진리가 아니라 하나님의 실제적 구원과 능력임을 증거한다. 그러므로 본문에서 바울은 예수님의 육체적 부활 사실을 힘써 증거하는 것이다.

예수님께서 세상에 오심으로써 구원의 새 시대를 여셨다. 죄로 죽었던 우리가 그리스도 안에서 다시 살아났다(롬 8:2). 이제 우리는 우리 안에 계신 그리스도의 영을 따라 육을 이기고 살기를 힘써야 한다(롬 8:13). 우리의 삶을 그리스도의 죽음과 부활의 모델을 따라 재정립할 때 이 땅에서의 현실적 안정과 능력도 얻게 된다.[23] 그러나 예수님께서 장차 세상에 오실 때, 하나님의 창조의 능력으로, 우리 모두 죽은 자나 산 자나, 온전한 몸으로 변화될 것이다(롬 8:11, 18; 고전 15:42-54; 고후 4:17; 5:4). 그것은 일시적인 육체적 생명의 회복이 아니라 영원하고 온전한 신령한 몸으로 변화

---

[23] 마 11:29; 요 13:34; 롬 6:3 이하; 고후 4:7-15; 6:3-10; 11:23-12:10; 갈 2:20; 6:14, 17; 빌 2:5 이하; 골 1:24; 엡 5:1; 딤후 2:3 이하 등.

되는 것이다.²⁴ 태초에 흙으로 우리를 지으신 하나님께서, 세상 끝에 흙으로 돌아간 우리를 완전하고 신령한 몸으로 재창조하실 것이다. 우리가 입을 "신령한 몸"은 부활하신 그리스도의 몸과 같이, 육체이면서도 영적인 몸으로서, 완전히 새로운 차원(새 하늘과 새 땅)에 속하는 신비로운 몸이다. 우리는 장래 부활의 소망과 함께 다시 사신 주께서 언제 어디서나 우리와 동행하여 주심을 믿으면, 우리의 "현재의 고난"을 극복할 수 있다(마 28:20; 눅 24:13-35; 롬 8:35-39).

우리가 인간의 존재 이유와 목적과 가치에 대한 모든 진부한 논쟁들을 십자가에 못 박고, 다시 사신 예수님을 믿을 때, 예수님께서는 우리에게 인간의 영원한 가치와 가능성, 영적 활력과 기쁨, 그리고 영생의 소망을 약속하신다. 예수님을 믿음으로 거듭난 우리는 그가 우리와 동행하시는 것을 믿고 그의 말씀을 따라 살면서 그의 형상을 따라 계속 자라야 한다(롬 8:29).

> 그러므로 우리가 낙심하지 아니하노니 우리의 겉사람은 낡아지나 우리의 속사람은 날로 새로워지도다(고후 4:16).

현대 물질주의는 인간을 주로 물질적, 육체적 존재로 축소시킨다. 인간은 물질주의에 대하여 저항도 하지만, 연약한 인간은 결국 실패할 수밖에 없고, 저급한 물질적, 육체적 존재로 전락하게 된다. 불안, 허무, 스트레스, 공황장애, 알콜 중독, 공해, 가정 파괴, 소외, 이기심, 자살 등 현대인이 당면한 물질주의적 폐해들이 이를 입증한다.

사망 권세를 이기시고 부활하신 예수 그리스도는 절대적 물질주의로 고통당하는 현대인에게 해방을 선언한다.

> 진리를 알지니 진리가 너희를 자유롭게 하리라(요 8:32).

---

24 G. E. Ladd, *A Theology of the New Testament* (1974), 323: "예수의 부활은 죽은 몸의 육체적 생명의 복원이 아니라 새로운 생명의 질서가 시작된 것이다."

예수님의 부활은 고대인의 신화도 아니고, 인본주의적 이상도 아니고, 단순한 종교적 소망도 아니라, 하나님께서 행하신 "크고 기이한 일"로서 하나님의 새로운 창조와 구원 역사의 시작이다.

> 그런즉 누구든지 그리스도 안에 있으면 새로운 피조물이라 이전 것은 지나갔으니 보라 새 것이 되었도다(고후 5:17).

예수님의 부활은 하나님께서 사람들이 날마다 경험하는 죽음의 위협으로부터의 자유를 선언하신 것이다. 부활하신 그리스도를 믿는 우리는 더 이상 죽음 앞에 무릎 꿇지 않는다. 우리가 죽더라도, 예수님께서 다시 오셔서 그를 다시 살리실 것이기 때문이다(고전 15:42-57). 그때까지 우리는 살아 계신 예수님의 구원의 능력을 믿고 "현재의 고난"을 견디며, 날마다 새로운 삶을 결단한다(롬 8:17-39; 고후 4:16-5:17). 우리 연약한 인생에게 예수님의 부활이 주는 가치는 말로 다할 수 없다. 예수님의 부활로 말미암아 우리의 영원한 구원의 소망이 확고하게 되었고, 또한 우리의 "현재의 고난"을 극복할 수 있게 되었다(롬 8:18; 고후 4:17).

나는 가끔 작은 벌레가 장문의 빙충망 안에 갇혀서 출구를 찾아 끊임없이 맴도는 것을 본다. 그 벌레는 출구를 찾지 못하고 결국 지쳐서 죽게 된다. 그러나 내가 방충망을 열어주면 벌레는 이내 푸른 하늘로 재빨리 날아오른다. 이와 같이 예수님의 부활은 한계 상황 가운데서 절망적인 인간의 운명을 기쁨과 소망으로 완전히 바꾸는 하나님의 능력이다.

바울은 육체적 부활의 가능성을 씨가 썩고 다시 살아나는 자연 계시로 설명한다(고전 15:36-37). 또한 사람의 육체, 짐승, 새와 물고기의 육체가 다르듯이, 하늘의 형체와 땅의 형체가 다르듯이, 또한 하늘의 형체인 해, 달, 별의 빛(영광)이 제각기 다른 강도를 갖고 있듯이, 사람의 육체는 본질상 다른 동물의 육체와 달리 썩어도 다시 살 수 있게 창조되었다(고전 15:39-54; 창 2:7). 그러므로 제2의 아담이신 그리스도를 믿고 죽은 이들은 그가 세상에 오실 때 그들의 썩은 육체가 신령한 몸으로 변화될 것이 분명하다(여기서 바울은 불신자들의 부활은 논하지 않는다[참조, 요 5:29; 행 24:15; 계 20:13]).

하나님의 모든 구원 행사가 그렇듯이, 예수님의 부활, 승천도 연약한 우리 인간이 이해할 수 없는 하나님의 능력을 나타냈다. 예수님의 부활과 승천은 물리적 요소들과 영적 요소들이 중첩된 하나님의 기이한 일로서 단순함을 요구하는 인간의 지적 능력으로는 이해할 수 없는 하나님의 기이한 일이다. 다만 우리는 예수님의 부활과 승천에 대한 예언과 목격자들의 진술을 믿고, 또한 "현재의 고난" 가운데 있는 우리에게 나타나는 부활 신앙의 능력과 유익을 증거해야 한다.

우리는 예수님의 부활의 가치와 우리의 장래의 부활의 가능성에 대한 지적 이해만으로는 부활의 능력을 제대로 경험할 수 없다. 우리가 다시 사신 그리스도를 우리의 주로 모시고, 온 마음을 다하여 믿고 사랑할 때, 마치 오랜 가뭄 끝에 내리는 단비가 마른 땅의 모든 생명체를 다시 살아나게 하듯이, 우리의 지친 인생이 "존재에의 용기"를 갖게 되는 것이다. 예수님의 부활을 역사적 사실로 믿는 부활 신앙은 우리 인간 존재의 영원한 가치를 확고하게 세워줌으로써 이 땅에서의 삶을 더욱 힘차고 풍성하게 만든다.

> 내 말이 네가 믿으면 하나님의 영광을 보리라 하지 아니하였느냐(요 11:40).

우리의 삶을 우리를 사랑하시어 죽으시고 다시 사신 생명의 주의 모델을 따라 재정립할 때 이 땅에서의 현실적 안정과 능력도 얻게 된다.[25] 그러나 부활하신 예수님을 불신하는 인생은 필경 헛된 피조물의 가치와 함께 멸망하게 될 것이다.

현대 자연주의와 물질문명의 도전으로 말미암아 부활 신앙이 도전받고 있다. 현대를 지배하는 자연주의와 물질문명의 가치관은 죽음을 거부할 수 없는 자연 현상으로 받아들인다. 예수님 당시의 사두개인들이나 어떤 고린도 교인들도 부활을 믿지 않았다(마 22:23; 마 12:18; 눅 20:27; 행 23:8; 고전 15:12; 딤후 2:18). 그러나 부활 신앙이 없는 사람들은 그들을 따라다니는 죽음의 그림자로 말미암아 언제나 불안하게 살 수밖에 없다. 죽음에 대한 자연주의적 체념이나 무념무상은 죽음에 대한 허망한 저항일 뿐이다.

---

[25] 마 11:29; 요 13:34; 롬 6:3 이하; 고후 4:7-15; 6:3-10; 11:23-12:10; 갈 2:20; 6:14, 17; 빌 2:5 이하; 골 1:24; 엡 5:1; 딤후 2:3 이하 등.

① 성경은 처음부터 끝까지 인간 존재는 동물이나 자연 세계로부터 구별된 특별한 존재로서 하나님의 사랑과 구원의 대상임을 가르친다.
② 성경은 하나님께서 자주 자연의 원리와 인간 경험을 초월하여 일하신다는 것을 보여준다.
③ 특별히 하나님께서는 그리스도의 부활로 말미암아 새로운 완전하고 영원한 세계 창조를 시작하셨다.
④ 예수님 자신이 부활과 영생을 가르치고 약속하셨다.[26]
⑤ 예수님의 부활은 사도들의 설교의 핵심적 주제다.[27]

> 사망아 너의 승리가 어디 있느냐 … 우리 주 예수 그리스도로 말미암아 우리에게 승리를 주시는 하나님께 감사하노니(고전 15:56-57).

⑥ 다시 사신 그리스도에 대한 믿음이 우리의 구원 신앙과 직결된다(고전 15:17).

믿음의 본질이 그렇듯이 부활의 약속은 부활의 불확실성과 확실성 사이에서 우리의 신앙적 결단을 요구한다. 우리는 안팎의 모든 불신적 도전 가운데 다시 사신 주님과 우리의 장래 부활에 대한 사도들의 가르침을 확신할 수 있도록 성령의 도우심을 간구하자.

2018년 『예배와 강단』 출판 예정 원고
2017년 5월 10일

---

[26] 마 7:21; 10:28, 39; 25:34, 46; 요 5:29; 6:35, 54; 11:25-26; 14:6; 참조. 마 16:21.
[27] 행 2:24-32; 4:33; 10:40-42; 롬 10:9; 빌 3:11; 골 2:12; 3:1; 히 11:35; 벧전 1:3; 요일 5:11.

127. 측은지심(惻隱之心)

> 예수께서 나오사 큰 무리를 보시고 그 목자 없는 양 같음으로 인하여 불쌍히 여기사 이에 여러 가지로 가르치시더라(막 6:34).

예수님은 연약한 사람들을 불쌍히 여기셨다(마 14:14; 막 6:34; 눅 7:13; 참조, 롬 9:15; 엡 4:32; 벧전 3:8). 복음서에 나타나는 "불쌍히 여기다"라는 동사는 주로 두 가지다. 하나는 "엘레에오"이고, 다른 하나는 본문에 나오는 "스프랑크니조마이"다. 사람들이 예수님께 "불쌍히 여기소서"라고 말할 때에는 "엘레에오"를 쓰고, 본문에서와 같이 예수님이 사람들에 대해 "불쌍히 여기셨다"고 말할 때에는 거의 언제나 보다 심각한 의미를 나타내는 "스프랑크니조마이"를 쓴다. "스프랑크니조마이"는 "스프랑크논"이라는 명사에서 왔는데 창자, 심장, 허파 등 사람의 내장을 가리키는 말이다. 이 말은 영어의 "compassionate"(컴패쇼네이트)나 우리말의 "애끓는다," "애간장이 녹는다," "애틋하게 여기다"는 말과 가깝다. "애"란 말은 창자를 의미한다.

그러므로 본문에서 예수님께서 무리를 불쌍히 여기셨다는 말은 예수님께서 단순히 그들을 동정하셨다는 말이 아니라 사람들을 애끓는 마음으로 불쌍히 여기셨다는 뜻이다. 누가복음 15장의 탕자의 비유에서도 탕자의 아버지가 탕자가 집으로 돌아오는 것을 보고 아직도 거리가 먼데 측은히 여겨 달려가 목을 안고 입을 맞추었다고 했는데, "측은히 여겨"라고 번역된 말은 본문에서와 같은 동사다("스프랑크니조마이"). 아버지는 집으로 돌아오는 탕자를 보고 "애타는 마음으로 불쌍히 여겼다."

마음(히브리어 "레브," 헬라어 "카르디아")은 사람의 진정한 본질이다. 예수님은 진심으로 사람들을 불쌍히 여기셨다. 예수님은 진정한 종교는 외식이 아니라 진실한 마음에서 시작된다는 것을 자주 가르치셨다. 종교개혁 운동도 이와 같이 형식적이고 타성적인 종교생활을 청산하고 성경이 가르치는 진실한 믿음의 종교에로의 회복 운동이었다.

사람의 마음의 기능을 크게 이성과 감성으로 나눌 수 있다(신 6:5; 고전 14:14-15).

이성과 감성은 상호 보완적이면서도, 대립적이다. 이성은 만사를 분명하게 판단하게 하나 자주 오만하게 하고, 독선적이 되게 할 수 있다. 감성은 진실하게 하고, 유대관계를 돈독하게 유지하게 하지만, 자주 변덕스럽고, 통제가 어렵다.

우리는 자주 이성과 감성, 공의와 사랑, 법과 적용 사이에서 갈등한다. 인류 문화사에서도 이성을 중시하는 합리주의와 주지주의(主知主義), 감성을 중시하는 낭만주의와 주정주의(主情主義)가 교차적으로 나타난다.

성선설(性善說)을 제안한 맹자는 사단(四端), 즉 선을 싹틔우는 4개의 단서의 실마리를 측은지심(惻隱之心), 수오지심(羞惡之心), 사양지심(辭讓之心), 시비지심(是非之心)이라고 제안했다. 맹자는 이성에 해당되는 시비지심보다 감성에 해당되는 측은지심을 중시했다.

종교개혁자들은 대체로 감성보다 이성을 중시했다. 일반적으로 감성은 변칙적이고 주관적인 반면에, 이성은 일관적이고 객관적인 특성으로 말미암아 천주교의 잘못된 가르침과 제도에 대항하여 복음 진리를 세우고 변증하는 일에 효과적이었기 때문이다. 특히 칼빈은 『기독교 강요』에서 성경, 바른 전통 신학, 이성의 3대 요소를 가지고 개혁주의 신학을 수립했다고 한다.

18세기 웨슬리(John Wesley, 1703-1791)의 감리교 운동은 개혁주의의 이성 중심적인 성향에 대한 반동이라고 볼 수 있다. 그러므로 웨슬리 사상은 개혁 신학의 3대 요소인 성경, 전통 신학, 이성 외에 체험을 중시한다. 또한 웨슬리는 하나님의 주권보다 하나님의 사랑을 강조하였다고 한다.[1]

존 파이퍼(John Piper) 목사가 지난 5월 29일에 횃불트리니티신학교가 주최한 컨퍼런스에서 강연했는데, 웨스트민스터 신앙고백서 제1조가 인간의 제일 목적은 "하나님을 영화롭게 하고 그를 영원히 즐기는 것이라"는 것을 상기시키면서 특별히 "주 안에서 기뻐하는 것"이 중요한 그리스도인의 삶의 목적이라고 지적했다.

우리는 일방적인 감성주의를 경계해야 하지만, 이성과 함께 감성도 그리스도인의 영성의 중요한 요소로 인정해야 한다.[2] 인간 구원을 위한 복음의 동기와 수단은 죄

---

[1] Don Thorsen, *Calvin vs Wesley* (Nashville, TN: Abingdon Press, 2013), 1-28.
[2] 강창희, "이성, 감성, 영성," 『깊은 곳에서 VI』 (2015), 30-41, 특히, 34-35.

악 세상을 불쌍히 여기시는 하나님의 사랑이다(요 3:16; 롬 5:8). 말씀과 성령으로 인도받는 이성과 감성은 그리스도인의 온전한 인격 형성과 가치관 확립과 효율적 복음 사역을 위해 모두 필요한 것이다. 우리의 불완전한 이성과 감성도 그리스도 안에서 상호 협력하여 온전한 영성으로 승화될 수 있다(고후 5:17).

> 내가 영으로 기도하고 또 마음(이성, 노이)으로 기도하며, 내가 영으로 찬송하고 또 마음으로 찬송하리라(고전 14:14).

우리의 이성과 감성이 모두 주 안에서 신앙적 이성과 신앙적 감성으로 변화되어야 한다.

인간의 감성을 무시하는 이성주의는 인간을 개념화, 객체화, 중립화한다. 그러나 성경은 인간을 하나님의 형상으로, 하나님의 구원의 대상으로, 사랑의 대상으로 그 가치를 높인다. 더구나 현대 문명은 인간의 가치를 정보 자료, 정보 대상, 정보 기능에 따라 평가하면서 천부적인 인간성을 무시한다. 19세기 초에 쉘리(M. W. Shelley)는 『프랑켄슈타인』이란 소설로 인간의 감성을 무시한 과학만능주의의 위험성을 이미 경고했다. 또한 현대 미래학자들도 무절제한 인공지능은 인간에게 재앙이 될 것이라고 경고하고 있다. 인공지능이 지배하는 세상에서 인간은 영성, 지성, 감성의 인격적 통전성과 균형을 잃은 로봇과 같이 될 수 있다. 앞으로 기계화, 비인간화, 소외현상 같은 현대의 문제가 더욱 심화될 것이다. 더구나 인공지능은 보이는 피조물의 가치에 집중하는 반면에, 보이지 않는 영원한 가치에 대해서는 중립적이기 때문에 신앙 증진에 대한 도움을 기대하기도 어렵다.

인간 이성을 강조한 칸트는 "감성 없는 이성(오성)은 공허하고, 이성(오성) 없는 감성은 맹목적이다"라는 인식론적 공리를 세웠다. 오만한 이성이나 통제받지 않는 감성은 모두 불신에서 비롯된 것이다. 하나님의 말씀을 무시하는 불신적 이성이나 불신적 감성은 결국 우리를 궁극적 무지와 궁극적 파멸로 이끈다.

사람은 누구나 천부적인 측은지심이 있다. 그러나 현대인은 측은지심보다 시비지심(是非之心)이 더 많은 것이 문제다. 특히 교육 수준이 높은 사람들일수록 시비지심에 비해 측은지심이 부족하기 쉽다. 급속히 지능 중심적으로 변화되는 우리나라에서 정치, 사회, 문화 등 각 분야에서 냉소주의가 만연하고 있는 사실이 이것을 입증한다. 그러나 이런 비인격적 세상일수록 오히려 인간의 감성적 요구가 증대되기 마련이다. 실제로 요즈음 교회 안팎에서 심리-상담 치료가 점차 인기를 얻고 있다. 사람들은 누군가 자신의 답답한 심정을 진심으로 들어줄 사람을 찾는 것이다. 그리스도인과 그리스도의 교회는 이런 갈급한 세상을 향해서 그리스도의 뜨거운 사랑을 나타내야 한다. 엊그제 어떤 목회자를 만났는데, 그는 "목회자는 감정 노동자"라고 말했다. 목회자가 교인들의 마음을 제대로 파악해서 적절하게 대처해야 한다는 것이다.

우리 주님께서는 애타는 심정으로 사람들을 가르치시고 결국 죄인들을 위해 자신을 희생하셨다. 모든 불쌍한 사람들을 향한 "애타는 마음"은 곧 십자가의 겸손한 마음이다.[3] 신학자들은 십자가를 지신 주님의 제자들로서 그리스도의 "애타는 마음"을 가지고, 신학생들을 양육해야 할 것이다.

> 지식은 교만하게 하며 사랑은 덕을 세우나니(고전 8:1b).

분당우리교회 이찬수 목사님은 특유의 애절한 모습의 얼굴을 가지셨는데, 목사님의 애절한 표정과 마음이 말씀의 능력과 은혜를 증대시킨다고 생각한다.

사람들은 대개 자신보다 못한 이들을 동정한다. 반면에, 자신보다 나은 사람들이나 강한 이들에게는 적대적 감정을 가진다. 그러나 우리는 결국 모든 사람들이 하나님 앞에서 불쌍한 죄인들임을 알고, 약한 자나 못난 자는 물론, 강한 자나 악한 자나, 원수에게도 그리스도의 관용과 사랑을 나타내야 한다.

> 아무 일에든지 다툼이나 허영으로 하지 말고 오직 겸손한 마음으로 자기보다 남을 낫게 여기고 각각 자기 일을 돌아볼뿐더러 또한 다른 사람의 일을 돌보아 나의 기쁨을 충만하게하라(빌 2:3-4).

---

[3] 막 8:34; 요 21:18; 고후 4:7-15; 6:3-10; 11:23-12:10; 갈 2:20; 6:14, 17; 빌 2:5-8; 골 1:24; 딤후 2:3.

본문에서 무리를 불쌍히 여기신 주님께서는 사랑하는 나사로의 죽음을 슬퍼하는 이들과 함께 우셨다(요 11:33-35). 사도 바울도 그리스도인 상호 간에 서로 동정하는 마음을 가질 것을 권했다.

즐거워하는 자와 함께 즐거워하고 우는 자들과 함께 울라(롬 12:15).

누구나 측은지심이 있다. 그러나 그리스도의 마음은 단순히 동정하는 것이 아니라 모든 어려운 이들과 함께 아파하는 것이다. 우리는 그리스도의 마음으로 죄인이나 고난받는 사람에게 십자가의 용서와 사랑을 증거해야 한다. 특별히 개혁주의 교회는 개혁자들의 이성적 신학 전통으로 말미암아 감성이 메마른 점이 자주 지적된다.

이제 종교개혁 500주년을 맞는 우리는 우리 자신들과 모든 한국 교회가 성령의 충만함을 받아서 죄악 세상을 향하신 그리스도의 애끓는 간절한 사랑의 마음을 갖게 되도록 더욱 힘써 기도하자.

진정한 개혁이란 우선 철저히 자신을 성찰하는 데서 시작되는 것이다.

마지막으로 말하노니 너희가 다 마음을 같이하여 동정하며 형제를 사랑하며 불쌍히 여기며 겸손하며 악을 악으로, 욕을 욕으로 갚지 말고 도리어 복을 빌라 이를 위하여 너희가 부르심을 받았으니 이는 복을 이어받게 하려 하심이라(벧전 3:8-9).

종교개혁 500주년 월례 기도회
2017년 6월 10일

128. 천국 신앙[1]

> 그들이 이제는 더 나은 본향을 사모하니 곧 하늘에 있는 것이라 이러므로 하나님이 그들의 하나님이라 일컬음 받으심을 부끄러워하지 아니하시고 그들을 위하여 한 성을 예비하셨느니라(히 11:16).

1. 천국의 중요성: 성경 전체의 주제

우리는 천국을 믿습니다. 우리가 세상을 떠나면 주께서 그가 계신 천국으로 우리의 영혼을 영접하여 주신다는 주님의 말씀을 믿습니다. 복음은 막연한 구원이 아니라 완전하고 영원한 나라에서의 영생이라는 실제적이고 구체적인 구원을 약속합니다. 모든 하나님의 약속들이 그렇듯이, 보이지 않는 천국의 약속도 그렇게 믿기가 쉽지만은 않습니다만, 그것이 진실하신 하나님께서 말씀하신 약속이기 때문에 믿습니다. 더구나, 성경 역사가 보여주듯이, 하나님께서 말씀하신 모든 놀라운 약속들이 결국 이루어진 사실을 볼 때 우리는 천국 약속을 더욱 분명히 믿을 수 있습니다.

히브리서 11장 전체가 "천국과 천국 신앙의 실체론"입니다. 히브리서 11장 1절은 11장 전체의 서문이면서도 요약 어귀로서, 하나님의 말씀은 진실하므로, 천국을 약속하신 말씀도 진실하며, 그 약속의 말씀을 믿는 우리의 믿음도 진실하다는 논지를 전개합니다.

> 믿음은 바라는 것들의 실상이요 보이지 않는 것들의 증거니 선진들이 이로써 증거를 얻었느니라(히 11:1-2).

---

[1] 참조, 강창희, "천국 신앙의 타당성과 유익," 『깊은 곳에서 VI』, 409-460.

히브리서는 10장까지 믿음으로 구원 얻는 도리를 가르친 후에, 11장에서 모든 믿는 사람들은 믿음의 결과로 천국을 최종적 상급으로 받게 된다는 것을 가르칩니다. 11장 1절, "믿음은 바라는 것들의 실상이요, 보이지 않는 것들의 증거니 선진들이 이로써 증거를 얻었느니라"는 말씀에서 "바라는 것들"과 "보이지 않는 것들"은 하나님께서 약속하신 천국을 가리킵니다. "실상"(히포스타시스=hypostasis)이란 말은 본체, 실재, 실체, 사실, 진실이란 말입니다. 11장 1절은 3절과 함께 결국 이 보이는 세상이 실체인 것과 같이 보이지 않는 천국도 실체라는 논증이 내재합니다.

첫째, 천국의 실체에 대한 첫번째 증거는 하나님께서 지으신 현존하는 이 세상입니다.

믿음으로 모든 세계가 하나님의 말씀으로 지어진 줄을 우리가 아나니 보이는 것은 나타난 것으로 말미암아 된 것이 아니니라(3절).

이 말씀은 태초에 하나님께서는 천지를 모두 창조하셨다는 말씀을 상기시킵니다(창 1:1). 하나님의 말씀의 능력과 진실성이 이 세계의 실체로 증명되었습니다(참조, 요 1:1-4). 이 세상이 실체이듯이 이 세상을 창조하신 하나님의 말씀은 실체입니다. 따라서 천국을 약속하신 하나님의 말씀도 실체이고, 천국을 믿는 우리의 믿음도 실체입니다. 하나님의 말씀을 믿는 한, 보이는 세상이 실체이듯이, 보이지 않는 천국도 실체입니다. 하나님께서 이 보이는 세상을 말씀으로 지으셨다는 말씀을 믿는다면, 하나님께서 우리를 위해 영원한 천국을 준비하셨다는 말씀을 믿는 것이 당연합니다(창 1:1).

이 세상이 저절로, 우연히 생겨났다는 주장도 있으나 우리는 창조주 하나님께서 이 세상을 만드셨다는 성경 말씀을 믿습니다. "보이는 것은 나타난 것으로 말미암아 된 것이 아니니라"(형이상학[形而上學] vs. 형이하학[形而下學]; 유물론 vs. 유심론).[2] 비록 우리가 아직 천국을 보지는 못했지만, 하나님께서 약속하신 말씀은 언제나 진실하

---

[2] 철학 사상도 만물의 궁극적 실재를 물질로 보느냐(형이하학, 유물론), 또는 정신으로 보느냐(형이상학, 유심론)에 따라 대별된다. 기독교 신학은 외양상 후자에 속하지만, 성경의 하나님을 만물의 궁극적 실재로 믿는다. 기독교 신학은 하나님이 자신이 창조한 세상을 사랑하고 보살핀다는 데서 하나님을 인격적인 초월적 실재로 논하나, 형이상학이나 유심론이 논하는 궁극적 실재는 비인격적 철학적 사유(思惟)의 대상이다.

기 때문에, 천국의 약속도 진실하고, 그 천국 약속의 말씀을 믿는 믿음도 진실한 것입니다.

하나님은 온전한 세계를 창조하셨으나, 인간의 죄로 말미암아 불완전한 죄악 세상이 되었습니다. 하나님께서는 창세 이후 죄악 세상을 다시 완전한 세상으로 복원하실 것을 결단하시고 애써 오셨습니다. 하나님은 아담의 타락 이후 아담을 에덴동산에서 추방하셨고, 세상을 부분적으로나마 저주하셨으나, 다시 이 세상을 완전한 세상으로 건설하시기 위해서 힘써 오셨습니다. 노아 홍수도 세상의 심판과 함께 세상의 회복을 위한 것이었습니다. 이스라엘의 조상들을 택하시고, 그들에게 약속하신 가나안 땅도 결국은 영원한 천국을 가리키는 예시적인 것입니다. 복음은 그리스도를 통해서 약속하신 하나님의 나라가 시작되었음을 알립니다(마 4:17). 또한 세상 끝날에 그리스도께서 강림하실 때 완전한 하나님의 나라가 나타날 것입니다(마 6:10; 롬 8:1; 고전 15:24; 살후 2:8; 벧후 3:13; 계 21:1 등).

둘째, 천국과 천국 신앙의 실체성에 대한 두 번째 증거는 역사적 증거로서 성경 역사에 나타난 믿음의 조상들에게 약속 하신 하나님의 모든 말씀들이 실제로 성취되었기 때문입니다.

믿음의 소상들도 천국의 약속을 믿음으로써 그 약속의 진실성을 확증했습니다.

선진들이 이로써 증거를 얻었느니라(히 11:2).

히브리서 11장 전체가 믿음의 조상들에게 말씀하신 하나님의 모든 약속들이 믿음의 조상들의 일생 동안 실제로 이루어진 사실을 보여주고 있습니다. 11장의 40개 절 가운데 절반에 해당되는 19개 절이 "믿음으로"라는 말로 시작됩니다. 조상들이 믿었던 모든 것들이 실제로 이루어졌기 때문에 하나님의 말씀은 진실하고, 그 말씀을 믿은 믿음의 조상들의 믿음도 진실한 것입니다.

특별히 믿음의 조상들은 영원한 천국을 믿었습니다(11:10-16). 믿음의 조상들은 하나님께서 그들이 거처할 땅, 가나안 땅을 주실 것을 믿고 살았습니다. 그러나 그들이 받은 약속의 땅도 결국 잠시 머물다가 떠나야 일시적 장막이라는 것을 알았기 때문에 그들은 약속의 땅보다 더 나은 영원한 천국을 바랐습니다(갈 4:24 이하; 골

2:17; 히 8:5; 10:1, 참조, 대상 29:15). 하나님께서 아브라함에게 "너는 너의 고향과 친척과 아버지의 집을 떠나 내가 보여줄 땅으로 가라"고 말씀하신 것은 결국 영원한 천국을 가리키는 말씀입니다.

> 믿음으로 그(아브라함)가 이방의 땅에 있는 것같이 약속의 땅에 거류하여(히 11:9).
> 그들이 이제는 더 나은 본향을 사모하니 곧 하늘에 있는 것이라(히 11:16).

히브리서 11장 전체에서 "하나님이 계획하신 성"(10, 16절), "본향"(14-16절), "약속 된 것"(39절) "더 좋은 것을 예비하셨습니다"(40절) 등, 천국을 가리키는 말씀들이 자주 나옵니다. 히브리서는 이미 4장에서도 하나님께서 믿는 사람들에게 "영원한 안식"의 상급을 약속하셨다고 합니다. 또한 마지막 부분인 13장 14절에서도 "여기에는 영구한 도성이 없으므로 장차 올 것을 찾나니"라고 합니다.

천국은 모든 믿음의 조상들이 믿고 바라던 하나님의 약속들 가운데 가장 핵심적인 약속이었습니다.

셋째, 히브리서뿐만 아니라 성경 전체가 천국을 믿음의 최종적 목표로 가르칩니다.

히브리서는 천국이 하나님께서 그를 믿는 모든 사람들에게 주시는 최종적 상급이라고 합니다(히 11:6, 16, 26, 40). 히브리서는 물론 신약 전체가 복음 진리의 확실한 증거로서 구약의 예언과 예시적 사건을 제시합니다. 하나님은 그의 구원의 경륜 가운데서 그의 구원 계획을 미리 밝히시기 때문에 어떤 말씀이라도 구약의 예언이나 예표로 검증되지 않으면 하나님의 말씀으로 인정받을 수가 없습니다. 그러므로 히브리서는 물론 모든 신약 저자들은 구약의 모든 믿음의 조상들의 생애와 율법의 명령과 제사의식은 결국 예수 그리스도로 말미암는 천국 구원을 가리키기 위한 예표들로서 모두가 하나님의 구원 섭리에서 비롯된 것임을 밝힙니다. 장래의 소망에 대한 말씀은 구약과 신약에 모두 있으나, 구약은 주로 신약의 가르침에 대한 예언과 예시적 사건들입니다. 신약 저자들은 장래의 소망에 대한 구약의 예언과 예시적 사건들을 찾아 제시함으로써 복음 진리를 확증합니다.[3]

---

3 마 1:22-23; 요 3:14-15; 롬 1:2; 4:1-25; 5:12-21; 갈 3:6-29; 4:21-31; 고전 10:1-11; 히 4:14; 5:10; 7:15; 8:1-10:22 등.

이 모든 일이 된 것은 주께서 선지자로 하신 말씀을 이루려 하심이니(마 1:22).

너희가 성경에서 영생을 얻는 줄 생각하고 성경을 연구하거니와 이 성경이 곧 내게 대하여 증언하는 것이라(요 5:39).

성경에 그를 가리켜 기록한 말씀을 다 응하게 한 것이라(행 13:29).

이 복음은 하나님이 선지자들을 통하여 그의 아들에 관하여 성경에 미리 약속하신 것이라(롬 1:2).

넷째, 신구약 성경 전체가 천국의 실재를 가르칩니다.

천국은 삼위 하나님과 천군 천사들과 성도들의 영혼들이 거주하는 곳입니다(눅 23:43).[4] 하나님과 동행한 에녹은 천국으로 간 것이 분명합니다(창 5:24). 엘리야는 엘리사가 직접 보는 가운데 불수레와 회오리 바람을 타고 하늘로 올라갔습니다(왕하 2:11-12). 특별히 누가는 사도행전 1장에서 예수님께서 승천하시는 장면을 매우 자세히 사실적으로 기록하고 있습니다. 예수님은 제자들이 자세히 보는 가운데 하늘로 승천하셨습니다(행 1:9-11). 바울은 살아 있는 동안 셋째 하늘, 또는 낙원을 경험했는데, 자신이 "몸 안에 있었는지, 몸 밖에 있었는지" 모를 정도로 실재하는 세계였다고 말합니다(고후 12:3-4). 너구나 거기서 비올오 "말로 표현할 수 없는 말"도 들었다고 간증합니다(고후 12:4). 이런 사건들은 천국이 분명히 실재하는 영적 세계라는 것을 보여줍니다.

흔히 천국 신앙은 신약 시대에 나타나는 후대의 신앙이라고 하지만, 구약 시대 사람들도 천국 신앙을 가졌습니다. 욥은 그가 죽은 후에 그 영혼이 하나님을 뵈올 것을 믿었습니다(욥 19:26). 다니엘은 장차 죽은 사람들이 부활할 것을 예언했습니다(단 12:2). 구약의 예언자들도 생성소멸, 약육강식, 적자생존 등의 자연의 원칙이 지배하는 이 불안한 세상이 끝나고 완전한 메시아 시대가 올 것을 예언했습니다(사 11:6-9; 35:5-10; 61:1; 65:17; 겔 36:25-26; 단 12:2).

---

4 창 11:4-5, 28:12, 17; 출 20:22; 신 4:39; 26:15; 수 2:11; 왕상 8:27, 39, 49; 대하 6:21, 23, 25, 27, 30; 7:14; 30:27; 36:23, 30, 33, 35, 39; 느 1:4; 스 1:2, 5:12; 욥 16:19; 22:12; 시 2:4; 11:4; 14:2; 20:6; 33:13; 53:2; 73:25; 80:14; 89:6; 102:19; 115:3; 123:1; 136:26; 전 5:2; 사 63:15; 66:1; 애 3:41, 50; 단 2:18; 4:13; 7:13; 욘 1:9(구약 50회 이상); 마 5:16, 48; 6:1, 9; 7:11, 21; 18:10, 14; 10:32-33; 12:50; 16:17; 18:10, 19; 23:9; 막 16:19; 행 1:9-11; 7:55-56; 고전 15:49; 고후 5:1; 갈 1:8; 엡 1:20; 2:6; *6:12; 살전 1:10; 4:16; 히 8:1; 9:24; 벧전 3:22; 계 4:2; 21:2 등.

본문의 13절과 39절은 믿음의 조상들은 약속의 땅보다 "더 나은 하늘의 영원한 본향"을 사모하였다고 합니다. 그들은 약속의 땅도 결국은 잠시 머물다가 떠날 일시적인 땅 위의 장막일 뿐이며, 하나님께서 영원한 영광의 나라를 준비하셨다는 것을 믿었습니다. 그러므로 예수님께서는 믿음의 조상 아브라함도 예수님의 구원 사역을 알고 기뻐했다고 말씀하셨습니다(요 8:56).

무엇보다, 우리 주님께서 이 죄악 세상에 오셔서 영원한 하나님의 나라를 증거하셨습니다. 복음서에 나타난 예수님의 가르치심과 사역의 중심은 하나님 나라의 도래입니다(마 4:17; 5:30; 13:36-50; 18:4, 8; 19:24-26; 22:1 이하; 눅 23:43; 요 3:16; 행 1:3 등). 무엇보다 주님 자신이 천국을 약속하셨습니다.

> 내 아버지 집에 거할 곳이 많도다 내가 가서 너희를 위하여 거처를 예비하러 가노니 가서 너희를 위하여 거처를 예비하면 내가 다시 와서 너희를 내게로 영접하여 나 있는 곳에 너희도 있게 하리라(요 14:2-3).

① 예수님은 십자가에서 함께 십자가에 달린 강도에게 "내가 진실로 네게 이르노니 오늘 네가 나와 함께 낙원에 있으리라"(눅 23:43)고 약속하셨습니다. 칼빈은 제2 아담이신 예수님으로 말미암아 아담 이후에 막혔던 천국문이 열렸다고 했습니다.
② 첫 번째 순교자 스데반은 유대인들의 돌에 맞아 순교하면서 "보라 하늘이 열리고 인자가 하나님 우편에 서신 것을 보노라"(행 7:56)라고 천국을 증언했습니다.
③ 사도 바울도 자신이 셋째 하늘에 갔던 경험을 말합니다(고후 12:2). 바울은 여러 곳에서 천국의 소망을 가르칩니다(롬 5:2; 8:17-18, 24; 13:11; 고후 5:1; 빌 1:21; 골 3:1; 딤후 4:8). 우리는 물론, 모든 피조물들도 세상의 고난 가운데 탄식하면서 하나님의 나라가 오기를 고대한다고 합니다(롬 8:18-22).
④ 베드로도 "우리는 그의 약속대로 의가 있는 곳인 새 하늘과 새 땅을 바라보도다"(벧후 3:13)라고 말합니다.
⑤ 요한은 계시록에서 세상 종말에 나타날 예수님의 재림과 심판, 그리고 새 하늘

과 새 땅을 보다 자세히 가르칩니다(계 21:1 이하).[5]

이렇게 천국이 성경의 중심 주제입니다. 천국 중심으로 성경을 읽을 때 성경의 부분과 전체가 더욱 분명하게 나타나는 것입니다. 신약 성경이 구약 성경보다 더 분명히 천국을 가르칩니다. 하나님의 계시사와 구원사에 있어서 구약은 신약이 가르치는 천국 복음의 예비적 단계이기 때문에 구약은 믿음의 조상들의 생애와 이스라엘의 역사를 통해서 암시적으로 천국을 가르치지만, 신약은 하나님의 아들 예수님의 구원 사역을 통해서 천국의 비밀을 분명히 나타냅니다.

그러나 실제로 하나님께서는 아담이 타락했을 때부터 죄악 세상을 완전한 세상으로 만드실 것을 계획하시고 힘써 오셨습니다.[6] 하나님께서는 노아 홍수로 세상을 심판하시고 무지개 언약으로 새로운 세상을 약속하셨습니다. 그러나 계속되는 인간의 범죄함을 보시고 하나님께서는 아브라함을 택하셔서 특별한 구원 언약을 맺으시고 그 후손들을 통하여 세상을 구원하시기를 원하셨습니다. 그러나 택하신 이스라엘마저 범죄하는 것을 보시고 그의 아들 예수님을 보내셨고, 예수님은 인간의 죄를 대신 지시고 죽으셨습니다. 이제 하나님은 제1 아담의 죄인 후손들이 제2 아담이신 예수님을 믿음으로써 새로운 피조물로 거듭나게 되는 구원 진리를 세상에 제시하신 것입니다(롬 5:14-19). 다시 사신 생명의 주 그리스도와 연합한 사람들은 몸이 죽으면 그 영혼이 천국에서 주님과 함께 있다가, 세상 끝 날에 주님께서 다시 세상에 오실 때, 그 육체가 부활하여, 새 하늘과 새 땅에서 주님과 함께 영원히 살게 되는 것입니다.[7]

다른 말로, 믿음의 조상들과 그들의 후손인 이스라엘 백성, 그리고 모든 인간 구

---

[5] "새 하늘과 새 땅"이 완전히 새로운 세계가 출현한 것인지, 기존 세계가 변화된 것인지는 분명하지 않으나, 그것이 불완전한 이 세상과는 다른 새로운 차원의 완전한 세계인 것은 분명하다.

[6] 마 25:34, "그 오른편에 있는 자들에게 이르시되 내 아버지께 복 받은 자들아 나아와 창세로부터 너희를 위하여 예비된 나라를 상속받으라." 마 25:4, "또 그 원편에 있는 자들에게 이르시되 저주를 받은 자들아 나를 떠나 마귀와 그 사자들을 위하여 예비된 영원한 불에 들어가라."

[7] 욥 19:26; 시 16:10-11; 사 11:6-7; 25:8; 26:19; 35:5-10; 65:17; 66:22; 겔 36:24-36; 37:24-28; 단 7:13-14; 12:2; 마 25:34; 눅 23:43; 요 3:16; 5:24, 29; 10:28; 11:25-26; 14:2-3; 롬 8:18-25; 고전 15:22-58; 고후 4:18-5:10; 엡 4:30; 5:14; 빌 1:6; 3:11, 20-21; 골 3:1; 살전 1:10; 4:12-18; 5:10; 살후 1:7; 딤전 3:16; 딤후 4:8; 히 1:3; 4:10, 13; 6:2, 18-20; 8:1; 9:24-28; 10:25, 34-39; 11:10, 16, 40; 12:2; 13:14; 약 5:8-9; 벧전 1:7; 3:22; 4:7, 13; 5:1, 4; 벧후 1:11, 14, 16; 3:3-13; 요일 2:28; 계 22:1이하 등.

원으로 나아가는 하나님의 구원 역사가 그가 지으신 피조물의 전체 영역으로 확장되는 것입니다(롬 8:19-22; 벧후 3:13; 계 21:1). 이 현실 세계에서의 불완전한 예비적인 구원에서부터 영원한 나라의 완전한 구원으로 진행되는 것입니다.

> 너희 조상들은 광야에서 만나를 먹고 죽었거니와 이는 하늘에서 내려오는 떡이니 사람으로 하여금 먹고 죽지 아니하게 하는 것이라(요 6:49-50).
> 내 나라는 이 세상에 속한 것이 아니니라(요 18:36a).
> 생각하건대 현재의 고난은 장차 우리에게 나타날 영광과 비교할 수 없도다(롬 8:18).

이렇게 창세기의 에덴부터 요한계시록의 새 하늘과 새 땅까지 성경이 가르치는 하늘 아버지의 일관된 목적과 비전은 불완전한 이 세상으로부터 모든 피조물을 해방시켜서 하나님께서 다스리시는 완전한 나라를 건설하시려는 것입니다. "말씀"(창조의 중보자)으로 세계 창조에 참여하신 그리스도 안에서 우리 죄인을 온전한 인간으로 회복시키시고, 하나님 나라의 영원한 상속자로 만드시어 영원히 교제하시려는 것입니다. 성경 역사는 하늘 아버지께서 죄악 세상을 구원하여 온전한 하나님의 나라로 만들어 가시는 전체 과정을 보여주는 것입니다. 천국은 하나님의 구원 계획의 최종적 목적입니다. 하나님께서는 필경 이 불완전한 세상을 끝내시고 생명과 기쁨이 넘치는 완전한 세상을 창조하실 것입니다.[8]

하나님의 구원의 약속은 막연한 추상적인 약속이 아니라, 천국에서의 영생이라는 분명하고 구체적인 약속입니다. 천국에서의 영생은 믿음의 결과이며 목표입니다.[9] 천국에서의 영생은 성경 전체의 핵심적 주제입니다. 천국 중심으로 성경을 읽을 때 성경의 부분과 전체가 더욱 분명하게 나타납니다.

---

8 사 11:6-9; 35:5-10; 롬 8:18 이하; 고전 15:25-28; 52-58; 고후 4:17 이하; 빌 3:21; 계 21:1 이하.
9 마 5:10-12; 25:34; 요 3:16; 롬 5:21; 8:18; 고전 15:51-54; 고후 5:1; 딤후 4:7-8, 18; 히 11:6, 16, 40; 벧전 1:9.

2. 천국 신앙 지키기

　천국 신앙은 우리의 장래를 분명하게 보여주고, 신앙의 목표를 분명히 설정해줍니다. 생명의 주이신 하나님을 믿는 이들에게 죽음은 끝이 아니라 영원한 세계를 향한 새로운 출발입니다. 믿는 우리들에게 죽음은 저주이면서도 축복이고, 큰 슬픔이자 큰 기쁨입니다. 하나님께서는 우리의 모든 고난의 삶을 통해서 우리로 하여금 완전한 나라에서의 완전한 삶을 사모하게 하십니다(행 14:22; 롬 8:18-25; 고후 4:16-5:10; 히 4:9-11; 벧전 4:13).

　세상의 탐욕에 취한 사람들은 하나님 나라를 유업으로 받을 수 없습니다(마 6:19 이하; 24:38-39; 눅 12:19-21; 21:34; 갈 5:21). 옛날 이스라엘 백성은 광야에서 가나안 땅의 약속을 불신하고 모세와 하나님을 원망하다가 모두 광야에서 죽었습니다.[10] 그들의 실패의 경험을 거울로 삼아 우리는 흔들림 없이 영생의 약속을 굳게 믿어야 하겠습니다(신 8:2-4, 11-20; 욥 1:22). 히브리서 11장은 많은 신앙 선배들이 불신 세상에서 천국 신앙을 지키기 위해 생명까지도 포기하면서 세상의 박해를 참고 견디었다는 것을 지적하면서 오늘 우리도 우리의 천국 신앙을 반대하는 불신적 세력으로부터 천국 신앙을 굳게 지켜야 할 것을 가르칩니다(히 11:33-37).

　　우리가 하나님의 나라에 들어가려면 많은 환난을 겪어야 할 것이라(행 14:22).

　첫째, 천국 신앙을 방해하는 첫 번째 장애는 당장 눈에 보이는 것에 집중하기 쉬운 우리의 육적 본능입니다.

　보이는 것만을 찾는 우리에게 하나님의 약속들은 자주 불확실하고 모호하게 보입니다(창 15:1 이하; 욥 23:8-9; 시 10:1; 13:1; 139:6). 그러나 우리가 불확실하게 보이는 하나님의 약속을 믿을 때 하나님의 자녀로 인정받게 되고 하나님의 축복을 받게 되는 것입니다.

---
[10] 출 15:24, 16:2-12; 민 11:1; 14:1-3, 22; 신 8:2-24; 11-20; 고전 10:10; 참조. 욥 1:22.

> 아브람이 믿으니 여호와께서 이를 의로 여기시고(창 15:6).
> 의인은 그 믿음으로 말미암아 살리라(합 2:4).

광야의 이스라엘 백성들은 당장 보이는 것들만 바라면서 장차 들어갈 가나안 땅의 약속을 불신하였기 때문에 하나님의 징벌을 받아 결국 모두 광야에서 죽었습니다.[11]

> 믿음이 없이는 하나님을 기쁘시게 하지 못하나니 하나님께 나아가는 자는 반드시 그가 계신 것과 또한 그가 자기를 찾는 자들에게 상 주시는 이심을 믿어야 할지니라 (히 11:6).

둘째, 천국 신앙을 방해하는 두 번째 장애는 불신적 세상입니다. 믿는 사람들이라도 불신적 세상의 도전을 받아 믿음이 변질되거나 믿음을 포기할 수도 있습니다.

물질주의적 현대인은 천국 신앙을 무지하고 불안한 고대인의 신앙적 고안이라고 폄하합니다. 불신자들은 천국 신앙은 단순히 심약한 사람들이 고안해낸 심리적 위안이라고 생각합니다만, 성경이 가르치는 천국은 본질상 사람의 고안이 아니라 하나님의 초자연적인 계시입니다. 물론, 천국에 대한 심리적 위안도 천국을 믿는 사람에게 주시는 하나님의 축복이며, 믿음의 증거입니다. 또한 사람의 어떤 욕구가 그 욕구의 대상이 실재하는 것을 가리키듯이, 천국을 동경하는 사람의 마음 자체가 천국의 실재를 가리킨다고 논할 수도 있습니다.

> 믿음은 바라는 것들의 실상(실체, 실재)이요 보이지 않는 것들의 증거니(히 11:1).

천국은 하나님께서 그의 자녀를 위해 마련하신 완전한 세상입니다. 하나님께서는 인간의 타락 후에 황폐해진 세상을 완전한 세상으로 복원할 계획을 하셨습니다. 믿음의 조상들에게 약속하신 "땅의 약속"은 세상 끝날에 나타날 더 완전한 나라의 예

---

[11] 출 32:8; 민 11:4-10; 14:1-38; 16:12-35; 20:1-23; 21:4-9; 32:10-15; 신 1:26-39.

표적인 것입니다(히 11:10, 16). "천국에 대한 약속"은 "땅의 약속"의 연장으로서 하나님의 오랜 구원 역사의 "예언과 성취"를 통해서 확증된 것입니다. 특별히 그리스도의 죽으심과 부활로 천국의 약속이 분명히 확증되었습니다.

이런 천국의 창조와 구원 역사적 배경이 대개 사색적이거나 철학적인 다른 종교의 영원한 세계의 가르침과 다른 성경이 가르치는 천국의 특성입니다.

많은 사람들은 자연의 생성소멸의 원칙을 따라서 인생은 한 번 태어났다가 사라진다고 믿습니다. 그러나 성경에 의하면 자연만물의 생성소멸의 법칙도 천국의 실재를 부정할 수 있는 합리적 근거가 될 수 없습니다. 하나님께서 세상 끝 날에 피조물을 지배하는 생성소멸 법칙을 깨뜨리시고 죽음이 없고 생명이 넘치는 완전한 세상을 창조하실 것을 약속하셨기 때문입니다. 바울은 세상의 모든 피조물이 썩어지는 운명, 자연의 원칙으로부터 완전히 해방되어 하나님의 아들들의 영광의 자유에 이르게 될 것을 가르칩니다(롬 8:21; 고후 4:16 이하; 벧후 3:13; 계 21:1; 참조, 사 11:6-9).

현대주의적 성경학자들은 성경의 초월적 세계에 대한 가르침을 고대 종교나 철학의 이원론적 사상에서 유래한 것으로 폄하합니다. 그러나 성경은 처음부터 끝까지 하나님의 초월적 구원 역사와 영생을 가르칩니다.[12] 매우 오래전 욥도 영생을 믿었습니다.

내 가죽이 벗김을 당한 뒤에도 내가 육체 밖에서 하나님을 보리라(욥 19:26).

다만 하나님의 계시의 점진적 특성을 따라서 구약보다 신약에 천국이 더욱 분명하게 계시된 것입니다. 신약은 구약 시대에서 감추어졌던 하나님의 구원의 비밀이 그리스도로 말미암아 나타났고, 장차 그리스도께서 재림하실 때 완전히 나타날 것임을 가르칩니다.[13]

---

[12] 삼상 28:14-15; 욥 19:26; 26:5; 시 16:10; 49:15; 88:10; 사 26:19; 단 12:2.
[13] G. E. Ladd, *A Theology of the New Testament* (1995), 599; Oscar Cullmann, *Immortality of the Soul or Resurrection of the Dead?*, 56.

천국의 비밀을 아는 것이 너희에게는 허락되었으나 그들에게는 아니되었나니 (마 13:11).

이 비밀은 만세와 만대로부터 감추어졌던 것인데 이제는 그의 성도들에게 나타났고 (골 1:26).

보라 내가 너희에게 비밀을 말하노니 우리가 다 잠 잘 것이 아니요 마지막 나팔에 순식간에 홀연히 다 변화되리니 나팔 소리가 나매 죽은 자들이 썩지 아니할 것으로 다시 살아나고 우리도 변화되리라(고전 15:51-52).

본문에서 "바라는 것들"과 "보이지 않는 것들"은 바로 세상 끝에 나타날 "하나님의 비밀," 즉 "하나님의 아들들이 받을 영광"을 가리킵니다.

그는 (예수 그리스도는) 만물을 자기에게 복종하게 하실 수 있는 자(하나님)의 역사로 말미암아 우리의 낮은 몸을 자기(예수 그리스도) 영광의 몸의 형체와 같이 변하게 하시리라(빌 3:21; 참조, 고전 15:24-28; 53-54; 고후 5:1 이하).

여기서 이 피조 세계는 생명의 창조주 하나님을 대적하는 악한 세력에 의해 지배받고 있음을 가리킵니다. 그러므로 이런 모든 천국의 실재에 대한 현대인들의 불신적 반론은 결국 사람들을 지옥으로 이끌어가려는 마귀의 미혹입니다. 마귀는 모든 하나님의 말씀을 교묘한 논리로 대적하고 의심하게 합니다.

창세기 15장에서 하나님께서는 약속하신 자식을 받지 못해서 답답해하는 아브라함을 집 밖으로 이끌어 내시고, 하늘의 별을 바라보게 하시며, 그와 같이 많은 후손을 주실 것을 확약하셨습니다. 아브라함은 하나님의 약속을 인내함으로 믿고 결국 많은 민족의 조상이 되었습니다(히 6:15).

현대인은 구원의 소망이 없는 닫힌 물질적 공간에서 나와서 주님께서 가리키시는 빛과 생명이 넘치는 열린 영적 공간을 바라보아야 살 수 있습니다. 현대인은 오만함을 버리고 하나님의 말씀을 따라서 모든 인위적인 닫힌 공간에서 나와서 하나님께서 지으신 저 높은 하늘을 바라보아야 하고, 하나님께서 약속하신 영원한 나라를 바라보아야 합니다.

너희가 그리스도와 함께 살리심을 받았으면 위의 것을 찾으라 위의 것을 생각하고 땅의 것을 생각하지 말라(골 3:1-2).

　천국은 사람이 볼 수도 없고 갈 수도 없는 신령한 세계입니다. 천국의 실재에 대한 과학적 증거가 없다고 해서 천국의 실재를 부인하는 것이야말로 비과학적입니다.
　이 세상에 보이지는 않으면서도 막강한 실체들이 얼마나 많습니까?
　박테리아나 세균은 현미경 없이는 볼 수 없으나 그 힘이 막강하여 모든 생명체를 위협하기도 합니다. 또한 이 세상은 보이지 않는 물리적 원칙들에 의해서 존재하고 움직입니다. 보이지 않는 우리의 마음이 우리의 일을 결정합니다. 우리의 이성과 감성의 제한성을 잊고 우리의 감성이나 이성으로 확인되지 않는 모든 것들의 실체성을 부인하는 것은 부당합니다. 무엇보다, 보이지 않는 하나님께서 이 보이는 세상을 지으시고 다스리신다는 사실을 알아야 합니다.
　천국은 본질상 영적 세계입니다. 그러나 천국은 실제적인 세계입니다. 성경은 자주 천국을 보이는 저 하늘의 초월적이고 신비로운 특성들을 통해서 설명합니다. 엘리야의 몸이나 부활하신 예수님의 신령한 몸은 분명히 보이는 하늘로 승천했습니다(왕하 2:11-14; 행 1:9-11). 그렇다고 영적 세계인 천국이 보이는 하늘과 같은 물질적 공간에 속한다고 할 수는 없습니다. 더구나 보이는 하늘은 이 땅과 마찬가지로, 언젠가는 사라질 피조물입니다(계 21:1). 그러므로 천국은 영적이면서도 실제적이고 구체적인 특별한 차원의 세계로 보아야 합니다.
　이런 천국의 양면성은 천국의 모호성을 나타내는 것이 아니라 도리어 천국의 완전성을 나타내는 것입니다. 하나님의 섭리와 인간의 책임, 그리스도의 신성과 인성, 종말의 미래성과 현재성, 교회의 순결성과 일치성 등 하나님의 말씀과 신학은 대개 모호하게 보이는 특성들이 있지만, 그 모호함이 혼란이나 갈등이 아니라 오히려 하나님의 말씀의 깊이와 완전함을 나타내는 것으로 보아야 합니다. 우리의 연약함으로 말미암아 완전한 하나님의 진리가 오히려 모호하게 보이기도 하는 것입니다.

　　이 지식이 내게 너무 기이하니 높아서 내가 능히 미치지 못하나이다(시 139:6).

깊도다 하나님의 지혜와 지식의 풍성함이여, 그의 판단은 헤아리지 못할 것이며 그의 길은 찾지 못할 것이로다(롬 11:33).

셋째, 세상에 천국에 대한 유사한 가르침이 많이 있으나 우리는 성경이 가르치는 천국만을 믿어야 합니다.

다른 세상 종교들도 천국을 가르칩니다만 그들의 가르침은 마귀의 미혹의 수단에 불과합니다. 세상에 진품이 있고, 모조품이 있듯이, 천국 신앙에도 참 신앙이 있고, 거짓 신앙이 있는 것입니다. 모든 가치를 존중하는 상대주의적 시대는 사람들은 자칫 진실과 거짓을 혼동할 수 있습니다. 옛날 이스라엘 백성처럼, 참 신과 거짓 신을 혼동하기 쉽습니다. 우리는 성경이 가르치는 하나님만이 유일하신 참 신이심을 믿고, 그가 가르치시는 천국만을 참된 가르침으로 믿고, 다른 종교가 가르치는 영원한 세계는 사람의 고안이거나, 악한 영이 사람들을 미혹하기 위하여 하나님의 가르침을 흉내 내어 위장한 가르침이란 것을 알아야 합니다.

위에서 보았듯이, 성경은 처음부터 끝까지 천국을, 에덴동산에서의 추방, 가나안 땅의 약속, 바벨론 포로 귀환과 시온의 영광, 그리스도의 재림 등의 중요한 주제들과 관련하여 역사적으로, 예시적으로, 묵시론적으로, 광범위하면서도 일관되게 가르칩니다. 일반 종교의 유사한 가르침은 대개 사람의 사색이고, 신의 계시라고 하더라도 실제 역사와 관련성이 없습니다. 성경은 하나님께서 역사의 주관자로서 창세 이후 세상과 이스라엘 오랜 역사 가운데 완전한 세상을 이루실 것을 거듭해서 약속하셨고, 최종적으로 그리스도를 통해서 더욱 분명하게 약속하신 것입니다(막 13:26-31; 요 14:1-3). 성경이 가르치는 천국은 인간의 생각이나 소망이기 전에 온 세계의 주이신 하나님께서 오래전부터 약속하신 구원의 최종적 완성입니다.

보라 내가 새 하늘과 새 땅을 창조하나니 이전 것은 기억되거나 마음에 생각나지 아니할 것이라(사 65:17; 참조, 계 21:1).

사탄은 모든 불신적 지혜와 논리로 사람들의 마음과 생각을 혼란하게 만들어 하나님의 말씀을 믿지 못하게 하거나, 자신을 빛의 천사로 가장하여, 하나님의 말씀을 흉내 내어 사람들이 거짓된 것들을 믿도록 미혹합니다.[14] 그러나 믿음이란 본질적으로 참된 것과 거짓된 것을 구별하는 능력입니다.

> 내 양은 내 음성을 들으며 나는 그들을 알며 그들은 나를 따르느니라(요 10:27).

우리는 세상을 지으시고 그의 독생자를 희생하신 참 신이신 하나님께서 가르치시는 말씀, 즉 천국만을 믿어야 합니다. 하나님은 많은 신들 가운데서 그를 참 신으로 분별할 수 있는 사람들을 그의 자녀로 인정하십니다.[15]

> 여호와여 신 중에 주와 같으신 자가 누구니이까 주와 같이 거룩함으로 영광스러우며 찬송할 만한 위엄이 있으며 기이한 일을 행하는 자가 누구니이까(출 15:11).
> 그런즉 너희가 나를 누구에게 비교하여 나를 그와 동등하게 하겠느냐(사 40:25).

넷째, 천국에 대한 간증들이 있지만, 간증자들의 사사로운 관심이 반영되거나, 성경의 가르침이나 다른 간증들과의 차이로 말미암아 혼란을 주기도 하기 때문에, 간증보다는 성경이 가르치는 천국을 믿어야 합니다.

다섯째, 천국에 대한 여러 질문들과 호기심이 많지만 성경이 가르치지 않는 문제는 피해야 합니다(고전 4:6). 하나님께서 감추신 것을 우리가 파헤치려 하는 것은 옳지 않습니다. 더 분명한 자료나 증거나 나타날 때까지 기다리는 자세를 가져야 합니다. 결국 마지막 그날에 모든 것이 밝혀질 것입니다(고전 13:12).

여섯째, 천국 신앙을 기원전 3세기 전후에서 시작된 유대교 묵시론이나, 페르시아 종교의 외래적 영향으로 보면서 성경의 본질적 가르침이 아니라고 부인하는 이들도 있습니다.

그러나 위에서 지적하였듯이 성경 역사 전체가 처음부터 끝까지 하나님께서 다스리시는 완전한 나라를 지향하고 있음을 보여줍니다. 창조주 하나님께서는 그가

---

14 왕상 22:20-23; 렘 28:15; 마 16:22-23; 24:5, 24; 고후 4:4; 11:13-16; 딤전 4:1; 요일 4:1-3.
15 참조, 출 15:11; 20:3; 신 6:4-5; 시 86:8; 96:5; 사 64:4; 렘 10:6-11; 단 2:47; 마 13:44-46; 요 1:9-12; 10:11-12, 26-27; 행 4:12; 17:21-31; 20:30; 롬 8:29-30; 고전 2:10 이하; 4:1; 7:40; 8:5-6; 고후 4:4, 6; 갈 1:12; 딤전 4:1; 요일 4:1-6.

지으셨으나 타락한 인간과 세계를 완전하게 복원하기를 원하시는 것입니다. 다만 하나님께서는 일방적 세계 복원이 아니라 하나님의 형상으로서 창조되었고, 만물을 다스리도록 지으심을 받은 인간이 하나님의 구원 계획을 깨닫고 자원하는 마음으로 하나님의 구원 역사에 참여하기를 원하시는 것입니다. 하나님은 이를 위하여 예수 그리스도를 보내셨습니다.

영원과의 접촉점이 없는 인생은 허무하고 절망할 수밖에 없습니다. 하나님께서 믿음의 조상들의 믿음을 시험하셨듯이, 하나님께서는 오늘 우리의 믿음을 시험하십니다. 하나님께서는 우리의 믿음이 온전한 믿음이 되게 하기 위하여 여러 가지 시험으로 우리의 믿음을 단련시키십니다. 그러나 모든 안팎의 불신을 물리치고 하나님의 말씀을 믿을 때 하나님의 능력과 영광이 나타납니다. 인간은 스스로 자신을 구원할 수 없습니다. 다만 하나님의 구원의 말씀을 믿음으로써 구원받을 수 있습니다. 우리가 천국의 약속을 분명히 믿을 때 이 세상을 이기는 놀라운 힘을 얻게 됩니다.

3. 천국 신앙의 실체화(천국적인 삶)

첫째, 천국은 이 죄악 세상과 구별되는 신령한 세계입니다.

그러나 천국의 상속자인 우리는 세상에 사는 동안 천국의 능력과 영광을 세상에 나타내야 합니다. 그러므로 주님은 우리가 이 힘들고 어두운 세상에 소금과 빛으로 살라고 가르치셨습니다(마 5:13-16). 우리는 천국의 증인으로서 천국의 빛을 세상에 비추는 반사체의 역할을 해야 합니다.

천국 지향적 신앙생활은 이 세상을 떠나 사는 것이 아니라, 이 세상에 사는 동안 영원한 천국을 위해 준비하고 예비하는 신앙생활입니다. 주님께서는 자주 장차 나타날 천국을 사모하고 예비하며 살 것을 가르치셨습니다.

특별히 주님께서는 산상수훈에서 제자들에게 마음이 가난한 자, 온유한 자, 애통하는 자, 의에 주리고 목마른 자, 긍휼히 여기는 자, 마음이 청결한 자, 화평하게 하는 자, 의를 위해 박해를 받는 자, 남이 오리를 가자고 하면 십리를 가는 자, 원수를 사랑하는 자, 남을 비판하지 않는 자, 남을 섬기고 사랑하는 자가 되라고 가르치셨습니다(마 5:3-12; 41-48; 7:1-6).

둘째, 하나님의 말씀은 능력이 있습니다.

우리가 천국의 약속의 말씀을 믿을 때 천국의 기쁨, 사랑, 은혜, 영광이 나타납니다. 우리가 천국을 믿을 때 하나님께서는 우리의 모든 육체적, 영적, 존재론적, 우주적, 핍박과 환난 가운데서도 천국을 실체화할 수 있는 능력을 우리에게 주십니다(롬 8:18-39). 우리가 천국 시민이라는 자아의식을 가지고 천국의 소망을 가지고 살 때 장래의 영광이 우리의 고달픈 현실 가운데 부분적으로나마 나타나는 것입니다. 그러므로 주기도문도 "나라가 임하옵시며 뜻이 하늘에서 이루진 것 같이 땅에서도 이루어지이다"(마 6:10)라는 기도로 시작합니다. 주님께서는 "천국은 너희 안에 있느니라"(눅 17:21)고 말씀하셨습니다.

셋째, 천국 신앙은 고난의 인생을 소망 찬 인생이 되게 하는 힘을 줍니다.

현대 의학자들은 인간을 행복하게 만드는 세 가지 뇌신경 물질(뇌하수체)들이 있다고 합니다 도파민(dopamine)은 사람이 자신이 원하는 것을 얻을 때 분비되는 물질이고, 엔돌핀(endorphin)은 사람이 자기의 것을 남과 나눌 때 분비되는 물질이고, 옥씨토신(oxytocin)은 다른 사람과 더불어 살 때에 나타나는 물질이라고 합니다.

천국 신앙은 바로 이런 세 가지 행복의 원인 물질들을 모두 분비하게 하는 행복의 원천입니다. 천국을 믿는 우리는 모든 사람들이 바라는 영생을 얻었기 때문에 만족스럽고(도파민), 천국의 좋은 것들을 서로 나누며 살기 때문에 즐겁고(엔돌핀), 또한 천국을 믿는 사랑하는 형제자매들과 함께 신앙 공동체를 이루어 살기 때문에 행복합니다(옥씨토신). 비록 우리는 여전히 이 땅에서 "현재의 고난"을 받으며 살지만, 소망이 없는 불신자들에 비하면 훨씬 행복한 삶을 살고 있다는 것을 알아야 합니다.

페니 크로스비(Fanny Crosby=Frances Jane Crosby, 1820-1920)라는 100여 년 전 미국 여인은 한 살이 될 때 걸린 열병으로 맹인이 되었습니다. 페니의 아버지도 페니가 태어난 후 일 년 만에 세상을 떠나고 페니의 어머니는 여러 가지 일을 하며 어렵게 살았습니다. 페니는 주로 할머니에게 맡겨져서 책과 성경을 읽으면 자랐습니다. 그 할머니마저 페니가 11살에 세상을 떠났습니다. 그러나 페니는 할머니가 가르쳐준 대로 열심히 성경을 읽었습니다. 어린 페니는 놀랍게도 모세오경과 잠언과 시편, 그리고 신약 성경의 대부분을 암송할 수 있었습니다. 맹인으로서의 고난과 가난 가운데서도 페니는 자신을 향하신 하나님의 특별하신 뜻이 있음을 굳게 믿었습니다. 남들처럼 행복하고 싶었지만, 앞을 보지 못하는 장애로 낙심이 될 때마다 하나님께 기도 드렸습니다.

그때마다 하나님께서는, "실망하지 말라. 실망하지 마라. 어린 소녀야! 넌 앞을 보지 못하지만, 언젠가는 나는 너를 소중하게 쓸 것이다"라고 약속하셨습니다. 페니는 얼마 후 맹인학교에 전액 장학금으로 입학해서 좋은 교육을 받게 되었고 자신의 뛰어난 재능을 나타내기 시작했습니다. 당시 대통령을 비롯한 여러 유명한 인사들과 친분을 쌓았고 그 재능을 인정을 받았습니다. 특히 그는 시를 잘 썼습니다. 페니는 평생 8,000편이나 되는 많은 찬송가를 지었는데, 우리가 잘 아는 찬송가들이 많습니다. 우리 찬송가에도 23편이나 실려 있습니다.[16]

오늘 우리가 부를 찬송가 380장("나의 생명 되신 주")도 그가 지은 것입니다.

페니가 지은 찬송들은 거의 한 결 같이 이 힘든 세상에서 참 빛 되신 주님과 동행하다가, 저 빛난 천국에서 주님과 함께 영원히 살게 된다는 믿음과 소망을 나타냅니다. 페니는 비록 앞을 보지는 못했지만, 천국 약속을 믿음으로써 이 고난의 세상을 이기는 큰 힘을 얻을 수 있다는 것을 증거하였습니다.

천국 복음과 유사한 가르침들이 많았던 초대 교회 시대에서 천국 복음이 온갖 박해 가운데서도 성공적으로 전파된 중요한 한 가지 원인은 복음 자체의 능력과 함께 복음을 믿는 사람들의 모범적인 진실한 삶이었습니다(마 5:13-16; 행 2:43-47). 그리스도인들이 서로 사랑하고 함께 나누는 천국 신앙 공동체로서의 교회는 당시의 진부한 헬라 철학이나 다른 종교에서는 찾아 볼 수 없는 새롭고 매력적인 삶의 유형으로 제시되었을 것입니다. 오늘날 세상 사람들은 하나님의 말씀을 듣지 않습니다. 그러나 그들은 우리의 삶을 관찰하면서 하나님 말씀의 진위를 가늠합니다.

물질 중심 세상에서 우리는 자칫 천국은 잊어버리고 세상의 보이는 일시적 가치에 몰두하기 쉽습니다. 우리는 건강, 명예, 재산, 능력 등 우리의 육적인 가치의 손

---

[16] "예수 나를 위하여 십자가를 질 때," "주가 맡긴 모든 역사 힘을 다해 마치고," "너희 죄 흉악하나," "인애하신 구세주여," "예수를 나의 구주 삼고," "나의 생명 되신 주," "나의 갈 길 다가도록," "오 놀라운 구세주," "십자가로 가까이," "주와 같이 되기를," "주의 음성을 내가 들으니," "예수 사랑하심을," "예수께로 가면," "후일에 생명 그칠 때" 등.

실에 대해서는 민감하게 반응하면서도, 기도, 말씀 묵상, 회개, 경건, 봉사 등 우리의 영적 가치와 책임에 대해서는 관대합니다. 그러나 주님께서 부르시면 우리는 언제라도 이 세상을 떠나야 합니다. 생과 사는 순간의 차이입니다.

   이 세상과 저 세상은 1층과 2층의 차이일 뿐입니다. 잠시 머무는 이 세상에서 더 오래 더 잘 살려고 애쓰는 것보다 영원한 나라를 바라보며 준비하는 것이 더 현명합니다. 이 세상의 일에 몰두하는 것보다 그 나라의 의를 구하는 것이 더 중요합니다. 세상의 욕심을 버리고 하나님 나라의 일에 더 힘쓰시기를 바랍니다. 세상의 가치는 헛되고 자주 우리를 속이지만, 하나님 나라의 일은 결코 헛될 수가 없습니다. 하나님께서 친히 보증하시고 보상해 주시기 때문입니다(마 5:12; 빌 3:4; 딤후 4:8; 히 11:26; 요이 2:8; 계 22:12). 이 땅에서의 우리의 삶은 온전하고 영원한 나라의 삶의 모형입니다(골 3:1; 히 11:13-16). 이렇게 이 세상에서부터 천국인으로서 살기로 결단하는 여러분들에게 하늘의 기쁨과 은혜와 영광이 충만하기를 바랍니다.

      그러나 우리의 시민권은 하늘에 있는지라 거기로부터 구원하는 자 곧 주 예수 그리스도를 기다리노니 그는 만물을 자기에게 복종하게 하실 수 있는 자의 역사로 우리의 낮은 몸을 사기 영광의 몸의 형체와 같이 변하게 하시리라(빌 3:20-21).

   기도하시겠습니다. 하나님, 이 소망 없는 세상에서 사는 우리에게 영원한 천국의 소망을 주신 것을 감사합니다.
   저희들의 천국 신앙을 더욱 굳세게 하시어 이 어려운 세상에서도 천국의 기쁨과 사랑과 평안을 힘써 나타내게 하옵소서.
   예수님의 이름으로 기도하옵나이다. 아멘.

서울교회 주일설교
2017년 9월 17일

129. 하나님은 언약 백성을 반드시 구원하신다.

> 에스더가 왕 앞에 나아감으로 말미암아 왕이 조서를 내려 하만이 유다인을 해하려던 악한 꾀를 그의 머리에 돌려보내어 하만과 그의 여러 아들을 나무에 달게 하였으므로 무리가 부르는 이름을 따라 이 두 날을 부림이라 하고 … (에 9:25-26a).

성경은 하나님께서 자주 특이하게 인간의 예상과 자연의 원칙을 넘어서 놀라운 구원의 능력을 베푸신다는 것을 보여준다. 창세기부터 에스더까지는 주로 하나님의 과거의 구원 역사(歷史), 욥기부터 아가서까지의 지혜서와 시가서는 하나님의 현재의 구원 역사(役事), 이사야로부터 말라기까지의 예언서들은 주로 미래의 구원 역사(役事)를 보여준다.

에스더서는 하나님이란 이름이 나오지 않는 유일한 성경의 글이지만, 다른 성경의 글들같이 하나님의 구원 역사를 분명히 나타낸다. 바벨론 포로였던 모르드개와 에스더가 바사 왕국의 제2인자 하만이 모든 유다인을 몰살하려던 인종청소계획을 무산시키고 오히려 하만과 그 일당을 처단하게 되었던 큰 기쁨의 날을 기념하여 지키게 된 부림절의 배경과 유래를 통해서 언약 백성을 위한 하나님의 특별한 구원 역사를 설명한다(에 9:21; 기원전 473년 3월 8, 9일). 에스더서의 하나님의 구원 역사는 바로 성경 전체가 가르치는 구원 역사다. 즉 하나님께서는 반드시 그의 언약 백성을 구원하신다.

첫째, 하나님께서는 자주 약한 것과 사람들이 업신여기는 것들을 통해 그의 구원의 능력과 영광을 천하에 나타내시기를 기뻐하신다(눅 1:46-55; 시 118:22; 벧전 2:7; 행 2:36; 고후 12:9, 10). 하나님께서는 종으로 팔린 요셉을 통해서 이스라엘 백성을 구하셨고, 출애굽 때에는 방랑자 모세를 통해서 구원하셨다. 가나안 땅을 정복할 때에는 여리고 성의 기생 라합을 통해 이스라엘의 정탐꾼들을 구원하셨고, 사사 시대에는 역시 룻 같은 가난한 이방 여인과 오랫동안 수태하지 못하던 한나를 통해 구원의 은혜를 베푸셨다. 왕국 시대에는 이새의 막내 아들 다윗을 왕으로 삼아 이스라엘 백성을 구원하셨다. 포로기 때에는 느브갓네살, 벨사살, 다리오, 고레스, 아닥사스다, 아하수에로 같은 이방 나라의 왕들의 정책을 주관하셨고, 또한 에스라, 느헤미야, 다니엘, 학개, 스가랴 같은 위대한 유다 지도자들과 함께 모르드개와 에스더 같은 연약한 사람들을 통해서 유대 백성을 구원하셨다.

이런 하나님의 특이한 구원 역사는 자주 역전(逆轉)과 전화위복(轉禍爲福) 그리고 아이러니를 수반한다. 하만은 모르드개를 달아매려던 나무에 오히려 자신이 매어 달려 죽었고, 유대 민족의 대적자들이 유대 민족을 몰살하려던 날에 오히려 유대 민족이 적대자들을 죽이고 승리를 축하하는 날이 되었다. 사람들이 십자가에 죽인 그리스도가 구원주가 되셨다. 교회를 핍박했던 사울이 교회를 세우는 사도 바울이 되었다. 이 모든 역전의 사건들은 진정한 구원은 사람의 능력과 지혜가 아니라 하나님에게서 온다는 사실을 가르친다.

둘째, 하나님께서는 선한 사람뿐만 아니라 하나님을 대적하는 악한 자들을 통해서도 역사하시고, 순경(順境)뿐만 아니라 하나님의 구원 계획을 방해하는 역경(逆境)을 통해서도 그의 구원의 능력과 영광을 나타내신다(출 33:19; 사 45:7-13, 18, 19; 롬 9:18-23).

> 여호와께서 온갖 것을 그 쓰임에 적당하게 지으셨나니 악인도 악한 날에 적당하게 하셨느니라(잠 16:4).

하나님은 그를 믿는 사람들에게 모든 것이 합력하여 선을 이루시게 하시는 능력의 하나님이시다(창 50:20; 롬 8:28). 하나님의 구원 능력은 모든 인간의 방해와 술수를 넘어 오히려 크게 나타나는 것이다. 이런 하나님의 구원 역사의 정점이 바로 그리스도의 십자가의 구원 사건이다(고전 1:18-31).

셋째, 그러므로 하나님의 자녀는 어떤 환경과 조건 가운데서도 하나님의 의로우심과 선하심을 끝까지 믿어야 한다. 하나님의 선하심과 의로우심을 불신하거나, 하나님을 악의 창조자로 멸시하는 논증은, 아무리 합리적이라고 해도, 마귀의 "지적 미혹"으로 알고 거절해야 한다(창 3:1-5). 인간이 자신의 피조성을 잊고 창조주 하나님의 선하심과 의로우심을 의심하거나 불신하는 것 자체가 악이기 때문이다. 인간이 창조주 하나님의 일을 피조물 자신의 신분을 잊고 자신의 의(義)의 판단 기준, 또는 "인간에게 주신 하나님의 의의 판단기준"에 따라 평가하는 것은 잘못이다. 선과 의의 근원이신 절대자 하나님께서 하시는 일에 대해서 누구도 불평하거나 나쁘게 평가할 자격이 없다.

> 트집 잡는 자가 전능자와 다투겠느냐 하나님을 탓하는 자는 대답할지니라 욥이 여호와께 대답하여 이르되 보소서 나는 비천하오니 무엇이라 주께 대답하리이까 손으로 내 입을 가릴 뿐이로소이다(욥 40:2-4).
> 질그릇 조각 중 한 조각 같은 자가 자기를 지으신 이와 더불어 다툴진대 화 있을진저 진흙이 토기장이에게 너는 무엇을 만드느냐 또는 네가 만든 것이 그는 손이 없다(당신은 손이 서툴다) 말할 수 있겠느냐(사 45:9).

인간은 창조주 하나님 앞에서 피조물로서의 자신의 한계를 알고 마땅히 겸손해야 한다. 하나님의 언약을 믿는 사람들을 구원하시는 하나님의 구원 역사는, 비록 우리의 삶이 아무리 어렵더라도, 장차 나타날 하나님의 구원의 능력과 영광의 언약을 믿는 한, 우리를 향하신 그리스도의 사랑을 믿는 한, 살만한 가치가 있음을 보여준다.

> 생각하건대 현재의 고난은 장차 우리에게 나타날 영광과 비교할 수 없도다(롬 8:18).

옛날 이스라엘 백성이 약속의 땅에 들어가기 전에 그들을 광야에서 시험하셨던 하나님께서는 지금 우리를 세상의 모든 역경을 통해서 시험하시며, 우리로 하여금 장차 나타날 영광의 나라를 사모하게 하신다(신 8:2-3; 12-14; 롬 8:18-25; 고후 4:16-5:10; 히 4:9-11; 벧전 4:13).

> 누가 우리를 그리스도의 사랑에서 끊으리요 환난이나 곤고나 박해나 기근이나 적신이나 위험이나 칼이랴 … 그러나 이 모든 일에 우리를 사랑하시는 이로 말미암아 우리가 넉넉히 이기느니라(롬 8:35-37).

2017년 12월 17일

130. 분노의 억제

> 미련한 자는 당장 분노를 나타내거니와 슬기로운 자는 수욕을 참느니라
> (잠 12:16).

분노는 불과 같다. 아무리 타당한 분노라고 해도 절제하지 않으면, 우리를 분노의 종으로 만들어 모든 귀하고 선한 것들을 파괴하고 걷잡을 수 없는 파국으로 몰아간다. 아무리 마땅한 의분(義憤)이라고 해도 분을 통제하지 않으면 오히려 마귀에게 틈을 주게 된다(엡 4:26-27). 모든 분노는 일단은 자제하는 것이 안전하고 현명하다.

성경은, 특히 잠언은 분노를 억제하라는 말씀들로 넘친다(잠 16:32; 19:11; 22:24; 29:11).

> 유순한 대답은 분노를 쉬게 하여도 과격한 말은 노를 격동하느니라(잠 15:1).
> 분을 쉽게 내는 자는 다툼을 일으켜도 노하기를 더디하는 자는 시비를 그치게 하느니라(잠 15:18; 14:17, 29).
> 노하는 자는 다툼을 일으키고 성내는 자는 범죄함이 많으니라(잠 29:22).
> 너희는 떨며(분내어) 범죄하지 말지어다 자리에 누워 심중에 말하고 잠잠할지어다 (시 4:4).
> 분을 그치고 노를 버리며 불평하지 말라 오히려 노를 만들 뿐이라(시 37:8).
> 사랑은 오래 참고 온유하며(고전 13:4).
> 모든 사람에게 오래 참으라(살전 5:14).
> 내 사랑하는 형제들아 … 듣기는 속히 하고 말하기는 더디 하며 성내기도 더디 하라 사람이 성내는 것이 하나님의 의를 이루지 못함이라(약 1:19-20).

인류의 조상 가인의 불행도 동생 아벨에 대한 분노에서 비롯된 것이었다.

네가 분함은 어찌 됨이며, 네 안색이 변함은 어찌 됨이냐(창 4:6).

모세도 원래는 성을 잘 내는 사람이었으나(출 2:11-14), 하나님을 섬기면서, 온유한 사람이 되었다(민 12:3). 사울 왕은 자주 자신의 감정을 통제하지 못하였으나(삼상 16:14-23; 19:9-10; 20:33), 다윗은 만사를 "믿음으로" 신중히 처리하였다.[1]

이런 성경 말씀들은 우리가 마땅히 분노를 일으킬 만한 어떤 일에 대해서도 단순히 분노로 맞대응할 것이 아니라 먼저 하나님의 뜻을 찾아야 할 것임을 가르친다. 분노한 사람의 분노를 부추기는 것도 어리석다. 그것은 "불난 집에 부채질"하는 것과 같다. 오히려 상대방의 분노를 식혀주는 것이 옳다(잠 29:8). 분노는 술이나 마약과 같이 우리가 하나님 앞에서 죄인이란 사실을 망각하고, 분노의 종이 되게 한다. 우리가 분노할 때 우리 자신의 분노를 의분이나 영웅심으로 착각하거나 미화할 수도 있다.

우리는 어떻게 우리의 분노를 억제할 수 있는가?

첫째, 우리가 믿는 하나님은 노하기를 더디하시고 오래 참으시는 자비로우신 분이심을 기억하자.[2] 주님도 온유하신 마음을 가지셨다.

> 나는 마음이 온유하고 겸손하니 나의 멍에를 메고 내게 배우라 그리하면 너희 마음이 쉼을 얻으리니 이는 내 멍에는 쉽고 내 짐은 가벼움이라(마 11:29-30).

실제로 주님께서는 수욕의 십자가를 참으셨다(히 12:2-3).

둘째, "오래 참는 것"이 진실한 신앙인의 특성이며, 성령의 열매다(고전 13:4; 갈 5:22).

> 사랑은 오래 참고 사랑은 온유하며 … 성내지 아니하며 … 모든 것을 참으며 … 모든 것을 견디느니라(고전 13:4-7).

---

1 삼상 24:6; 26:8-12; 삼하 6:9-10; 12:5, 13; 16:10; 19:21-23; 21:7; 24:14.
2 출 34:6; 민 14:18; 시 30:5; 103:10-13; 107:1; 118:1, 29; 사 48:9; 렘 15:15; 애 3:22, 31-33; 욜 2:13; 욘 4:2; 미 7:18; 행 13:18; 롬 2:4; 9:22; 벧전 3:20; 벧후 3:9.

아무리 정당한 분노라고 해도 일단은 억제하고 하나님의 뜻을 찾는 것이 믿는 사람의 도리다. 어떤 불의에 대해서 성급하게 대응할 것이 아니라 일단은 참고 적절한 대응 자세를 위해 기도할 때 하나님께서 더 좋은 길을 보여주실 것이다.

정죄와 불화가 아니라 용서와 화해가 복음의 본질임을 기억하자.

2017년 12월 21일

131. 적극적인 선

> 악에게 지지말고 선으로 악을 이기라(롬 12:21).

진정한 선은 단순히 악을 판단(정죄)하는 데서 그치지 않고, 더 나아가서 악을 선으로 이끈다. 마찬가지로, 진실한 사랑은 미움을 사랑으로 이끌고, 진실한 기쁨은 슬픔을 기쁨으로, 진실한 평화는 분쟁을 화해로, 진실한 정의는 불의를 정의로, 진실한 아름다움은 추한 것을 아름다움으로, 진실한 부요함은 가난을 부요함으로, 진실한 행복은 불행을 행복으로, 진실한 힘은 약함을 강함으로, 이끄는 능력을 가진 것이다.

> 긍휼히 여기는 자는 복이 있나니 그들이 긍휼히 여김을 받을 것이요(마 5:7).
> 화평하게 하는 자는 복이 있나니 그들이 하나님의 아들이라 일컬음을 받을 것임이요(마 5:9).
> 너희 원수를 사랑하며 너희를 박해하는 자를 위하여 기도하라(마 5:44; 참조, 레 19:18; 잠 25:21; 롬 12:18-20).
> 내 능력이 약한 데서 온전하여짐이라(고후 12:9).

예수님은 그를 십자가에 달고 조롱하는 이들을 사해주실 것을 기도하셨고(눅 23:34), 첫 순교자 스데반도 그를 돌로 치는 이들의 죄를 용서하실 것을 기도했다(행 7:60).

> 내 사랑하는 자들아 너희가 친히 원수를 갚지 말고 하나님의 진노하심에 맡기라(롬 12:19a).

그러나 이 죄악 세상에서 선에 대한 악의 저항이 매우 강하고, 사람이나 피조물은 이런 선한 능력을 스스로 발휘할 수 없기 때문에, 진정한 선은 다만 하나님의 은혜와 성령의 역사로만 가능하다. 하나님께서 사람이나 환경을 도구로 사용하셔서 그의 선을 나타내기도 하시지만 모든 선한 것들은 결국 최고선이신 하나님으로 말미암는 것이다. 그러므로 요셉은 하나님께서 그의 형들의 악을 선으로 갚으셨다고 하나님을 찬양했고(창 50:20), 다윗은 모든 삶의 위협 가운데서도 하나님만을 의지했다.

의인은 고난이 많으나 여호와께서 그의 모든 고난에서 건지시는도다(시 34:19).

우리는 선하신 하나님의 은혜와 십자가로 사망의 권세를 이기신 주님의 능력과, 성령의 감동으로 말미암아 마음의 정욕과 세상의 악을 이길 수 있다(마 5:45; 롬 6:12-13; 8:13, 26, 31, 34; 갈 5:16; 엡 5:1-2).

악을 미워하고 선에 속하라(롬 12:9).
끝으로 너희가 주 안에서와 그 힘의 능력으로 강건하여지고 마귀의 간계를 능히 대적하기 위하여 하나님의 전신 갑주를 입으라(엡 6:11).

성경이 가르치는 선행은 모든 하나님의 말씀들은 죄로 오염된 사람의 도덕적 의지가 아니라 하나님의 은혜와 그리스도의 모본과 성령의 도우심을 믿고 바라는 데서 실천이 가능한 것이다.

2017년 12월 22일

132. 죄의 위험

> 욕심이 잉태한즉 죄를 낳고 죄가 장성한즉 사망을 낳느니라(약 1:15).

죄란 우리를 하나님과 멀게 하고 결국 파멸에 이르게 하는 일체의 생각과 행동입니다. 성경은 죄로 말미암은 인간의 참담한 역사를 보여주며 죄의 위험을 경고합니다. 하나님께서 지으신 자연 세계는 하나님의 지배를 받으나, 하나님의 형상을 따라 지음 받은 인간이 하나님의 뜻을 배반하고 범죄하므로 온 세상이 하나님의 징벌을 받게 되는 것입니다. 사람은 누구나 심각하게 죄에 중독되어 있습니다. 비교적 선한 사람이 있으나 완전한 사람은 없고, 비교적 선한 행위는 있으나 완전히 선한 행위는 없습니다.

사람은 대개 죄를 미워하면서도 자신의 깊은 죄성과 죄의 마취력으로 말미암아 결국 죄를 짓습니다. 구원받은 우리도 죄를 짓습니다. 우리 모두 우리가 지은 죄로 말미암은 고통과 아픔을 알기 때문에 죄를 혐오하면서 또 다시 죄를 짓습니다. 물론 자신이 죄인임을 모르는 사람도 있습니다(요일 1:8, 10). 이런 사람은 자신이 하나님의 구원의 대상이 아니라는 것을 스스로 증거하는 셈입니다.

성경은 그리스도를 믿음으로 하나님의 자녀와 새로운 피조물로 거듭나게 되는 가르침을 통해서 죄를 멀리하는 거룩한 인격과 삶을 우리에게 요구합니다(요 3:5; 롬 6:11-13; 8:13; 고후 5:17; 갈 5:16). 그러므로 구원받은 우리는 이 죄악 세상에서 그리스도를 마음으로 믿고, 그의 모본을 따라 행하는 명실상부(名實相符)한 온전한 그리스도인이 되기를 힘써야 합니다.

> 그러므로 하늘에 계신 너희 아버지의 온전하심과 같이 너희도 온전하라(마 5:48).

그러나 우리는 주님의 말씀을 알면서도 지키지 않거나, 심지어 주님의 말씀을 우리 자신의 생각과 형편을 따라 적당히 고치기도 합니다. 우리는 하나님의 자녀로서 말씀과 성령을 따라 순종해야 한다는 것을 알면서도, 자주 고삐 풀린 소나 말처럼, 우리의 욕심을 따라서, 아무렇게나 생각하고, 어리석게 행하다가, 결국 비참하게 죄의 포로가 되곤 합니다(롬 6:16-20; 7:14, 23).

죄는 그 특유의 마취력으로 우리의 이성, 감정, 양심, 영성을 마비시켜서 우리를 미혹합니다. 하나님을 대적하는 세상의 인본주의, 자연주의, 합리주의, 감상주의 등이 우리의 이성과 감성과 영성을 지배하여 우리로 하여금 하나님의 말씀과 인간의 생각과 판단, 하나님의 뜻과 인간의 의지와 감정을 혼동하게 하고 결국 우리를 하나님과 멀어지게 합니다. 일단 우리가 죄의 미혹에 빠지면 죄에 대한 경계심이 흐려지고, 우리의 이성, 감성, 양심, 영성 등의 내적 기능이 불신적이 되기 때문에 우리는 항상 죄를 경계해야 합니다. 우리의 죄성은 우리의 오랜 신앙 경륜이나 많은 성경 지식과는 상관없이 우리를 수시로 지배하고 주장합니다.

저 원수는 하나님의 자녀로서의 우리의 신분을 빼앗을 수는 없지만, 우리로 하여금 부끄러운 죄를 짓게 하기 위하여, 언제나 우리의 약한 부분을 노리고 있습니다(마 24:24; 벧전 5:8; 엡 6:16). 저 원수는 교활하게 "양의 가죽을 쓴 이리"와 같이 우리에게 접근합니다. 우리가 죄의 미혹을 받을 때 우리는 죄를 마치 철모르는 어린 아이의 장난처럼 대수롭지 않은 일로 생각하게 됩니다. 그러나 이내 저 원수는 그 흉악한 본성을 드러내어 우리를 꼼짝 못하게 옥죄어 범죄하게 합니다(신 13:5). 또한 저 원수는 우리를 세상의 생활에 매이게 하여 분주하게 하거나, 영적으로 나태하게 만들어, 기도와 경건생활을 방해합니다(막 4:19). 우리로 하여금 성경 말씀에 대해 무관심하거나 오해하게 하고, 불신적 세상 논리로 하나님의 진리의 말씀을 무시하게 합니다(창 3:1-5). 우리가 잠시라도 하나님의 말씀을 잊으면 어느새 우리의 마음은 세상 생각으로 혼란해지거나, 아예 세상 생각이 자리를 잡고 왕 노릇 하기도 합니다. 그러므로 우리는 전쟁하는 군인과 같이 영적 무장을 든든히 하고, 깨어서 죄의 침투를 경계해야 합니다.

> 마귀의 간계를 능히 대적하기 위하여 하나님의 전신 갑주를 입으라(엡 6:11).
> 밤이 깊고 낮이 가까웠으니 그러므로 우리가 어둠의 일을 벗고 빛의 갑옷을 입자(롬 13:12).

너희는 믿음을 굳건하게 하여 그를 대적하라(벧전 5:9a).

우리는 언제나 "성령의 검"을 굳게 잡고, 죄와 싸워야 합니다.

구원의 투구와 성령의 검 곧 하나님의 말씀을 가지라(엡 6:17).

하나님께서는 우리가 진실한 믿음을 갖도록 우리를 시험하십니다.[1] 성경에 나오는 아브라함, 야곱, 요셉, 모세, 엘리야, 예레미야, 하박국 같은 수많은 믿음의 선배들이 여러 가지 어려운 시험 중에서도 낙심하지 않고 선하신 하나님을 믿음으로써 결국 하나님의 구원의 은혜를 받았습니다. 특별히 시편 기자는 거듭되는 고난 가운데서 자주 애타게 하나님을 찾습니다.[2]

나의 환난 날에 내가 주를 찾았으며 밤에는 내 손을 들고 거두지 아니하였나니 내 영혼이 위로 받기를 거절하였도다(시 77:2).
하나님이여 침묵하지 마소서 하나님이여 잠잠하지 마시고 조용하지 마소서(시 83:1).
여호와 내 구원의 하나님이여 내가 주야로 주 앞에서 부르짖었사오니(시 88:1).

우리는 우리가 받는 고난과 불행을 주로 우리가 과거에 지은 죄에 대한 형벌로 생각하면서 하나님의 사랑과 은혜를 자주 잊어버립니다. 그러나 하나님은 우리의 죄를 징벌하시는 공의로우신 하나님이시지만, 동시에 우리가 우리의 죄를 진심으로 뉘우칠 때 우리를 용서하시는 사랑의 하나님이심을 믿어야 합니다.

여호와여 내 젊은 시절의 죄와 허물을 기억하지 마시고 주의 인자하심을 따라 주께서 나를 기억하시되 주의 선하심으로 하옵소서(시 25:7).
수많은 재앙이 나를 둘러싸고 나의 죄악이 나를 덮치므로 우러러볼 수도 없으며 죄가

---

[1] 창 22:1; 신 13:3; 삿 2:22; 3:1, 4; 욥 1:12; 2:6; 7:18; 23:10; 시 17:3; 66:10; 렘 17:10; 20:12; 고후 12:7; 살후 2:11 등. 참조. 약 1:13; 앞에서 쓴 "하나님의 예정과 우리의 책임"에서 "하나님의 시험"에 대해서 논했다.
[2] 시 10-13, 16-17, 22, 25, 28, 31, 35, 38-39, 42-43 등.

나의 머리털보다 많으므로 내가 낙심하였나이다 여호와여 은총을 베푸사 나를 구원하소서 여호와여 나를 속히 도우소서(시 40:12-13).

하나님이여 주의 인자를 따라 내게 은혜를 베푸시며 주의 많은 긍휼을 따라 내 죄악을 지워 주소서(시 51:1).

우리 하나님은 공의로우신 분이시면서도, 인자하신 분이십니다. 우리가 진심으로 죄를 회개할 때 하나님께서는 우리의 죄를 용서하십니다.

내가 이르기를 내 허물을 여호와께 자복하리라 하고 주께 내 죄를 아뢰고 내 죄악을 숨기지 아니하였더니 곧 주께서 내 죄악을 사하셨나이다(시 32:5).

네 악이 제하여졌고 네 죄가 사하여 졌느니라(사 6:7).

여호와 내 하나님이여 내가 주께 부르짖으매 나를 고치셨나이다(시 30:2).

내가 여호와께 간구하매 내게 응답하시고 내 모든 두려움에서 나를 건지셨도다 (시 34:4).

무엇보다, 우리는 죄인을 향하신 하나님의 구원의 기쁜 소식을 믿어야 합니다. 우리 같은 죄인을 사랑하셔서, 우리를 대신하여 죽으신 그리스도를 바라보고 다시 일어서야 합니다.

나사렛 예수 그리스도의 이름으로 명하노니 일어나 걸으라(행 3:6b).

그러므로 이제 그리스도 예수 안에 있는 자에게는 결코 정죄함이 없나니 이는 그리스도 예수 안에 있는 생명의 성령의 법이 죄와 사망의 법에서 너를 해방하였음이라 (롬 8:1-2; 참조, 8:33 이하).

옛날 자신이 선택하신 이스라엘 백성을 한결같이 사랑하신 하나님께서 오늘 그리스도 안에서 부르신 우리를 사랑하십니다.

너는 두려워하지 말라 내가 너를 구속하였고 내가 너를 지명하여 불렀나니 너는 내 것이라(사 43:1b).
누가 능히 하나님께서 택하신 자를 고발하리요(롬 8:33a).

비록 우리가 자주 실패하지만, 우리는 결국 십자가의 은혜로 "용서받은 죄인들"이란 사실을 믿어야 합니다. 우리가 알고 지은 죄, 모르고 지은 죄, 과거에 지었던 죄, 지금 짓는 죄, 장차 지을 죄 등 우리의 모든 죄를 지시고 죽으신 그리스도를 믿어야 합니다(요일 1:7, 9). 베드로가 우리의 모본이 된 것은 그가 완전하였기 때문이 아니라 오히려 불완전하였기 때문입니다. 그는 우리와 같이 불완전하였으나 주님의 은혜로 완전하게 되었습니다.

시몬아, 시몬아, 보라 사탄이 너희를 밀 까부르듯 하려고 요구하였으나 그러나 내가 너를 위하여 네 믿음이 떨어지지 않기를 기도하였노니 너는 돌이킨 후에 네 형제를 굳게 하라(눅 22:31-32).

교회를 핍박했던 바울도 자신이 사도가 된 것은 다만 하나님의 은혜라고 하였습니다(고전 15:10). 죄가 많은 곳에 오히려 은혜가 많습니다(롬 5:20). 우리는 자주 실패하지만, 우리가 십자가 앞에 무릎을 꿇을 때, 주님께서 우리를 만나주십니다.
한편, 적극적으로, 우리가 세상에서 받는 고난과 우리의 거듭된 실패로 말미암아 오히려 우리의 믿음도 자라고, 주님께서 약속하신바 우리가 온전하게 되는 구원의 날을 더욱 사모하게 됩니다.

환난과 우환이 내게 미쳤으나 주의 계명은 나의 즐거움이니이다(시 119:143).
우리가 환난 중에도 즐거워하나니 이는 환난은 인내를, 인내는 연단을, 연단은 소망을 이루는 줄 앎이로다(롬 5:4-5).
생각하건대 현재의 고난은 장차 우리에게 나타날 영광과 비교할 수 없도다(롬 8:18).

실제로, 우리는 모든 환난과 실패 가운데서 하나님의 놀라운 구원의 능력이 나타나는 것을 자주 경험합니다.

> 그러므로 내가 그리스도를 위하여 약한 것들과 능욕과 궁핍과 박해와 곤고를 기뻐하노니 이는 내가 약한 그때에 강함이라(고후 12:10).

나아가, 우리는 그리스도의 몸 된 교회의 지체임을 자각하고 개인적 문제뿐만 아니라 신앙 공동체 전체를 위해서 기도하며, 우리가 감당해야 할 고난을 기꺼이 받아야 합니다.

> 나는 이제 너희를 위하여 받는 괴로움을 기뻐하고 그리스도의 남은 고난을 그의 몸 된 교회를 위하여 내 육체에 채우노라(골 1:24).
> 우리의 모든 환난 중에서 우리를 위로하사 우리로 하여금 하나님께 받는 위로로써 모든 환난 중에 있는 자들을 능히 위로하게 하시는 이시로다(고후 1:4).

우리가 세상에서 받는 어떤 육적, 신적, 영적 고난도 하나님께서 우리에게 주시는 무한하신 사랑과 넘치는 은혜를 막지 못한다는 사실을 확신해야 합니다.

> 누가 우리를 그리스도의 사랑에서 끊으리요 환난이나 곤고나 박해나 기근이나 적신이나 위험이나 칼이랴 … 내가 확신하노니 사망이나 생명이나 천사들이나 권세자들이나 현재 일이나 장래 일이나 능력이나 높음이나 깊음이나 다른 어떤 피조물이라도 우리를 우리 주 그리스도 예수 안에 있는 하나님의 사랑에서 끊을 수 없으리라(롬 8:35).

우리의 죄를 위해 대신 죽으신 "그리스도 안에 있는 하나님의 사랑"이 그리스도인의 삶의 원동력이며, 그리스도인의 존재 가치와 이유입니다. 세상의 어떤 가치나 권세가 그리스도의 사랑과 구원의 능력을 대항할 수는 있으나, 압도할 수는 없고, 우리를 위협할 수는 있으나, 우리가 우리를 구원하신 그리스도 안에 있는 한, 완전히 절망하게 할 수는 없습니다. 이것은 단순히 우리의 연약함에서 비롯된 자의적 결단이 아니라 진실하신 주님의 약속의 말씀에 근거한 확실한 믿음이요 소망입니다.

> 세상에서는 너희가 환난을 당하나 담대하라 내가 세상을 이기었노라(요 16:33b).

그러므로 우리는 세상의 모든 역경과 도전 가운데서 우리를 향하신 그리스도의 사랑을 굳게 믿고, 또한 장래의 영광을 바라며, 즐거워해야 합니다. 또한 주께서 우리에게 주신 기쁨을 모든 사람들과 나누며 확장해야 합니다.

> 주 안에서 항상 기뻐하라 내가 다시 말하노니 기뻐하라 너희 관용을 모든 사람에게 알게 하라 주께서 가까우시니라 아무것도 염려하지 말고 다만 모든 일에 기도와 간구로, 너희 구할 것을 감사함으로 하나님께 아뢰라 그리하면 모든 지각에 뛰어난 하나님의 평강이 그리스도 예수 안에서 너희 마음과 생각을 지키시리라(빌 4:4-7).

우리가 세상에 사는 동안 죄와의 "선한 싸움"은 그치지 않고, 그쳐서도 안 됩니다. 잠시 평온한 상태가 있더라도, 죄와의 전쟁이 그쳤다고 착각하면 안 됩니다.

> 나의 발걸음을 주의 말씀에 굳게 세우시고 어떤 죄악도 나를 주관하지 못하게 하소서 (시 119:133).

잠시라도 우리를 향한 끈질긴 죄의 도전을 잊으면, 우리는 어느새 죄의 포로가 되고 맙니다.

> 그런즉 선 줄로 생각하는 자는 넘어질까 조심하라(고전 10:12).
> 그(주)가 홀연히 와서 너희가 자는 것을 보지 않도록 하라 깨어 있으라 내가 너희에게 하는 이 말은 모든 사람에게 하는 말이니라(막 13:36-37).

그러므로 우리는 모든 자만심을 버리고 수시로 말씀과 기도로 우리 자신의 생각과 마음을 주님께 든든히 매기를 힘써야 합니다.

모든 기도와 간구를 하되 항상 성령 안에서 기도하고 이를 위하여 깨어 구하기를 항상 힘쓰며 여러 성도를 위하여 구하라(엡 6:18).

연약한 우리는 죄와의 싸움에서 거듭 실패만 하는 고난의 현실 가운데서 자주 절망합니다. 그러나 우리는 변함없으신 하나님의 은혜와 사랑을 믿고 하나님께 다시 돌아와야 합니다.

죄악이 나를 이겼사오니 우리의 허물을 주께서 사하시리이다(시 65:3).

우리는 고난과 시험이 반복되는 광야 같은 세상에서 자주 실패하고 낙심하지만, 고난받는 우리를 위로하시고(행 9:31; 롬 8:26; 고후 1:4), 만사를 합력하여 선하게 이끄시며(롬 8:29), 우리를 사랑하시는 삼위 하나님께서 언제나 우리를 위해 역사하고 계심을 믿어야 합니다(롬 8:34-39). 주님께서 다시 오실 때 모든 현재의 불완전한 것들이 완전하게 될 것이라는 소망을 굳게 잡아야 합니다. 이런 믿음과 소망을 가진 우리는 모든 "현재의 고난" 중에서도 결국 낙관적일 수밖에 없습니다.

너희는 마음에 근심하지 말라 하나님을 믿으니 또 나를 믿으라(요 14:1).

2018년 1월 20일

나가는 말

사랑은 모든 인격적 존재의 핵심적 요소다. 누군가 내가 사랑하고 나를 사랑하는 사람이 있다면 나의 존재감이 확고하게 된다. 반대로 세상에 아무도 나를 사랑하는 사람이 없다면 나의 존재감이 약화된다. 주 안에서 우리를 부르시고 구원하신 하나님의 사랑을 믿는 믿음이야말로 가장 큰 축복이요 특권이다. 성경은 한 마디로 창조주 하나님이 피조물을 사랑하는 이야기다. 하나님이 세상을 사랑하시는 만큼 세상도 하나님을 사랑하기를 원하신다. 성경은 처음부터 끝까지 하나님을 사랑하고 그의 말씀에 순종하는 사람은 잘 되고, 거역하는 자는 망한다는 것을 반복하여 가르친다.[1]

우리는 대개 물질, 신분, 명예, 건강, 가족, 국가 등 주로 보이는 것들에 대한 축복을 기원한다. 물론 보이는 피조물의 가치들도 세상을 지으신 하나님의 은혜로운 선물이다(창 1:29-30; 골 1:16). 그러나 성경이 가장 중시하는 것은 세상 만물을 지으신 하나님을 믿는 믿음의 축복이다. 잘 살든지, 못 살든지, 어떤 형편에서든지, 변함없이 하나님을 사랑하고 그의 말씀을 믿는 것이 가장 중요한 신앙인의 도리임을 가르친다(잠 30:8-9; 렘 9:23-24; 약 1:9-11). 아무리 "보이는 축복"을 많이 받았더라도, 하나님을 사랑하고 그의 말씀을 믿고 순종하지 않으면 불행한 인생이 되고, 반대로, 아무리 어렵게 살더라도, 하나님의 말씀을 믿고 순종하며 살면 결국 행복한 인생이 되는 것이다. 유명하게 되고, 잘 살고, 무병장수하는 것보다 하나님을 사랑하고 경외하는 것이 진정한 행복의 길이다.

그러나 인간은 빗나간 자식처럼 계속해서 하나님을 배반해 왔다. 성경은 하나님과 인간의 오랜 애증(愛憎)의 역사를 통해서 인간이 하나님의 사랑을 깨닫고 하나님께 다시 돌아올 것을 가르친다. 성경이 보여주는 인생의 불행과 행복의 대조적 모습

---

[1] 창 2:17; 3:4; 출 19:5; 34:11; 레 18:5, 30; 19:37; 20:22; 22:31; 26:3 이하; 민 15:39-40; 신 5:33; 6:1-25; 8:1; 11:32; 12:32; 27:10; 28:1 이하; 삼상 15:22; 욥 28:28; 시 1:2; 17:4; 18:20-24; 37:34; 119:1; 렘 42:13; 약 4:7; 벧전 2:8; 4:17.

은 문학적 상상이나 도덕적 목적에서 비롯된 것이 아니라 역사적 사실이다.

성경에 나오는 얼마나 많은 왕들이 하나님께 버림을 받고 불행하게 살았는가? 성경에 나오는 얼마나 약한 사람들이 하나님의 사랑을 받고 복되게 살았는가?

실제로, 성경에 나오는 거의 모든 믿음의 사람들은 오히려 남들보다 파란만장한 인생을 살면서도 믿음을 잘 지킨 사람들이다. 아브라함, 이삭, 야곱, 요셉, 모세, 여호수아, 사사들, 선지자들과 사도들에 이르기까지 믿음의 선조들은 모든 고난 가운데 하나님과 그의 말씀을 믿고 순종함으로써 성공적인 인생을 살았다.

> 내가 무슨 말을 더 하리요 기드온, 바락, 삼손, 입다, 다윗 및 사무엘과 선지자들의 일을 말하려면 내게 시간이 부족하도다(히 11:32).

하나님은 우리가 모든 어려운 시험과 환난 속에서 얼마나 믿음을 잘 지켰느냐에 따라서 우리의 일생을 평가하신다. 그러므로 우리는 "얼마나 잘 사느냐"에 집중할 것이 아니라 하나님을 "얼마나 잘 믿느냐"에 집중해야 한다. 우리 그리스도인들 각자가 말씀을 따라, 성령을 따라, 살기를 힘써야 한다. 세상 사람들은 하나님의 말씀을 듣지는 않지만, 하나님의 사녀인 우리의 삶을 주시하고 있음을 알아야 한다.

> 이같이 너희 빛이 사람 앞에 비치게 하여 그들로 너희 착한 행실을 보고 하늘에 계신 너희 아버지께 영광을 돌리게 하라(마 5:16).

우리는 이런 믿음의 선진들의 구원을 향한 믿음의 대열에서 이탈하지 말고 완전한 구원에 이르기까지 믿음의 경주를 계속해야 한다(히 12:2).

우리는 하나님의 말씀이 연약한 우리를 살리는 능력이 있음을 잘 알면서도, 안팎의 미혹을 받아, 말씀을 잊고 살 때가 많다. 심지어 우리는 하나님의 말씀을 듣고 읽을 때에도 시험을 받는다(마 13:19-28). 하나님의 말씀은 거의 언제나 하나님의 말씀으로 위장한 불신적 사상과 세력으로 위협받고 도전 받는다.

현대 사회를 지배하는 다원주의와 상대주의는 성경이 가르치는 하나님 신앙의 절대성을 무시한다. 많은 현대 교회 지도자들이나 그리스도인들은 외식주의와 안일주의에 젖어서 성경이 경고하는 하나님의 진노와 심판을 잊었다. 그 결과 대부분의 현대 교회는 형식적 예배만 드리는 "예배당"일 뿐 주님의 몸 된 교회로서의 능력과 역동성을 상실하였다. 성경은 창세기의 에덴에서의 추방, 노아 홍수, 소돔성 멸망, 바벨탑 멸망, 광야생활, 사사 시대, 왕국 시대, 포로 시대, 예수님 사역과 사도 시대, 계시록의 주님의 재림과 최후 심판까지, 현실 세계에 안주하며 보이는 세상의 가치에 집착하는 모든 사람들에게 하나님의 진노와 심판이 있을 것을 거듭해서 경고한다.[2]

> 그가 홀연히 와서 너희가 자는 것을 보지 않도록 하라 깨어 있으라 내가 너희에게 하는 말은 모든 사람들에게 하는 말이니라 (막 13:36-37).

세상 종말에 나타날 영원하고 완전한 세계는 믿음의 조상들, 이스라엘 백성, 그리고 예언자들에게 거듭 약속하시고, 최종적으로 하나님의 아들 예수 그리스도를 통해서 성경 전체가 가르치는 확고한 하나님의 약속이다. 옛날 에스라, 느헤미야, 세례 요한, 종교개혁자들, 요한 웨슬리 등이 그랬듯이 오늘 우리들도 안일하고 나태한 죄를 회개하고 복음의 능력이 나타나도록 성령의 역사를 간구해야 한다.

종말론적 신앙은 국가적, 사회적, 개인적 위기 상황 가운데 잠깐 나타났다가 사라지는 일시적인 종교현상이나 오랜 신앙 전통으로 굳어버린 형식적 신조가 아니라, 신실한 신앙인들이 언제나 믿고 지켜야 할 산 신앙이며, 그리스도인의 존재와 삶의 확고한 좌표다. 하나님께서 약속하신 영원한 나라와 영생에 대한 소망도 없고, 그 믿음에 합당한 새로운 삶을 위한 결단이나 도전의식이 없다면, 안타깝게도 우리는 버림받은 사람들이라고 할 수 있다. 그러므로 모든 그리스도인의 현존(現存)은 언제나 종말론적이어야 한다.

> 생각하건대 현재의 고난은 장차 나타날 영광과 비교할 수 없도다 (롬 8:18).
> 아멘 주 예수여 오시옵소서 (계 22:20b).

---

[2] 창 4:7; 22:1-13; 출 16:4; 신 28:15-68; 대상 21:1; 욥 1:22; 23:10; 시 17:3; 26:2; 66:10; 렘 20:12; 슥 13:9; 마 6:13; 24:10; 롬 14:23; 고전 10:13; 15:34; 갈 6:1; 엡 4:28; 히 3:12-13; 4:15; 6:4-6; 10:26-29; 약 1:2, 12; 벧전 4:12; 요일 1:8 등.

때로 하나님께서는 우리를 시험하시기 위해서 의도적으로 숨기도 하시고,³ 멀리 계시는 듯이 보일 때도 있으나, 하나님은 멀리 계시지 않고, 우리 곁에서, 우리가 하는 모든 말을 들으시고, 우리의 마음과 행동을 살피신다.⁴

> 여호와여 주께서 나를 살펴 보셨으므로 나를 아시나이다 주께서 내가 앉고 일어섬을 아시고 멀리서도 나의 생각을 밝히 아시오며 나의 모든 길과 내가 눕는 것을 살펴 보셨으므로 나의 모든 행위를 익히 아시오니 여호와여 내 혀의 말을 알지 못하시는 것이 하나도 없으시나이다(시 139:1-4).

우리가 우리 중에 계시는 하나님의 임재하심을 자주 잊어버리고, "미래적이면서도 현재적인 종말"의 위기감과 긴장감을 상실한다면, 우리의 신앙은 결국 침체되고 소멸될 것이다.

세상의 종말이 가까웠다는 종말론적 긴장은 모든 인생이 겪는 개인적 위기와 함께 자칫 나태해지기 쉬운 신앙생활에서 벗어나서 진정한 신앙을 갖도록 촉구한다.

> 그러므로 깨어 있으라 어느 날에 너희 주가 임할는지 너희가 알지 못함이니라 (마 24:42).

종말론적 긴장과 개인적 위기는 우리로 하여금 오만한 인본주의와 안일한 자연주의 같은 허망한 피조물의 가치에 근거한 낡은 자아 이해와 삶의 방식을 버리고 하나님 나라가 요구하는 그리스도 중심적 자아 이해와 삶의 방식을 결단하게 한다.

> 그런즉 누구든지 그리스도 안에 있으면 새로운 피조물이라 이전 것은 지나갔으니 보라 새 것이 되었도다(고후 5:16-17).

---

3 신 31:17-18, 32:20; 시 10:1; 13:1; 27:9; 69:17; 55:1; 88:14; 89:46; 102:2; 143:7; 사 64:7; 참조. 민 6:25-26; 시 67:1; 80:3, 7, 19; 단 9:17.

4 창 4:6; 6:5; 11:5; 민 11:1; 14:27-28; 신 5:28; 8:2-6; 9:27; 11:12; 32:10; 삼상 2:3; 16:7; 욥 11:11; 16:9; 시 6:8-9; 7:9; 11:4-5; 17:8; 33:13, 15; 66:7; 94:7-12; 102:19; 113:6; 130:3; 139:1, 3, 16, 23-24; 잠 15:3; 16:2; 렘 11:20; 마 12:36-37; 행 17:7-8; 롬 8:27; 살전 2:4 등.

종말론적 신앙은 진정한 신앙의 핵심이고, 진정한 믿음이란 본질상 종말론적이다. 그것은 세상과 우리 자신의 유한성을 깊이 자각하고, 세상과 자신에 대한 모든 자랑과 자만심을 십자가 앞에 내려놓고 구원의 주님을 만나는 데서 시작된다. 그리고 나와 세상을 십자가에 못 박고 나를 구원하신 주님만을 의지하고(갈 2:20; 6:14), 완전한 구원의 날이 올 때까지, 이 불신 세상의 도전에 맞서서 구원의 도리를 굳게 믿고, 진실한 마음으로 선행에 힘쓰며, 하나님을 영화롭게 하기를 결단하고 준행하는 것이다. 종말론적 신앙이란 단회적인 신앙 결단으로 끝나는 것이 아니라 삶의 매 순간마다 성령의 인도하심을 받아 계속되는 그리스도 중심적인 결단과 결행이다.

> 아무든지 나를 따라 오려거든 자기를 부인하고 날마다 제 십자가를 지고 나를 따를 것이니라(눅 9:23).
>
> 나는 날마다 죽노라(고전 12:31b).

종말론적 신앙이란 하나님 앞에서 이 세상과 우리 자신의 죄를 심각하게 인식하면서도, 하나님의 용서와 구원을 믿는 낙관적인 신앙이다.

> 죄악이 나를 이겼사오니 우리의 허물을 주께서 사하시리이다(시 65:3).

성경은 인간의 죄에 대한 하나님의 진노하심과 함께 하나님의 용서와 구원의 약속을 가르친다. 홍수 후 노아에 말씀하신 "무지개 언약"으로부터 "가나안 땅," 포로 귀환, 하나님의 나라, 요한계시록의 "새 하늘과 새 땅"까지 구원과 소망을 약속한다. 자비로우신 우리 하나님은 진노와 심판 가운데서도 언제나 구원의 소망을 주시는 분이시다.

> 그의 노여움은 잠간이요 그의 은총은 평생이로다 저녁에는 울음이 깃들일지라도 아침에는 기쁨이 오리로다(시 30:5).
>
> 여호와는 긍휼이 많으시고 은혜로우시며 노하기를 더디하시고 인자하심이 풍부하시도다 자주 경책하지 아니하시며 노를 영원히 품지 아니하시리로다 우리의 죄를 따라

우리를 처벌하지는 아니하시며 우리의 죄악을 따라 우리에게 그대로 갚지는 아니하셨으니 이는 하늘이 땅에서 높음같이 그를 경외하는 자에게 그의 인자하심이 크심이로다 동이 서에서 먼 것같이 우리의 죄과를 우리에게서 멀리 옮기셨으며 아버지가 자식을 긍휼히 여김같이 여호와께서는 자기를 경외하는 자를 긍휼히 여기시나니 이는 그가 우리의 체질을 아시며 우리가 단지 먼지뿐임을 기억하심이로다(시 103:10-14).

하나님을 사랑하는 믿음은 하나님을 경외하는 신앙과 분리될 수 없다. 하나님은 세상의 구원주이시며, 또한 세상의 심판주이시다.[5] 선하신 하나님께서는 결국 이 불완전한 죄악 세상을 끝내시고 완전한 세상을 이루실 것이다. 아직 이 세상은 인간 이성이 통제하고 있으나 종말에는 그 통제력도 사라지고 총체적인 난국에 빠지게 될 것이다(참조, 살후 2:6-7). 따스한 봄날 얼었던 땅이 생명의 땅으로 깨어나듯이, 마지막 때, 생명과 사망이 혼재하는 이 불완전한 세상이 사라지고 생명이 충만한 완전한 세상이 나타날 것이다(계 21:1).

태초에 하나님께서 흙으로 우리를 창조하셨듯이, 마지막 때 하나님께서 흙으로 돌아간 우리의 몸을 신령한 몸으로 재창조하실 것이다(고전 15:44; 고후 5:4; 갈 4:16). 우리는 생명이 넘치는 완전한 세상에서 주님을 모시고 사랑으로 서로 섬기며 영원히 살게 될 것이다(살전 4:17; 계 22:3-5).

이렇게 종말론적 신앙은 그리스도를 믿음으로 얻는 구원의 낙관적인 결과를 구체적으로 명시함으로써, 우리로 하여금 모든 비관적인 현실 가운데서도 결국 낙관적이 되게 한다.

주께서 나를 모든 악한 일에서 건져 내시고 또 그의 천국에 들어가도록 구원하시리니 그에게 영광이 세세무궁토록 있을지어다. 아멘(딤후 4:18).

2018년 3월 25일

---

[5] 출 34:6; 민 14:18; 시 30:5; 103:10-13; 107:1; 118:1, 29; 사 48:9; 렘 15:15; 애 3:22, 31-33; 욜 2:13; 욘 4:2; 미 7:18; 행 13:18; 롬 2:4; 9:22; 벧전 3:20; 벧후 3:9.

색인

▶ 구약성경 ◀

창세기
창 1:2	427
창 1:4	499
창 1:26	583
창 1:28	36, 431
창 2:18	328
창 3:6	416
창 3:6a	252
창 3:12	366
창 3:15	311
창 3:19b	361
창 4:6	658
창 4:7b	367
창 4:15b	480
창 5:29	307
창 6:13	32
창 8:21	32
창 8:21b	36
창 8:21b-22	201
창 9:1	32
창 11:3-6	479
창 14:18	559
창 15:1-5	506
창 15:5	255
창 15:6	29, 170, 276, 309, 370, 371, 501, 507, 644
창 15:6	53, 302
창 15:12	506, 507
창 19:17	316
창 22:1-18	483
창 22:12b	29, 104
창 37:18-19	606

출애굽기
출 3:14a	101, 496
출 6:1a	104
출 6:7	163
출 6:7c	104
출 14:4	22, 104, 108
출 15:11	649
출 19:5-6b	110, 112
출 20:3	421, 496, 498, 509
출 20:5-6	498
출 20:6	112
출 20:12	112
출 22:28	301
출 23:13	564
출 33:19	74, 92
출 33:19b	471
출 34:6-7	603

레위기
레 18:5	372, 374
레 19:2	294
레 19:2b	319
레 19:2b	100

민수기
민 11:1-15	596
민 12:1-8	301
민 12:6-8	553

신명기
신 3:26b	107
신 4:24	509
신 4:29b	278
신 6:5	181, 277, 375
신 6:5-6	371
신 6:5b	182
신 6:12-13	182
신 6:12-15	181
신 6:18	291
신 8:2-6	483, 582
신 8:3	90, 252, 547
신 8:12-14a	261
신 8:13a-14b	54
신 10:16	59, 64
신 12:30-31	342, 563
신 13:1-5	190, 554
신 13:5	342
신 13:5	563
신 13:18	292
신 18:13	294, 319
신 18:15	310
신 18:20	68
신 28:13	593
신 29:2-4	546, 548
신 30:20	424
신 32:39	39

여호수아
수 24:23	442

사사기
삿 6:15	590

사무엘상
삼상 2:6	219
삼상 3:18b	473
삼상 15:22b	375
삼상 16:7b	75, 110
삼상 24:6	301

사무엘하
삼하 6:10	554
삼하 7:12-14	309
삼하 22:7	359

열왕기상
왕상 3:6	291
왕상 17:6	335
왕상 18:20-40	500
왕상 19:4	224
왕상 19:4-8	609
왕상 19:46	335
왕상 20:13	163
왕상 22:11-28	596
왕상 22:24	189

열왕기하
왕하 14:3	282
왕하 20:5	359
왕하 23:3	371

역대상
대상 17:20	496
대상 18:20	421
대상 29:17	372

역대하
대하 16:9	109

에스더
에 9:25-26a	654

욥기
욥 1:21b	167
욥 1:22	171
욥 5:7	526
욥 9:10	497
욥 12:12	432
욥 19:26	137, 645
욥 23:3-9	53
욥 23:3-10	247, 435
욥 23:8-10	29
욥 23:10	104, 534
욥 28:12-13	434
욥 31:5-6	292
욥 35:7	87, 435
욥 40:2	171, 211

욥 40:2-4	656		시 53:1	482
욥 40:2a	422		시 56:11	253
욥 40:4	11, 156		시 62:1	481
욥 40:8	471		시 62:1	53
욥 42:3	82, 84, 87, 174, 346, 536		시 62:1-2	253
욥 42:6	79		시 62:8	53
욥 42:10	461		시 65:3	669, 674
			시 66:10-12	535

시편

시 1:1-2	11		시 69:1	481
시 4:2	545		시 69:1-33	434
시 4:4	657		시 69:17	53
시 6:5	136		시 70:1	481
시 9:10	481		시 73:19	482
시 10:1	481		시 73:23	16, 518
시 13:1	187, 282, 481		시 74:1	481
시 16:1	481		시 77:2	664
시 19:1	200		시 77:4-11	434
시 22:1-24	434		시 77:8	52
시 23:1	16, 282		시 80:7	282
시 23:4	575		시 83:1	664
시 25:7	664		시 88:1	664
시 27:9	282		시 89:6	562
시 29:11	530		시 89:47	520
시 30:2	665		시 90:10	526
시 30:5	22, 523, 674		시 90:10	65
시 32:5	665		시 90:12	520
시 33:18-19	518		시 90:14	200
시 34:4	665		시 94:11	434
시 34:18	372, 375		시 100:3	163
시 34:19	661		시 103:2	253
시 37:7	243, 247		시 103:10-11	226
시 37:8	657		시 103:10-14	675
시 38:18	79		시 107:8-10	248
시 38:21-22	53		시 107:9	253
시 40:1	243, 247, 482		시 110:4	559
시 40:12-13	665		시 116:1-10	461
시 49:15	137		시 116:10	461
시 50:15	52		시 118:5	246
시 51:1	665		시 118:14-15	248
시 51:3	79		시 118:22	270
시 51:4	74, 92		시 118:22-23	246
시 51:9	282		시 118:29	248
시 51:9-10	291		시 119:36-37	17
			시 119: 67	483

시 119:71	80, 216, 516		전 3:14	583
시 119:97	33		전 5:2b	570
시 119:123	11		전 5:7	518
시 119:133	668		전 7:16	293
시 119:143	666		전 7:23	432
시 121:2	258		전 7:26	583
시 127:2	138		전 10:8	86
시 130:1	481		전 12:14	435
시 131:1	608			
시 131:1-2	481, 526, 591		**아가**	
시 131:2-3	508		아 3:1-3	584
시 139:1	16		아 8:6-7	580
시 139:1-4	673		아 8:7	519
시 139:3	575			
시 139:6	87, 346, 647		**이사야**	
시 139:7	575		사 1:18	226
시 139:12	575		사 6:7	665
시 142:1	481		사 6:9	344
시 13:1-5	30		사 9:6	307
			사 9:7	610
잠언			사 11:3	110
잠 1:7	11, 432, 433		사 18:4	52
잠 3:6	359		사 25:8	622
잠 3:7	433		사 40:6-8	123
잠 5:19b	581		사 40:8a	199, 200
잠 6:4-9	145		사 40:13-14	87, 435
잠 9:10	123, 518		사 40:25	649
잠 12:16	657		사 40:31	65, 66
잠 12:22	292		사 43:1	162, 523
잠 14:2	292		사 43:1b	485, 666
잠 15:1	657		사 43:10-13	161
잠 15:18	657		사 44:6	421, 496
잠 16:4	210, 212, 228, 655		사 44:22b	523
잠 16:9	433		사 44:24	161
잠 16:33	433		사 45:3	163
잠 17:11a	41, 105		사 45:5-7	34
잠 18:21	488		사 45:7	34, 219, 228
잠 25:11	488		사 45:9	656
잠 26:12	87		사 46:5	342, 390, 561
잠 29:22	657		사 46:9-10	161, 228
			사 48:10-11	22, 31, 81, 104, 217, 392, 460, 472, 517, 537, 605
전도서				
전 1:6	575		사 53:5	197
전 1:18	435		사 53:6	480

사 55:8	108, 213, 285, 620
사 55:8-9	28, 88, 101, 170, 400, 606
사 55:8-9	61
사 55:9	11, 228, 243, 422
사 60:19-20	542
사 65:17	34, 648
사 65:18a	566

예레미야

렘 1:6-8	591
렘 4:4	59
렘 5:30-31	188
렘 6:14	188, 448
렘 9:23-24	123, 436, 478, 480
렘 10:10-11	496
렘 10:11	497
렘 12:1b	214
렘 14:7	226
렘 15:19	226
렘 15:21	225
렘 20:18	224
렘 28:8-9	190
렘 28:15	190
렘 29:8	552
렘 29:12	278
렘 33:15	310
렘 45:4	487

예레미야애가

애 3:19-23	225
애 3:25	22
애 3:38	219
애 3:38-40	540

에스겔

겔 13:9	189
겔 18:32	220
겔 20:26	163
겔 36:25-26	426
겔 36:27	370, 383
겔 36:37b	109
겔 37:25	310
겔 44:7	5

다니엘

단 6:23	225
단 9:9	582
단 12:2	137
단 12:3	423

호세아

호 6:6	375
호 12:6	523
호 14:1	510

요엘

| 욜 2:13a | 59, 63 |
| 욜 2:31-32a | 609 |

미가

미 3:5	189
미 5:2	310
미 6:8	249, 384
미 6:8	535

하박국

합 2:3-4	213, 215
합 2:4	29, 53, 60, 104, 243, 247, 371, 644
합 2:4b	171, 305

스바냐

| 습 1:12 | 243 |

스가랴

| 슥 4:6b | 545 |
| 슥 13:7 | 312 |

말라기

| 말 4:2 | 311 |

▶ 신약성경 ◀

마태복음

마 1:1	309
마 1:22	639
마 1:35	278
마 4:4	90, 252, 547
마 4:17	208, 320, 367, 450
마 4:23	274
마 4:23-24	119
마 5:3	26
마 5:3-5	591
마 5:7	660
마 5:8	26, 555
마 5:9	660
마 5:10	242
마 5:11-12	237
마 5:12	336
마 5:12b	191, 216
마 5:13	452
마 5:13-16	367
마 5:13a	260
마 5:14a	260, 444
마 5:16	591, 671
마 5:17	370, 380
마 5:18	369
마 5:38-48	453
마 5:44	660
마 5:44-48	450
마 5:47	453
마 5:48	155, 294, 295, 319, 591, 594, 662
마 6:5	278
마 6:6	109
마 6:6b	110
마 6:9	591
마 6:11	70
마 6:11-13a	280
마 6:13	532
마 6:14	70
마 6:19	547
마 6:19-20	258, 361
마 6:19-20a	340, 415
마 6:20	262
마 6:20a	478
마 6:25-33	415
마 6:30	224, 280
마 6:31-33	17, 477
마 6:32	591
마 6:33	99, 165, 202, 281, 317, 340, 419, 439, 451, 547, 593
마 6:33a	45, 63, 66, 103
마 7:1	126
마 7:7	278
마 7:7-8	109
마 7:11	108, 283, 591
마 7:13-14	230
마 7:19	151, 375, 550
마 7:21	229
마 7:24	110
마 7:24-27	504
마 8:26	529
마 9:2	512
마 9:22	510, 513
마 9:22b	302
마 9:29	607
마 10:9-10	334
마 10:14	69
마 10:28	250
마 10:28-33	335
마 10:31	529
마 10:35	209
마 10:37-38	303, 450
마 10:40	69
마 11:6	209
마 11:12	452
마 11:25	27, 347, 588
마 11:25-26	121, 124
마 11:28	120, 205, 495
마 11:28-30	402, 528
마 11:29-30	658
마 12:28	208, 452
마 12:37	488
마 12:48	451
마 13:11	646
마 13:25-30	595

마 13:26	595		
마 13:31-32	203, 206	**마가복음**	
마 13:44-45	437	막 1:13	311
마 13:58	513	막 4:11	344
마 14:27	526	막 5:34	105
마 15:28	152, 607	막 6:34	630
마 16:23	311	막 6:50	526
마 16:24	187, 216, 298, 388, 390, 569	막 7:1-23	574
		막 7:20-23	455
마 16:24-25	285, 439	막 9:23	276
마 16:25	404	막 9:24	100, 106
마 :16b	47	막 9:36-37	509, 526
마 17:20a	152	막 10:15	586, 588
마 18:3	18, 27, 347, 587	막 10:15a	592
마 18:3-4	586, 590	막 10:15b	593
마 18:4	42	막 10:35-45	587
마 18:6	127	막 10:44	556
마 18:21-22	70	막 10:45	286
마 19:8	268, 380	막 11:2	278
마 20:20-28	587	막 12:18	462
마 20:27	590, 593	막 13:8	459
마 21:21	278	막 13:11	158, 269, 489
마 21:22	278	막 13:11b	116, 374, 467, 574
마 22:23-46	574	막 13:11c	373
마 22:29	13	막 13:24	460
마 23:23	149, 378	막 13:36-37	668, 672
마 23:37	510	막 14:34	197
마 24:13	177	막 14:36	197, 229
마 24:24	595	막 14:36b	156, 178, 285
마 24:42	316, 673	막 14:36b	179
마 24:42-44	320		
마 24:42-44	315	**누가복음**	
마 25:1-46	208	눅 1:1	466
마 25:13	453	눅 1:1-4	599
마 25:21	207, 551	눅 1:51-52	479
마 25:34	316, 344, 362	눅 2:14	308
마 25:41	316, 362, 363	눅 4:18	311
마 25:46	112, 208	눅 5:5	40
마 26:41	179, 278	눅 5:8	40
마 26:53-54	223	눅 5:10b	48
마 28:17	617	눅 5:16	278
		눅 9:23	674
		눅 9:43	163
		눅 10:18	311
		눅 12:30-31	340

눅 13:3	459		요 6:49-50	642
눅 13:5	515		요 6:54-55	443
눅 13:15	374		요 6:55	338
눅 15:20	90		요 6:63	195, 238, 252, 258, 317
눅 17:10	231		요 6:63	68
눅 17:20b-21	453		요 6:66-68	338
눅 18:1	278		요 6:68	444, 503, 510
눅 18:26-27	545		요 8:11	295
눅 18:26-27	544		요 8:12	444
눅 19:10	480		요 8:32	417, 522, 529, 626
눅 22:22	264		요 8:47	528
눅 22:31-32	106, 227, 512, 666		요 9:1-5	470
눅 23:34	568		요 9:4	143
눅 24:25-27	264		요 9:5	444
눅 24:39	621		요 9:39	566
			요 10:11-12	163
요한복음			요 10:12	595
요 1:1	308		요 10:14	444
요 1:1-4	371		요 10:15b	504
요 1:9-10	257		요 10:26	343
요 1:9-13	311		요 10:26-27	503
요 1:9-14	571		요 10:26-27	290
요 1:14	308		요 10:26-28	345
요 1:45	311		요 10:27	444, 485, 509, 649
요 3:5	426, 490		요 10:27b	443
요 3:6	195		요 10:28	36
요 3:7	427		요 10:28-29	168, 265
요 3:14	312		요 11:25-26	139, 141, 364, 464, 612, 624
요 3:16	160, 425, 431, 492, 582		요 11:25b-26	437
요 3:36	303		요 11:40	16, 60, 105, 142, 206, 417, 607, 628
요 4:24	149			
요 4:42	514		요 11:40	22, 273
요 5:24	8		요 12:27	494
요 5:28-29	142, 364		요 12:37	345
요 5:29	515		요 13:2	311
요 5:39	118, 351, 639		요 13:14	235
요 6:15b	102		요 13:34	451, 594
요 6:20	526		요 13:34-35	259
요 6:26	417		요 13:34b	582
요 6:27	23, 45, 50, 67, 195, 238, 252, 262, 317, 570		요 14:1	669
			요 14:1-3	141
요 6:27	63		요 14:1-6	463
요 6:27a	258, 547		요 14:2-3	640
요 6:44	354			

요 14:6	343, 421, 444, 483, 522		행 13:48b	147, 456
요 14:8-9	272		행 13:52	575
요 14:9b	57		행 14:22	167, 218, 289, 300, 430,
요 14:14	278			472, 475, 492, 543, 643
요 14:26	267, 269, 369, 377		행 15:1-29	372
요 14:27	36, 205, 225, 308, 494		행 16:31	371
요 14:27b	218		행 17:28	360
요 15:4a	495		행 17:31b	303
요 15:4b	504		행 24:25	515
요 15:5	457		행 27:23-25	159
요 15:5	259		행 23:5	301
요 15:5a	503			
요 15:8	458		**로마서**	
요 15:14	232		롬 1:2	14, 307, 313
요 15:26	267, 369		롬 1:2	639
요 16:13- 14	267		롬 1:16	10
요 16:13-15	576		롬 1:17	60, 171, 239, 241, 371
요 16:13a	194		롬 1:18	239
요 16:14	370, 377		롬 2:2	515
요 16:33	495, 528		롬 2:4	482
요 16:33b	668		롬 2:5	499
요 18:36	45		롬 2:23	378, 382
요 18:36a	453		롬 3:24-25	283
요 19:30	157, 312		롬 3:26	241, 560
요 19:35	617		롬 3:27-28	72
요 20:25	272		롬 3:27a	153
요 20:29	27, 501, 625		롬 3:31	370
요 20:29	273		롬 5:2-5	357
			롬 5:3	495
사도행전			롬 5:3-4	216, 409, 474
행 2:22-36	14		롬 5:4-5	299, 337, 666
행 2:44-46	451		롬 5:5	491
행 3:6b	665		롬 5:6	556
행 3:16b	227		롬 5:8	80, 163, 303, 406, 425,
행 4:10	622			492, 502, 582
행 4:12	15, 343, 565		롬 5:21	227
행 5:9-10a	515		롬 6:4	428
행 7:51	59		롬 6:8	505
행 7:55-56	269		롬 6:12	182, 572
행 7:55-58	464		롬 6:13	242
행 8:35	574		롬 6:13	182
행 13:5	575		롬 6:18	242
행 13:29	639		롬 7:10	72, 373
행 13:48	354		롬 7:12	369

롬 7:19	41, 573	롬 8:35	77, 130, 667
롬 7:24	544	롬 8:35-37	103, 541, 656
롬 8:1-2	241, 376, 557	롬 8:35-39	39, 129, 402
롬 8:1-4	128	롬 8:37	279, 358, 530
롬 8:2	147	롬 8:38-39	130, 132, 144, 495
롬 8:3-4	91, 241, 376	롬 9:18	174, 270
롬 8:4	374, 572	롬 10:4	295, 370, 380, 602
롬 8:4	369	롬 10:8	245
롬 8:5-6	193	롬 10:9	623
롬 8:10	364	롬 10:10	244, 555
롬 8:10-11	365	롬 11:32-3	560
롬 8:13	258, 578	롬 11:32-33	560
롬 8:13	572, 577	롬 11:33	61, 87, 213, 435, 648
롬 8:13-14	154, 429, 570	롬 11:33-34	400
롬 8:14	373, 555	롬 11:33-36	13, 176, 347
롬 8:16	154, 577	롬 11:36	321
롬 8:17	399	롬 12:9	661
롬 8:17-18	472	롬 12:15	634
롬 8:17b	31, 81, 217, 405, 430, 461, 517, 531, 537, 605	롬 12:16	608
		롬 12:17-21	24
롬 8:18	39, 93, 132, 217, 319, 357, 464, 508, 520, 543, 584, 642, 656, 666, 672	롬 12:19-20	186
		롬 12:19a	660
		롬 12:21	660
롬 8:19	133	롬 13:12	663
롬 8:21	543	롬 13:14	325
롬 8:22	507	롬 14:7-8	236
롬 8:23	508, 528	롬 14:8	33, 140, 521
롬 8:24	26, 30	롬 14:8b	286
롬 8:24-25	105, 306, 317, 340	롬 14:17	575
롬 8:26	131, 244, 279, 296, 360, 574, 578	롬 14:17-18	166
		롬 14:23b	179
롬 8:26-27	280	롬 15:1	512
롬 8:26a	194	롬 15:4	578
롬 8:28	84, 131, 359, 401, 471, 483, 536	롬 15:31	451
		고린도전서	
롬 8:29-30	147, 168	고전 1:18	401
롬 8:29a	102	고전 1:18-21	347
롬 8:30	438	고전 1:22-24	90, 493
롬 8:31	129, 541	고전 1:24b	520
롬 8:31b-34a	132	고전 1:25	400
롬 8:32-37	283	고전 1:29	153
롬 8:33	541	고전 2:6b-7	37
롬 8:33a.	666	고전 2:7	559
롬 8:34-35a	524		

고전 2:13b	15, 89, 255, 440	고전 15:20	142, 505, 615
고전 2:14-15	153	고전 15:22	614
고전 3:6-7	386	고전 15:25	288
고전 3:13	465	고전 15:31	335
고전 3:13b	552	고전 15:44	365
고전 4:1	297	고전 15:49	141
고전 4:9-13	298	고전 15:50	257
고전 5:7	312	고전 15:51	139
고전 6:15	259	고전 15:51-51	137, 341
고전 6:19	491, 555	고전 15:51-52	646
고전 7:31	340, 416	고전 15:52	136, 501
고전 7:31b	17, 57	고전 15:52-53	287
고전 7:35	477	고전 15:54b	622
고전 8:1b	633	고전 15:55-57	145, 357, 358
고전 9:16	69	고전 15:55-58	140
고전 9:16-17	298	고전 15:56-57	629
고전 10:12	106, 177, 668	고전 15:57	299
고전 10:13	178, 535	고전 15:58	143
고전 10:14	166		
고전 12:3	148	**고린도후서**	
고전 12:7	150, 185	고후 1:3	299
고전 12:31b	674	고후 1:4	667
고전 13:4	21, 333, 657	고후 1:5	516
고전 13:4	510	고후 1:9b	475, 622
고전 13:4-7	187, 326, 330, 406, 658	고후 1:17	374
고전 13:4a	206	고후 1:22	505
고전 13:5b	525	고후 2:14	395
고전 13:6-7	524	고후 2:14-15	299
고전 13:8	465	고후 3:6b	377, 381
고전 13:10	90	고후 3:17	574
고전 13:12	208, 222	고후 3:17b	116
고전 13:12b	222	고후 4:3-4	420, 503
고전 13:13	306, 328, 525	고후 4:4	343
고전 14:14	632	고후 4:6	297
고전 14:20a	592	고후 4:10	408
고전 15:1-3	615	고후 4:14	358
고전 15:3	614	고후 4:16	626
고전 15:3-5	611, 614	고후 4:16	66
고전 15:3-8	14	고후 4:17	217, 237, 357
고전15:5-8	615	고후 4:18	17, 45, 63, 67, 78, 103, 253, 306, 317, 341, 417, 547
고전 15:12	617		
고전 15:13-20	619		
고전 15:14-15a	142	고후 5:1	144, 464
고전 15:19-20	619	고후 5:2	289

고후 5:4	139, 501	갈 4:21	371
고후 5:7	26, 60, 78, 284, 341	갈 5:1	556
고후 5:14-15	521	갈 5:4	473
고후 5:14-16	578	갈 5:13	148, 150, 242, 525, 556
고후 5:14a	245	갈 5:14	558
고후 5:16-17	75, 76, 352, 673	갈 5:16	49, 73, 113, 154, 185, 296, 370, 377, 555, 572, 573
고후 5:17	102, 364		
고후 5:17	627		
고후 5:17-21	491	갈 5:16a	244, 373, 374
고후 5:19	183	갈 5:17	151
고후 6:10a	495	갈 5:22-23	184
고후 7:9	298	갈 6:2	558
고후 8:4	451	갈 6:6	155
고후 10:7	75	갈 6:9	214
고후 11:6a	76		
고후 11:13	595	**에베소서**	
고후 11:14	443	엡 1:4-5	147
고후 11:18	76	엡 1:5-6	263
고후 11:23-28	298	엡 3:11-12	168
고후 11:23-30	596	엡 3:14-19	77
고후 12:9	660	엡 3:18-19	11
고후 12:9a	107, 179	엡 4:2-3	183, 259
고후 12:9a	284, 471	엡 4:15	183, 259, 441, 524, 585, 597
고후 12:10	205, 299, 667		
고후 12:10b	592	엡 4:15a	407
고후 13:4	103, 299, 304, 612	엡 4:22-24	259
고후 13:9b	106	엡 4:25-30	576
고후 13:13	425	엡 4:29	551
		엡 4:29	489
갈라디아서		엡 4:31-32	249
갈 1:8	55	엡 5:7	360
갈 1:11-12	369	엡 5:20-21	260
갈 1:15	146	엡 5:25	582
갈 2:4	595	엡 6:1-2	595
갈 2:16	283	엡 6:11	661, 663
갈 2:20	102, 490	엡 6:12	305
갈 2:20a	364	엡 6:17	664
갈 2:21	146	엡 6:18	669
갈 3:6	370	엡 23:28	385
갈 3:11	171		
갈 3:14	309	**빌립보서**	
갈 4:6	146, 491, 589	빌 1:20	143
갈 4:6	147	빌 1:21	144
갈 4:19	102	빌 2:3	77, 592

빌 2:3-4	633	딤전 6:20-21	348
빌 2:5	149, 243, 245, 569	딤전 11-12	192, 254
빌 2:12b	375		
빌 3:8-9a	209	**디모데후서**	
빌 3:12	150, 167, 237, 289, 355	딤후 2:3	334, 335
빌 3:20-21	653	딤후 2:7	222
빌 3:21	133, 501, 646	딤후 2:11	221
빌 4:4	70	딤후 2:23	564
빌 4:4-7	668	딤후 3:12	300
빌 4:6-7	179, 205, 359, 445, 447	딤후 3:15	371
빌 4:13	103, 177, 178, 306	딤후 3:15-17	562
		딤후 3:16	114, 369
골로새서		딤후 4:2	423
골 1:24	191, 216, 299, 337, 667	딤후 4:2-5	68
골 1:26	137, 341, 646	딤후 4:3	596
골 1:29	258	딤후 4:7-8	112, 218, 336, 465, 531
골 2:18	598	딤후 4:8	300, 305, 358
골 3:1	365, 607	딤후 4:18	675
골 3:1-2	45, 63, 341, 417, 439, 647		
골 3:5	78, 503	**히브리서**	
골 3:5b	101	히 1:6	279, 456
골 4:11	595	히 4:10	138
		히 4:14-8:13	559
데살로니가전서		히 4:15-16	226, 296
살전 4:13-14	135	히 4:16	227
살전 4:14	136	히 7:25	227
살전 4:14b	543	히 8:2	559
살전 4:16-17	501	히 9:26b	97
살전 5:5-8	39	히 10:1	62
살전 5:12-13	301	히 10:13	95
살전 5:14	657	히 10:22-23	98
살전 5:16-18	180, 476	히 10:38	171
살전 5:17	54, 278, 359	히 11:1	31, 94, 217, 273, 644
		히 11:1	285
데살로니가후서		히 11:1-2	305, 504, 511, 607, 635
살후 2:3	595	히 11:1-3	91, 94, 411, 457
살후 2:11-12	343, 537	히 11:3	308, 371, 417, 499
살후 3:16	530	히 11:6	302, 414, 501, 644
		히 11:9	638
디모데전서		히 11:10-16	559
딤전 4:2	595	히 11:11	305
딤전 4:8	36, 120	히 11:13-16a	96
딤전 5:17	301	히 11:16	463, 511, 635, 638
딤전 6:20	105, 178	히 11:16a	96

히 11:32	671		벧후 3:13	39, 67, 78, 501
히 11:39-40	96		벧후 3:14	321
히 12:1b-2a	46		벧후 3:14	293
히 12:2	198		벧후 3:17	262
히 12:2a	98, 254		벧후 5:7	279
히 12:3	38		벧후 5:8-9a	305
히 13:17	301			

야고보서

요한일서

약 1:6a	54		요일 2:17	46, 67, 261, 341, 416
약 1:13	604		요일 4:3	564
약 1:15	662		요일 4:4	610
약 1:18	488		요일 4:8	16, 326, 502
약 1:19-20	657		요일 4:8b	603
약 3:1	448		요일 4:10	556
약 3:6	488		요일 4:11	585
약 3:8	487		요일 4:12	9, 327, 58
약 3:9	585			

요한계시록

약 3:13-16	448		계 1:7	192
약 4:2b-3	108		계 2:10c	409
약 4:3	281		계 20:13c	375
약 4:6	473		계 21:1	584
약 4:7	366		계 21:4	145
약 4:7a-10	448		계 21:8	293
약 4:8	484		계 21:23-25	145
약 4:14	86		계 22:5	542
			계 22:20	288, 320, 324

베드로전서

			계 22:20	501
벧전 2:2	594		계 22:20b	672
벧전 2:11b	572			
벧전 3:8-9	634			
벧후 3:13	46			
벧전 5:7	359			
벧전 5:8-9a	423			
벧전 5:9a	664			

베드로후서

벧후 2:19	596
벧후 3:4	315
벧후 3:4-7	596
벧후 3:7	316
벧후 3:9b	164, 186, 510
벧후 3:12	288
벧후 3:13	140, 202, 358, 543, 584

▶ 주제별 용어 ◀

ㄱ

계시 35, 37, 56, 61, 88, 97, 100, 117, 133, 136, 158, 164, 173, 251, 256, 268, 284, 341, 346, 349, 369, 413, 467, 528, 546, 547, 552, 553, 557, 559, 644
과학주의 37, 545
구원 9, 10, 11, 12, 14, 15, 22, 30, 32, 36, 43, 45, 53, 58, 60, 72, 73, 74, 80, 84, 91, 92, 95, 96, 98, 101, 102, 103, 105, 111, 118, 120, 122, 124, 128, 129, 130, 131, 133, 136, 137, 139, 142, 146, 148, 151, 152, 156, 160, 162, 164, 168, 169, 171, 177, 178, 193, 198, 200, 201, 203, 204, 211, 213, 215, 218, 221, 224, 227, 239, 240, 241, 246, 247, 257, 263, 270, 271, 274, 282, 288, 290, 296, 297, 303, 307, 310, 313, 319, 321, 330, 336, 338, 344, 346, 354, 355, 363, 369, 374, 379, 380, 384, 387, 393, 396, 401, 403, 415, 418, 426, 429, 430, 438, 449, 460, 473, 475, 487, 490, 492, 509, 510, 522, 524, 537, 544, 548, 557, 560, 573, 589, 590, 593, 600, 601, 605, 606, 608, 627, 631, 635, 638, 640, 649, 674

ㄴ

니체 47, 274

ㄷ

다원주의 13, 37, 98, 295, 382, 386, 442, 503, 509, 561, 595, 671

ㄹ

래드 620
롤랑 바르트 348

ㅁ

모울 353
묵시문학 136
물질주의 141, 340, 416, 462, 485, 547, 623, 626

믿음 12, 14, 15, 21, 23, 27, 28, 29, 30, 36, 38, 50, 52, 57, 59, 60, 62, 66, 81, 82, 90, 91, 94, 97, 100, 103, 104, 105, 107, 133, 146, 151, 152, 153, 169, 177, 179, 203, 213, 216, 218, 239, 277, 285, 286, 295, 305, 309, 393, 398, 399, 426, 434, 441, 444, 455, 457, 464, 484, 501, 504, 506, 510, 512, 535, 557, 603, 609, 624, 641, 671, 675

ㅂ

버트란드 럿셀 420, 422
보이는 것 340, 636, 643, 644, 670
보이지 않는 것 317, 340, 547, 636
보편주의 13, 37, 265, 386, 398, 421, 503, 509
복음 9, 15, 17, 23, 25, 26, 27, 35, 38, 39, 41, 64, 66, 72, 73, 78, 85, 88, 91, 92, 94, 96, 98, 101, 119, 124, 125, 146, 195, 206, 239, 244, 245, 258, 275, 297, 334, 342, 344, 350, 352, 354, 363, 369, 370, 371, 372, 373, 374, 376, 379, 386, 391, 397, 413, 423, 469, 561, 564, 586, 594, 624
복음주의 15, 38, 349, 597
부활 14, 37, 78, 88, 96, 105, 129, 139, 141, 142, 143, 197, 209, 248, 287, 303, 313, 321, 323, 324, 339, 353, 354, 355, 364, 399, 407, 428, 440, 462, 464, 488, 505, 511, 529, 542, 543, 553, 611, 612, 614, 615, 616, 617, 618, 619, 620, 621, 622, 624, 625, 627, 629
불링거 135
불트만 352, 353, 354, 355, 618, 621
불확실성 30, 305, 455, 604, 622, 624, 625
비교종교학 342, 561
비인간화 16, 86, 88, 98, 185, 260, 500, 546, 632
비인격적 16, 32, 35, 37, 83, 85, 89, 90, 98, 140, 162, 176, 214, 260, 266, 412, 416, 418, 431, 473, 484, 493, 496, 498, 500, 574, 585, 613, 633

ㅅ

사랑 8, 9, 11, 16, 17, 21, 28, 39, 48, 68, 70, 77, 100, 102, 113, 134, 139, 151, 160, 163,

164, 175, 181, 183, 184, 185, 191, 206,
216, 221, 235, 259, 279, 294, 302, 306,
327, 328, 330, 333, 368, 381, 384, 387,
390, 401, 405, 406, 408, 409, 420, 424,
444, 446, 449, 454, 483, 493, 519, 521,
524, 538, 558, 569, 578, 580, 581, 583,
584, 585, 588, 603, 634, 670
상대주의 13, 37, 38, 98, 265, 367, 386, 421,
503, 509, 648, 671
생명 36, 66, 68, 78, 84, 97, 102, 103, 129, 139,
140, 143, 144, 194, 204, 219, 220, 221,
237, 248, 258, 259, 277, 297, 326, 365,
389, 390, 395, 404, 408, 424, 427, 428,
430, 455, 456, 473, 491, 505, 540, 542,
544, 570, 581, 582, 612, 622, 624, 625,
643, 645
성령 9, 18, 28, 49, 50, 57, 64, 73, 106, 113,
115, 116, 117, 118, 146, 148, 149, 150,
153, 154, 155, 167, 179, 183, 184, 185,
186, 193, 194, 238, 243, 244, 267, 268,
293, 306, 330, 349, 350, 355, 360, 369,
370, 373, 377, 378, 381, 385, 387, 402,
407, 423, 426, 427, 428, 467, 469, 485,
489, 490, 491, 527, 533, 555, 568, 572,
573, 577, 578, 589, 672
성화 241, 377, 556
소망 8, 23, 30, 35, 45, 81, 128, 134, 139, 144,
153, 155, 204, 217, 222, 275, 302, 306,
321, 339, 364, 402, 404, 414, 429, 430,
436, 440, 461, 462, 464, 473, 487, 504,
508, 539, 559, 606, 609, 612, 621, 626,
627, 640, 646, 648
실재 28, 31, 93, 95, 250, 251, 256, 339, 405,
411, 414, 440, 462, 547, 623, 636, 639
심판 32, 74, 112, 149, 160, 199, 201, 221, 240,
293, 313, 315, 321, 324, 343, 346, 352,
362, 382, 459, 460, 462, 465, 515, 550,
641, 674
십자가 9, 10, 11, 22, 48, 64, 70, 73, 76, 97, 102,
120, 122, 125, 149, 156, 157, 187, 197,
205, 218, 223, 225, 229, 240, 243, 247,
260, 271, 275, 277, 286, 293, 301, 306,
319, 330, 332, 354, 357, 362, 378, 386,
388, 391, 392, 395, 397, 398, 401, 403,

404, 409, 420, 457, 521, 527, 545, 554,
562, 568, 577, 584, 588, 596, 604, 619,
626, 633, 640, 661

ㅇ

아리스토텔레스 55, 56, 57, 58
아퀴나스 55, 56, 58, 60, 61
어거스틴 212
언약 9, 21, 45, 92, 96, 103, 104, 157, 255, 257,
262, 305, 363, 403, 455, 499, 506, 510,
641, 654
영생 204, 257, 260, 287, 300, 323, 338, 364,
437, 444, 463, 464, 542, 570, 577, 619,
626, 642, 643, 672
영혼 48, 141, 191, 250, 251, 339, 361, 362,
363, 424, 490, 615, 635
예정 131, 148, 169, 174, 175, 176, 210, 212,
214, 229, 263, 264, 266, 271, 276, 280,
360, 532, 533, 537, 560
예지 173, 263, 533
웨슬리 631
육체 66, 119, 141, 147, 148, 156, 184, 250,
251, 288, 361, 362, 363, 424
율법 59, 72, 73, 128, 133, 146, 148, 149, 209,
240, 243, 291, 295, 314, 350, 369, 370,
371, 372, 373, 374, 376, 379, 380, 411,
522, 556, 560, 572, 638
이성 15, 23, 39, 55, 82, 87, 89, 90, 110, 121,
184, 210, 212, 222, 240, 250, 304, 351,
369, 370, 401, 467, 487, 535, 601, 604,
631, 663
인격적 48, 83, 204, 205, 240, 276, 327, 416,
430, 492, 499, 583, 632
인과응보 20, 214, 215

ㅈ

자연주의 13, 38, 50, 98, 200, 386, 398, 407,
485, 492, 503, 571, 580, 623, 628
재림 287, 313, 319, 320, 321, 323, 324, 346,
364
조나단 에드워즈 331
존재 가치 76, 205, 253, 260, 328, 416, 439,
486, 571, 580, 583, 584, 667
존재 이유 16, 43, 83, 89, 122, 165, 166, 204,

260, 303, 328, 388, 415, 430, 437, 439, 519, 583, 626
종교개혁　265, 382, 384, 386, 449, 598, 630, 634
종말　23, 112, 136, 208, 288, 315, 316, 321, 323, 418, 462, 497, 542, 641
죄　35, 40, 41, 43, 48, 50, 79, 113, 126, 162, 173, 180, 226, 239, 240, 245, 346, 366, 372, 393, 394, 407, 429, 448, 461, 474, 475, 482, 515, 516, 522, 540, 541, 544, 577, 579, 660, 661, 662, 663, 664, 666, 667, 669, 674
중생　426, 428, 490, 492

ㅊ

창조　35, 36, 56, 83, 84, 110, 137, 138, 160, 161, 172, 202, 217, 220, 247, 250, 287, 308, 324, 340, 346, 352, 357, 412, 415, 417, 418, 424, 427, 470, 487, 490, 491, 499, 547, 566, 580, 583, 600, 613, 625, 636, 642, 649
천국　25, 46, 93, 97, 124, 140, 196, 237, 240, 289, 345, 358, 361, 365, 403, 418, 437, 438, 440, 450, 452, 462, 463, 542, 559, 584, 585, 587, 590, 594, 635, 636, 637, 639, 642, 643, 644, 646, 647, 648, 650, 651, 652, 653
천주교　55, 56, 57, 58, 60, 386, 513, 631
츠빙글리　135

ㅋ

칸트　121, 317, 318, 601, 632
칼빈　27, 89, 105, 116, 151, 173, 178, 212, 274, 355, 468, 631, 640
키에르케고르　47, 468, 623

ㅌ

토마스 아 캠피스　402

ㅎ

하나님(의) 나라　14, 17, 23, 26, 44, 46, 50, 93, 99, 119, 165, 166, 201, 203, 219, 261, 295, 300, 339, 343, 453, 462, 477, 586
하천풍언　545

한철하　438
현재의 고난　8, 30, 31, 81, 129, 130, 131, 132, 133, 145, 153, 167, 204, 208, 217, 219, 222, 237, 244, 288, 299, 355, 357, 358, 397, 399, 401, 404, 429, 474, 491, 520, 528, 530, 540, 622, 626, 627, 651, 669
혼합주의　38, 98, 421, 509, 561